아동·청소년 정신발달

Karen J. Gilmore
Pamela Meersand 공저
이지연 · 이지현 · 김아름 공역

학지사

Normal Child and Adolescent Development: A Psychodynamic Primer
by Karen J. Gilmore, M.D. and Pamela Meersand, Ph.D.

First Published in the United States by American Psychiatric Publishing, A Division of American Psychiatric Association, Arlington, VA.

First Published in Korea by Hakjisa Publisher in Korean. Hakjisa Publisher is the exclusive translation publisher of Normal Child and Adolescent Development: A Psychodynamic Primer, first edition, (Copyright © 2014), authored by Karen J. Gilmore, M.D. and Pamela Meersand, Ph.D. in Korean for distribution Worldwide.

원 저작물은 버지니아 주 알링턴 American Psychiatric Association Publishing에서 출간되었습니다.

본 한국어 번역본은 (주)학지사에서 출간되었습니다.

역자 서문

우리는 상담을 하면서 정신역동적 지식이 얼마나 내담자의 내면과 과거를 이해하는 데 도움이 되는지 경험적으로 알게 된다. 정신역동적 지식이 과거를 지나치게 강조한다는 점에서 인본주의나 다른 현상학적 입장의 비난을 받기는 하지만, 인간의 과거와 현재를 아우르는 대 서사시에 대한 깊이 있는 지식을 대변한다는 점에서는 누구도 부인하지 못할 것이다.

현재를 통해 내담자의 과거를 미루어 짐작할 수 있다. 많은 임상가와 상담자는 상담장면에서 보이는 내담자의 모습이 과거의 발달적 사건과 어떻게 연결되어 있는지 이해할 수 있다. 내담자의 과거 환경과 경험, 무의식적 환상, 애착 안정성, 신체적 기질적 요소, 발달과정 등과 상담실 안팎에서의 경험에 관심을 갖게 되면, 내담자의 자기표상 및 전반적인 정신적 삶에서뿐만 아니라 상담자와 내담자의 상호작용에 대해서도 깊은 이해를 가질 수 있다. 이런 점에서 정신역동적 발달에 대한 많은 개념은 참으로 시사하는 바가 많다.

내담자들은 당황스러운 현재의 패턴을 과거 삶의 맥락에서 살펴보면서 그럴 수밖에 없었던 자신 나름의 이유와 의미, 연관성을 이해해 가고, 이 과정은 더 많은 자기연민으로, 좀더 방어적이지 않은 태도로 자신을 성찰해 갈 수 있도록 한다. 그리고 이것은 궁극적으로 온전한 자기감과 정체감을 통합해 가게 하고, 자존감을 지키고 내적 위협을 피하기 위해 했던 파괴적이고 병리적 행동을 거두어들이게 하며, 깊은 자기인식을 가능하게 한다.

이 책은 과거 정신역동의 발달 개념에서 현대인의 발달과정에 보다 적합한 발달 개념을 보완해서 설명하고 있다. 이는 출생부터 전생애 발달의 과정 속에 중요한 발달의 주제와 의미를 정신역동적 관점에서 이해하도록 도움으로써 일반인들이 자신의 심리적 주제를 이해하게 할 뿐 아니라 상담심리학, 발달심리학, 임상전문가가 자신이 만나는 내담자를 이해하는 데 좋은 통찰자료로 자극이 될 것이라 생각한다.

정신역동적 주제라 어려운 내용들이 많고, 전통 정신분석, 대상관계, 신경생리학적 지식을 망라하는 부분이어서 역자들도 번역을 하면서 어려움을 겪긴 했지만, 이 책의 내용을 통해 관련 연구자들과 상담자들의 지적 이해에 조금이나마 일조를 할 수 있다면 큰 보람이겠다. 수정하는 과정을 여러 번 거치긴 하였지만, 막상 또 발견되는 오류나 헛점이 있을 거라 생각되어 조심스러운 마음이 있다. 이는 이후 추가적으로 수정·보완해 나가겠다. 현대 발달이론이나 정신역동, 성격발달의 심화된 체제적인 공부를 하고 싶은 사람이나, 대상관계, 임상적 실제에서 애착의 문제를 더 탐구하고자 하는 연구자에게도 좋은 교재가 될 것이라 생각한다.

이 책을 발간하는 데 도움을 준 학지사 관계자 분께 감사드리며, 교정지를 함께 봐준 학생들에게도 고마움을 전한다.

역자 일동

저자 서문

10여 년 동안 정신의학과(정신과) 레지던트들과 심리학 박사과정 학생들 그리고 정신분석학과 지원자들에게 인간 발달에 대해 가르치면서 인간의 정신발달에 대한 총체적인 이해를 최근 연구 동향과 정신역동적 접근과 함께 제공하면서도 대중적으로 다가갈 수 있는 도서가 없다는 것을 발견했다. 1990년대에 발간된 기본 이론에 관한 훌륭한 교재들(Tyson & Tyson, 1990)과 전반적인 심리발달에 대한 교재도 있지만(Gemelli, 1996), 이러한 교재들 역시 아쉽게도 정신분석학 및 심리학 연구의 21세기 동향—10장에서 다루고 있는 새로운 개념과 연구 데이터 및 발달 단계에 대한 새로운 고찰 등—을 반영하지는 못한다. 뿐만 아니라 인간 발달에 대해 (무의식을 포함한) 인간 의식의 발달과 신체적 성장 그리고 환경의 변화에 따라 급변하는 필요 간의 역동적 상호작용으로 바라보며 전반적인 발달과정을 이해하기 쉽도록 설명한 도서를 찾는 것은 더더욱 어려운 일이다. 학생들 스스로 이 모든 것을 종합하여 이해하려 분투하는 모습을 보면서 우리는 간결하면서도 인간 발달에 대한 전체적인 그림을 제시할 수 있는 기본서가 필요하다는 것을 절감했다. 특히, 인간 발달이 생애 초반 30년에 걸쳐 얼마나 복잡하고 다양한 과업을 처리하는 일련의 과정으로 이루어져 있으며, 그러한 과정을 통해 개별성과 보편성을 동시에 습득하게 되는지에 대해 알 수 있는 책이기를 바랐다.

학생들이 유기체적인 인간 발달과정을 일관성을 지닌 하나의 보편적인 명제로서 바라보면서 동시에 그 안에 있는 무한한 다양성을 이해하기 쉽게 표현해 내고자 분투하는 것을 보며, 우리 역시 어떻게 하면 학생들이 새로운 개념에 대한 수용성을 유지하면서도 그들의 생각을 통합하도록 도울 수 있을지 고민하게 되었다. 예를 들면, 인간 발달 단계나 과거 경험이 현재 삶에서 일상적인 기능에 미치는 중요성과 같은 최근 논쟁들을 붙들고 씨름하는 와중에도, 우리는 임상 현장에 있는 전문가들에게 이러한 개념들이 갖는 교육적 가치와 유용성은 반박할 여지가 없다는 것 또한 잘 알고 있다. 그러하기에 더더욱, 여러 세대에 걸친 학생들의 통찰력과 우리에게 도전을 주는 새로운 생각들에 감사할 따름이다. 덕분에 우리는 이 교재를 저술하는 일이 학생들에게 체험적인 유익을 줄 수 있을 것이라고 확신할 수 있었다.

뿐만 아니라 발달과정에 대한 이해는 곧 임상적 사고에 초석을 제공한다는 우리의 믿음 역시 책 출판의 명분에 확신을 더해 주었다. 내담자를 만날 때마다 인간 발달과정에 대한 지식이 있는 임상학자들이 내담자의 과거와 현재가 얼마나 서로 불가분하게 얽히고설켜 있는지 잘 인식하고 있기 때문이다. 현재 내담자의 의식세계가 과거 내담자의 경험의 혼합체이고 치료적 상황에서 수면으로 떠오르는 관계를 통해 "응축되고 조직화된 과거와 현재가 시간을 뛰어넘은 형태로"(Schafer, 1982, p. 78) 내담자의 개인사에 내재된 방어와 자각이 그 모습을 드러내기 때문이다(Dowling, 2004).

우리가 출간하게 된 인간 발달과정에 대한 교재는 로마나 베를린과 같은 복잡한 도시의 여행 안내서에 비교할 수 있을 것이다. 왜냐하면 역사적인 유적들과 충격적인 붕괴의 증거들 그리고 현대의 삶이 함께 어우러져 뒤죽박죽 혼란스러운 집합체를 만들어 내기 때문이다. 다양한 역사적 기록과 환경재해가 남긴 영향과 흔적, 고대 건물들의 토대 위에 가미된 신기술, 역사적 도시 수립 계획이 갖는 기능의 변화, 그리고 이 모든 것을 관리하고 운영하며 아직은 불명확한 미래를 내다보기 위한 방향성을 추구하고 협상해 가는 것 등 다면적인 안내 책자일수록 이 모든 것을 보다 정확하고 응집력 있게 설명한다. 서로 다른 역사 시대를 정확히 구분하고 설명해 내는 것이 불가능하다고 해도, 그래서 우리가 정확한 시작과 끝을 규정할 수 없고 서로 다른 이야기를 담고 있는 무수하게 많은 관점이 존재한다고 해도 달라지는 것은 없다. 이 교재는 총체적인 시각에서든 특정한 관심 분야에 집중해서든, 독자에게 인간 정신발달 과정의 경이로운 복잡성을 조명해 주는 안내 책자라고 할 수 있다.

이 교재가 전통적인 발달 단계에 기초해 구성되어 있긴 하지만 그렇다고 해서 체계이론(system theories)과 포스트모던 정신분석학계 및 인간 발달에 대한 새로운 견해에 관심 있는 기타 다른 학문 영역에서 제기되는 비판적인 시각을 축소하려는 의도는 전혀 없다. 최근 들어 기존의 발달 단계 구분은 다소 경직된 틀을 제공하고 있기 때문에 발달을 바라보는 관점을 지나치게 평면화하고 일반화시키고 있다는 비판을 많이 받는다. 그리고 결과적으로 심리학계(Demos, 2007; Hendry & Kloep, 2007)와 정신분석학계(Chodorow, 1996; Galatzer-Levy, 2004)에서 기존 발달 단계 구분은 점점 더 배척당하고 있는 추세라고 할 수 있다. 그럼에도 불구하고 우리는 최신 동향에 따른 수정 가능성을 열어 두는 것과는 별개로 유아기와 청소년기 같은 전통적인 범주를 따르는 것이 여전히 유의미하고 유용하다고 믿는다. 인간 개인 발달에 대한 이해가 복잡해지고, (한 개인이 속한 가족과 문화에서 비롯된 요소와 기대를 포함한) 환경의 변화가 발달에 주는 영향에 대한 인식이 증가하며, 각 단계들이 얼마나 많은 변화 요소를 가지고 있으며 서로 불가피하게 영향을 주고받는지 알게 된다 해도, 이러한 복잡성과 별개로 우리는 여전히 아이들을 바라보며 걸음마기, 잠재기 혹은 전청소년기라고 정의할 것이다. 우리가 비교적 용이하게 이런 분류 방식을 사용하는 이유는 단지 우리가 아이들의 생활연령을 알고 있거나 아이들이 사회생활을 하면서 연령에 따라 구분되어서가 아니다. 우리는 아이들이 성장함에 따라 새로운 능력이 생기는 것은 물론, 정서, 관계 및 인지, 모든 면에서 다양한 변화를 경험하며, 숱하게 다른 개별적인 다양성에도 불구하고 자기조절 과정을 통해 유사성을 보이며 성장하는 것을 알기 때문이다.

따라서 우리는 이미 익숙하게 사용하고 있는 용어들을 사용해 아동기를 구분하기로 했다. 1장에서 이론적인 기초를 다루고 나서(introduction to our theoretical orientation) 각 장에서는 다음과 같은 개별적인 발달 단계에 관해 다루게 된다. 영아기(2장), 유아기(3장), 오이디푸스기(4~5장), 잠재기(6장), 전청소년기(7장), 초기 및 중기 청소년기(8장), 후기 청소년기(9장), 오디세이 시절(10장)이며, 마지막으로 11장에서는 실제 임상 현장(clinical practice)에서 발달심리학적 사고가 얼마나 중요한지 간단하게 재언급함으로써 책을 마무리한다.

또한 4장과 5장 두 장에 걸쳐 오이디푸스기를 설명하기로 한 것은 우리가 이 시기를 얼마나 중요하고 의미 있는 시기로 바라보는지를 반영한 것이라고 할 수 있다. 왜냐하면 이 시기는 인간 정신발달에 있어서 중대한 전환점이라고 할 수 있기 때문이다. 언어와 놀이를 통해 상징화하는 능력, 명명 가능한 다양한 범주의 감정들, 강렬한 감정 경험의 증가, 인간관계에 있어서 엄청난 복잡성의 증가, 새로운 정신 기관인 초자아의 등장과 그에 따라 나타나는 (다소 미성숙하긴 하지만) 총체적 정신 기능의 강화 등과 같이 이전 발달 단계에서는 찾아볼 수 없는 새로운 능력들이 3~6세 사이에 나타나기 때문이다. 이처럼 포괄적인 변화는 어린 아동과 아동이 처한 환경에 굉장한 도전을 가져오기 마련이다. 뿐만 아니라 이 시기에 이루어지는 발달상의 변화는 곧 이후의 자기조절 능력, 초자아, 애증의 감정을 비롯한 다양한 갈등을 불러일으키는 감정 그리고 이와 같은 감정들을 다루는 능력, 관습적인 방어들, 개인적인 인간관계의 본질 등에 영향을 준다. 오이디푸스 단계는 곧 "아동이 성인의 세계로 그리고 그 안에 있는 도덕적인 질서 속으로 들어가는 출입구와 같다. 즉, 아동이 한 개인으로서 성장해 가는 출발점"이라고 할 수 있다(Loewald, 1985, p. 439). 다시 말해, 발달상 변화의 종착역이 아닌 인간 정신발달의 핵심적이고 중대한 시점이라고 할 수 있다.

우리가 이처럼 전통적인 용어와 시기의 구분을 사용한다고 해서 아동 발달이 천편일률적으로 항상 동일한 단계를 따른다고 믿는 것은 아니다. 한 개인 안에서도 내적으로 다양한 발달능력의 차이가 존재하고, 외적으로 다른 또래와 비교했을 때도 분명 차이가 있기 마련이다. 그럼에도 우리는 마치 여행 안내 책자가 옛 도시들과 확장된 산업 지구 및 새로 지은 호텔 단지를 구분하는 것처럼 이와 같은 보편적이고 전통적인 시기 구분이 매우 유용함을 지속적으로 깨닫는다. 이러한 구분이 임의로 정해진 것이 아니며 때에 따라 정해진 기능 외의 다른 중요한 역할을 하기도 한다는 것은 누구나 아는 사실이다. 또한 칼로 자르듯 명확하게 경계를 구분할 수 있는 것도 아니고 특정한 지역이나 건물의 구조와 기능에 대한 포괄적인 이해를 약속하는 것도 아니다. 마찬가지로, 한 아동이 자신의 내면세계와 새롭게 나타나는 능력 그리고 다양한 환경의 영향을 자기만의 고유한 방식으로 통합해 낸다고 해도, 그 아동이 오이디푸스기 아동이라는 것은 변함없는 사실이다.

정신건강 전문가는 인간 발달에 대한 지식을 구비하고 있을 때 더 나은 상담자가 될 수 있다. 왜냐하면 지금-여기에(here and now) 존재하는 내담자는 곧 상담실 문을 열고 들어오기 직전까지의 모든 삶의 총체적 혼합체이기 때문이다. 비록 어린 시절의 사건들 자체가 상담에서 극히 최소한의 부분을 차지한다고 해도, 현재 내담자의 인격을 형성하는 데 영향을 끼친 복잡한 과정들에 대한 인식을 상담자가 가지고 있는 것 자체만으로도 현재 내담자가 겪는 혼란 속에서 의미를 도출해 내도록 돕는 지표가 될 수 있다. 발달심리학적인 인식을 가지고 있는 것은 임상적 사고를 체계화하는 데 도움이 됨은 물론이요, 내담자 스스로 자신의 현재와 과거를 반추해 보는 능력을 구비할 수 있도록 돕는 상담자의 역량 또한 향상시킨다. 우리는 독자가 자신의 임상 자료를 들여다보며 갑자기 무언가 새로운 걸 깨닫게 되기를 바라는 대신에, 지금 자신의 눈앞에 앉아 있는 내담자가 어떤 과정을 거쳐 지금의 그 사람이 되었는지 보다 잘 이해할 수 있기를 바란다.

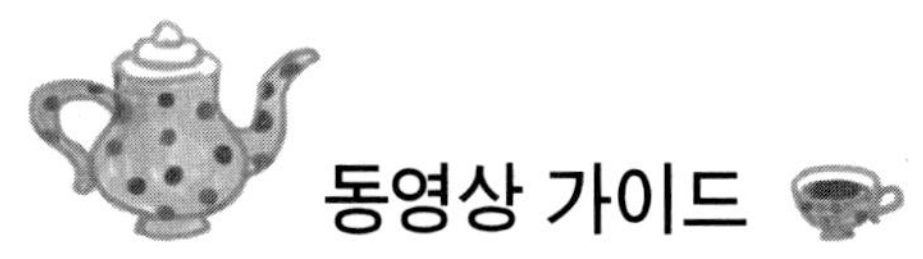

동영상 가이드

동영상을 통한 학습 *

해당 동영상은 www.appi.org/Gilmore에서 시청할 수 있다.

각기 다른 발달 단계에 있는 아이들(아동기, 청소년기, 신생 성인기)이 부모와 함께 촬영한 여러 편의 짧은 동영상들은 발달 단계에 따라 각기 다른 놀이 및 사고의 형태를 보여 줌으로써 각 발달 단계의 독특한 특징을 구별되게 담아내고 있다. 이와 같은 동영상은 교재와 함께 사용했을 때 보다 구체적인 학습 경험을 제공함은 물론, 교재만 읽었을 때에는 다소 추상적으로 다가올 수 있는 발달심리학적이고 정신역동적인 개념들을 명확하게 이해하는 데 도움이 될 것이다.

수업에서 동영상 자료를 사용해 본 결과, 동영상에 촬영된 아동을 관찰함으로써 특정한 발달 시기에 대한 이해가 생생하게 살아나는 것을 경험할 수 있었다. 이처럼 아동에 대한 생동감 있는 이해는 교재를 읽거나, 토론을 하거나, 사례 연구를 공유하는 것을 통해서는 결코 충분히 경험할 수 없는 것이었다. 예를 들어, 한 유치원

• 해당 동영상은 www.appi.org/Gilmore에서 원본을 시청하실 수 있으며, 학지사 홈페이지(www.hakjisa.co.kr)를 통해서도 시청하실 수 있습니다.

• 해당 동영상의 내용은 별도의 번역본을 제공하지 않습니다.

생이 어떻게 즉각적으로 상상놀이에 빠져들어 몰입하게 되는지에 대해 그 아동의 얼굴 표정 변화와 자발적인 행동들을 직접 관찰하는 것만큼 잘 설명해 주는 것은 없다.

마찬가지로, 시각적인 학습 자료의 활용은 발달 단계의 전환기에 따른 주요한 변화에 대한 구체적인 이해를 돕는다. 엄마와 유아 양자관계(mother-infant dyad)가 신체적 친밀함의 단계를 거쳐 정서적 공유 단계로 넘어가는 것, 잠재기 아동이 점차적으로 구체적 사고의 단계를 넘어 사회적인 모순에 대해 반성적 사고를 하게 되는 것, 청소년들에게 자기 신뢰감과 책임감이 발달하는 과정과 같은 모든 것이 발달연령에 따라 전형적으로 다르게 나타나는 것을 동영상에 기록된 대화와 행동을 통해 관찰할 수 있다. 뿐만 아니라, 각각의 발달 단계에 따라 극명하고 뚜렷하게 보이는 차이를 생생하게 경험할 수 있을 것이다. 예를 들어, 오이디푸스기 아동이 상상놀이를 더 즐기는 반면, 잠재기 아동은 규칙에 따른 놀이를 포용하게 되는 것을 알 수 있다. 이처럼 다양한 방법을 통한 학습은 특정 발달연령 아동에 대한 친숙도가 제한된 독자들과 교재에 나오는 아동 발달에 대한 예를 개인적으로 경험할 수 없는 환경에 있는 독자에게 특별히 더 도움이 될 것이다.

특정한 임상 상황에 대한 기록을 제공함으로써 전형적인 발달과 역기능적 발달 문제를 대조할 수 있도록 하긴 했지만, 동영상의 보다 주된 목적은 일반 발달에 대한 예시를 제공하는 것이다. 이러한 목적을 염두에 두었기에 우리는 해당 연령에서 기대할 수 있는 인지적·사회적·정서적 발달능력을 반영할 수 있는 아동들을 선택했다. 그리고 그들의 자발적이고 즉흥적인 말과 행동을 담아내고자 했다. 상대적으로 나이가 많은 아동과 청소년, 성인들에게는 개방형 질문을 통해 인터뷰를 했고, 상대적으로 나이가 어린 아동들은 부모와 함께 놀이를 하거나 혹은 우리 둘 중 한 명과 놀이를 하도록 했다. 동영상 자료에 등장하는 아동들은 우리 주변의 친구들이나 동료들이 속한 집단에서 모집된 아이들로 모두 18세 이하이며 부모의 사전 허락을 받고 촬영했다.

교재와 동영상 자료의 활용

교재에서 동영상에 대한 정보 및 지시사항을 발견할 때마다 www.appi.org/Gilmore에서 관련된 동영상을 찾아서 볼 것을 권장한다. (동영상은 가장 최신 운영체

계에서 작동할 수 있도록 최적화되어 있다. 이는 iOS 5.1과 안드로이드 4.1 혹은 그 이상 버전의 휴대폰 운영체계도 포함한다.) 1, 5, 7, 10장과 관련된 동영상은 없다. 특정 발달 단계에 대한 친숙도가 부족한 독자들은 동영상을 보기 전에 해당 장 전체를 먼저 다 읽고 동영상과 관련된 단락들을 다시 한 번 읽을 것을 권한다. 각각의 동영상은 해당 아동의 연령과 발달 단계에 대한 내레이터의 간략한 설명 및 동영상 내용에 대한 요약과 함께 시작한다. 그리고 해당 동영상에서 특별히 강조하고자 하는 개념과 예들을 언급한다. 이 동영상들의 보다 자세한 목적은 아래에서 더 자세히 다루겠다.

동영상에 대한 설명

총 14개의 동영상은 해당 연령과 관련된 예를 제공하기 위해 고안되었다. 예를 들어, 상대적으로 나이가 많은 영아들에게서 나타나는 애착과 탐색(exploration), 잠재적 아동기(latency child)의 학습, 초기 청소년기에 나타나는 사회적 연대, 신생 성인기에서 나타는 자율성과 자립심 등과 같은 것들이라고 할 수 있겠다. 그러면서도 동시에 각 발달 단계에 따라 두드러진 특징을 보이는 사회적 · 정서적 · 인지적 능력들을 강조하고자 했다. 유아기에 찾아볼 수 있는 급격한 운동 지각 발달, 잠재기 아동기에서 나타나는 미묘한 변화, 보편적인 범주에 속하면서도 다양성을 보여 주는 남아와 여아의 예와 같은 여러 가지를 보다 잘 담아내기 위해 다양한 임상 상황 자료를 각기 다른 발달 단계별로 제공했다.

2장: 영아기

- 임산부(4:27)
- 3개월 된 영아와 엄마(1:49)
- 10개월 된 영아와 엄마(2:27)

위의 세 가지 동영상은 2장(영아기: 부모 됨, 엄마-영아의 관계 그리고 영아의 마음)과 병행해서 봐야 한다. 〈임산부〉 동영상은 둘째를 임신하고 직장생활을 하는 30대

임산부의 신체적 · 심리적 변화를 담고 있다. 동영상에 등장하는 임산부는 출산이 가까워올수록 자기 내면에 더 집중하게 되고, 어머니와의 유대감이 더 깊어졌으며, 출산 후 첫째 아이와의 관계가 어떨지 마음속으로 그려 보게 된다고 했다. 태어날 아기에 대한 엄마의 이러한 기대와 상상은 곧 엄마 자신의 개인사와 정신적인 상태가 아기에게 얼마나 큰 영향을 미치는지를 보여 주는 일례라고 하겠다.

이어지는 두 개의 영상 〈3개월 된 영아와 엄마〉 그리고 〈10개월 된 영아와 엄마〉에서는 엄마가 전언어기 영아에게 보이는 공감적 동일시를 보여 준다. 엄마는 영아의 옹알이에 반응하고, 영아의 마음을 읽어 주며, 엄마의 언어로 영아의 욕구와 의도를 끊임없이 표현해 줌으로써 의미를 부여하고 영아의 발달 단계에 적합한 정서적 안내자가 되어 준다. 우리는 한 쌍의 모자를 시간 차를 두고 촬영함으로써 출생 직후 초반 몇 개월 동안 극적으로 일어나는 신체발달, 운동능력, 인지능력의 분화를 담아내고 이러한 변화의 과정들이 모자간의 상호 조율(mutual regulation)과 정서 공유(affective sharing)에 어떠한 영향을 주는지 보여 주려 하였다. 예를 들어, 10개월 영아에게 엄마의 존재는 정서적인 안정감을 제공함으로써 영아가 엄마에게서 떨어져 스스로 기어다니며 주변을 탐색할 수 있도록 한다. 영아가 전자 기기에 가까이 가려고 할 때 엄마가 부드러운 목소리로 타이르는 것은 유아기에 나타날 초자아의 통제능력이 얼마나 구체적이고 적극적인지 알 수 있는 전조가 된다.

제3장: 유아기

- 유아와 엄마(2:39)

〈유아와 엄마〉 동영상은 3장(유아기: 자아와 성에 대한 초기 인식, 화해, 리비도적 대상 항상성 초자아의 전조)과 병행해서 봐야 한다. 이 영상에서는 유아의 발달에 초석이 되는 엄마의 지속적인 영향력을 보여 준다. 20개월 된 남아는 스스로를 독립된 인격체로 인식하기 시작하고 자율성이 발달해 감에도 엄마가 잠시 방에서 나가 자리를 비우자 즉시 경직되고 집중하지 못하는 듯했다. 유아의 인지능력과 의사소통 능력이 발달해 감에 따라 모자간의 상호작용은 점점 더 언어에 의존하게 되고 서로의 정서를 공유하는 통로가 된다. 뿐만 아니라 모자간의 상호작용을 통해 발달 초

기에 엄마와의 정서적 공감이 어떻게 유아의 행동 기준을 설정 · 작동하게 하고 초자아가 발달할 수 있는 씨앗을 심고 자라나게 해 주는지 알 수 있다. 자신의 운동 능력을 통해 저항하는 법을 터득하고 애정이 담긴 '안 돼.'라는 말을 학습한 유아는 엄마가 기저귀를 갈아 주는 동안 매우 활발하게 움직이며 엄마를 방해하려고 한다. 하지만 엄마의 장난스러운 반응은 아이의 부정적인 태도를 완화하고, 결국 유아의 협조를 유도한다.

4장: 오이디푸스기와 출현하는 역량

- 4세 여아(7:07)

〈4세 여아〉 동영상은 4장(오이디푸스기와 출현하는 역량: 언어, 상상력, 놀이, 정신화, 자기조절)과 병행하여 보도록 되어 있다. 이 영상에서는 성인과 아동의 상상놀이 시나리오 두 개를 통해 구강기에 나타나는 전형적인 주제와 특징을 보여 주고자 했다. 첫 번째 일화에서는 4세 여아가 아름다움과 선함의 대명사인 매우 유명한 요정 이야기의 주인공이 되었다고 생각하고 놀이를 시작했다. 놀이가 진행되자 고전적인 이야기 전개 유형에 따라 여아 자신이 가지고 있는 로맨스에 대한 열망, 특별하다고 인정받고 싶은 욕구, 어른 같은 옷을 입고 어른처럼 행동하고 싶은 마음 등이 드러나기 시작했다. 두 번째 시나리오에서는 작은 인형들과 인형 장신구들을 가지고 여아 스스로 자기만의 이야기를 만들도록 했다. 그 결과, 이야기는 여아의 연령에서 전형적으로 나타나는 선이 악을 이기고 나쁜 행동을 한 사람은 심한 벌을 받는 도덕적인 주제를 중심으로 이어져 갔다. 그리고 그 안에는 구강기 유아가 지속적으로 경험하는 분노 조절, 소유욕, 시기심과 충동적인 감정들을 놓고 고군분투한 흔적이 반영되어 있다. 구강기 아동이 깊은 만족감을 느끼면서 놀이에 몰입하는 것, 자신이 우러러보는 어른과 동일시하기 위해 어른이 된 것처럼 생각하는 것, 이야기를 통해 강렬한 내면의 감정을 표현하고 조직화하는 것 등이 모두 생생하게 동영상에 담겨 있다. 이와 더불어 성인의 놀이 참여가 어떻게 아동에게 발판이 되어 주는지, 다시 말해 어떻게 아동의 놀이를 확장시키고 아동이 보이는 자발적이고 꾸밈없는 행동과 생각들을 구조화하고 정교화하는지 알 수 있게 해 준다.

6장: 잠재기

- 7세 여아(2:30)
- 7세 남아(5:01)
- 10세 남자아이들(4:43)

세 개의 동영상을 통해 6장(잠재기: 인지 성숙, 자율성, 사회성 발달 단계, 학습)에서 다뤄진 잠재기에 나타나는 중요한 사회적 · 인지적 발달을 관찰할 수 있다. 특히, 이러한 발달은 학교생활과 친구관계가 밀접하게 연결되어 있다. 첫 번째 영상 〈7세 여아〉에서는 또래 간의 경쟁과 갈등 속에서 경험하는 사회적 딜레마에 한 여아가 점점 더 발달해 가는 자신의 논리적 · 분석적 능력을 적용하고 자기통제 능력을 활용하는지 보여 준다. 영상 속 아이는 잠재적인 동기와 해결방법에 대한 자신의 추론을 말로 표현하고 있다. 두 번째 영상 〈7세 남아〉에서는 아빠와 남자아이가 함께 만들기를 하는 과정에서 잠재기 아동에게서 나타나는 이전에 볼 수 없었던 학습능력과 협동능력을 관찰할 수 있다. 영상의 다른 부분에서는 7세 남아가 자신이 학교에서 경험한 불공평한 것들에 대해 묘사하고, 남녀 간의 차이에 대해 추론하며, 자신이 가진 학습에 대한 압박감에 대해 언급하기도 한다. 마지막 영상 〈10세 남자 아이들〉은 5학년 남학생 두 명이 자신들이 일상생활에서 경험하는 동성 또래 간의 사회화에 대한 관심과 염려에 대해 많은 이야기를 나누는 모습을 담고 있다. 두 남학생은 중학교 진학에 대한 이야기를 나누며 처음으로 서로 떨어져 새로운 사회관계를 형성할 수밖에 없는 것에 대해 말한다.

8장: 초기 및 중기 청소년기

- 초기 청소년기의 소녀(4:09)
- 중기 청소년기의 소년(10:06)

이어지는 두 개의 동영상은 8장(초기 및 중기 청소년기: 신체, 섹슈얼리티, 개별화, 행동의 역할, 그 외 십 대의 특수한 문제)의 이해를 돕기 위한 것으로 초기와 중기 청소년기의 두드러진 주요한 차이를 보여 준다. 두 개의 영상에서 십 대들은 자신의 개인적인 태도와 가치의 발달에 대해 묘사하고, 친구관계에서 스스로 했던 선택, 독립성과 자율성이 발달하는 가운데 경험하는 또래 압력에 대해 이야기한다. 첫 번째 영상 〈초기 청소년기의 소녀〉에서는 사춘기 여자아이(13세)가 또래 집단과 가족과의 지속적인 유대감의 중요성에 대해 이야기한다. 두 번째 동영상 〈중기 청소년기의 소년〉에서는 나이가 약간 더 많은 십 대 남자아이(15세)가 자기 자신을 정의하면서 복잡하고 뒤섞인 가족으로부터 떨어져 있으면서도 그 안에 속한 존재라고 이야기한다. 친구들과의 우정, 또래 여자아이와의 이성관계, 위험 부담이 있는 사회적인 행동이 끌어당기는 힘에 대해 이야기한다. 두 영상 모두 청소년들이 경험하는 개인적인 자유와 책임감, 그리고 자신의 선택에 따른 결과들에 대한 인식이 점점 깊어져 가는 것을 보여 준다.

9장: 후기 청소년기

- 후기 청소년기의 남자(4:23)
- 후기 청소년기의 여자(7:02)

이 두 개의 동영상은 9장(후기 청소년기: 십 대 후반 및 이십 대 초반의 정체성, 섹슈얼리티, 자율성과 초자아의 형성)의 이해를 돕기 위한 것으로 후기 사춘기의 특성을 묘사하고 있으며, 십 대 후반 청소년들의 과거에 대해 반추하고 미래에 대해 숙고하는 능력의 급격한 증가와 자신의 독특한 정체성을 형성하고자 하는 열망, '현실세계'에 맞닥뜨리기에 앞서서 스스로에 대한 정의를 분명히 해야 한다는 압박감 등을 보여 주고 있다. 첫 번째 동영상 〈후기 청소년기의 남자〉에서는 18세 고등학교 졸업반 청소년이 졸업식 날 그동안 익숙해져 버린 주변 환경을 돌아보며 대학교에서의 삶을 내다보는 모습을 보여 준다. 미래에 대해, 그리고 사회 속에서 자신의 입지를 어떻게 세워 갈지에 대해 이야기한다. 두 번째 동영상 〈후기 청소년기의 여자〉에서는 20세 여대생이 자신의 인생을 돌아보며 가족사가 자신에게 준 영향에 대해 분석하고 부모와의 관계에 있어서 불가피한 변화에 대해 설명한다. 또한 앞으로의 자신의 삶을 내다보며 성인이 된 모습을 상상할 때, 스스로 어떤 사람이 되고 무엇을 할지 확고한 결정을 내려야 할 시기가 가까워짐을 느낀다고 했다.

10장: 오디세이 시절

- 25세 남자 청년(6:57)
- 26세 남자 청년(5:55)

마지막 두 개의 동영상은 신생 성인기에 대해 묘사하고 있으며 10장(오디세이 시절: 성인기 경로에 선 신생 성인)의 이해를 돕도록 되어 있다. 두 영상 모두 삶에서 예기치 못한 전환점을 맞게 된 20대 중반 청년에 대해 묘사하고 있으며, 다양한 사건과 상실의 경험 그리고 개인에 대한 고백으로 이루어진 삶의 궤도에 대한 이야기를 포함하고 있다. 첫 번째 동영상 〈25세 남자 청년〉에서는 부모의 죽음과 경제적인 어려움을 비롯한 다양한 삶의 역경을 대면하며 자신의 내적인 자원에 전적으로 의지할 수밖에 없었던 한 개인의 이야기를 보여 준다. 이러한 삶의 여정 속에서 그는 멘토의 도움을 받기도 했다. 마지막 동영상 〈26세 남자 청년〉은 한 개인이 예상했던 대학생활이 개인적인 인식 변화에 의해 어떻게 달라졌는지를 보여 준다. 영상 속 청년은 한동안 불확실성 속에서 지내다가 전혀 기대치 않았던 전문 영역에서 일할 기회를 얻으면서 궁극적인 의미와 만족을 찾게 된다.

차례

3장 유아기 65

4장 오이디푸스기와 출현하는 역량 95

5장 오이디푸스기 129

6장 잠재기 165

7장 전청소년기 203

8장 초기 및 중기 청소년기 227

1장

정신역동 발달 입문

이 책은 타인(성인이든 아동이든)의 마음을 보다 깊이 있고 총체적인 관점에서 이해하는 데 관심이 있는 독자들을 대상으로 한다. 우리는 인간 발달이 어느 순간에서 바라보든 한 개인의 타고난 자질, 지나온 발달과정, 현재 상황 및 삶에서 중요한 사람들과의 관계, 내담자와 치료자 사이에 나타나는 지금-여기 상호작용 관계 변화 등을 통틀어 보여 주는 하나의 복합적인 결과물이라는 전제에서 출발한다. 이 책에서 우리는 한 개인이 태어난 순간부터 서른 살 성인이 되기까지의 인간 발달을 이해하는 초석을 제공하고자 한다. 이를 위해 우리는 기존의 전통적인 발달 단계 구분에 따른 이해와 각 발달 단계에 속하는 발달 과업 및 도전[이와 같은 발달 과업 및 도전(challenge)에 대한 이해는 각 문화에 따라 구체적인 내용이 달라질 수 있다.]에 대한 자세한 설명을 제공할 예정이다. 정신분석 이론가이자 치료자로서 우리는 이러한 관점이 한 개인을 이해하는 데 있어서 가장 구체적이면서도 애정 어린 시각을 제공한다고 믿는다. 이러한 시각은 한 개인의 지나온 삶을 이해하고 앞으로의 삶에 어떻게 도움을 줄 수 있는지 알아내는 최선의 방법이라고 할 수 있다.

정신분석학자는 대부분 특정한 발달이론을 따르기 마련인데(Michels, 1999), 이는 인간 발달에 대한 이해가 아동은 물론 성인의 치료 접근법에 다양한 정보를 제공하기 때문이다. 현대 이론이 많이 다양화되기는 했지만 정신분석적 접근을 취하는 학자들이 기본적으로 성격의 본질, 관계의 질, 감정과 충동을 조절하는 것, 직업에 대한 태도와 삶에서 마주하는 수없이 다양한 일에 대한 태도는 전부 한 개인의 발달사, 특히 초기 발달사에 강력한 영향을 받는다는 것에 동의한다. 뿐만 아니라 정신분석적 접근을 취하는 치료자들은 자신이 돕기 원하는 사람이 가진 갈등과 그 사람의 행동 패턴을 이해하기 위해 그 사람의 발달 배경이 된 상황, 정신구조의 질, 문화적인 기대와 압박감이 갖는 핵심 가치 안에서 한 개인을 바라보고자 하는 경향이 있다. 물론, 과거와 현재 모두를 아울러서 말이다.

그럼에도 불구하고 정신분석학자들 사이에도 상당한 의견 불일치가 있는데, 그것은 바로 전통적인 발달 단계 구분(Coates, 1997)이 과연 합리적이고 타당한가에 대한 것이다. 이러한 논의들은 주로 **규정적 진행** 발달에 대한 평면적이고 직선적인 이해와 연관되어 있다. 특히 오이디푸스기에 대한 논란이 많은데, 이는 오이디푸스기가 이후의 성격발달을 결정하는 주요한 시기이며 이후에 일어나는 정상 발달 단계에도 중요한 영향을 준다는 전통적인 관점 때문이다. 이에 반해 현대적인 관점들은 인간 발달에 대한 직선적이고 평면적인 이해를 지양한다. 대신, **위계적 순서를 따르는 정신구조**에 초점을 둔다. 예를 들면, 체계이론(system theory)에서 사용하는 용어인 발달유인 상태(attractor states)와 같이 개인이나 문화에 상관없이 비교적 신뢰할 만한 것들을 말한다(Abrams, 1983; Galatzer-Levy, 1995, 2004; Gilmore, 2008). 따라서 한 발달 단계에서 다음 단계로의 전환은 다양한 체계의 상호작용 결과이며 이는 곧 어느 발달 단계 하나만을 따로 떼어 개별적으로 이해하는 것은 불가능하다는 것을 의미한다. Anna Freud는 이러한 관점의 선구자라고 할 수 있다. 비록 **발달적 계보**(developmental lines)라는 다소 오해의 소지가 있는 용어를 사용하기는 했지만, 인간 발달을 보다 복합적인 시각으로 바라보도록 돕는 매우 통합적이고 다양한 체계에 기초한 접근을 제안한 장본인이다(Freud, 1963; Mayes, 1999). 이와 같은 **교류적**(transactional) 발달체계 개념은 발달심리학자들 사이에서 단 하나의 체계에 지나친 중요성을 부여하는 경향성, 즉 타고난 기질이나 환경의 중요성을 강조하거나 이 둘 간의 상호작용에만 초점을 맞추는 것 혹은 유아기와 초기 아동기와 같은 현저한 발달 순간(moment)에만 집중하는 경향을 사라지게 했다. 우리는 유아기에 반드시 충족되어야 하는 특정한 대인관계 욕구나 정서적 욕구 및 생물학적 필요가 존재한다는 것은 인정하지만, 유아기가 발달에서 현저하게 결정적인 역할을 한다고 생각하지는 않는다.

뿐만 아니라 발달이 멈추는 시점에 대한 논란 및 성인기에도 발달의 효력이 존재하는지, 만일 존재한다면 그 영향력은 어느 정도인지에 대한 논란도 많다. 주로 각 단계별 발달 과업과 도전들에 초점을 맞추어 발달 연령을 이해하는 Erikson 학파 접근(Erikson, 1951/1959)은 **정신 재조직과 내적 성숙 압력을 바탕**으로 생후 20년간의 발달을 이해하는데, 이는 정신역동적 관점에서 볼 때 그 근거가 불충분하다[『정신역동적 사회학(Psychoanalytic sociology)』(Abrams, 1983)]. Erikson 학파 접근을 비판하는 사람들은 발달적이라는 용어 자체가 생물학적인 욕구에 따른 진행에만 국한되어야 한다고 본다. 생물학적인 욕구에 근거해 점점 성숙한 형태를 띠게 되는 발달은 성인의 정신구조와 인지적·정서적·성적인 능력과 같은 기타 성인으로서의 기능들이 갖춰지면 사실상 더 이상 진행되지 않는다고 봐야 한다는 것이다(Abrams, 1983, 1990; Neubauer, 1996). 어떤 학자들은 보다 중도적인 입장에서 심리학적 발달이 다소 느리긴 해도 성인기까지 지속된다고 본다. 중요한 차이가 있다면, 발달의 초점이 구조 자체가 아닌 정신구조의 내용에 있다는 것이다. 예를 들어, Blatt과 Luyten(2009)은 성격의 특정한 면, 특히 대인관계와 **자기정의**(self-definition)를 설명하고 생애 전반에 걸쳐 나타나는 발달적인 변화를 기록했다. 한편, 어떤 학자들은 발달에 대해 "끝없이 이어지는 변화의 연속으로, 유아기와 청소년기의 차이 혹은 유아기와 다른 어떤 발달 시기의 차이는 단지 정도에 있을 뿐이다. 이는 곧 내면에서 나타나는 변화의 정도와 극적인 새로운 환경을 마주하는 정도의 차이를 의미한다."라고 주장하는 전생애 발달 모델을 받아들이기도 한다(Stern, 1995, p. 192). 이 같은 입장을 취하는 이들에게 성인 발달은 한 개인의 주요한 역할을 전제로 한다. 즉, 성숙한 사랑, 자녀를 출산하고 양육하는 것, 누군가에게 멘토가 되어 주는 것, 중년의 위기감, 갱년기 그리고 죽음 등의 모든 것이 성인의 정신 내적 발달 과업이라고 본다(Colarusso & Nemiroff, 1979; Emde, 1985). 이러한 이론적 접근의 차이는 당연히 성인 심리치료가 발달 촉진으로서의 기능에 초점을 둘 것인지 아니면 효과적인 변화를 가져올 수 있는 다양한 형태의 내적 변화를 목표로 할 것인지 결정하는 데 영향을 준다.

전반적인 인간 발달 궤도에 대한 견해와 관련해서 흥미로운 점은 발달 단계의 구분들이 두 개의 부수적인 현상을 야기했다는 점이다. 하나는 **발달 관련 문헌**이고 다른 하나는 **대중적인 상상력**이다. 20세기 이전에는 청소년기를 **신체 친화**, 대상관계, 인지기능, 초자아의 통합, 가치, 목표 등과 같은 고유한 발달 과업과 도전을 내포하는 하나의 개별적인 발달 단계로 간주하지 않았다. 이러한 입장은 청소년 문화와 그들의 변화, 청소년 시기의 고유한 발달 과업, 사춘기에 서서히 나타나는 신체적 성숙과 같은 것들에 대한 인식이 이미 깊이 자리 잡은 현대인들에게는 매우 불합리하게 느껴질 것이다. 뿐만 아니라 현대 신경과학 분야에서는 청소년기에 나타나는 두뇌 변화에 대한 새로운 정보가 계속적으로 쏟아져 나오고 있다(Tamnes et al., 2010 참조). 21세기에 들어서면서 학자들이 새로운 발달 단계를 제안했는데, 이는 대략 20대와 30대 사이를 가리키는 것으로 신생 성인기, 오디세이 시절, **경합적 성인기** 등의 다양한 이름으로 불린다(10장 '오디세이 시절' 참조). 새롭게 등장한 이 발달 시기에 대한 구분은 현대 사회구조와 성인기에 진입한 이들 간의 상호작용의 산물이라고 보면 된다. 어떤 학자들은 통계적으로 봤을 때도 지난 50년간 성인기의 주요한 삶의 사건들(결혼, 출산, 취업)을 경험하는 시기가 점점 늦어진 것을 지적하며, 이는 기술의 발달, 취업 기회의 변화, 개선된 피임법 등의 사회적 변화가 주는 영향이 반영된 것이라고 본다. 반면, 다른 해석을 내놓는 부류의 학자들도 있다. 이들은 성인기의 주요한 사건들을 경험하는 시기가 늦어지는 것은 신생 성인기라는 발달 단계의 존재를 확인하는 심리학적인 근거라고 주장한다. 이는 마치 20세기에 대학교육이 강조되면서 청소년기의 존재를 인식하게 된 것과 같은 맥락이라고 할 수 있다. 전생애 발달 모델을 수용하는 사람들 아니면 적어도 청소년기 이후로도 지속되는 발달의 영향력을 인정하는 이들에게 있어서 20대는 다양한 발달 과업과 도전으로 가득 찬 시기라는 것은 자명한 사실이다(Chused, 1987; Colarusso, 1995).

정신역동 치료/심리상담에서 발달에 대한 이해의 역할

발달이 어느 시점까지 지속되는지 그리고 각 발달 단계에 대한 개념화에 어느 정도의 안정성을 부여할 수 있는지에 대한 의견은 다양하다. 그럼에도 불구하고 인간 발달에 대한 개념들은 정신병리학 및 임상적 개입을 설명하는 데 변함없이 적용되어 왔다. 사실 정신역동적 이해를 추구하는 학자들은 발달이 갖는 역할, 특히 성인기의 성격을 결정하는 요소로서의 역할에 큰 의미를 부여하면서 치료과정에서 개인 발달사를 자세히 연구한다. 수많은 정신역동 상담가에게 있어 내담자와 치료자 사이의 관계 역동은 내담자의 아동기 관계, 트라우마 그리고 삶의 경험들에 대한 정

보를 담고 있다. 치료과정에서 드러나는 한 개인의 성격은 곧 내담자의 과거를 이해하는 창문과도 같다고 할 수 있다. 특히, 전이-역전이 역동은 내담자의 과거 관계에 대한 이해를 돕는다(Govrin, 2006). 치료가 진행됨에 따라 점점 더 발달해 가는 현재 시점의 내담자-치료자 관계는 치료자가 내담자의 개인사에 대한 가설들을 점검하고 치료의 균형을 잡을 수 있도록 도와줄 뿐만 아니라 내담자와 치료자 모두에게 자신의 과거와 현재에 대한 이해를 제공하고 이를 수정해 주며, 궁극적으로는 하나로 일관된 **한 인간의 내러티브**를 끌어내고 보다 통합적인 자기이해를 가능하게 한다.

내담자와 치료자 사이의 전이를 통해 내담자 아동기의 중요한 관계들에 대한 개괄적인 정보를 얻고 발달과정에서의 경험들을 이해하는 데 도움을 받는 것 외에도 발달심리학적 개념이 정신역동 임상에 적용되는 방법은 다양하다. 그중 하나는 유추를 통한 것인데, 이는 치료과정 자체를 하나의 새로운 발달 기회로 보는 것이다. 이러한 입장에서 보면 내담자-치료자 관계는 그 자체가 이미 '발달적'이라고 할 수 있다. 이 경우 치료자는 내담자에게 있어 마치 부모와도 같은 **변형적 대상**(transformational object)이 된다(Bollas, 1979). 그리고 이러한 발달과정은 내담자가 과거에 경험한 **결핍/손상**들을 수정하는 기능을 한다. Sigmund Freud(1940/1962) 역시 내담자와 치료자 모두 치료에 임하는 태도가 마치 부모-자녀 간의 양자관계와 유사한 것을 발견했다고 한다. 그는 내담자가 치료자-내담자 사이의 관계 역동을 아무리 간절하게 끌어안기 원해도 치료자는 내담자의 부모 역할을 해야 할 것 같은 심적 부담에 순응하지 않고 저항할 책임이 있다고 경고했다. 그럼에도 불구하고 치료과정에서 치료자가 비유적이고 은유적인 의미에서 "한 어린아이를 정상 발달의 길로 인도하고 회복하도록"(Neubauer, 1990, p. 106) 촉진하는 기능을 감당하는 것은 아동 심리치료의 주요한 요소로 오랫동안 강조되어 왔다(Abrams, 1978b; Rangell, 1992; Sandler, 1996). 흔히 아동 발달은 발달과정에서 겪는 갈등, 트라우마, **체질 요인** 등에 의해 정상 궤도를 벗어난다고 여겨진다. 그리고 역동치료는 아동이 병리적인 이상 궤도에서 벗어나 해당 연령에 적합한 발달 과업으로 돌아오는 시점에서 희망의 빛을 발한다. 뿐만 아니라 아동 심리치료에서 내담자인 아동은 발달이 진행 중인 상태이기 때문에 심리치료가 가진 두 가지 기능을 어떻게 구분할 것인가에 대한 관심이 끊이지 않는다. 그것은 갈등 해결을 도모하는 기능과 그것과 별개로 발달과정 자체를 촉진하는 기능 사이의 구분을 말한다. 이러한 기능들이 서로 협력 효과를 가져오는 경우도 종종 있지만, 발달 진행을 촉진하는 것은 오히려 과거의 관계를 뒤돌아보고 소생시키는 데 더 큰 저향을 불러일으키기도 한다(Abrams et al., 1999; Neubauer, 1996, 2003).

발달과정의 진행이 성인 심리치료에서 갖는 역할에 대해서는 보다 많은 논란이 있다. 이는 서론에서도 이미 언급했듯이, 부분적으로는 성인기에 과연 '발달'이 지속되는지, 성인 정신병리를 발달의 지체나 변형으로 이해해도 되는지, 치료를 통해 발달 진행을 재점화할 수 있는지에 대한 의견이 일치하지 않기 때문이다. 성인 발달개념을 적극적으로 수용하는 이들, 특히 자기심리학자들 같은 경우에는 심리치료가 발달을 재활성화하는 기회를 제공한다고 본다. 치료를 통해 제대로 성취되지 않은 발달의 진행을 다시 활성화함으로써 보다 적응적인 형태의 결과를 가져올 수 있다는 것이다(Settlage, 1996). 이러한 관점을 취하는 이들에게 치료는 내담자의 연령에 상관없이 그 자체로 '발달적'이다. 애착이론의 선구자들 역시 비슷한 주장을 했는데, 효과적인 치료는 반드시 "내담자의 정신화 역량 회복을 돕는 안정적인 구조를 제공"해야 한다는 것이다(Fonagy et al., 2003, p. 447). Fonagy와 Target을 비롯한 동료 학자들은 정신역동이론과 애착이론을 보다 조직적으로 융합하고자 했는데 그 결과 **정신화**라는 개념을 선보였다. 정신화는 하나의 강력한 대인관계 능력으로 초기 아동기에 엄마와 유아의 상호작용을 통해 그 기초가 형성되며 이후로 발달이 진행되면서 대뇌 피질 형성부터 자기표현 및 대인관계 형성에 이르기까지 발달 시기마다 다양한 수준에서 영향을 주는 것은 물론이고 한 개인이 복잡한 상황에 놓였을 때 어떻게 대처하는가에 중요한 역할을 한다. 이러한 정신화 발달이 어떤 이유로든 방해를 받게 되면 "심리적 자가면역 결핍"을 가져오게 된다(Fonagy et al., 2003, p. 435). 즉, 정신 건강에 핵심적이고 근본적임에도 초기 아동기에 형성되지 못하고 지나친 이 정신화라는 기능은 치료를 통해 다시 발달의 기회를 얻을 수 있다.

발달적 개념이 임상 현장에서 사용되는 또 다른 보편적인 예는 전통적인 정신역동적 접근에 기반을 둔 유아 연구와 엄마-유아 간의 상호작용 관찰이라고 할 수 있다. 특히 애착 이론가, 자기심리학자 그리고 일부 상호주관성주의자에게 엄마-유아 간의 상호 조절과 조율은 치료 양자관계에서 이루어지는 교환의 **판형**을 제공한다. 예를 들어, Beebe와 Lachman은 엄마와 유아의 상호작용 관찰을 통해 성인 내담자와 치료자 간의 관계에 대한 개념들을 도출해 냈다(Beebe & Lachmann, 1998; Lachmann & Beebe, 1996). 비록 그들은 내담자-치료자와 엄마-유아라는 전혀 상이한 양자관계에서 나타나는 '역동적 내용'들 간에 직접적인 연관성을 부여하지 않도록 주의해야 한다고 말하고 있긴 하지만, 유아와 부모 혹은 주 양육자 간의 조절관

계가 성인 내담자와 치료자 사이에서 '상호적인 조절이 일어나는 과정'에 대해 많은 정보를 제공하고 이해를 돕는다는 것 또한 강조하고 있다.

발달에 대한 이해가 심리치료에 있어 고유한 요소가 된다고 믿는 이론가들에 반해 상호주관성주의자나 관계주의자처럼 '포스트모던' 정신역동치료를 대표하는 학자들도 있다. 이들은 주로 발달이론이 갖는 중요성에 대해 다양한 관점으로 이의를 제기한다(Corbett, 2001; Reisner, 2001). 이들은 반드시 필요한 모든 정보는 지금-여기에 모두 다 내포되어 있다고 주장한다. 내담자의 현재 모습과 상태를 토대로 수직적인 개인사를 추론 및 재구성하는 것은 좋건 나쁘건 내담자와 치료자가 함께 만들어 낸 근거 없는 신화일 뿐이라는 것이다(Michels, 2006). 그럼에도 불구하고 이러한 관점을 옹호하는 사람들을 임상 현장에서 자세히 관찰한 결과 우리가 느낀 것은 이러한 입장을 고수하는 치료자들 역시 내담자들을 대할 때 은연중에 발달이론을 전제로 하고 있다는 것이다. 정신역동적 접근을 취하는 치료자들은 모두 다 발달이론을 발판으로 삼아 내담자를 이해하고, 내담자가 '세상에서 존재하는 방식'을 이해하는 틀을 구성하며(Winnicott, 1965), 내담자 스스로 자기 자신의 경험과 내면을 이해하는 것을 돕는다고 할 수 있다.

발달에 대한 현대 정신역동적 접근

이 책은 정신역동적 관점에서 발달을 이해하는 틀을 제공하는 것을 목표로 하고 있다. 우리는 독자들이 출생부터 '신생 성인기'(Arnett, 2004)에 이르기까지의 발달이 어떻게 이루어지는지 좀 더 익숙하게 알게 되기를 바란다. 우리는 이와 같은 지식이 임상 현장에 있는 이들로 하여금 내담자의 독특한 내면세계에 초점을 맞추도록 하며 치료를 통해 지금-여기에서 연속적이고 일관성 있는 발달을 회복하도록 하는 핵심을 제공한다고 생각한다.

이러한 정신역동 발달이론은 다양한 상호작용 체계 안에 내재된 몇 가지 중요한 측면들과 연관되어 있다. 쉽게 말하자면, 한 개인의 발달과정은 복잡하고 역동적인 과정으로서 그 안에서 생물학적이고 심리학적인 체계 및 가족과 문화 체계가 저마다 각기 다른 역할을 담당하며 진행되는 **접점**이라고 할 수 있다. 정신적 발달과정은 신뢰할 만한 보살핌을 제공해 주는 인간환경에 가장 크게 의존하고 이와 상호작용한다. 그리고 이후 발달과정에서도 그 영향력은 계속 지속되고 발전된다. 인간환경은 직계가족을 포함한 주변 문화 그리고 그 안에서 일어나는 하위 문화와 사회 간의 전반적인 상호작용으로부터 내담자가 주고받는 영향까지 포함한다.

우리의 이러한 관점은 현대 과학에서 말하는 인간 발달 이해와 일치한다(Sroufe et al., 2005). 이는 다양한 측면들을 내포하고 있는데 말 그대로 복잡하고 무한한 다양성을 가지고 있으며 동시에 적어도 같은 문화에 속하는 모든 개인 안에서 일관되게 존재하며 쉽게 알아볼 수 있는 패턴으로 드러나는 특정한 **정신역동 체계화/조직화 원리**에 의해 좌우된다(Corbett, 2001). 기본 원리들은 다음과 같은 요소를 포함한다.

- 신체: 신체에 대한 초점과 신체 성숙이 한 개인의 정신적 삶에 미치는 강력한 영향을 의미한다. 이는 Freud의 중대한 통찰력이기도 하다. "자아는 무엇보다도 신체-자아가 가장 우선이다."(Freud, 1923/1962, pp. 26-27). 그의 초창기 발달이론은 신체적 욕구(충동)의 성숙을 기반으로 한 것으로, **심리성적 발달 단계**라고 불렸다. 그 이후로 정신역동 이론가들 사이에서 신체는 유행 타기를 되풀이하고 있다. 애착이론이나 관계이론처럼 성과 신체의 기능이 갖는 중요성에 대한 논의를 피하는 현대적인 관점에서 신체는 정신적 삶의 근본적인 자원으로서의 근거를 상실했다. 하지만 신체에 대한 관심은 최근 들어 제2의 전성기를 맞이했다. 신경과학 분야에서 신체는 초기 유아기의 대인관계 형성 기초를 수립하는 기반으로 여겨지기 때문이다. 유아에게서 생애 초기에 나타나는 양육자 모방 행동은 거울신경 세포와 신체 지도에 의해 촉진되는데, 이는 유아로 하여금 "나와 같은 또 다른 사람이 여기 있구나."라는 인식의 기초를 형성할 수 있다고 본다(Beebe et al., 2003; Gallese, 2009; Gallese & Sinigaglia, 2010; Meltzoff, 2007). 신체의 중요성은 인지심리학에서도 기존의 컴퓨터 정보 처리과정 비유로 설명되던 체화된 인지를 대체하면서 자리매김하고 있다(Fonagy & Target, 2007). 즉, 발달의 기반으로서의 신체에 대한 개념은 현대 이론가들 사이에서 호황기를 맞이했다고 볼 수 있다(Fonagy, 2008; Lemma, 2010 참조). 또한 최근 신경과학 분야에서 의식에 대한 이해를 설명하는 데도 중점적인 기능을 하고 있다(Damasio, 1999).
- 발달 단계: 발달 단계에 대한 기존의 이해가 다소 직선적이며 평면적이고, 각 단계 간의 상호작용에 대한 언급이 부족하고, 발달 진행이 지정된 경로로 이루어

진다고 보는 한계를 인정한다고 해도 발달의 단계와 발달 진행에 대한 묘사는 개념상의 오류를 피해 갈 수 없다. 문화 차이에 상관없이 발달 시기에 대한 대략적인 이해는 일정한 패턴들 및 일정한 환경적 요구와 기대에 대한 이해를 수반한다. 비선형적 체계이론들은 이러한 보편적인 요소들을 '발달유인 상태'이라고 부르는데, 이는 모든 개인에게서 비교적 유사하게 나타나는 발달체계 진행의 **접점**을 의미한다. 특정한 개인에게 있어 이와 같은 각 발달 단계의 성공 또는 실패 여부는 그 개인이 겪는 발달 궤도에 따라 다르게 나타나며 발달과정 전체에 영향을 주는 또 다른 요소가 된다.

- 자아: 마음 안에 존재하는 **성숙해 가는 자아 역량**(maturing ego capacities)에 대한 초점과 그 안에 내재하는 갈등의 가능성, 융통성, 독특성을 의미한다. 정신역동 발달이론은 인지적인 능력 및 방어 기제를 포함한 마음 안의 기관에서 일어나는 변화를 단계별로 설명한다. 개인이 어떤 종류의 마음을 가지고 있는지에 대한 이해는 주어진 발달 단계에서 보이는 독특성에 대한 이해를 의미하는데, 이는 곧 각 개인의 특정한 심리적 경험과 반복이 어떻게 촉진되는지 보여준다. 이는 필연적으로 기억 역동에 대한 관심으로 이어지며 발달 초기 경험이 아동기와 청소년기를 거쳐 발달적으로 재구성됨을 알 수 있다(Tuch, 1999).
- 초자아: **내면화 과정**이 가진 주요한 역할에 대한 인식을 의미하며 자기표상과 타인표상을 통해 정신구조를 형성하는 것을 말한다. 이러한 과정은 점진적인 자기조절 형성, 특히 일차적인 자기조절 **집행자**인 초자아 형성에 핵심적인 역할을 한다. 이러한 **집행** 및 이와 연관된 수치심과 죄책감이 가진 영향력은 발달과정 전반에 걸쳐 변화하고 성숙하면서 점점 더 자기결정적이 된다.
- 환경: 주변 환경이 갖는 중요성 및 보다 큰 맥락으로서 환경, 즉 문화에 따라 각 발달 단계별로 경험하는 인지적 · 정서적 그리고 사회적 기대를 의미한다. 우리는 이와 같은 환경 요소들이 각 아동의 발달에 영향을 줌으로써 문화적 · 시대적 특징을 반영한다고 본다.
- 가족체계: 발달에서 가장 가까운 관계에 있는 사람들이 제공하는 환경의 기여, 엄마와 유아 간의 적응 그리고 가족체계 안에서의 적응이 개인의 발달 진행에 미치는 막대한 영향을 의미한다. 우리는 초기 돌봄 경험이 갖는 중요성과 유아기에 경험하는 대인관계 및 정서적 유대가 생각의 근원, 자기에 대한 자각 그리고 타인의 마음 이해에 영향을 준다는 것을 인식하고 있다(Hobson, 2002).

- 내적인 삶: 정신분석 이론화 과정과 임상 현장에서 지속적인 관심을 받고 있는 특정한 영역들이 있다. **역동적 무의식**, 성, 공격성, 대상관계, 애착체계, 방어를 포함한 자아의 역량, 주관적 자기경험, 자의식 등이 그것이다. 이와 같은 내적인 삶에 대한 관심의 폭은 정신역동적 시각에서 발달을 바라보는 관점을 다른 형태의 발달이론 연구와 구별하게 해 준다. 따라서 이러한 정신역동적 접근은 환경적인 영향을 인정함과 동시에 이해의 범주를 한 개인의 **내적인 삶에 표상화된 세계**로 제한한다.
- 기타 과학: 우리는 인접하게 연관된 다른 발달과학들로부터 얻을 수 있는 정보에 대해 열려 있고 탐구적인 태도를 취한다. 왜냐하면 새로운 통찰력을 얻을 수 있는 것은 물론이고 새로운 연구 방향에 영향을 줌으로써 발달 이해에 풍요한 지적 자원을 제공하기 때문이다(Gilmore, 2008).
- 축적된 의미: 발달 궤도와 그 안에서 일어난 일들이 마음속에 축적하는 것으로서 의미에 대한 전반적인 강조를 말한다. 각 개인의 발달 경험은 생애 전반에 걸쳐 끊임없이 재해석되기 때문이다.

발달에 대한 이와 같은 정신역동적 접근은 한쪽으로 치우친 몇몇 정신역동 학파에서 비롯된 몇 가지 대중적인 오해를 바로잡아 줄 것이다. 정신역동적 발달 이해는 하나의 통합된 이론을 취한 적이 없기 때문에 오래된 이론과 새로운 이론 그리고 구식이 되어 버린 이론에 근거한 입장과 완전히 현대적인 입장에 근거한 이론들이 상이한 형태로 다양한 학문적인 기여를 하고 있다.

예를 들어, 초기 심리성적 발달 단계에서 발달 순서에 대한 Sigmund Freud의 이해는 단 하나의 원인을 근거로 한다. 즉, 생물학적으로 주도되는 성감대의 리비도적 진행을 근거로 했다. 오늘날 정신역동적 발달 이해는 가장 전통적인 Freud 이론마저도 심리성적 요인 외에 다른 여러 요소를 함께 고려하고 있다. 예를 들면, 거세 위협과 **오이디푸스 억압**은 실제 일어나는 사건이자 심리과정이기는 하지만 잠재기로의 발달 진행이 거세 위협과 오이디푸스 억압에 의존하는 것은 아니다. 잠재기의 특징은 다양한 역동체계 간의 상호작용 융합이라고 할 수 있는데, 이를 통해 발달과정에 있는 아동은 새로운 종류의 정신 역량, 새로운 범주의 환경적 기대, 또 다른 대상관계의 가능성 그리고 새로운 작업능력과 함께 새로운 평형에 다다르게 된다. 우리는 이와 같은 복잡한 상호작용 속에서 최대한 한 체계를 다른 체계보

다 우위에 두지 않으려고 한다. 대신 보편적이고 고유한 다른 모든 요소가 하나의 새로운 기관을 만들어 내기 위해 합력하여 작업을 한다고 본다. 따라서 우리는 어떤 형태로든 인간 발달의 인과성에 대한 단순하고 직선적인 이해를 거부한다.

이와 비슷한 맥락에서 우리는 정신역동의 근원을 찾아 거슬러 올라가는 연구가 심리적 현상들에 대한 완전한 설명을 제공한다고 생각하지 않는다. 이러한 형태의 구시대적 사고는 정신병리에 대한 정신역동적 이해를 근본적인 원인론의 의견과 동일시한다. 예를 들자면, 특정한 정신병적 공상의 근원을 아동기 경험에서 찾는다고 해도 내담자가 정신병을 갖게 된 이유에 대해 설명할 수 있는 것은 아니다. 그것보다는 오히려 과거 경험이 내담자의 정신병에 어떤 역할을 해 왔는지, 공상이 어떻게 내담자에게 중요성을 갖게 되었는지 이해하는 것이 더 낫다. 우리는 이제 자폐나 정신분열 그리고 소위 말하는 정신신체장애나 경계선 성격장애, 학습장애, 동성애, 불임과 관련된 모든 복잡한 심리 상태가 생물학, 유전학, 정신적 삶 그리고 환경 간의 무한하고 복잡하게 얽힌 상호작용에서 비롯된다는 것을 안다.

우리는 안타깝게도 서로 다른 발달의 결과들을 놓고 '정상' 또는 '건강한' 발달과 병리적인 발달로 이분하여 생각하는 경향이 편만하다는 것에 주의하라고 말하고 싶다(Auchincloss & Vaughan, 2001; Coates, 1997; Grossman & Kaplan, 1988). 이와 같은 오류는 결코 정신역동적 이론에만 국한되지 않는다 . 이는 문화와 과학 간 상호작용(interface)의 산물로 이미 문화 깊숙이 파고들어 있다. 예를 들어, 여성에 대한 현대적인 관점은 여성의 심리적 발달을 개념화하는 데 엄청난 영향을 준다. 여성의 야망과 객관성, 도덕성의 깊이 그리고 성에 대한 과거의 태도는 당대에 만연한 사회·정치적 관습에 큰 영향을 받았으며 심리적 발달개념화에 있어서도 기반을 제공했다. 비슷한 예로, 동성애 발달에 대한 관점들 역시 동성애적 성향이 적어도 부분적으로 생물학적으로 결정된다는 현대적인 관점의 영향을 받아 진화하고 있다. 다시 말해, 건강한 발달과 발달장애 사이의 연속선상에서 동성애 발달을 이해할 수 있는 것이다.

우리는 '왜'라는 질문에 답하는 우리의 태도를 겸손하게 함으로써 한 개인의 심리역동 안에서 일어난 특정한 발달의 결과를 이해하는 데 있어 이처럼 오랫동안 역사적으로 반복되는 오해들을 피할 수 있다고 믿는다. 우리는 궁극적인 인과성이 무엇인지에 대해 결론을 내리지 않아도 된다. 만약 그러한 인과성이 실제로 존재한다고 해도 말이다. 대신 우리는 '어떻게' 내담자가 현재 모습에 이르게 되었는지에 대해 보다 이해하기 쉽고 명료한 답을 찾아야 한다. 우리는 이와 같이 열려 있고 탐구적인 발달 이해의 틀이 성인이든 아동이든 내담자와 함께 작업하는 데 도움이 된다고 확신한다. 이러한 이해의 틀은 임상가가 내담자의 이야기를 듣고 변화를 위한 심리치료를 구성하는 장기적인 공동 작업과정에 방향성을 제시한다. 과거는 현재에 영향을 주고 현재를 형성해 간다. 또한 과거 경험을 기반으로 한 왜곡은 한 개인에게 주어지는 자유도를 제한한다. 따라서 과거에 대한 설명은 이해를 도울 뿐만 아니라 보다 나은 적응에 있어 핵심이 된다. 결과적으로, 치료관계 안에서 현재에 대한 설명은 한 개인의 심리적인 과거를 '예측'할 수 있게 해 주며(Hartmann & Kris, 1945), 자전적인 자기(autobiographical self)가 의미 있는 연속성을 회복하도록 돕는다. 따라서 성인 내담자 내면에 있는 아동을 상상할 수 있는 치료자의 역량은 이전 경험의 연속적인 변형을 평가하고 상이한 이야기의 단편들을 하나의 이야기로 이어 줄 연결고리를 찾게 해 주면서 치료에서 일어나는 통합적인 과정에서 핵심적인 역할을 한다. 인간 발달에 대한 응집력 있는 이해는 특정한 개인 표상에 대한 이해를 발전시키는 데 초석을 제공한다.

모든 상담자는 문화적인 요구와 기대, 각 발달 단계에 특징적으로 나타나는 갈등과 도전 그리고 인간 발달에 대해 어느 정도 일관된 이해를 가지고 있다. 이러한 발달적인 개념들을 이해하는 데 있어 발달 궤도에 대한 복합적인 평가가 차지하는 비중은 놀라울 정도로 다양하다. 경험이 많은 상담자 사이에서조차 무지와 편견을 기반으로 하거나 개인심리학 혹은 구시대적 정보에 의지하는 경우도 매우 흔하게 볼 수 있다. 발달에 대한 보다 나은 평가만이 이와 같은 맹점을 분명하게 드러내 주고 치료자의 기술을 향상시키며 임상 작업에 깊이와 세심함을 더해 줄 수 있다.

정신역동적 조직화 원리

- 변화하는 신체와 신체 변화가 마음에 주는 영향에 초점을 둔다. 자아는 "무엇보다도 신체-자아가 우선"이다(Freud, 1923/1962, p. 27).
- 발달 단계와 진행에 대한 설명은 역동 체계 상호작용에서 나타나는 무한한 다양성과 복잡성에 대한 인식을 전제로 한다.
- 성숙하는 자아 역량(maturing ego capacities)에 초점을 둔다.
- 정신구조의 형성에 있어 내면화 과정에 초점을 둔다.

- 인근(가족적) 환경과 주변(사회적) 환경의 중요성을 인식한다.
- 주관적인 의미를 강조한다.
- 다음과 같은 주요한 영역들에 집중한다.
  - 역동적 무의식
  - 성과 공격성
  - 대상관계(애착체계 포함)
  - 방어를 포함한 자아발달
  - 주관적인 자기감

정신역동적 발달이론의 기본 원리

우리가 제안하는 이론은 **발달 거래 본질**을 설명하는 인간 발달에 대한 다섯 가지 기본적인 가설(Abrams, 1977)을 근거로 한다.

- 성숙적 출현(maturational emergence): 위계적인 기관구조의 계속적인 분화를 가능하게 하는 심리 기관(psychic apparatus) 안에는 예상 가능한 순서로 출현하는 기능들이 있다. 이러한 연속적인 순서와 기능 그리고 구조들은 생물학적인 원천에 뿌리를 내리고 있다.
- 환경: 새로운 기관이 구체화되고 발전하기 위해서는 환경적인 자극이 필요하다. 자극의 범위와 시기는 발달 결과에 영향을 주는 중요한 요인들이다.
- 경험적 상호작용: '외적'이고 '내적'인 상호작용의 경험적 결과들은 앞으로 일어날 일을 함께 결정한다.
- 정신/심리 기관의 변화: 연속적인 발달 안에 존재하는 각 단계는 순차적으로 나타나는 연속적인 발달과 변화를 동시에 수반한다.
- 진행-퇴행 과정(progression-regression processes): 발달은 또한 내재적 퇴행과 진행 과정의 영향을 받는데, 이는 발달의 강도와 지속 기간 및 **리듬**에 영향을 준다(Abrams, 1978, pp. 388-389). 이러한 형태의 발달적 퇴행은 성인에게서 나타나는 증상의 하나인 이전 형태로의 퇴행과 구분되어야 한다(다음에 이어지는 '유전적 관점' 참조).

인간 발달에서 각 개인의 성숙 시간표(원리 1)는 자극과 **방향성**을 위한 환경(원리 2), 즉 주변환경과 그 안에 존재하는 사람들을 필요로 한다. 상호작용(원리 3)은 **발달 거래**에 반영되는 개인적인 경험이다. 이와 같은 원리들을 설명하면서 Abrams(1978)는 발달 진행과정(원리 4)에서의 변화와 질적으로 다른 **정신/심리 형태들** 간의 상호 대체가 재구성 및 새로운 요소의 추가를 통해 일어나는 지점인 위계적인 기관을 강조한다. 이는 조직 이론가들이 말하는 **발달유인 상태**과 비슷하다고 할 수 있다. 발달유인 상태은 각 발달 시기를 전형화한다. 이와 같은 발달 시기를 통과하는 모든 개개인은 대략적으로 비교 가능한 수준의 인지적 기관과 대상관계, 도덕성 발달 그리고 감정 복잡성과 감정 조절이 대략적으로 비교 가능한 시기에 나타나는데, 이는 이들이 같은 시기 '안에' 있음을 확인하게 해 준다. 발달 진행의 속도, 한 개인의 성격이 주어진 상황에 따라 달라지는 가변성, 이전 단계와 이후 단계를 오가는 용이성 그리고 발달의 진전에 대한 압력(원리 5)은 모두 한 개인의 발달 궤도를 결정하는 무형의 요소들이다.

발달이론에서 핵심적인 정신역동 원리

- 성숙적 출현
- 환경
- 경험적 접점
- 정신/심리 기관의 변화
- 진행-퇴행 추세

유전적 관점

Abrams(1977)는 초기 이론화 과정에서 발달적 원리들이 암묵적으로 존재하긴 했지만 한 번도 하나의 응집력 있는 이론으로 입지를 강화하지는 못했다는 것을 발견했다. 이는 아마도 정신역동적 사고가 내담자의 과거에 관심을 두는 만큼 변화와 발달의 잠재적인 진전 가능성에 초점을 맞추기보다는 심리적 선행 사건들과 그 의미들을 발견하기 위해 한 개인의 과거로 거슬러 올라가려는 경향이 강하기

때문인지도 모른다(Novick & Novick, 1994). 과거를 뒤돌아보는 것 혹은 유전적 관점은 역동적 사고를 하는 이들이 의지하는 '최소한의 가정들'이다(Rapaport & Gill, 1959). 소수를 제외한 대부분의 정신역동 임상가는 어떠한 형태로든 **유전적 사고**를 치료에 적용한다. 즉, 그들은 내담자의 현재 모습이 점진적인 변화를 거쳐 온 과거의 복합적인 결과라고 이해하고 현재 증상의 심리적 근원과 발달에 대해 알아내고자 한다.

안타깝게도 초반에 '발달에 대한 현대 정신역동적 접근'에서 언급했듯이 심리적인 근원에 대한 연구는 모든 심리 현상(mental phenomena)이 심리적 원인(etiology)을 가지고 있다는 개념과 혼동되어 왔다. 하지만 이 둘의 구분은 매우 중요한데, 과거로 거슬러 올라가 모든 것의 시발점을 정확하게 찾아낼 수 있다고 하더라도 심리적인 개인사에 대한 이해는 병인을 규정하는 것과는 전혀 다르기 때문이다. 치료자들이 심리적 근원(mental origins)과 시간에 따른 점진적 변화를 탐색할 때 우리는 보이는 증상, 성격 **기관** 혹은 성적 선호도가 **왜** 나타나는지를 규명하려는 것이 아니다. 그보다는 심리적인 근원과 시간에 따른 진화가 **어떻게** 내담자의 발달과 연관되어 있는지 알아내고자 하는 것이다(Gilmore, 2008). 우리는 내담자가 어느 시점에 발달장애라고 진단을 받거나 혹은 진단 권유를 받았는지 알아낼 수 있다. 그리고 이러한 사건이 발달과정에 있는 마음에 어떤 영향을 주었는지, 발달 전반에 걸쳐 나타난 갈등에 어떤 기여를 했는지 살펴보고 지금-여기에서는 어떻게 작용하고 있는지 진단할 수 있다. 그렇다고 해도 우리는 그 내담자가 발달장애를 갖게 된 원인이 무엇인지에 대해 추론할 의도는 없다. 우리의 관심의 초점은 내담자의 이와 같은 인지적인 문제 그리고 내담자가 지금 현재의 모습에 이르기까지 그 문제가 끼친 과거의 영향에 있기 때문이다. 비슷한 맥락에서 우리는 엄청난 음악적 소질과 같은 특별한 재능의 영향에 대해서도 그와 같은 재능이 한 개인의 발달에 준 영향을 고려할 뿐 심리적인 원인(etiology)을 찾으려 하지 않는다. 또한 우리는 타고난 성적 지향성이 아동기와 청소년기 경험에 주는 영향에 대해 이해하려는 열망이 있을 뿐, 특정한 성적 지향성을 갖게 된 이유에 대해 알 수 있다고 생각하지 않는다.

유전적 관점은 정도의 차이는 있지만 다른 여러 이론가 집단 사이에서도 중요성을 갖는다. 억압의 해소를 통해 그리고 종종 치료과정에서 전개되는 내담자와 치료자 관계의 본질 탐색을 통해 잊힌 과거를 '드러냄(uncovering)'으로써 치료적 유익을 가져오고자 할 때 유전적 재구성은 핵심적인 도구가 된다. 하지만 다수의 현대학자는 이와 같은 접근이 기억에 대한 현대적인 이해와 불일치하며 문제가 될 만큼 지나치게 단순화된 것이라고 우려를 표한다. 이는 개념적으로 성격에 대한 고고학적 비유(archeological metaphor)와 연관된다. 즉, 이전 단계의 **정신/심리 기관**이 발달이 진행되는 과정에서 발달 연속선상 어딘가에 매장되어 있다는 것이다(Dowling, 2004). 많은 임상가 사이에서 이러한 개념은 과거가 개인의 심리 형성(대상관계의 본질 또는 자기조절과 같은)에 어떠한 영향을 주었는지, 발달과정에서 어떤 작용을 했는지 그리고 어떻게 현재 시점에서 어떻게 재형성되었는지에 있어 중요한 일차적인 기능을 한다는 인식으로 대체되고 있다(Fonagy, 1999).

고고학적인 비유는 억압 개념의 **구상화** 및 **구체화**와 연결되어 있으며 '일차적인' 공상의 출현, 정신/심리 기관 혹은 방어를 설명하는 데 적용된다. 예를 들면, 이러한 증상들은 보다 '고대의(archaic)' 형태로 되돌아간 결과라고 보는 것이다(Inderbitzen & Levy, 2000). 적절한 퇴행은 아동기 발달과정의 일부다. 왜냐하면 발달의 이정표(milestone)를 일시적으로 상실했거나 내면화가 발달과정에 재투사(reprojected)되었기 때문이다. 하지만 아동기에서조차도 순수한 퇴행은 존재하지 않는다. 이는 이미 보다 성숙한 기관으로 발달이 진행된 개인에게서만 이전에 습득된 발달이나 기능의 상실이 나타날 수 있기 때문이다. 아동기에는 시간 틀이 압축되어 있기 때문에 이와 같은 부조화가 더 두드러지게 나타난다. 반면, 성인기에 보이는 일차적인 **심리/정신 기관**으로의 퇴행은 부적절한 것이다. 성인기에 있어 과거는 땅에 묻혀 있는 유물처럼 순수한 형태로 존재하지 않는다. 과거를 기억하고 재경험하는 순간들을 통해 이미 재구성된 상태이기 때문이다[기억에 대한 주목할 만한 현대 논의들은 Freud(1899) 참조]. 성인은 이전 단계의 형태로 퇴행하지 않는다. Dowling(2004)은 현재는 의식 및 무의식 기억과 절차기억을 포함한 과거의 무수히 많은 기억과 현재 순간에서 경험하는 요소들로 지속적으로 구성되고 있다고 했다. 과거의 형태들은 "모두…… 현재에 존재하고 다양하게 접근 가능하며 기존의 것을 대체하는 과정에서 전형적인 패턴 형성에 막대한 영향"을 준다. 현재는 "선행하는 모든 것에 의지하지만 동시에 선행하는 모든 것과 구분된다. 지금은 한 과거 패턴이 연령에 따라 결정되는 특유한 패턴에 다른 과거 패턴보다 더 강한 영향력을 행사하지만, 곧 또 다른 과거 패턴이 더 강한 영향력을 행사하게 되고 이와 같은 현상은 계속 반복"된다(Dowling, 2004, p. 202). 이론계에서도 그리고 이 책에서도 퇴행 개념을 복잡한 발달과정을 대표하는 말로 사용하는 경향은 사라지지 않을 것이다.

하지만 성인 발달에서 퇴행은 이전 단계 형태로 심리과정(mental process)이 퇴보하는 것을 뜻하는 것이 아니라 현재 나타나는 징후의 질적인 측면을 나타내는 기표라고 이해해야 한다(Inderbitzen & Levy, 2000).

내담자로 하여금 자신의 과거와 연결되게 해 주는 것은 보다 통합적이고 확장된 자기경험을 촉진하는 데 필수적이다. 하지만 그렇다고 해서 특정한 기억을 탐색하거나 시간 흐름에 따른 내담자의 이야기를 재구성해야 한다는 뜻은 아니다. 개인사적인 사건들이 중요하긴 하지만 발달이 진행 중인 마음에 과거 사건이 영향을 준다는 면에서만 그 중요성이 유의미하다. 우리는 발달과정에 대한 이해가 이러한 미묘한 차이들을 잘 반영할 때 정신역동적인 사고를 향상시킨다고 믿는다. 과거를 되돌아보는 것은 직선적인 이해와 단순한 인과성을 찾는 경향성을 수반한다. 반면, 발달과정에 대한 숙고는 본질적으로 비선형(nonlinear)적이고 예측 불가능하고 복잡하며 뜻밖의 기쁨(serendipity)과 놀라움으로 가득하다.

정신역동적 사고를 하는 이들의 현재 시대 정신은 점점 더 비선형적인 사고의 영향을 많이 받는다. 많은 저자가 비선형 체계이론이 제공하는 통찰력과 원리들(Galatzer-Levy, 1995, 2004; Mayes & Spence, 1994; Tyson & Tyson, 1990) 혹은 제2세대 인지심리학(Fonagy & Target, 2007)으로부터 큰 도움을 받았다고 이야기한다. 이는 보다 복잡하고 열려 있는 역동발달 과정을 수용할 것과 역동발달 과정이 한 개인의 정신적 삶에 주는 영향을 내담자의 **임상적 표상**의 순간에 적용할 것을 강력하게 촉구하는 것이라고 볼 수 있다. 우리는 발달에 대한 자각을 통해 유전적 재구성 및 현재 역동 이해를 크게 향상시킬 수 있다고 믿는다. 사실 이것이 바로 이 책에서 전제하고 있는 내용이다. 우리는 이처럼 복잡하고 역동적인 발달과정에 대해 책 전반에 걸쳐 이야기할 것이다.

정신역동적 사고에서 비선형적 역동 체계 원리

- 발달은 다양한 상호작용 체계의 산물이다. 각 체계는 **자기조직적**이고 개인에 따라 속도가 다르며 다른 체계들과의 상호작용으로부터 영향을 받는다.
- 인식 가능한 발달 단계(시기)는 **발달유인 상태**이라고 불리며 보편적이면서도 무한한 다양성을 지니고 있다.
- 이와 같은 개념화 과정에서 퇴행을 과거의 특정한 시점으로의 직선적인 회귀

로 보는 전통적인 개념 사용은 적절하지 않다.

주요 개념

- 발달은 주어진 자질과 출현하는 역량, 환경, 경험, 비선형적 순서로 나타나는 정신 조직들 안에서의 결과들을 통합하는 과정이다.
- 발달 과업들은 다음과 같은 요소들을 통해 마음에 구체적인 도전을 준다.
  - 환경적인 기대
  - 개인의 성숙
  - 개인의 경험 안에서 일어나는 이 둘 간의 상호작용
- 현대 정신역동 발달 이해는 다음과 같은 내용을 인식하며 다양한 체계의 접근을 활용한다.
  - 인간 발달은 일정한 범위의 체계들에 무한한 다양성을 허용하면서도 상대적으로 이러한 체계들을 일관성 있는 발달 진행으로 통합하는 거래과정이다.
  - 자아 역량, 대상관계, 신체 성숙, 주관적 경험, 초자아 점진적 발달, 환경적 요구 및 발달을 진행하고자 하는 욕구 등은 모두 한 개인의 마음과 지속적인 변화를 거듭해 온 삶의 이야기를 이해하는 데 고려해야 할 요소들이다.
- 발달 이해는 인간 심리에 대한 어떤 형태의 탐색과도 모두 연관이 있다. 정신적 삶에 대한 이론은 대부분의 경우 Freud가 지지했던 오래된 경구와 일치한다. "아동은 성인의 아버지다."(Freud, 1913/1962, p. 183)
- 인간 발달의 특징인 순차적으로 나타나는 심리/정신 기관들에 대한 이해는 임상가로 하여금 내담자 안에서 다음과 같은 것들을 인식하도록 돕는다.
  - 순진한 인지
  - 외상적 변형/기형
  - 현재 관계 왜곡
  - 성인의 삶 안에 잔존하는 아동기 경험에서부터 비롯된 지각, 정서, 행동의 유해한 패턴들
- 과거에 대한 몇몇 활동 기억은 특정한 사건들(일화기억)을 반영하며 주로 현재 순간에서 유발된다. 하지만 대부분의 기억은 절차기억으로 남아 있다.
  - 이러한 기억들은 한 개인이 걷고 말하고 생각하고 관계를 맺고 두려워하고 사랑하는 방식에 비언어적으로 내포되어 있다.
  - 아동기 형태에 대한 보다 많은 조율은 과거에는 필수적이었지만 현재는 갈등과 고통의 근원이 된 패턴들과 감정들을 인식하고 명료화하도록 촉진한다.

2장

영아기

부모 됨,
엄마-영아 관계
그리고 영아의 마음

영아에 대한 입문

전언어기 영아의 불가사의한 마음은 현대 정신역동 분석가들의 관심을 사로잡았다. 영아의 관계적 역량에 대한 흥미로운 발견들과 타고난 엄마-영아의 상호 유대에 관한 보다 깊은 이해는 초기 심리발달 이론 확장에 막대한 영향을 주었다. 다양한 그룹의 정신역동 분석가들과 발달심리 이론가들은 엄마-영아 양자 간의 애착관계 및 **애착관계**가 사회 · 정서적 패턴에 주는 독특한 영향에 대해 명확하게 이야기하고 있다. 이러한 획기적인 작업은 치료 상황을 포함한 전생애에 걸쳐 나타나는 관계들의 상호 주관적인 본질에 대한 새로운 사고를 가능하게 했다.

엄마-영아 관계의 역할

대부분 엄마와의 밀접한 관계를 유지하는 데 도움을 주는 일련의 놀라운 선천적인 재능에도 불구하고 영아는 상당 부분 엄마의 자아 원천에 깊이 의지할 수밖에 없는 상태로 태어난다. 엄마의 정서적 반영과 신체적 반응성은 대부분의 경우 엄마-영아 양자 간의 신체적인 접촉을 통해 전달된다. 엄마에게서 나타나는 부모와의 동일시, 엄마의 과거 관계들 그리고 영아의 성별과 기질에 대한 엄마의 고유한 반응은 이와 같은 엄마의 정서적 반영과 신체적 반응성에 많은 영향을 준다. 엄마가 시기적절하고 지속적인 돌봄을 제공함에 따라 어린 영아는 위안을 주는 엄마의 존재와 더불어 자신의 심리적 · 신체적 상태 변화에 대한 심적 표상을 형성하기 시작한다. 점점 더 복잡하고 내면화되는 양자관계 안에서의 신체적 · 정서적 상호작용은 생애 첫 몇 개월에 걸쳐 아기의 정신구조를 형성한다. 영아기가 끝나갈 즈음에는 이러한 표상들이 생애 전반에 걸친 대인관계 및 자기조절 경향의 판형으로서의 역할을 한다.

영아기에 나타나는 놀라운 인지, 사회 및 운동 능력 성취는 양자관계에서 초기에 나타난 강렬한 신체적 · 정서적 연결에 변화를 가져온다. 즉, 언어적 표현과 사회적 참조와 같은 보다 덜 즉각적인 방식의 정서적 의사소통이 강렬한 신체적 접촉을 대체하기 시작하는 것이다. 엄마가 정서적인 방향성의 지표로서의 기능을 지속하기는 하지만, 아기의 본능적인 탐색 욕구와 운동 숙달에 대한 단호한 추구는 이전에 부모에게만 집중되던 관심의 초점을 확장시킨다. 아동에게서 나타나는 지적 · 운동적 발달 이정표는 분리와 개별화에 대한 영아의 어렴풋한 인식을 뒷받침하며 유아기 발달로 넘어가기 위한 초석을 마련한다.

역사적인 영향 및 영아에 대한 현대 정신역동적 접근

최근 광범위하게 나타나는 아동기(즉, 영아기와 유아기)의 전오이디푸스 단계들에 대한 관심은 정신역동이론 안에서 점진적으로 형성되어 왔다. 매우 독창적이고 영향력 있는 저술가들(Fairbairn, 1954; Klein, 1945, 1946)이 영아의 정신적 삶에 대한 다음과 같은 가설을 세웠다. 아기에게서 나타나는 유례없는 생생한 관계 지향적 마음(이와 같은 가설은 이후 경험적 연구를 통해 상당 부분 타당성이 입증되었다.)은 아동기에 들어서면 관심의 확장 및 엄마-영아 관찰로 이어진다. 관련된 모든 내용을 이 장에서 다 다룰 수는 없지만, 기관에서 양육된 영아들에 대한 Spitz(1945, 1946)의 선구자적인 연구, Winnicott(1956/1958, 1960)과 Bion(1962)의 모성 마음(maternal mind)에 대한 상세한 설명, 아동에게서 나타나는 점진적인 개별화와 자율성 성취에 대해 묘사한 Mahler(1972, 1974)의 분리-개별화 이론은 모두 특별히 큰

영향을 미쳤다. 이러한 것에 대한 저술들은 엄마의 정신적 삶과 아기의 정신적 삶 사이에 존재하는 불가분한 연결고리, 부모가 제공하는 안정적이고 반응적인 돌봄의 중요한 역할, 엄마와의 유대감을 박탈당한 영아들에게서 나타나는 발달적 결과 등을 자세히 설명해 준다.

1970년대부터 지금에 이르기까지 영아에 대한 문헌들이 급증적으로 쏟아져 나오고 있는데(몇몇 주요한 연구는 이 장에 언급되어 있다), 그중 대다수는 엄마와의 근접성에 대한 아기의 선천적인 필요와 엄마의 실질적 존재가 주는 안정감 등을 설명한 Bowlby(1963, 1969, 1973, 1980)의 **애착이론** 연구들에 깊은 영향을 받았다. 학계는 물론 대중에게도 엄청난 영향력을 준 애착이론과 그것의 기본 원리들은 현재 문화에도 깊이 파고들어 있다. 모성적 조율과 반응성에 대한 통념은 모두 Bowlby와 그의 후계자들이 남긴 연구에서 파생되었다. 몇몇 저명한 이론가(예: Stern, 1985; Fonagy, 2001; Gergely, 2000; Slade, 2000)는 정신역동 원리들과 애착이론 및 발달 연구를 통합함으로써 정신역동 학계 및 임상계에서 영아에 대한 관심을 증폭시켰다.

영아에 대한 정신역동적 관점과 영아에 대한 연구 관점을 접목시킴으로써 얻은 상호 간의 유익은 상당하다. 하지만 각 관점들은 엄마-영아 양자관계 연구에 있어서 각각 고유한 연구 목적을 가지고 있으며 상이한 측면에 초점을 두고 있다(Pine, 2004; Shuttleworth, 1989). 경험적 연구는 주로 영아가 차분할 때, 각성되었을 때, 몰입할 준비가 되었을 때 나타나는 외적이고 측정 가능한 역량들을 강조하는 경향이 있다. 이러한 기회들이 주어지는 순간 아기들은 놀라운 사회적 능력과 세상에 대한 정교화된 지식을 보여 준다. 하지만 우리는 영아의 주관적인 경험이 이러한 순간들에만 국한되지 않는다고 믿는다. 특히 심리적·신체적 상태가 급변하는 생애 첫 몇 주 동안에는 주로 **심리적 불편감과 비접근성**(inaccessibility)이 주도적으로 나타난다. 또한 부모가 아기의 변화에 영향을 주면서도 동시에 이에 적응해 가는 것은 신생아 발달의 복잡성을 더 증가시키는 요인이 된다. 정신역동의 범주 안에서 우리가 관찰하는 내용의 핵심에는 변화 가능하고 상호적이며 수량화할 수 없는 부모와 아동의 심적 상태가 자리 잡고 있다.

부모 됨, 임신, 엄마-유아의 감정 공유

임신과 모성적 공상

아기의 심리적 삶은 부모의 마음에서부터 시작된다. 부모의 아동기 경험에 대한 기억, 아동기의 해결되지 않은 갈등, 자신의 부모에 대한 감정, 정서 및 관계 유형, 태아의 성별(실제 성별이든 상상한 것이든)에 대한 부모의 태도 등은 출산을 앞둔 부모의 공상을 형성하는 데 상당한 영향을 준다. 이와 같은 의식적 요인들과 무의식적 요인들은 부모가 아기를 돌보고 반응하는 데 즉각적인 영향을 준다(Blum, 2004; Slade & Cohen, 1996; Stern, 1995; Winnicott, 1960).

물론 아버지/아빠와 양부모도 생모가 갖는 부모로서의 기대와 불안을 상당 부분 공유하기는 하지만 임산부가 경험하는 급격한 신체적 변화와 호르몬 변화 및 출산 과정 자체는 고유하게 구별된 심리적 · 신체적 변화를 가져온다. 출산 직전 몇 주 동안에 산모는 태어날 아기에 대한 공상이 심화되고 외부 세계의 실질적인 관심사들로부터 다소 멀어지면서 상대적으로 점점 더 내면에 집중하게 되는 것을 경험한다. 고유한 모성적 공상이 발달하기 시작하는데, 이러한 '일차적인 모성 몰두'(Winnicott, 1956/1958)는 신생아의 변화하는 감정 상태에 대한 엄마의 동일시와 신생아의 감정을 반영하는 엄마의 역량, 신생아의 심리적 불편감과 불쾌감을 담아 주는 역량을 촉진한다(Bion, 1962; Winnicott, 1956/1958). 이러한 가용성(availability), 다시 말해 강도 높은 수반적 반응성, 즉 신생아가 보이는 구체적인 신호와 신생아의 필요에 맞게 조정해 주는 것은 시기적절한 부모의 돌봄을 요구하는 생후 첫 몇 주 동안, 특히 중요하다. 생후 몇 개월에 걸쳐 엄마는 아기 외에도 세상에 대한 정상적인 수준의 관심을 서서히 회복하게 된다. 동시에 영아의 사람들에 대한 관심과 엄마-영아 양자관계 외부에 존재하는 것들에 대한 관심도 확장되고 발달된다.

엄마-영아의 감정 의사소통 및 표시된 감정의 역할

생애 초기 몇 개월 동안에는 엄마-영아의 동일시 및 의사소통의 상호 감정 처리가 주로 신체적인 접촉을 통해 전달된다. 엄마는 영아의 전언어적 신호들을 심리적

으로 흡수하고, 영아의 변하는 감정과 신체 상태를 정의해 주고/알아차리며, 엄마 본인의 정서적 각성을 경험하는 것을 반복한다. 엄마는 영아의 감정들과 불안감에 깊이 공감해 주는 것과 동시에 이에 압도되거나 주의가 산만해지지 않고 영아의 필요를 해석해 주며 시기적절하면서도 지속적인 돌봄을 제공한다. 엄마가 먹여 주고 안아 주며 흔들어서 달래 줄 때 아기는 엄마가 주는 안정적인 존재감과 더불어 엄마의 몸에서 나는 소리와 냄새 및 느껴지는 감촉들을 적극적으로 받아들이며 흡수한다.

의식적인 자각의 범위 밖에서 주로 작동하는 전형적인 모성적/어머니의 반응성은 실제와 수정된(marked, 즉 modified) 감정 표현들을 구별하는 영아에게 고유한 형태로 최적화되어 있다(Gergely, 2000). 괴로워하는 아기와의 상호작용에서 보이는 엄마의 얼굴 표정과 태도는 공감적이지만 수정된 형태의 아동의 감정이다. 엄마는 영아의 울음을 그대로 흉내 내거나 불쾌감을 표현하지 않는다. 이와 같은 형태로 부정적인 상태를 모사하는 것은 영아의 불안감을 강화시킬 뿐이다. 대신 엄마는 '슬픈 감정을 흉내' 내며 입술을 삐쭉 내밀고 아기가 울 때 언어로 함께 표현해 주거나 아기의 주관적인 경험을 인식 가능하면서도 장난스러운 형태로 바꾸어 묘사한다.

영아의 필요에 동일시하는 엄마의 역량은 정서적 각성의 조절된 형태를 반영하고 엄마로 하여금 아동의 감정적·신체적 경험에 대한 점진적인 자각, 이해, 인내를 촉진하는 의미 있는 돌봄을 제공하도록 돕는다. 신체적인 상태에 대한 심적 표상들은 엄마의 변형적 돌봄과 함께 자율적인 정서적 자기조절을 위한 핵심적인 요소들을 형성하면서 영아의 정신을 구조화하기 시작한다(Bion, 1962; Gergely, 2000; Gergely & Watson, 1996; Winnicott, 1960). 영아의 생애 초기 몇 주 동안 엄마의 반응성과 적극적인 돌봄은 영아가 괴로움에 압도되지 않도록 보호한다. 하지만 곧 아기의 심적 표상들은 아기로 하여금 일시적인 불편을 인내할 수 있도록 하며 예측적인 안정감을 갖도록 해 준다. 어린 영아의 울음과 괴로움이 감소하고 평온한 각성 상태가 점점 더 잦아지고 길어지는 것은 엄마를 안심시키고 엄마로 하여금 자신의 돌봄의 효율성과 질에 대해 확신을 갖도록 강화한다.

전면적이면서도 삶을 바꿔 놓을 만한 잠재력을 가진 부모로서의 삶은 이전 관계들과 해결되지 않은 갈등들을 다시 들여다보고 작업할 수 있는 독특한 기회를 제공하며, 많은 성인이 자아감에 변화가 있었다고 이야기한다. 이와 같은 적응의 깊이는 몇몇 이론가로 하여금 부모가 되는 것을 하나의 발달 단계로 가정하도록 했다

(Banedek, 1959; Stem, 1995). 새롭게 발견하는 자기 부모에 대한 친밀감과 동일시는 가치와 우선순위, 의미와 목적에 대한 보다 깊은 인식, 함께 자녀를 양육하는 배우자에 대한 친밀감 상승 등에 있어 주된 변화를 가져온다.

〈임산부〉 동영상을 보자. 임신에 대한 한 여성의 생각과 감정, 엄마 됨이 자신의 엄마와의 관계에 주는 영향, 가족 집단 안에서 일어날 변화에 대한 기대 등을 알 수 있다.

영아의 질병, 사회적 지지의 결여, 엄마의 정신병리와 같은 몇 가지 위험 요소는 부모로서의 삶에 방해가 되고 엄마의 반영 역량 및 영아를 돌보는 역량을 위태롭게 할 수 있다. 육체적인 탈진, 신체와 호르몬의 변화, 특별하던 임신 기간의 갑작스러운 종결 등은 영아의 의존 욕구 및 엄마의 자아 강도 요구가 정점에 달하는 산후 기간을 특별히 더 취약하게 만든다. 엄마 됨으로 인해 각성되는 무의식적 갈등을 포함한 수많은 생물학적 · 사회적 · 정서적 요인들은 산후 불안과 우울증을 불러일으킬 수 있다(Blum, 2004, 2007; Murray & Cooper, 1997).

자신의 애착사와 정서적 자기반영 역량에 대한 엄마의 심적 표상은 엄마-영아 애착에 있어서 강력한 예측 변수가 된다(Fonagy et al., 1993; Main et al., 1985). 해결되지 않은 외상/트라우마와 깊은 관계적 갈등을 가진 부모의 경우 영아의 강도 높은 필요와 괴로워하는 상태가 '요람의 유령들'을 출현하게 할 수도 있다(Fraiberg et al., 1975). 엄마의 오래전 과거에서 비롯되는 이와 같은 원치 않는 감정과 연상들은 모성적 공상 및 엄마-영아의 지금-여기 상황에서의 반응성을 방해할 뿐만 아니라 아기에 대한 왜곡된 시각과 부정적인 공상으로 이어진다. 예를 들어, 아동기에 경험한 거부로 인해 고통받고 있는 한 엄마는 자신의 신생아가 탐욕스러울 정도로 요구하는 것이 많고 아기를 결코 만족시킬 수 없다고 인식하고 있었다. 간헐적으로 폭력적이었던 양부모에게서 자란 한 엄마는 어린 영아의 울음소리가 엄마로서의 돌봄을 비난하는 비판으로 들린다고 했다. 충족되지 못한 아동기의 갈망과 무력감, 과거 부모 역할을 하던 인물들의 부적합함(inadequacy)에 대한 분노 등에 대한 기억들을 비롯해서 이러한 모든 반응을 억압해야 하기 위해 부수적으로 나타나는 절박함 등은 엄마로 하여금 아기의 감정적인 신호들을 잘못 해석하거나 축소하거나 혹은 단순히 '무시'하도록 하는 원인이 될 수 있다(Slade & Cohen, 1996).

영아기에서 엄마의 마음의 역할

- 일차적 모성 몰두는 엄마가 신생아와의 정서적 동일시를 준비하도록 돕는 고유한 형태의 공상이다.
- 모성적 공상 및 (태아의 성별과 태동에 대한) 태도는 엄마가 즉각적으로 신생아에게 애착을 갖게 하며 아기의 심리발달에 강력한 영향을 준다.
- 영아는 엄마의 자아 역량, 특히 엄마의 반영과 공감적 반응에 크게 의지한다.
- '요람의 유령들'은 엄마 자신의 해결되지 않은 아동기의 기억과 감정 및 갈등이 모성적 공상과 공감적 반응성을 왜곡하고 방해할 수 있음을 의미한다.

신생아기, 사회적 미소의 출현, 기질의 역할

생애 초기 몇 주

신생아들은 고유한 형태로 엄마를 찾고 엄마의 관심을 끌도록 준비되고 동기화된 상태로 태어난다. 울음과 같은 신생아들의 첫 의사소통 역량은 부모에게 막대한 영향을 미치고 신생아들이 필요로 하는 돌봄을 이끌어 내도록 돕는다. 아기의 신체는 경험의 중심이 된다. 앞의 '영아에 대한 입문'에서 논의했듯이, 어린 영아에게서 나타나는 끊임없이 변하는 신체적 상태와 영아를 달래 주는 엄마의 돌봄은 초기 정신구조를 형성하며 점진적으로 내면화된다. 일관적이면서도 **수반적인**, 영아의 구체적인 필요들에 만발의 준비가 되어 있는 엄마의 반응들은 영아의 사회적 · 인지적 역량의 성장과 함께 짧은 순간의 괴로움을 좀 더 잘 인내할 수 있도록 해 준다. 처음에는 매우 찰나적이고 간헐적이던 평온한 각성 기간과 **사회적 가용성**은 생후 첫 몇 주간에 걸쳐 점차적으로 잦아지고 길어진다.

영아에 대한 우리의 현대적인 관점은 John Bowlby(1969, 1973)의 연구에 의해 상당 부분 강화되었다. Bowlby에 따르면 선천적이며 생물학적인 기반을 가진 애착 체계는 영아가 엄마의 부재로 인해 괴로움을 경험할 때마다 활성화된다. 아동에게서 출현하는 사회적 · 인지적 · 운동 역량들—울음, 미소, 엄마를 따라 기어가기, 소리내어 표현하기 등—은 엄마의 주의를 유지시키거나 다시 환기시키고 신체적인 친밀감을 회복하도록 고안되어 있다. 생후 첫 몇 개월 동안 영아는 반복적인 엄마-

영아 상호작용을 기반으로 **내적 작동 모델**, 즉 관계적 맥락 안에서의 자기와 타인에 대한 심적 표상을 발달시킨다. 복잡성과 **구조화**가 증가하는 이와 같은 심적 표상 모델은 아동의 관계 양식과 사회적 기대를 위한 지속적인 틀을 형성하기 시작한다. 이러한 이론적 입장은 수반적 반응성과 신뢰할 만한 보살핌이 영아의 즉각적인 효능감뿐만 아니라 애착관계에 대한 보다 영속적인 감정과 신뢰에도 엄청난 유익을 준다고 본다.

영아의 주관적인 전언어적 경험의 본질은 규정하기 어렵다. 방대한 발달 관련 연구들은 이전에 상상하지도 못했던 사회성, 감정적 의사소통, 지각적 체계화와 같은 생후 첫 몇 주 동안 나타나는 영아의 역량들을 발견해 왔다. 예를 들어, 신생아는 엄마의 고유한 냄새와 목소리를 구별할 수 있고 복잡한 감각 정보를 통합할 수 있다(Gergely & Watson, 1996; Grosse et al., 2010; Stern, 1985). 하지만 신생아의 무력감과 의존도 역시 매우 크다. 정신구조의 점진적인 발달은 매우 풍부하고 안정적인 부모의 돌봄을 요구한다. 일부 이론가의 생생한 묘사는 지속적으로 변하는 영아의 내적 상태와 엄마의 안아 주는 행동이 주는 안정감을 상상하는 데 도움이 된다. 여기에는 **파편화** 후 신체적 통합의 회복, 완전히 **부서졌다**가 다시 제자리로 돌아오는 것 같은 느낌, 연속성에 대한 느낌 등이 포함된다(Bick, 1968; Bion, 1962; Shuttleworth, 1989: Winnicott, 1960).

Mahler의 분리-개별화 이론에 따르면 영아는 처음에 자기와 엄마를 구별되지 않은 하나의 구성체로 경험한다. Mahler는 영아가 수개월 동안 자기 자신의 정신적·신체적 경계와 부모의 정신적·신체적 경계에 대해 매우 제한된 자각을 하고 있다고 말한다. 이와 같은 모델에 따르면 초기 발달의 주요 과업은 심리적이고 신체적인 분리의 점진적 성취라고 할 수 있다. 최근 영아의 선천적 관계 역량에 대한 발견(Gergely, 2000; Pine, 2004)은 Mahler가 이야기한 신생아의 초기에 나타나는 '유사자폐/자폐증 같은' 상태에 대한 설명의 수정을 요구한다. 그럼에도 불구하고 우리는 신생아에 대한 Mahler의 묘사에 적절한 면이 있다고 생각하는데, 이는 추측할 수 없는 영아의 전언어기적 경험의 본질과 고도의 수반성 반응의 필요 및 영아가 극도로 괴로워하거나 **교감할 수 없는 것** 같아 보일 때 성인이 느끼는 무력감과 어리둥절함 등을 잘 담아내고 있기 때문이다.

사회적 미소 및 그것이 엄마-영아 유대감 형성에 주는 영향

반응적인 **사회적 미소**가 출현하는 2개월 무렵 영아의 전반적인 외모와 행동은 현저한 변화를 보인다. 이처럼 독특하고 의미 있는 발달 이정표의 출현은 신체 상태에 대한 보다 나은 자기조절, 더 연장된 각성 **가용성**, 인지적 · 지각적 능력의 향상 등을 포함한 영아의 근본적인 정신체계의 성숙을 반영한다. 이와 같은 발달상의 진전은 대면 상호작용을 통해 누리는 양자관계의 기쁨의 깊이를 더하고 감정적 의사소통의 범위를 전반적으로 확장시키면서 엄마-영아 관계에 즉각적인 영향을 준다(Spitz, 1965; Stern, 1985). 영아들에게 익숙한 사람이라면 누구나 입증할 수 있듯이 영아의 미소를 끌어내는 것은 본질적으로 보상받는 느낌을 준다. 뿐만 아니라 새로운 단계로 접어든 보다 향상된 사회적 반응성은 2개월 혹은 3개월 된 영아가 신생아 때에 비해 훨씬 인식 가능하고 이해 가능한 존재처럼 보이게 해 준다. 잠도 부족하고 다소 혼란스러운 생후 첫 몇 주를 보낸 후 많은 부모는 극도의 안도감을 느끼며 영아를 돌보는 스스로의 역량에 대한 자신감이 재충전되는 것을 경험한다.

기질과 엄마-영아 관계에서 기질의 역할

영아의 고유한 기질은 생후 일 년 내에 표현된다. 각성과 반응도에 있어서의 민감성과 같은 요인들을 아우르는 영아의 선천적인 기질은 영아의 사회적 몰입(engagement), 상황에 대한 인내, 자기조절 역량 등에 대한 영아의 **가용성**에 영향을 준다(Kagan, 1997). 중요한 것은 영아의 기질이 엄마의 반응을 이끌어 낸다는 것이다. 예를 들어, 영아의 기질은 영아의 성별과 결합될 때 수동성 혹은 공격성에 대한 엄마의 무의식적 감정과 연상을 불러일으킬 수 있다. 엄마-영아의 기질적 '일치'는 반드시 이상적이라고 할 수 없다. 활동적이고 매우 몰입적인(engaging) 부모는 자신의 아이가 조금 더디고 쉽게 압도되는 아이라는 것을 발견할 수도 있다. 엄마의 융통성과 영아의 개별적인 필요 및 취약성에 적응하려는 의지는 영아의 출현하는 성격에 있어 핵심적인 요인이 된다. 영아의 기질과 엄마의 반응성 간의 복잡한 상호작용은 미래의 발달 경향을 인도하게 될 '기본 핵심'(Weil, 1970)의 출현으로 이어진다.

다음 사례는 영아의 고유한 기질과 관계적 필요에 대한 엄마의 적응을 보여 준다.

33세인 루스와 그녀의 남편은 둘 다 바쁘고 성공적인 삶을 사는 교육자들이다. 이들은 첫아이의 출생이 곧 활동적이고 계획으로 가득 찬 현재 생활에 커다란 변화를 가져올 것임을 알고 있다. 하지만 루스는 아기 헤더의 독특한 기질에 대해서는 준비가 되어 있지 않았다. 헤더는 잘 먹고 잘 자며 만족해하고 건강한 아기이기는 했지만, 한편으로 강렬한 사회적 상호작용에 의해 지나치게 흥분하는 경향이 있고 오히려 엄마 곁에 가까이 있으면서 다른 사람들에게 서서히 다가가는 것을 선호했다. 루스가 특유의 열정적인 태도와 큰 목소리 그리고 활기찬 움직임으로 아기를 다룰 때면, 헤더는 가끔씩 보채거나 엄마의 눈을 피하기도 했다. 친구들은 헤더가 유아 의자에 오랫동안 앉아 있거나 이불 위에서 사람들이나 장난감을 바라보는 것에 만족해하는 '조용한 관찰자' 인 것 같다고 했다. 어떤 부모들은 헤더의 유쾌한 기질과 어릴 때부터 규칙적으로 잘 먹고 잘 자는 과업을 성취한 것에 대해 대놓고 부러워하기도 했다.

하지만 루스는 자신의 딸이 좀 덜 차분하고 더 공격적이기를 남몰래 바랐다. 그러한 적극적인 기질들은 루스가 높이 사는 것으로 모두 성공적이고 유력한 여성과 연관되어 있었다. 루스는 자신의 어머니가 나지막한 목소리로 부드럽게 이야기하며 인내심을 가지고 더디긴 하지만 헤더의 한없이 예쁜 미소를 유도해 내는 것을 지켜봤다. 헤더는 항상 엄마의 소심하고 주저하는 태도에 좌절감을 느꼈지만, 차분한 할머니로서의 존재감에 감사했고 자기 엄마의 부드러운 접근법을 모방하기 시작했다.

처음에 루스는 자신의 딸이 자기와 전혀 다른 성향을 가지고 있다는 사실에 놀랐다. 그녀는 열정적이고 운동신경이 발달한 아이를 꿈꿔 왔다. 영아의 차분한 성격은 활동적이고 쾌활하며 항상 '엄청 행복해하던' 엄마 루스에게 혼란과 **무능감**을 불러일으켰다. 하지만 루스는 열려 있고 자기반성적인 사람으로, 완벽한 엄마-딸의 유대를 기대했던 자신의 부모로서의 공상이 다소 비현실이었다는 것, 자신이 경험한 가벼운 실망감, 스스로 부적합하다는 느낌 등에 대해 자각할 수 있었다. 대인관계 양식이 다소 조용하고 내성적인 자신의 엄마를 통해 새롭게 경험한 공감은 엄마의 모델링과 도움을 적극적으로 수용하도록 도왔다. 그리고 초보 엄마인 루스는 영아의 필요에 보다 부드럽게 반응하는 법을 곧 배우게 된다.

다음의 사례는 엄마-영아 양자관계가 심각한 심리적 압박으로 인해 뒤흔들리면서 엄마의 적응이 다소 부정적으로 나타난 것을 묘사하고 있다.

24세인 나오미는 아들을 간절히 원했고 활발한 태동을 느끼며 아기가 분명 딸이 아닌 아들일 것이라고 확신했다. 나오미는 개인적으로 남자아이가 더 우월한 위치에 있으며 힘도 세고 행복할 가능성이 많다고 오랫동안 믿어 왔다. 나오미의 엄마는 나오미가 어렸을 때 이혼했는데, 살림을 겨우 꾸려 가기는 했지만 나오미의 엄마가 삶에서 누리는 기쁨은 거의 없었다. 엄마의 삶에서 본 인내와 관용에 대한 감정은 나오미 아동기의 가장 두드러진 특징이었다. 한편, 아버지는 다소 동떨어져 있고 들뜬 성격으로 실제 삶에서 육아에 참여하기보다는 공상에 잠길 때 더 생기가 도는 편이었다. 나오미는 19세가 되었을 때 착실하고 친절하며 힘들게 하지 않는 남자친구와 결혼했다. 그녀는 가끔 자기가 남편을 존경하는지 의심스러웠지만 남편이 보이는 헌신은 확신할 수 있었고 이에 대해 매우 고마워하고 있었다.

아기 마이클이 태어났을 때 나오미는 아기의 초롱초롱하고 활동적인 모습을 보며 너무 기뻤다. 친구들에게 자기 아들이 얼마나 '강인한' 아이인지 자랑하곤 했다. 나오미는 마이클이 남자아이이기 때문에 희생해야 하거나 상처받을 일이 없을 것이라고 생각했다. 그리고 한편으로는 아들이 딸보다 분명 더 빨리 독립할 것이라고 기대하기 시작했다. 사실 나오미의 오빠가 그랬다. 그녀의 기억에 의하면 오빠는 십 대 후반에 우울하고 가난한 엄마와 나오미를 단 둘이 남겨 두고 '가출'을 했다. 자기가 낳은 아들이 3개월이 되었을 때 손가락을 빨고 조용해지며 처음으로 **자기위로** 행동을 하는 것을 보았을 때 나오미는 양가감정을 느꼈다. 아들에게서 보이는 '강인함'에 만족하면서도 아들의 삶에서 자신의 역할이 축소된 것만 같았다. 마이클과 단 둘이 있을 때 나오미는 항상 그런 것은 아니지만 이따금 아들의 울음소리에 늦게 반응하며 아기에게 '자기의존성/독립성'을 가르치는 중이라고 합리화했다. 어쩔 수 없이 몇 분 동안 손가락을 빨다가 아기는 괴로워하며 미친 듯이 울기 시작했다. 이 시점에 이르면 나오미는 마이클이 자기를 정말로 필요로 한다고 느꼈지만 동시에 한편으로 극에 달한 아기의 무력감과 필요에 분개하기도 했다.

이 엄마의 기저에 깔린 버림받는 것에 대한 두려움과 과거 해결되지 않은 남성에 대한 분노, 엄마의 양육에 대한 전반적인 부정적인 느낌 등은 엄마의 공감적 반응성 역량을 방해하고 있다. 거절에 대한 두려움, 자기 자신이 느꼈던 무력감에 대한 기억, 강렬한 분노의 감정 등은 영아의 정상적인 필요와 자기조절 노력 등을 대면

할 때 각성되었다. 이와 같은 불행한 영아기의 '유령들'은 엄마-영아 양자관계에 막대한 심리적 압력으로 작용하고 나오미와 영아 모두에게 해결할 수 없는 **구속**이 된다. 나오미는 마이클의 독립성을 못 견뎌 하고 그렇다고 해서 자기의존성을 수용하지도 못하고 있다. 예측할 수 없고 간헐적인 무시 행동은 영아의 안전감과 안정감을 방해하는 위협적인 요소가 되어 마이클의 내적·정서적 통제 발달에 더 큰 장애물을 만든다.

면대면 상호작용과 부화의 과정

월령 3~6개월과 양자관계 상호작용

3~6개월 된 영아는 매우 사회적이며 면대면 상호작용에 어김없이 무한한 관심을 보이며 즐거워한다. 미소를 짓거나, 옹알이를 하거나, 뚫어지게 쳐다보거나, 팔다리를 휘저으며 몸 전체가 반응하는데, 이는 모두 영아가 양자 상호작용에 완전히 몰두해 있음을 보여 준다. 이러한 발달 초기 면대면 만남에서 이미 번갈아 가며 이야기를 하고 상호작용을 하는 것과 같은 인간의 사회화 과정에서 주요한 요소들을 찾아볼 수 있다. 엄마-영아의 상호작용을 자세히 관찰하면 감정적 의사소통과 상호 조절이 진행되는 과정을 알 수 있는데, 이와 같은 상호작용은 행동에서 분 단위로 나타나는 무의식적인 전환과 적응에 의해 이루어진다(Beebe, 2000; Stern, 1985). 신생아의 경우와는 반대로 나이가 더 많은 영아들은 즉각적이고 수반적인 반응성에 덜 의존한다. 이들은 이제 조금 색다른 경험들에 더 관심을 가지며 타인이 자신의 신체적 상태에 주의를 기울일 때까지 잠깐 동안 기다릴 줄 알게 된다.

〈3개월 된 영아와 엄마〉 동영상을 보자. 면대면 상호작용과 엄마의 지속적인 대화가 아동의 경험을 상상하려는 엄마의 노력을 어떻게 반영하는지 보여 주는 좋은 예다.

엄마-영아 간 '공생'에 대한 Mahler(1972, 1974)의 설명은 양자 간의 깊은 감정적 연결과 상호 의존성을 잘 포착하고 있는데 가족 구성원부터 영아 연구자에 이르기

까지의 제3자가 양자와 함께 있을 때 경험하는 강렬한 반응들과 배제된 느낌은 한 쌍의 양자 사이에서 볼 수 있는 강도 높은 상호 몰입을 입증해 준다(Rustin, 1989). 4개월에 접어들면 영아는 친숙하게 전개되는 양자적 상호관계를 내면화하고 엄마의 행동에 변화가 있을 때 불안해한다(Tronick, 1989; Tronick et al., 1978). 이러한 패러다임 안에서 엄마들은 처음에 영아와 함께 전형적인 반응을 보이는 면대면 교환/상호작용을 하도록 지시를 받았다. 그러고 나서 엄마들에게 아무런 감정이 없는 표현을 하도록 요구했다. 엄마의 무뚝뚝한 표정에 대한 반응으로 많은 영아는 소리를 더 많이 내고 더 활발하게 움직임으로써 **융합** 노력을 더 강화했다. 이와 같은 노력이 정상적인 상호작용의 회복을 가져오지 못할 때 대부분의 영아는 울음, 시선 회피, 급격한 졸음 등으로 명백한 괴로움과 회피를 나타냈다.

6개월, '부화'의 과정과 전이 대상

생애 첫해의 절반이 지난 6개월이 되면 면대면 상호작용에 있어서의 강도 높은 몰입은 전환을 맞이한다. 영아는 엄마의 몸과 옷과 장신구 등을 살펴보려고 적극적으로 몸을 밀치기도 하면서 점점 더 엄마의 얼굴 외에 다른 것들에도 주의를 기울인다. 뿐만 아니라 여러 가지 사물/대상(objects)과 주변 환경에 대한 자각 및 관심도 증가하기 시작한다. Mahler(1972, 1974)는 이러한 과정을 **부화**(hatching)라고 묘사했는데, 이는 영아가 인지적 · 감각운동적 기관의 기능 향상으로 인해 가속화된 엄마와의 분리에 대한 어렴풋한 느낌을 갖게 되는 것을 말한다. 흥미로운 물건들을 조작하면서 더 잘 앉아 있을 수 있고 엄마에게서 떨어져 짧은 거리를 기어갈 수도 있다. 영아는 세상에 대한 새로운 시각을 갖게 되고 탐색 욕구가 증가한다. **구강성**은 우세한 학습 양식이다. 생후 일 년 동안 영아는 감각 기관들을 통해 **사회세계**와 **사물세계**를 흡수한다. 그리고 자기 자신과 엄마의 신체 각 부분들을 포함한 모든 대상/사물을 입으로 가져와 빨고 탐색한다.

객관적인 현실에 대한 인식이 아직 희미한 상태에서 분리가 출현하는 이 시기에 영아들은 특별한 **전이 대상**에 애착을 갖는다. 영아가 엄마-아동 사이의 신체적인 친밀감과 안정감을 점진적으로 상실함에 따라 전이 대상은 일반적으로 안락함을 주는 부드럽고 친숙한 장난감이나 담요인 경우가 많다. 엄마들은 영아의 '나 아닌 첫 소유물'(Winnicott, 1953)인 이러한 전이 대상의 가치를 직관적으로 감지하고 어쩔 수 없이 더러워지고 낡아진 것이라고 해도 아이들이 자기만의 물건을 가지고 있도록 허용한다. 시간이 지나면서 이러한 전이 대상은 그 의미와 가치를 상실한다. 나이가 더 많은 아이들의 놀이와 상상 활동은 전이 현상의 자연적인 연속선상에서 나타나며 객관적인 현실세계에 제한되지 않은 아이들의 공상과 창의적인 생각에 접근성을 부여한다.

후기 영아기의 감정 공유와 애착관계

공동 관심과 사회 참조의 출현

영아기의 마지막 3개월은 엄마-아동 관계에 있어 중대한 변화가 나타나는 시기이다. 인지적·사회-정서적 및 **운동 능력** 발달의 진전은 영아로 하여금 양자관계 안에서보다 더 적극적인 역할을 하도록 준비시킨다. 생각과 감정을 표현하는 재잘거림, 친숙한 단어와 어구에 반응하는 것, **공동 활동**을 할 때 지속적인 주의집중과 관심이 점점 더 늘어나는 것, 향상된 운동 협응(기어가기, 돌아다니기, 사물 조작하기)은 모두 엄마-영아 의사소통에 있어 보다 **원거리 형태**를 허용함과 동시에 탐색과 운동 숙달에 대한 영아의 욕구발달에 기여한다. 근접한 엄마의 몸을 벗어나 모험을 시작함에 따라 영아는 감정적 공유와 연결을 유지하기 위한 일련의 역량을 소유한다.

엄마-아동의 분리 및 엄마와 다른 성인들을 구별할 수 있는 능력의 점진적 발달에 대한 더 큰 자각은 **낯선 사람 불안**과 **분리 불안**의 출현을 야기한다. 할아버지, 할머니 혹은 보모처럼 이전에 이미 친숙하게 받아들인 대리 양육자들마저도 갑자기 거부할 수 있다. 뿐만 아니라 영아들은 엄마가 신발을 신는 것과 같은 구체적인 행동을 엄마의 부재와 연결시키면서 엄마가 자리를 비우는 것을 미리 예상하고 그에 저항하기 시작한다. 영아는 아직 엄마의 영속성에 대해 이해하거나 엄마가 다시 돌아올 것이라는 기대를 하지 못하며 일시적인 분리에도 극도의 괴로움을 느끼기 쉽다.

이와 같은 새로운 취약성에도 불구하고 좀 더 나이가 많은 영아에게서 찾아볼 수 있는, 엄마와 자기 사이에 정신 상태와 감정의 공유가 가능하다는 발견은 부모-영아 유대를 심화하고 매우 향상된 자기조절의 가능성을 제공하는 변형적 발달이라

고 할 수 있다. 영아의 시선이 엄마의 얼굴에서 **공동 관심**의 대상으로 옮겨 가는 공동 관심의 출현은 매우 미묘하지만 새로운 사회적 · 정서적 상호성의 중요한 표지가 된다. 좀 더 큰 영아들은 모호하거나 스트레스를 주는 상황에서 엄마의 정서적 신호들을 찾아낸 후 스스로의 감정적 반응을 추정하는 데 활용하는 **사회 참조** 과정에 관여하기 시작한다(Emde, 1983; Stern, 1985). 이와 같은 과정은 '시각 벼랑' 실험(Sorce & Emde, 1981)을 통해 입증되었는데, 이 실험에서는 영아들을 위협적이라고 느껴지는 상황에 처하게 하고 엄마들에게 부정적인 혹은 긍정적인 감정적 피드백을 주도록 지시한다. 영아들은 바둑판 모양의 패턴 위에 투명한 판을 놓아 급격히 하락할 것 같은 착시 현상을 일으키는 구조물 위에 있고 엄마들은 자기 쪽으로 기어오기 시작하는 영아의 앞에 서 있다. 명백하게 '벼랑'처럼 보이는 쪽으로 다가 갈수록 영아는 불안감을 나타내며 더 머뭇거리는 경향을 보인다. 그리고 정서적인 안내/지도를 바라며 부모가 있는 쪽을 바라본다. 엄마가 손짓을 하며 격려해 주는 영아들은 벼랑을 가로질러 가지만 엄마의 행동이 부정적이거나 겁먹은 감정을 반영할 때 영아들은 움직이기를 거부한다.

정서적 재충전과 엄마-영아 애착

나이가 더 많은 영아는 기동성과 탐색을 추구하도록 점점 더 동기화된다. 하지만 동시에 양자적인 관계 안에서 정서적인 기반을 찾으며 엄마는 '정서적 지향성의 신호등'(Mahler, 1952)으로서 기능한다. 조금 멀리 떨어진 곳으로 기어가거나 흥미로운 대상/사물에 몰두할 때, 영아는 즐거운 감정을 공유하고 안도감을 얻기 위해 엄마가 있는 곳을 반복해서 뒤돌아본다. 영아는 놀이와 탐색을 다시 시작하기 전에 짧은 정서적 재충전을 위해 엄마의 무릎으로 돌아오곤 한다. 예상치 못했던 소음이나 낯선 사람의 등장으로 불안해지면 영아는 재빨리 엄마의 표정을 살피거나 엄마가 있는 쪽으로 가까이 가서 안도감을 찾는다. 이러한 구체적인 행동들은 '낯선 상황'이라는 유명한 실험(Ainsworth et al., 1978)에 잘 반영되어 나타나는데, 이는 월령 12개월에 이르기까지 나타나는 독특한 애착 패턴을 드러내 주는 것으로 엄마-영아 상호작용 진단에 보편적으로 사용된다. 이와 같은 패러다임 안에서 영아와 엄마들은 처음에 실험실 환경에 익숙해지려고 한다. 이어서 영아의 애착 및 근접성 추구 행동을 끌어내기 위해 고안한, 짧으면서도 스트레스를 유발하는 엄마-영아 분리를 몇 번 경험하고 나면 연구자들은 영아가 엄마와 재회할 때 보이는 반응들을 평가한다. 영아의 애착의 질에 대한 판단은 대개 '안전 기지'로서 엄마를 얼마나 효율적으로 활용하는지, 즉 영아가 스트레스를 경험한 후 안정감과 안도감의 근원으로 엄마를 얼마나 잘 활용하는지의 여부와 탐색놀이로 되돌아가도록 촉진해 주는 엄마의 존재를 얼마나 잘 활용하는지에 기반을 둔다.

Ainsworth와 동료들(1978)은 이 연구를 통해 애착 유형을 세 가지로 분류했다. **안정 애착** 영아들은 엄마가 함께 있을 때 놀이와 탐색 행동을 보이고 계속적으로 감정의 공유와 상호성을 나타낸다. 엄마-영아 분리 조건 속에서 극심한 스트레스를 경험했음에도 불구하고 영아들은 엄마가 다시 돌아오면 금세 안심한다. **회피 애착** 영아들은 엄마와 정서적으로 분리되어 있으며 스트레스를 유발하는 실험 조건에 요동하지 않는 것처럼 행동한다. 이러한 아동들은 엄마와 분리되어있는 동안 보이는 심박수의 증가와 같은 신체적인 불안 고조의 증거들에도 불구하고 스스로의 감정적인 반응들을 최소화하는 법을 학습한다. **양가/저항 애착** 영아들은 검사가 진행되는 동안 줄곧 각성되고 괴로운 상태로 분리를 경험하기 전에도, 분리를 경험한 후에도 엄마의 존재를 활용한 탐색과 자기조절을 할 수 없었다. 또 다른 불안정 애착 유형에 속하는 **혼란 애착**(비정향성/비조직화) 영아들은 이후에 알려진 유형으로 엄마-영아 분리 조건에서 일관성이 결여된 반응을 보인다. 이러한 유형의 영아들이 괴로움을 다루는 조직화된 전략을 세우는 데 실패하는 것은 엄마의 해결되지 않은 외상 내력, 엄마가 겁에 질리거나 겁을 주거나 하는 행동들을 번갈아 보이며 혼란스러워하는 경향에서 비롯된다고 여겨지며 이후에 영아에게서 기분장애와 자기조절장애가 나타날 위험을 높인다(Hasse & Main, 2000; Main & Hasse, 1990). 전형적인 양자관계에 있어서 미국의 '표준적인(standard)' 분포는 안정 애착 70%, 회피 애착 20%, 저항 애착 10%로 나타난다. 혼란 애착 유형을 포함한 애착 연구에 대한 메타분석 리뷰(a meta-review)의 통계에 따르면 안정 애착(62%), 회피 애착(15%), 저항 애착(9%), 혼란 애착(15%)이다(van IJzendoorn et al., 1999). 사회적 · 심리적 · 환경적 스트레스 아래 있는 사람들의 경우 불안정 애착에 속하는 양자관계의 비율이 상당히 높게 나타난다.

애착에 관한 분류는 초기 엄마-영아 관계의 질과 이후 전반적인 사회적 · 정서적 발달 영역 사이의 연결고리에 대한 연구의 폭발적인 증가를 가져왔다. 불안정 애착을 보이는 영아들에 반해 안정 애착을 보이는 영아들은 또래관계, 정서적 자기조

절, 협응 행동, 학교생활 적응과 같은 발달 영역에서 향상된 기능을 보인다[이러한 연구들에 대한 보다 자세한 자료는 Sroufe et al.(2005) 참조]. 특정한 발달 시기와 연령에 따라 주요하게 나타나는 아동의 과업들에 있어서 안정적인 초기 애착이 어떻게 적용되는지 살펴보면서 이 책의 후반부로 갈수록 안정적인 초기 애착의 결과에 대해 자세히 다룰 것이다.

뿐만 아니라, 영아의 애착 유형 구분에 상응해서, **성인애착면담검사**(Adult Attachment Interview; George et al., 1985)에 나타난 **내러티브**와 관계 묘사를 통해 측정한 엄마의 애착 유형은 다음과 같다. **안정적이고 자율적인** 엄마는 (안정 애착 영아의 경우와 같이) 개인적인 유대를 중요시하고 정서적인 신호들을 잘 감지한다. **무심한** 엄마들은 (회피 애착 유아들과 유사하게) 자신과 타인의 관계적 정서적 경험의 중요성을 부인한다. **몰입형 애착** 엄마들은 (양가적-저항적 영아들과 같이) 개인적인 감정과 기억들에 압도되는 경향이 있다. **미해결형** 엄마들은 (비정향성-비조직화 영아들과 같이) 혼란스럽고 조직화가 결여된 방식으로 정서적인 괴로움에 대응하며 생애 초기 상실과 외상에 대한 언급을 자주한다(Hesse & Main, 2000; Main, 2000). 전형적인 미국 및 캐나다 엄마들은 다음과 같은 분포를 보인다. 자율적(58%), 무심한(23%), 초조한(19%), 그리고 이 중 18%는 미해결된 엄마로 다시 구분된다(Bakermans-Kranenburg & van IJzendoorn, 2009; van IJzendoorn & Bakermans-Kranenburg, 1996).

애착이 세대 간에 어떻게 전이되는지에 대한 연구 결과는 매우 복잡한 형태로 나타난다. 안정 애착이든 불안정 애착이든 대부분의 경우 엄마의 애착 유형이 영아에게까지 지속되어 나타나며 그 비율은 대략 75%에 이른다(van IJzendoorn, 1995). 그러나 다양한 감정에 대한 엄마의 인내/관용, 부모가 되는 것에 대한 공상, 엄마 자신의 아동기 유대관계에 대한 기억과 표상 등과 같은 엄마의 마음이 아이에게 막대한 영향력을 미친다고 해서 엄마의 관계 양상이 아이에게서도 반드시 그대로 나타나는 것은 아니다. '자율적인' 엄마와 안정적인 아동 사이에서 나타나는 애착 유형 연속성은 꽤 견고한 편이다. 정서적으로 유연하고 자기반성적인 엄마들은 영아의 정서적 신호와 필요들을 분별, 수용 및 해석해 주어 궁극적으로 안정 애착에 이르도록 한다(Fonagy, 2001; Slade, 2000; van IJzendoorn, 1995). 한편, 불안정 애착에 속하는 다른 유형들(무관심한 부모와 회피적 애착 영아, 초조해하는 부모와 저항적 애착 영아, 미해결 부모와 비조직화 애착 영아)의 경우는 덜 예측 가능하다. 불안정 애착 엄마들이 불안정 애착 아동을 양산하긴 하지만, 구체적인 엄마의 외상 또는 공상, 혹은 멀게 느껴지거나 대응하기 힘든 부모들을 대하는 아동의 다양한 행동 전략과 같은 다양한 개입적 요소가 애착 유형에 있어 다양성을 가져온다(Shah et al., 2010; Slade & Cohen, 1996). 애착의 세대 간 전이 경로는 이미 생후 첫 1년 동안에 놀라울 정도의 다양성을 보이며 아동의 행동 반응과 방어의 반경이 넓어짐에 따라 지속적으로 독특한 형태를 갖춰 나간다.

앞서 언급한 다른 연구들보다 수년 전의 연구이긴 하지만, Winnicott(1960)이 말한 거짓 자아 개념은 매우 유용하다. 엄마-영아 관계에 대해 그가 사용한 개념들 중 다수는 이후 연구들을 통해 타당성이 입증되었다. Winnicott은 일반적인 영아 딜레마, 보다 넓게는 인간이 직면한 딜레마에 대해 이야기하고 있다. 고유하고 개별화된 자아(selfhood)를 성취해 나가면서 어떻게 엄마와 혹은 다른 가까운 관계에 있는 타인과 친밀한 유대를 유지할 것인가 하는 것이다. 그의 이론에서는 지속적인 과도한 자극이나 혹은 무반응과 같은 모성적 반영의 실패가 영아의 잠재적인 **결심**을 심각하게 감소시키며 아동의 실제 필요 및 자연적인 성향들을 점점 더 억압하게 된다. 반영을 잘 경험하지 못한 영아는 엄마와의 친밀감을 유지하기 위해 **거짓 자아**를 받아들이고 영아의 의존성이나 주의를 끌고 싶어 하는 욕구 등을 부인하는 엄마의 방어적인 반응과 동일시해야 한다. 영아는 좀 더 차분하고, 덜 보채고, 덜 요구하는 아기를 바라는 엄마의 정서적 요구들에 미숙한 형태로 적응한다. 본질적으로 영아의 **참 자아**는 희생당하고 영아는 엄마의 요구대로 엄마가 원하는 아이가 되어 가는 것이다. 이러한 양자관계 과정에 대한 생생한 묘사는 회피 애착 유아에게서 매우 일관되게 나타나는데, 이들은 자기의 필요와 정서를 최소화하면서 정서적 관용이 부족한 엄마에게 자신을 맞춰 나간다. 앞에 언급된 두 이론에 따르면 영아는 엄마와의 근접성과 안정성을 유지하기 위해 상당한 내적 조절을 감내한다.

엄마-영아 관계와 정신구조

- 영아는 자신의 신체적 느낌 및 감각과 엄마의 정서적 신체적 반응성을 결합해서 정신 표상을 형성하기 시작한다.
- 2~3개월이 되면 영아는 엄마-영아 정서적 상호작용에 대한 감각을 내면화한다.
- 영아가 가진 자기 자신, 엄마 그리고 다른 관계에 대한 내적 작업 모델은 이후

에 관계 및 정서적 자기조절에 있어서 보다 지속적인 패턴을 형성하는 초석을 마련한다.

- 생후 1년이 되어 갈 무렵이면 영아에게서 나타나는 애착의 안정적인 패턴을 구별할 수 있다.
- 안정 혹은 불안정 애착 패턴은 영아가 탐색과 자기조절에 있어서 엄마의 존재를 정서적 기저로 사용하는 것을 측정함으로써 알 수 있다.

신체적 발달, 동작성 훈련, 유아기로의 전환

영아기는 다른 어느 시기보다도 신체 성장과 중추신경계 발달이 두드러지는 시기로, 체중과 신장이 급성장하고(매달 거의 두 배 혹은 세 배로 늘어난다) 근육량, 근긴장도, 근육 협응, 근력 등이 진화하며 신체 비율 역시 달라진다(Thelen et al., 1984). 생후 첫 몇 개월 동안 나타나는 보편적 '움직임'에서 시작해서 잡기, 앉기, 기어가기를 거쳐 마침내 걷기 시작할 때까지 동작성 역량에 있어서의 중대한 발달 진전은 이후 유아기에서 나타나는 변화에 기여한다(Hempel, 1993).

생후 1년이 되어 갈 무렵 영아에게서 나타나는 서기와 걷기에 대한 몰두는 영아의 모든 관심과 주의를 사로잡는다. 끊임없이 확고한 의지를 가지고 직립 기동성를 추구하는 것을 '연습기'(Mahler, 1972, 1974)에 나타나는 행동의 일부로 보는 것은 매우 적절하다. 영아의 신체적 · 정신적 에너지를 운동기능 습득에 사용하고 스스로의 움직임 및 자율적인 탐색으로부터 점점 더 큰 즐거움을 얻게 되면서 이전에 엄마에게만 집중되어 있던 관심의 초점은 점점 줄어든다. 게다가 이제는 엄마와의 신체적 연결이 다소 약해졌기 때문에 나이가 많은 영아에게서는 아빠와 다른 형제들에 대한 인식 증가가 나타난다. 그 결과, 아빠와 다른 형제들은 영아가 점점 더 반응을 잘하고 매력적이라고 느낀다. 영아의 정서적인 삶은 여전히 엄마-아동 관계에 뿌리내리고 있지만 다른 부모와 형제들, 기타 중요한 양육자에 대한 분리된 애착이 형성된다. 아동에 가까운 영아들은 이제 타인의 행동을 알아차리고 모방하며 자기가 소유한 물건에 대해 이전보다 더 많은 관심을 보인다.

〈10개월 된 영아와 엄마〉 동영상을 보자. 이전보다 좀 더 자란 영아가 탐색과 운동적 성취에 점점 더 몰입하는 것을 볼 수 있다.

다음의 두 가지 사례는 기동성을 가진 영아들의 전형적인 행동을 묘사하고 있다.

12개월 된 엘리자는 아직까지 완벽하게 습득하지 못한 걷기에 매우 몰두하고 있다. 새벽에 일어나면 아기 침대 안을 돌아다닌다. 엄마가 바닥에 내려놓으면 엘리자는 도움이 될 만한 가구나 표면들은 무엇이든지 활용하고 언니의 장난감 쇼핑 카트를 잡고 걷기도 한다. 어떤 때는 언니가 화를 내면서 자기 장난감 쇼핑 카트를 끌고 가 버려서 엘리자가 넘어지기도 한다. 하지만 한 살이 된 엘리자는 이처럼 사소한 방해에 반응하지 않고 직립 기동성(upright mobility)을 다시 얻기 위한 방법을 곧 찾아낸다. 어떤 날은 놀이터에서 엘리자가 다른 유아의 걸음마 보조 장난감 손잡이를 잡고 걸어가기 시작하더니 뒤도 돌아보지 않고 공원 출구까지 간다. 엘리자의 엄마는 조금 떨어진 거리에서 엘리자를 따라가 걸음마 보조 장난감을 원래 주인에게 돌려준다. 엘리자는 바닥에 주저앉을 때까지만 해도 슬프게 울더니 금세 공원에 있는 벤치를 잡고 일어나 걷기 시작한다.

11개월 된 제이는 가족 오락 시설이 있는 쪽으로 재빠르게 기어간다. 엄마는 제이를 부르며 멈추라고 하지만 손잡이들과 불빛들에 현혹된 제이에게 엄마의 목소리는 들리지 않는 듯하다. 엄마가 따라가자 제이는 신나서 소리를 지르고 몸을 흔들거리며 더 속도를 내려고 하다가 얼굴을 바닥에 부딪히고는 잠깐 멈추더니 곧 다시 얼굴을 들고 자기 갈 길을 계속해서 간다. 텔레비전에 다다르기 직전에 엄마가 안아서 들어 올리자 제이는 울면서 저항하기 시작하지만 이내 새로운 활동을 찾아 새로운 곳으로 향한다. 이와 같은 형태의 행동들은 하루 동안에도 여러 번 반복적으로 나타난다.

연습 중인 영아는 정서적인 재충전을 위해 엄마에게로 돌아가기를 반복하기는 하지만 독립적으로 움직이면서 탐색하는 데서 오는 즐거움과 흥분은 엄청난 동기 부여가 된다. 영아는 마치 '세상과 사랑에 빠진' 듯 보인다(Greenacre, 1957). 모방

놀이의 시작이나 첫 단어의 사용과 같이 영아에게 새롭게 나타난 상징화 능력은 엄마-영아 양자 간의 공유 및 관계에 있어서 좀 더 많은 거리를 허용하고 더 나아가 이후에는 영아가 눈앞에 보이는 엄마-영아 궤도를 벗어나 탐색 거리를 더 확장하도록 해 준다. 걷기라는 신체적인 행동과 엄마-아동 간의 거리에 대한 영아의 어렴풋한 통제감은 자율성 발달에 핵심적이다. Olesker(1990)는 성별의 차이가 영아의 분리에 대한 자각에 영향을 줄 수 있다고 말한다. 여아들은 전반적으로 엄마의 정서적 상태에 보다 더 큰 관심과 민감성을 보이며 개별화에 대한 인식이 남아들보다 더 조숙하게 나타난다. 게다가 엄마들은 남아들에게 직접적이고 적극적으로 독립성을 촉진하려고 노력하는 반면, 여아들의 자기의존성에 대해서는 보다 양가적인 반응을 보였다. Olesker에 따르면 여아들은 분리에 대한 감각이 보다 성숙하고 엄마의 감정에 대한 인식이 강하며, 엄마의 갈등 감정에 대한 노출은 훈련기의 생동감을 방해하고 여아로 하여금 운동능력 발달 성취에 있어서 더 높은 불안감을 갖게 한다.

몇몇 저자(Mahler, 1974; Stern, 1985)가 통감하며 이야기했듯이, 영아기 후반에 나타나는 영아의 새로운 역량들과 보다 확대된 시각들은 결국 엄마와 아동 모두에게 상실감을 가져온다. 동작성 기능과 상징화 기능의 출현은 유아기의 안내자가 되는데, 이는 엄마로부터의 분리에 대한 자각의 증진으로 특징화된다. 감정적인 공유와 의사소통은 지속적으로 나타나지만 엄마를 벗어나 그 이상의 세상에 대해 영아가 느끼는 매력, 단어 사용 및 놀이를 통해 경험을 표현하는 능력의 향상은 양자관계에 변화를 가져오며 엄마-영아 간의 유대에 있어서 신체적인 친밀감을 영구적으로 대체하게 된다.

유아기 주요 발달 이정표 요약

- 선천적인 애착체계는 출생 시에 신생아에게 엄마와의 근접성을 추구하는 능력을 부여한다.
- 사회적 미소는 2개월 무렵 출현하기 시작하는데, 이때부터 영아는 강도 높은 사회적 발달 시기에 접어들고 면대면 상호작용을 적극적으로 추구한다.
- 3개월 무렵에는 기질의 구분이 식별 가능하게 나타나며 기본적이고 핵심적인 발달 경향이 형성된다.

- 6개월이 되면 영아는 '부화기'에 들어서는데 이는 엄마-영아 개별화에 대한 인식의 증가로 나타난다.
- 8개월에서 10개월 무렵이 되면 엄마가 구별된 인격체(distinct person)라는 인식이 점점 강화되고 낯선 사람 불안과 분리 불안을 가져온다.
- 비슷한 시기에 사회적 참조와 공동 관심이 출현하는데, 이는 감정 및 타인의 심리 상태 공유에 있어서 역량의 증가를 나타낸다.
- 영아의 운동기술이 향상됨에 따라 엄마는 안정감의 기저 혹은 정서적 지향성/방향성의 표지가 된다.
- 안정된 안정 애착 혹은 불안정(회피, 저항, 혼란) 애착 패턴들은 생후 1년이 되면 식별 가능하다.
- 엄마에게 고도로 집중되어 있던 관심의 초점은 훈련기에 영아가 직립 기동성에 몰두하면서 세상과 사랑에 빠진 듯한 모습으로 관심의 초점이 전환된다.

주요 개념

엄마-영아 관계는 영아의 정신발달에 맥락을 형성한다. 타고난 애착체계는 신생아로 하여금 엄마와의 근접성을 찾도록 동기화하고 고유한 사회적 역량을 갖게 한다. 생후 초기 몇 주부터 신생아는 엄마의 신체적 · 정서적 돌봄과 함께 감정과 신체에 대한 정신적 표상을 만든다. 처음에는 엄마의 자아 역량, 특히 엄마의 공감적 동일시와 반응성에 주로 의존한다. 기질과 같은 영아의 체질적 요소들과 엄마의 특정한 공상들, 과거와의 관계, 지금-여기에서 주어지는 돌봄 등은 이후 발달과정에 있어서 안내를 제공하는 기초 핵심 경향을 형성한다.

영아가 신체적인 괴로움을 경험할 때 지속적인 위안 및 엄마-영아 간의 정서적인 상호 관심을 받으면서 자아 및 엄마와 이 둘 사이의 지속적인 관계에서의 내적 작업 모델 등이 강화되는데, 이는 이후 보다 지속적인 관계의 패턴을 위한 초석을 마련한다. 엄마와 분리된 자기에 대한 인식이 영아 안에서 더 증진되는 개별화 과정은 6개월 무렵부터 시작된다. 인지적 · 운동적 역량이 확대되고 영아는 양자관계 안에서 일어나는 감정적 공유, 엄마와 공동 관심 찾기, 자신의 행동 반응에 대한 정보를 얻기 위해 엄마의 정서적인 정보를 찾기(사회적 참조) 등에 점점 더 적극적으로 참여한다. 생후 1년 무렵이 되면 뚜렷한 안정 혹은 불안정 엄마-영아 애착을 식별할 수 있다. 영아가 유아기에 가까워지는 영아기 마지막 단계에는 직립 기동성을 얻기 위한 몰두가 지배적으로 나타난다.

- 일차적 모성적 몰두는 엄마로 하여금 아기에게 강도 높은 공감적 동일시를 하도록 준

비시키는 고유한 공상이다.

- 엄마의 감정적 반영 역량과 수반적 반응성 역량은 아기가 수시로 변하는 자신의 상태를 처리할 자원이 거의 없는 영아의 생애 초기 몇 주 동안 매우 필수적이다.
- 모성적 공상은 '요람의 유령들'에 의해 방해를 받을 수 있는데, 이는 외상적 사건들이나 부모와의 고도의 갈등관계 등에서 비롯된 원치 않는 부인된 엄마 자신의 아동기의 감정들과 기억들을 말한다.

• 영아에게 신체는 경험의 중심이 된다.

- 초기 정신구조는 아동이 엄마가 반복적으로 먹여 주고 안아 주는 행동과 자신의 신체적 상태와 감정을 결합하여 내면화하면서 발달하기 시작한다.
- 구강성은 세상에 대한 학습과 관계 맺기에 있어서 지배적인 양식이다.

• 꽉 찬 3개월이 되면 영아의 고유한 기질이 식별 가능하다. 타고난 특성과 엄마의 영향으로 이루어진 발달 경향의 기본 핵심이 출현하기 시작한다.

• 어린 영아는 매우 사회적이다.

• 애착이론은 생물학적인 기반을 가진 성향이 엄마와의 근접성과 안정성을 추구하도록 한다고 본다.

- 2~3개월 무렵 사회적 미소가 출현하면 엄마와의 면대면 상호작용에 관심이 집중되는 시기로 접어든다.
- 내면화된 엄마-영아의 지속적이고 반복적인 상호작용은 생후 한 달 동안 급격히 조직화되고 통합된다. 이와 같은 정신구조들은 이후에 보다 지속적인 관계 패턴과 자기조절 역량에 있어서 기초를 형성한다.

• 9개월 무렵 영아는 엄마-아동 관계에 있어서 보다 적극적인 역할을 담당하기 시작한다.

- 공동 관심과 사회적 참조는 모방하고 감정적 공유를 사용할 줄 아는 역량 증가의 주요한 지표다.
- 영아는 엄마의 고유한 특징들을 점점 더 인식하고 분리 불안과 낯선 사람 불안을 경험할 수 있다.

• 영아가 운동적 능력을 더 많이 습득할수록 엄마는 방향성의 지표가 된다. 영아는 엄마의 주변을 떠나 잠시 동안 탐색을 하고 정서적 재충전을 위해 엄마에게 돌아오기를 반복한다.

• 생후 1년이 되면 애착 이론가들은 엄마-아동 관계에 있어서 안정 애착과 불안정 애착을 알아볼 수 있다.

• 직립 기동성에 대한 몰두의 증가는 좀 더 큰 영아들이 이전에 엄마에게 집중적으로 관심의 초점을 갖던 것을 약화시킨다. 영아의 탐색 범위는 확장되고 영아는 '세상과 사랑에 빠진' 것 같은 경험을 한다.

3장

유아기

자아와 성에 대한 초기 인식,
화해,
리비도적 대상 항상성
그리고
초자아의 전조

유아기에 대한 입문

유아기는 근육 운동적으로나 발달에 있어서나 매우 왕성한 시기다. 생후 1~3년 사이의 흥미진진한 몇 달 동안, 아동의 직립 기동성과 확장된 정신 역량은 아동의 자아감 및 엄마와의 관계에 변화를 가져온다. 뒤뚱거리며 걷는 초기 보행에서 시작해서 능숙한 움직임에 이르는 것, 비언어적 의사소통 수단인 몸짓에서부터 시작해서 언어를 기반으로 한 정교한 의사소통에 이르는 것, 단순 모방에서 시작해서 창조적인 상징놀이가 가능해지는 것과 같은, 이 시기에 일어나는 일련의 중대하고도 매우 가시적인 발달상의 진전은 아동으로 하여금 가까운 사람들과 근접한 주변 환경 너머의 세상을 바라보게 한다. 동시에, 자기조절 및 **자기자각**의 증가와 같이 눈에 드러나지 않지만 매우 중요한 내적 변화는 유아기 아동으로 하여금 신체적 기능 조절과 감정적 충동 조절을 숙달할 수 있도록 도움으로써 초자아 발달을 위한 초석을 마련한다.

두 살 반 무렵이 되면 유아기 아동의 내면세계는 이미 영아기 아동에 비해 훨씬 더 복잡하고 미묘해진다. 이미 많은 이론가가 이야기했듯이(Bergman & Harpaz-

Rotem, 2004; Mahler et al., 1975; Stern, 1985), 무수히 많은 신체적 · 심리적 역량을 습득함으로써 보행과 언어 사용이 가능한 유아기 아동은 새로운 도전 및 취약성을 경험한다. 점점 더 객관적이고 개별화된 **자아감**은 엄마의 존재에 대한 강도 높은 불안감으로 이어진다. 연습기에 경험한 고양감이 일단 감소하게 되면, 유아기 아동은 자신의 실제 한계, 무력감, 왜소함을 인식하면서 어렴풋한 자각의 시기로 접어들고 엄마와의 신체적 · 심리적 분리에 대한 의식이 예민해진다. 뿐만 아니라 자부심과 수치심 같은 **자기지각 정서**의 출현은 자기평가를 위한 역량을 부여한다. 언어발달은 엄마와 아동 사이의 관계를 풍요롭게 하고 확장시켜 주지만 동시에 **언어 이전** 양자관계 유대의 특징이었던 신체적 친밀감의 점진적인 상실을 가져오기도 한다(Stern, 1985). 유아기 아동의 욕구와 엄마의 욕구 사이의 불일치 및 아동이 바라는 것들과 현실 사이의 불균형은 아동의 의식적 자각의 일부분이 된다. '무한한 가능성을 의미하는 세상'(Mahler, 1972)이라는 영아기적 인식은 유아기 아동에게서 점점 사라지게 되는 것이다.

Mahler(1972)가 말한 **재접근기**(rapprochement phase)는 매우 의미가 있는데, 이 시기 아동의 특징은 불안의 증가와 엄마가 주는 위안에 대한 필요의 증가라고 할 수 있다. 난생 처음으로 유아기 아동은 자기 내면에서 상충되는 욕구가 주는 압박을 경험하게 되는데, 이는 독립심과 자율성에 대한 새로운 내적 추구와 엄마의 무릎에서 정서적인 재충전을 하고 싶은 강력한 바람 사이에서 오는 갈등이다(Blum & Blum, 1990; Erikson, 1968; Mahler et al., 1975). 유아기 아동은 아직 상반되는 감정을 다루거나 해결한 능력을 갖추지 못한 상태다. 따라서 아동이 내적인 긴장감에 대한 인내를 점진적으로 습득하기 위해서는 부모의 일관된 공감과 인내가 요구된다. 또한 자기의 신체 및 정신이 엄마의 신체 및 정신과 서로 분리되고 구별된다는 사실에 대한 인식이 발달함에 따라, 유아기 아동은 일련의 새로운 문화적 요구를 해결하기 위한 노력도 해야 한다. 영아기 동안에는 아동의 제한된 운동능력, 인지능력 그리고 의사소통 능력 때문에 부모에게 완전히 의존할 수밖에 없었다. 이 시기에 아동을 향한 부모의 요구와 기대는 매우 낮았다. 그러나 아동이 언어 및 가장 기초적인 자제력을 습득함에 따라 대개 엄마를 통해 전달되는 사회적 규범들이 부모와 아이 사이의 관계에서도 영향력을 발휘하기 시작한다. 아동이 2~3세가 되면 기다릴 줄 알고, 나눌 줄 알고, 자신의 공격적인 충동을 다스리며 배변 욕구를 조절할 것이라는 기대가 있다. 이러한 규제들은 불가피하게 아동의 타고난 성향과 충돌하

게 되며 부모와의 갈등은 물론 스스로의 욕구와의 갈등을 가져온다. 유아기 아동이 경험하는 이러한 내적 혼란은 아동에게서 빈번하게 나타나는 지나친 긴장, 부정적인 태도, 짜증 내며 떼를 쓰는 행동 등에 기여한다. 유아기 아동은 더 이상 영아기 때와 같이 쉽게 주의를 환기시키고 다른 것에 관심을 돌리도록 할 수 있는 존재가 아니다.

유아기에 경험하는 불가피한 고투에도 불구하고 이 시기의 아동들은 자기통제를 학습하고 발달시키도록 매우 동기화되어 있다. 부모에게서 보이는 힘/능력과 기술들을 습득하기를 갈망하면서 유아기 아동은 성인의 행동을 관찰하고 흉내 내며 연습한다. 부모에 대한 모방과 부모 행동에 대한 내면화는 **초자아 전조**(superego precursors)를 형성하는데, 이는 이후에 아동의 자율적 자기조절 및 도덕성 발달의 전조가 된다. 뿐만 아니라, 유아기 아동은 엄마에 대한 애정에 이끌리고 적극적으로 자신의 행동에 대한 엄마의 확인을 추구한다. 영아기와 달리 유아기의 아동은 엄마의 물리적 부재를 두려워할 뿐만 아니라 엄마의 사랑과 인정의 상실 또한 두려워한다(Mahler et al., 1975). 부모의 명령과 기대가 점점 더 분명해짐에 따라 아동은 자신의 개인적인 목표와 만족을 추구하는 데 있어서 반드시 내적 스트레스를 경험하게 된다.

신체는 유아기 아동의 경험과 출현하는 **자기자각**에 있어서 핵심적이다(Damasio, 2003; Fonagy & Target, 2007). 엄마가 어린 아동이 자신의 신체를 스스로 돌보도록 돕는 것은 엄마-아동 관계에 있어서 매우 중요한 요소로 남아 있기는 하지만, 음식을 먹고 화장실을 가는 것에 대한 책임은 서서히 아동에게로 옮겨 간다(Freud, 1963). 신체적 충동 및 지저분하게 하고 싶은 욕구와 깨끗한 것을 원하는 욕구 사이의 경쟁과 같은 **항문기 갈등**은 유아기 동안 강력한 동력이 되어 아동의 행동뿐만 아니라 엄마의 반응에까지 영향을 끼친다(Furman, 1992). 괄약근 조절 성취 및 충동통제 역량 증가와 즉각적인 즐거움에 저항하는 역량의 향상은 유아기 아동의 독립감과 **숙달감**에 있어 근본적이다(Blum & Blum, 1990; Yorke, 1990). 뿐만 아니라 남녀의 생리학적 차이에 대한 인식 증가는 유아기 아동의 자기에 대한 감정을 형성하기 시작한다.

자기, 분리 그리고 성별에 대한 의식의 출현

자기자각 및 엄마-아동 분리

점점 더 복잡해지고 개별화된 자아감의 출현은 유아기에 나타나는 심오하고 변형적인 발달이다. 비록 **자기**(self)에 대한 정신역동적 정의가 매우 다양하기는 하지만, 많은 이론가는 자기를 상대적으로 안정된 일련의 구조 혹은 정신적 표상이라고 보는데, 이는 주관적 경험의 중심이 된다. 자기는 관계, 연속성와 일관성, 주체성(agency)과 습득, 정서와 도덕성을 조직화하고 조절하는 데 중추적 역할을 한다(Emde, 1983; Emde et al., 1991; Stern, 1985; Tyson & Tyson, 1990). 유아기에 나타나는 분리되고 의식적이며 성 분화된 **자기**에 대한 인식의 출현은 지속적인 자기경험의 기반을 마련하기 시작한다.

두 살 반 무렵, 대부분의 유아기 아동은 객관적 자기에 대한 기본적인 개념을 습득한다. 아동 연구에서 거울 자기인식은 내면화된 자기표상의 성취에 대한 지표로 사용되어 왔다. 15~18개월 아동의 코에 몰래 색을 칠하고 거울을 보여 주는 잘 알려진 실험에서 유아기 아동은 거울에 비친 자기 모습을 보고 빨간색 자국이 코에 묻은 것을 발견했을 때 자신의 코를 만짐으로써 반응하는데, 이는 아동이 경험적 개체로서의 자기에 대한 기초적인 개념을 가지고 있음을 보여 준다(Lewis & Brooks-Guun, 1979). 이에 반해, 더 어린 아기들은 거울에 비친 자기 얼굴을 만지는 반응을 보인다. 중요한 것은 이러한 자기인식 실험에서 수반적으로 나타나는 감정이 엄마-아동 애착의 질에 영향을 받는다는 것이다. 대부분의 아동이 거울의 비친 자신의 모습에 즐겁게 반응하지만, 학대받은 아동의 자기인식 행위는 중립적이고 불행한 감정을 동반한다(Schneider-Rosen & Cicchetti, 1984). 이러한 발견은 유아기 아동의 초기 자기인식 감정이 엄마-유아의 관계적 경험 역사를 반영하고 있음을 매우 잘 보여 준다.

어린 아동이 새롭게 습득한 상징화 기술들은 엄마로부터 개별화되고 분리된 신체와 정신적 자아에 대한 인식 증가에 기여한다(Lewis & Ramsay, 2004; Meissner, 2008; Tyson & Tyson, 1990). 초기 언어발달, 특히 자기와 타인을 지칭하는 대명사의 첫 사용, 애정 어린 '안 돼'라는 말에 대한 친숙함은 엄마-아동 분리를 설명하는

데 도움이 된다. 뿐만 아니라 엄마가 주도하는 초기 형태의 가상/가장 놀이(예: 유아기 아동이 빈 그릇에서 음식을 숟가락 가득 떠서 엄마에게 먹여 주는 것)는 이후에 아동의 자기-타인 경계에 대한 인식을 강화한다. 또한 유아기 아동은 사적인 의도와 바람같이 겉으로 잘 드러나지 않는 특징에 있어서도 자기와 엄마를 점점 더 구분하게 된다. 자기와 타인이 서로 다른 욕구를 가지고 있을 뿐 아니라 종종 반대되는 욕구와 계획을 가질 수 있다는 것에 대한 인식이 점차 증가하는 것은 아동의 사회적 이해 및 자기조절 역량 발달에 있어 기본이 된다(Fonagy, 1995; Sugarman, 2003).

유아기 아동이 영아기 동안 경험한 안전한 의존에서 벗어나 신체적 · 심리적 분리에 대한 인식을 갖게 됨에 따라 아동과 부모 모두 상실감을 경험한다. Furman(1996)은 유아기의 배타적인 '엄마-아동 신체적 연합'에서 서서히 멀어지는 동안 엄마-아동 양자관계가 "신체적 개별화와 새로운 신체 및 자아 경계를 향해 불안감을 느끼며 조금씩 더듬어 나아간다."(p. 442)라고 했다. 유아기 아동의 자기에 대한 어렴풋한 인식은 개인의 취약성, 왜소함, 무능감 등에 대한 더 현실적인 자각을 불러일으킨다. 동시에 부모의 한계에 대한 아동의 이해도 깊어진다. 유아기 아동은 엄마가 자신의 행복감을 항상 회복시켜 줄 수는 없다는 것과 현실을 기반으로 한 상황들을 바꿔 줄 수는 없다는 것을 점점 더 깨닫게 되면서 불가피한 실망감과 씨름하게 된다. 비가 오는 바람에 동물원에 가지 못하게 된 두 살 남아는 엄마에게 '햇님이 다시 나오게 해 달라.'고 고집을 부렸다. 하지만 엄마가 자기는 그렇게 할 수 없다고 설명하자 아이는 화가 나고 슬퍼서 어쩔 줄 몰라 했다.

자기와 성

대부분의 최근 정신역동 이론가는 성(젠더)이 생애 초기 몇 달 동안 발달하기 시작하며 정체성에 있어서 근본적이라고 본다. 어린 아동의 성 분화된 자기에 대한 인식은 발달과정에서 부모의 태도와 감정에 깊은 영향을 받는다. 뿐만 아니라 자아의 기타 다른 여러 가지 측면이 그러하듯, 아동의 성 분화된 자기에 대한 인식은 인지적 그리고 감정적 역량이 성숙해 감에 따라 점점 더 복잡한 형태로 통합되고 재조직화된다(Kulish, 2010; Yanof, 2000). 2세 무렵이 되면 대부분의 유아기 아동은 성에 대한 기초적인 이해를 갖게 된다. 스스로를 남자 또는 여자라고 지칭하고 성별에 따른 차이에 있어서 기본적이면서도 구체적인 개념을 습득한다. 그러나 유아기 아동에게서 보이는 남녀 구분은 아동의 사고 및 추론 역량에 따라 제한된다. 남성과 여성에 대한 개념은 긴 머리나 파란색 옷과 같이 익숙하고 인식 가능한 특징 혹은 특정한 행동들과 연관된다. 성/성별(gender)에 대한 더 자세한 의미 및 성적인 구별의 영속성과 같은 것들은 아직 이해하지 못한다. 아동의 성에 대한 개념은 아직 생식기와 연관되어 있지 않다(de Marneffe, 1997). Coates(1997)가 제시한 예는 이러한 유아기 아동의 사고를 잘 보여 준다. 2세 남아에게 남자 인형과 여자 인형을 옷을 입히지 않은 채로 선물로 주고 인형의 성별을 물었을 때, 2세 남아는 "몰라요. 인형이 옷을 안 입고 있잖아요."(p. 39)라고 대답했다.

성적인 차이를 관찰할 기회가 주어지면 유아기 아동은 관심과 호기심뿐만 아니라 자신의 성에 대한 자부심을 표현한다(de Marneffe, 1997). 그러나 정신역동 이론가들은 아동의 사고가 특히 고도로 구체적일 때 나타나는 해부학적 차이에 대한 초기 인식에 불가피하게 수반되는 깊은 불안에 대해 강조한다. 이러한 불안은 여아들의 남근/음경(penises)에 대한 부러움(한 3세 여아는 '멋지다/마음에 든다.'고 하고 또 다른 3세 여아는 '소변을 뿌리는 게 재밌게 보인다.'고 함) 및 이에 수반되는 자기에게 무언가 결여되어 있다는 인식, 그리고 여자아이들은 어쩌다가 남근/음경을 상실하게 되었고 이러한 잠재적 상실이 자신의 신체에 대해서도 시사하는 바가 있다는 남아의 염려를 포함한다. 많은 임상가는 이러한 바람, 두려움, 공상 등이 아동과 성인 모두의 **임상적 상황**에 있어서 쉽게 식별할 수 있는 유의미한 발달적 영향력을 가진다고 본다. 유아기 아동에 대한 관찰 연구에서 Olesker(1998)는 크리스마스에 선물로 남근/음경을 갖고 싶다고 졸랐는데 장난감을 받자 크게 낙심한 27개월 여아, 부모가 오빠/남동생의 생식기를 고추라고 부르듯 자신의 생식기도 고추라고 불러야 한다고 주장하는 유아기 여아에 대해 묘사하고 있다.

유아기와 자아감

- 15～18개월 사이, 분리된 경험적 개체로서의 자아에 대한 자각이 대부분의 아동에게서 분명히 나타난다.
- 부끄러움과 자부심 같은 자의식적인 감정들은 자아감과 함께 나타난다.
- 엄마로부터 개별화된 신체적 · 정신적 자아에 대한 자각의 향상은 이전에 경험하지 못한 취약감을 가져온다.

- 유아기 아동은 자신을 남아 혹은 여아라고 지칭하지만 아직 성별과 생식기의 연결관계를 이해하지는 못한다. 그들은 성별이 머리나 옷과 같은 구체적인 특징들에 근거해서 배정된다고 생각한다.
- 유아기 아동은 자신의 성에 대해 긍정적인 감정을 나타내지만 아동의 구체적인 사고는 생식기에 대한 부러움나 불안을 야기할 수 있다.

유아기 아동이 보이는 성별 차이에 대한 정제되지 않은 호기심과 아동의 초반에 나타나는 생식기 자기탐구에 대해 엄마들은 종종 강렬한 반응을 보인다(Furman, 1992). 이러한 반응들은 수없이 많은 비언어적 방법으로 전달되며, 부모를 늘 주시하는 어린 자녀들은 이를 내재화한다. 유아기에 나타나는 불안을 경험할 때면 아동은 엄마의 감정 상태를 확인하기 위해 사회적 참조를 빈번하게 사용한다. 이와 같은 감정에 대한 정보는 전반적인 자아감과 **젠더**에 대한 감정으로 통합된다. 엄마가 하루에도 몇 번씩 기저귀를 갈아 주는 동안 배변 훈련이 되지 않은 아동은 반듯이 누워서 엄마의 얼굴을 관찰하는데, 이는 아동에게 있어 신체적 **부산물**과 위생에 있어서 부모의 반응에 대한 정보를 얻는 중요한 기회가 된다. 특히, 여아들은 엄마의 태도에 자신을 조율하며 맞춰 가는데 이는 아동의 자아존중감과 신체상/신체 이미지(body image)가 생식기를 더럽고 혐오스러운 것으로 여기는 인식에 더 취약해지도록 만든다(Gilmore, 1998; Olesker, 1990, 1998).

재접근기, 내적 갈등, 초기 초자아 발달

재접근 위기와 내적 갈등

이제 막 걷기 시작한 1세 아동의 의기양양함은 그리 오래가지 않는다. 직립 기동성은 아동으로 하여금 엄마와의 거리를 조절할 수 있도록 하며 분리와 자율성에 대한 어렴풋한 인식을 강화한다(Mahler, 1972; Mahler et al., 1975). 유아기 아동이 점차적으로 엄마와 아동의 신체적 · 심리적 개별화를 이해하며 자기 자신과 부모의 한계에 직면하고 일상에서 평범한 좌절에 마주함에 따라, 이전에 가졌던 어떠한 것에도 굴하지 않을 것 같은 느낌은 점점 약해지고 개인적 취약성에 대한 불안하면서도 냉철한 깨달음이 점점 커진다. 15~18개월 아동에게서 나타나는 이러한 분위기의 전환과 커진 불안감은 Mahler가 화해기라고 불렀던 시기로의 진입을 의미하는데, 이 시기에 아동은 엄마와의 근접성에 대한 욕구가 다시 새롭게 회복된다. 대다수의 유아기 아동은 분리 불안을 더 많이 나타내며 엄마의 부재에 저항하고 지속적으로 안심과 재충전을 얻기 위해 엄마를 찾는다.

재접근의 전형적인 특징은 유아기 아동에게서 보이는 상반되는 몸짓과 감정들이라고 할 수 있다. 아동은 좌절, 공격성 그리고 엄마를 향해 축적되어 가는 양가감정 등을 생생하게 드러내며 엄마와의 접촉을 강하게 요구하면서도 동시에 거절하기도 한다. 아동의 혼란스러운 내면 상태는 엄마와의 갈등으로 변형되어 외적으로 표현되는데, 이는 대개의 경우 아동의 연령대에서 전형적으로 보이는 짜증과 투정으로 나타난다. 유아기 아동의 이런 행동은 엄마에게도 그에 상응하는 혼란을 가져온다. 예를 들어, 아동은 엄마를 끊임없이 따라다니다가도 잽싸게 도망가 버리거나 안아 올려 달라고 했다가 내려 달라고 난리를 치기도 한다. 유아기 아동의 내적 스트레스와 이랬다저랬다 하는 행동이 최고조에 달한 것은 곧 '화해 위기'를 의미하는데, 이는 아동이 강도 높은 감정과 내적 압력들을 견디는 법을 배움에 따라 점전적으로 약해진다(이 과정에 대한 더 자세한 설명은 이 장 후반부에 나오는 '리비도적 대상 항상성' 참조). 정신역동이론에 따르면, 화해 위기에서 벗어나 내적 갈등에 대한 아동의 인내가 증가하는 것은 더디고도 힘든 정서 자기조절 발달 및 초자아 형성으로 접어드는 데 기본이 되는 출발이라고 할 수 있다. 이러한 발달은 유아기 아동의 요동치는 감정과 행동을 직면했을 때 부모가 얼마나 지속적으로 항상 옆에 있어 주고 안정감을 제공하며 보복적이지 않은 반응을 보이는지에 깊이 의존한다.

정신역동이론의 대안적인 모델은 애착이론이다(예: Lyons-Ruth, 1991). 애착이론에서는 유아기 아동의 갈등 상태가 불가피하거나 아동의 성장을 촉진하는 것이 아니라, 오히려 엄마-아동 관계에 문제가 있을 때 나타나는 반응이라고 본다. 이러한 관점에서는 불안정한 애착과 엄마의 낮은 감정 인내가 기저에 깔린 원인이 되어 유아기 아동이 투정을 부리는 것과 같은 반항적이고 제대로 조절되지 않은 행동을 야기한다고 본다. 정신역동 이론가들과 애착 이론가들 모두 동의하는 부분은 내적 혼란에 대한 인내가 출현하고 자기조절 역량발달이 시작되는 것이 지속적인 엄마-아동 관계와 연관이 있다는 것이다. 즐거움을 공유하고 정서적 의사소통을 하는 양자관계 역량이 잘 형성된 경우, 이는 양자가 유아기의 전형적인 도전들을 마주하는

데 있어서 견고한 기초를 제공한다. 유아기 아동이 엄마의 반응을 계속해서 살피고 모방함에 따라 2세 아동에게서는 참조 행동이 두드러지게 나타난다(Emde et al., 1991).

그러나 우리는 **보편적 갈등**에 대한 기초적인 정신역동 개념을 고수하며 Mahler (1972)의 화해에 대한 개념이 아동의 불가피하고 궁극적인 성장 촉진적 내적 갈등을 잘 설명하고 있다고 생각한다. 뿐만 아니라 안정적이고 기능적인 엄마-아동 양자 관계도 새로운 도전들에 직면할 수 있는데, 이는 유아기 아동이 더 큰 자율성을 요구할 때나 혹은 권위 및 통제와 관련된 엄마 자신의 해결되지 않는 갈등이 2~3세 아동의 발달 과업 맥락(예: 배변 훈련)에서 되살아날 때와 같은 경우 그러하다. 또한 우리는 아동에게 고도의 조율을 제공하는 엄마라고 해도 유아기 아동을 좌절로부터 완벽하게 보호하거나 아동의 만족감 경험에 있어서 필수적인 상실감을 완전히 보상해 줄 수 없다고 본다.

〈유아와 엄마〉 동영상을 보자. 유아기 아동의 분리 반응과 양가적인 행동의 예가 잘 묘사되어 있다.

부모의 규범에 대한 내면화, 도덕성, 엄마의 인정 상실에 대한 두려움

초자아 역량의 점진적 성숙은 생애 초기 몇 달 동안 부모가 아기를 안아 주고 아기에게 정서적 반응을 제공해 주는 것을 전언어기의 아기가 내면화하는 것에서부터 시작하는 긴 과정이다. 걸음마기 동안 급속히 증가하는 아동의 언어 이해력, 운동 동작적 통제, 자각과 같은 것들이 사회화 시기를 촉진하는데, 이 시기에 아동과 부모 모두가 적극적으로 사회화에 참여한다. 부모의 행동을 모방하는 것과 같은 초자아 전조들이 출현하고 이후 더 복잡하고 자율적인 자기조절과 도덕적 기능을 위한 초석을 마련한다. 유아기 아동은 부모의 명령과 인정을 점진적으로 흡수하고 유지하는데, 이는 정신적 **내사**를 야기한다(예: 부모의 목소리와 기능에 대한 내적 표상들). 이러한 내면화된 이미지들이 일단 형성되면, 선과 악에 대한 엄마-아동의 외면화된 갈등은 아동 내면의 바람과 자기규제 사이의 내적 갈등으로 변형된다

(McDevitt, 1983). 사실, 경험적 연구 결과들은 아동이 감정적 불쾌감과 잘못된 행동을 명백하게 연관시키고 긍정적인 감정은 친사회적 행동과 연결시키며 3세로 접어들면 자신의 충동을 의도적으로 통제하려고 시도하는 것을 보여 준다(Kochanska, 1993; Kochanska et al., 2010). 점진적으로 증가하는 도덕적 감정과 반응들은 **자기감**에 통합된다(Emde et al., 1991; Vaish et al., 2011). 비록 몇몇 최근 연구는 전언어기 도덕적 '잣대'가 전언어적 유아기에서 나타난다고 보기도 하지만, 대부분의 이론가는 아동의 도덕성에 대한 의식과 도덕적 위반에 대한 의식적 감정이 2세 무렵부터 시작해서 유아기 동안 발생한다고 동의한다(Dunn, 2006; Smetana et al., 2012).

유아기 아동은 일련의 문화적 압력과 규범을 마주하게 되는데, 이는 대부분의 경우 즐거움을 추구하는 과정에서 갑작스럽게 등장한 낯선 장애물로 처음 경험하게 된다. 기어 다니는 유아는 부모의 '안 돼.'라는 말에 순응하고 이를 이해하는 것처럼 보이긴 하지만, 성인들은 언어를 사용하고 보행 가능한 유아기 아동에게 훨씬 더 정교한 제재를 부과하고 아동이 그에 협조하기를 요구한다. 공격적 행동과 신체적 기능들은 종종 사회화의 첫 번째 대상이 된다. 화해기의 유아기 아동은 숙달과 부모의 인정을 추구하도록 고도로 동기부여되어 있으면서도 동시에 수동적인 순응과 성인의 통제에 저항한다(Mahler, 1972). 투정을 부리는 것과 같이 흔한 부정적이고 부모의 요구에 반하는 행동은 자기-타인 경계에 대한 아동의 인식을 정의하면서도 양자관계 사이의 긴장감을 조성한다.

수많은 정신역동 및 발달이론가는 유아기 아동-부모 충돌을 규범적인 성장 촉진적인 기회라고 보는데, 특히 부모의 언어적 의사소통이 수반될 때 더욱 그러하다(예: Blum & Blum, 1990; Laible et al., 2008). 실제로 도덕적 위반에 대해 부모가 아동의 나이에 적합하게 꾸짖을 때(예: "자, 봐 봐. 네가 저 아이를 울린 거야.") 어린 아동은 타인의 관점에서 생각하게 된다(Smetana et al., 2012). 아동 안에서 문화적 전달 과정이 진행됨에 따라 부모가 한계를 설정하고 안내해 주는 과정에서 실망과 짜증을 경험하는 것은 불가피하다. 이러한 엄마의 반응들은 자기-타자 분화와 부끄러움 대 자부심 반응에 대한 의식이 점차 증가하는 유아기 아동에게 큰 의미를 갖고, 그 결과 아동은 부모의 불만족에 더 취약하게 된다. 뿐만 아니라 엄마를 상실하고 엄마로부터 분리되는 것에 대한 두려움이 증가하는 화해기의 압력은 아동으로 하여금 엄마의 정서적 상태에 훨씬 더 민감하게 한다. 영아기에는 아동이 엄마에 대한 신체적 근접성을 상실할 때 불안을 느끼지만 유아기에는 엄마의 인정과 사랑을 상

실할지 모른다는 두려움이 주요한 위험 요소로 출현하기 시작하는데, 이는 어린 아동에게 약화된 자존감 및 버려졌다는 느낌과 함께 위협이 될 수 있다. 유아기 아동에게서 나타나는 타인의 필요와 관점에 대한 인식 증가, 엄마의 인정이 아동의 행동과 연결되어 있으며 경우에 따라 유보될 수 있다는 깨달음, 긍정적인 감정들을 엄마와 나누고자 하는 갈망과 같은 이러한 다양한 발달은 아동이 금지된 행동들을 추구하기 시작할 때 아동 안에 상당한 내적 불안을 가져오기 시작한다.

부모의 자기조절 역할

부모가 물리적 힘과 분노를 폭발하지 않은 채 유아기 아동의 행동 훈련과 저항을 요령을 갖고 민감하게 다룰 때 부모는 아동의 중요한 자기조절 역량의 내면화를 촉진하게 되는데, 이는 정서적으로 흥분될 때 스스로를 통제하고, 부정적 감정에 대해 (행동을 기반으로 한 표현보다) 언어적으로 표현하며, 대인관계 갈등을 다루고, 사회적 관점을 수용하는 것 등이 포함된다. 뿐만 아니라 유아기 아동이 엄마의 과잉반응과 거부로부터 자유로워지는 것은 사회적 학습과 같은 새로운 발달 과업을 위한 내적 자원을 확보해 준다(Kochanska et al., 2004). 자신의 공격적 감정들을 다루고 아동의 "애정과 증오 사이를 오가는 극심한 변화"(Freud, 1963, p. 253)에 대처하는 엄마의 능력은 아동의 안정감 및 내면의 감정과 긴장감에 대한 이해 및 인내의 점진적 증가에 필수적이다(Blum & Blum, 1990; Furman, 1992; Sugarman, 2003; Winnicott, 1965).

이와 같은 엄마의 능력은 유아기 동안 시험대에 오르게 되는데, 이는 걸음마기 동안 "아니야." 혹은 "내 거야."와 같은 말을 입에 달고 사는 것으로 표현되는 아동의 소유욕, 부정적인 태도, 완고한 반응이 아동의 내적 불쾌감 및 자기인식과 자율성을 향한 지속적인 고투의 자연스러운 표현으로 나타나기 때문이다. 유아기 아동-엄마 간의 힘/권한과 책임에 있어서의 균형에 변화가 오고 아동이 배변 활동과 자가섭식을 더 많이 감당하게 되면서 아동의 신체 통제를 위한 노력이 출현한다. 놀리기, 유보하기, 통제하기 등은 엄마-아동 간의 충돌이, 특히 감정의 고조를 불러일으키는 배변 훈련 기간에 흔하게 나타난다(Furman, 1992). 비슷한 맥락에서 유아기 아동은 음식을 거부하거나 편식이 심해지고 먹는 것에 까다롭게 굴기도 한다. 이러한 분투 속에서 혼란을 막고 아동의 신체적 자기관리에 불필요한 방해를 피해

가는 엄마의 능력은 궁극적으로 아동의 자율성 발달을 촉진한다.

다음 사례는 전형적 화해 딜레마에 빠진 유아기 아동과 엄마를 보여 준다. 엄마는 높은 자각, 장난스러운 태도, 공감 등을 사용해 아동의 혼란스럽고 이상한 행동에 과도하게 화를 내거나 응징하려는 충동 없이 잘 대응한다. 엄마가 상대적으로 일관되고 침착한 상태로 있기 때문에 유아기 아동인 딸 레이철도 결국 다시 평안을 찾고 안정감을 회복한다. 레이철은 엄마가 제공하는 일관성이라는 울타리 안에서 이러한 내면의 혼란을 반복적으로 경험하면서 감정적 인내 및 자기 자신과 엄마의 복잡한 정서적 삶에 대한 보다 통합된 인식을 갖게 된다.

18개월 된 레이철은 매우 적극적이고 총명하며 명랑한 기질의 유아지만, 엄마 미리엄은 최근 레이철의 기분이 우울하다는 것을 알아차렸다. 뿐만 아니라 레이철은 가끔씩 갑자기 울음을 터뜨리거나 짜증을 내며 엄마에게 꼭 붙어 있으려고 하기도 했다. 지난 몇 주 동안 레이철은 늘 자기를 돌봐 주던 친근한 보모가 오면 싫은 티를 내고, 엄마 미리엄이 출근하려고 하면 애처롭게 울었다. 심지어 엄마가 집에 있는 날에도 레이철이 무엇 때문에 폭발할지 알 수 없었다. 종종 레이철은 엄마가 어떤 행동을 하는지와 무관하게 자기 자신의 알 수 없는 내적인 긴장감 때문에 폭발하는 것처럼 보였다. 미리엄은 레이철이 어떤 행동을 할지 지켜보면서 짜증이 나고 머뭇거리게 되고 통제당하는 것처럼 느끼기 시작했다. 미리엄은 처음에는 레이철이 막 걷고 말하기 시작하는 것을 보며 매우 기뻤지만 '미운 두 살'은 생각보다 훨씬 끔찍하다고 다소 죄책감을 느끼며 남편에게 말했다. 그리고 최근 발견한 레이철의 고집스러움은 레이철이 순한 아기였다고 친구들에게 자랑했던 것에 대한 벌이 아닐까 생각한다고 비통한 마음으로 농담처럼 이야기했다.

여름 내내 주말이면 늘 가던 아이스크림 가게로 향하는 동안 레이철의 짜증이 시작됐다. 미리엄이 레이철에게 항상 먹던 맛의 아이스크림을 건네자 레이철은 평소 즐겨 먹던 그것을 거부하고 징징거리며 야단을 떨기 시작했다. 심지어 아이스크림을 바라보는 눈에 먹고 싶은 마음이 가득하다는 것이 분명함에도 레이철은 곧 싸울 듯 "싫어! 싫어!"라고 외쳤다. 어찌할 바 모르던 엄마는 점점 커지는 좌절감과 당혹감을 애써 감추고 레이철에게 다른 맛의 아이스크림을 건네주었다. 하지만 레이철은 또다시 거부했고 미리엄은 레이철을 안아 올리며 달래 주려고 했다. 레이철은 엄마를 밀어내고 바둥거리며 저항했고, 미리엄은 굴욕감을 느끼며 레이철을 안고 아이스크림 가게 밖으로 나왔

다. 결국 레이철은 엄마 품에서 완전히 지쳐 축 늘어진 채로 위안을 얻었고 집까지 안겨서 가겠다고 고집을 부렸다. 집에 도착하자 레이철은 곧 아무렇지 않은 듯 평소대로 돌아왔고, 미리엄은 레이철과 집에 있을 때 항상 그랬던 것처럼 함께 퍼즐놀이를 하고 그림책을 봤다.

이에 반해 다음 사례는 2세 아동의 연약한 자존감과 자기조절 역량이 지닌 잠재적인 탈선의 전조를 보여 주는데, 이는 아동의 엄마 안에서 해결되지 않은 자율성, 통제 및 남성의 지배에 대한 갈등에서 기인한다. 샘은 2세 아동에게서 전형적으로 나타나는 소유욕과 부정적인 태도를 보이는데, 이는 엄마로 하여금 어렸을 때 자기를 무력하게 하고 화나게 하던 공격적이고 권위적인 오빠와의 관계를 생각나게 했다. 엄마는 샘과 같은 연령의 아이들에게서 나타나는 전형적인 행동인 손으로 움켜쥐고 실수로 엎지르는 것과 같은 행동을 볼 때마다 아들에게 화를 내며 자기 오빠에게서 봤던 자기애적이고 이기적인 모습을 아들에게서 찾았다.

데보라의 2세 된 아들 샘은 욕실 안은 물론 욕실 밖도 어지르는 걸 매우 즐거워했다. 이런 모습을 참기 힘들었던 데보라는 종종 드러내 놓고 혐오감을 표현함으로써 반응하고 거의 강박적일 만큼 꼼꼼하게 정리정돈에 신경을 쓰는 누나를 더 편애했다. 샘이 한 살이 될 때까지 데보라와 샘은 꽤 잘 지내는 편이었다. 데보라는 아들의 의존성과 반응성을 즐겼다. 그러나 최근 들어 생겨난 고집스럽고 반항적인 행동들은 데보라의 과거에서부터 비롯된 원치 않는 감정들을 불러일으켰고, 데보라가 유아기 아동인 샘을 좌절시키고 혼란스럽게 하는 방식으로 반응하게 만들었다. 두 사람은 점점 더 가학-피학성 교환에 휘말리게 되었는데, 이로 인해 정서적 강도는 더 높아지고 둘 사이의 갈등이 주는 현실적인 여파는 점점 커져 갔다.

데보라는 자기와 5세 된 딸 그리고 샘을 위해 점심을 차리고 있었다. 샘이 좋아하는 감자칩이 한 그릇 놓여 있었는데 샘은 얼른 하나를 집으며 "내 거야!"라고 소리를 지르다가 감자칩 몇 개를 그만 접시에서 떨어뜨리고 말았다. 데보라는 짜증 난 표정으로 샘을 바라보며 "그 감자칩이 모두 다 네 거는 아니야."라고 쏘아붙였다. 누나는 예의 바르게 엄마에게 감자칩을 달라고 했고 엄마는 만족스러운 듯 딸에게 감자칩을 건네준다. "샘은 모든 걸 자기 거라고 생각한다니까. 정말 이기적이야."라고 딸에게 덧붙이듯 말했다. 샘은 다른 쪽을 쳐다봤다. 엄마가 하는 말의 뜻을 다 이해할 수는 없지만 엄마가 화가 났다는 건 목소리를 통해 익히 알고 있다. 샘은 손에 있는 감자칩을 으스러뜨더니 갑자기 바닥에 던져 버렸다. 데보라는 냉정하게 샘 가까이 있는 그릇을 치우고 샘을 거칠게 식탁에서 떨어뜨려 놓으며 말했다. "이제 너는 벌 받아야겠다. 오늘 저녁 간식은 없어." 샘은 울면서 근처에 있는 장난감들을 집어 던지기 시작했다. 데보라는 샘을 무시했다. 샘의 짜증이 극에 달하는 동안 데보라와 딸은 함께 점심을 먹었다.

재접근기

- 15~18개월 사이 유아기 아동의 운동동작성 성취와 독립된 분리된 자아에 대한 인식은 분리 불안을 강화하고 엄마와의 근접성에 대한 염려를 가중시킨다.
- 아동은 엄마에 대한 양가감정을 경험하고 상반되는 행동들(예: 엄마를 졸졸 따라다니다가 잽싸게 도망가 버리는 행동)을 보인다.
- 자기와 타인에 대한 안정되고 내면화된 표상인 리비도적 대상 항상성의 발달은 화해기 동안 나타나는 불안 및 기분에 있어서의 불안정을 해소하도록 돕는다.
- 엄마의 자기조절 능력은 아동으로 하여금 내적 불쾌감 및 갈등에 대한 인내를 증진시키는 도구가 된다.

초자아 전조: 소망하는 자아상과 유아기 아동의 사회화에서 수치심의 역할

유아기 아동에게서 점차적으로 자기-타자 분화가 뚜렷해짐에 따라 아동은 자기 자신과 부모 사이의 가시적인 특징과 역량의 차이를 점점 더 명확하게 인식한다. 어른이 하는 것을 자기는 할 수 없다는 것에 대한 깨달음이 커질수록 유아기 아동의 연약한 자존감은 위협을 느끼고 좌절 및 갈망과 같은 감정을 불러일으킨다. 우리는 Jacobson(1964)과 Milrod(1982)가 이야기한 '소망하는 자아상(the wished-for self-image)'이 이제 막 자의식이 생겨난 유아기 아동이 경험하는 역경과 관련이 있다고 생각한다. 이 용어는 크다 혹은 힘이 세다와 같은 공상적 자기표상을 일컫는데, 이는 아동이 자신의 왜소함과 무능감을 실감하기 시작하면서 아동의 자아도취적 취약성이 절정에 이르렀을 때 출현한다. 주로 부모의 행동을 관찰하고 동경하는 데서 비롯되는 이러한 자아상은 유아기 아동이 놀이를 통해 성인의 행동을 모방함

으로써 강화되고 가속화된다. 초기의 부모에 대한 동일시와 소원하는 자아상은 초자아의 전조로서 기능하며 사회적 학습과 동일시에 있어서 중요한 도구가 된다. 경험적 연구들에 따르면 부모의 행동에 대한 초기 모방은 실제로 이후에 아동의 의식과 연관이 있다(Forman et al., 2004; Lewis & Ramsay, 2004). 자기가 보고 듣는 것을 그대로 따라 하고 흉내내면서 유아기 아동은 매우 가시적이고 구체적인 성인의 특징을 습득하고자 한다. 아동은 유모차를 밀고 정원에 물을 주며 화장실을 사용하는 것과 같은 부모의 일상적인 활동들을 반복적으로 모방하고 연습한다.

유아기 아동의 소원하는 자아상과 자신이 실제로 할 수 있는 것 간의 괴리는 긴장과 불쾌감을 불러일으키고 아동에게 성장과 발달을 위한 동기가 된다. 아빠가 어제 들어 올릴 수 있었던 무거운 물뿌리개를 자기는 들 수 없다는 것을 깨달은 20개월 남아는 잠깐이지만 속상함을 느꼈다. 그리고 물뿌리개를 꽃 가까이 조금씩 끌고 가려고 끈질기게 시도했다. 아동의 부모는 좀 더 가볍고 작은 물뿌리개로 더 오랫동안 재미있게 정원놀이를 할 것을 제안했고, 아동은 결국 부모의 제안을 받아들였다. 비록 일시적인 수치심과 부적절감이 학습과 끈기를 위한 필수적인 동기가 되지만 어린 아동이 좌절과 굴욕에 압도되지 않도록 하는 것이 중요하다. 특히 수치심은 강도 높은 거부감을 야기하는 사회적 불안으로서 기능하는데, 이는 매우 고통스럽지만 유아기 아동의 점진적 사회화 과정에 있어서 반드시 필요한 요소다. 수치심은 죄책감에 선행해서 나타나는데, 이는 도덕적 결함에 대한 염려와 연관된 불안으로서 오이디푸스기에 이르러야 비로소 완전히 출현한다(Yorke, 1990). 하지만 부모가 칭찬하거나 탐탁치 않아 하는 것과 같은 즉각적인 상황에 의해 들뜨기도 하고 풀이 죽기도 하는 아동에게 있어 과한 수치심 경험은 연약한 자존감을 압도할 수 있다. 자부심, 엄마가 감탄해 줄 때 느끼는 자신감, 자기가 인지한 어른과의 차이를 좁힐 수 있다는 기대감 등은 유아기 아동이 긍정적인 자존감과 희망감을 유지하는 데 필수적이다(Blum & Blum, 1990; Milrod, 1982).

점차 어른의 행동과 규제를 모방하고 습득함에 따라 유아기 아동에게 있어 부모가 같은 공간에 존재하는 것은 강화로 작용하고 아동은 이에 더 많이 의존하게 된다. 익숙한 부모의 명령들(예: "때리면 안 돼." "동생하고 같이 나눠서 써.")은 부분적으로 내면화될 수 있지만 아직 정도에 있어서 자동적이거나 일관적이지는 않다. 엄마가 훈육하고 칭찬할 때의 목소리는 점점 더 잘 떠오르고 기억난다. 하지만 일단 부모가 방에 더 이상 함께 있지 않을 때 유아기 아동은 규칙을 잘 따르지는 않는다.

다음 사례는 자기통제 발달이 시작된 아동이 혼자 있을 때 어린 여동생을 향해 공격적인 충동을 조절할 수 없는 모습을 잘 보여 주고 있다.

2년 5개월 된 조슈아는 3개월 된 여동생 사라와 잠깐 동안 둘만 있게 되었다. 엄마는 조슈아가 자부심을 느끼고 어린 동생을 돌보는 데 참여할 수 있도록 애썼다. 엄마는 사라를 어루만지는 것과 같은 부드러운 행동을 보여 주고 조슈아가 이를 따라 하면 '오빠'라는 새로운 정체성을 말로 확인시켜 주며 칭찬했다. 엄마의 이러한 행동은 조슈아로 하여금 잠시나마 스스로 자랑스러워하고 자기가 많이 컸다는 느낌을 갖게 했지만, 조슈아는 아직 자기가 항상 오빠이고 싶은지 확신할 수 없었다. 특히, 엄마가 사라를 안고 수유하고 있을 때 그랬다. 조슈아는 종종 자기에게도 젖병을 달라고 하거나 아기의 담요를 뺏어 가려고 하기도 했다. 어떤 때는 온화한 말투로 엄마, 아빠에게 "애기를 갖다 버려요."라고 이야기하기도 했다. 그럴 때면 조슈아의 부모는 화를 내지 않고 인내심 있게 동생이 이제 가족의 일원이 되었음을 설명해 주었다.

엄마가 초인종 소리를 듣고 잠시 자리를 비운 사이 조슈아는 여동생 사라의 요람을 자기에게 가까이 끌어와 엄마가 하던 것처럼 아기를 부드럽게 어루만지고 노래를 불러 주기 시작했다. 엄마가 아기에게 하던 말투로 "우리는 사라를 사랑해."라고 아기의 팔을 조심스럽게 어루만지며 반복해서 말했다. 엄마에게서 보고 들은 그대로 말이다. 조슈아는 이 말을 계속 반복하면서 아기를 점점 더 세게 만지기 시작했고 아기가 칭얼거리는 모습은 더 신기하게 느껴졌다. 자리를 비운 지 1분도 안 되어 엄마가 방으로 돌아왔을 때 사라의 팔에는 빨간 자국이 있었고 사라는 이미 통곡하듯 울고 있었다. 조슈아는 얼른 엄마의 눈을 피하면서 "사라가 나를 때렸어요."라고 하더니 같이 울기 시작했다.

내면의 갈등과 초기 초자아 발달

- 배변 훈련은 유아기 아동의 사회화, 자기통제 그리고 자율성의 증가를 위한 주요한 맥락을 제공한다.
- 유아기 아동의 언어적 · 인지적 역량은 권위를 대표하는 부모의 목소리에 대한 내면화를 촉진한다.
- 부모의 규제나 허락에 대한 유아기 아동의 자각이 분명해짐에 따라 아동은 즐

거움을 추구할 때마다 내면의 갈등을 경험하게 된다.

- 내적 불쾌감은 아동의 행동 및 부모와의 갈등으로 표현된다.
- 엄마의 인정을 상실하는 것에 대한 두려움은 불안의 주요한 근원이 된다.
- 소원하는 자아상과 같은 초기 초자아 전조는 유아기 아동이 부모의 한계 설정을 내면화하도록 돕는다.

앞의 사례는 아동의 내적 분투에 민감하고 공감적인 부모와 함께인 경우에도 피해 갈 수 없는 유아기 아동의 전형적인 자기조절과 자기통제를 위한 몸부림을 설명해 주고 있다. 아무도 없이 잠시 동안 혼자 있을 때 조슈아는 엄마가 했던 말과 행동을 떠올리며 자신의 행동 모델로 삼을 수 있다. 하지만 확신과 제재를 주는 엄마의 존재가 사라졌을 때 조슈아는 질투와 분노의 감정에 압도된다. 뿐만 아니라 조슈아는 자신의 행동이 아기의 신체와 마음에 미치는 영향을 아직 완전히 이해하지 못한다. 조슈아가 아기를 세게 만질수록 아기가 칭얼거리기 시작할 때 조슈아는 신기해했다. 이후에 엄마가 돌아와 깜짝 놀랐을 때에야 비로소 조슈아는 자신의 행동이 나빴다는 것을 깨닫고 수치심을 느낀다. 그리고 외면화된 비난을 아기에게 표현함으로써 약화된 자존감, 엄마가 싫어할지 모른다는 걱정, 아기를 실제로 아프게 했다는 것 등을 포함하여 자기가 느끼는 불쾌감에서 벗어나고자 노력한다.

유아기 동안 나타나는 항문기와 초기 발달에서 배변 훈련의 역할

"자아는 무엇보다도 신체적 자아가 우선이다."(p. 26)라는 Sigmund Freud (1923/1962)의 주장은 유아기 배변 훈련 중일 때 특히 더 생생하게 경험된다. 괄약근 조절의 성취는 부모와 아동의 상호 의사소통과 자기통제 역량이 요구되는 복잡한 심리적 · 신체적 과업이다. 배변 활동 습관이 형성되면 아동은 중요한 방어(예: 후에 이 장에서 설명할 공격자와의 동일시와 반응 형성)와 자기조절 과정(예: 내적 · 외적 신체적 경계에 대한 자각 향상, 성인이 제공하는 행동 기준에 대한 동일시와 순응, 자기 자신 및 신체적 통제에 대한 책임감, 공유된 자부심과 자존감 및 숙달을 위해 자연적인 즐거움을 포기하는 역량)을 발달시키고 강화한다. 이와 같이 중요한 마음-신체 연결 및 발달의 진전으로 인해 배변 훈련은 곧 사회적 발달, 정서적 발달 및 초자아 발달에 있어서 주요한 의미를 지닌 성장 촉진 과업이 된다.

유아기 아동과 엄마는 아기의 신체에 대한 엄마의 배타적인 의무로부터의 변화에 서서히 순응해 간다(Freud, 1963; Furman, 1992). 양자관계에 있어서 이러한 심오한 변화는 깊은 두려움, 상실감 그리고 갈등을 불러일으킨다. 겉으로는 아기의 기저귀를 갈아 주는 시기가 끝나는 것을 기뻐하고 아동이 배변 훈련에 성공한 것에 자부심을 느낄 수 있지만, 무의식적으로 많은 엄마가 아이에 대한 통제를 잃지는 않을까, 아동이 아직 아기일 때 공유했던 특별한 신체적 관계를 완전히 상실하지는 않을까 두려워한다. 아동의 신체를 두고 부모와 아동 간의 힘겨루기가 있을 수 있는데, 이는 부모 자신의 아동기 자율성 발달 동안 미해결 갈등이 내적 압력을 행사하는 경우 더욱 그러하다. 뿐만 아니라 엄마들은 사회적 판단의 영향에서 자유로울 수 없기 때문에 유아기 아동이 일정한 기간 내에 배변 훈련 숙달에 성공하지 못하면 수치심을 느낌으로써 반응할 수 있다. 엄마가 느끼는 부적절감과 당혹감은 배변 훈련 과정에 대해 아동이 어떻게 느끼는가에 영향을 준다.

유아기의 항문 가학적 경향은 엄마에게 강한 반응을 불러일으킨다. 매일 아동을 돌보고 청결을 유지해 주는 일을 반복하던 엄마는 강한 퇴행 충동과 불가피한 좌절로 인해 동요한다. 유아기 아동에게서 나타나는 주도권을 잡으려는 행동, 부정적 태도, 고집을 부리고 폭발하는 경향 및 가끔씩 놀리거나 도발하는 행동들은 엄마를 자극하고 힘들게 한다. Furman(1992)은 "유아기 아동의 항문기 특성(anality)에 대한 엄마들이 실제 느끼는 감정은 매우 깊다."(p. 150)라고 말한다. 이러한 강력한 반응들은 아주 드물긴 하지만 어쩔 수 없이 겉으로 드러날 때가 있다. 엄마들은 아동이 도발하고 자극할 때 예기치 못한 분노와 응징하고 싶은 충동을 느끼기도 하고, 아무 생각 없이 지저분하게 어지르는 것을 보며 넌더리가 나기도 하고, 본능적인 만족을 노골적으로 추구하는 것을 부러워하기도 한다. 아동이 더러운 것에 매료되고 거기서 즐거움을 찾는 것을 볼 때 엄마 안에서 일어나는 원치 않는 압도적인 감정들을 다루려고 노력하는 과정에서 엄마는 자신 역시 더 많이 지저분하게 어지르게 되거나 혹은 강박적인 깔끔함을 추구하게 된다.

배변 훈련을 해야 하는 유아기 아동에게는 이전에 경험하지 못한 수준의 자기통제와 신체 내부 및 몸이 보내는 신호에 대한 자각의 증가가 요구되며, 이는 엄마와 동일하게 아동에게도 매우 벅찬 일이다. 배변 훈련 과정 초기에 유아기 아동은 신

체가 보내는 신호를 간과하거나 헷갈려 하는 경향이 있다. 장이나 방광에서 압박이 느껴질 때 아동은 자기가 배가 고프거나 목이 마르다고 잘못 생각하기도 하고, 배변 충동에 대한 반응으로서 활동량을 증가시키기도 한다. 뿐만 아니라 아동은 배변 활동에서 잘못을 하거나 이를 거부하고 장난칠 때 엄마가 매우 강하게 반응한다는 것을 곧 깨닫게 된다. 엄마를 자기 마음대로 조절하는 데서 오는 즐거움과 주도권을 가진 느낌은 독립에 대한 갈망과 함께 유아기 아동으로 하여금 엄마에게 반대하고 저항하는 행동에서 정서적인 고양과 만족을 경험하게 한다. 배변에 대한 유아기 아동의 양가적 참여는 부정적인 동기와 긍정적인 동기 모두에 영향을 받는다. 엄마를 향한 애정, 엄마가 주는 긍정적인 보상에 대한 갈망, 새로운 과업 숙달에서 오는 즐거움, 성인과의 동일시에서 오는 기쁨 등은 모두 이러한 발달 과업을 성취하는 데 있어서 주요한 원동력이 된다. 동시에 엄마의 거절을 통해 느끼는 은근한 위협감과 이에 수반되는 수치심에 대한 공포 역시 아동의 행동에 영향을 준다.

유아기 아동은 혼자 있을 때 지저분하게 하고 쏟는 것은 물론 몸에서 나온 분비물이나 악취에서도 큰 즐거움을 찾는다. 이와 같은 친화감은 좀 더 사회적으로 수용 가능한 형태의 위생 및 질서정연함으로 대체되어야 한다. 아동의 관심, 흥분 및 즐거움을 상반되는 감정(예: 혐오감)으로 변화시키는 과정인 **반동 형성**과 **공격자와의 동일시**(예: 부모의 규제나 탐탁치 않게 여기는 태도)는 자기통제를 위한 주요한 도구로 발달한다. 이와 같은 무의식적인 방어 기제들은 부모-아동 유대의 애정 어린 측면 및 아동 자신의 자부심과 수치심 반응들과 더불어 어린 아동으로 하여금 원초적인 바람에 대한 지배력을 획득하고 어른들이 하는 것과 같이 반감을 가지고 그러한 바람들을 거부하기 시작하도록 돕는다. 이러한 방어 기제들이 발달함에 따라 아동은 이전에 즐겼던 물감놀이나 진흙놀이 같은 더럽히는 활동에 불편한 감정을 느낄 수 있다. 어떤 유아기 아동들은 강박적으로 지저분한 것을 피하거나 작은 얼룩이나 물방울에도 과잉 반응을 보이면서 정리정돈에 강한 관심을 나타내기도 한다. 그럼에도 불구하고 동일시와 방어적 부인은 유아기 아동의 사회화에 있어서 매우 결정적인 요소이며, 이는 배변 훈련 상황을 능가한다. 예를 들어, 이러한 기제들은 어린 아기인 동생을 향한 시기와 공격성을 보다 더 수용할 줄 알고 사랑을 베푸는 형/오빠 혹은 누나/언니라는 감정으로 바꾸도록 돕는다.

유아기 아동의 사고와 자기조절에서의 발달 진전

전조작기 사고와 걸음마기 아동의 순진한 인지

2세 무렵 유아기 아동은 인지발달에 있어서 **전조작기**에 들어선다. **지연 모방**(즉, 당장 눈앞에 모방할 대상이 없어도 과거에 관찰해 왔던 행동을 모방하는 것)은 이 단계에서 나타나는 초기 특징인데, 이는 유아기 아동의 안정적인 정신 표상 역량을 시사할 뿐 아니라 보다 복잡한 가상/가장 놀이 및 부모와의 동일시를 위한 초석을 마련한다. 이에 더하여 초기 언어 습득과 생물 세계 및 무생물 세계에 대한 기초적인 개념(예: 대상 영속성 및 분리된 자아에 대한 인식) 습득은 아동의 정신적 삶을 변화시키고 행동 지향적인 영아기 **감각운동기**의 종결을 가져온다(Piaget, 1926, 1962). 유아기 아동은 자신의 삶에 있어서 중요한 사람들과 사건들에 대해 생각하고 말하기 시작하는데, 이러한 사람들과 사건들이 즉각적으로 인식 가능하지 않을 때도 그러하다. 유형의 세계로부터 정신적으로 더 자유로워지면서 어린 아동은 행동이 아닌 사고에 더 집중할 수 있으며 정서적 자기조절을 위해 내적 이미지를 사용할 수 있다(Blum, 2004). 예를 들어, 엄마가 함께 있을 때 느꼈던 위안을 엄마에 대한 기억, 엄마가 했던 말들, 엄마에 대한 이미지, 단순한 가상/가장 놀이를 통해 떠올릴 수 있다.

비교적 구체적인 유아기 아동의 사고는 아동의 사회적 · 감정적 · 인지적 삶에 영향을 준다. 아동의 판단은 논리적 문제 해결보다 눈에 보이는 특성들과 직관에 의존한다. 예를 들어, 전조작기 아동은 세 개의 큰 돌이 다섯 개의 작은 돌보다 더 많다고 생각하는데, 이는 작은 돌들의 크기가 눈에 띄게 뚜렷하게 보이기 때문이다. 아동의 관점은 자아중심적이다. 아동은 타인의 관점을 완전히 이해하거나 특정한 상황과 관련된 다양한 측면을 고려할 수 없다. 이러한 미성숙은 사회적 이해에 있어서 자신의 행동이 끼치는 영향에 대한 유아기 아동의 자각을 제한한다. 예를 들어, 아동은 자기의 잡고 때리고 깨무는 행동이 다른 아동에게 어떠한 신체적 · 정신적 영향을 주는지 완전히 이해하지 못한다. 관용이나 친절과 같은 추상적인 개념들은 부모들이 구체적이고 가시적인 행동과 연결시켜 주고 이러한 행동들이 얼마나 바람직한 것인지 알려 주지 않는 한 유아기 아동에게 사회적인 의미를 아직 갖지

못한다. 유아기 아동은 초기 공감 반응을 보이기도 하는데, 이러한 반응은 아동 자신의 감정과 선호에 의해 좌우된다. 예를 들어, 친척의 죽음 때문에 슬픔에 빠진 엄마를 걱정하는 두 살 반 된 여아는 엄마를 위로하기 위해 자기가 제일 아끼는 '담요 친구'를 엄마에게 준다.

중요한 것은 유아기 아동이 내적 사고와 감정을 외적 세계와 완전히 구분하지 못한다는 것이다. 아동의 내면의 삶은 **심리적 등가성**(psychic equivalence)의 정신적 틀 안에서 구체화된다. 아동에게 있어 바람 및 공상은 매우 중요하다고 느껴지는데, 이는 현실세계에서 일어나는 사건들의 잠재적 원인이 되기 때문이다(Fonagy et al., 2002; Target & Fonagy, 1996). 꿈 역시 실제와 혼동될 수 있으며 유아기 아동에게는 '진짜'처럼 느껴질 수 있다. 이러한 사고는 아동 안에 독특한 취약성을 가져오는데, 이는 아동이 자기의 질투심이나 분노가 아기인 동생에게 갑작스러운 질병이나 부상을 야기하거나 자기가 부모에게 화를 내서 부모가 이혼할 수도 있다고 믿을 가능성이 있기 때문이다. 불분명한 현실-공상 경계와 내부-외부 경계는 아동으로 하여금 다양한 두려움과 공포에 쉽게 영향을 받도록 만든다. 예를 들어, 책에서 보았거나 아이의 상상 속에 존재하는 생명체는 단순히 가상의 존재가 아니다. 유아기 아동의 **순진한 인지**는 강력한 신체적 불안으로 나타난다. 예를 들어, 2세 아동은 자신의 배설물을 화장실에서 잃어버리게 될지도 모르는 귀중한 신체의 한 부분으로 생각해서 변기 물을 내리는 것을 꺼리거나 심지어 두려워하기도 한다. 이와 비슷하게, 자기가 하수구로 빨려 들어갈지 모른다고 겁을 먹고 욕조에 대한 두려움이 생기기도 한다. 이와 같은 두려운 공상은 아동이 이미 인지하고 있는 남아-여아의 해부학적 차이에까지 영향을 준다. 예를 들어, 남근/음경을 가지고 있지 않는 여아의 몸은 유아기 아동에게 있어 신체 기관 중 일부를 이미 상실했거나 혹은 상실할 잠재적인 가능성이 있다는 것을 '의미'한다.

뿐만 아니라 강력한 분노와 공격적 감정을 다루기 위한 유아기 아동의 내적 자원은 제한적이다. 아동은 이러한 감정들은 종종 외면화하며 엄마 혹은 다른 사람이나 주변에 있는 물건을 탓하고 그러한 감정들이 자기 외부에서 기인했다고 느낀다. 아동의 외면화된 감정은 마음과 현실 사이의 불분명한 경계와 더불어 평범한 경험을 과장하기도 한다. 가벼운 엄마의 짜증, 애완동물이 짖는 소리, 익숙한 어두운 공간 등은 갑자기 과도한 위협으로 다가온다. 놀란 상태에 있는 유아기 아동과 함께 '추론하기'-즉, 논리를 사용하고 실제 상황에 대해 설명하려고 하는 것-는 아동에게 아무런 영향을 주지 못한다. 유아기 아동의 내면화된 이미지들도 비슷한 형태로 영향을 받기 때문에 부모의 규제와 처벌을 왜곡하고 잘못 해석하여 위험과 위협의 증가로 받아들이기도 한다(Blum & Blum, 1990). 그 결과, 아동은 현실을 더 위협적이고 과장되게 느낀다. 유아기 아동은 사소한 장난으로 인해 벌을 받아서 자기가 실제로 버려지거나 잡아먹힐지도 모른다는 두려움을 느끼기도 한다.

다음 사례는 전형적인 유아기 아동의 사고와 그 연령에서 나타나는 상상과 실제 사이의 혼란 및 외면화된 감정을 보여 준다.

2년 6개월 된 아론은 준수한 발달과 안정적인 애착을 보이는 유아기 아동이다. 아론은 갑자기 어두운 벽장에서 장난감들을 가져오기를 거부하고, 진공청소기를 피해 도망가며, 이웃집 개가 짖는 소리에 울기 시작했다. 과장된 얼굴로 괴상한 행동을 하는 광대는 아론이 새롭게 두려움을 느끼는 것들 중 가장 두려운 대상으로 아론은 광대를 보면 울면서 숨는다. 서커스 관람과 광대 공연이 있었던 사촌의 생일 파티 이후 아론은 서커스에서 본 광대를 다시 볼게 될지도 모른다는 생각만 해도 울고 싶어졌다. 아론은 삼촌의 생일파티에서 본 것을 또다시 보게 될까 봐 두려워 이제 더 이상 자기 놀이 그룹에 있는 친구들의 생일 파티에 가고 싶지 않았다. 뿐만 아니라 아론은 밤에 악몽을 꾸고 깨서 울기 시작했다. 한 번은 엄마가 아론을 위로하고 있는 동안 아론이 눈에 눈물이 가득 고인 채 꿈에서 엄마와 아빠가 '광대로 변했다고' 설명하기도 했다. 아론은 원망하는 듯한 말투로 "왜 그랬어요, 엄마?" 라고 물었다. 잠시 깜짝 놀란 엄마는 그건 '그저 꿈일 뿐'이라고 설명하려고 노력했고, 아론은 이제 더 이상 무섭지는 않았지만 엄마의 설명에는 시큰둥했다. 엄마는 아론이 지금은 피곤하고 혼란스럽지만 아침이 되면 다시 한 번 추궁하듯이 자신에게 물을 것이라고 생각했다. 주말이 다 되어 갈 즈음 아론은 어린이집 선생님께 "엄마와 아빠는 심술궂었어요." 라고 말했고 악몽에서 깨어나 울던 날 있었던 일을 다시 이야기했다. 이후 몇 주 동안 아론은 그때 일어났던 일을 반복해서 이야기했고 그날 밤 자기가 꾼 악몽이 자기 생각 속에서 만들어진 것임을 믿을 수 없었다.

2년 4개월 된 루시는 세발자전거 타는 법을 배우려고 애쓰고 있었다. 6세인 루시의 오빠는 루시가 의자에 잘 앉도록 도와주고 옆에 서서 말로 격려를 해 주었다. 루시는 곧 집중을 못하고 미끄러져 자전거에서 떨어졌다. 루시는 다치지는 않았지만 풀이 죽어

있다. 엄마가 막 방으로 들어온 순간 루시는 입을 삐쭉거리며 고자질하듯 "토미 오빠가 날 밀었어요!" 라고 말했다. 당황한 토미는 자기는 동생을 그냥 도와주고 있었을 뿐이고 루시가 떨어졌을 때 옆에 있지도 않았다고 정확하게 설명하며 항변했다. 루시에게는 균형 잡는 것을 배우고 자전거를 타는 동안 다른 곳을 보면 안 된다고 설명하려고 했다. 루시는 더 크게 울면서 오빠 때문에 자기가 떨어졌고 자기는 자전거를 탈 수 있을 만큼 많이 컸다고 계속 이야기했다. 다시 마음의 평정을 찾은 후 루시는 이제 토미랑 다시는 소꿉놀이를 하지 않을 거라고 협박하듯 말했다. 이제는 토미도 짜증이 나서 자기는 원래 소꿉놀이를 좋아하지 않지만 동생을 즐겁게 해 주려고 같이 놀아 줬을 뿐이라고 했다.

리비도적 대상 영속성

유아기 아동의 대상 영속성(object permanence), 즉 즉각적인 행동과 인식의 범주 너머에도 사물과 사람이 존재한다는 개념은 아동으로 하여금 자신에게 익숙하고 자신이 납득 가능한 범위 내에서 엄마의 부재를 경험할 때 엄마가 다시 돌아올 거라고 기대하도록 도와준다. 하지만 이러한 인지적 성취는 정상적인 정서적 소용돌이와 격변을 경험할 때 양자 애정관계에 대한 지속적이고 영속적인 인식을 유지해 주지는 못한다. 처음에 아동은 다양한 정서적 상태를 완전히 통합하지 못한다. 긍정적인 기억들과 감정들은 엄마나 아동 중 한 명이 화가 나거나 좌절했을 때 위안이나 자기진정에 효과적이지 않다. 아동이 화를 내고 있거나 엄마가 아동을 향해 잠시 동안 처벌적이고 거리를 둘 때 아동은 매우 강도 높은 상실감과 버려진 것 같은 느낌을 경험할 수 있다. 아동의 입장에서는 착하고 위안을 주는 엄마가 사라져 버렸거나 혹은 아동의 공격성 때문에 파괴된 것만 같다고 느껴진다. **리비도적 대상 영속성** 습득, 즉 자기와 엄마에 대한 안정적이고 일관성 있는 표상의 내면화는 아동으로 하여금 일시적이고 일상적인 감정과 기분의 변화를 견딜 수 있도록 해 주는 점진적이고 복합적인 인지적-정서적-사회적 발달을 의미한다(Mahler, 1974).

아동의 기분 변화를 엄마가 반복적으로 인내하며 아동의 투정과 자극적인 도발 앞에서 상대적으로 일관적일 때 엄마는 긍정적인 정신 표상과 부정적인 정신 표상을 점진적으로 통합하도록 촉진한다(Sugarman, 2003; Winnicott, 1965). 궁극적으로 유아기가 끝나갈 즈음 아동은 화가 나고 괴로운 순간에 이러한 안정적이고 섬세한 이미지들을 사용할 수 있다. 아동은 자기를 진정시켜 주는 엄마의 존재에 대한 정신적 표상에 점점 더 확실하게 의존할 수 있게 되고 엄마가 곁에 없을 때도 정서적인 연결을 경험하게 된다(Winnicott, 1958). 리비도적 대상 영속성은 화해기의 해결을 가져온다. 어린 아동이 불쾌한 감정으로 인한 내적 혼란을 덜 느끼게 되면서 연약하고 변화무쌍한 유아기 아동의 기분은 점점 차분해진다(Mahler, 1974; Mahler et al., 1975). 뿐만 아니라 아동의 내적 삶에 대한 엄마의 관심, 아동의 감정과 의도를 엄마가 점점 더 말로 자세히 설명해 주는 것, 아동의 화해기 기분 변화에도 엄마가 동요하지 않는 것 등은 아동으로 하여금 자기의 외적 행동 및 엄마의 외적 행동과 심리 상태 간의 관계를 이해하도록 도와준다. 더 이상 단순히 감정과 충동에 의해 휘둘리지 않고 어린 아동은 언어와 반추를 사용해 정서적 반응을 스스로 중재할 수 있다. 궁극적으로 이러한 연결은 아동으로 하여금 행동의 의미를 이해하고 심리 내적 경험과 외적 현실의 차이를 구분하게 하며 감정과 충동의 강도를 조절하도록 한다(Fonagy et al., 2002; Sugarman, 2003).

화해기 갈등 해결 및 대상 영속성 통합은 특정한 발달 단계에서 성취되기보다는 전생애에 걸친 발달 과업이라고 할 수 있다. 후기 아동기부터 성인기에 이르기까지 친밀함에 대한 갈망은 한 개인의 자율성과 자유에 대한 욕구와 충돌한다. 뿐만 아니라 강한 부정적인 반응을 불러일으키는 상황에서 중요한 사람들을 향한 애정과 긍정적인 감정을 유지하는 것은 지속적인 정서적 작업을 요구한다. Mahler(1972)의 분리-개별화 이론에 따르면, 이와 같은 불가피한 분투는 아동기 발달 동안 처음으로 나타나지만 남은 생애 동안 삶의 일부가 된다.

초기 상징화 기능과 자기조절에서 상징화 기능의 역할

아동이 영아였을 때 엄마는 아기의 내면 상태들과 감정들을 식별하고 반영하며 자세히 설명하는 엄마로서의 과업을 수행한다. 양자 간의 전언어적 상호성과 번갈아 가며 반응하는 것은 유아기에 나타나는 언어에 의존하는 의사소통의 기초를 형성한다(Beebe et al., 2003; Bruschweiler-Stern et al., 2007). 일단 언어를 사용할 수 있게 되면 유아기 아동은 단어를 사용해서 자신의 관심과 필요를 명명하고 공유함으로써 엄마와의 대화를 적극적으로 먼저 시작한다. 자아는 점점 더 언어적으로 경험된다. 유아기 아동이 원거리 형태로도 의미 있는 정보를 전달하는 능력, 감정적인

경험을 공유하는 것, 정서적인 상태들을 엄마와 함께 상호적으로 조절하는 것 등은 언어와 불가분하게 연결되어 있다(Meissner, 2008; Stern, 1985). Bloom(1993)의 관점에서 보면 유아기 아동은 점점 더 정교화된 지식과 더 섬세한 정서적 반응들을 엄마와 공유하기 위해 언어를 습득하도록 고도로 동기화되어 있다. 비언어적 몸짓들은 더 이상 적절하지 않다.

아동의 언어 습득 시기 및 속도는 매우 다양하게 나타난다. 하지만 생후 1년이 되어 갈 즈음 대부분의 영아는 옹알거리면서 자기를 표현하고 자기 이름과 가족의 이름과 같은 일련의 의미 있는 언어적 지시 대상들에 반응하며 익숙한 일상과 게임(예: '목욕시간' '까꿍놀이' '짝짝꿍')을 명명할 수 있다. 첫 생일 즈음에는 평균적으로 영아들이 표현하는 어휘가 자기 이름이나 양육자들의 이름과 같이 아동과 밀접하게 연관된 한 단어로 된 몇 가지 표현을 포함한다. 대개의 경우 처음으로 말로 표현하는 단어는 아동이 가깝게 인식하고 행동을 기반으로 경험하는 것들이다[예: 팔을 뻗고 부모에게 안아 올려달라는 의미로 '안아(up).'라고 말하는 것].

18~24개월 무렵 아동의 언어발달은 가속화된다. 어휘가 급속도로 증가하고 두 단어로 조합된 어휘들이 출현함으로써 유아기 아동은 중요한 사람, 물건, 사건 간의 기본적인 관계들에 대해 보다 창의적으로 표현할 수 있게 된다(Bloom, 1993; Nelson, 1996). 이 기간에 자기 자신과 타인을 지칭하는 대명사들의 출현은 새로운 수준의 표상적 사고와 자기-타인 자각을 반영한다. 실제로 Spitz(1957)는 유아기 아동이 '안 돼.'라는 말을 집중적으로 사용하는 것이 기저에 깔린 중요한 성취를 반영한다는 것을 이론화했다. (기어오르고 이것저것 잡는 2세 아동에게 '안 돼.'라는 말을 분명 자주 하는) 엄마를 단순히 흉내 내는 것을 넘어 부정적인 단어의 언어적 사용은 사물에 대해 사고하고 판단하며 자기와 타인을 구분할 수 있는 능력 향상을 의미한다. 좀 더 나이가 많은 유아기 아동이 과거 시제와 미래 시제에 대해 알아 감에 따라 말하기는 자전적 연속성에 근거한 자아감을 발달시키고 공유하기 위한 강력한 도구가 된다(Nelson, 1996).

언어는 초기 초자아 기능 획득에 있어서도 필수적인 구성 요소가 된다. 유아기 아동에게서 나타나는 엄마의 칭찬과 규제와 같은 부모의 말에 대한 점진적인 내면화는 성인이 제시하는 기준을 수용하고 사회화 과정을 증진한다. 처음 불안정적인 형태로 자기통제를 시도하는 동안 유아기 아동은 종종 엄마의 제재를 글자 그대로 반복하며 언어적 자기지시로 사용하곤 한다. 한 2세 여아는 엄마가 전화를 받는 동안 생크림 디저트를 숟갈로 퍼서 방바닥에 내려놓으며 자기가 비슷한 잘못을 했을 때 들었던 엄마의 말과 억양을 그대로 따라 하면서 엄한 어조로 "안 돼, 베카."라고 여러 번 반복해서 말했다. 뿐만 아니라 유아기 아동의 언어적 역량이 확장됨에 따라 아동은 힘든 상황에 대처하고자 할 때 자기 진정 및 정서적 자기조절을 위해 엄마의 위안을 주는 말들과 양자 간의 언어적 교환을 떠올린다. 언어를 많이 사용하는 유아기 아동이 잠들기 전에 하는 혼잣말에 대한 연구(Nelson, 1989)는 아동이 언어를 사용해서 밤에 부모와 떨어져 있는 데서 오는 불안을 다루는 것을 보여 준다. 잠들기 직전 혼자 있는 몇 분 동안 아동은 부모와 했던 대화의 단편을 규칙적으로 반복하고 하루 동안 있었던 일들, 나중에 하고 싶은 활동들을 이야기했다.

초기 언어는 가상/가장 놀이와 함께 출현한다. 언어와 가상/가장 놀이라는 두 가지 상징적 기능은 성인의 역할과 태도를 내면화하고 사회적 동일시를 연습하며 정서적 자기조절에 참여하는 유아기 아동의 잠재력을 월등하게 확장시킨다(Fonagy et al., 2002). 상징놀이는 발달과정에 있어서 보다 후기에 최고조에 달하지만 유치원(preschool)에 다니는 동안 좀 더 나이가 많은 유아기 아동은 일상적인 일에 자신만의 상상을 가미한 설명을 추가함으로써 정서적인 복잡성과 불안을 유발하는 상황들에 의미를 부여한다. 아주 어린 유아기 아동도 가상적인 상황에서 나타나는 미소와 과장된 몸짓들을 보았을 때 실제 상황과 놀이 상황이 다르다는 것을 구분할 수 있다(Emde et al., 1997; McCune, 1995). 지연된 모방, 자기주도적 가상/가장 놀이(예: 빈 그릇에서 시리얼을 떠서 '스스로 먹는' 행동), 엄마 주도적인 가상적 상황 등은 생후 1~2년 사이에 나타난다. 아동이 2~3세가 됨에 따라 놀이 활동의 범위는 실제 삶에서의 상호작용과 사건들에서 파생된 보다 복잡하고 다양한 시나리오를 포함하는 것으로 확장된다(McCune, 1995).

다음의 사례는 2세 아동의 가상/가장 놀이 사용을 묘사하고 있으며 이 아동의 경우 단순한 놀이와 이야기가 실제 삶의 사건에서 파생되기는 하지만 아동은 자신만의 창의적인 요소들을 가미해서 엄마-아동 분리에 대응한다.

2년 6개월 된 데이비드는 오후가 되면 엄마가 출근하는 것 때문에 힘들어한다. 엄마가 출근할 때면 데이비드는 종종 울거나 엄마에게 매달리곤 했다. 아침에 엄마가 집을 나서기 전 데이비드는 게임을 하나 고안해 냈다. 집에 있는 다양한 물건(실제 음식과 장난감 음식, 장난감 인형, 자기가 좋아하는 담요 등)으로 장난감 쇼핑 카트를 가득 채웠

다. 일단 만족할 만큼 카트를 꽉 채우고 나서 엄마에게 소파에 앉으라고 하더니 "데이비드가 이제 엄마한테 인사할 거예요."라고 설명하면서 당당하게 "잘 있어, 엄마."라고 말했다. 그리고 쇼핑 카트를 끌고 옆방으로 가서 엄마의 시야에서 사라져 버렸다. 몇 분 동안 조용하더니 다시 엄마한테 와서 반갑게 인사를 했다. 이 놀이를 반복적으로 재현했고 엄마의 참여로 놀이는 점점 더 확장되었다. 가끔씩 엄마는 데이비드에게 자주 가는 가게나 누나가 다니는 학교 등 다른 장소로 '여행'을 갔다 오라고 제안하기도 했다. 장난기 어린 아동의 정서에 동참하면서 엄마는 때로 자기도 같이 데려가 달라고 조르거나 데이비드의 부재에 대해 불평하기도 했고, 이에 데이비드는 친절하지만 단호한 어조로 "아니, 안 돼, 이따가 다시 올게."라고 대답했다.

이 사례에서 알 수 있듯이 아동의 초기 상징놀이에 있어서 엄마의 참여는 대개 자연스럽고 무조건적이다. 엄마는 아동이 설정한 가상적인 상황을 수용하고 놀이를 함께 하며 아동의 공상과 실제 사건을 구분해 주기 위해 설명하지 않는다(Emde et al., 1997). 안정적인 엄마-유아기 아동 관계는 아동의 상상적인 탐색(Cicchetti & Beeghley, 1997)에 있어 기초가 된다. 뿐만 아니라 엄마의 참여는 아동의 인지적 역량과 상상 역량을 증대시키며 이미 본질적으로 유쾌한 활동에 공유된 즐거움을 가미한다. 앞의 예에서 엄마가 데이비드의 내면 상태를 풀어 가면서 이야기의 확장이 자발적으로 나타났고 엄마가 데이비드가 느낀 괴로움을 재현하고 데이비드로 하여금 주도권을 쥐고 있는 '어른' 역할을 하도록 해 줌으로써 매우 중요한 기능을 했다. 그리고 데이비드는 잠재적으로 스트레스가 되는 상황에 대한 적극적인 **숙달감**을 경험할 수 있었다.

유아기 아동의 신체·동작적 발달

상징적 기능의 급증과 더불어 직립 기동성의 습득은 유아기 아동의 신체적 세계와 관계적 세계를 재조직화하고 분리된 자율적인 존재로서의 자아감에 즉각적인 영향을 준다. 뿐만 아니라 걷기 시작한 아동은 수많은 부모의 제재를 불러일으키기도 한다. 영아기가 끝나갈 즈음 다양하고 중대한 소근육 및 대근육 성취(잡기, 앉기, 서기, 걷기)가 출현하기는 하지만 감각운동 정교화에 있어서의 상당 부분과 기저에 깔린 신경 성숙은 유아기 전반에 걸쳐 지속적으로 나타난다(Hempel, 1993). 동작적 전략에 있어서 정확성의 증가와 효율성의 향상과 같은 이러한 질적인 변화는 아동의 지각 경험의 범위를 월등히 확장시키고 자기-타인 분화의 지속적인 발달에 기여하며 엄마-아동 양자를 넘어 그 이상의 세상에 대한 관심을 확장하도록 돕는다.

주요 개념

1~3세 사이의 유아기는 변형적 심리적 성취가 대표적인 특징이다. 그중 가장 중요한 것은 **자아감**의 출현과 초자아 전조의 발달이다. 분리와 취약성에 대한 어렴풋한 깨달음은 자율성을 향한 갈망과 새로워진 양자관계 친밀감 간의 경쟁으로 인해 힘겨워하는 걸음마기 아동의 내면에 위기를 가져온다. **재접근기** 동안에는 전폭적인 엄마의 지지가 요구되는데, 어린 아동은 이 시기 양가적인 감정, 부정적인 태도, 기분에 따른 행동과 같은 특징을 보인다. 자기와 타인에 대한 안정적인 이미지, 즉 **리비도적 대상 영속성**의 성취는 아동의 자기조절을 위한 자원들을 풍부하게 향상시키면서 화해기 해결에 기여한다. 상상력, 언어 사용, 상징놀이의 초기 형태와 같은 확장된 상징적 기능들은 정서적 조절 및 부모의 규제에 대한 내면화를 돕는다.

아동의 인지적 · 언어적 · 동작적 능력이 성숙함에 따라 부모는 배변 훈련을 포함한 장기적인 아동의 사회화 과정에 돌입한다. **항문기 갈등**은 엄마-아동 관계에 스트레스를 주지만 중요한 새로운 방어 기제들을 양상하고 자기조절과 신체적 자율성을 위한 기회를 제공한다. 부모의 불만족에 대한 아동의 인식 증가 및 **자각적 정서**(예: 자부심 및 수치심)의 출현은 아동의 행동에 영향을 준다. **부모의 인정 상실에 대한 두려움**은 유아기 아동의 주요한 불안으로 부상한다.

- 생후 2년이 되면 내면화되고 객관적이며 성 분화된 분리된 자아에 대한 인식이 발달하기 시작한다.
  - 자부심과 수치심 같은 자각적 정서들이 출현하기 시작하고 유아기 아동의 자존감과 사회화 역량을 형성하는 효과를 가져온다.
  - 남아와 여아의 차이를 알아차리게 되는데, 이는 불안 반응을 불러일으킬 수 있다.
- 초기 보행에 수반되는 유쾌함과 득의양양함은 유아기 아동이 점차적으로 개인적 취약성 및 부모의 능력의 한계를 포함하는 현실과 타협함에 따라 감소한다.
  - 화해기 동안 연약함과 분리에 대한 어렴풋한 인식은 엄마와의 접촉에 대한 갈망을 새롭게 한다.
  - 유아기 아동은 엄마를 향해 상반되고 양가적이며 때로 공격적인 행동을 보인다.
- 엄마 개인의 자기조절 역량은 유아기 아동의 발달에 있어 중요한 자원이 된다.
  - 엄마의 일관되고 공감적이며 비보복적인 반응은 유아기 아동으로 하여금 자기와 타인에 대한 안정되고 안정적인 내적 이미지(리비도적 대상 영속성)를 형성하도록

도우며, 아동은 엄마가 곁에 없는 동안 괴로움을 경험할 때 이러한 이미지들을 떠올린다.
  - 엄마의 안정성은 내면의 갈등에 대한 아동의 인내를 증진시킨다.
- 배변 활동과 다른 형태의 사회화가 일어나는 동안 성인은 신체 및 충동 통제와 관련된 문화적 기대와 요구들을 아동에게 전달한다.
  - 고집을 부리고 장난하고 부정적인 태도를 보이는 것과 같은 항문기 갈등은 유아기 아동이 대장 및 방광 통제에 있어서의 책임을 습득하기 위해 고군분투하는 과정에서 출현한다. 이러한 갈등은 엄마에게 강한 반응을 불러일으킬 수 있다.
  - 감정이나 태도를 상반되는 형태로 변화시키도록 돕는 방어 기제인 반응 형성은 유아기 아동으로 하여금 지저분한 것에서 찾는 즐거움을 포기하도록 돕고 청결에 대한 성인의 기준들과 동일시하며 괄약근 통제의 성취를 돕는다.
- 유아기는 초자아 전조 출연에 있어서 매우 중요한 시기다.
  - **소원하는 자아상**은 크기나 힘과 같은 아동이 바라는 질적인 면들에 대한 일련의 내적 표상으로 구성된다.
  - 유아기 아동의 ① 긍정적인 동일시 및 감정과 ② 보다 부정적인 경험(엄마가 느끼는 못마땅함과 이에 수반되는 수치심과 같은) 간의 균형은 사회적 학습에 있어서 동기를 제공한다.
  - 부모의 규제에 대한 유아기 아동의 자각 증가로 인해 아동은 즐겁지만 금지된 행동을 추구할 때 반드시 내면의 갈등을 경험하게 된다.
- 문제 해결 및 사회적-정서적 상황에 대한 전조작기적 접근은 유아기 아동의 사고의 대표적인 특징이다.
  - 지연된 모방 역량은 이러한 인지적 시기의 전형적인 특징이다.
  - 복잡한 상황에 대한 자아중심적이고 구체적인 접근은 아동의 사회적 이해를 제한하고 유아기 아동으로 하여금 신체적 두려움을 갖게 한다.
  - 내면의 삶과 현실 간의 구분은 아직 명확하지 않다.
  - 언어 사용 및 초기 놀이와 같은 유아기 아동의 상징적 역량 출현은 즉각적으로 인식 가능한 세상에서 점점 더 많은 자유를 허용하며 정신적 삶에 변화를 가져온다.

4장
오이디푸스기와 출현하는 역량

언어, 상상력,
놀이,
정신화,
자기조절

오이디푸스기 입문

3~6세 사이 아동은 인간 발달에 있어서 매우 고유한 단계를 거치게 된다. 정신역동이론에서는 이 고유한 시기를 오이디푸스기(oedipal phase)라고 부르는데, 이는 그리스 신화에 나오는 오이디푸스가 근친상간 및 존속살인 과정 중 겪는 치명적인 혼란에서 따온 용어로서 성적 충동 및 공격적 충동과 관련한 아동의 내적 분투를 잘 묘사하고 있다. 오이디푸스기 아동에게서 나타나는 신비로운 성인세계에 대한 왕성한 관심, 해부학적 차이와 **발생적/생식적**(generational) 차이에 대한 자각의 증진, 부모의 사생활/사적인 관계(private relationship)에 대한 이해 등은 아동에게 질투심이나 소외감과 같은 새로운 취약성을 가져온다. 복잡한 삼자관계와 공상의 발달이 아동 안에서 진행됨에 따라 엄마-아동 양자관계는 돌이킬 수 없는 형태로 변하게 된다(Blum, 1979). 뿐만 아니라 죄책감의 출현은 성인이 물리적으로 함께 있지 않을 때에도 혹시 자기가 잘못했을지 모르는 일에 대한 아동의 내적 갈등을 강화한다. 이 시기의 가장 주요한 발달 과업은 아동의 공격적이고 경쟁적인 충동과 부모에 대한 지속적인 애정 및 의존성의 통합이다.

신체적인 경험은 영아기와 유아기에 이어 계속적으로 어린 아동의 정신적 삶을 지배한다. 배변 훈련은 3세 아동이라고 해도 아직 완전히 숙달하지 못했을 수 있다. 아동의 신체적 관심이 성적인 기관으로 옮겨 가면서 항문기 동안 나타났던 강도 높은 갈등과 집착은 점점 사라진다. 성기를 보면 재미있어 하고 남아-여아 간의 차이를 더 잘 알게 되며 성인의 성(sexuality)에 왕성한 호기심을 보이는 것 등은 모두 **성기 우위**(genital primacy)에 기여한다(Freud, 1905/1962; Loewald, 1985). 아동은 신체적 부적절감, 성기/생식기(genital) 상실 및 손상에 대한 구체적인 두려움을 포함한 일련의 불안과 실망감을 보인다. 오이디푸스기의 주요한 도전은 해부학적인 차이들에 의미를 부여하고 성기/생식기의 특징들을 성 분화된 자기에 대한 인식과 연결시키며 성인 같은 성적인 역량에 대한 소망을 유보하는 것이다(Loewald, 1985; Mahon, 1991; Senet, 2004; Yanof, 2000).

상징적 능력의 폭발적 증가는 오이디푸스기 아동의 인지적 · 정서적 · 관계적 세계에 변화를 가져온다. 언어 및 공상의 광범위한 확장은 3세 아동으로 하여금 언어적 개념을 이해하고 정교한 가상/가장 놀이에 참여하며 과거와 미래의 사건들에 대해 생각하고 허구적 이야기를 이해할 수 있도록 한다. 부모, 치료사, 교육가 모두에게 익숙한 가상놀이(make-believe game)와 동화에 대한 아동의 몰입은 부모의 특성과 역할을 하고 싶은 강도 높은 갈망을 누그러뜨리며, 허구적 이야기와 상상놀이는 아동으로 하여금 대립적인 감정, 공격적 충동, 아동의 연령에 따라 나타나는 갈등 등을 표현하고 조직화하고 동시에 성인과의 동일시를 강화한다. **정신화**(mentalization)역량, 즉 타인의 고유한 감정과 신념에 근거해 타인의 행동을 해석하는 능력(Target & Fonagy, 1996)은 사회적 이해와 정서적 자기조절에 변화를 가져온다. 자기-타인 분화에 있어서 정신적 측면에 대한 보다 섬세한 자각은 더욱 안정된 자기와 타인에 대한 인식(즉, 대상 항상성)을 강화하는데, 이는 오이디푸스기 아동의 기분과 감정에 있어서 불가피한 변화를 견딜 수 있도록 한다. 이와 같이 엄청나게 확장된 아동의 내적 자원들은 죄책감 반응의 새로운 등장과 부모의 지속적인 공감 및 지원과 더불어 **초자아 형성**을 촉진한다. 오이디푸스기가 거의 끝나 가고 취학을 하게 되면 초자아는 아동의 독립적인 행동과 정서적 자기통제에 있어서 점점 더 신뢰할 만한 자원이 된다.

이 장에서 우리는 오이디푸스기 아동의 새로운 역량들에 대해 자세히 설명하고 있으며 5장 '오이디푸스기: 심리성적 발달, 오이디푸스 콤플렉스와 배열, 정신적 삶

에서 오이디푸스기의 기여'에서 더 자세히 다루는데, 이러한 역량들은 오이디푸스기에 펼쳐지는 **인생극**(human drama)에 있어 핵심적이다. 이후 심오한 심리적 변화, 관계에서 지속적인 판형의 점진적 변화, 자기조절 기능의 내면화 등은 아동으로 하여금 자율적인 자기로 도약하는 기본적인 발판을 마련하도록 한다.

오이디푸스기 발달에서 언어의 역할

3장 '유아기'에서 언급했듯이, 어휘 습득은 유아기 아동의 분리 및 자기정의(self-definition)에 대한 인식뿐만 아니라 관계적 기능 및 자기조절 기능을 위한 새로운 도구를 즉각적으로 제공한다. 오이디푸스기 아동의 언어적 목록/레퍼토리(repertoire)의 확장은 엄마-아동 경험 공유 및 문제 해결과 자기통제에 있어서 보다 광범위한 언어 사용을 가능하게 한다. 3세 아동의 상징적 역량에 있어서 변형적 변화는 훨씬 복잡하고 창의적인 정신 자원을 제공한다. 상상적 공상의 출현, 가상/가장 놀이, 정신화 등은 언어적 기술의 급증과 불가분하게 연결되어 있다. 뿐만 아니라 아동의 이야기 역량/서술 역량(narrative capability) 증가는 자전적인 연속성에 깊이를 더하고 정서적 자기조절을 강화한다. 가상놀이에서 나타나는 상상의 사건들은 어린 아동들이 좋아하는 문학 작품과 더불어 이 시기에 나타나는 아동의 강도 높은 감정적 격변을 안전하고 즐겁게 발산할 수 있도록 도와줌과 동시에 오이디푸스기의 주제(로맨스, 모험, 위험)를 맥락화한다.

사적 담화와 자기조절

어린 아동의 사적 담화(private speech)는 흔히 아동의 놀이 활동과 문제해결 활동에 수반되어 나타난다. 이와 같이 자기지시적이고 비사회적이며 종종 단편적인 형태의 말들은 아동이 스스로의 행동을 언어적으로 계획하고 **이끄는**(guide) 초기 시도를 반영한다. 자기담화(self-speech)는 취학 전에 정점에 이르고 시간이 갈수록 점점 더 감소한다. 이러한 언어는 부분적으로 4세까지 내면화되며 주로 잘 알아들을 수 없는 말이나 중얼거림 등으로 나타나다가 이후 중기 아동기에 대부분 무언의 내적인 과정으로 대체된다(Winsler et al., 2003). Piaget(1926)는 사적인 (자아중심적인) 담화가 대개의 경우 어린 아동의 미성숙한 인지를 반영한다고 본 반면, Vygotsky(1962)는 이를 자기지시적 담화(talk)의 고유한 자기조절 기능이라고 강조한다. Vygotsky에 따르면 언어적 사고는 사회적 의사소통 과정에서 시작되며 내적인 궤도를 따라 나타난다. 자아중심적 담화는 아동이 언어와 자기조절을 점진적으로 내면화하는 데에 필수적인 과정이다. 성인들이 흔히 인지적인 도전이나 사회-정서적 딜레마를 '혼잣말을 통해 해결하려는 것'은 특정한 형태의 자기지시적 담화가 초기 아동기에만 나타나는 주된 현상 이상의 유용성을 보유하고 있음을 분명히 보여 준다.

Vygotsky와 같이 정신역동 이론가들도 초기 정신 역량 및 의사소통 역량이 엄마-아동 간의 상호작용 맥락 안에서 발생한다고 본다. 후기 유아기와 초기 오이디푸스기 동안 사적 담화는 아동이 부모의 목소리를 지속적으로 내면화하는 데 있어 통합적인 기능을 담당한다. 사적이고 언어적인 자기지시성(self-directives)은 엄마의 칭찬이나 규제를 그대로 흉내내며 따라 하게 한다. 일례로, Fraiberg(1996)가 재미있게 묘사한 줄리아라는 아동은 이를 생생히 보여 주고 있다. 줄리아의 엄마는 잠시 자리를 비웠고 줄리아 옆에는 생란(raw eggs)이 놓여 있었는데, 이는 줄리아에게 있어 곧 철버덩거리고 끈적거리는 것을 좋아하는 항문기 충동을 자극하는 유혹거리였다. 온 힘을 다해 던지고 어지르며 난장판을 만들면서도 아동은 주문을 외우듯 계속해서 중얼거리면서 "안 돼, 안 돼, 안 돼, 그러면 안 되지."라고 엄마의 말을 흉내 냈다(p. 135).

사적인 담화는 부모의 기준을 강화하며 충동을 억제하고 개인의 행동을 지도(guide)하도록 돕는다(Loewald, 1960; Migden, 1998). 사실 실험적인 조건하에서 취학 전 아동은 주어진 과제가 어렵다고 느끼거나 자기규제 역량에 있어서 한계를 느낄 때 자기담화가 증가했다(Winsler et al., 2003). 성인으로부터 파생된 아동의 자기지시성은 행동 및 행동 기준(자신의 것을 공유하고 타인을 돕는 것과 같은 개념들)과 함께 지속적으로 숙련되고 내면화됨에 따라 부모의 물리적 존재나 부재는 아동의 신뢰할 만한 자기통제에 있어서 더 이상 필수적이지 않다. 처벌에 대한 염려, **예상적인**(anticipatory) 불안, 죄책감 등은 아동으로 하여금 금지된 행동을 회피하도록 유인하는 역할을 한다. 시간이 흐르면서 생란을 던지고 싶은 줄리아의 욕구는 협동 및 청결에 관한 안정적이고 내적인 지침들 및 물감놀이, 과자 만들기와 같은 수용 가능한 발산으로 대체되며 그것이 어지르고 지저분하게 하고 싶은 충동을 대신

하게 된다.

이야기/서술 역량

이야기/서술 역량의 출현은 의사소통과 자기이해를 비롯한 창의적 공상의 가능성을 월등하게 확장시키며 오이디푸스기 아동의 정신적 삶에 변화를 가져온다. 동화 구연(story-telling) 활동은 아동의 사회적 관점의 변화를 가져오고 타인의 시각을 이해하는 능력의 증가에 반드시 필요한 연습/숙련 과정을 제공함으로써 아동의 사회적 · 인지적 발달을 돕는다. 뿐만 아니라 이야기는 자기표현과 복잡한 감정 및 갈등의 조직화를 통한 자기조절을 촉진한다(Knight, 2003; Nelson, 1996). 아동이 계획을 세우고 놀이의 방향을 정하기 위해 사용하는 상상적 이야기는 연령별로 나타나는 딜레마와 불안들을 안전하게 탐색할 수 있도록 해 준다. 강도 높은 감정과 두려움은 의미 있는 사건 및 인물들과 연합되어 자신의 행동이 특정한 결과를 가져오지 않는 환경과 장난스러운 분위기 속에서 아동이 다양한 감정 및 결과를 탐색할 수 있을 때 맥락화되고 수정된다.

3~4세 사이 향상된 기억 및 이야기 기술의 발달은 자전적인 스토리텔링에 있어서 역량 및 관심의 증가로 이어진다(Nelson, 1996). 개인적인 이야기는 아동으로 하여금 복잡한 사건들을 해석하고 '아기는 어떻게 태어나는가'와 같은 왕성한 호기심의 대상이 되는 주제들에 의미를 부여하도록 돕는다. 아동과 부모가 자전적인 기억들과 이야기들을 함께 구성해 나갈 때 아동의 자기감은 확장된다. 아동은 개별화된 자기역사(self-history)에 대한 더 큰 자각과 보다 깊은 연속감(sense of continuity)을 경험한다. 아동의 정신적 삶은 고유하고 사적이며 반복적으로 되풀이되는 자기 담화를 중심으로 점점 더 조직화되는데(Abrams, 1999; Ginot, 2012), 이는 현실을 기반으로 한 사건들을 반영하면서도 아동의 발달 단계에 따른 해석, 왜곡, 공상 및 중요한 인물들과의 정서적 경험에 의해 크게 영향을 받는다.

오이디푸스기 아동의 담화 역량이 성숙함에 따라 허구적 이야기는 더 깊은 의미를 갖게 된다. 용감한 영웅, 아름다운 공주, 악한 마녀 등과 같이 잘 알려진 전설과 같은 로맨스 및 도덕성 주제를 다루는 이야기들은 아동에게 있어 더 큰 매력과 중요성을 갖는다. 이러한 이야기들은 아동으로 하여금 자신의 고조된 성적 · 공격적 충동을 상상 속의 안전한 통로를 통해 발산하도록 해 주며 동시에 성인과 유사한 역할을 갈망하는 강한 욕구를 누그러뜨린다. 금지된 근친상간 및 존속살인 공상은 정직하고 용맹스러운 어린 소년이 용을 퇴치하고 엄마를 잃은 소녀가 악한 계모를 이기는 동화 속 이야기에서 쉽게 찾아볼 수 있다. 동해 복수법(talion)에 대한 경고성 이야기나 '눈에는 눈 이에는 이'를 추구하는 정의에 관한 이야기는 강력한 적대적 바람과 이에 상응하는 처벌에 대한 두려움을 대체적으로 표현해 준다. 이와 같은 주제들은 '잠자는 숲속의 공주' '신데렐라' '룸펠슈틸츠킨'[1] '알라딘' '장화 신은 고양이' '인어 공주'와 같은 아이들이 좋아하는 이야기에 자주 등장한다. Bettelheim(1975)이 이야기했듯이, 대다수의 고전 동화가 실제 부모에 대한 아동의 애정의 감정을 보존하면서도(예: 죽음을 통해 이상화된 엄마, 항상 좋고 모든 것을 공급해 주는 요정과 같은 대모) 얼마든지 미워할 수 있고(이야기를 듣는 아동을 포함한), 주인공이 죄책감 없이 정복하고 이길 수 있는 악한 부모에 대한 대체물이나 상징(예: 악한 계모 혹은 아빠-용/용이 된 아빠)을 제공한다.

정서적 발달에서 엄마-아동 대화의 역할

엄마 너머의 세계에 대한 오이디푸스기 아동의 자각 및 투자/몰입(investment) 증가에도 불구하고 엄마-아동 간 대화의 질은 아동의 언어발달뿐 아니라 이어서 설명할 정신화 역량에 있어서도 여전히 매우 중요한 역할을 한다. 엄마와 아동이 하루 일과 혹은 특별한 외출을 계획하고 다시 떠올릴 때 나타나는 양자 간의 자발적인 대화(dialogue) 및 이야기의 공동 구성(co-construction of narratives)은 언어적 능숙도는 물론 정서적 공유 역시 촉진한다. 성인의 대화는 처음에 나타나는 아동의 불안정한 형태의 이야기에 일관성을 부여하는 지지대가 되어 주고 자전적 사건들에 대한 아동의 기억을 자극한다. 뿐만 아니라 공동 스토리텔링은 어린 아동으로 하여금 타인의 고유한 기억과 관점을 고려하고 받아들이는 것을 배울 수 있도록 돕는다(Nelson, 1996). 엄마가 풍성한 쌍방향 대화를 제공할 때, 예를 들어 아동의 경험에 대한 정교한 언어적 설명을 제공하고 '내 느낌에는' '내가 바라는 것은' '네가

1. 역자 주: 룸펠슈틸츠킨은 독일 민화에 나오는 난쟁이(dwarf)다. 남편인 왕자의 분부에 입장이 난처해진 아가씨를 도와 그녀 대신 아마(亞麻)를 짜서 황금으로 둔갑시켜 주었고, 그 대가로 그의 이름을 알아맞히거나 아니면 그녀의 첫 아기를 달라고 요구한다. 그녀가 이름을 알아맞히자 그는 화가 나서 자취를 감추어 버린다. 이름을 알아맞히면 그 이름의 본인이 파멸한다는 사상은 각국의 전설에서 엿볼 수 있다. (네이버 지식백과)

생각하기에는'과 같이 정신 상태를 표현하는 언어들을 자유롭게 사용할 때 아동의 담화 역량 및 사회-정서적 이해가 증진된다(Nelson, 1996; Ruffman et al., 2002).

아동이 보다 정교화된 언어를 습득함에 따라 동일시, 반영, 정서적 경험의 조율(modulation)과 같은 엄마 자아의 중요한 기능들은 점점 더 대화의 공유를 통해 나타난다. 엄마는 상상적 공상을 가미하거나, 감정을 명명해 주거나, 간단하면서도 연관이 있는 질문을 하고 타인에 대한 자각을 부드럽게 확장시켜 줌으로써 아동의 발화/아동이 말로 표현하는 것(verbalization)을 더 풍성하게 해 주고 확장시켜 준다. 엄마-아동 상호 간에 즐거움과 재미를 느끼는 것은 언어적 의사소통에 있어서 아동의 깊은 만족감 및 단어들이 각기 다른 의미를 가지고 있으며 자기에 대한 중요한 정보를 전달할 수 있게 해 주고 상호 확인(validation) 성취를 돕는다는 인식에 기여한다.

다음의 엄마-아동 상호작용 사례는 전형적이고 평범한 언어적 교환이 아동의 인지적·사회적 발달 출현을 어떻게 돕는지 묘사하고 있다. 3세 남아와 그의 엄마는 가장 좋아하는 놀이 친구에 대해 서로 즐겁게 대화를 나눈다. 엄마가 하는 말과 질문들은 아동의 현재 이해 수준에 맞추어져 있으면서도 아동이 자기 친구를 분리된 한 개인으로 생각할 수 있도록 격려함으로써 부드럽게 아동을 자기 수준 이상으로 끌어올려 준다.

세 살 반이 된 제레미는 종종 2세 때부터 알고 지내던 어린이집 친구 이사벨라와 같이 놀고 싶다고 요구하곤 한다. 최근 들어 제레미는 이사벨라와 함께 놀고 나면 다시 만날 때까지 이사벨라에 대한 생각도 자주 하고 이사벨라에 대한 이야기도 많이 하기 시작했다. 제레미와 엄마가 함께 하루 일과를 계획할 때면 제레미는 반복적으로 다음과 같은 대화를 시작한다.

제레미: 엄마, 이사벨라는 지금 뭐 해요?

엄마: 지금? 엄마도 몰라. 네 생각에는 이사벨라가 지금 뭘 하고 있을 것 같은데?

제레미: 몰라요, 엄마. 이사벨라는 지금 뭐 해요?

엄마: 아마 엄마랑 오늘 뭐 할지 계획을 세우고 있지 않을까? 우리가 지금 하는 것처럼 말이야.

제레미: 아마도요. 아마 이사벨라랑 엄마는 우리처럼 컵케이크를 사고 있을지도 몰라

요. 이사벨라는 컵케이크를 좋아하거든요.

엄마: 이사벨라랑 너는 좋아하는 게 똑같을 때가 많네. 그래서 서로 친한가 보다.

빵집에서 나온 엄마와 아들은 이사벨라가 또 무슨 활동을 할지, 어떤 간식을 좋아하는지에 대해 이야기하고 다음에는 제레미의 집에서 같이 놀았으면 좋겠다고 하며 재미있게 이런저런 생각들을 했다.

언어와 자기조절 발달

- 아동의 사적인 담화는 개인적인 행동에 지침을 제공하고 부모의 제한 설정을 강화한다.
- 부모의 '목소리'는 초자아 형성과정에서 내면화된다.
- 이야기/서술(narrative) 역량은 아동으로 하여금 복잡하고 대립적인 감정과 충동들을 표현하고 조직화하는 데 있어서 오이디푸스기적 주제를 다루는 이야기와 상상놀이를 사용하도록 한다.
- 자기이야기/서술(narrative)은 성격발달에 있어 핵심적이다.
- 이야기들과 고전적인 동화들은 금지된 충동과 바람을 발산할 안전하고 대안적인 출구를 제공하고 도덕적 해결의 대리적인 즐거움을 허용한다.
- 엄마-아동 담화(discourse)와 엄마의 정신적 상태 언어 사용은 정서적 자기조절을 위한 아동의 언어 사용에 기여한다.

정신화 역량과 오이디푸스기 아동의 관계적 세계

정신화와 대상 항상성

아동에게서 나타나는 정신적 상태에 대한 복잡하고도 분화된 이해의 증가는 오이디푸스기의 주요한 성취다. **자아중심적** 사고는 변화를 맞이하고 아동은 객관적인 현실과 주관적인 경험(꿈이나 소원)을 더 이상 혼동하지 않게 되며, 자신의 생각과 감정을 타인의 것과 구분할 수 있고, 각기 다른 개인들의 고유한 관점을 점점 더

이해할 수 있다. 소원이나 신념과 같은 정신적인 상태에 근거하여 사람들의 행동에 새로운 의미를 부여하게 되고 아동은 사람들이 '왜' 그렇게 행동하는지 알아 가기 시작한다. 정신역동적 연구에서는 이러한 발달적 습득을 주로 **정신화**라고 지칭하는데, 이러한 개념은 (주로 Peter Fonagy와 동료들의 연구를 통해) 정서적 삶의 조절과 조직화에 있어서 중심이 된다고 여겨지게 되었다. 실제로 정신적 상태에 대한 상상력 결여는 정서조절장애와 관련이 있으며 경계선 성격장애를 가진 성인들에게서 흔히 나타난다(Fisher-Kern et al., 2001; Fonagy & Target, 1996). 정신적 삶을 반추하고 대인관계 사건들을 내적 상태와 연결 지으며, 사람들의 행동을 예측하는 아동의 능력은 안정적인 엄마-아동 애착 및 아동의 내적 경험을 상상하고 해석하는 엄마의 능력과 깊은 상호 연관성을 보인다(Fonagy & Target, 1997).

경험적 연구에서는 이와 같은 근본적인 인지적-정서적-사회적 이정표를 주로 **마음이론**(theory of mind)의 습득이라고 부르는데, 이는 일반적으로 4세 즈음에 나타나며 이 개념은 사람들의 내적 상태와 겉으로 표현되는 행동 사이에 의미 있는 연관성을 부여하는 아동의 역량을 나타낸다(Mayes & Cohen, 1996). 대인관계 행동을 이해하게 되고 타인의 반응을 더 잘 예측할 수 있게 됨에 따라 아동은 복잡한 사회적 상호작용의 의미를 이해하게 되고 이전보다 덜 혼란스러워한다. 아동은 사람을 보다 더 흥미로운 존재로 경험하고, 앞서 언급한 제레미의 예에서 제레미가 이사벨라의 활동과 취향에 대해 생각하고 질문했던 것처럼 사람에 대한 호기심이 점점 더 증가한다. 사회-정서적 세계에 대한 보다 섬세하고 덜 구체적인 해석은 대상 항상성 인식을 촉진하는데, 이는 아동으로 하여금 정서적인 격변을 경험하는 순간에도 자기와 의미 있는 타인에 대한 통합된 내적 표상을 유지하도록 해 준다(Mahler et al., 1975). 오이디푸스기 아동은 사람, 개인의 특성, 관계 등을 점점 더 안정적이고 지속적인 형태로 지각하게 된다. 엄마가 화가 났을 때 엄마의 선량함과 애정이 모두 다 사라졌다고 생각하는 것과 같은 두려움은 유아기 동안 매우 흔하게 나타나지만 이제는 점점 사라지게 된다. 그 결과, 아동은 내적 갈등과 양가감정을 더 잘 인내하게 되고 자기 자신과 타인의 연속성에 대한 인식은 강화된다.

마음이론, 연대기, '틀린 신념' 과제

상당수의 연구가 아동의 마음이론 습득이 개별화된 속도로 나타나긴 하지만 일정한 순서를 따르는 예측 가능한 과정이라고 말한다. 3세 무렵이 되면 오이디푸스기 아동은 주관적인 정신적 경험과 외적 사건들을 구분하기 시작한다. 하지만 몇몇 어린 3세 아동은 상상의 내용과 사실에 근거한 지식 둘 다 실제 삶을 반영한다고 가정하며 이 둘을 구별하는 데 있어서 계속해서 어려움을 보인다(Woolley & Wellman, 1993). 사적인 신념이 행동을 결정한다는 개념은 보통 4세 무렵 완전히 이해하게 된다(Woolley & Wellman, 1993). 신념이 감정에 영향을 준다는 개념은 5~6세가 되어서야 나타난다(Harris et al., 2005; Woolley & Wellman, 1993). 아동은 한 개인이 대립되는 감정을 경험하게 될 가능성과 같은 매우 복잡한 사회-정서적 개념들은 중기 아동기가 될 때까지 아직 완전히 이해하지 못한다.

마음이론에 관한 대다수의 발달 연구는 **틀린 신념 과제**를 사용해서 어린 아동이 타인의 행동을 그 사람의 고유한 관점에 근거해서 얼마나 정확하게 예측하는지 측정한다(Wellman et al., 2001). 이러한 과제를 정확하게 수행하기 위해서 아동은 반드시 모든 사람은 자기만의 주관적인(그릇된 것일 가능성이 있는) 세계관을 가지고 있다는 것을 이해해야 한다. **생각하다**(think)와 **알다**(know) 같은 정신 상태를 표현하는 어휘에 있어서의 숙달은 이와 같은 이해의 성취와 병행된다고 할 수 있다(Lohmann & Tomasello, 2003). 전형적인 틀린 신념 과제는 어린 아동에게 다음과 같은 시나리오를 들려준다.

> 어린 제니는 학교에서 집으로 돌아왔다. 엄마가 거실에서 빨래를 개는 동안 제니는 부엌 식탁에 앉아 새로 산 스티커를 가지고 놀고 있다. 잠시 후, 화장실에 가고 싶어진 제니는 놀던 것을 멈추고 스티커를 식탁에 두고 간다. 제니가 없는 동안 엄마는 부엌으로 들어와서 스티커를 발견하고는 밥을 차리기 위해 스티커는 서랍에 넣어 둔다. 제니가 다시 부엌으로 돌아왔을 때 제니는 어디서 스티커를 찾으려고 할까? 서랍 속일까, 아니면 식탁 위일까?

제니의 행동에 대한 정확한 예측은 자기 자신의 마음속에 있는 내용과 타인의 정신적 상태 및 외적 세계의 사건들을 구분할 수 있는 역량을 의미한다. 많은 연구가 4세 아동은 일관적으로 틀린 신념 테스트를 통과한다고 결론을 내린다. 이들은 사람들이 현실에 대한 잘못된 관점을 가지고 있을 수 있지만 그래도 여전히 잘못된 신념에 근거해 행동한다는 기본적인 개념을 이해한다(Harris et al., 2005). 한 연구

(Woolley & Wellman, 1993)에서 적절히 설명하고 있듯이, 4세 아동은 "사람들이 신념과 같은 내적인 정신적 상태를 소유하고 있으며, 이는 세상에 대해 표현하거나 혹은 세상을 왜곡해서 보여 주기도 한다는 것, 인간의 행동은 객관적인 현실에서 비롯되기보다 한 개인이 세상을 어떻게 보는가에 기인한다는 것"을 깨닫는다(p. 1). 제니의 이야기를 들려주면 4세 아동은 자신의 전지적인 관점과 주인공의 관점을 구분한다. 이들은 제니가 스티커를 식탁에 놓고 갔기 때문에 처음에는 식탁에서 스티커를 찾으려 한다고 정답을 이야기한다. 이들은 이야기를 듣는 사람들과 달리 제니는 엄마가 자기가 없을 때 한 일을 알지 못한다는 것을 이해하고 있다. 반면, 3세 아동은 틀린 신념 시나리오에서 실패하는 경향이 있다. 이들은 엄마가 스티커를 옮겨 놨다는 개인적 지식에 근거하여 제니가 서랍 안에서 스티커를 찾을 것이라고 예측한다. 어린 아동일수록 자신의 지식의 원천과 타인의 정보의 근원을 구분하지 못한다. 자아중심적 사고가 우세하게 나타나며 이는 아동이 마음속에 다양한 관점을 갖거나 외적인 사건들과 사적인 정신적 신념들을 구분하는 것을 제한한다.

오이디푸스기 아동의 사회적 삶의 확장과 삼자관계의 출현

정신화 역량의 출현은 4세 아동으로 하여금 타인의 마음속에 있는 내용들을 상상하도록 해 주며 새로운 수준의 공감적 반응을 불러일으킨다. 아동은 자신의 필요, 선호도, 반응 등의 한계를 넘어 그 이상의 것을 생각할 수 있고 타인의 경험에 대해 숙고한다. 미열 때문에 평소답지 않게 주말 내내 소파에 누워 있던 한 엄마가 각각 3세, 5세인 자기의 두 딸이 보인 다음과 같은 행동에 대해 묘사했는데, 둘 다 걱정을 표현하고 세심하게 배려하는 태도를 보였다. 어린 동생은 엄마를 부드럽게 안아 주며 아기 때부터 개인적인 위로의 원천이 되어 준 자기가 가장 좋아하는 곰 인형을 가져다준 반면, 나이가 많은 언니는 엄마가 쉴 수 있도록 다른 방에서 동생과 둘이 조용히 놀겠다고 했다. 이와 유사하게, 복잡한 사회적 상황의 변화무쌍한 요구를 마주할 때 나이가 많은 아동은 자신이 인식한 타인의 필요에 근거한 행동적 적응이 가능하다. 예를 들어, 자기보다 어린 아동에게 이야기를 설명하라고 했을 때 4세 아동은 자기의 이야기를 듣는 아동의 수준에 맞춰 문장의 구조와 어휘들을 단순화하는 경향이 있는 반면, 3세 아동은 자기보다 어린 아동의 이해에 있어서의 필요를 고려하지 못한다(Shatz & Gelman, 1973).

마음이론의 습득은 오이디푸스기 아동의 정서적 삶과 대인관계 삶에 있어서 지대한 영향을 주는데, 이는 가족환경 안팎과 그 이상을 모두 포함한다. 경험적인 연구들은 정신적 상태 지식과 사회적 능숙도(competence)와 자기조절과 같은 주요한 연령별 발달 간의 연관관계를 보여 주고 있다. 이후에 더 자세히 설명하겠지만 이러한 것들은 나이가 많은 아동의 또래와의 유대감(sense of connection) 및 학습환경에서의 성공적인 적응에 큰 영향을 주는 내적 및 관계적 삶의 영역에 있어서 기초가 된다. 정신적 상태에 대해 반추하고 이를 해석하는 역량은 유연하고 성숙한 자기조절 및 사회적 기능과 상호 연관된다. 마음이론 지식을 나타내는 아동은 긍정적인 교우관계(friendship)를 맺고 친사회적인 행동을 나타내며 사회적 기술과 교실에서의 적응에 있어서 교사로부터 높은 평가를 받는다(Denham et al., 2003; Fonagy & Target, 2000).

타인의 마음에 대한 오이디푸스기 아동의 지식, 보다 생생한 공상적 삶, 전반적인 신체적 · 인지적 성숙 등은 부모-아동 양자관계 외부에 존재하는 사람들과의 관계 확장에 기여한다. 새롭게 나타난 복잡한 삼자관계는 정서적 · 상상적 자극의 영구적인 원천이 된다. 아동이 제외될 가능성이 있는 다른 사람들 사이의 특별한 유대, 감정, 활동 등은 강도 높은 욕구와 소망하는 공상 및 질투를 야기한다. 특히, 부모의 (신비로운 부모의 대화와 성적인 행위들에 대한 상상을 포함한) 사적인 삶은 아동에게 호기심, 부적절감, 소외감(exclusion)과 같은 강력한 감정을 불러일으킨다.

오이디푸스기 아동의 공격적이고 소망하는 공상의 주요 대상은 부모지만 형제들 또한 매우 중요하며 또래 집단 역시 관심의 초점에 포함되기 시작한다. 오이디푸스기 아동은 형제-부모 유대를 뚜렷하게 의식하고 있다. 뿐만 아니라 또래 유대 및 교우관계에 있어서 잠재적인 소외는 주된 염려의 근원으로서 출현한다. '단짝 친구(best friends)'와 같은 개념들에 의미가 부여되고 새로운 사회적 욕구와 불안을 야기한다. 아동의 고조된 공감적 역량의 맥락 안에서 타인의 필요에 대한 깊은 이해 및 부모의 기준에 대한 자각에도 불구하고 분노와 질투로 반응하는 것은 이전에 경험하지 못한 갈등과 죄책감을 불러일으킨다. 초기 삼자관계에 대한 보다 자세한 논의 및 이에 수반되는 감정과 공상들, 이러한 요소들의 지속적인 정서적 패턴과 대인관계 패턴에 미치는 영향에 대해서는 5장에 설명되어 있다.

다음의 예는 언어적 교환을 통해 드러나는 3세 아동과 5세 아동의 사회적 상호작

용에 있어서의 차이를 묘사한다. 첫 번째 예에서 3세 여아 제시카는 자신의 정신적 지식과 교사의 정신적 지식을 구분하는 데 어려움을 보인다. 제시카는 자기가 아는 것을 킹 선생님도 안다고 가정하고 선생님의 관점을 고려하지 않은 채 제삼자에 대한 대화를 시작한다. 다른 아동과 자기 자신의 관계와 킹 선생님과 그 아동 간의 관계와 다르다는 것을 숙고하지 못한다. 교사가 추가적인 정보를 요구하자 제시카는 명확히 설명하려고 시도하지만 곧 좌절하게 된다.

어른들과 이야기하기 좋아하는 3세 된 제시카는 월요일 아침 유치원 교실 안으로 들어서자마자 무릎에 붙인 작은 반창고를 보여 주며 흥분해서 선생님에게 다가갔다. 주말 동안 있었던 일에 대해 이야기하고 싶어 안달이 난 제시카는 무릎에 난 상처에 대해 바로 설명하기 시작했다. "베키가 그랬어요. 베키가 나를 넘어뜨렸어요. 나를 밀었거든요." 베키를 모르는 킹 선생님은 베키가 누구인지 물었다. 사실, 베키는 제시카의 친척인데 제시카의 학교 사람들은 베키를 한 번도 만난 적이 없다. 제시카는 선생님의 질문에 짜증이 난 듯했고 "선생님도 베키 알잖아요."라고 말했다.

선생님은 "나는 베키를 만난 적이 없는 것 같은데. 베키는 네 친구니?"라고 물었다.

제시카는 선생님에게 설명하기 위해 잠깐 동안 선생님이 한 질문에 대해 생각하더니 이렇게 말했다. "선생님은 베키를 알아요. 베키는 나를 밀었고 샌디도 밀었어요(샌디는 킹 선생님이 모르는 또 다른 아동이다)."

다음의 예는 5세 반 친구들 간의 대화인데, 이는 사회적 이해, 복잡한 삼자적 상황에 대한 수월한 이해 등으로 표현되는 훨씬 월등한 기능을 보여 준다. 이 여아들은 서로의 관점을 수용한다. 이들은 사회적 교환을 위한 기본적인 지식을 공유하기 위해 적절한 질문을 하고 각 아동은 자연스럽게 다른 아동이 요구한 정보를 제공한다. 이들은 각 사람이 저마다 다른 사람들(parties)과 사적인 관계를 맺고 있다는 것을 이해하고 어린 남동생에게 영향을 주는 계획을 세울 때 스스로 느끼는 공감과 죄책감의 감정을 해결하고자 한다. 뿐만 아니라 또래관계는 보다 나이가 많은 여아들의 관심 및 계획의 뚜렷한 중심이 된다. 선생님과 경험을 공유하는 것에 주된 초점을 둔 제시카와는 대조적으로, 5세 반 여아들은 서로 같이 놀고 싶은 것 외에는 여념이 없다. 그리고 필요한 허락을 받아 내기 위해 어른들의 사고와 반응들을 예측한다.

케이티와 에비는 학교에 있는 인형의 집에서 공상놀이를 즐기고 있는데, 둘은 종종 유치원에서 같이 놀고 수영도 같이 배우지만 서로의 집에 한 번도 가 본 적 없는 5세 반 친구다. 학교가 끝날 시간이 다 되어 가고 있었고, 이들은 자기들이 하던 놀이를 계속 하고 싶었다.

케이티: 우리 집에 정말 좋은 인형의 집 있는데. 오늘 우리 같이 놀까? 우리 집으로 올래? 오늘은 엄마가 날 데리러 올 거야.

에비: 나도 인형의 집 있어. 오늘은 너희 집에서 놀고 다음에는 우리 집에서 놀면 되겠다. 나는 아마 오늘 켈리(보모/베이비시터)가 날 데리러 올 거야. 켈리한테 놀러 가도 되냐고 물어봐야겠다. 너 우리 보모/베이비시터 알아?

케이티: 수영 끝나면 데리러 오는 분이야? 나 알아.

에비: 수영할 때랑 무용할 때 데리러 와.

케이티: 나는 무용은 안 가.

에비: 아, 그럼 수영할 때만 본 거야?

케이티: 머리 색깔이 빨갛고 네 남동생도 데리고 오지?

에비: 응. 근데 항상 친구 집에 놀러 가게 해 주지는 않아.

케이티: 왜?

에비: 몰라. 어떤 때는 남동생을 다른 곳에 데려다 줘야 해.

케이티: (생각하는 듯 잠시 가만히 있더니) 우리 엄마는 항상 된다고 하는데. 엄마한테 말해서 우리가 같이 놀아도 되는지 켈리한테 물어봐 달라고 하자.

에비: 너네 엄마가 물어보면 켈리는 된다고 할 거야(잠시 침묵). 하지만 동생이 같이 놀고 싶다고 하면 어떡해?

케이티: 그러면 우리는 내 엄마랑 같이 내 집에 가고 켈리는 동생을 데려가면 되지.

정신화와 사회-정서적 발달

- 사람들의 내적 상태와 외적 행동 간의 의미 있는 연관성에 대한 지식은 주요한 인지적-정서적-사회적 이정표로서 4세 무렵 성취된다.
- 정신화는 안정적인 엄마-아동 애착 및 아동의 정서적 자기조절 발달과 상관관

계가 있다.

- 연구에서 틀린 신념 과제는 마음이론의 습득을 보여 주기 위해 사용된다.
- 정신화는 공감과 도덕적 발달을 촉진하고 아동으로 하여금 자기와 타인에 대한 안정적인 인식(대상 항상성)을 형성하도록 돕고 행동적 · 정서적 자기조절을 뒷받침하며 삼자관계 이해에 기여한다.
- 타인의 마음과 관계(특히, 부모의 사적인 유대)에 대한 자각의 증가는 질투와 소외감이라는 새로운 감정을 야기한다.

가상/가장 놀이의 발달과 오이디푸스기 아동의 삶에서 상상의 역할

전이적 현상과 아동의 정신적 삶에서 놀이의 역할

유아기 아동의 실뜨기 놀이(string game)에 대한 Sigmund Freud(1920/1962)의 묘사를 시작으로 정신역동 이론가들은 놀이가 매우 고유한 발달 촉진 활동이자 아동의 내적인 세계를 들여다보게 해 주는 창문과 같은 특별한 역할을 한다고 여겼다. 아동은 상상놀이를 하는 동안 각 연령별로 나타나는 갈등 및 불안을 행동에 뒤따르는 결과 없이 안전하게 표현할 수 있고, 수동적으로 경험한 사건들은 아동의 통제하에 있게 된다. 가상(make-believe)의 변화는 아동으로 하여금 다양한 역할을 실험해 보고 복잡한 상황에 참여하도록 해 준다. 진짜 현실은 잠시 유보된 상태지만 공상이나 백일몽과 달리 가상/가장 놀이는 아동의 행동이 핵심적인 역할을 하는 정신적 · 신체적 활동이다(Solnit, 1987).

몇몇 이론가(예: A. Freud, 1963)에 따르면 놀이는 발달 초기 단계에 국한되는 한정된 활동으로 점차 현실을 기반으로 한 관심과 작업들로 대체된다. Piaget(1962)도 이와 유사한 입장으로 상징놀이가 복잡하고 현실을 기반으로 한 경험을 자신의 미성숙한 자아 역량에 동화시키려는 아동의 전논리적(prelogical) 시도라고 본다. 하지만 다른 많은 정신역동 이론가가 그러하듯, Winnicott(1953)은 재미(playfulness)와 상상기능이 전생애에 걸쳐 매우 중요하다고 이야기한다. 그의 이론에 따르면 놀이는 **전이적 현상**(transitional phenomena, 2장 '유아기'에서 나온 개념으로서 전형적으로 아기들이 자기-타인 개별화 과정에서 애착을 보이기 시작하는 부드러운 장난감이나 담요 조각)의 형태로 유아기에 출현한다. 전이 대상은 점진적으로 아동의 가상/가장 놀이로 대체되며 이후 성인기에는 예술적이고 문화적인 활동에의 참여가 이를 대신하게 되는데, 이는 모두 외적 현실과 내적 주관성 사이에 존재하는 잠재적인 창의적 공간 안에서 일어난다. 경험적인 연구에 따르면 소리와 움직임의 형태를 취하기도 하는 전이 현상은 전이 대상과 마찬가지로 규범적이라고 여겨진다. 60%에 달하는 유아기 아동과 취학 전 아동이 담요 혹은 부드러운 물건에 애착을 보인다고 알려져 있다(Donate-Bartfield & Passman, 2004; Passman, 1987). 하지만 이러한 현상들이 엄마-아동 관계와 연관되어 있는지, 자기조절(예: 아동으로 하여금 익숙하지 않은 환경에서 울지 않고 있게 해 주는 것)과 같은 발달적 기능을 담당하는지의 여부에 대한 결론에서는 차이를 보인다.

다수의 아동 임상가와 연구자는 상상놀이에 대한 폭넓은 관점을 설명하며 광범위한 지적 역량, 관계적 역량, 자기조절 역량을 촉진하고 자기 및 타인에 대한 어린 아동의 내적 표상을 확장하는 규범적이고 통합적인 상징적 기능으로서 상상놀이의 중요성을 강조한다(Birch, 1997; Gilmore, 2005; Lyons-Ruth, 2006; Marans et al., 1991; Mayes & Cohen, 1992). 놀이를 하는 동안 아동은 다양한 역할 및 신분을 '옷을 갈아입듯(try on)' 경험하며 조망수용 능력(perspective taking)을 연습한다. 또래나 성인과 함께 사회극놀이(social-dramatic play)를 하는 동안 아동은 함께 의미를 만들고 이야기 구성하는 것을 통해 복잡한 대인관계 교환에 참여한다. 실제로 놀이를 하는 상태에서 어린 아동은 다른 인물들의 욕구와 의도에 대한 이해를 보이는데, 이는 아동이 평상시 놀이를 하지 않을 때 보이는 역량을 능가한다(Fonagy & Target, 1996; Mayes & Cohen, 1996; Vygotsky, 1978). 뿐만 아니라 가상/가장 놀이는 강도 높고 대립적인 감정과 불안을 아동이 창의적인 이야기를 중심으로 조직화할 때 이러한 감정과 불안들의 격렬함과 즉각성은 감소하고 안전한 표현과 탐색이 가능해진다.

놀이의 발달 촉진적인 자기조절 기능은 어린 아동의 정서적 경험을 해석하고 개선해 주는 엄마의 역할을 연상케 한다. 사실, 초기 엄마-아동 관계의 질은 오이디푸스기 아동의 놀이 역량에 영향을 준다. 안정 애착을 경험한 아동은 보다 풍부하고 복잡한 가상의 시나리오를 나타내는 경향이 있다. 특히, 혼란 애착 아동은 정서적인 내용이 수반될 때 일관성 있는 이야기를 유지하는 데 어려움을 보였다(Hesse & Main, 2000; Slade, 1987). 뿐만 아니라 불안정 애착과 부모의 초기 학대 및 무시는

서툰 사회극놀이 기술과 상호 연관되어 있다(Alessandri, 1991).

가상/가장 놀이의 연대기

상상놀이는 오이디푸스기에 우세하게 나타나며 아동이 다음 발달 단계(잠재기)에 진입하여 보다 구조화되고 규칙을 따르는 놀이를 추구하게 되면서 서서히 사라진다. 가상/가장 놀이의 초기 형태는 생후 2세 때 출현하며 인지 및 사회-정서적 복잡성 수준 향상에 있어서 충분히 입증된(well-documented) 진전으로 나타난다(Bornstein et al., 1996; Fein, 1981; McCune, 1995; Piaget, 1962). 하지만 영아기 첫 몇 개월 동안에도 아동은 엄마의 실제 감정과 장난스러운 감정을 구분할 수 있는데, 이는 가상적 상황(pretense)에 대한 이해가 아동의 놀이 행동에서 나타나기 이전에 이미 관계적인 맥락 안에서 충분히 이해될 수 있음을 보여 준다(Gergely, 2000). 유아기 동안 아기의 행동은 대개 전상징적(presymbolic)이며 감각운동적 활동과 탐색을 수반한다. 아동은 사물, 신체 부위, 장남감 등을 관찰하고 입으로 가져가며(mouthed) 조작한다. 생후 1년 무렵이 되면 유아기 아동은 익숙한 행동(예: 그릇에서 음식을 떠서 자기 자신이나 엄마에게 '먹여 주는 행동')에 있어서 간단한 형태의 자발적이거나 타인 지향적인 모방을 나타낸다. 아동의 미소 및 장난스럽게 과장된 행동은 현실과 가상적 상황 사이의 차이를 아동이 완전히 이해하고 있음을 의미한다. 머지않아 아동은 인형에게 목욕을 시켜 주는 것과 같은 일상생활의 순간들을 재현하는 단순한 놀이 순서(play sequence)를 정한다.

아동이 2세가 되면 상징적 대체(symbolic substitutions)가 출현한다. 예를 들어, 유아기 아동은 벽돌을 사용해서 전화기 놀이를 하거나 접시에 구슬들을 담아 놓고 음식이라고 상상한다. 추상적인 수준에 있어서 이와 같은 진전은 유아기 아동의 놀이 가능성 및 구체적이고 자각적인 행동에 국한된 사고를 확장시킨다. 하지만 2세 아동의 놀이는 일상적인 경험에서 파생된 단순하고 익숙한 주제와 상황을 반영하며 아동은 유모차에 동물 인형을 앉히고 밀어 주거나 아기 인형을 재워 준다.

오이디푸스기 발달이 진행되는 동안 추상적 역량, 이야기/서술 역량, 상상적 역량의 폭발적 증가는 점점 더 복잡해지고 창의적인 가상적 상황(pretense)을 불러일으킨다. 공상을 위한 내적 과정은 놀이의 내용에 있어서 무한한 가능성을 열어 준다. 아동은 익숙한 이야기나 사건을 사용하기도 하지만 의미 있는 특성 및 소망하는 능력으로 가득한 고유한 이야기와 등장인물을 만들어 내기도 한다. 학교놀이나 소꿉놀이 같은 일상적인 주제들은 보다 공상적인 것들과 함께 배치된다. 마법을 사용하는 존재, 영웅, 요정 등의 모험 이야기가 아동의 레퍼토리에 나타나기 시작한다.

가상의 시나리오들이 점점 더 복잡해지고 다양한 역할과 복잡한 상황을 수반하게 되면서 아동은 또래의 놀이 참여를 더 원하게 되고 이를 통해 더 많은 유익을 얻는다. 사회극놀이는 대인관계 학습과 정서적 학습의 주된 자원으로 기능하며 아동에게 공유된 의미를 언어적으로 구성하고 사물을 다양하게 사용하는 것에 동의할 것을 요구한다. 보다 어린 3세 오이디푸스기 아동은 타인의 선호와 생각을 수용하는 것을 어려워한다. 하지만 4세 무렵이 되면 대부분의 아동이 공상놀이 공유에 필수적인 기술을 습득하게 되는데 여기에는 다른 아동의 계획과 욕구를 놀이에 포함시키는 역량, 복잡한 이야기의 줄거리를 함께 만들고 수정하는 것, 역할 분담에 있어서 타협하는 것 등이 포함된다. 경험적 연구들에 따르면 공유된 가상적 상황(shared pretense)에 참여하는 것은 보다 높은 수준의 사회적 인지를 의미한다(예: Howe et al., 2005).

〈4세 여아〉 동영상을 보자. 아동이 오이디푸스기의 주제들을 가지고 성인-아동 놀이를 함께 구성하는 것의 예를 보여 준다.

다음의 사례는 엄마-아동 가상/가장 놀이를 사용해 자신이 유치원에서 매일 경험하는 분리 과업을 다루는 3세 여아를 묘사하고 있다. 어린 아동은 엄마 역할을 연기함으로써 부모와의 일시적인 동일시에 몰입하고 수동적이고 부정적인 경험을 정복감(mastery) 및 통제를 소유하는 것으로 바꾼다. 가상적 상황이 제공하는 행동이 결과에 영향을 미치지 않는 환경은 지니로 하여금 엄마가 자신의 괴로움을 흉내 내는 것에서 즐거움을 보이고 유력한 부모 역할을 즐기도록 해 준다.

3세인 지니는 최근 유치원에 다니기 시작했고 아침마다 엄마와 떨어지는 것을 힘들어한다. 종종 선생님이 다양한 활동으로 주의를 끌려고 시도하면 싫다고 하며 울거나 엄마에게 매달린다. 지니는 집에서 있을 때 새로운 놀이를 하기 시작했는데, 놀이의 이

름은 '학교에 데려다 주기'다. 지니는 엄마에게 같이 놀자고 하면서 신이 나서 말했다. "내가 엄마 할 거고 엄마는 언니/누나 할 거예요." 엄마는 함께 놀아 주면서 딸이 아침마다 학교에 가기 힘들어하던 것을 생각나게 하는 연결점을 피해 가는 기지를 발휘했다. 엄마는 지니가 이끄는 대로 따랐고 딸이 정해 준 대로 반복해서 교실 복도에 홀로 남겨진 채 불안해하는 아동이 되기로 했다. 거실을 교실처럼 꾸몄고 큰 동물 인형은 수잔 선생님, 여기저기 흩어져 있는 작은 인형들은 여러 명의 아이를 의미했다.

그러고 나서 지니와 엄마는 진지하게 부엌으로 가서는 손을 꼭 잡고 거실 입구를 향해 걸어갔다. 지니는 엄마에게 다정하게 "괜찮아, 우리 애기. 이따가 끝나면 엄마가 데리러 올 거야."라고 속삭이고는 뽀뽀를 해 주었다. 엄마는 살짝 가기 싫다고 버티면서 통찰력 있게 말했다. "나는 엄마가 가는 게 싫어요. 엄마가 보고 싶고 엄마가 없는 시간은 너무 길게 느껴져요." 지니는 어루만지고 안아 주는 것과 같이 엄마에게 받았던 익숙한 위로를 해 주며 "봐 봐, 우리 딸. 엄마 사진이 사물함(cubby) 안에 있잖아." 라고 말하거나 학교가 끝나고 나중에 어떤 활동을 같이 할지 상기시켜 주기도 했다. 이따금씩 지니가 표현하는 엄마는 실제보다 더 참을성과 동정심이 없었다. 단호하게 뒤돌아서 '일하러' 가거나 지니의 엄마가 장난스럽게 입을 삐쭉거리면 아주 잠깐 뒤돌아보며 미소 지어 줄 뿐이었다. 이 놀이는 약간의 변화를 가미하며 자주 반복되었고 지니가 학교생활에 자신감이 생기면서 결국 사라졌다.

놀이, 오이디푸스기, 놀이의 치료적 활용

취학 전 시기에 적절한 때에 맞춰 공상놀이가 출현하는 것은 오이디푸스기 갈등과 불안에 의해 나타나는 내적 동요에 독특하고 적합하게 맞춰져 있다. 오이디푸스 아동의 고통스러운 갈망, 강도 높은 양가감정, 잠재적인 굴욕은 창의적인 상상, 스토리텔링, 등장인물 창조 등을 통해 표현, 조율, 통합된다(Gilmore, 2011). 성적인 흥분과 공격적 충동에 있어서 자기관리(self-management)와 같은 만만치 않은 연령별 주요 발달 과업들은 아동이 상상적 발산 통로를 가지고 있을 때 보다 성공적으로 이루어진다. 안정적이고 행동이 결과를 초래하지 않는 가상(make-believe)세계 속에서 아동은 자기가 소유하고 싶었던 특성들을 일시적으로 습득하고 경쟁 상대에 대한 승리를 즐긴다. 이와 동시에 원치 않는 감정과 취약성들을 부인하고 안전하게 다른 사람에게 전가한다.

아동 임상가는 자기와 타인의 소중한 측면과 원치 않는 측면에 대한 이와 같은 생생한 묘사를 익히 잘 알고 있다. 아동 임상가는 공유된 놀이와 언어적 공상을 통해 아동의 상상세계에 참여할 때 아동이 정해 주는 폄하되고 괄시받는 역할을 수용해야 하는데, 이러한 역할들은 아동이 간절히 외면화하기 원하는 것들이다. 아동은 더 호감 가고 유력한 지위들은 자기를 위해 남겨 둔다. 어떤 5세 여아는 작은 인형들과 가구들을 사용해서 정교한 장면을 만들고 자신의 치료사가 엄한 벌(머리가 잘리는 벌)을 받게 될 나쁜 아이들 역할을 다 해야 한다고 우겼다. 아동은 자신의 역할은 성에서 살면서 나중에 통치자가 될 왕자와 결혼할 착하고 예쁜 아이라고 가정하고 있었다. 임상가가 재미있게 꾸며 내는 무력하거나, 겁에 질렸거나, 충동적인 등장인물들은 아동이 달가워하지 않는 감정들과 한계들을 자세히 설명 및 명료화하고 금지된 바람과 충동과 관련한 위기감(sense of danger)을 유화한다. 궁극적으로 이렇게 공동으로 만들어 가는 상상적 활동들은 아동이 복잡한 감정과 갈등들을 조직화 및 통합하도록 돕는다.

다음에 묘사된 전형적인 5세 여아의 사회극놀이는 아동의 복잡한 상상적 시나리오에서 익숙한 이야기와 아동 자신의 공상 안에서 존재하는 요소들을 아동이 어떻게 통합시키는지 잘 보여 준다. 함께 놀이를 할 때 여아들은 각기 다른 서로의 선호와 관점을 맞춰 가고 이야기와 의미를 공유하며 함께 계획한다. 오이디푸스기 주제들은 매우 분명하게 드러나는데, 여기에는 마법과 로맨스가 줄거리에 등장하고 남아-여아의 차이를 이해하려고 노력하며 어른처럼 되는 것(adultlike status and power)에 대한 많은 관심이 포함된다. 뿐만 아니라 악하고 시기심 많은 여자 등장인물은 이야기의 배경으로 어렴풋이 등장해서 남편을 뺏어 가려고 위협하고, 마법과 아름다움을 포기하고 평범한 삶으로 돌아가라고 강요한다.

이제 막 다섯 살이 된 앤과 질은 유치원 교실 한 구석에서 진지하게 이야기를 나누고 있었다. 익히 잘 알고 있는 이야기에서 영감을 얻은 인어공주 놀이를 하기 위한 기본적인 시나리오에 있어서는 합의가 이루어진 상태였지만 놀이의 추가적인 요소들에 있어서는 각자 의견이 달랐다.

앤: 누구랑 결혼해야 하지? 남자애들은 인어가 될 수 없어.

질: 될 수 있어. 남자 인어랑 결혼해서 물속에서 살면 되지.

앤: 아니야, 아니야, 틀렸어. 내 친척 준이 말해 줬어. 여자아이들만 인어가 될 수 있다고.

질: 준이 누군데?

앤: 준은 아홉 살이야. 그래서 잘 알아.

질: 좋아. 그럼 다른 인어랑 결혼하지 않는 걸로 하자. 성에서 남편을 만나는 거야.

앤: 우리는 어떤 때는 물속에서 있다가 또 어떤 때는 성에서 있기도 하는 거지.

질: (교실 안 물건 보관하는 곳을 가리키며) 여기가 성이라고 하자. 우리는 여기서 살고 결혼도 했어. (변장을 위한 왕관과 지팡이를 집어 들고는) 마녀는 모르지만 그리고 나는 공주야.

앤: 잠깐만. 그건 불공평해.

질: 아니야, 괜찮아. 너가 다음에 공주하면 되잖아.

앤: 아니야. 우리 중에 한 명이 왕관을 갖고 나머지 한 명이 지팡이를 갖자.

질: 그래. 우리는 둘 다 인어 공주야. (왕관을 앤에게 넘겨 주며) 그리고 나는 이 지팡이로, 너는 그 왕관으로 (지팡이를 흔들며) 마법을 할 수 있어.

앤: (왕관을 머리에 쓰고) 마법의 힘을 갖고 싶으면 (어떻게 하는지 보여 주며) 난 그냥 왕관을 이렇게 만지면 돼. 그리고 마녀는 우리가 마법을 할 수 있다는 걸 모른다고 하자. 그래서 무도회장으로 우리를 찾으러 와서 결혼을 못하게 하려고 하고 우리를 다시 바다로 돌려보내려고 하는 거야.

질: 우리는 무도회에 와 있어! (둘 다 빙그르르 돌면서 춤을 추기 시작한다.) 어머나, 마녀가 오고 있어, 뛰어/도망가! (둘 다 교실 안을 뛰어다닌다.)

앤: 멈춰! (지팡이로 상상 속 마녀가 있는 쪽을 가리키며) 이제 너는 다시 우리한테서 왕자를 뺏어 가고 우리를 바다로 돌아가게 할 수 없어!

질: (왕관을 만지고 나서 마녀를 가리키며) 자, 이제 너는 죽었어!

앞의 가상/가장 놀이는 놀이의 핵심적인 요소들을 잘 보여 주며 불가피하게 나타나는 오이디푸스기의 강력한 갈망과 실망감을 조율하기 위해 아동이 어떻게 상상적 역량을 사용하는지 묘사하고 있다. 공상이라는 안전한 발산의 통로와 놀이의 은유를 통해서 여아들은 성인을 향한 애정과 공격성이라는 두 가지 감정의 공존 및 간절한 바람을 만족시키는 것과 죄책감을 피하는 것 사이의 대립적인 욕구와 같은 핵심적인 갈등을 재연하고 이에 대한 작업을 한다. 스스로 지각된 성인, 젠더 역할,

이상적인 행동 기준에 대한 실험 및 동일시는 말로 표현되고 행동을 통해 재미있게 탐색된다. 강도 높은 바람, 충동, 두려움 등의 즉각성은 로맨스에 대한 욕구와 줄거리에 대한 호기심에 연합되면서 유화된 형태로 나타난다. 질과 앤은 자신의 신체와 충동에 있어서 통제감을 경험하며 이들의 놀이는 사회적 학습의 장이 된다. 이들은 타협하고 권력을 잡기 위해 우러러보는 타인(앞의 사례의 경우 9세 친척)을 언급하며, 우정을 유지하고 친구와 함께 노는 소중한 시간을 망치지 않기 위해 결국 타협점을 찾는다.

상상 속 친구

유사한 기능을 하는 상상 속 친구(imaginary companion)-대개 상냥한 사람 혹은 동물 '친구'-는 또 하나의 친숙한 현상이다. 이러한 공상적인 존재는 주로 오이디푸스기 동안 나타나지만 약간 다른 형태로 잠재기까지 확장되기도 하며 아동이 사춘기에 가까워질수록 급격히 감소한다. 상상 속 친구를 광범위하게 정의했을 때(즉, 모든 눈에 보이지 않는 친구들, 상상 속에서 활동하는 아동의 장난감과 물건들, 아동이 일기 편지를 쓰는 대상에 해당되는 상상 속 친구와 같이 추상적인 형태로 나타나는 친구들), 연구에 따르면 46~65%의 학령기 아동이 현재 상상 속 친구가 있거나 혹은 과거에 상상 속 친구가 있었다고 한다(Tylor et al., 2004; Trionfi & Reese, 2009). 나이가 많은 아동에게 있어서 상상 속 친구가 주는 유익은 분명하지 않지만 상상 속 친구가 있는 취학 전 아동들은 상상 속 친구가 없는 취학 전 아동들과 비교했을 때 다음과 같은 특징을 나타낸다. 보다 풍부한 공상 및 놀이 이야기, 더 잘 발달된 의사소통 기술, 마음이론의 습득을 포함한 높은 수준의 사회-정서적 지식과 능숙도를 나타낸다(Roby & Kidd; Taylor et al., 2010). 부모는 오이디푸스기 아동의 상상 속 친구를 매우 잘 알아차리는 경향이 있다. 하지만 나이가 더 많은 아동에게서 나타나는 보다 미묘한 창조물들은 종종 부모가 알지 못하는 경우도 있다.

오이디푸스기의 상상 속 친구는 아동이 강력한 바람과 충동에 대한 지배력(mastery)을 획득하려고 애쓰는 과정에서 출현한다. 상상 속 친구에게 부여되는 특정한 자질 및 행동 경향은 아동의 두려움 및 자기통제 성취에 있어서 지속적인 분투를 드러내 보여 준다. 뿐만 아니라 이러한 상상 속 친구는 아동이 부모 혹은 또래와 같은 중요한 관계 속에서 경험하는 소외를 받아들이려고 노력하면서 새로운 외

로움을 경험하는 시기에 나타난다. 부모는 아동이 어떤 때는 엄청난 관심을 보였다가 또 어떤 때는 이래라저래라 했다가 하는 상상 속 친구들의 중요성을 본능적으로 감지하고 이를 수용하는 경향이 있다. 개를 극도로 두려워하고 식사 예절이 바르지 않다고 자주 꾸중을 들으며 전반적으로 참을성이 없는 활발한 3세 남아는 위협적이지 않지만 날카로운 이빨을 가진 개를 친구로 만들었다. 해를 끼치지는 않지만 몸집이 큰 개와 마주쳤던 두려운 경험 이후로, 아동은 가족들이 집 밖에서 어디를 가든 함께 다니는 유순한 수컷 애완동물인 '즐거운 강아지(Bouncy Doggy)'의 도착을 알렸다. 아동이 만든 친구가 식당에서 자기 자리에 앉아 먹을 때면 즐거운 강아지의 주인은 강아지에게 후루룩거리며 먹고, 새로운 음식을 거부하고, 식탁 밑에서 발로 찬다고 꾸짖었다. 충직하고 힘들게 하지 않는 이 친구는 다양한 기능을 한다. 위협적이고 큰 이빨을 가진 개를 아동의 완전한 통제하에 있는 얌전한 창조물로 바꿈으로써 아동의 구체적인 신체적 불안(물리고 다치는 것에 대한 거세 공포)을 완화시키고, 시기나 소외감의 가능성 없이 변함없는 친구를 제공해 주며, 자신의 충동적이고 원치 않는 행동을 위한 저장소로 기능함과 동시에 아동으로 하여금 성인처럼 규율을 강조하는 역할을 마음껏 구현하게 해 준다.

오이디푸스기 발달에서 상상의 역할

- 가상/가장 놀이와 그에 수반되는 창의적인 이야기들은 오이디푸스기의 바람, 불안, 갈등 등을 발산하는 통로로서 기능한다.
- 놀이는 아동으로 하여금 엄마-아동 분리와 같이 수동적으로 경험한 사건에 대한 정복감을 성취하도록 한다.
- 놀이를 하는 동안, 아동은 조망 수용을 연습하고 다양한 신분을 시도해 보고 성인의 역할을 하고 싶은 욕구를 만족시킨다.
- 부모나 또래와 함께 하는 사회극놀이는 아동이 공동으로 의미를 만들고 타인의 계획과 선호도를 수용하는 학습 경험을 제공한다.
- 상상 속 친구는 규범적인 창조물로 아동에게 우정을 제공하고 아동이 자신의 두려움과 충동에 대한 정복감을 갖도록 한다.

전조작적 사고와 오이디푸스기

오이디푸스기 아동의 언어적 역량과 정신적 상태 지식이 상당히 증가하기는 했지만 아동의 내적 삶은 전조작적 사고에 깊은 영향을 받는다(Piaget & Inhelder, 1969). 문제 해결, 복잡하고 정서로 가득 채워진 사건들에 대한 이러한 전논리적(prelogical)이고 인상주의적인(impressionistic) 접근은 아동으로 하여금 기이하고 신비로운 해석을 매우 자주 사용하게 한다. 특히 4세 미만의 아동은 상상의 산물과 현실을 기반으로 한 사건 사이의 지속적인 혼동이 여전히 나타나는 경우도 있다(Woolley & Wellman, 1993). 4세 아동은 사회적 · 정서적 이해에 있어서 복잡한 행동과 흥분되는 감정들에 압도된다. 예를 들어, 한 연구팀(Harris et al., 2005)은 '빨간 모자(Little Red Riding Hood)'라는 매우 잘 알려진 이야기를 사용해서 취학 전 아동의 다양한 관점 이해 능력을 테스트했다. 4세 아동의 정신화 역량은 충분히 입증되었음에도 불구하고 이 연구팀은 해당 연령 집단의 많은 아동이 빨간 모자가 이전에 일어난 재앙을 초래하는 사건들(즉, 늑대가 이미 할머니의 집에 마음대로 들어가서 이제 할머니 옷을 입고 있다는 것)에 대해 전혀 모르고 있다고 줄거리에서 명백하게 알려 주고 있음에도 해당 연령 집단의 많은 아동이 빨간 모자가 할머니 집의 문을 두드렸을 때 겁에 질려 있었다고 예상했다고 결론을 내렸다.

뿐만 아니라 구체적이고 지각에 국한된 사고는 문제와 상황에 대한 오이디푸스기 아동의 이해를 지배하는 경향이 있다. 종종 크기와 같이 한 가지 눈에 잘 띄는 측면이 아동의 판단을 좌우한다. 그 결과, '클수록 좋다(bigger is better).'라는 오이디푸스기적 가치의 지침이 생긴다. 예를 들면, 5센트 동전이 10센트 동전보다 더 가치 있다고 여겨지는데, 이는 5센트 동전이 더 크고 그래서 더 가치가 있다는 인상을 주기 때문이다. 선택하라고 했을 때 어린 아동은 더 크고, 더 반짝이고, 더 화려한 물건을 고른다. 이러한 여러 가지 한계와 미성숙한 해석은 아동이 신체와 성(sexuality) 같은 오이디푸스기의 중요하고 간절한 사안들에 대해 생각할 때 영향을 준다.

오이디푸스기 아동의 생식이론과 원색 장면

발생적/생식적이고 해부학적인 구분과 같은 매우 의미 있고 복잡한 주제에 대한 오이디푸스기 아동의 사고와 감정은 순진한 인지에 의해 큰 영향을 받는다. 지각, 행동, 신체적 경험은 아동의 자기감을 지배하고 자기정의와 자기이해는 말로 표현하는 추상적인 신념과 의견보다 행동 기반의 언어를 통해 표현된다(Auerbach & Blatt, 1996). 자신의 왜소한 신체적 조건/자질(endowment)과 부모의 신체적 기관/조건/장비(equipment)를 비교하고 대조하는 능력의 향상은 생식기에 대한 강도 높은 오이디푸스기적 호기심과 더불어 아동의 순진한 인지 내에서 경험된다. 구체적인 생식이론 및 더 크고 더 복잡한 성인의 성적 기관과 비교하면서 감지하는 자신의 열등함에 대한 굴욕감 등은 깊은 불안과 부적절감을 불러일으킬 수 있다.

신체와 신체의 기능들 및 '아기는 어떻게 태어나는가?'라는 질문에 대한 답을 얻는 것에 대한 오이디푸스기 아동의 열렬한 관심은 적극적인 조사(investigation)로 이어질 수 있다. 어린 아동은 또래끼리 서로의 몸을 탐색하거나 부모의 벗은 몸을 세심히 살피는 과제에 상당한 에너지를 쏟고 독창성을 발휘하며, 이는 어른의 침실에 마음대로 들어가는 것도 포함한다. 매우 열광적인 세 살 반 된 한 여아는 자기 부모에게 "지금 당장 아기를 만들어 주세요. 아기가 어떻게 생기는지 제가 볼 수 있게요."라고 했다. 어린 아동은 자신의 생물학적 이론을 말로 표현한다. 흔하게 나타나는 신념들은 아기는 음식처럼 입으로 들어가서 항문으로 나온다는 관념의 예와 같이 구강과 항문을 중심으로 나타난다. 신체, 해부학적 차이, 젠더 구분에 의미를 부여하는 것은 오이디푸스기 아동에게 있어 핵심적인 발달 과업이며(Yanof, 2000), 이는 상당한 지적·정서적 노력을 요구한다.

3세 무렵, 아동은 젠더와 생식기 사이의 연관성을 이해하기 시작하지만 성인의 성(sexuality)에 관해서는 여전히 혼란스러운 상태다(Senet, 2004). 정신역동이론에서 **원색 장면**이라고 부르는 부모의 성적 행위에 대한 오이디푸스기 연령 아동의 지각은 아동의 발달에 있어서 중요하고 보편적인 공상이다. Blum(1979)이 묘사한 것처럼 "혼란스러운 아동은 '누가 누구한테 무엇을, 어떻게, 왜 하는지' 궁금"해한다(p. 30). 원색 장면 공상은 실제 시각적으로 부모를 관찰한 것에 근거할 수도 있고 아닐 수도 있지만 항상 아동의 왜곡과 구체적 사고의 영향 아래 있다. 성적인 행위를 공격적이라고 해석하는 것, 성행위의 방법에 대한 오해, 신체 내부 기관에 대한 지나치게 단순화된 관념 등은 매우 흔하게 나타난다.

다음의 임상적 예는 발달의 성취–이 사례에서는 배변 훈련–가 오이디푸스기 사고와 불안에 의해 어떻게 정상 궤도를 벗어날 수 있는지 묘사하고 있다. 우수한 언어 및 놀이 역량을 지닌 4세 여아는 이로 인해 어린아이 같지 않은 조숙한 정교함을 보이며 해부학적이고 발생적/생식적인 지식을 끊임없이 추구한다. 종종 아빠가 화장실에 갈 때 따라가서 아빠의 남근/음경을 보고 만지게 해 달라고(비록 성공하지는 못하지만) 아빠를 설득하려고 한다. 그리고 부모가 침대에서 서로 껴안고 있거나 옷을 벗고 있을 때 침실로 그냥 들어간 적도 여러 번 있다. 단짝 친구 엄마의 임신을 계기로 여아는 부모에게 해부학적인 정보와 출산에 대해 알려 달라고 조르고 부모는 이에 대해 설명하려고 시도한다. 하지만 이러한 내용에 대한 여아의 이해는 4세 수준의 논리와 추론 역량에 국한되고 여아 자신의 두려움과 공상에 매우 크게 영향을 받는다.

부모의 표현에 의하면 네 살 된 나탈리는 '애기 때부터 항상 매우 극도로 예민한 아이'였다. 지치지 않고 질문하는 통에 나탈리의 온화한 부모는 여성의 신체에 대한 해부학적 명칭들, 인간 생식에 대한 단순한 정보와 같은 기초적인 생물학적 사실들을 알려주었다. 그럼에도 불구하고 나탈리는 엄마가 베이킹을 할 때 깨뜨려 넣는 계란과 비슷할 거라고 생각한 난자[2]에 대한 어렴풋한 개념과 헤엄치는 어떤 씨 종류가 여성의 뱃속에서 충돌하는 것을 중심으로 하는 생명의 기원에 관한 자기의 개인적인 이론을 고수했다. 나탈리는 난자가 곧 여아를 의미하고 씨는 남아를 의미한다는 것을 '알았다.'

단짝 친구 엄마의 임신 기간에 나탈리는 갑자기 자기가 제일 좋아하는 아침 식사인 삶은 계란과 토마토를 거절하고 이런 조합으로 이루어진 음식을 피하려고 애썼다. 나탈리는 계란과 토마토 씨가 "내 배에서 섞일 수 있어요."라고 설명했다. 친구의 남동생이 태어난 후 음식에 관한 나탈리의 불안은 더 확장되었다. 이전에 먹던 주요 식품 중 많은 것을 거부하기 시작했고, 특히 씨가 있는 과일의 경우 더 그랬다. 또한 성공적이었던 배변 훈련에 차질이 생기고 실수를 하고 기저귀를 요구하기 시작했다. 딸이 걱정된 부모는 아동치료사에게 연락을 했고 놀이치료를 시작했다.

인형을 사용한 가상/가장 놀이와 그에 수반된 자기 이야기를 통해 나탈리는 곧 음식

---

2. 역자 주: 난자와 계란 모두 영어로 egg라고 표현한다.

과 변기 공포 이면에 있던 여러 가지 생각, 불안, 갈등 등을 드러내 보였다. 그리고 여기에는 씨와 계란의 섭취가 자기에게 임신을 불러올 수 있다는 확고한 신념이 포함되어 있었다. 새로 태어난 친구의 동생을 질투하고, 어른이 되어 자기 아기를 갖고 싶어 하고, 아기가 자기 몸에서 자랄지도 모르고 변기에서 사라져 버릴 수도 있다고 걱정했다. 놀이치료와 부모 상담을 통해 나탈리는 정상적인 식습관과 연령에 적합한 배변 활동으로 복귀할 수 있었다.

신체적 불안과 처벌에 대한 두려움

취학 전 아동의 순진한 인지는 강도 높은 대립적 갈등으로 가득 찬 감정과 충동을 다루는 역량에 영향을 준다. 부모를 원하고 독점하고 싶어 하거나 부모에게 적대적인 성향과 같은 전형적인 오이디푸스적 바람에는 현실세계에서 사물과 사건들을 통제하는 마법적인 가능성이 부여된다. 부모의 질병, 형제가 다치는 것 혹은 이 시기에 경험하는 엄마와의 분리는 아동 자신의 정신적 영향력을 입증하는 것처럼 보이고 감추어진 생각과 감정이 재앙을 불러올 가능성이 있다는 인식을 강화하기 때문에 아동 안에 강도 높은 불안을 불러일으킬 수 있다.

이와 유사하게, 어린 아동의 정의감(sense of justice)과 처벌에 대한 두려움은 구체적이며 단순하고 종종 신체에 영향을 주는 결과의 형태로 나타난다. 금지된 욕구에 대한 동해 복수식(눈에는 눈 이에는 이) 응징에 대한 공상은 오이디푸스기 아동을 거세와 같은 신체적 상실 및 상해에 대한 염려에 특히 더 취약하게 만든다. 다음 사례는 새로 태어난 사촌 여동생을 통해 남녀의 성적인 차이를 보게 된 전형적인 발달과정에 있는 3세 아동의 사고가 어떻게 깊은 불안을 야기하고 일상생활을 간간이 방해하는지를 보여 준다. 여기서 대니얼의 언어적 역량과 확신을 주는 부모의 태도는 아동의 갑작스러운 공포 반응/반동(reactions)을 일시적이고 다룰 만한 것으로 만들어 준다.

세 살 반인 대니얼은 조금 힘들기는 했지만 배변 훈련을 마쳤고 자신의 신체적 자기통제 성취를 매우 자랑스러워하고 있었다. 대니얼은 아동 변기보다 어른 변기에서 아빠처럼 소변을 보고 변기 물을 내리는 것을 즐겼다. 새로운 사촌 여동생에게 방문하면서 기저귀를 갈고 옷을 갈아입히는 것을 관심 있게 지켜보고 돌아온 후 대니얼은 남아와 여아의 신체적 차이에 관해 끊임없이 질문했다. 대니얼의 부모는 아기에게 왜 남근/음경이 없었는지, 여동생의 남근/음경은 어디 갔는지와 같은 아들의 질문에 자연스럽고 편안하게 대답을 해 주었다. 대니얼은 만족한 듯 보였고 대니얼의 부모는 아들이 자기들의 단순한 설명을 수용했다고 생각했다.

며칠 후, 대니얼은 벌어진 입과 큰 이빨을 가리키며 "저 개가 내 고추를 물으려고 해요."라고 말하며 유치원으로 가는 길에서 늘 보던 개 옆으로 지나쳐 가기를 거부했다. 대니얼은 곧 변기가 '내 고추를 먹으려고 하는 입'같이 생겼다며 아래층 화장실에서 소변 보는 것도 거부했다. 대니얼의 부모는 갑작스러운 두려움 반응의 출현에 놀랐다. 부모의 위안은 어느 정도 위로가 되었지만 대니얼은 개와 변기가 과연 안전한지 아직 완전히 확신할 수 없었다. 대니얼의 부모는 개집을 지나갈 때 안아 주겠다고 했고 다니엘이 1층 화장실 사용을 회피하는 것에 무심한 듯 반응했다. 몇 개월 후, 이와 같은 회피 행동은 사라졌다.

초자아 형성

도덕성과 죄책/죄책감

3세 무렵, 어린 아동의 자기감은 점점 더 정서를 조절하고 행동을 이끄는 내적 자기점검 체계(internal self-monitoring system)와 연결된다. (정신분석 연구에서는) **초자아** 또는 (경험적인 연구에서는) **의식**이라고 다양하게 불리는 이러한 일련의 내적 기준과 통제는 자기표상에 통합되는 **죄책/죄책감**과 공감과 같은 도덕적 정서를 불러일으킨다(Kochanska, 1994; Kochanska et al., 2010). 경험적인 연구에서는 죄책/죄책감을 타인을 향한 뉘우침과 책임/책임감을 포함한 복잡한 사회적 정서라고 정의하는데, 이는 4세 무렵 명확하게 나타나지만 취학 연령 때까지는 완전히 발달하지 않는다. 어린 아동의 마음이론 습득 및 타인의 필요와 감정에 대한 수반적 이해는 성숙한 공감 및 도덕적 기능을 위한 중요한 토대다. 하지만 취학 전 아동은 정서적 상호작용 이면에 있는 복잡한 사회적 개념과 의미를 부분적으로만 이해한다. 예를 들어, 4세가 되면 아동은 '미안하다고 말하기'가 화해의 형태를 표현한다는 것을 깨닫

는다. 하지만 이들은 사과를 하는 행동 안에 함축된 유감스러운 감정은 완전히 이해하지 못한다(Vaish et al., 2011).

정신역동적 이론가들이 사용하는 **죄책/죄책감**에 대한 정의는 다소 구별되는데, 이는 부모의 기준에 대한 동일시와 초자아 구조의 형에 연결되어 있다고 본다. 유아기 아동은 자신의 행동이 성인의 기대에 미치지 못할 때 부모의 인정을 상실할까 두려워하고 수치/수치심을 경험하지만, 오이디푸스기 아동의 내면화된 지침들은 자화자찬/자기인정(self-approval)과 자존감의 상실 가능성을 두려워한다. 내적인 기준에 부합하지 못하는 것은 사회적 불안(수치/수치심)보다 도덕적 불안(죄책/죄책감)을 야기한다. 5장에서 더 자세히 논의하겠지만, 이 두 가지 정서는 종종 혼합되어 나타난다. 타인의 눈에 비친 자신의 상태와 외모에 대한 자기애적 집착은 내적 가치에 부합하는 삶에 대한 우려와 불가분하게 연결되어 있다. 따라서 수치/수치심은 종종 죄책/죄책감을 수반한다. 뿐만 아니라 우리는 5장에서 오이디푸스기 아동의 부모에 대한 소유욕(possessive feelings) 및 신체적 상해와 관련된 구체적인 염려를 포함한 처벌에 대한 두려움은 죄책/죄책감 및 도덕적 발달과 어떻게 연결되는지 설명한다.

자부심이나 죄책감과 같은 내적 자기보상과 자기처벌이 점진적으로 외적 부모 통제를 대체하면서 오이디푸스기 아동의 도덕적 기능은 점차 자율적으로 변한다(Tyson & Tyson, 1984). 일단 옳고 그름에 대한 지식이 강화되면 자기가 한 행동인지 또는 타인이 한 행동인지와 무관하게 잘못된 행동은 내적 불쾌감과 비난을 불러일으킨다. 실험적 조건들은 아동이 3세가 되면 친사회성을 지향하는 또래에 대한 특별 대우를 보인다는 것을 보여 준다(예: 자기가 너그럽다고 생각하는 놀이 친구에게 장난감을 기꺼이 공유하는 행동). 뿐만 아니라 이들은 잠재적인 '위반' 가능성(즉, 이전에 성인의 못마땅함을 불러일으켰던 행동들) 앞에서 머뭇거림과 거북함을 표현했다(Kochanska, 1994; Vaish et al., 2011). 4세 아동의 보다 성숙한 공감능력(sense of empathy)과 타인의 필요에 대한 이해는 이후 사회와 과정에 기여한다. 성인 행동에 대한 구체적인 모방을 추구하는 유아기 아동과 반대로 나이가 더 많은 오이디푸스기 아동은 부모의 보다 추상적인 기준과 생각들을 따르려고 노력한다. 아동은 선량함, 친절함, 타인을 돕는 것과 같은 개념들을 점점 더 이해하고 가치 있게 여긴다. 이러한 특성들을 생생하게 구현하는 매우 도덕적인 이야기와 동화에 대한 애착은 덜 구체적인 지침들에 대한 아동의 관심을 반영하고 강화한다. 하지만 감정적 고조가 일어나는 동안 부모의 지속적인 지지는 여전히 큰 영향력을 지닌다. 처벌적인 반응보다 지도를 강조하는 적극적인 엄마의 개입은 건강한 자기조절과 상호 연관되어 있다. 공감적 양육은 아동의 친사회적 감정과 행동 발달에 있어 중요한 토대가 된다(Kochanska et al., 2000).

정서적 · 행동적 자기조절

느리고 점진적인 자율적 자기조절의 과정은 오이디푸스기 동안 주요한 변화를 겪는다. 정신역동적 이론가들(예: Winnicott, 1958)은 오이디푸스기 아동의 보다 조직화된 정신 표상과 안정된 자기감 및 타인에 대한 인식(대상 항상성)이 정서적인 격변으로부터 보호를 제공한다고 본다. 달래 주는 통합적 부모 이미지는 성인이 물리적으로 함께 있지 않을 때에도 유지되며 괴로움을 경험하는 동안 정서적 자기붕괴를 감소시킨다. 뿐만 아니라 앞서 설명했듯이 상징적 자원-언어, 정신화, 상상놀이-의 급증은 정서적 안정성을 유지하는 아동의 능력에 막대한 기여를 한다. 경험적 연구에서 자기조절(개인의 행동에 착수하고 이를 조율하는 능력으로 정의되는) 역시 취학 전 아동의 초기 학업 및 사회적 적응에 있어 중요하다고 본다. 어린 아동이 목표 지향적 행동에 참여하는 역량, 교실에서 요구되는 것에 대한 적응, 또래관계에의 참여 등은 모두 신뢰할 만한 자기통제에 입각하고 있다고 본다.

행동의 외적 통제에 대한 의존(즉, 부모나 다른 성인들의 존재)에서 내적 자기조절로의 전환을 정의하는 것은 연구의 주요한 초점이다(Kochanska et al., 2001; Koenig et al., 2000). 많은 연구가 부모의 요구에 대한 순응으로 나타나는 아동의 자기관리(self-management)를 측정한다. 부모가 방에서 나간 실험 조건에서 성인의 명령을 고수하는 것을 행동 규칙의 내면화 증거라고 보며, 이는 아동이 일정 수준의 자기규제를 습득했음을 의미한다고 본다. 인지적 통제에 있어서 근본적인 성숙(예: 주의집중의 발달, 자동 반사의 억제)은 이후 향상된 자기관리에 기여한다. 예를 들어, 계획적인 **자기 주의환기/기분전환**(self-distraction)은 만족을 유보해야 하는 상황에서 좌절을 견디는 데 있어 매우 유익하다(Cole et al., 2011). 이러한 기제들의 지속적인 발달과 계속해서 증가하는 자율적 자기통제는 다음 발달 단계인 **잠재기**(latency)로의 진입을 돕는다.

초기 초자아 형성

- 3세 이후 도덕적 감정과 반응/반동들(reactions)은 아동의 자기감에 점점 더 통합된다.
- 아동은 선량함 및 친절함과 같은 보다 추상적인 부모의 가치와 대인관계 기준들을 내면화하기 시작한다.
- 금지된 행동과 충동은 죄책감을 유발한다.
- 자기처벌과 내적 금지는 외적 강요(부모의)를 대체하고 아동의 도덕적 역량 및 자기조절 역량은 더 자율적이 된다.

주요 개념

오이디푸스기는 발달 시기상 3~6세에 나타나는 변형적 발달 시기다. 엄마-아동 양자관계 너머에 대한 향상된 자각과 호기심 및 부모를 향한 성적 충동과 공격적 충동 모두에 있어서의 증가는 새로운 내적 갈등, 불안, 해결로 이어진다. 어린 아동의 내적 분투는 무수히 많은 인지적 역량, 사회-정서적 역량, 자기조절 역량의 출현에 의해 균형을 이룬다. 월등하게 향상된 상징화 능력은 이야기 만들기, 정신화, 상상놀이, 탐색을 위한 창의적인 방법 사용, 조직화, 복잡한 감정과 공상의 통합과 같은 중대한 성취에 반영된다. 아동이 자신의 정신적 상태와 타인의 정신적 상태를 구분하고 마음과 행동 사이에 의미 있는 연관성을 부여하면서 자기와 타인에 대한 아동의 내적 표상은 보다 섬세하고 통합되며 안정적으로 된다.

아동이 삼자관계에 새로운 관심을 갖게 됨에 따라 부모의 사적인 유대, 특히 아동이 상상하는 성적인 행동들은 왕성한 호기심, 고통스러운 소외감, 대립되는 공상의 자원이 된다. 생식기에서 찾는 즐거움의 증가는 남아-여아의 해부학적 차이 및 생식이론에 대한 고조된 관심과 더불어 부모와 비교했을 때 느껴지는 개인의 신체적 한계 및 부적절감에 대한 어렴풋한 인식을 북돋는다. 주로 거세공포와 같은 신체적 상해와 소중한 신체 부위의 상실의 형태로 나타나는 처벌에 대한 두려움은 오이디푸스기 아동의 로맨스 관련 공상 및 시기 충동을 수반한다.

아동의 자기감은 점점 더 도덕성과 연결된다. 내면화된 행동 기준들과 부모의 특성에 대한 지속적인 동일시는 초자아 형성을 불러일으킨다. 오이디푸스기가 끝나가고 강도 높은 학교중심 학습을 하는 나이에 가까워지면, 아동은 점점 더 가족의 테두리 밖에 있는 개인들과 관계를 더 잘 맺고 일관적인 행동 기준을 고수하며 내적 감정과 갈등을 다룬다.

- 오이디푸스기 아동의 언어적 역량이 급증하고 언어는 점점 더 즉각적인 행동과 지각적

인 경험으로부터 분리된다.

- 취학 전 아동은 개념을 이해하고 이야기 만들기에 참여한다. 자전적인 이야기는 아동으로 하여금 복잡한 사건들에 의미를 부여하고 개인의 연속성에 대한 인식을 향상시킨다.
- 중요한 주제들을 담고 있는 이야기와 동화는 아동 자신의 증가된 성적 · 공격적 충동에 맥락을 제공한다. 로맨틱한 모험, 선량함에 대한 보상, 악한 행동에 대한 처벌, 순진한 영웅들의 승리 등은 오이디푸스기 아동이 강도 높은 바람 및 두려움과 씨름하고 있을 때 특히 만족을 준다.

• 아동이 정교한 줄거리를 만들고 상상의 역할을 가정하는 가상/가장 놀이는 인지적 · 정서적 · 사회적 발달의 주요한 방식이 된다.

- 놀이는 오이디푸스기 아동이 간절하게 느끼는 바람과 충동들을 표현하고 탐색하는, 안전하면서도 아동의 행동이 결과에 영향을 주지 않는 환경을 제공한다.
- 상상적 이야기에 감정, 갈등, 두려움을 부여하는 것은 아동이 감정, 갈등, 두려움의 강도를 통합하고 조율하도록 돕는다.
- 상징놀이는 다양한 역할을 실험해 보고 사회적 조망능력을 연습할 기회를 준다. 부모, 또래와 하는 사회극놀이는 공유된 이야기 만들기, 역할에 있어서의 타협, 공동계획 등과 같은 관계적 기술을 증가시킨다.

• 4세가 되면 대부분의 아동은 마음이론의 발달이 이루어져 있다. 이들은 각 개인의 경험이 구분되고 주관적이라는 것을 깨닫고 정신적 현상—생각, 감정, 바람—과 외적 행동 사이의 연관성을 이해한다.

- 발달 연구에서 틀린 신념 과제—아동에게 타인의 행동을 정확하게 예측하라고 요구하는 테스트—를 정확히 수행하는 아동의 능력은 이러한 중요한 성취의 지표로 간주된다.
- 정신적 상태를 이해하고 복잡한 행동과 대인관계 사건들에 의미를 부여할 줄 알며 정서적 격변을 경험하는 동안 자기조절을 할 줄 아는 아동은 사회적 · 학업적 환경에서 더 잘 기능한다.
- 향상된 사회적 이해는 삼자관계에 대한 오이디푸스기 아동의 어렴풋한 인식 및 자기가 타인들 간의 관계에서 소외될 수 있다는 깨달음에 기여한다. 시기와 경쟁의 감정이 출현한다.

• 엄마-아동 유대는 지속적인 발달에 있어 여전히 필수적이다. 엄마-아동 대화, 엄마의 공감, 안정적인 애착 등은 이야기 만들기, 상징놀이, 마음이론 역량의 습득을 촉진하고 정서적 자기조절에 기여한다.

• 초자아 역량이 강화됨에 따라, 아동은 정서를 더욱 잘 조절하게 되며 부모의 부재 중에도 충동을 보다 잘 억제할 수 있다. 죄책감과 폄하된 자아존중감은 행동적 이상(ideals)을 고수하지 못한 데서 기인한다.

- 이러한 모든 발달상의 진전에도 불구하고 오이디푸스기 아동의 사고는 전조작적, 즉 전논리적이고 구체적이다.
  - 어린 아동은 복잡한 문제나 상황에서 한 가지 두드러지는 요소에 지나치게 영향을 받는다. 크기와 같은 지각적 특징들은 다른 미묘한 성질들보다 더 큰 의미를 갖는다.
  - 이러한 순수한 인지는 오이디푸스기 아동이 성과 생식에 관한 단순한 이론, 부모의 신체와 성기(sexual apparatus)와 관련해서 축소된 자아존중감, 동해 복수 형태의 정의에 대한 염려 및 거세 공포와 같은 신체적 불안 등에 취약하게 만든다.

5장

오이디푸스기

심리성적 발달,
오이디푸스 콤플렉스와 배열,
정신적 삶에서
오이디푸스기의 기여

이 장에서 우리는 오이디푸스기의 정신적 요소들과 갈등에 초점을 두고 보다 자세히 다루려고 한다. 4장 '오이디푸스기와 출현하는 역량'에서 살펴본 정신적 역량에 있어서의 진전은 복잡성이 급격히 증가하는 정신적 삶과 연결되고 이를 지탱하며 증대시키는데, 이는 오이디푸스기 아동의 특징으로 나타난다. 앞서 언급했듯이, 생각하고 상상하며, 언어로 표현하고 상황과 사람을 가장하며, 관계에 대한 지각 및 경험, 확장된 감정의 레퍼토리를 식별하고 명명하는 것과 같은 이러한 새로운 발달적 역량은 아동으로 하여금 탐색하고 새로운 정보를 흡수하도록 한다. 아동의 뇌리를 떠나지 않는 근본적인 질문에 대한 아동의 순진한 이론과 해석은 아동의 정신적 삶에 포함되며 발달이 진행되는 내내 핵심 조직화 공상들로 남아 있다 (Erreich, 2003).

오이디푸스 콤플렉스라는 개념은 처음 소개될 때부터 인간 발달에 있어 기초적이라고 여겨져 왔다. **삼자관계**는 아동의 성장하는 역량이 보다 섬세하고 복잡한 정서를 경험하고 의존적인 대상관계에서 애정, 욕구, 경쟁을 포함하는 대상관계로 진보하는 융합의 과정을 보여 준다. 뿐만 아니라 정신적 구조에 있어서 마지막 주요 요소인 초자아가 수반되어 나타난다. 아동이 아빠와 형제를 포함한 다른 대상들과 엄마의 애정을 놓고 경쟁해야 한다는 것을 인식하기 시작하면서 나타나는 양자관계에서 삼자관계로의 전환은 대상관계의 발달에 있어서 매우 중요하다. 강렬한 소유욕, 시기, 고통스러운 소외감, 엄마에게서 아빠로, 아빠에게서 타인들과의 관계로 요동치듯 나타나는 관계 초점의 변화 등과 함께 아동은 자신이 항상 최우선의 자리에 있지는 않다는 것을 어렴풋이 깨닫기 시작한다. 이는 자신의 자리를 빼앗아 갔다고 여겨지는 대상을 없애 버리고 싶은 공격적 공상 및 충동과 연관된다. 이러한 관계 속에서 제삼자가 항상 사랑하는 대상 혹은 아무리 못해도 가족의 구성원 중의 한 명으로 여겨지는 것은 갈등을 유발하며 양가감정, 죄책감, 후회와 같은 감정들을 불러일으키고, 격렬한 감정의 집합체를 자각 가능한 영역 밖으로 밀어내고자 하는 새로운 **억압** 기제를 사용하고 싶은 충동을 야기한다. 이와 같은 사건들은 점진적으로 **경쟁 상대에 대한 동일시**로의 전환을 가져온다. 이러한 일련의 과정은 **오이디푸스기 배열**(constellation)이라는 친밀한 관계의 판형을 만든다(Shapiro, 1977).

오이디푸스 콤플렉스와 그것이 발달하는 시기는 다소 폄하되거나 비판을 받기도 하고 동시에 나타나는 관계적 조망(Seligman, 2003)과 같은 개념으로 수많은 수정을 거치기도 했지만, 그럼에도 불구하고 발달에 있어서 매우 중요한 시기로 여겨지는데, 특히 이후 성격, (주로 무의식적인) 정신적 삶의 내용, (정신병적이지 않은) 정신질환의 발병 등에 더 중요하다(Elise, 1998; Tucker, 2008). 우리는 이러한 개념의 역사에 대해 간단하게 살펴본 후 오이디푸스기 연령 집단에 있어서 심리성적-정서적-관계적 영향에 관한 최근 관점 및 이러한 요소가 이후 성격발달에 있어서 어떠한 역할을 하는지 살펴보고자 한다.

Freud 이론에 따른 오이디푸스 콤플렉스

아버지가 돌아가신 바로 다음 해에 자기성찰과 꿈의 분석을 통해 Sigmund Freud는 오이디푸스 콤플렉스를 처음 발견했다. 이러한 분석적 도구들과 무의식적 공상 및 꿈에서 파생된 내용을 통해 Freud는 자신이 아동기에 경험한 엄마를 향한 격정적인 애정과 아빠를 향한 살인적인 경쟁을 재구성했다(Makari, 2008). Freud는 자신이 발견한 주제들이 소포클레스가 각색한 오이디푸스 신화에서도 등장하는 것을 깨닫고는 이러한 가족 내 긴장들이 인간 발달에 있어서 보편적이며 성인 신경증의 기초를 형성한다고 생각했다.

오이디푸스 콤플렉스는 Freud의 이론이 정교화되는 과정에서도 지속적으로 보존되어 온 몇몇 기본적인 개념과 연결되어 있다. ① 남녀 모두를 향한 애정, 욕구, 동일시로 나타나는 남성과 여성 모두가 되고 싶은 공상에 기초한 **보편적 양성애 성향**(universal bisexual disposition; Heenen-Wolff, 2011), ② Freud가 말한 남성/여성의 이원적인 측면과 이에 상응하는 **능동성/수동성**, ③ Freud의 첫 발달이론인 심리성적 발달 단계(Freud, 1905/1962)다. 이러한 개념들은 오이디푸스기 경험 및 남성과 여성의 발달 차이에 관한 Freud의 생각에 영향을 주었다. 유아기적 양성애는 점진적으로 형성되고 한 가지 성을 더 선호하도록 되어 있지만 양성애적 핵심은 오이디푸스 콤플렉스의 이중적인 본질을 가져오게 되어 있다. 이러한 양성애적 핵심은 거의 전생애에 걸쳐 나타나며 능동성과 수동성의 조합은 남성과 여성 모두에게서 전형적으로 나타나기 때문에 남성성과 능동성의 융합 및 여성성과 수동성의 융합이 절대적인 것은 아니다(Freud, 1915/1962). 그럼에도 불구하고 발달과정에서 이어서 나타나는 남성성 및 여성성의 요소들은 남성성과 능동성의 융합, 여성성과 수동성의 융합이라는 방식으로 식별되는 경향이 있다(Gediman, 2005).

심리성적 발달에 관해서는 쾌락과 흥분이 **구강**, **항문**, **남근** 부위에 순차적으로 집중되는 신체적 성감대의 생물학적 발달은 오이디푸스기 동안 정신적 발달 및 인간관계에 있어서 주요한 측면을 조직화한다. **발달적 불안**도 대략 이에 상응하는 순서로 나타나는데, 여기에는 대상을 상실하는 것에 대한 두려움, 대상의 애정을 상실하는 것에 대한 두려움, 생식기와 관련해서 집중적으로 나타나는 신체적 상해에 대한 두려움, 초자아에 대한 두려움 등이 포함되며 오이디푸스기 갈등의 해소가 이루어질 때 내면화된다. Freud는 남아와 여아의 발달이 남근기까지는 동일하게 나타나고 리비도는 능동적이므로 남성적이라고 보기 때문에 **거세 불안**은 남아와 여아 모두에게 적용된다. 그는 여아들이 질에 대해서 알지 못하기 때문에 여아들이 자신의 음핵을 보다 더 인상적인 남아의 신체 기관과 비교하며 자기에게 이미 거세가 일어났다고 느낀다고 생각했다. 남아와 여아의 발달적 차이에 대한 Freud의 생각에 대해서는 그의 생애 동안에도 Karen Horney(뒤의 '오이디푸스 콤플렉스에 관한 현대적 관점 및 오이디푸스 콤플렉스의 다양성' 참조)와 같은 동료 학자들이 이견을 제기했으며, 현대적인 관점에서 볼 때 Freud의 관점은 Freud 시대의 남근중심 문화라는 시대 정신에 국한된 시각이라고 할 수 있다.

Freud는 오이디푸스기 아동의 호기심 증가를 관찰하면서 생식기 및 남녀 생식기의 차이에 대한 관심 및 흥분과 더불어 나타나는 오이디푸스기 아동의 인지적 발달 진전을 은연중에 인식할 수 있었다. 3세 무렵, 아동의 질문과 성적인 탐색은 성 분화된 자기로서의 경험에 지속적인 반향을 불러일으키며 기본적인 **미스터리**에 초점을 두기 시작하는데, 여기에는 성에 있어서의 차이, 크기와 신체적 기능에 있어서 세대 간의 차이, 아기가 만들어지고 태어나는 방법, 부모의 친밀한 관계의 비밀 등이 포함된다. 미성숙한 인지에 불가피하게 영향을 받는 아동의 어렴풋한 통찰력은 오이디푸스기 공상의 전개에 있어서 중심이 된다. 남아와 여아의 해부학적 차이, 매우 소중한 신체 기관을 상실할지 모른다는 상상, 부모의 성생활의 본질 및 이와 관련된 쾌락, 임신, 출산, 성인의 특권을 장래로 미뤄 두어야만 하는 자기애적 금욕과 같은 현실 등에 관한 아동의 순진한 이론은 매우 풍부하게 나타난다.

남성 발달을 처음으로 연구하는 동안, Freud는 엄마에 대한 남아의 일차적인 애정이 아동의 의존성을 근친상간 욕구로 바꾸어 놓는다고 주장했다. 쾌락의 근원으로서 생식기에 초점을 두는 것, 남근 자부심, 불가피하게 나타나는 상실에 대한 불안 등이 아동의 갈망에 수반되어 나타난다. 이와 동시에 남아는 위풍당당한 아빠를 경쟁 상대로 인식하기 시작하는데, 아빠의 크기와 권위는 이후 남아에게 있어 스스로의 하찮음을 보여 주는 증거가 된다. 남아는 격렬한 적대감 및 살인적인 감정과 분투한다. 이 시기에 출현하는 더 큰 정서적 복잡성과 일치하는 맥락에서, 경쟁 감정은 아빠를 향한 애정 및 존경과 공존한다. 따라서 남아는 처음으로 깊은 **양가감정**을 경험하며 분투하게 된다. Freud의 초기 이론에서는 남근에 대한 엄청난 가치 부여 및 신체적 상해(즉, 일차적으로 남근의 상실을 의미하는 **거세**)에 대한 두려움은 남아의 가족 내 역학관계 해결에 있어서 주요한 역할을 담당한다. 생식기 자위는 거세 위협으로 이어지며(최근에 여아를 통해 남근이 없는 상태가 어떤 것인지 깨달았기 때문에 남아는 거세가 '가능하다'는 것을 '알고' 있다), 남아는 불안을 피하기 위해 엄마를 차지하고자 하는 마음을 포기한다. 남아는 '나중에 어른이 되면' 자기 또래의 여성과 함께 장래에 만족을 얻을 것이라는 약속을 수용하고 남성성의 모델 및 (**쾌락 원리**와 반대되는) **현실 원리**를 대표하는 아빠와의 동일시로 더 가까이 나아간다. 오이디푸스기 욕구에 대한 금지는 초자아의 핵심을 형성한다.

여아의 오이디푸스 콤플렉스는 남아와 대개 비슷하면서도 병인적인 순서에 있어서 중요한 차이를 나타낸다고 여겨져 왔다. Freud는 여아들이 오이디푸스기 전까지 자신의 생식기에 대해 의식하지 못하고 있다고 주장했다. 여아의 생식기에 대한

탐색 및 조사에 수반되는 깨달음은 자신이 남아와 비교했을 때 부적절한 생식기를 가지고 있다는 충격적인 깨달음으로서 여성 거세 콤플렉스를 야기하며 이는 곧 오이디푸스 콤플렉스의 시작 및 발단으로 이어진다고 단정했다. 이와 같은 초기 이론에 따르면 여아는 남아들이 자신에게 없는 것, 즉 남근을 갖고 있음을 관찰했을 때 매우 실망하게 된다. 여아는 **남근 선망** 및 딸에게 제대로 된 것을 주지 못했을 뿐만 아니라 여아에게 없는 것을 가지고 있는 사람을 더 선호하는 엄마에 대해 분노를 경험한다. 패배감과 함께 여아는 아빠에게로 주의를 돌리며 남근을 얻을 수 있지 않을까 희망을 가져 보지만 결국 만족되지 않는 바람을 포기하고 아기를 갖고 싶은 바람으로 대신한다. 여아는 능동성에 대한 자신의 남성적 관심을 포기하고 자신의 수동적인 역할을 수용한다. 여아는 이미 남근이 없다는 사실로 인해 벌을 받는 것처럼 느끼기 때문에 부모의 금지를 내면화할 동기가 없다. 따라서 여아는 보다 약하고 덜 객관적인 초자아를 갖게 된다(Freud, 1925/1962). 하지만 남아와 유사하게, 여아의 동성 부모에 대한 동일시는 양심의 기초를 제공하기도 한다.

부모의 친밀함(원초경)을 관찰하거나 상상하며 남아와 여아 모두 완전히 소외되고 무가치한 느낌을 받음으로써 강도 높은 자기애적 금욕을 경험하게 되고 오이디푸스 콤플렉스는 곧 영아기적 전능함에 종지부를 찍는다. 아동의 마음으로는 이해할 수 없는 상대적인 불가해성으로 인해 원초경은 성행위에 관한 가학-피학성 이론을 불러일으킨다. 이전에 만족스러워하던 아기가 자신을 중요하지 않고, 환영받지 못하며, 원치 않는 존재로 여기게 되는 삼각관계로 인해 일어나는 강도 높은 감정들은 아동의 성격을 지배하는 복수 동기의 자극이 된다(Arlow, 1980). 남아와 여아 모두 거세 콤플렉스가 있는데, 남아는 거세에 대한 두려움이 있고 여아는 거세가 이미 일어났다고 느낀다. 남아의 경우 이는 오이디푸스 콤플렉스의 붕괴로 이어지는 반면, 여아의 경우는 실망감을 안고 일차적 애정의 대상인 엄마에게서 등을 돌려 아빠에게로 향하면서 이러한 감정들을 통해 오이디푸스 콤플렉스가 시작된다(Freud, 1925/1962).

Freud는 보편적 양성애에 대한 가정과 일관되게 남아와 여아 모두 **부정적 오이디푸스 콤플렉스**를 가지고 있다고 했다. Freud는 남아들이 아빠를 원하고 엄마를 경쟁대상으로 바라볼 수 있고 여아들도 동일하게 엄마를 원하고 아빠에 대한 관심은 삼가기도 한다고 주장했다. 이러한 욕구와 경쟁 그리고 능동성과 수동성의 요소들은 오이디푸스기 아동의 가족생활의 온상이 야기하는 감정의 강도를 높인다. 2~3년에 걸친 오이디푸스기 동안 아동의 콤플렉스는 금지된 욕구 및 갈등 감정의 억압과 초자아 형성을 통해 반드시 '해소'되어야 한다. 많은 고전주의 이론가의 이론에 따르면 긍정적인 오이디푸스 콤플렉스가 초자아를 불러일으키는 반면, 부정적인 오이디푸스 콤플렉스는 동성 부모에 대한 과대평가와 더불어 **자아 이상**(ego ideal)으로 변형된다. 초자아의 구성 요소를 일컫는 이 용어는 Freud의 저서를 포함한 정신역동 연구 분야에서 일관성 없이 사용되고 있다. 어떤 때는 비인격적인 도덕적 척도를 지칭하기도 하지만(Milrod, 1982), 대부분의 경우 동성 부모에 대한 과장되고 거창한 공상을 기반으로 한(3장 '유아기'에서 언급한 **소망하는 자아상**이라고도 알려진) 자기애성 이상적 자아상을 의미한다(Blos, 1974). 우리는 이러한 두 가지 관점이 모두 적용된다고 보고 있다. 내면화 및 격상된 자기표상은 대개 자기애적 이상과 도덕적 이상의 혼합물이다. 따라서 오이디푸스 콤플렉스의 억압과 관련된 정신 내적 사건들은 정신적 삶에 있어서 마지막 발달적 구조 변화(초자아와 자아 이상의 추가)를 가져오고 성적으로 잠잠한 **잠재기**로 들어서게 한다.

이러한 초기 연구는 지난 세기 동안 정신역동 발달이론의 점진적인 변화와 함께 상당한 수정 및 비판의 대상이 되었다. 이 장의 나머지 부분에서 다루고 있듯이 우리는 오이디푸스 콤플렉스가 인간 발달의 중요한 분수령에 대한 계몽적인 통찰력을 준다고 생각하지만(Altman, 1997; Gilmore, 2011) 오이디푸스 콤플렉스의 본질 및 형태에 있어서는 수정된 이론들에 동의한다.

오이디푸스 콤플렉스에 관한 Freud의 초기 공식

- 3~6세 사이에 생식기는 구강기, 항문기, 남근기라는 심리성적 발달 진행을 거쳐 아동의 관심과 흥분의 초점이 된다.
- 성적 조사는 성의 차이와 아기가 어떻게 생기는가에 관한 질문으로 이어지는데, 이는 아동이 구체적인 관찰을 통해 남아가 여아에게는 없는 것을 가지고 있다는 것을 알게 되고 여아들이 자신의 생식기의 안전 및 온전함에 대한 두려움을 갖게 되면서 생식기 불안(즉, 거세 불안)을 야기한다.
- 삼자관계는 아동이 이성 부모에게 관심을 갖고 이성 부모를 원하며 동성 부모를 경쟁 상대로 여길 때 출현한다(긍정적 오이디푸스 배열). 원초경 공상, 자기애적 금욕, 복수 공상 등은 부모의 친밀한 행위에 관한 아동의 상상 속으로 스며

들게 된다.

- 보편적 양성애로 인해 부정적 오이디푸스 콤플렉스도 동시에 출현하는데, 이는 긍정적 오이디푸스 콤플렉스와 반대로 남아는 아빠를 원하고 여아는 엄마를 원하는 것이다.
- 오이디푸스 콤플렉스는 아동이 자신의 욕구를 포기하고 장래의 만족을 수용할 때 거세 위협(혹은 여아에게서 나타나는 거세 확신)하에서 '해체'되며 생식적 차이 및 젠더 차이로 대체된다.
- 아동은 동성 부모와 동일시하고 초자아를 형성하기 위해 금지적인 부모의 목소리를 내면화한다.

오이디푸스 콤플렉스에 관한 현대적 관점 및 오이디푸스 콤플렉스의 다양성

Freud의 초기 공식화의 현대적 수정은 매우 폭넓게 이루어져 왔다. 이제 우리는 이처럼 중요한 발달 시기에 나타나는 발달적 갈등 및 불안에 대한 현대적 관점을 설명하고자 한다. 우리는 다양한 발달체계의 성숙과 상호작용이 오이디푸스 콤플렉스 및 오이디푸스기 연령 아동 특유의 특성 출현을 야기한다는 생각에 강하게 동의하지만 이처럼 중대한 발달 시기에 대한 유의한 줄임말로서 전통적인 용어들을 계속 사용할 것이다. 뿐만 아니라 비록 오이디푸스기 갈등에 있어서 '정상적이고' 규범적인 경로를 거부하지만(Auchincloss & Vaughan, 2001; Chodorow, 1994), 우리는 여전히 이 시기가 정신적 삶의 본질 및 구조화에 있어서 전환점이 된다고 보며, 여기에는 강도 높은 정서적 · 신체적 감정들, 젠더의 새로운 중요성 및 특별히 성적인 신체, 인지적 역량에 있어서의 변화, 콤플렉스 형성, 타인을 근본적으로 분리된 주관적 존재로 인식하는 섬세해진 관계들, 이러한 모든 발달을 상징적 형태—언어와 놀이(Gilmore, 2011)—로 표현하는 역량의 폭발적 증가 등이 포함된다. 이와 같은 변화들은 아동으로 하여금 심오하고 중요한 발달 시기에 인류의 '윤리 질서' 안으로 들어오게 한다(Loewald, 1985, p. 437). 아동의 관점에서 신체 및 신체 감각들, 가족 내 경쟁 및 격정적인 욕구, 유아기의 종결과 동시에 나타나는 자신의 왜소함에 대한 인식과 연관된 강한 상실감, 필수적으로 나타나는 만족의 지연 등과 같은 이러한 발달적 사안들은 모두 애착 안정성 및 기타 기본적인 필요에 대한 지속적인 관심의 중요성을 퇴색시키지 않으면서도 일상적인 경험에 영향을 준다.

이러한 극적인 드라마와 아동의 신체(**생물학적 성**) 경험 간의 관계, 남성성과 여성성(**젠더**)의 개인적인 의미의 구성, 성적 성향(성생활, sexuality)의 방향 등은 오이디푸스 콤플렉스라는 개념이 소개되었던 수 세기 전에 비해 오늘날에는 매우 다르게 이해되고 있다. 정신역동 이론가들은 공통적으로 인과관계를 아직 충분히 이해할 수 없는 성적 정체성, 젠더, 성향의 결정 요인들이 다양하게 존재한다고 말한다. 발달적 결과의 범위 및 성생활의 고유한 개성은 '정상 상태'라는 개념이 매우 문화적임을 강조한다. 이는 오이디푸스를 내포하고 있는 전통적인 가족에 대한 인식체계가 급진적인 변화를 겪고 있는 현대 서구 사회에서 점점 더 명백해지고 있다. 전통적인 가족구조가 감소함에 따라 오이디푸스 콤플렉스를 유발하는 가족 내 역학관계는 다양한 변종을 양산하고 있다. 정신역동적 발달 관점에서 볼 때 이러한 현실이 정신적 발달에 어떠한 영향을 주는지는 최근에 들어서야 고려 대상이 되었다(Seligman, 2003). 동성 부모, 한부모, 혼합 가족, 임신과 성생활을 별개로 만든 기술적 진보, 대리모, 정자 기부 등은 오이디푸스기의 극적인 경험들이 전개되는 방식에 있어서 분명 변화를 가져온다. 정신적 발달에 있어서 이러한 요소들의 영향은 21세기 이론가들을 시험대에 오르게 한다(Seligman, 2007). 따라서 이와 같은 사안들에 대한 깊이 있는 검토가 아직 많이 이루어지지 않았다고 해도(Heenen-Wolff, 2011), 월초경과 임신에 관한 공상의 연관성과 같이 영향을 받을 만한 오이디푸스기 경험의 구체적인 측면에 대한 가설을 세우거나 단순히 식별하는 것은 가능하다.

용어 해설

오이디푸스 콤플렉스, **오이디푸스 배열**, **오이디푸스 구성**과 같은 용어가 정신역동 이론가들 사이에서 항상 일관적으로 사용되는 것은 아니지만 대부분 다음과 같은 경우에 사용된다. **오이디푸스 콤플렉스**는 대개 오이디푸스기에 출현하는 감정, 공상, 관계의 망을 일컫는다. 이 용어는 『뉴욕타임즈(New York Times)』 논평에 실린 '오이디푸스 왕 콤플렉스'에서 Maureen Dowd(2019)가 미국 정치에서 나타나는 아버지 세대와 아들 세대 간의 갈등을 지칭할 때 사용한 것처럼 아동과 성인 모두에게서 나타나는 이러한 증거들을 일컫는 데 일반적으로 사용된다. 앞서 언급했듯이 이

원성(duality)은 주로 초기 이론에 해당되며 콤플렉스 및 콤플렉스가 긍정적 혹은 부정적 형태를 나타내는 것은 보편적이라고 여겨진다. **오이디푸스 배열**은 아동의 발달이 진행되는 동안 '핵심 공상(core fantasy)'(Laufer, 1978), '중앙 고착점(central fixation point)'(Tolpin, 1970) 혹은 '정신적 삶의 심리적 조직자(psychic organizer of mental life)'(Auchincloss & Samberg, 2012)의 잔재로 남아 있다. **오이디푸스 구성**은 인간 발달 과정에서 불가피하게 나타나는 변화를 말하며, 따라서 아동의 환경 및 경험에 있어서의 우세한 양식에 대한 고려를 포함한다. 그리하여 **오이디푸스 구성**은 한 개인의 정신적 삶에 있어서 부정적 혹은 긍정적인 오이디푸스 콤플렉스의 우세를 의미할 수도 있지만 그보다는 대부분의 경우 출생 순서, 이혼, 부모의 죽음, 입양, 혼합 가족 등과 같은 구체적인 측면을 일컫을 때가 많다.

일부 이론가는 이러한 용어들이 아동뿐만 아니라 부모의 감정 및 공상을 지칭한다고 이야기한다. 이는 곧 이 시기가 아동의 정신 내적 경험의 범주를 넘어 가족 내의 더 큰 역동을 포함한다는 것을 의미한다[상호적인 라이오스 콤플렉스(Laius Complex)에 대한 설명은 Ross(1982) 참조]. 따라서 개인의 오이디푸스 콤플렉스에 대한 언급은 곧 형제 중 한 명이나 배우자에 대한 편애, 부모의 오이디푸스 갈등, 부모 자신의 오이디푸스 대상으로 아동을 사용하는 것과 같이 아동에게 전달되는 부모의 정신적 삶의 측면을 포함하며, 이는 오이디푸스 갈등에 있어 세대 간 요소들이 존재함을 의미한다.

이와 같은 다양한 형태는 개인마다 다르게 나타나는 수많은 다양성을 명확히 해준다. 비선형 체계이론(nonlinear system theory)에서는 오이디푸스 콤플렉스를 두 가지 중요한 요소로 특징지어지는 **이상 발달유인 상태**(strange attractor state)로 보는 것이 더 정확하다. ① 이러한 상태들은 예측 불가능한 세부 요소들로 구성되어 있기는 하지만 전반적인 형태에 있어서는 예측이 가능하며, ② 이상 발달유인 요소는 변화하는 체계 자체의 산물이면서도 동시에 체계를 조직화한다는 점이다(Scharff, 2000).

성별 차이, 젠더 정체성, 생식기 불안

2~3세 사이 아동은 대개 자신의 성별(sex, 우리가 말하는 생물학적 성)을 분명히 알고 있으며 젠더 역할(문화적으로 정의된 남성성과 여성성에 대한 특유한 개념)에 대

한 단순한 개념을 설명할 수 있는데, 이는 이러한 개념들이 가족 내에서 암묵적으로 혹은 명시적으로 소통되고 전달되어 왔기 때문이다. 매우 어린 아동들도 자신 혹은 타인의 성별에 대해 대부분의 경우 분명하게 알고 있다. 이러한 지식은 남아 혹은 여아인 자기에 대한 일차적인 감정의 기반이 되며(Elise, 1997), 이는 불가피하게 신체 경험 및 이와 직결되는 환경적 반응으로 구성되어 있다. 이러한 지식은 남성성과 여성성에 대한 개념의 진화에 있어서 초석을 제공하는데, 그 내용은 상당 부분 이미 결정되어 있는 것들이다. 매우 어린 아동은 성별이 정해졌을 때부터 아동의 문화환경의 정의에 준하여 남아 혹은 여아로 사는 것의 의미를 알아 가며 아동의 정신적 삶도 발달한다. 뿐만 아니라 아동은 자신의 **생식기 감각**도 매우 잘 인식하고 있다. 하지만 생식기와 생물학적 성의 고정된 상관관계는 아직 이해하지 못하며 **생식기 감각**과 남아, 여아의 구분을 연결시키지 못한다. 남성 혹은 여성, 즉 남성성 혹은 여성성에 대한 아동의 개념은 대개 동일성 혹은 이질성에 대한 엄마의 초기 반응, 젠더 개념을 더 세분화하는 부모의 태도, 부모가 아동에게 어떤 옷을 입히고 아동이 부모에게 어떤 대우를 받았는가의 여부, 남자와 여자에 대한 아동 자신의 관찰 간의 역동적 상호작용에 의해 형성된다. 이러한 영향력들은 중요한 생식적 차이에 대한 이해가 나타나기 전부터 이미 존재한다. 예를 들어, 공격성에 대한 엄마의 태도는 아동의 젠더에 따라 매우 다르게 나타나며(Alink et al., 2006) 공격성 표현에 있어서 남아-여아 차이에 기여하는 것이 분명하다. 하지만 이러한 모든 메시지, 영향력, 감각들은 아동이 일정 수준의 인지적 성숙에 이르기 전까지는 성, 젠더 정체성, 해부학적 지식과 연결되지 않는다.

자신의 성/성별과 생식기 간의 연관성에 대한 아동의 이해는 36개월 무렵 통합되는데, 이는 아동을 대상으로 한 간단한 연구를 통해 관찰할 수 있었다. 이 연구에서는 아동에게 해부학적으로 자기와 똑같은 인형을 고르도록 하고 잠시 후에 남자 인형과 여자 인형의 차이점을 설명하고 왜 그렇게 생각하는지 이야기하도록 했다(de Marneffe, 1997). 그 결과, 생식기가 성/성별을 알려 주는 결정적인 요소라는 생각의 융합은 36개월 이상의 아동에게서만 확실하게 나타났다. 이 시기는 오이디푸스기에 있어서 대단히 중요한데, 그 이유는 이후 지속되는 아동기 동안 자신의 성/성별을 알아 가는 과정에서 생식기가 아동에게 있어 성/성별 차이의 표지로서 중요성을 갖는다는 것을 확인해 주기 때문이다. 실제로 **젠더 항상성**(gender constancy)—즉, 한 개인의 성/성별이 불변한다는 것에 대한 이해—은 오이디푸스기가 끝나갈

즈음에야 습득된다(Eagan & Perry, 2001).

de Marneffe(1997)의 연구와 Senet(2004)의 후속 연구 모두 아동이 생식기 차이를 자각함에 따라 생식기 차이에 대한 관심을 보이긴 하지만 Freud의 초기 남근 중심주의 이론처럼 여아들이 자신에게 남근이 없다는 이유로 회복할 수 없을 만큼 의기소침해진다는 증거는 거의 없다는 것을 보여 준다. 남아와 여아 모두에게 남근(penis)이라는 단어를 알려 주지만 복잡하면서도 일부는 체내에 있는 여성의 외부 생식기를 일컫는 단어는 대개 잘 알려 주지 않는다. 물론 여아는 남아의 벗은 몸을 떠올리며 남아에게는 자신에게 없는 무언가가 있다고 불평할 수도 있다. 이는 여러 부분으로 구성된, 시각화하기 어렵고 정확한 이름이 없거나 혹은 내부 구성 요소(즉, 질)만 이름이 있는 자신의 신체 기관에 비해 남아의 남근이 더 인상적이라고 느끼는 아동의 미성숙한 인지 때문이다(Lerner, 1976). 이와 유사하게, 남아들은 생식기 차이를 관찰할 때 자신의 소중한 신체 부위를 잃어버릴 수도 있다는 두려움을 느끼기도 한다. 일부 이론가는 이와 같은 생식기 차이를 알게 되는 것이 남아에게 있어서 보편적으로 외상적이라고 믿는다(Lewes, 2009). 그럼에도 불구하고 이러한 차이에 대한 자각의 증가는 아동 자신의 성/성별에 대한 적절한 확인의 거부나 회피로 이어지지는 않는다. 어린 아동의 마음 안에서 성/성별과 해부학적 지식 간의 연관성을 조사한 Senet(2004)의 연구에 따르면, 3~4세 아동은 해부학적으로 정확하게 남자 인형과 여자 인형을 구분하고 요구에 따라 남자 인형이나 여자 인형을 정확하게 만드는 데 있어 전혀 문제가 없지만 자기가 가질 인형을 만들 기회가 주어졌을 때는 두 가지 성/성별의 생식기 모두를 소유한 인형을 만들었고, 이는 아동의 "생각, 바람, 두려움 등을 반영한 놀이의 자유로운 흐름을 보여" 준다(p. 310). 앞서 언급했듯이 완전한 젠더 항상성, 해부학적 성/성별의 영속성에 대한 확신은 6세 혹은 7세가 되어서야 확실하게 나타난다(Eagan & Perry, 2001). 남아와 여아 모두 자신의 성/성별을 '알고' 있는데, 이는 출생 시 공식적으로 공표하는 순간("축하드립니다. 딸입니다." 혹은 "축하드립니다. 아들입니다.")을 기점으로 끊임없이 문화적으로 강화되기 때문이다. 남아와 여아 모두 초기 유아기부터 성 분화 및 젠더화된 자기표상에 통합된 쾌감을 주는 **생식기 감각**을 가지고 있다. 하지만 이러한 행동들을 나타낸다고 해도 아동은 여전히 기회가 주어지면 때때로 하나의 성/성별을 선택하고 고수해야 할 필요가 없다고 상상한다.

여아에게서 독특하게 나타나는 발달적 생식기 불안은 최근 연구에서 광범위하게 논의될 뿐 아니라 학계의 초기 연구에서도 찾아볼 수 있다. Horney(1933)는 여아가 삽입과 관련한 생식기 자각, 감각 및 욕구를 가지고 있다고 주장했으며 남아가 되고 싶다는 선호도의 표현은 아마도 **삽입 공상**에 의해 생겨난 불안에 대한 방어일 것이라고 이야기했다. 특히, 1970년대 이후 남녀 모두에게서 나타나는 생식기 불안과 신체적 불안이 마음 및 젠더의 표현에 미치는 영향에 대한 논의는 정신역동 이론화 과정에서 매우 중요한 영역이 되었다. 1976년 Stoller는 아동을 주의 깊게 관찰할 때 명백하게 드러나는 매우 중요한 사실에 대해 언급했는데, 이는 어린 여아들이 오이디푸스기 이전에 이미 '일차적 여성성'을 가지고 있다는 것이다(Stoller, 1976). 자신이 여아라는 확신감은 아기의 성별을 알게 되는 순간부터 시작되는 의사소통에 뿌리를 두고 있는데, 이는 호르몬 순환 효과 및 아동에게서 나타나는 셀 수 없이 많은 동일시와 모방에 의해 강화되며 문화적으로 고정된 조건화에 의해서 누적된다. 여아의 여성적 정체성은 색깔 및 옷의 선택, 신체성, 2세 무렵의 놀이 등에 분명하게 나타난다. 스스로 남아들과 다르다는 자각은 젠더와 생식기 간의 연관성에 대한 자각이 강화될 때 출현한다. Stoller에 이어 Mayer(1995)는 여아들이 젠더 정체성에 있어서의 점진적 변화를 특징짓는 **일차적 여성스러움**과 **남근 거세 불안**이라는 두 가지 정서-방어 형태를 가지고 있다고 했다. 전자와 관련된 불안은 여아의 생식기에 위험이 되는 반면, 후자의 경우는 자신의 생식기가 손상된 형태의 남아의 생식기라는 여아의 신념과 연관이 있다.

어린 여아와 남아가 생식기의 차이를 인식하고 이를 이해하려고 노력하는 과정에서 그들이 내리는 결론은 열등감이나 두려움 혹은 불안을 야기하기도 한다. 여아에게서 부러움이나 상실감이 나타나기도 하지만 이러한 감정들은 여아의 젠더 표현에 있어서 핵심이 되지 않는다. 남아는 자신의 소중한 남근의 안전에 대해 염려하며 슈퍼 히어로와 같은 영웅적인 남성적 인물과 동일시하고 역공포가 불안을 분화하고 조절하려고 시도함에 따라 아동기 발달이 일어나는 동안 여아들과 점점 거리를 두게 된다(Harris, 2008). 뿐만 아니라 남아와 여아 모두 성인의 역할과 성적인 특징들(큰 남근, 유방, 임신한 배, 턱수염 등)을 놀라워하고 부러워하며 생식기에 대한 관심(Mayer, 1995), 생식기와 연관된 다양한 염려(Bell, 1961; Bernstein, 1990; Lewes, 2009), 흥분과 쾌락의 자원으로서의 생식기에 대한 인식 등을 붙들고 씨름한다.

성역할 정체성(gender role identity)이라는 용어는 오이디푸스기 동안 강화되는 성 분화된 개인으로서의 자기표상을 일컫는데, 이는 신체, 부모의 관점, 형제 집단, 문

화적 배경 등과 같은 자원의 투입으로 나타난 혼합물로서 생식기와 연관된 구체적인 불안들을 포함한다. 아동이 성별/성에 따른 실제 해부학적 차이를 이해하고 남성과 여성의 구분이 영속적이라는 것을 이해하게 되면서 이미 존재하던 성 분화된 자기에 대한 이해는 중요한 타인들과의 상호작용을 통해 경험하는 의식적이고 무의식적인 의사소통의 모체 안에서 일관성을 갖게 되고 신체적 감각 및 동일시와의 통합이 더 견고해진다. 태어날 때부터 남자라고 불리고 남자로서 대접을 받으며 자신이 남자라는 것을 잘 알고 있던 남아는 "남자아이 같다."는 말과 연관된 느낌 및 의미들, 부모와 형제들을 통해 경험한 자신의 성에 대한 그들의 태도 및 상호작용을 모두 하나로 통합하면서 성 분화된 정체성, 발달과정에서 변화를 경험하는 역동적인 집합체를 해석하게 된다(Harris, 2008). 갈등 요소가 있거나 자기경험과 신체적 감각과 관련해서 스스로의 기대 및 아동이 해석한 타인의 기대와 상충된다고 느끼면서 한계를 경험하게 되면, 아동은 '제대로 된 남아'이면서도 동시에 자신의 고유성을 유지하기 위해 분투하게 된다. 이와 유사하게, 여아는 여성스러움과 관련된 자신의 복잡한 경험들 및 자신의 신체와 환경의 초기 영향에서 찾을 수 있는 이러한 경험의 근원들을 조합하게 된다. 각 아동의 해석은 점진적으로 변화하는 고유한 표현이긴 하지만 적어도 표면적으로는 동일한 문화권의 다른 남아 및 여아들과 유사하게 나타난다. 이와 같은 일정한 문화적 기대에서 눈에 띄게 벗어나는 아동은 증상을 보이기 시작한 시기와 증상의 정도에 따라 **성 정체성 장애**(gender identity disorder)를 가지고 있다고 진단할 수 있으며, DSM-5에서는 이를 성별 불쾌감장애(gender dysphoria)라고 지칭한다(American Psychiatric Association, 2013). 발달이 진행됨에 따라 젠더는 자기표상에 있어서 매우 유동적인 요소로서 발달상의 변화에 따라 수정되며 때로 부모, 또래 집단, 대중매체, 사회적 규범 등과 같은 요소들의 어느 정도 영향을 받는다.

임신과 관련된 기술적 혁신의 잠재적인 영향력은 아직 미지의 영역에 속한다. 성교와 생식 간의 연결고리가 느슨해지면서 생식기 차이, 생물학적 성/성별, 성생활, 생식 등이 수렴되는 분수령과 같은 이 시기에도 분명히 영향을 미치게 된다. 태곳적부터 아동은 흥분, 두려움, 혼란, 소외감 때문에 부모의 성적인 관계를 부인해 왔다. 임신에 있어서 성행위의 핵심적인 역할을 받아들이는 것은 오이디푸스기 위기 중 일부라고 여겨져 왔다. 부모의 성생활이 자신 혹은 형제의 출생과 무관한 일부 아동에게 있어서 성적인 친밀함의 신비로움, 아기가 어떻게 태어나는가에 대한 질문 등은 현재 사회적 규범을 기준으로 할 때 당혹스러울 만큼 괴리되어 나타난다. 뿐만 아니라 오이디푸스기 아동의 상처 입은 자기애를 진정시켜 준다고 여겨지는 전형적인 위로(예: "나중에 너도 어른이 되면 언젠가 결혼을 하고 아기를 갖게 될 거야.")는 성인의 사랑, 성, 짝을 이루는 것, 생식과 관련된 다양한 모델이 나타남에 따라 적어도 신체적인 수준에서는 매우 연관성이 없는 이야기가 될 것이다. 전통적인 방법과 다른 방법으로 점점 더 많은 아이를 임신하게 됨에 따라 이러한 변화가 어떠한 영향을 가져올지는 두고 봐야 할 일이다.

성/성별, 핵심 젠더 정체성, 젠더, 젠더 역할 정체성

- **성/성별**은 생물학적 성/성별인 남성과 여성을 지칭하는데, 이는 생식기에 대한 인식을 기반으로 출생 시에 정해지며 일련의 환경적인 반응을 촉발한다.
- **핵심 젠더 정체성**은 출생 시에 부여된 성/성별(혹은 반대의 성/성별)이 자신의 성/성별이라는 확신으로 36개월 무렵 해부학적인 지식과 자기의 고정된 특징으로서 강화된다. 대개 구체적인 생식기와의 연관성이 수립되지만 아동의 상상 속에서 신체에 대한 유동성은 잠재기로 이어지게 된다.
- **젠더**는 남성성, 여성성이라는 각 성/성별과 관련하여 구성된 독특한 의미들을 통합하는데, 이는 문화에 의해 크게 좌우되지만 공통적인 특징에도 불구하고 개인에 따라 심리적 영향 및 독특성이 나타난다.
- **젠더 역할 정체성**은 핵심 젠더 정체성을 포함하고 있지만 한 개인이 얼마나 남성적 혹은 여성적인가에 대한 개념은 역동적이고 지속적으로 변화하며 신체, 사회화, 정신적 삶, 성적 공상 등에 의해 형성되고 시간이 흐름에 따라 변화가 가능하다. 또한 아동의 주관적인 관계도 젠더의 개념에 반영된다.

형제와 오이디푸스 콤플렉스에 관한 현대적 관점

일반적으로 경시되어 왔던 인간 발달에 있어서 형제의 역할은 다양한 영역의 연구들에서 관심의 대상이 되고 있다. 일부는 현저하게 나타나는 이러한 형제 역할에 대한 간과는 형제관계에 내재된 강력한 정서 및 그것이 내전이나 종족 간 전쟁처럼 성인의 삶에 미치는 영향에 대한 부인의 정도를 반영한다고 본다. 예를 들어, 『캠브

리지 사회학 사전(Cambridge Dictionary of Sociology)』의 항목 중 하나에서는 "형제들 서로 간의 관계의 질과 본질은 사회적으로 유의한 결과를 가져오지 않는다."고 언급하며 형제들은 문제가 되는 상황에서만 눈에 띈다고 말하고 있다(Turner, 2006, p. 550). 형제들이 임상적인 상황(Jalongo & Dragich, 2008; Mitchell, 2011)과 대중적인 교재(Bank & Kahn, 2003; Kluger, 2011) 및 성경에서부터 J. D. Salinger의 『호밀밭의 파수꾼(The Catcher in the Rye)』에 이르기까지 다양한 문학 작품과 기타 대중매체에서 항상 상당한 관심의 대상이 되어 왔음에도 불구하고, 형제관계에 대한 이와 같은 경시는 아동 발달 연구(Kolak & Volling, 2011)와 정신역동이론에서도 잘 드러난다.

형제관계 및 그것이 개인의 심리와 적응에 주는 영향은 이제 보다 광범위하게 연구되고 있으며 아동기에 걸쳐 나타나는 형제관계 변화에서 발달적 진전을 볼 수 있다고 제안하기도 한다(Sharpe & Rosenblatt, 1994). 상당한 양의 연구 자료들은 형제관계의 긍정적인 영향력을 지지한다. 예를 들어, 친사회적 행동(Jalongo & Dragich, 2008; Pike et al., 2005), 분리-개별화 과정(Leichtman, 1985), 마음이론의 발달(Dunn et al., 1996; Fagan & Najman, 2003; Hardy, 2001; Ostrov et al., 2006) 등이 있다. 오이디푸스기 동안 형제들과 함께 상호작용, 정서 표현, 상상놀이 등에 소요한 시간은 엄마와 함께 보낸 시간을 훨씬 능가했다(Dunn et al., 1996). 여러 정신역동학자는 지속적으로 변화하는 복잡한 형제들 간의 관계, 그 관계가 불러일으키는 정서들의 거리낌 없는 표현, 엄마의 애정에 대한 불가피한 경쟁 등은 엄마, 아빠, 아동의 삼자관계에 선행하는 가장 초기 형태의 삼자관계라고 할 수 있다고 본다.

정신역동학자인 Juliet Mitchell(2003/2011)은 실제로 2세에 나타나는 보편적인 경험으로서 '형제관계 외상(sibling trauma)'이라는 개념을 제안했다. Mitchell은 **외상**이라는 용어를 사용함으로써 자신과 매우 비슷한 누군가에 의해 침해당할 수 있다는 충격적이면서도 보편적인 인식을 생생하게 묘사하고자 했다(Mitchell, 2003). 가족 내에서 형제의 출생, 형제가 이미 존재하며 자기를 소외시킬 만큼 엄마를 독차지할 수 있다는 인식 혹은 단순한 임신 사실에 대한 자각이나 가족 궤도 내 어딘가에서 아기가 태어났다는 사실에 대한 자각(예: 확대 가족, 가족의 친구들, 유치원 환경) 등은 구체적이면서도 흔한 예라고 할 수 있다. 하지만 "비고유성 위기(crisis of nonuniqueness)"를 야기하는 것은 아동에게 보편적으로 나타나는 자기와 비슷한 다른 존재에 대한 "어렴풋한 자각"이다(Vivona, 2007, p. 1193). 더 이상 자신이 '아기

황제'(Freud, 1914/1962; 다시 말해, 최고의 유일한 아기)가 아니라고 깨닫는 것은 아동에게 매우 힘든 경험으로 영아기의 과장된 자기를 급격히 대체하게 된다.

과거 이론화에서는 이러한 **측면적 요소**는 종종 부모의 관심 편향이라고 이해했지만 형제가 오이디푸스기 아동의 시간과 관심의 많은 부분을 차지하고 상당한 발달적 중요성을 지니며 아동의 마음 안에서 형제는 '동등한 존재'이고(Sharpe & Rosenblatt, 1994; Vivona, 2007) 따라서 특별대우를 받을 자격이 없기 때문에 강도 높은 애정 및 미움의 정서를 조장한다는 증거가 숱하게 많다. 이러한 자각은 아동에게서 섬세한 정서를 경험하는 역량이 발달하기 전에 나타나기 때문에 아동의 적대감은 부모에게 걱정거리가 될 수 있다. 정신화 및 호혜성의 발달에 있어서 지속적인 형제의 역할은 충분히 입증되었지만(Jalongo & Dragich, 2008), 타인의 주관성을 알고 이해하는 정신 역량이 결여된 매우 어린 아동에게는 초기 형제관계 경험이 도전이 될 수 있다. 수유, 목욕, 침대에서 책 읽어 주기 등과 같이 엄마와 자기 형제간의 친밀한 관계를 관찰하는 것(Kumar, 2009)은 원초경의 예보이며 아직 인내심을 숙달하지 못하고 '나누기' '놀이 친구' '표현의 형태는 다르지만 동일하게 사랑받는 것' 및 기타 일상적인 위안을 완전히 이해하지 못하는 아동에게는 단지 소외감으로 다가올 뿐이다. 다양한 가족 구성원 및 출생 순위는 모두 오이디푸스 콤플렉스가 형성되기 시작하면서 나타나는 가족 내 인생극에 영향을 준다. 뿐만 아니라 이러한 모체에서부터 출현하는 정교화된 자기감과 관련해서 나타나는 자기와 유사한 타인들로부터의 **변별화**는 부모와의 동일시와 버금가는 역할을 한다(Vivona, 2007). 무리로부터 스스로를 구별하고자 하는 욕구는 다른 형제들 및 형제와 다름없는 확장된 아동 집단과 구별되는 아동의 성격 측면에서 비대성을 야기할 뿐만 아니라 형제 집단 혹은 확대된 가족체계 안에서 나타나는 양극화 필요에 기여하며, 기대("제이미는 똑똑하고 소피는 창의적이에요."와 같은 말들)에 부응하는 발달을 강요하기도 한다(Sharpe & Rosenblatt, 1994).

다음의 사례는 나이가 많은 아동이 형제의 출생에 어떻게 반응하는지 묘사하고 있다.

지미는 동생 크리스가 태어났을 때 30개월이었다. 생기 넘치는 남아였던 지미는 트럭에 대한 열정이 넘치고 장난감 자동차들을 좋아했다. 지미는 엄마와도 '사랑에 빠진' 상태로 동네에 있는 모든 트럭을 하나하나 가리키며 설명하는 것을 즐거워하고 자기

스쿠터로 '장난치는 것'을 좋아했다. 크리스가 집으로 왔을 때 지미는 다소 암담한 심정으로 아무것도 하기 싫었고 재미있게 느껴지는 것이 하나도 없었다. 지미는 수유를 하고 있는 엄마 주변을 맴돌며 울었고, 특히 아기에게서 좀 떨어져 있으라고 할 때 더 그랬다. 지미는 가능한 한 크리스의 존재를 무시하려고 했다. 하지만 점점 더 엄마의 관심을 많이 요구했고 엄마를 누릴 수 있는 아빠의 '권리'에 불만을 표하며 평소답지 않게 밤에 엄마, 아빠의 침실에 들어가곤 했다. 엄마, 아빠가 무도회를 위한 춤을 연습하는 것을 봤을 때 장난감을 집어 던진 적도 몇 번 있었다. 지미는 가족 전체를 향해 점점 더 통제적으로 변해 갔고 늑장을 부리며 모든 사람을 기다리게 만들었다. 5세가 되어 야구에 흥미를 붙이기 시작하면서 아빠와 지미는 유대감을 형성하게 되었고 '아빠 아들'이 되었다. 지미는 크리스를 절대 끼워 주지 않으려고 했고 초기와 중기 아동기 내내 크리스와 함께 놀려고 하지 않았다. 지미는 크리스가 너무 아기 같고 '멍청하다'고 했다.

형제간의 경험은 무한히 다양한 형태로 나타난다. 이미 다면적인 형태를 띤 오이디푸스 콤플렉스는 부모와 관련해서 "하나의 행성"과 같은 조직이 가족 내에서 다양한 삼각망이 펼쳐짐에 따라 엄청난 복잡성을 지닌 "소우주"로 출현한다(Graham, 1988, p. 9). 특히, 오늘날과 같이 가족구조가 점점 더 복잡해지는 시대에 이러한 소우주는 아동에게 매우 복잡하고 당혹스럽게 느껴질 수 있다. 예를 들어, 다산, 혼합 가정, 입양 아동 혹은 수양 아동, 대리모와 같은 요소들은 '다른 아이들'이 어떻게 집으로 오게 되었는지, 무엇이 그 아이들이 집으로 오고 집을 떠나는 시기와 이유를 결정하는지, 그 아이들은 부모에게 있어 어떤 의미인지 이해하려고 노력하는 아동을 어리둥절하게 만들 수 있다. 쌍둥이의 경우 부모에게 특별한 문제가 되기도 하는데, 이는 서로의 경험을 공유하고 특별한 방법으로 의사소통을 하는 쌍둥이들 간의 밀접하고 강렬한 친밀도가 부모를 배제하고 부모로 하여금 불필요한 존재라고 느끼게 할 수 있기 때문이다(Bank & Kahn, 2003). 쌍둥이, 특히 세쌍둥이와 그 외 다둥이들은 생식기술의 보조와 연관되어 있는데(Cook et al., 2011), 이는 개인의 정체성과 연관된 어려움 및 형제를 욕구의 대상으로 대체하려는 경향에 있어서 복잡성을 가중시킨다. 장애가 있는 형제들, 영아기 혹은 아동기에 사망한 형제들, 이미 이전에 사망한 형제들과 같은 경우, 이러한 특정한 상황들이 공격적 공상, 죄책감 및 조숙성, 공격성의 과도한 억제, 부모화와 같은 다른 형제들을 향한 방어를 고조시키기 때문에 측면적 요소를 더 복잡하게 만든다. 따라서 형제들은 그들의 존재,

부재, 고유한 특징들로 인해 개인의 오이디푸스 배열에 있어서 보편적인 원인 제공자라고 할 수 있다.

이혼, 죽음, 대안적인 형태의 부모와 연관된 오이디푸스기 배열의 다양성

현대 서구 사회에서 매우 흔한 현실이 되어 버린 이혼은 종종 초기 아동기에 나타나며 오이디푸스기 및 이후의 발달 진행에 영향을 준다(Wallerstein & Resnikoff, 1997). 부모가 이혼할 당시 아동의 연령에 대한 통계를 구하기는 어렵지만, 네덜란드에서 2005년에 이루어진 조사에 의하면 19%의 이혼이 0~4세의 아동들에게 영향을 미친다고 보고되었다(CBS Statistics Netherlands, 2012). 부모의 이혼에 대한 아동의 적응은 여러 가지 요소에 의해 좌우되지만 50%의 결혼이 이혼으로 끝나며 이혼한 부모 중 대다수가 재혼을 하는 미국의 현실은 그들의 자녀들이 온전한 가정의 자녀들보다 더 복잡한 발달 궤도를 거치게 된다고 이야기한다(Ahrons, 2007; Kleinsorge & Covitz, 2012). 양육권 논쟁의 연장, 부모의 독설에 노출되는 것, 이어지는 재혼, 혼합 가족 등은 아동에게 새롭고 다양한 적응을 요구하게 된다. 가정환경이 변할 뿐 아니라 각 변화의 의미 역시 아동의 주요한 발달 시기에 따라 마음에 새롭게 각인된다. 그 결과, 이러한 변화들은 오해와 혼란, 오귀인에 기여한다.

광범위한 역학 조사들(Leon, 2003)에 따르면 초기 아동기에 경험하는 이혼은 이후 적응에 어려움을 가져온다. 부모의 첫 별거 시 아동의 연령, 아동의 삶에서 지속되는 각 부모의 역할, 이혼 전부터 이혼 과정 및 이혼 후에 가정에서 표현된 적개심과 공격성의 정도, 재혼 시기와 같은 수많은 다양한 요소가 오이디푸스 역동에 끼치는 이혼의 영향력에 기여한다.

부모의 이혼이 아동의 오이디푸스 콤플렉스에 미치는 특정한 영향은 개별화될 수밖에 없지만, 몇몇 결정적인 주제는 일반화가 가능하다. 부모의 불화 및 별거는 안정감을 위해 예측 가능한 일상에 의존하고 있는 3~6세 아동의 일상생활에 매우 중대한 혼란을 가져온다. 한쪽으로 더 편향된다고 하더라도 양쪽 부모 모두와 접촉을 하며 지내는 것은 아동의 경험의 일부가 된다. 아동은 경제적인 형편 및 생활환경의 엄청난 변화를 아직 완전히 이해하지 못하지만 이러한 변화는 아동의 인지적 역량에 따라 인식되고 해석된다.

아동에 대한 부모의 태도는 결혼생활의 실패 여부에 따라 복잡하게 나타난다. 어떤 부모들은 자신의 자녀를 포함해서 결혼생활 전체의 흔적을 지워 버리고 싶은 마음 때문에 힘들어한다. 부모가 자신의 외로움과 우울을 극복하기 위해 아동에게 의지하는 경우도 있다(Wallerstein & Resnikoff, 1997). 아동이 오이디푸스기 감정들을 다루는 것은 부모라는 구성 요소의 실질적 파괴로 대체되고 이는 아동으로 하여금 고조된 오이디푸스기 승리 혹은 패배, 부모의 영향력과 특권에 대한 왜곡된 시각, 제재의 내면화에 있어서의 방해 등을 야기한다. 이러한 상황 속에서 자기조절 및 충동을 다루는 데 있어서 부모의 예나 지지가 종종 결여되고, 따라서 아동은 매우 어린 나이에 이러한 발달적 도전을 홀로 감당해야 한다. 뿐만 아니라 버림받고 상처받거나 혹은 감당할 수 없는 일을 겪고 있다고 느끼는 부모는 심지어 매우 어린 나이의 자녀를 통해서라도 위로를 얻으려고 아동에게 부모 혹은 배우자의 역할을 부여함으로써 세대 간 위계의 본질을 허물기도 한다. 이에 못지않게 문제가 되는 것은 다음 예와 같이 각 부모와 관련해서 모순되고 양극화된 입장을 갖도록 아동을 압박하는 것이다.

매우 영향력 있고 성공한 중역인 저스틴의 부모는 저스틴이 2세가 채 안 되었을 때 별거를 했다. 저스틴의 엄마는 저스틴의 아빠를 (중독자 혹은 무책임한 사람이라고) 비난하면서 아이를 놓고 물리적인 실랑이를 벌이며 아빠의 부모로서의 방문권을 훼방했다. 저스틴은 아빠를 '놀이 친구'로 여기고 사랑하면서도 아빠가 올 때면 불안해했다. 저스틴의 아빠는 저스틴의 호감을 사기 위해 점점 더 딸이 원하는 것은 무엇이든지 만족시켜 주려고 했다. 법원에서 부모의 양육권에 대한 심시가 계속되는 동안 아빠가 방문할 때마다 엄마가 아빠의 상태가 어땠는지 묻는 바람에 아동은 아빠에 대한 신의를 저버려야 하는 것 때문에 어쩔 줄 몰랐다. 이런 상황은 저스틴이 4세가 되었을 때 더 심해졌고 엄마는 아이 셋을 데리고 이혼한 예전 남자친구 게리와 다시 만나고 있었다. 게리의 아이들 중 두 명은 저스틴보다 나이가 많은 여자아이들이었고 나머지 한 명은 앨런이라는 남자아이였는데 저스틴과 비슷한 나이였다. 저스틴은 엄마에 대해서는 엄마의 남자친구와 경쟁자가 되고, 언니들에 대해서는 앨런과 경쟁자가 되고, 심지어 게리의 세 아이와도 게리의 전부인의 관심과 호감을 사기 위한 경쟁자가 되면서 경쟁 네트워크/구조 안으로 들어가게 되었다. 4세 10개월에 이혼 처리과정의 일부로 자문을 받으러 왔을 때, 저스틴은 권위적이고 다른 사람을 무시했다. 저스틴은 아이들의 능력을

> 과소평가하고 우스꽝스러운 옷을 입히며 멍청하고 위험한 보모에게 아이들을 맡기는 어리석고 잘못된 부모들을 대해야 하는 아이들의 가족 이야기를 반복해서 이야기했다. 하지만 이야기 속에서 아이들은 상상 마술적인 힘과 비범한 지능을 소유하고 있으며 부모가 없는 나라로 도망가는 데 성공한다.

저스틴의 오이디푸스기 갈등은 부모의 험악한 이혼으로 인해 왜곡되었고 복잡한 삼자관계를 받아들이지 못하고 미래에 대한 확신이 결여되고 안정된 여건에서 부모에 대한 바람과 화를 표현할 수 없게 되면서 자신의 역할에 있어서 혼란을 겪었다.

오이디푸스 콤플렉스는 아동이 한부모와 함께 자랄 때도 이와 비슷한 영향을 받는다. 물론 한부모 가정이 되는 이유는 여러 가지가 있지만 몇몇 이혼한 부모는 양육권이 없는 부모와 관계가 두절되기도 한다. 사실 Wallerstein의 연구 결과가 지속적으로 시사하는 바는 이혼 후에 상대적으로 아빠와의 관계가 두절되는 경우가 많다는 것이다(Wallerstein & Kelly, 1980). 유기, 죽음, 인공 수정, 한부모 입양 등은 한부모 가정이 탄생하는 또 다른 이유가 되며 각 경우마다 독특한 특성들이 존재하고 양육자의 심리적 상태를 포함한 여러 가지 요소에 따라 다르게 발달이 진행된다. 아동을 혼자 양육하는 데서 오는 어려움 및 홀로 부모의 역할을 감당하는 데서 비롯되는 부모 됨에 대한 독특한 정의는 아동과의 함의적이면서도 명시적인 의사소통에 기여한다. 아동이 부모의 연합을 자신의 존재의 기원으로 보는 정도에 따라 관계가 두절된 부모에게 집착하게 된다. 기술적인 진보로 인해 생물학적인 기원과 성행위 간의 연결고리가 점점 더 약해지면 이러한 연관성은 변화할 수도 있다. 하지만 동성 부모, 한부모, 양부모에게서 자라는 아동들은 적어도 두 번째 부모를 갖거나 다른 젠더의 부모를 갖는 상상을 하는 욕구를 분명히 가지고 있다(Corbett, 2001). 이러한 갈망은 오이디푸스기 승리/정복보다 우세하지만 동시에 개별화와 분리에 대한 죄책감을 야기하는데, 이는 이러한 아동들이 종종 한부모의 행복에 있어 자신의 존재가 매우 필수적이라고 느끼기 때문이다(Erreich, 2011).

입양과 오이디푸스 콤플렉스

입양은 일원적인 현상이 아니며 입양의 다양한 형태와 세부적인 사항들은 오이

디푸스기에 영향을 주는 요소의 일부가 된다. 현대의 입양은 매우 다양한 상황 속에서 다양한 수준의 투명성을 가지고 이루어진다. 자신의 출생 정보에 대한 접근을 포함한 입양아들의 '완전한 존엄성과 인권'을 추구하는 입양국(Bastard Nation)과 같은 운동을 시작으로, 오늘날에는 18세 이상이 되면 생물학적인 부모와의 접촉이 허용될 뿐더러 매우 흔하게 이루어지고 있다. '양아들/딸'을 혈연관계에 포함시키는 미인구조사(2000)에 따르면, 입양은 상대적으로 매우 드물게 이루어지고 18세 미만 아동의 2.5%에게 영향을 미친다(Kreider, 2003). 하지만 연방 감독이 존재하지 않기 때문에 정확한 통계적 기술을 쉽게 얻을 수는 없다. 공공 기관에서 다루고 있는 입양은 실제로 알려진 입양의 반도 채 되지 않는 반면, 대부분의 입양은 사설 기관이나 '독립' 소개소를 통해 이루어진다. 문서화 작업은 시민권이 반드시 보장되어야 하기 때문에 해외 입양의 경우 가장 정확하게 이루어진다. 2002년에는 미국 내에서 2만 9건의 해외 입양이 이루어졌는데, 이는 10년 전에 보고된 수의 세 배 이상이다. 친족 간의 입양은 문화적인 기대치에 따라 전체 입양의 대략 절반 정도를 차지하며 낯선 사람에 의한 입양에 비해 입양에 참여하는 사람들에 대한 해석이 다르게 나타난다(Brodzinsky et al., 1998).

입양과 함께 제공되는 사회복지는 상당하다. 하지만 입양된 아동의 마음에 입양이 미치는 영향도 사소하다고 할 수 없으며 아동이 잘 적응하도록 부모가 인내하고 도와주는 것은 매우 중요한 과정으로 발달과정 내내 힘써야 하는 일이다. 이러한 과정은 대개 유아기에 시작되는데 입양에 대한 정보를 아동이 숙고하고 이해할 만한 시기의 훨씬 이전인 입양 초기에 알려 주는 경우가 잦기 때문이다. 입양된 유아기 아동들은 자신의 입양 혹은 그에 대한 전반적인 설명을 듣고, 사진 및 아동이 부모와 다른 문화권에 출생한 경우 아동이 속했던 문화를 소개하는 것 등을 통해 입양과 관련된 용어 및 구체적인 세부사항들에 익숙해진다. 입양을 초기에 알림으로써 얻는 유익이 분명히 있고, 특히 타인의 눈에 아동이 입양된 사실이 (부모의 외모나 환경을 통해) 명백하게 드러날 때 더 그렇지만, 어린 아동이 자신의 입양과 관련해서 일어날 복잡한 인생극을 이해할 능력은 불가피하게 아동의 인지적 조직화의 영향을 받게 되는데, 이러한 영향은 4세가 된다고 해도 이해할 수 없으며 부모가 이를 완화해 주거나 자세히 설명해 주어야 한다(Brinich, 1995; Wieder, 1977). '넘겨졌다'는 말의 부정적인 함의는 어린 아동의 제한된 인지에 의해 고조된다. 유아기 아동의 마음속에서 '넘겨졌다'는 것은 곧 쓰레기나 더러워진 기저귀처럼 제거되었다는 것/처리되었다는 것을 의미한다(Wieder, 1977). 생모와 양모를 구분을 이해하는 아동의 역량은 기껏해야 미성숙한 정도다. 아동은 주로 "나는 너의 진짜 엄마나 아빠가 아니야."와 같은 단순화된 형태로 메시지를 흡수한다. 이러한 순진한 해석은 아동의 불안정성의 배경이 되거나 분리와 관련된 문제가 우세하게 나타나는 데 기여한다. 뿐만 아니라 이러한 생각들은 아기가 어떻게 태어나는지에 대한 질문과 자신은 어떻게 태어나게 되었는지에 대한 보다 개인적인 질문을 놓고 씨름하는 아동들에게, 특히 더 혼란을 줄 수 있다. 아기를 획득하고, 사고팔고, 납치하는 것과 같은 개념은 아동의 공상 및 놀이에서 자주 나타난다. 분노 및 양가감정의 조절은 버림받을지 모른다는 두려움으로 인해 더 복잡해지고, 부정적인 감정은 나쁘고 더럽고 못됐다고 개념화된 생부모에게로만 향한다. 그렇지 않은 경우 양부모가 '어떠한 경우에도' 자신을 자녀로 인정할지에 대한 사랑과 헌신도를 시험하면서 입양된 아동의 분노가 양부모에게 향하기도 한다. 문제를 일으키는 것은 곧 사랑을 확인하는 도구가 된다.

입양된 아동이 실망을 안겨 줄 때 쉽게 거리를 둘 수 있기 때문에(예: "저 아이는 딱 자기 생부모를 닮았어.") 부모의 정신적 삶 역시 도전을 받는다. 실제로 '헨젤과 그레텔' 및 오이디푸스 자신을 포함한 많은 동화와 신화의 중심에는 자기 아이들을 향한 생부모와 양부모의 적개심이 자리 잡고 있다(Brinich, 1995). 신체적 학대와 성적 학대(근친상간)를 예방하는 금기들은 완전히 달라지게 되는데, 이는 양부모가 혈연관계에 있지 않은 아동을 보호하는 데 있어서 거리낌을 덜 느끼기 때문이다. 이와 비슷하게, 입양된 아동은 자신의 혈연관계가 자기가 입양된 가정을 제외하고 어느 곳에든지 존재할 수 있다는 딜레마를 마주하게 된다. 입양된 5세 여아는 양부와는 다정한 관계를 누리고 양모와는 누가 '진짜 엄마'인지를 놓고 심한 언쟁을 하곤 했다. 이 여아는 자기 인형이 딸들이 아빠와 결혼할 수 있는 요술나라에 있다고 하면서 "바비 나라에서는 그렇게 할 수 있어요!"라고 주장했다.

이와 같은 특징들은 다양한 형태로 오이디푸스기 경험을 복잡하게 만든다. 근본적인 수준에서 애착 불안정은 양가감정을 다루고 강렬한 오이디푸스기 인생극을 인내하는 역량에 그늘을 드리운다. 게다가 근친상간에 대한 금지가 덜 확고하기 때문에 생부모를 색정광이고 타락했다고 보는 반면, 양부모는 무성적이거나 순수하다고 수동적으로 그려진다. 양가감정은 정서적 애착으로 통합되지 않고 오히려 아동의 감정은 '좋은' 부모와 '나쁜' 부모로 분열된다. 형제간 경쟁은 혈연적 유대감으

로 완화되지 않으며 강렬한 적대감, 냉정한 무관심 혹은 공공연한 성적인 관계로 이어질 수 있다. 나중에 자라서 자기 배우자와 자녀를 갖게 될 것이라는 '위로'는 양부모의 경험과의 대칭이 결여되며 양부모보다 더 나은 삶을 마음에 그리고 있다는 죄책감을 불러일으킬 수 있다. 바비 나라에서 인형을 아빠와 결혼하게 한 5세 여아는 아기를 절대로 갖지 않겠다고 마음먹고 대신 다른 사람들의 아기를 잘 돌봐 주는 똑똑한 보모가 되고 싶다고 했다. 이는 아동이 자기가 양모보다 아기를 더 쉽게 가질지 모른다는 죄책감을 다루고 있다는 것을 응축해서 보여 주는 공상이라고 할 수 있다. 이러한 생각을 떨쳐 버리기 위해서 아동은 의도적으로 (출산과 대비되는) 양육자 역할을 선택했다(Novick, 1988). 아동은 자신의 양모보다 아기를 더 잘 갖는 오이디푸스 승자가 될 수 없었다. 또한 여전히 자신의 양모에게 분노하고 있었는데, 이는 아동이 양모가 비판적이고 판단적이라고 느꼈기 때문이다. 하지만 이러한 감정은 아동의 죄책감을 가중시킬 뿐이었다.

오이디푸스 배열과 정체성 발달

오이디푸스 배열의 이러한 다양성은 오이디푸스기의 갈등과 해결은 물론 아동의 정체성 및 자기감에도 영향을 준다. 정체성의 요소들은 발달과정에서 나타나는 자아 식별을 통해 얻어지고 청소년기 정체성 위기의 중요한 일부분으로 재작동한다. 특정한 외적 환경과 관련된 요소들은 상대적으로 고정되어 있으며 실제 존재의 수정에 예속되지 않는다. 젠더, 인종, 국적 등과 같은 이러한 요소들은 자기 구석구석에 스며드는데, 여기에는 아동이 어릴 때 경험하는 입양, 형제 배열/서열, 부모의 이혼 등이 포함된다. 한 어린 남아가 부모가 이혼하는 날 "나는 이혼당하고 싶지 않아요!"라고 하소연하듯이 말했을 때, 아동은 부모의 이혼이 자신의 존재에 영원히 영향을 미치게 된다는 것을 정확하게 지적했다고 할 수 있다. 이러한 지속적인 문제들은 오이디푸스기 갈등에 영향을 주고 각 발달 단계가 진행됨에 따라 계속해서 영향을 준다. 정신병리학에서 이러한 특징들은 과장된다.

다음의 사례는 오이디푸스기 왜곡이 성인의 정신적 삶에 미치는 지속적인 영향력(이 사례에서는 입양과 불안정 애착)을 묘사하고 있다.

직장생활과 연애생활이 꽉 막혔다며 치료를 받으러 왔을 때 윌은 20대 후반이었다.

그는 썩 내키지 않는 마음으로 고등학교 때 사귀던 여자친구와 1년 전에 결혼을 했지만 여자친구가 대학원을 졸업할 때까지 따로 살고 있었다. 그는 아내 때문에 짜증이 났고, 아내가 똑똑하고 아름다우며 헌신적임에도 아내를 업신여기며 성적인 매력이 없고 멍청하다고 이야기했다. 아내는 '둔했다'. 일과 관련해서 남편은 아빠가 선택한 영역에서 매우 낮은 위치에 있는, 자신이 싫어하는 직업을 얼마 전에 그만두고 앞으로 무엇을 해야 할지 막막한 상태였다. 그는 술을 과도하게 마시고 가끔씩 코카인을 사용하기도 했다.

윌은 태어나자마자 부유하고 명성 있는 나이 많은 부부에게 입양되었다. 그의 아버지는 똑똑하고 성공한 정치인이자 사업가였으며, 자기를 내세우기 싫어하는 경향을 가진 윌의 어머니를 비롯해서 모든 주위 사람이 윌의 아버지를 존경했다. 윌은 '영아 때부터' 아버지가 꿈꾸는 '내 아들'에 대한 기준에 부응해야 한다는 압박을 느꼈다. 3세 때 읽기 개인지도를 받았고 여러 가지 영역에서 조숙한 학업 역량을 보여야 한다는 기대를 받고 있었다. 아버지는 윌의 타고난 운동능력을 지지해 주기도 했지만 스쿼시나 테니스처럼 아버지의 기준에서 '교양 있는' 스포츠에만 국한되었다. 윌의 어머니는 아버지에 비해 좀 더 따뜻하고 허용적이었으며 윌이 흥미를 갖고 선호하는 것들이 아버지의 기대와는 다른 방향으로 나타날 수 있다는 것을 이해하는 듯 보였다. 하지만 윌이 아주 어렸을 때부터 윌은 어머니와 거리를 두고 지내 왔다. 예를 들어, 분리 불안을 나타내는 어린 남아로서 윌은 부모가 안전하게 돌아오기를 간절히 바라며 하나님께 소원할 때마다 아버지의 안전을 지키기 위해 어머니를 희생해도 좋다는 상상을 하곤 했다. 윌은 스스로의 그런 패턴에 죄책감을 느끼고 어리둥절하곤 했는데, 특히 사춘기 때 어머니가 돌아가신 이후로는 어머니를 몹시 그리워했다. 윌은 아동기 때 입양이 곧 생모로부터 버림받은 것이라고 생각하고, 그로 인해 양모를 대신 응징한 데서 '소속감'에 대한 자신의 불안이 비롯되었다는 것을 점점 깨닫게 되었다. 이러한 불안은 아버지가 '친아들'을 갖지 못해서 극도로 실망했을 것이라는 두려움으로 인해 더 악화되었다. 그 결과, 윌은 아버지를 기쁘게 하려고 필사적으로 노력했고 공격자인 아버지와 자신을 동일시했다. 윌은 어머니를 비웃으며 경멸하는 아버지의 행동에 동참했고, 특히 어머니를 매우 매력적이고 위안을 주는 사람이 되게 했던 기질(즉, 온유하고 비판적이지 않은 기질)에 대해 더 그랬다. 윌은 아주 어린 아동일 때부터 자신이 이미 아버지를 회유하고 자신의 '곁에 머물게' 하기 위해 어머니에 대한 애정과 동경을 삼가며 두렵고 억압적인 아버지의 편에 서야 한다고 생각하며 행동해 온 것을 깨닫게 되었다. 윌의 아내도 윌과 윌의 어머니 간의 이러한 역동에 의해 명백하게 영향을 받았는데, 이는 윌이 아내를 폄하하고 중성화하는 것으로 나타났다. 뿐만 아니라 윌은 아버지의 기대에서 벗어나는 것을 스스로 용납할 수 없어서 자신의 적성과 흥미에 맞지 않는 직업을 계속 택했다. 윌의 내면에 뒤엉켜 있는 아버지를 향한 분노는 청년이 되어서도 분리에 격하게 반응하는 윌 자신에게 엄청난 위협이 되는데, 이는 아버지와의 지속적인 접촉과 인정 없이 윌이 '완전히 홀로 무중력 상태의 우주에 떠돌아다니는 상태'이기 때문이다.

이 사례는 이 청년의 입양 및 양모의 죽음과 연관된 애착 불안정으로 인해 왜곡된 오이디푸스기 배열의 후유증, 아버지에 대한 간절한 우상화를 방해하는 긍정적 오이디푸스기 감정에 대한 부정을 보여 주고 있다. 어머니를 향한 청년의 태도는 그의 결혼을 통해 개선되었는데, 이는 그가 성생활을 가족관계 안에서 배제하고자 하는 구체적인 필요를 가지고 있었기 때문이었다. 이 남성은 학업과 직업에 있어서 지속적으로 자기패배적 행동을 나타냈는데, 이는 어린 시절 어머니의 죽음, 아버지의 언어적 학대 그리고 격렬한 분노로 가득 찬 스스로의 내면의 삶을 포함한 복합적인 외상의 근원이 반영된 매우 복잡한 발달과정의 일부라고 할 수 있다. 이 남성의 정신적 경험에 불가피하게 영향을 줄 수밖에 없었던 다양한 층으로 이루어진 요소들은 굉장히 밀도 깊고 복잡하며 요소들을 구분하고 치료하는 데 상당히 많은 시간이 요구되었다.

초자아

초자아 발달 단계에서 젠더의 역할

소위 "오이디푸스 콤플렉스의 후계자"(Freud, 1923/1962, p. 48)로 불리는 초자아는 전통적으로 오이디푸스기 갈등에 대한 해결로 인해 출현하며 동시에 강렬한 죄책감을 불러일으키는 정신구조로서 묘사되어 왔다. 고전 문학에서 초자아는 오이디푸스 욕구와 공격적 충동에 대한 불안에서 비롯된 포기가 나타난 이후 동성 부모와의 동일시에 따른 새로운 구조로 '형성(form)'된다. 그러나 Freud 자신은 그가 원래 **자아 이상**(ego ideal)이라고 불렀던 것을 확립하면서 초자아의 가장 깊은 뿌리는 훨씬 생애 초기에 나타나는 부모와의 동일시라고 생각했다(Freud, 1914/1962). 거세불안 혹은 어린 여아의 경우 거세 확신의 결과로 동성 부모와의 동일시에 대한 Freud의 이어지는 설명은 발달적인 관점에서 볼 때 다수의 현대 학자에게는 말이 되지 않는 것이었다(Chodrow, 1994; Westen, 1986).

남아와 여아의 초자아 발달과 오이디푸스기 발달의 진전을 가장 잘 이해하기 위해서는 초자아를 장기간에 걸친 전오이디푸스기 역사가 오이디푸스기 갈등과정에서 융합됨으로써 나타나는 구조로 재고해야 한다. 2~4장에 걸쳐 살펴본 것처럼, 아동의 자기조절 역량의 기원은 엄마가 감정의 표현 및 언어화를 통해 유아의 상태를 다루려고 노력하는 엄마-유아 교환에서 출발한다. 수많은 '하라.' 그리고 '하지 마라.'라는 말들은 가장 초기 영아기부터 행동을 형성하고 함께 공감해 주며 바람직한 행동을 (인정과 기쁨의 표현으로) 선택적으로 보상해 주는 양육자에 의해 전달된다(Emde et al., 1991; Litowitz, 2005). 옳고 그름과 공격성과 같은 것들에 관한 일련의 의사소통은 문화적인 성별에 대한 인식에 따라 다르게 나타나며, 그 결과 자기 경험에 있어서 복잡하고 문화적이며 특이한 측면으로서의 젠더는 종종 행동 규칙에 대한 메시지로 가득 차 있다. 이러한 젠더 고정관념 강화는 아기의 성별을 알리는 순간부터 시작되며 발달과정 내내 지속적으로 나타난다. 성 분화되지 않은 부모의 명령에 대한 내면화와 더불어 성 분화된 부모와의 차별화된 동일시는 오이디푸스기 갈등에 앞서 나타난다. 따라서 비록 젠더 역할 차이가 전달되고 진행되는 과정이 동시에 일어나기는 하지만 초자아는 부모 양쪽과 동일시로 인해 나타나는 다양한 결과라고 할 수 있다(Westen, 1986).

초자아 구조화에서 방어 기제의 역할

부모의 목소리에 대한 부분적 내면화 및 부모로부터 인정받기 원하는 갈망은 유아기 아동으로 하여금 자신의 충동을 다룰 수 있도록 촉진하는데, 이 시기 동안 나타나는 고집스러운 아동의 모습은 부모로 하여금 언어 및 물리적 제약을 통해 규칙을 실행하도록 한다. 유아기 동안 아동에게서는 **반동 형성** 및 **공격자와의 동일시**가 나타난다. 반동 형성은 어린 아동으로 하여금 어지르고 더럽게 하거나 공격하는 것과 같은 금지된 충동을 부인하도록 돕는다. 공격자와의 동일시는 부모가 내세우는 엄격한 금지사항들을 받아들이고 수용하는 점진적인 과정을 포함하는데,

[Fraiberg(1996)가 묘사하고 4장 '오이디푸스기와 출현하는 역량'에서 논의된] 잘못을 하기 직전에 스스로를 책망한 줄리아와 같은 아동이 바로 전형적인 예라고 할 수 있다. 뿐만 아니라 아동이 부모가 가진 힘/권력과 기술, 특권을 자신들은 가질 수 없다는 것을 깨달을 때, 모방과 동일시는 매우 어린 아동의 상처받은 자기애를 위로하는 기능을 한다(Milrod, 2002). 아동의 자기조절에 기여하며 자기감을 강화하는 이 모든 과정은 일종의 "미완성 초자아"를 형성하는데(Sandler, 1960, p. 152), 이러한 초자아는 효과적인 기능을 위해 여전히 부모의 감독을 요구한다. 궁극적으로 이러한 발달은 마음 안에서 새롭게 조직된 기관인 초자아의 형성으로 통합된다. '따라야 할 규칙들', 옳고 그름에 관한 도덕적 원칙 그리고 부모의 인정을 추구하는 안내 기능의 내면화는 오랜 기간 이어진 전오이디푸스기 이력을 갖게 된다. 오이디푸스기 동안 통합되는 초자아는 그 구조의 수준이 약간 다르다고 할 수 있으며, 방향 제시, 한계 설정, 처벌/보상 기능 등을 유지하기 위한 자율성을 향해 가는 과정에 있다(Milrod, 2002). 보다 성 분화된 자기표상과 옳고 그름에 대한 내면화된 인식을 모두 포함하는 정신 조직은 보다 발달된 것이다.

수치심과 죄책감

궁극적으로 수치심과 죄책감이라는 두 감정은 초자아 기능과 매우 밀접하게 연관되어 있다. **수치심**은 유아기 갈등에서 비롯되고 18~24개월 사이에 나타나는데, 이는 전반적인 신체 자세, 시선 회피, 고개를 떨어뜨리고 있는 것 등으로 식별할 수 있다(Sheikh & Janoff-Bulman, 2010). 수치심은 전형적으로 굴욕적이고 연약한 위치에 있다고 간주되는 요소들을 포함하며 부모의 권위에 의해 강요된 시각을 위반하는 것과 관련된다. 정신역동적 입장에서 볼 때 수치심은 자기애적 자질을 내포하고 있으며 주로 높은 위치에 있던 상태에서 급격하게 기가 꺾였다는 느낌과 연관된다. 비록 초기 수치심 감정이 어지르고 더럽히거나 짜증을 내는 것과 같은 비정상적인 상황에서 유발되기는 하지만 주어진 기준에 도달하지 못하거나 타인을 실망시킬 때 수치심은 궁극적으로 '도덕적 정서'를 형성한다(Auchincloss & Samberg, 2012; Sheikh & Janoff-Bulman, 2010). 따라서 이와 같은 역동은 초자아 전조라고 보는 것이 타당하다(3장 '유아기' 참조). **죄책감**은 어린 아동이 양육자의 육아의 질에 대한 동일시를 통해 공감과 배려를 보여 주는 초기 친사회적 행동에서 나타나는 바와 같이 본질적으로 타인에 대한 염려와 연관되어 있다. 친절 및 타인의 영역에 대한 존중과 같은 이러한 도덕적 가치와 관련해서 부모가 전달하는 메시지는 아동의 초기 전오이디푸스기 도덕성 추구에 있어서 토대가 된다(Blum & Blum, 1990). 수치심이 전형적으로 후퇴로 이어지면서 대개 외부로 비난을 돌리려고 하는 반면, 죄책/죄책감은 후회 및 배상 노력을 고무하는 데 최적화되어 있다.

오이디푸스기 갈등 및 자아 역량—방어, 인지, 마음이론, 언어—의 지속적인 발달의 맥락 안에서 부모의 명령은 상대적으로 자율적인 정신구조인 초자아 안으로 통합된다. 이러한 구조가 부모의 규제로부터 갖는 독립성은 단순한 규칙과 규제 혹은 '따라야 할 규칙'의 명령이 아니라 부모의 부재시에 궁극적으로 자기조절을 가능하게 하는 힘을 초자아에 부여하는 부모의 **권위**에 의해서 촉진된다(Sandler, 1960). 아직 미성숙하고 더 많은 발달과정의 작업을 거쳐야 하는 상태에서도 초자아는 가장 기본적인 수준에서 내적 일관성 및 부모로부터의 독립성을 성취하고 한 개인의 심리의 본질을 영속적으로 대체한다. 초자아는 전통적으로 주로 도덕성과 관련된 사안들(특히 근친상간, 존속살해, 모친살해와 연관된 성 및 공격성)에 초점을 두고 있다고 여겨져 왔지만, 이러한 사안들은 전생애에 걸쳐 자기애적 열망과 혼합되어 나타난다. 실제로 자기애적 열망 및 수치심에서 비롯된 죄책감과 도덕적 염려/배려를 구분해서 파악하는 것은 어렵다. 아동이 영아기 때 이상화한 부모가 가진 힘/능력과 영예/영광(혹은 이상화되고 과장된 자기)을 자신이 공유할 수 없다는 사실을 받아들이려고 노력함에 따라 과장된 소망하는 자기표상이 형성되는데, 이러한 자기표상은 미성숙하며 부, 아름다움, 권력/힘/능력 등과 같은 리비도적 만족을 지향한다. 이러한 자기표상은 아동이 자기가 투시력과 하늘을 날 수 있는 능력을 지닌 '강철인간'인 슈퍼맨이라고 가정하거나 진실의 올가미, 초인적인 힘, 동물들과 의사소통할 수 있는 능력 등을 지닌 원더우먼이라고 생각하는 공상놀이에서 쉽게 관찰된다. "망토 벗고 저녁 먹으러 와."라는 말로 갑자기 방해를 받거나 혹은 "빗줄 옆에다 뭘 그렇게 많이 던져서 어지른 거야!"라는 말을 들으며 혼날 때 급격히 축소되는 이와 같은 과장된 공상은 아동에게 있어 수치심과 굴욕으로 경험된다. 이러한 형태의 분투는 실패가 곧 죄책감 및 후회로 이어지는 도덕적 선량함이라는 목표와는 다르다. 하지만 자기애적 이상과 도덕적 이상을 명확히 구분하는 것은 쉽지 않으며, 특히 한 개인의 도덕적 행동 규칙에 따라 사는 삶이 일정 수준의 자기만족을 가져올 때 특히 더 그렇다. 자신을 슈퍼맨과 동일시하는 한 어린 남아는 망토와 특별한 능력에 관심이 있는 만큼 자신의 윤리 기준과 인류의 행복에 기여하고자 하는 결의에도 관심이 있을 것이다(De-Souza & Radell, 2011). 가장 성숙한 형태의 초자아 지침에서 영적 선량함의 특징들은 비인격화 및 추상화되어 있지만 그렇다고 해서 반드시 인간에 대한 배려로부터 분리되지는 않는다.

초자아 구성 요소들이 통합되어 가는 궤도는 발달 연구를 통해 관찰할 수 있는데, 이러한 연구들은 규칙 준수가 아동이 45개월이 될 때까지 도덕적 정서—공감 및 죄책감—와 점진적으로 통합되는 것을 보여 주고 있다(Aksan & Kochanska, 2005). 초자아의 존재는 규제와 처벌뿐만 아니라 긍정적인 자기감정(self-feeling)의 근원도 된다는 것은 매우 중요하다. 아동의 자아가 초자아에 의해 부여된 기준에 부합하려고 노력하는 만큼 자존감과 자기애가 유지되는데, 이는 자기애적 감정과 도덕적 감정 모두를 포함한다(Schafer, 1960).

성과 공격성 관리에서 초자아의 역할

한계를 설정하고 궁극적으로는 처벌하는 기능을 하는 초자아는 충동을 다루는 것과 관련이 있다. 전통적인 연구에서는 이 시기에 나타나는 성적 충동에 초점을 두긴 했지만 대부분의 아동의 삶에서는 "공격성이 성보다 더 크게 느껴진다"(A. Freud, 1972, p. 168). 성적 흥분, 호기심, 욕구 등은 대개 무시되거나 기피되는 반면, 공격성에 관해서는 부모가 다양한 방법으로 확고하게 개입할 때가 많다(Fonagy, 2008). 일반 아동에게서 나타나는 공격성 및 성적 활동의 궤도에 관한 연구들에서는 공격성과 성의 명시적인 표현에 있어서 오이디푸스기는 전환점이 된다고 말하고 있다(Alink et al., 2006; Friedrich et al., 1998; Mayes & Cohen, 1993). 원하는 것이 좌절될 때 특히 더 나타나며, 타인을 해하려는 의도 없이 때리고 발로 차고 깨무는 것을 비롯한 다른 형태의 외적 폭력성은 대개 12개월 즈음에 나타나며, 24~36개월 사이에 급증한 이후 점점 줄어든다. 이러한 공격성은 점점 더 성공적으로 억제되기 때문에 정상적이라고 할 수 있다. 4세 무렵이 되면 외적으로 나타나는 공격적인 행동은 거의 사라진다. 성별 간의 차이는 이르게는 12~24개월 사이에 나타나는데 물리적 공격성은 여아보다 남아에게서 더 많이 나타난다. 이러한 젠더 간 차이는 여아에게서 나타나는 초기 언어 습득 효과, 여아에 대한 문화적 기대, 타인의 인정에 더 민감한 여아의 특성 등으로 설명할 수 있다(Murray-Close & Ostrov, 2009). 관계적 공격성은 보다 높은 수준의 인지, 언어적 기술, 타인을 해하고자 하는 의도 등을 요구하며 물리적인 공격성이 감소함에 따라 더 증가하는데, 특히 여아의 경우 더 그렇다(Crick et al., 2006). 엄마들은 관계적 공격성을 물리적 공격성보다 훨씬 더 잘 참는 경향이 있다(Werner et al., 2006). 어린 아동의 공격성에 관한 연구들은 규칙, 사회화, 도덕적 죄책감, 향상된 언어기술, 자기조절, 마음이론 등의 내면화가 아동에게 미치는 영향에 동의한다.

주로 엄마들이 아동의 관심 혹은 흥분을 포함한 아동의 다양한 행동을 관찰하고 보고하는 내용에 근거해서 이루어지는 성적 활동에 대한 연구는 아동의 성적 활동이 2~5세 사이에 정점에 달하며 이는 공격성과 유사한 궤도를 보인다고 말하고 있다. 청소년기 이전에 나타나는 자위는 "아동이 생식기 자극이 지속적인 쾌감을 제공한다는 것을 깨닫는" 4세 무렵 가장 많이 관찰된다(Leung & Robson, 1993, p. 238). 자위는 다른 종류의 관찰된 성적인 활동들(타인의 생식기나 가슴을 만지는 것, 타인의 나체를 보려고 하는 것, 외적으로 손을 사용하는 자위)은 여아보다 남아에게서 더 많이 나타난다. 남아와 여아 간의 이러한 차이는 해부학적으로 남아의 생식기가 눈에 잘 보이도록 드러나 있기 때문에 자위행위가 더 많이 나타난다고 할 수 있다 (Friedrich et al., 1998; Kellogg, 2010). 하지만 한편으로는 젠더에 대한 부모의 태도를 반영하기도 한다. 따라서 행동 규범이 더욱 잘 내면화되고 행동을 안정적으로 통제함에 따라 성적인 행동은 점점 더 감소하거나 덜 가시적으로 나타난다. 아동이 지나친 자위행위를 하거나 노골적으로 강압적인 성적인 행위와 같은 자신의 연령대에서 허용되지 않는 행동을 함으로써 사회적인 기대를 저버릴 때는 아동이 행동장애나 부적절한 사회화를 반영하고 있다고 본다. 거의 대부분의 아동은 오이디푸스기가 끝나갈 무렵 자신의 성적 충동을 통제할 수 있게 된다.

이와 같은 관찰을 통해 우리는 오이디푸스기가 아동의 삶에 있어서 자극과 흥분의 시기라는 것을 확인할 수 있다. 통제의 내면화는 이제 막 발달하기 시작한 반면 욕구와 충동은 고조된다. 아동의 감정은 가족 내에서 표현된다. 열정적인 애정, 경쟁적인 증오, 신체적인 불안 등은 자신의 왜소함, 무의미함, 성인이 가진 특권의 결여, 제한된 지식과 경험에 대한 자각이 이제 막 나타나는 아동에게 있어 엄청난 도전으로 다가온다. 이 시기에 융합되는 다양한 발달적 진전은 오이디푸스 콤플렉스의 정서적 인생극을 야기한다.

고전적인 Freud 이론의 많은 측면이 그러하듯, 발달에 관한 초기 관찰들은 뛰어

난 통찰력을 제공하지만 심리성적 갈등에 관한 병인론에 있어서는 매우 편협한 시각을 가지고 있다. 오이디푸스기의 대표적인 특징은 마음의 새로운 조직화 출현이라고 할 수 있다. 하지만 성적 긴장과 불안이 아무리 강도 높게 주도적으로 나타난다고 해도 이러한 새로운 조직화 출현의 주요한 원인이라고 할 수는 없다. 이러한 정서들은 매우 격렬하고 아동에게 거대한 도전을 가져온다. 하지만 거세 불안이나 남근이 없다는 실망감으로 이러한 정서들을 다루거나 해결할 수는 없다. 이러한 감정들을 실제로 느낄 수는 있지만 그렇다고 해서 그것이 새로운 정신 조직화를 가속화하지는 않는다. 아동의 인지, 대상관계, 마음이론, 정서적 인내, 자기관찰, 언어발달, 현실지향, 자기애적 취약성 등으로 인해 초자아가 나타나고, 지속적인 동일시는 점진적으로 발달하며 마음의 성숙에 기여한다(Gilmore, 2008; Westen, 1986). 그리고 초자아의 출현은 딱 적절한 시기에 맞춰 나타난다. 강도 높은 일련의 새로운 감정과 씨름하는 아동은 감정을 다루는 정신적 역량도 함께 점진적으로 발달한다. 성적 및 공격적 충동들은 초자아의 활동에 있어서 중요한 초점이 되는 것은 분명하지만 성적 및 공격적 충동들이 초자아 활동을 양산하는 것은 아니다.

현대 정신역동 관점에서 본 오이디푸스 콤플렉스: 오이디푸스 콤플렉스는 여전히 중요한가

현대 미국 정신역동학계는 각기 다른 발달이론과 심리적 건강 및 질병의 원천을 무엇이라고 보는가에 따라 분류될 수 있다. 몇몇 이론가는 갈등과 충동의 역할, 양자관계에서 나타나는 기타 탁월한 발달의 진전, 그리고 무엇보다도 엄마-유아 관계에 대해 지속적으로 논의하고 있으며 다른 학자들은 관계-갈등 모델과 같은 혼합 모델을 제시하기도 한다(Greenberg & Mitchell, 1983). 이와 같은 이론가들 중에는 오이디푸스에 대한 과대평가가 “비합리적인 충동들” 및 예정된 “변형적 시점”을 잘못 강조할 수 있다고 생각하는 이론가들도 있다(Seligman, 2003, p. 498). 우리는 오이디푸스기 내러티브가 정신적 삶의 조직화 요소로서 반복적으로 나타나지만 “정신 내적 본능과 자아 및 정신 외적 대상 분화의 근원이 되는 심적 모체가 되는 관계”를 제공하는 엄마-유아 관계를 통해서만 출현한다고 생각한다(Loewald, 1978, p. 503; Chodrow, 2004 참조).

현대 이론의 오이디푸스 관련 개념을 살펴볼 때, 오이디푸스 콤플렉스는 정신역동학계에서 더 이상 유용성을 상실했다고 생각할 수도 있다. 오이디푸스 콤플렉스, 오이디푸스기 갈등, 오이디푸스기, 전오이디푸스-오이디푸스 정신병리에 대한 언급은 남근 선망, 긍정적 혹은 부정적인 오이디푸스 배열, 거세 불안과 같은 부수적인 다양한 용어와 함께 거의 대부분의 정신역동학계의 이론 및 임상 연구에서 흔하게 찾아볼 수 있다. 학자들이 전통적인 의미를 얼마나 수용하는지 혹은 얼마나 현대화하려고 시도하는지에 따라 이러한 용어들의 사용은 다르게 나타난다. 이러한 용어들을 접할 때 현대적인 관점으로 수정해서 받아들이는 것은 독자의 몫이라고 할 수 있다. 우리는 이러한 용어들의 사용을 유지해야 한다고 생각하는데, 이는 그것이 정신역동 연구 분야에서 의사소통에 유익할 뿐 아니라(Phillips, 2003) 발달과정에 있어서 중대한 시기를 환기시켜 주는 명칭으로 기능하기 때문이다. 이러한 중대한 시기의 특징들은 소중한 가족관계 내에서 경험하는 전례 없는 수준의 정서, 의미 있는 이야기를 상징화하고 만들어 내는 새로운 능력, 젠더 관련 정체성 측면의 확장 등이다. 이러한 용어의 지속적인 사용을 권장하는 동시에 우리는 다음과 같은 측면을 또한 강조하고자 한다. ① 오이디푸스 콤플렉스는 발달체계와 가족관계가 상호작용하는 복잡한 망 안에 내재되어 있으며 이러한 상호작용망 없이 발생하지 않는다. ② 초기 이론 개념의 상당 부분은 더 이상 신빙성이 없다. 우리는 오이디푸스 콤플렉스가 젠더에 있어서 첫 번째 주관적인 개별화 경험이라고 생각하지 않으며 이러한 경험이 초자아를 '생성'시키며 잠재기로 이끈다고 보지 않는다. 또한 정신병리가 전오이디푸스-오이디푸스기의 연속체로 분류되는 경향이 편만함에도 불구하고 우리는 이러한 명칭들이 실제 발달 경험을 정확하게 반영한다고 보지 않는다.

오이디푸스 콤플렉스에 관한 현대적 관점

- 출현하는 역량들은 다양한 새로운 감정, 성적 욕구, 성 및 탄생과 같은 삶의 신비에 대한 호기심 등을 야기한다.
- 생식기과 생식기 쾌락에 관한 새로운 관심의 초점은 불가피하게 생식기의 상실이나 손상에 대한 불안으로 이어진다.
- 가족생활의 힘의 장은 강렬한 갈망 및 삼자관계 경쟁을 형성하는데, 여기에는 가족 구성원 간의 배열 및 각 아동의 가족 특유한 상황에 따라 영향을 받는 중

요한 타인들이 포함된다.

- 초자아 전조는 온전한 초자아를 형성하기 위해 융합되는데, 이는 오이디푸스기 인생극과 잠재기로의 진전에 대한 억압을 촉진한다.
- 죄책감, 수치심, 양가감정과 같은 새로운 감정들은 오이디푸스기 해결과 밀접하게 연관되어 있다.

오이디푸스 콤플렉스와 '보편적 공상'

오이디푸스 콤플렉스에서 비롯된 공상은 서구 문화에서 보편적으로 찾아볼 수 있으며 꿈, 가상/가장 놀이, 문학 작품 속에서 다양하게 파생된 형태로 존재한다. 오이디푸스기 상황에서 비롯된 반복적으로 나타나는 일련의 주제는 아동은 물론 성인의 공상 및 꿈에서도 반복해서 나타난다. 이러한 요소들이 한 개인에게 가지는 중요성에 있어서 개인에 따른 상당한 다양성을 지니게 되며 단지 도식적인 형태로 일반화할 수 있을 뿐이다. 이렇게 반복적으로 나타나는 주제의 대부분은 아동의 순진한 인지의 반영으로, 합리적인 사고 혹은 성숙한 정신화에 대한 입증과 무관하다. 하지만 이러한 주제들은 무한한 다양성을 지닌 채 문화 안으로 스며들고, 수용적인 시각에서 보고 들을 때 인식이 가능하다.

한 가지 핵심적인 주제는 친밀한 성적 관계의 본질과 깊이 연관되어 있다. 폭력에 대한 공상, 가학-피학적인 부모의 성생활, 지배와 복종, 다양하게 나타나는 구체적인 형태의 신체, 특히 생식기 손상 등은 전형적인 오이디푸스기 아동에게서 매우 전형적이며 성인의 꿈이나 공상에서 나타나기도 한다. 경이로운 신비와 흥분을 선사하는 사건의 구경꾼으로 남아 있어야 하는 아동의 경험은 반복적으로 나타나는 원초경 공상에 잘 나타나는데, 이러한 원초경 공상은 무수히 많은 형태를 띠고 흔히 관음증적 호기심과 비밀스러운 분위기를 동반한다. 이러한 공상들이 쾌락과 연관되어 있음에도 불구하고 무엇을 하든 배제당하고 타인이 자신을 업신여기는 것에 매우 민감한 사람들 중 대다수에게서는 자기애적 금욕이 수반적으로 나타난다. 이러한 편애는 성격을 조직하는 강력한 보복 동기를 양산하며 근본적인 굴욕감을 모호하게 하는 경우도 있다. 오이디푸스기 아동 및 성인의 꿈과 공상에서 관찰되는 또 다른 종류의 파생된 공상은 아기가 어떻게 태어나는가에 대한 유아적 오해와 관련된다. 예를 들어, 항문으로 아기를 출산한다는 생각이나 끔찍한 신체적 손상에 대한 두려움은 모든 연령에서 나타나는 무의식적인 공상이다. 사실, 매우 어린 나이에 깨달음을 주는 성교육을 제공한다고 해도 대다수의 아동은 청소년이 될 때까지 임신과 출산에 대한 공상적 개념을 가지고 있다. 이와 비슷하게, 거세에 대한 두려움은 정신적 삶에 지속적으로 나타나며 자기주장과 야망에 대한 처벌 공상과 연관되어 있다. 마찬가지로 여성의 생식기 불안도 이어지는 발달 단계에서 관찰될 수 있다. 이러한 두려움들은 주로 상징적으로 표현된다. 이와 같은 종류의 신체적 손상에 대한 고전적인 비유의 예로는 인어공주의 잃어버린 목소리 혹은 오이디푸스의 내반족이 있다. 마지막으로 근친상간 금기는 진화적인 구조 혹은 기타 다른 구조에 의해서 발생할 수 있으며, 오이디푸스기 갈등의 맥락 안에서 일정 수준의 도덕적 명령을 성취한다고 여겨지는데, 이는 의심의 여지없이 오이디푸스 자신의 비극을 위한 초석이 된다.

4장에서 언급한 것과 같이 대중적인 동화 속 이야기들은 오이디푸스기 주제를 기반으로 할 때가 많다. 부모는 주로 완전히 나쁘거나 완전히 선한 인물로 그려지며 아동의 오이디푸스기 인생극을 받아들이려고 노력하는 과정에서 어렵게 성취한 인내를 와해시킨다. 예를 들어, 신데렐라에게는 자애로운 요정 대모와 더불어 악한 계모와 의붓자매들이 있었고, '빨간 망토의 소녀' 이야기에는 악하고 성적인 커다란 나쁜 늑대와 마지막에 소녀를 구해 주는 영웅인 산사람이 등장한다. 오이디푸스기 주제들은 성인 영화, 게임, 도서 등에도 스며들어 있다. 이러한 주제들이 서구 문화에 국한된 것이라는 주장도 있지만 몇몇 학자는 (매우 억압된) 다양한 형태의 오이디푸스기 주제들이 동양 문화권에서도 발견된다고 이야기하고 있다(Gu, 2006). 셰익스피어의 『햄릿』은 오이디푸스 드라마의 걸작으로써 자주 인용된다. 오이디푸스기 배제와 복수를 다루는 유행을 타지 않는 또 다른 성인 문학으로는 잔인하고 그를 질투하는 경쟁자(악한 아빠들)에 의해 결혼식 당일에 체포되고 억울하게 감옥에 갇히는 젊고 잘생긴 선원이 그의 동료 죄수이자 불의의 희생양인 그를 아끼는 파리아 신부에게 교육을 받고 아무에게도 알려지지 않은 부를 갖게 되는 Alexandre Dumas(1844)의 『몬테크리스토 백작』이 있다. 숨막힐 듯한 탈옥을 감행한 후 이 영웅은 여생을 집요한 복수를 추구하는 데 보낸다. 영화 〈스타워즈〉 시리즈는 이런 종류의 이야기의 현대적인 예라고 할 수 있으며, 악한 아버지인 다스 베이더가 자신의 아들 루크 스카이워커의 팔을 잘라 버리는 것과 같은 거세 이미지로 가득 차

있다. 물론 이러한 이야기들은 오이디푸스 렉스(Oedipus Rex)와 같은 신화에도 등장한다. 보다 일상적인 수준에서 이러한 주제들은 아동이 부모의 침실에 들어오려고 고집을 부리고, 소외되었을 때 상처받았다고 느끼며, 이와 관련되어 나타나는 두려움인 강도가 들어와서 자신의 경쟁 대상이 되는 부모를 물리칠(훔치고 죽일) 것이라는 두려움 등에서 손쉽게 관찰할 수 있다.

4장에서도 인용되었던 〈4세 여아〉 동영상을 보자. 출현하는 역량들을 설명하는 것은 물론 동영상에 나타난 여아의 상상놀이는 오이디푸스기 주제들(신데렐라와 악한 계모 그리고 요정 대모, 신체적 손상에 대한 염려 등)을 나타낸다.

이 책을 통해서 오이디푸스 콤플렉스에 관한 수정된 형태의 설명을 제공한 것을 기준으로, 우리는 오이디푸스 콤플렉스가 여전히 정신적 삶에 있어서 중요한 조직화 요소라고 본다. 오이디푸스 콤플렉스는 성인 삼자관계의 판형을 제공하는데, 이는 곧 로맨스와 경쟁의 감정뿐만 아니라 성인 대상 관계에서 나타나는 복잡성과 미묘함에 대한 역량을 의미하기도 한다. 이전에 생각했던 것처럼 성인 성격 조직화에 있어서 핵심적인 요소는 아니지만, 오이디푸스 콤플렉스는 성과 공격성 관리, 성적 경향성 및 젠더 역할 정체성, 애정과 증오의 조절, 야망, 경쟁, 성공, 패배감, 굴욕감에 대한 인내와 같은 한 개인의 정신적 삶의 수많은 요소에 각인된다. 오이디푸스 콤플렉스는 생애 전반에 걸쳐 자기실현 혹은 자기부정에 반향을 일으킬 수 있다. 오이디푸스기에 동시적으로 출현하고 이후 발달을 촉진하는 정신 기관인 초자아는 조절 역량의 내면화 및 수치심, 죄책감, 후회와 같이 아동으로 하여금 성인의 도덕적 세계로 입문하게 하는 정서들을 나타낸다.

주요 개념

- 오이디푸스 콤플렉스에 대한 Freud의 초기 묘사는 상당히 많이 수정되어 왔지만 오이디푸스기에 나타나는 인간 드라마에 대한 그의 통찰력은 주목할 만한 것으로, Freud의 심리성적 발달 도식은 여전히 임상적 유익을 지닌다(Michels, 1999).
- 현대적 관점에서 오이디푸스기는 일원적인 발달과정의 산물이 아니며 3~6세 아동의 다양한 발달체계에서 비롯되고 오이디푸스기의 후계자라고 할 수 있는 초자아의 경우

도 마찬가지다.

- 이러한 상호작용 체계는 다음과 같은 요소를 포함한다.
  - 생식기 감각 및 신체적 흥분의 증가
  - 정서, 대상관계, 인지에 있어서 새로운 복잡성
  - 언어 및 상징적 놀이를 포함한 기호화 역량의 폭발적 증가
  - 개별화 및 분리된 자기에 대한 인식의 깊이 증가
- 오이디푸스기의 격렬한 경험들을 통해서 아동은 개별화에 대한 인식 및 자족감을 얻게 되고 성인들도 아동을 그렇게 대하면서 행동에 대한 아동의 동기 및 책임을 전제하게 된다(Loewald, 1985).
- 생식기, 성, 젠더 차이 등에 초점을 둔 오이디푸스기 경험은 아동이 자신을 성 분화되고 젠더화된 개인으로 어떻게 바라보는지에 있어서 구체적인 반향을 불러일으킨다.
- 잠재기에 새로운 정신 조직화가 나타나면서 오이디푸스기 배열의 중요성은 점점 감소하지만 다음과 같은 핵심적 무의식 판형 혹은 구조에 지속적으로 영향을 준다(Tolpin, 1970).
  - 이후 대상관계
  - 성생활
  - 자기감
  - 공격성 관리
  - 도덕적 확신
- 오이디푸스기가 끝나갈 무렵에는 마음이론이 형성되며 공감 및 도덕성 인식에 기여한다.
- 오이디푸스기 동안 정신 기관에 통합되는 초자아는 오이디푸스기가 끝나도 결코 완전히 형성되거나 성숙했다고 볼 수 없다. 하지만 초자아는 다소 단순한 도덕적 원리를 기반으로 해서 내면화된다. 초자아는 항상 신뢰할 만하거나 일관적일 수 없으며, 순수하게 도덕적인 이유에 근거해서 작동하지도 않고 자기애적인 열망과 항상 함께 작용한다. 초자아는 아동의 성격 형성에 기여하고 이와 관련된 죄책감의 정서를 불러일으킨다.

6장

잠재기

인지 성숙,
자율성,
사회성 발달 단계,
학습

잠재기 아동 입문

대략 6~10세에 이르는 중기 아동기로의 진입은 아동의 정신 조직화, 관계 및 행동에 있어서 비약적인 발전을 의미한다. Sigmund Freud(1905/1962)는 성적 공격적 충동들이 전반적으로 잠잠해지는 이 시기의 특징을 표현하기 위해 잠재기라는 용어를 사용했다. Freud는 **잠재기**(latency)가 오이디푸스기 동안 나타나는 격변과 불가피한 사춘기 압력의 도래 사이에서 상대적으로 고요한 시기를 보여 준다고 생각했다. 전형적인 잠재기 아동은 '선량한 시민'의 모습을 떠올리게 하며 협동, 근면 및 성취에 대한 열렬한 관심이 사회-정서 및 행동으로 가시화되는 경향이 있다(Erikson, 1950).

겉으로 보기에는 아동의 태도가 순종적이고 순응적이지만 현대 정신역동 이론가들은 잠재기를 인지 성장, 내적 갈등 그리고 정교한 공상화가 생생하게 나타나는 시기로 인식하고 있다. 상징, 심리적 방어 기제, 공상 형성 등으로 구성되는 정신기능들을 포함하는 아동의 **자아구조** 변화 및 자율성이 점점 확대되는 초자아 역량은 보다 큰 독립심과 신뢰할 만한 자기조절, 성인의 가치에 대한 강화된 동일시를 불러일으킨다(Sarnoff, 1971). 이러한 발달들은 잠재기 아동으로 하여금 현실 기반의 교육 과제, 규칙을 준수하는 행동 및 집단 사회화에 관심을 갖도록 한다. 인지 및 정서 자기조절에 있어서 전면적인 변화를 가져오는 두뇌 성숙의 융합, 오이디푸스기 압력의 감소, 사회적 요구의 증가 등은 아동기에 있어서 중요한 잠재기라는 발달 시기를 야기한다.

학습에 있어서 잠재기 아동의 특별한 성향은 보편적으로 잘 알려져 있다. 7세 무렵, 아동들은 자신이 속한 사회에서 새로운 역할 및 의무들을 부여받는다(Shapiro, 1976). 새롭게 습득한 기술 및 확장된 기회들(운동 및 놀이, 읽기 및 쓰기)은 **승화**—즉, 구조화되고 사회화된 통로 혹은 아동의 공격적 감정 및 성에 대한 풍부한 호기심을 위한 지적 배출구—로의 기능을 한다. 더욱 신뢰할 만한 자기관리, 강력한 숙달 동기, 도덕성 인식 증가 및 타인의 필요에 대한 인식 증가 등은 잠재기 아동으로 하여금 학급의 가치와 목표를 잘 따르도록 만든다. 부모와 큰 어려움 없이 잘 떨어지고, 학교에 있는 동안 집중하고 순응하며, 신체기능들을 통제하고, 그룹 활동에 참여하고, 방대한 학업 지식을 습득하는 것은 학령기 아동에게서 나타나는 엄청난 성취다.

잠재기 아동의 인지, 사회 및 자기조절 역량에 있어서 극적인 변화들은 새로운 도전과 취약성을 불러일으킨다. 도덕적 권위를 지닌 '목소리'의 내면화 증가는 아동의 자기에 죄책감과 실망감을 부여한다. 아동은 잠재기 초기에 초자아를 기반으로 한 태도와 자책을 적극 거부하는데, 이는 종종 도덕적 갈등의 **외재화**를 야기한다. 이러한 도덕적 외면화는 다른 사람의 실수 혹은 잘못에 대한 열렬한 조사나 외적인 처벌의 유도로 표현된다. 뿐만 아니라 나이가 더 많은 아동의 경우, 사회적 세계가 교사, 친구 및 공동체의 다른 구성원들로 확장됨에 따라 비가족적 관계 및 또래 집단 서열은 아동의 자기존중의 질과 불가분의 관계에 있다. 학습은 잠재기 아동의 경험에 있어서 두드러진 특징이 된다. 개인의 강점이나 약점에 상관없이, 학령기 아동은 다양한 과목 및 활동에 참여하고 이를 숙달하도록 요구받는다. 불안한 아동 혹은 읽기 지연이나 주의력 결핍으로 어려움을 겪는 아동에게 학교환경에서 끊임없이 요구되는 학업 및 과제 수행은 아동의 자부심과 자기효능감에 지장을 줄 수 있다. 교사들이 아동의 수행을 끊임없이 점검하며 또래 아동들이 서로의 능력을 가늠하는 교실환경은 아동에게 새로운 수치심과 당혹감의 근원이 된다. 글씨 쓰기나 운동과 같은 매우 가시적인 기술들은 집단 내 서열을 결정한다. 수줍음과 조심성이

많은 아동은 외향적인 야구팀 선수 혹은 성공적인 학생들에 비해 쉽게 인기를 얻지 못할 수 있다. 부모의 사랑과 인정은 아동의 정서적 안정 및 만족의 근원으로서 중요한 요소로 남아 있지만 더 이상 잠재기 아동의 행복과 긍정적 자존감을 위한 충분요소가 되지는 못한다.

인지 성숙과 잠재기 아동의 마음

구체적 조작기

구체적 조작기로 접어드는 5~7세 사이에 이루어지는 내적 '인지 혁명'은 잠재기 아동의 지적 및 사회-정서적 삶에 변화를 가져오기 시작한다(Mahon, 1991; Piaget & Inhelder, 1969). 이 단계의 특징은 행동 기반의 문제 해결이 아닌 정신 기반의 문제 해결 능력의 증가라고 할 수 있다. 숫자를 세는 것과 같은 단순한 인지 과업에서 아동이 자유롭게 사물을 만지거나 조작하는 것을 쉽게 관찰할 수 있다. 보다 광범위하게는 외적 행동에서 내적 평가로 전환되는 중대한 변화가 아동의 정서적 자원과 자기조절을 크게 확장한다. 잠재기 아동은 행동하는 대신 사고하기 시작하고, 행동의 결과에 대해 미리 생각하고, 정서적으로 격앙되었을 때 감정에 따라 충동적으로 반응하지 않으려고 한다.

논리 및 계획 역량의 강화를 비롯한 **의도적 통제**(주의를 기울이고 행동을 억제하는 능력)는 학령기 아동에게서 매우 가시적으로 나타나는 새로운 지적·정서적 자기 관리 능력에 기여한다. 잠재기 아동은 점점 중요한 내용에 주의를 기울이도록 스스로를 통제할 수 있고, 작업기억 내에 정보를 유지할 수 있으며, 자동적인 반응을 억제할 수 있고, 반복적인 과제들을 실행할 수 있다. 이렇게 새롭게 습득된 수많은 기술은 처음에는 불안정하게 나타나지만, 부모의 개입이 줄어도 아동이 자신의 행동을 계획하고 조직화할 수 있게 성장하도록 돕는다. 아동은 간식을 먹고 싶은 욕구를 미룰 수 있고, 친구들과 시간을 정하고 만나서 놀고, 수업에 집중하며, 질문에 대답하려고 불쑥 끼어들기보다는 손을 들어서 표현할 수 있다. 부모나 교사들에게 매우 익숙한 전형적인 잠재기 아동의 취미 및 관심사(예: 수집, 카드 혹은 작은 장신구들을 분류하고 교환하는 것, 수많은 규칙을 가진 보드게임을 하는 것, 복잡한 도표나 도형을 보고 모형을 만드는 것)는 질서 및 범주화에 대한 아동의 새로운 선호를 의미한다. 이러한 활동들은 기억, 분류, 전략 학습, 좌절에 대한 인내 강화 등과 같은 기본적인 기술들을 훈련하기 위한 중요한 인지적 · 사회적 기회들을 제공한다.

잠재기 동안 인지적 · 사회적 상황에 대한 아동의 접근은 점점 **탈중심화**되어 간다. 즉, 아동은 뚜렷하고 가시적인 요소들의 영향을 덜 받으며 타인의 관점을 더 쉽게 이해한다(Piaget, 1932). 널리 알려진 **보존 실험**(Piaget & Inhelder, 1969)은 이러한 인지적 진보를 생생하게 보여 준다. 이러한 일련의 실험에서 아동은 액체나 고체의 외형 변화를 관찰한 후 질량, 무게 혹은 수치를 판단한다. 예를 들어, 연구자가 용기에 든 물을 다른 형태의 용기에 옮긴 후 물의 부피에 대해 질문할 경우, 보다 어린 **전조작기** 아동은 용기의 물리적 형태의 뚜렷한 변화에 가장 많이 영향을 받으며, 만일 물을 옮겨 담은 두 번째 용기가 원래 물이 담겨 있던 첫 번째 용기보다 더 높거나 넓다면 두 번째 용기에 더 많은 물이 들어 있다고 결론을 내린다. 이와 대조적으로, 구체적 조작기 아동은 외형에 속지 않고 연구자의 행동이 가역적일 수 있음을 이해하며 다른 용기에 옮겨 담는다고 해도 물의 양은 변하지 않음을 정확히 가늠해 낸다.

아동의 논리적 역량 및 문제해결 역량이 성숙해 감에 따라 아동은 현실의 다양한 측면을 이해하기 시작한다. 시간 및 돈과 같은 삶에서의 실제적 제약들에 대한 잠재기 아동의 어렴풋한 인식은 이전 오이디푸스기의 순진하고 인상주의적이며 공상으로 가득한 사고와 확연한 대조를 이룬다. 과거와 미래에 대한 개념들 역시 잘 이해하게 되고 이러한 이해는 아동의 대화 및 사고에 반영된다. 개인의 연속성에 대한 인식과 삶의 주기에 대한 깊어지는 이해는 잠재기 아동의 자기감에 의미를 부여한다. 8세 무렵, 아동은 시간 개념을 이해하고 달력이나 시계와 같은 유형의 척도를 이용한다(Colarusso, 1987). 아동은 동전과 화폐의 상대적 가치를 배우며 점차 사회에서 돈의 실제적 역할에 대해 이해하게 된다. 이러한 수많은 실용적인 사안은 잠재기 아동에게 새로운 걱정거리가 되기도 하지만("무용 수업에 늦으면 어떡하지?" 혹은 "새 썰매를 사기 위해 얼마 동안 저축하면 될까?"), 아동이 또래들과 어울리고 집단 과제에 참여하기 위한 합의점을 구축하는 데 도움이 되는데, 이는 아동이 일련의 단계를 따르고 마감 시간을 예측하며 공동 목표를 위해 작업할 수 있기 때문이다.

인지 성숙과 새로운 방어 기제 전략

의식적 경험이 공상, 강렬한 감정 및 신체에 대한 몰두로 가득 차 있는 오이디푸스 아동과 달리, 학령기 아동은 학습과 규칙을 기반으로 한 활동처럼 실용적인 과제에 집중되어 있어 내적 혼란에 대해서는 덜 민감하다. 아동의 성숙해져 가는 인지 기관뿐만 아니라 즉각적인 내적 압력으로부터의 상대적 해방은 방어 기제들을 확장하고 강화하는 승화된 배출 수단의 증가를 가능하게 한다. 예를 들어, 흥미를 느끼는 이야기를 읽거나 쓰기 위해 집중을 유지하는 것, 학교에서 주어지는 과제에 지속적으로 집중하는 것, 악기를 배우거나 운동기술을 숙달하는 데 있어서 인내 있게 참여하게 하는 것들은 아동에게 숙달 및 만족감을 제공하며 감정과 충동을 새로우면서도 사회적으로 용납될 만한 방법으로 배출할 수 있는 수단을 제공한다. 오이디푸스기 아동의 성적 호기심과 관련한 직접적 만족에 대한 갈망은 아동으로 하여금 부모의 침실에 들어가려고 시도하도록 하지만, 잠재기 아동의 신체적 불안 및 성인의 성생활에 대한 강렬한 관심은 변화를 경험한다. 잠재기 아동은 성적 지식에 대한 '갈증'을 경험하며 학업적인 조사를 하거나 경쟁적이고 공격적인 감정들을 구조화된 그룹 경쟁(예: 철자법 맞추기 대회)이나 운동으로 전환한다. 시 혹은 단편 이야기를 쓰는 것과 같은 창조적인 배출 수단은 자기표현을 위한 매우 효과적인 통로로 기능한다. 매우 세심한 한 5학년 교사는 언어적 발달이 월등하고 글쓰기에 재능을 나타내지만 학급에서 자신의 기분을 조절하지 못해 어려움을 겪는 9세 여아에게 매일 꾸준히 일기를 쓸 것을 제안하며 작은 공책을 선물했다. 그 학생은 자신의 일기장에 셰헤라자드(Scheherazade)라는 이름을 붙여 주고 밤마다 '그녀(일기장)'에게 편지를 쓰면서 하루 동안 있었던 일들과 경험한 감정들을 기록하였고, 그렇게 함으로써 학급에서 일어나는 사건들에 대한 그녀의 반응을 더 잘 조절할 수 있게 되었다.

강박적인 경향

이 시기에 나타나는 전반적인 인지적 진보에도 불구하고 잠재기 아동의 사고는 근본적으로 융통성이 없고 구체적이다. 선한 자기와 나쁜 자기, 선한 또래와 나쁜 또래, 친절한 선생님과 나쁜 선생님, 공평한 상황과 불공평한 상황과 같이 사람과 행동을 범주화하여 판단한다(Westen, 1986, 1990). 규범적 강박 및 충동 방어 기제와 행동 또한 학령기 아동의 대표적인 특징이라고 할 수 있다(Jemerin, 2004). 한 7세 여아는 연필을 깎은 후, 다음 날 입고 갈 옷, 신발, 가방까지 매일 밤 자기 방 담요 위에 나란히 준비해 두기를 원하며, 자기가 정리한 것을 여동생이 와서 망가뜨리면 매우 화를 낸다. 이처럼 철저하고 융통성 없는 사전 등교 준비는 학교에 갈 준비를 해야 하는 것에 대한 아동의 불안 및 꼭 필요한 것을 잊어버리고 학교에 갈지 모른다는 아동의 두려움을 완화시킨다.

고집스럽고 연령 전형적인 인지적 성향 및 오이디푸스기 충동에 대한 아동의 감소된 인내를 반영하는 이러한 강박적인 현상들은 여전히 아동의 인지적 훈련 및 성장에 기여한다(Chused, 1999). 이와 같은 보편적인 경향은 잠재기 아동이 하는 땅따먹기 및 줄넘기 같은 의례적이고 반복적인 운율 및 놀이, 보도블록에 난 홈을 밟지 않으려고 하는 것과 같은 비합리적인 금지사항을 통해 쉽게 관찰할 수 있다. 하지만 이러한 경향들이 아동의 활동 혹은 관계를 침범하거나 새로운 기술의 숙달을 방해하고 지나치게 잦은 의례적 행동(예: 손씻기 혹은 반복적으로 확인하기)으로 이어지면, 규범적인 수준을 넘어 임상적인 심리치료를 요구하는 수준에 이르렀다고 할 수 있다. 종종 학급에서 요구되는 수행 및 부모와의 분리와 더불어 나타나는 학교에서의 새로운 스트레스는 이러한 어려움들을 드러내기도 한다. 예를 들어, 강박장애를 보이기 시작한 8세 남아는 학교 화장실 사용을 거부했고 장난감이나 운동 기구와 같은 공용 장비를 만질 때마다 반복적으로 손을 씻는 데 집착했다. 아동의 부모는 결국 전문가의 조언을 구했다. 이러한 행동들이 아동의 학교생활, 야외놀이에 방해가 되는 것은 물론, 아동이 바로 손을 씻을 수 없을 때는 모든 것이 마비되는 것 같은 불안을 야기하는 것은 당연한 일이었다.

젠더에 대한 범주적 사고 및 태도

오이디푸스기가 끝난 직후 몇 년 동안 잠재기 아동이 충동 및 정서의 폭발에 취약할 때 구체적인 인지와 불안정한 자기통제의 공존은 아동으로 하여금 쉽게 이해할 수 있는 명백한 규칙들과 타협하지 않는 태도에 대해 친화감을 갖게 한다(Tyson & Tyson, 1990). 젠더와 같은 복잡한 구조에 대해 생각하거나 사회적 · 도덕적 딜레마를 분석할 때 아동의 지나치게 단순화되고 판단적인 반응은 쉽게 드러난다. 미

묘하고 감지하기 힘든 구분과 민감한 해석의 가치를 알지 못하는 '흑백논리적' 사고는 아동으로 하여금 비관행적인 행동에 불쾌감을 느끼게 하고 관습적인 행동에 참여하고자 하는 강렬한 욕구를 불러일으킨다. 규범적인 범위를 벗어나는 행동이나 외모, 태도는 불안감을 야기하며 이를 독선적인 태도로 비판하고 거부하게 만든다. 그 결과, 익숙하지 않은 옷차림이나 행동 및 흥미를 보이거나 학업적인 면에 있어서 주류를 벗어나 어려움을 겪는 아동에 대한 또래의 동정이나 연민은 거의 찾아볼 수 없다. 오히려 잠재기 아동은 젠더에 따라 분리된 학급 친구와 어울리는 것처럼 쉽게 규정할 수 있고 알기 쉬우며 명백하게 자기와 비슷한 집단에 소속되고 싶어 하는 경우가 많다.

사실, 쉽게 알아볼 수 있는 젠더 구분에 있어서 아동은 각자 동성 집단에 속하고자 하는데, 이러한 현상은 학령기 전에 구체화되고 잠재기에 정점에 달한다(Maccony, 2002). 아동이 인식한 젠더 특성에 대한 태도 및 이성에 대한 관점은 학령이 아동의 범주적 사고를 반영한다. 아동은 이성의 선호도나 취미를 평가절하하는 경우가 많다. 예를 들어, 학령기 여아의 경우 또래 남아들이 '역겹다'고 하거나 남아는 여아에게 '세균 덩어리'라고 하는 것은 매우 흔한 현상이다. 남아와 여아의 경향에 대한 조직화된 양식의 신념은–남아가 물리적인 공격성을 더 많이 나타낸다는 확신과 같은–아동의 사회적 사고에 깊은 영향을 주며 이전에 알고 있던 개념에 반하는 상황을 대면할 때마저도 변화에 저항하도록 한다(Giles & Heyman, 2005; Theimer et al., 2001).

젠더 정체성에 관한 강한 감정과 신념들은 아동의 인지, 또래 집단에 대한 노출, 비가족적 성인, 문화 등에 영향을 받는다. 아동이 자신의 생물학적 성과 해부학적 구조 간의 연관성을 3세 무렵에 알게 된다고 해도, 아동의 사고에 있어서 어느 정도의 유동성은 계속해서 존재한다. 물론 오이디푸스기가 끝나갈 즈음 대다수의 아동은 젠더 항상성을 완전히 습득한다. 즉, 아동은 안정적이고 지속적인 젠더의 본질을 이해하고 헤어 스타일이나 옷차림과 같은 표면적인 변화가 남아 혹은 여아라는 근본적인 상태에 변화를 가져오지 않음을 깨닫는다(Egan & Perry, 2001). 그럼에도 불구하고 아동은 자신이 지각한 규칙과 관습에 부합하고자 하는 더 우선적인 갈망 및 엄격한 젠더 차이를 유지하고자 하는 불안에 영향을 받는데, 이러한 경향은 잠재기 문화에 만연해 있다. 머리 속에 이가 있어서 엄마에게 머리를 잘라야 한다는 말을 들은 2학년 여아는 눈물을 글썽거리다가 "나는 머리를 자를 수 없어요. 루시가 머리를 자르고 왔을 때 아이들이 전부 루시가 남자 같다고 수군거렸단 말이에요."라고 말했다. 엄마가 친구들의 그런 행동은 불친절한 것이라고 실망감을 드러내며 "여자아이들도 남자아이들처럼 짧은 머리를 할 수 있어."라고 말하자 여아는 "나도 여자아이들이 머리를 짧게 자를 수 있다는 걸 알아요. 하지만 그러면 안 되는 거라고요!"라고 대답했다.

도덕적 추론 및 아동의 점진적인 통찰력 습득

잠재기 아동의 도덕적 추론 노력은 판단적인 반응의 경향성과 종종 자아중심적인 관점에 빠지는 한계를 보이는데, 이는 아동이 복잡하고 미묘한 상황을 이해하려고 할 때 나타나는 한계와 유사하다. 아동의 도덕성 발달에 대한 많은 연구에서는 아동의 도덕성 성숙이 순차적으로 나타난다고 이야기하고 있는데, 자기중심적인 도덕적 판단이 나타나는 초기 아동기에서부터 보다 추상적이고 미묘한 개념화를 포함하는 더 높은 수준의 청소년기를 포함한다. 잠재기 동안에는 아동의 절대론적 사고 및 쉽게 인식 가능하고 전형적인 '선한' 행동에 대한 선호가 주도적으로 나타나며, 이는 윤리적 원칙 및 위반에 대한 매우 전통적인 사고로 이어진다. 뿐만 아니라 학령기 아동은 권위자에 대한 민감한 자각 및 잠재적인 처벌에 대한 명시적인 우려를 나타낸다(예: Eisenberg et al., 1987; Kohlberg, 1984; Piaget, 1932 참조). 자신이 인지한 타인의 잘못에 대해 "그건 옳지 않아!"라며 강한 비난 및 혐오감으로 반응하는 것은 매우 흔한 현상이다. 이러한 태도들은 종종 아동이 자신의 결함에 대해 반추하는 것과 함께 나타난다.

사실 정신역동 연구와 경험적 연구 모두에서 타인의 나쁜 행실이 어린 아동의 관심 대상이자 명백한 즐거움의 대상이 된다고 말한다. 아동은 또래가 저지르는 아주 사소한 규칙 위반까지도 보고하려는 열망이 있다(Loke et al., 2011; Tyson & Tyson, 1990). 교사들이 잘 아는 바와 같이 고자질은 유치원 및 저학년 학급 내에서 가장 자주 나타는데, 이는 아동의 사회적 미숙, 성인에 대한 의존, 부모 및 다른 중요한 성인들과의 도덕적 동일시를 통합하려는 엄청난 노력 등을 반영한다. 매우 어린 아동에게서도 (비열한 행동과 같은) 도덕적 위반과 ("고맙습니다."라고 말하지 않는 것과 같은) 사소한 사회적 위반을 구분할 수 있는 역량이 나타나며 전자가 후자보다 더 큰 잘못이라고 판단할 수 있지만 그럼에도 아동은 무차별적으로 고자질을 하는 경

향을 보인다(Loke et al., 2011). 어린 아동은 자신의 잘못으로 인한 내적 갈등, 자율성의 결여, 제한된 또래 경험, 미성숙한 인지적 통제 등에 대한 인내가 빈약하고 이는 모두 타인의 행동을 열심히 고자질하는 데 기여한다.

Piaget는 아동의 언어적 추론에 대해 간단하면서도 생생한 묘사를 많이 제공했는데, 이는 잠재기 아동의 마음을 들여다보게 해 주며 아동이 복잡하고 도덕적인 딜레마의 추상적 특징들을 이해하려고 지속적으로 노력하고 있다는 것을 보여 준다. 예를 들어, ① 의도적으로 말썽을 부리던 남자아이가 아빠 책상 위에 잉크를 조금 쏟았을 때와 ② 다른 남자아이가 실수로 잉크를 많이 쏟았을 때와 같은 두 개의 도덕적 시나리오를 보여 준 후(Piaget, 1932, p. 122) 아동에게 어떤 아동이 '버릇없는' 아동인지에 관해 대화를 하도록 했다. 어린 잠재기 아동은 뚜렷하게 지각 가능한 특징(즉, 쏟은 잉크의 양)에 주로 영향을 받았다. 이들은 후자의 남자아이가 실수로 그러한 행동을 했다는 것을 알면서도 후자가 더 비난받아야 한다고 결론을 내린다. 행동의 동기보다 쏟은 잉크의 양 및 그 결과에 따른 아빠의 예상 반응이 아동의 판단에 더 많은 영향을 주는 것이다.

Piaget의 예들은 잠재기 아동의 경향성을 강조하는 데 있어서 매우 유용하지만, 보다 최근의 연구들에게 어린 아동이 더 복잡한 도덕적 문제를 다룰 능력이 있으며 도덕적 발달에 관한 Piaget의 이론이 수정되어야 한다고 주장하는 것 역시 매우 중요하다. 예를 들어, 4세 정도 된 아동은 서로 다른 형태의 거짓말을 구분할 줄 아는 능력이 있으며 도덕적 판단을 할 때 타인의 근본적인 동기를 고려할 수 있다. 한 연구(Bussey, 1990)에 따르면, 전학령기 아동들은 (한 개인의 나쁜 행실을 숨기기 위해 의도적으로 하는) '반사회적' 거짓말이 (대개 사소하고 사회적이며 뒤따르는 결과가 없는) '하얀' 거짓말 혹은 장난스러운 '속임수'보다 더 비난받아야 한다고 판단했다.

남아와 여아의 윤리적 사고 및 행동에 있어서 잠재적인 불일치는 논쟁의 대상이 되어 왔다. 도덕적 발달에 있어서 젠더 역할에 관한 Gilligan(1977)의 중요한 개념들은 추상적이고 정의 지향적인 개념의 습득에 초점을 둔 Kohlberg(1984)의 개념과 같이 성숙한 도덕적 사고에 관해 광범위하게 받아들여진 개념들을 수정하고자 한다. Gilligan은 복잡한 사회적 · 도덕적 딜레마를 직면했을 때 여아들이 독특한 도덕적 목소리를 낸다고 말하고 있다. 이들은 추상적인 원칙들에는 신경을 덜 쓰며 관계를 유지하고 타인의 필요를 돌보며 해를 입히는 행동을 피하는 것에 더 높은 가치를 부여한다. 몇몇 연구(예: Eisenberg et al., 1987)는 상이한 관심의 위계질서를 나타내는 남아와 여아 사이의 젠더 간 도덕적 차이를 지지하고, 어떤 연구들(예: Jaffee & Hyde, 2000)은 모든 아동은 돌봄 지향적 추론과 정의 지향적 추론을 모두 사용한다고 이야기하면서 이와 같은 구분에 의문을 제기한다.

인지적 성숙, 사회적 경험, 보다 신뢰할 만한 자기조절의 통합으로 인해 학령기 아동의 경직된 태도는 후기 학령기 동안 부드러워지기 시작한다. 반추하는 역량이 확장되고 아동은 타인의 관점에 대한 보다 깊은 인식을 갖게 되며 자신의 불쾌한 감정 및 갈등을 점점 더 잘 인내하게 되는데, 이 모든 것은 더욱 공감적이고 융통성 있는 사회적 이해로 이어진다. 자신이 지각한 타인의 규칙 위반에 집중하는 경향은 감소하고 상호성 및 상호 존중에 관한 보다 복잡한 개념들은 아동의 가치관과 이상향에 통합된다. 뿐만 아니라 자율성이 초자아 역량에 포함됨에 따라 자기책임이 나타나기 시작하고, 성인 권위의 희미한 존재는 아동이 도덕적 판단을 할 때 점점 더 약해지게 된다.

잠재기 아동의 점진적인 **통찰력** 습득은 지속적인 인지적 및 정서적 과정으로서 청소년기까지 지속된다. 통찰력 역량은 아동에게 일관적인 자기관찰 및 자기비판, 내적 불쾌감에 대한 인내, 비난과 책임을 외부로 돌리지 않는 것 등을 요구한다. 나이가 많은 학령기 아동은 어린 학령기 아동과 마찬가지로 정서적 문제에 있어서 외적이고 실용적인 해결 방안을 선택하지만 자기성찰, 자신의 정신적 상태에 대한 반추, 복잡한 사회적 딜레마에 대한 보다 창의적인 해결 방안 모색 등도 나타내기 시작한다(Jemerin, 2004; Kennedy, 1979; Schmukler, 1999).

다음의 사례는 도전적인 상황에 직면했을 때 잠재기 아동에게 나타나는 전형적인 사고와 행동을 묘사하고 있다. 이 경우, 어린 여아의 생생한 상상력, 보다 넓은 세상에 대한 인식발달, 곤란 중에 있는 타인에 대한 공감발달 등이 자기고양적인 충동과 갈등을 일으킨다. 선량한 사람이고 싶고 자신의 도덕적 행동을 인정받고 싶은 엠마의 갈망은 엠마로 하여금 학교에서 사회적 활동 프로젝트에 적극적으로 참여하게 한다. 그럼에도 불구하고 엠마는 경쟁 감정, 젠더 우월감, 윤리에 대한 구체적인 형태의 이해 등에 영향을 받는다. 이러한 상황에서 엠마는 자신이 3학년 학급의 식량 지원 프로젝트를 책임져야 한다고 생각하며 기뻐하고 있었는데, 이 식량 지원 프로젝트는 최근 외국에서 자연재해의 피해자가 된 아동들을 위한 구호품을 제공하기 위한 것이었다.

8세 반 된 엠마는 훌륭한 학생으로, 창조적인 글쓰기를 좋아했고 친구들에게도 인기가 많으며 담임 교사는 엠마를 학급의 '타고난 리더'라고 묘사했다. 엠마는 자신이 쓴 짧은 토막극을 공연하기 위해 친구들을 모으거나 출석부를 교실에서 교무실로 가져다 놓겠다고 자원하기도 했다. 어떤 학생이 학교에서 생일 축하를 하는 날이면 엠마는 항상 교무실 직원에게 컵케이크를 가져오는 것도 잊지 않았다. 5학년 언니들에게 전해 들은 힘든 상황 속에 있는 불쌍한 아이들에 대한 이야기가 엠마의 주의를 끌고 상상력을 사로잡은 것은 당연한 일이었다. 거의 하룻밤 내내 엠마는 자신이 학급의 식량 지원 프로젝트 책임자가 되어야 한다고 생각했고 여자친구들에게 해야 할 일을 할당하기 시작했다. 엠마는 배고픔과 질병으로 힘들어하는 불쌍한 아이들에 대해 따뜻한 어조로 이야기를 했다. 부모님에게는 자신의 한 달 용돈을 보류하고 식량과 쉼터를 제공하는 기관에 기부하게 해 달라고 자원해서 부탁했다. 다음 날 학교에서부터 잠자리에 들기 전까지 엠마는 나중에 자기가 후원한 여자아이를 만날 공상에 빠져 있었다. 이렇게 매우 만족스러운 공상 속에서 엠마의 후원을 받은 여자아이와 그 가족은 미국으로 여행을 오고 엠마는 그 여자아이의 생명을 구해 준 것에 대해 특별상을 받으며 둘은 영원한 친구가 된다.

처음에 엠마의 선생님은 엠마가 음식과 옷을 수거하는 익숙하면서도 중요한 역할을 하도록 기쁘게 허락했다. 하지만 이내 불평이 쏟아지기 시작했다. 몇몇 남자아이는 엠마가 음식 통조림을 쌓아 두는 것 외에는 아무것도 못하게 한다고 했다. 선생님이 물었을 때 엠마는 자신의 행동을 변호하면서 남자아이들은 '지저분하다.'고 말하며 '여자아이들이 식량 지원 프로젝트를 먼저 생각했다.'고 주장했다. 하지만 얼마 지나지 않아 3학년 여자아이들도 가장 재미있는 일(아이들에게 편지를 쓰고 음식을 근처 복지관에 가져다주는 일)은 엠마와 엠마의 친한 친구들만 한다며 이렇게 일을 할당하는 것은 '불공평하다.'고 불평하기 시작했다. 한 번 더, 선생님은 엠마에게 조심스럽게 다가가 이야기했고 엠마는 편지는 글씨를 잘 쓰는 여자아이들이 써야 하는데 자기와 자기의 가장 친한 친구들이 가장 적합했을 뿐이라고 말했다. 선생님은 다른 친구들이 소외감을 느낀다고 부드럽게 타이르며 외국에 있는 어린아이들을 도와주는 것이 이 프로젝트에 있어서 가장 중요한 원칙이라고 상기시켜 주었다. 엠마는 눈물을 글썽거리며 선생님의 말을 따랐고, 모든 아이는 식량 지원 프로젝트에 골고루 참여하게 되었다. 엠마는 선생님이 공동 리더로 정해 준 남자아이와 함께 일하는 것도 받아들였다. 겉으로 드러난 엠마의 행동은 순응적이고 회유적이었지만 그날 밤 선생님이 얼마나 '나빴는지' 비참한 마음으로 엄마에게 하소연하며 매튜를 공동 리더로 정해 준 것에 대해 강한 불만을 표했다.

이 사례에서 잠재기 아동의 어렴풋한 사회적 의식 및 친절한 성향은 정서적 자각의 결여 및 인정받고 싶고 칭찬받고 싶은 연령 전형적인 욕구에 의해 제한된다. 어려움에 처한 아이들에 대한 엠마의 동정심은 매우 깊지만, 주변 사람들에게 공감적이지 못한 자신의 행동을 자각하는 역량보다 자신의 감정을 칭찬받을 만한 행동으로 바꾸려는 충동이 훨씬 강하고 컸다. 엠마는 리더로서의 자신의 역할, 가장 친한 친구들을 치켜세우려는 욕구, 남자아이들을 무시하는 태도, 자신이 좋아하지 않는 여자아이들을 배제하는 행동에 대한 의문을 갖지 않았다. 엠마의 선생님은 재치 있게 상황을 모면하고 엠마로 하여금 자존심을 지키고 프로젝트에서 중요한 역할을 계속 할 수 있도록 해 주었다. 이에 대해 엠마는 매우 분노했지만 그럼에도 불구하고 엠마는 선생님과 둘이 나눈 대화 및 학급 친구들이 자신의 마음을 표현함으로써 얻은 통찰을 통해 유익을 얻었다고 할 수 있다.

잠재기의 인지적 성숙

- 인지발달에 있어서 **구체적 조각기**로의 진입은 행동 기반의 사고가 아닌 정신적 사고 역량의 증가를 통해 정신적 삶에 변화를 가져온다.
- 아동은 자신의 행동을 계획, 조직, 통제하고 정서적 반응을 조절한다.
- 학업 및 창의적 활동은 새로운 **승화**의 기회들이 된다.
- 젠더 역할 및 특성에 대한 태도는 범주적이고 전통적인 경향이 있다.
- 도덕적 · 사회적 추론은 구체적이며 이러한 추론의 자율성은 아직 나타나지 않는다. 아동은 이분법적인 규칙을 선호하며(자신의 죄책감이나 자기판단은 회피하면서) 자신이 지각한 타인의 위반을 열렬히 비난하고 도덕적 판단에 있어서 자신이 예상한 성인의 반응에 지나치게 의존한다.
- **통찰력**과 **자아성찰**은 점진적으로 성취되며 보다 융통성 있는 태도 및 개인의 책임에 대한 수용으로 이어진다.

잠재기 단계

잠재기는 크게 두 단계로 나뉘어 왔는데 이어지는 절들에서 자세히 설명하고 있다. 이러한 구분은 성숙에 있어서 초기 학령기와 후기 학령기 사이의 뚜렷한 차이를 강조한다. 초기 학령기에 나타나는 자기조절에서 어색하고 비일관적인 관계, 내면화된 의식의 목소리를 통합하려는 노력, 구체적 사고에의 의존, 또래 상호작용 등은 후기 아동기에 급격히 성숙한다. 아동의 초점은 가족에게서 학교 및 또래 집단으로 향하며 이러한 내적인 전환은 외적인 기대에 있어서도 상당한 변화를 동반한다.

초기 잠재기와 아동의 자기통제 노력

6~8세 사이의 초기 잠재기는 아동이 새롭게 습득한 감정과 충동에 대한 부분적 숙달이 주도적으로 나타난다. 오이디푸스기의 격변으로부터 완전히 멀어진 것은 아니며 아동은 자기통제 및 정서적 조절을 쉽게 버거워하거나 이로 인해 자주 압도된다. 부모의 가치에 대한 동일시 및 성적 · 공격적 감정의 억압은 여전히 진행 중이며 완전히 통합되지 않은 상태로 아동은 자기관리에 있어서 자주 실패한다. 이처럼 불안정한 자기조절 상태는 아동에게 규칙 및 처벌에 대한 엄격한 인식을 갖게 한다. 아동은 매우 명확한 지시와 절차가 주어질 때 가장 안정감을 느낀다(Mahon, 1991; Tyson & Tyson, 1990). 비일관적인 자기통제로 인해 단순하고 쉽게 이해할 수 있는 보행신호 규칙에 깊이 매료된 한 6세 여아는 엄마가 노란불에 횡단보도를 건넜다며 질책했다. 여아의 부모가 아무렇지 않은 듯 엄마는 어른이기 때문에 언제 위험하고 언제 위험하지 않은지 알 수 있다고 하자, 여아는 발을 구르며 "초록불이 되기 전에는 건널 수 없다고요. 건널목지기가 그러면 안 된다고 했어요!"라며 반박했다. 아동의 사회적 세계가 부모 너머로 확장됨에 따라 새로운 권위자는 아동에게 이미 내면화된 도덕적 '목소리'에 수용되고 통합되어야 한다. 교사, 코치, 지역사회 인물들은 아동이 존경하는 동일시 대상의 근원으로서 점점 더 중요성을 갖게 된다.

어린 잠재기 아동의 자존감 및 효능감은 손상되기 쉽다. 읽기와 같은 새로운 기술을 습득하려는 노력은 종종 좌절을 불러일으키고 1~2학년 아동이 숙제를 하면서 울고 반항하는 것은 매우 흔한 일이다. 뿐만 아니라 학령기로의 진입 및 더 장시간의 학업 요구–가족으로부터 더 오랜 시간 떨어져 있고 더 오랜 시간 집중하고 학업 과제 및 평가에 몰두하는 것–는 학령 전 시기에 비해 매우 벅찬 것이다. 사회적 활동 참여에 있어서 새로운 방법들을 배우며 교사 및 또래로부터 경험하는 기대와 반응은 집에서 경험하던 것과는 완전히 다르다. 많은 아동은 내적인 단절감과 외로움을 경험하고 "집에서 나와 세상 밖으로 떠밀린 듯한" 감정을 경험한다(Knight, 2005, p. 186). 비가족적 세계에서 경험하는 상당한 요구 및 아동의 내적 자원의 발달은 전반적으로 불안정한 자기감을 야기한다(Freedman, 1996).

도덕성 및 개인의 잘못에 대한 내적 자각의 증가는 처음에 아동에게 부담으로 다가온다. 아동 심리분석가인 Berta Bornstein(1951)은 초기 초자아를 정신적 '이물질'에 비유한 것으로 잘 알려져 있다. 죄책감이 주는 강렬하고 새로운 불쾌감은 아동이 낯설고 귀찮은 반응들을 제거하려고 시도함에 따라 아동으로 하여금 몇 가지 방어 전략을 사용하도록 한다. 아동이 더 고통스러운 내적 감정 및 갈등을 피하기 위해 상황적 갈등을 야기하는 형태로 나타나는 초자아의 분투 및 태도의 외면화는 주된 대응 양식이다. 예를 들어, 어린 잠재기 아동은 고통스러운 자기비난과 마주하는 대신 외부로부터 처벌을 유도하기 위해 성인의 권위에 반복적으로 도발하고 반항할 수 있다. 이러한 행동은 아동의 불순종을 받아들일 준비가 되지 않은 성인에게 엄청난 실망을 가져온다. 하지만 아동에게 있어 외부의 인물로부터 주어지는 응징은 가혹하고 융통성 없는 자기비난보다는 오히려 참을 만한 것이다.

아동은 타인의 잘못된 행동을 조사하고 드러내는 데서 엄청난 만족감을 얻는다. 이러한 폭로는 내적인 자기점검 및 죄책감으로부터 아동을 안도하게 해 준다. 세상이 불공평하다는 불평은 매우 흔하게 나타난다. 내적 초자아 '목소리'는 주로 자기 밖에 존재하는 사람들에 기인한다. 예를 들어, 아동은 종종 그렇게 판단할 만한 증거가 충분하지 않을 때도 선생님을 못되고 엄격한 사람으로 경험한다(Furman, 1980). 이와 동시에 아동 자신의 행동은 아동이 타인에게 요구하는 기준에서 상당히 벗어나 있을 수 있다. 주목할 만한 아동 임상가인 Tyson과 Tyson(1990)이 관찰한 바와 같이, "아동은 어떤 때는 내면화된 도덕적 기준이 없는 싹트는 비행 청소년 같다가도 어떤 때는 마치 경찰처럼 지나치게 도덕적으로 타인의 잘못을 감독하고 보고한다……"(p. 221).

잠재기에 대한 〈7세 여아〉와 〈7세 남아〉 동영상은 부정적인 감정에 대한 아동의 불쾌감, 공평함에 대한 우려, 갈등에 대한 비난을 돌릴 구체적이거나 외적 자원들을 찾는 경향 등을 잘 보여 주고 있다.

다음의 사례는 부모들이 흔히 혼란스러워하는 전형적이고 규범적인 초기 잠재기 행동 및 태도를 묘사하고 있다. 이 6세 아동이 불공평하다고 불평하는 상황, 규칙에 대한 엄격한 인식, 반드시 고자질을 하려고 하는 경향 등은 아동 자신의 사소하지만 빈번한 잘못들과 매우 불일치한다. 아동의 불안정한 자존감, 언제나 울 준비가 되어 있는 것, 분노 등은 자신의 잘못을 인식하기를 거부하게 하는데, 아동이 자신의 행동에 대해 더 큰 책임감을 가져야 한다고 믿는 부모는 이로 인해 좌절감을 경험한다. 가족 전체는 종종 탈리아가 울고 비난하면서 한바탕 난리 치는 것을 피하려면 매우 조심해야 한다고 느낀다.

6세인 탈리아는 최근 1학년이 되었다. 탈리아는 학교에 가게 되어 행복하고 신이 나 있었고 친구들과 함께 노는 시간을 좋아했다. 탈리아는 유치원에 매우 잘 적응했으며 탈리아의 부모는 학교에 가서도 탈리아가 잘 적응할 것이라고 기대했다. 하지만 늦은 오후와 초저녁은 매우 스트레스가 큰 시간이었다. 탈리아는 학교에 다녀오고 나면 매우 신경질을 내며 피곤해했다. 뿐만 아니라, 비록 단 하나이긴 하나 매일 밤 10분 정도 해야 하는 숙제도 있었는데, 숙제할 때마다 울고 반항하기 일쑤였다. 탈리아는 엄마나 보모에게 도와 달라고 요구했지만 이내 자신을 꾸짖으며 "선생님이 숙제는 혼자서 다 해야 한다고 했어."라고 말했다. 걱정이 된 부모는 탈리아의 선생님에게 전화를 했고 선생님은 지나가는 말로 학생들이 숙제를 혼자서 해야 한다고 말했던 것을 기억했다. 하지만 혼자서 할 수 없어서 도움이 필요할 때 어른들에게 도와 달라고 하면 안 된다는 의미로 아이들을 낙담하게 할 의도는 없었다고 했다. 선생님은 탈리아가 자신이 한 말을 너무 문자 그대로 해석한 것 같다고 말하며 다음 날 탈리아의 오해를 풀어 주겠다고 했다. 선생님은 탈리아의 부모에게 탈리아가 학업적으로 아주 잘하고 있다고 안심시키며 부모가 이야기한 숙제가 하기 싫다고 난리를 치는 것과 같은 탈리아의 행동은 1학년 초에 나타나는 전형적인 적응과정이라고 이야기했다.

탈리아와 아홉 살짜리 언니는 항상 친하게 지내 왔지만 최근 들어 탈리아가 자주 우는 바람에 함께 잘 놀 수 없었다. 종종 탈리아는 엄마에게 가서 언니가 '못되게' 굴었다고 하며 사소한 말다툼이나 의견 차이에 대해 이야기했다. 그럴 때면 언니는 참지 못하고 탈리아를 '고자질쟁이'라고 불렀고 탈리아는 더 심하게 울었다. 탈리아가 뻔뻔하게 욕을 하고 게임에서 반칙을 숱하게 하는 행동은 매의 눈으로 언니의 사소한 실수나 잘못을 찾아내는 것과 극명한 대조를 이룬다. 엄마는 탈리아 때문에 짜증이 났고, 자기가 옷을 고르겠다고 하고 목욕물을 받겠다고 하며 매일 아기처럼 구는 탈리아가 새롭게 보이는 독립성을 감내하는 것이 어렵게 느껴졌다. 탈리아의 엄마는 화가 나서 이성을 잃고 탈리아를 전보다 자주 혼내는 자신을 보며 침울했다.

탈리아는 가상/가장 놀이를 즐기지만 최근에는 보드게임에 흥미를 갖게 되었다. 특히 협상이 불가능한 규칙들을 따르며 점점 더 많은 소유물을 획득하는 게임을 좋아했다. 하지만 탈리아의 가족은 탈리아가 그런 종류의 게임을 하자고 할 때마다 긴장했다. 복잡한 과정에 대한 탈리아의 이해는 제한적이었고, 탈리아는 자기가 게임에서 지거나 원하는 아이템을 얻지 못하면 울어 버렸다. 엄마, 아빠와 언니에게 같이 게임을 하자고 조르며 반칙하거나 울지 않겠다고 종종 약속을 하지만, 일단 게임이 시작되면 그런 다짐은 금세 무너진다. 탈리아는 화를 내며 다른 사람들이 반칙을 하고 못되게 군다고 했고 다른 사람이 이길 때마다 "그건 공평하지 않아."라고 했다. 그러면서도 탈리아는 자기 차례가 되면 한 번 더 하겠다고 우기며 자기가 따지 않은 동전이나 게임 화폐를 몰래 가져가려고 하곤 했다. 탈리아의 부모는 탈리아를 설득하고 탈리아가 한 약속을 상기시켜 주려고 노력했다. 탈리아의 언니도 이런 경향을 보이다가 시간이 갈수록 점차 나아지는 것을 전에 봤음에도 불구하고 책임감 없고 진실하지 못한 탈리아의 모습은 부모로 하여금 신경 쓰이게 했다. 가장 혼란스러운 것은 차분하고 협조적인 태도로 거의 하루 종일 지내고 다른 사람들이 규칙과 규제를 따라야 한다고 고집하며 진심으로 착한 아이가 되고 싶어 하는 탈리아의 모습이었다. 학교 선생님과의 짧은 대화를 통해 탈리아의 부모는 탈리아의 전반적인 사회적 · 학업적 적응이 전형적이며 머지않아 좌절을 더 잘 인내하는 법을 배울 것이라는 확신을 갖게 되었다.

탈리아의 다양한 행동에 대한 부모의 초조함과 불쾌감에도 불구하고 탈리아의 부모는 탈리아의 언니가 했던 행동을 떠올렸고 그들과 좋은 관계에 있는 탈리아의 선생님을 통해 공감과 위안을 얻을 수 있었다. 이들은 탈리아가 학교에 있는 동안 많은 도전 및 새로운 요구들에 적응하려고 애쓰고 있으며 오후 3시 이후에 탈리아

가 평정을 유지하기 바라는 것은 매우 부당한 것임을 깨달았다. 뿐만 아니라 탈리아의 부모는 규제에 대한 탈리아의 엄격한 해석 및 스스로 부여한 냉혹한 기준들이 탈리아의 내적 불쾌감과 외적 긴장감에 기여하는 것을 알 수 있었다. 탈리아에 대한 부모의 이러한 이해는 자신의 내적 스트레스와 죄책감을 기피하기 위해 가족들을 갈등에 휘말리게 하려는 탈리아의 욕구를 만족시키는 결과를 가져오는 비판과 처벌을 사용하지 않게 해 주었다.

이와 반대로 다음의 예는 축적되는 사회적 · 행동적 문제를 해결하기 위해 치료적 개입이 요구된 아동을 묘사하고 있다. 8세 아동인 톰은 학급 친구들과 사이좋게 지내고 짧은 자유시간을 잘 보내는 것과 같은 초기 잠재기 기대를 만족시키는 데 필수적인 자기조절 성취에 어려움을 보인다. 톰은 외적인 처벌의 자원으로 성인을 이용할 때가 많았고 언어적이고 물리적인 공격성을 자주 보이기도 했다. 놀이터에서 톰은 다른 아이들을 괴롭히기로 유명했고 점점 심해졌다. 거의 매일 다른 아이들을 밀거나 규칙에 관해 소리를 지르면서 다른 남자아이들이 하는 킥볼이나 피구를 방해했다. 교사와 부모 모두 톰에게 벌을 주거나 자기 행동에 상응하는 결과를 감당하게 했지만 어느 쪽도 소용이 없었다.

8세 된 톰의 부모는 학교의 권유로 아동심리학자와 상담을 하러 왔다. 톰의 소근육 발달은 다소 느렸지만 언어기술은 조숙했다. 톰의 부모는 톰이 겪는 자기조절 문제가 다른 아이들보다 더 심각한 것 같다고 말하면서도 톰이 성숙해 감에 따라 자기통제도 더 잘 하게 될 것이라고 생각했다. 톰의 유치원 생활은 대부분 긍정적이었지만 기초적인 글씨 쓰기에 어려움을 겪고 눈과 손의 협응이 잘 안 되어 활동에 방해가 될 때면 톰은 화를 냈다. 이렇게 한바탕 화를 낼 때마다 톰은 점점 더 자신의 실패를 다른 학생이나 선생님 탓으로 돌렸다. 1학년이 되어서는 읽기에서 탁월함을 보였지만 쓰기에는 계속 문제가 있었고 자신의 화를 다루는 데 있어서 겪는 어려움은 점점 더 극명하게 드러났다. 톰의 부모는 톰이 친구들과 같이 놀기를 거부하면서도 주말마다 사촌들과 함께 노는 것은 좋아한다는 것을 발견했다. 그래서 그들은 톰에 대해 지나치게 염려할 필요가 없다고 생각했다.

하지만 2학년이 되고 첫 주부터 톰의 부모는 학부모 면담을 위해 선생님께 계속 불려갔다. 뿐만 아니라 교장 선생님과 함께 한 면담에서 선생님은 톰의 행동이 점점 더 심각해지고 있다고 이야기했다. 톰의 담임 교사는 톰이 매우 명석하지만 반항적이라고 했다. 톰은 종종 교사의 지시를 따르지 않거나 교사의 권위에 공공연하게 맞서며 교실 밖으로 나가 버린 적도 몇 번 있다고 했다. 자기통제가 결여되어 있음에도 톰은 다른 아동들이 보드게임 및 스포츠 게임 규칙을 정확하게 지켜야 한다고 고집하며 누군가 위반을 할 때마다 즉시 불평을 한다고 했다. 쉬는 시간에는 다른 아이들과 싸우거나 다른 아이들에게 '멍청하다.'고 하면서 계속해서 게임을 방해했다. 자기 말을 듣지 않는 다른 남자 아이들을 밀어 버린 적도 몇 번 있다. 성인이 다가가서 중재를 해 주는 경우에는 톰에게 진정하라고 말하다가 결국 놀이에 참여할 수 없다고 위협하는 걸로 마무리가 된다. 톰은 계속해서 반항하고 종종 버릇없게 굴기를 반복하다가 이제는 결국 쉬는 시간을 박탈당한 상태였다.

아동심리학자가 톰과 만났을 때 톰은 곧 갈등 상황을 만들었다. 때리거나 장난감을 망가뜨리면 안 된다는 것과 같은 심리학자의 놀이방에서 지켜야 할 규칙들을 거부했다. 뿐만 아니라 종종 무례하고 모욕적인 태도를 보였고 보드게임에 대한 심리학자의 지식과 기술들을 비하하며 스포츠와 관련해서 무지하다고 말하기도 했다. 심리학자가 차분하게 반응하며 톰이 자신의 불안 때문에 심리학자에게서 유도해 내려고 하는 처벌에 말려들지 않자, 톰은 자신이 무지하다고 느끼고 자기의 약점이 드러날까 봐 두려워하며 자신의 형편없는 자기관리로 인해 수치심을 느끼며 괴로워했다. 심리학자는 적당한 기회를 찾아 착한 아이이고 싶은 톰의 내적 분투가 외적인 처벌을 유도하는 톰의 죄책감과 어떻게 연결되어 있는지 자세히 설명해 주었다. 톰의 부모와 선생님에게는 구조와 감독을 제공하라고 조언을 했고 쓰기 활동을 더 많이 도와주되 지나치게 수정하거나 엄하게 벌하는 것은 삼감으로써 톰이 점점 더 자기 행동에 책임을 질 수 있게 하라고 조언했다. 또한 톰이 근본적으로 생물학적인 요인에 의한 주의력장애 때문에 자기통제에 어려움을 겪는지 알기 위해 심리검사를 받도록 했다. 지속적인 놀이치료를 통해 톰은 불쾌한 갈등 및 감정들을 점점 더 인내하게 되었다. 2학년이 끝나갈 무렵, 톰은 자극적인 행동이 점차 감소하고 읽기와 학급 토론에서 상당한 지적 성취를 통해 자부심을 느끼기 시작했다.

이 사례에서 주의력 및 자기조절과 관련된 톰의 근본적인 문제는 실제 톰의 빈약한 소근육 협응과 맞물려 톰의 자존감에 손상을 가져왔고, 이는 불쾌한 감정 및 갈등에 대한 평균적인 인내의 수준을 넘어 매우 강도 높은 전형적 초기 잠재기 행동에서 나타나는 어려움을 보이고 있었다. 타인의 약점이나 무지를 비난하고 다른 아

동 및 성인들과 갈등을 만들며 권위자의 처벌을 유도하는 것과 같은 톰의 외면화된 경향은 집단 사회화와 같은 중기 아동기의 주요 발달 과제와 관련된 톰의 능력에 방해 및 저해 요소가 되었다. 유치원에서 경험한 제한적인 기대들은 감당할 수 있었지만 1~2학년 학급에서 요구되는 보다 구조화된 쓰기기술 및 더욱 높은 수준의 자기훈련 영역에서 톰은 자신의 결핍 및 부적절감을 더 많이 경험했다.

후기 잠재기, 자기조절로의 전환, 공상의 역할

8~10세 혹은 8~11세 사이를 중기 아동기라고 부르는데, 이 시기의 잠재기 아동은 점점 더 현실을 기반으로 한 사건 및 도전들을 경험하게 된다. 학업적 성취, 과외 활동, 또래관계 등은 긍정적인 자아존중감의 주요한 결정 요인이 된다. 부모 및 사회의 기대 증가는 자기조절 및 충동 통제와 같은 아동의 자아 역량의 성숙과 나란히 나타난다. 잠재기 아동은 외적으로 불안정하고 비일관적인 독립성을 보이는 6~7세 아동에 비해 더욱 경쟁력 있고 독립적이며 견고하게 보인다. 내적으로는 정서적 투입이 핵가족에서부터 학급 및 기타 성인들이라는 보다 확장된 세계로 전환된다. 자신감, 자율성, 친구관계에 대한 욕구 등의 증가는 또래를 향한 강력한 동기를 제공한다(Knight, 2005). 주변 문화 및 가족 너머의 사람들과의 보다 깊은 경험들은 아동으로 하여금 부모에 대해 보다 현실적인 시각을 갖게 하며, 보다 현실적이고 덜 이상화된 부모상은 아동이 자기를 분화되고 자기의존적인 존재로 인식하도록 강화하지만 동시에 아동에게 외로움과 상실감도 가져온다.

잠재기에 대한 세 번째 동영상인 〈10세 남자아이들〉을 보자. 이 동영상에서는 보다 나이가 많은 아동의 융통성 증가와 관계를 숙고할 때 나타나는 반추적 역량이 묘사되어 있다.

초기 잠재기 동안 나타나는 불안정한 자기관리 및 엄격하고 규칙에 얽매인 모습은 대인관계 및 도덕적 상황에 있어서 점차적으로 침착하고 보다 섬세한 해석으로 대체된다. 내적 폭발의 위협이 줄어들고 다양한 관점을 더 잘 이해하게 됨에 따라 8~10세 아동은 집단에서 경험하는 예측 불가능하거나 좌절을 주는 상황에 기지와 융통성을 발휘해 더 잘 대처할 수 있도록 준비된다. 규칙에 있어서의 예외, 마지막 순간에 마음을 바꾸는 것, 이미 알고 있는 과정에 수정을 가하는 것 등을 점점 더 잘 인내하게 된다. 그 결과, 사회적 관계 및 조직화된 집단 활동을 통해 더 큰 보람을 느끼고 관계와 자부심에 있어 매우 중요한 자원으로 여기게 된다.

일상에서 가상놀이에 몰입하는 6~7세 아동과는 반대로, 나이가 더 많은 잠재기 아동은 보드게임이나 운동경기처럼 보다 구조화되고 도전이 되는 활동들에 점차 더 관심을 갖게 된다. 본질적으로 자유분방한 공상에 기초한 놀이와 달리, 규칙을 따르는 여가 활동은 보다 정밀하며 더 많은 자기통제를 요구한다(Piaget, 1962). 많은 아동은 가상/가장 놀이를 여전히 즐기지만 그 빈도는 점점 더 줄어들고 혼자서 놀 때 혹은 특정한 또래와의 관계 속에서만 나타난다. 덜 창의적이긴 하지만 나이가 더 많은 아동의 조직화된 놀이는 강렬한 감정의 필수적인 출구가 되어 줄 뿐만 아니라 사회화, 동일시, 자기조절의 기회를 제공한다. 승자 혹은 패자가 되고 리더 혹은 따르는 사람이 되는 것과 같은 다양한 경험 및 역할은 나이가 많은 잠재기 아동으로 하여금 자기훈련을 연습하고 타인의 상황에 대한 공감을 발달시키며 실망스러운 결과를 참을 줄 알고 이겼을 때 너그러움을 보이도록 해 준다. 뿐만 아니라 잘 알려진 팀이나 동아리에 참여하면서 아동은 공통 관심사와 목표를 가진 비가족적 공동체 안에서 정체성의 심화를 경험한다. 이러한 동일시는 부모에 대한 이상화 및 의존이 감소하기 시작하는 아동에게 소속감 및 가치관의 공유를 제공한다.

공상 및 백일몽은 잠재기 아동의 사적 경험의 핵심이 되며 현실 기반의 세상에서 경험하는 불가피한 좌절과 실망에 정서적 보상을 제공한다(Knight, 2005; Sarnoff, 1971). 이전에 이상화되었던 부모상의 상실 및 개인의 강점 및 약점에 대한 어렴풋한 깨달음은 아동의 소망하는 모험과 동일시를 통해 누그러뜨릴 수 있다. 보편적인 예로는 **가족 로맨스**가 있는데, 실제 부모와의 생물학적 연결고리를 부인하는 잠재기 아동의 입양 공상은 아동으로 하여금 자신이 잃어버렸지만 언젠가 되찾게 될 특별한 유산(예: 왕실에서 태어났지만 친부모와 떨어지게 되었고 현재는 매우 평범한 부모가 자신을 입양해서 특별한 출생의 운명을 되찾을 때까지 대신 양육해 주고 있다는 것)을 소유하고 있다는 생각이다. 이러한 공상들은 잠재기 아동으로 하여금 부모가 공경의 대상이었던 보다 초기 발달 시기로 돌아가도록 해 줌으로써 부모로부터 현재 경험하는 양가감정 및 실망감을 회피하도록 해 준다(A. Freud, 1963). 하지만 실제로 입양된 후기 잠재기 아동의 경우 가족 로맨스에 부가적인 의미와 기능들이 축적되며

일반 아동처럼 장난을 통한 유익을 경험하지 못할 수 있다(Bonovitz, 2004; Brinich, 1995). 중기 아동기로의 진입은 입양에 대한 자각을 불러일으키고 아동은 생부모와 양부모 모두에 대한 사고와 감정을 숙고할 수 있게 되는데, 이는 종종 자신의 출생 조건에 대한 추측 및 '버려졌다'는 자각의 강화 등이 포함된다. 일부 입양된 아동의 경우 가족에 대한 로맨스 공상은 생부모에 대한 이상화 및 양부모에 대한 평가절하를 반영한다.

가족 너머 세계로의 노출에 대한 잠재기 아동의 자각은 공상 및 상상 시나리오의 잠재적인 내용을 확장시킨다. 독립적인 독서는 문학 작품의 영웅들을 통한 모험을 가능하게 하며 잠재기 아동은 명철한 아동 및 십 대가 특별한 능력, 마법, 자신의 기지 등을 발휘해서 성인이 경험하는 것과 동일한 딜레마를 헤쳐 나가고 기성세대를 피해 미스터리를 해결함으로써 또래로부터 감탄의 대상이 되는 이야기를 좋아하는 경향이 있다. 또한 아동은 운동선수 혹은 연예인과 같은 실제 인물들을 평가하기 시작하는데, 아동 자신의 강렬한 숙달 및 인정 욕구는 이러한 인물들이 이룬 성취 및 그들을 향한 대중적인 칭송과 공감대를 형성한다. 거창한 주제는 매우 흔하게 나타나며 아동은 자신이 명예와 영광을 얻는 공상을 통해 큰 만족을 경험한다. 이러한 상상 속 성취는 아동이 좌절에 대응하고 반복적인 암기 과제를 수행하며 일상생활에서 경험하는 수많은 훈련에 있어서 학령기 아동의 근면과 인내에 동기를 부여한다.

잠재기 단계

- 초기 잠재기(6~8세)는 새롭게 습득된 불안정한 초자아 역량에 의해 지배되며 신뢰할 만하지 않은 자기조절 및 엄격한 태도로 이어진다.
- 내적 죄책감 및 자기비난으로 인한 강렬한 불쾌감은 타인의 규칙 위반에 대한 열렬한 관심 및 초자아 태도의 외면화로 나타난다.
- 후기 잠재기(8~10세 혹은 8~11세)의 특징은 보다 나은 자기조절, 융통성의 증가, 또래 사회화 참여의 확장 등이 있다.
- 가족 로맨스를 포함한 모험이나 과장된 공상은 이상화된 부모상의 상실 및 아동을 위축되게 하는 수많은 잠재기 과업을 직면할 때 경험하는 부적절감에 대한 두려움을 보상해 준다.

잠재기 아동의 사회적 세계의 확장

또래관계의 중요성 및 정서 자기조절의 역할

또래관계 형성능력은 잠재기 아동에게 있어 중요한 사회-정서적 성취다. 일대일 친구관계 및 자신이 속한 집단에서 스스로 인지한 위치는 아동의 자기 감정 및 자신감에 점차적으로 통합된다. 실제로 학령기 동안 경험하는 긍정적인 또래 유대 관계는 이후 사회적 관계에 기반이 된다(Bemporad, 1984). 또래 집단에 수용되기를 바라는 욕구는 중기 아동기에 더 강해지며 부모와의 친밀감 감소로 인해 가속화된다. 중요한 것은 잠재기 동안 경험하는 빈곤한 친구관계 및 또래로부터의 거절은 다양한 심리적 · 행동적 어려움에 선행해서 나타난다는 것이다. '또래관계'의 결여는 아동으로 하여금 초기 청소년기 동안 외로움과 소외감에 취약하게 만든다(Pedersen et al., 2007). 또한 또래 집단으로부터 만성적으로 소외 혹은 학대를 경험하는 것(예: 왕따와 같은 형태)은 이후 학교로부터의 이탈을 예견하기도 한다(Buhs et al., 2006).

사회적 적응, 정서적 자기조절, 긍정적 자존감 등의 상호 연관성은 잠재기 동안 점진적으로 증가한다. 학령기 아동의 향상된 초자아 기능—즉, 불쾌한 감정을 다루고, 충동적인 반응을 삼가며, 독립적인 자기관리가 증가하는 것—은 "자기조절 및 자존감에 있어서 상대적으로 자율적이고 합리적인 자원"을 형성한다(Novick & Novick, 1994, p. 158). 다수의 경험적 연구에 따르면 행동 및 정서의 빈약한 통제는 중기 아동기에 또래로부터의 거절과 연관되는 반면, 높은 수준의 자기조절은 유능한 사회적 기능과 상호 연관되어 있다(예: Contreras et al., 2000; Eisenberg et al., 1996, 1997; Pedersen et al., 2007). 학령기 아동과 함께 있는 사람들은 아동에게서 보이는 또래의 상대적 성공이나 실패에 대한 예민한 자각을 관찰할 수 있다. 게임에서 졌을 때 슬픔을 가누지 못할 정도로 울거나 폭발하듯 화를 내고 좌절했을 때 언어적으로 공격하는 것은 아동으로 하여금 자기비난 및 타인의 못마땅한 태도에 더 취약하게 한다.

잠재기의 젠더 간 집단 분열

젠더 정체성의 통합 및 또래 규범의 습득은 주요하고 상호 연관된 아동기 과업이다. 전자가 성인의 역할 모델에 깊은 영향을 받는 반면, 후자는 아동에서부터 발생한다(Sroufe et al., 1993; Tyson, 1982). 잠재기의 사회적 세계는 눈에 띄게 젠더에 따라 나뉜다. 초등학교 놀이터를 보면 주로 동성 집단의 아동으로 구성되는 주도적인 사회적 양식을 금세 알 수 있다. 아동이 만든 정교한 규칙과 그에 따른 결과에 의해 유지되는 확고한 젠더 경계들은 잠재기에 주도적으로 나타난다(예: 3학년 남자아이들 집단에서 한 남자아이가 여자아이를 자신의 생일 파티에 초대하면 그 아동은 또래 남자아이들과 매일 같이 하던 술래잡기에서 소외된다). 아동은 자유놀이 시간의 대부분을 집단이든 일대일 친구관계든 동성 친구들과 보낸다. 잠재기가 끝나감에 따라 전사춘기 발달이 시작되고 사회적 젠더에 따른 분리는 지속적으로 나타난다. 하지만 동시에 이성에 대한 상당한 관심 및 이와 관련된 대화 역시 출현한다(Sroufe et al., 1993).

젠더 기반의 경계 및 행동은 발달상의 유익을 가져오지만 잠재기의 엄격하고 순응적인 사회성은 명백한 젠더 범주화에 저항하는 아동의 감정 및 행동에 심각한 도전을 부여한다(Egan & Perry, 2001). 하지만 여성 및 남성 정체성의 통합, 사회적 자부심, 젠더 공존 감정 등은 동성 집단 및 여아들의 비밀 이야기나 줄넘기, 남아들의 저돌적인 놀이, 두 집단 모두에서 나타나는 팀 운동경기와 같은 동성 집단의 전형적인 활동들로 인해 나타나는 긍정적인 결과 중 하나다(Friedman & Downey, 2008; Kulish, 2002). 아동기의 젠더 우월주의 경향은 더 큰 소속감, 자기인식, 자존감 등에 기여하기도 하며 젠더 분리 역시 잠재기 아동으로 하여금 오이디푸스기 욕구들에 저항하는 방어를 강화하도록 돕는다. 앞의 '인지성숙과 잠재기 아동의 마음' 절에서 논의했듯이 구체적이고 범주화된 젠더에 대한 시각은 사실 학령기 아동의 지적 양식과 양립 가능하며, 실제로 잠재기로 들어갈 무렵 아동은 이미 젠더의 질에 대한 견고하고 고지식한 시각을 가지고 있다(Giles & Heyman, 2005).

동성 또래와 많은 시간을 함께 보내는 것은 젠더화된 대화 및 행동에 지속적인 강화를 제공한다(Friedman & Downey, 2000; Maccoby, 2002). 남아들의 놀이는 활동 지향적이고 종종 위험하면서도 외적 갈등을 포함한 주제들을 반영하고, 여아들의 놀이는 보다 덜 물리적이며 집안일이나 로맨스에 대한 내용을 포함하는 경향이 있다. 잠재기 동안 관계의 질에서도 여성과 남성은 서로 구별된다. 여아들의 교우관계는 서로의 생활에 대한 친밀한 공유를 포함하는 반면, 남아들 간의 유대감은 서로의 경험이나 태도에 대한 지식은 거의 없이 함께 하는 행동이나 활동에 근거할 때가 많다(Maccoby, 2002). 집단 내에서 남아들은 경쟁적이고 배타적이며 위계적인 조직화가 흔하게 나타나고 몇몇 주도적인 남자아이가 최우위를 차지하곤 한다(Friedman & Downey, 2000). 여아들은 집단 내에서 비교적 덜 공격적이고 잘 인내하는 편이지만 여성의 적대감은 '관계적 공격성'(예: 유대가 긴밀한 패거리 집단, 집단의 구성원이 아닌 아동들에게 못된 태도를 보이는 것)을 통해 표현된다(Crick & Grotpeter, 1995; Friedman & Downey, 2008).

잠재기 아동의 부모에 대한 의존성이 감소함에 따라 동성 교우관계, 집단에서 구성원의 자격을 갖는 것은 강력한 보상적 공동체 인식과 유대감을 제공한다(Knight, 2005). Friedman과 Downey(2008)는 남성으로만 구성된 또래 집단은 중기 아동기 남아들에게 '젠더 가치에 근거한 자존감'을 조성하는 데, 특히 중요한 역할을 하는 것으로 보인다고 했다. 이러한 집단에 소속되지 못하는 것은 아동에게 낮은 자아존중감 및 깊은 소외감을 가져온다. 이들은 모든 아동이 "중기 및 후기 아동기 동안 동성 또래 집단으로부터 경험하는 따돌림 혹은 비하의 고통스러운 영향력은 남은 생애 동안 지속되는 경우가 많다."라고 했다(Friedman & Downey, 2008, p. 153).

다음의 예들은 중기 아동기에서 흔하게 관찰할 수 있는 젠더에 따라 분리된 놀이 및 태도를 잘 보여 주고 있다.

자신의 작은 조랑말 인형과 갖가지 도구들을 집에서 가져온 6세 여아들은 쉬는 시간이 되자 자신이 가져온 것들을 조심스럽게 학교 운동장으로 가지고 나갔다. 이들은 조랑말의 털을 빗어 주고 푸른빛 털을 가진 조랑말이 왕자가 되고 분홍빛 털의 조랑말은 공주가 되는 상상놀이를 하기로 했다.

전교생이 이미 절친한 친구라는 것을 알고 있고 자주 만나서 함께 노는 두 명의 9세 여아는 학교 운동장 구석으로 가서 동서남북 종이접기/점쟁이 종이접기(종이로 접어서 만든 복잡한 구조 안에 '예언/운세'를 적는 것)를 만들고 있었다. 모두 다 만들고 난 후 이들은 다른 여아들에게 동서남북/점쟁이 놀이를 같이 하자고 했다. 그러는 동안 남

자아이들 몇 명이 무슨 일인지 보러 왔지만 여자아이들은 남자아이들을 피하면서 자리를 떠났다. 어이없다는 듯이 몇 마디 하고 나서 남자아이들은 운동장으로 돌아가 킥볼을 하며 놀았다. 두 명의 절친한 친구는 다른 아이들의 운세를 맞히기 시작했고 나쁜 운(대부분의 경우 결혼과 가정에 대한 운세)이 나왔을 때는 몇몇 또래와 함께 깔깔거리며 즐거워했다. 그러던 중 나쁜 운세가 걸린 한 여자아이가 울기 시작했고 어른들이 와서 무슨 일인지 살펴보더니 두 명의 선동자를 혼내고 마음이 상한 아동을 달래며 동서남북 종이접기/점쟁이 종이접기를 압수해 갔다.

대여섯 명의 10세 남아가 자발적으로 술래잡기를 하고 있었는데 곧 어디에 술래의 본거지를 정하고 어떤 규칙을 따를 것인지에 대한 의견 차이가 벌어졌다. 한동안 소리를 지르며 손짓을 하더니 다른 아이들보다 키가 크고 유능한 운동선수라고 알려진 한 남자아이가 자연스레 리더 역할을 하게 되었지만 아동의 중재에도 갈등이 완전히 없어지지는 않았고 20분 후 쉬는 시간이 끝났을 때도 놀이를 시작하지 못했다. 남자아이들은 모두 짜증이 났고 놀이 시간을 놓친 것에 대해 서로를 탓했다.

제니는 11세 여아로 5학년에서 가장 뛰어난 운동선수였으며 학교에 다니는 내내 기민하고 운동기술이 좋기로 유명했다. 몇몇 여아는 제니를 말괄량이로 부르기도 했지만 남자아이들보다 빨리 달릴 수 있는 제니의 능력에 감탄하고 남자아이들이 좌절하는 것을 보며 기뻐했다. 6월 말에 열린 운동회에서 여아와 남아들이 달리기 경주를 할 때 제니 주변의 여자아이들은 모두 제니가 남자아이들을 앞질러 결승선을 통과했을 때 모두 다 환호성을 질렀다.

몇 가지 전형적인 젠더에 따라 분리된 잠재기 놀이와 여가 활동은 아동이 "새롭게 억압된 욕구들"을 다루기 위해 의식과 상징화를 사용하는 것을 보여 준다(Clowes, 1996, p. 438). 여아들의 경우 반복되는 요소들을 포함한 놀이–손뼉치기, 노래를 부르며 하는 줄넘기–가 젠더와 연관된 불안을 완화시키고 성적 및 공격적 감정의 표현 기회를 제공한다. 이러한 활동에서 나타나는 행동 및 발화는 모두 감각적인 운동 및 성, 공격성, 경쟁과 관련된 주제들에 있어서 구조화되고 즐거우면서도 매우 사회화된 통로를 제공한다(Goldings, 1974). 이와 유사하게, 나이가 많은 잠재기 남아들의 전형적인 저속하고 사적인 농담은 성적 정복, 신체적 상해, 남성성의 상실에 대한 두려움과 같은 오이디푸스기의 주제와 두려움들을 드러낸다. 또래와 농담을 하고 명백하게 성적인 내용을 공유함으로써 학령기 남아들은 기저에 있는 불안을 완화하고 충동을 안전한 환경으로 돌릴 수 있다. 집단을 통해 얻는 지지 및 소속감은 아동의 신체를 기반으로 한 불안의 강도를 완화시킨다.

부모-아동 관계

잠재기 아동의 자율성 및 비가족적 삶에 대한 참여의 증가는 부모로부터의 분리에 대한 인식을 강화한다. 학교를 중심으로 이루어지는 성취 및 새로운 교우관계는 자부심과 소속감을 가져오지만 집을 떠나 학교에서 보내는 많은 시간과 부모-아동 간의 친밀감 상실은 외로움 및 혼자 떠도는 듯한 느낌을 유발한다. 아동은 또래 집단의 요구, 기대, 반응에 반드시 적응해야 하는데, 이러한 것들은 모두 부모와 형제로부터 경험하던 것과는 전혀 다른 것이다(Friedman & Downey, 2008). 종종 부모는 아동의 자립성을 독려하며 집 밖에서 하는 활동을 격려하고 다양한 방과 후 활동을 할 수 있도록 해 준다(Knight, 2005). 아동이 보다 독립적인 자기통제를 습득하고 부모의 물리적 존재에 덜 의존하게 되면서 이전의 부모-아동 간 친밀한 유대는 사라지고 애도된다. 이러한 고통스러운 과정은 죄책감과 만족을 모두 야기한다. 잠재기 아동은 부모의 새로운 유능함을 발견해 감과 동시에 부모에 대한 축소된 시각을 받아들이려고 노력한다(Loewald, 1979).

더 큰 자유 및 독립성으로의 불가피한 전환에도 불구하고 부모와의 긍정적이고 지속적인 관계 및 강력한 부모-아동 유대의 역사는 잠재기 아동의 자율성 기능 및 사회적 영역 확장의 도구가 된다. 유아기에 나타난 안정 애착은 연령에 적합한 자기조절 역량 및 행동상 어려움으로부터의 상대적 자유, 중기 아동기의 사회적 유능감과 높은 상관관계에 있다(Cohn, 1990; Contreras et al., 2001). 뿐만 아니라 초기 아동기에 나타나는 아동의 분리와 자율성, 부모의 지지는 학령기 동안 아동의 자립성 및 학업적 적응력의 예측 요소가 된다(National Institute of Child Health and Human Development, 2008). 잠재기 아동 발달에 있어서 아빠의 구체적인 역할에 대한 연구는 상대적으로 적지만, 여러 가지 연구에 따르면 중기 아동기에 남아를 위한 남성

부모의 지지와 조언이 증가한다고 한다(예: Diamond, 1998; Knight, 2005).

잠재기 동안 나타나는 엄마-아동 애착에 대한 경험적 관찰에 따르면 관계에 있어 안정 및 불안의 패턴은 영아기에서 중기 아동기에 이르기까지 매우 안정적이며 주요한 사회적 · 정서적 발달에 지속적으로 깊은 영향을 준다. 두 가지 주요한 연구(Main & Cassidy, 1988; Main et al., 1985)는 아동이 부모와의 분리 시에 보이는 행동 및 부모가 막 자리에서 일어나 나가려고 하는 모습을 담은 사진 여러 장을 보여 주었을 때 보이는 반응을 통해 잠재기 아동의 애착을 진단했다(후자의 연구에서는 대상 아동은 사진 속 아동이 어떤 기분일 것 같은지 설명하고 부모와 떨어질 때 어떻게 대처할지 이야기해 보라고 했다). 이전에 '안정 애착'으로 분류된 아동과 엄마 사이에서는 개방되고 정서적으로 풍부한 언어 및 비언어적인 교환을 나타냈다. 잠시 떨어져 있다가 다시 만났을 때 이들은 부모가 돌아온 것을 기뻐하며 부모가 없을 때 자신이 했던 활동들에 대해 이야기하고 풍성한 언어적 대화를 나누었다. 분리를 묘사한 사진을 제시했을 때 애착 형성이 잘 된 이 아동들은 사진 속 아동의 감정적 상태에 대해 자유롭게 이야기하고 문제 해결을 위한 논의에 참여했다. Main 등(1985)이 언급했듯이, "안정적인 6세 아동은 부모와의 대화 중에 이야기를 하든 애착과 관련된 상상 속 상황에 대해 논의를 하든 정서, 기억 및 계획에 대한 자유분방한 접근을 보인다"(p. 95). 이와 반대로 불안정 애착 아동은 엄마에 대해 통제적이고 비판적인 태도를 보였고 명백한 무관심 혹은 양가감정을 보이며 엄마가 돌아왔을 때 접근-회피 반응을 보였다. 이들은 사진에 대해 침묵으로 반응하거나 정서적으로 지나치게 각성된 상태를 보였고, 어떻게 대처할지에 대한 논의를 할 때는 일관성 및 연관성이 결여되어 있었다.

학습 및 학업적 삶/학업생활의 중요성

학습, 자존감, 학습장애의 영향

잠재기 아동의 인지적 성숙, 자기통제 향상, 숙달에 대한 강렬한 욕구는 이전에 없던 학습 가용성에 기여한다. 6~11세 사이 저학년 학생들은 엄청난 양의 지식을 흡수하고 다양한 종류의 기술을 습득하도록 기대된다. 가족관계 및 형제관계와 더불어 교육적 환경은 아동의 변화하는 유능감 및 사회적 유대에 강력한 영향을 주는데, 이는 지적 자원 및 대인관계 경험 자원의 지속적인 근원이 되며 창의성과 운동능력 추구 환경을 제공할 때가 많다. 잠재기의 주요한 발달 성취는 좌절을 경험할 때 요구되는 근면, 생산성, 끈기 등을 포함한다. 학습 및 과제에 있어서 동기와 목표 지향적 태도를 유지하는 것은 초등학교 이후 시기의 성공적인 협상능력의 핵심적인 기초를 형성한다(Erikson, 1950). 뿐만 아니라 아동의 학습 수용성은 전적으로 차분한 내적 상태에 달려 있다. 아동이 분리 및 수행 불안에 대응하는 능력과 개인의 감정과 충동을 다루는 능력은 학교생활 적응의 주된 결정 요인이 된다. 학교 공포증 및 다양한 학습 및 주의력 관련 문제들과 같은 여러 가지 학습, 불안 및 발달장애가 아동이 학교환경에서 압력 및 기대를 경험할 때 드러나는 것은 놀라운 일이 아니다(결국 임상적인 문제로 이어지는 경우도 있다). 여기서 우리는 학업기술에 영향을 주고 더 넓게는 잠재기 동안 자아 역량을 방해하는 특정한 학습 및 발달 장애에 대해 간단하게 논의하고자 한다.

한 9세 여아가 묘사한 것과 같이, 자신이 지속적으로 어려움을 경험하는 읽기가 식당에서 또래들 사이의 대화 주제가 될 때 교실은 마치 "내가 수영을 하는 걸 모든 사람이 바라보며 내 실수를 잡아내려고 하는 어항" 같다. 개인의 강점들과 약점들은 학교환경에서 생생하게 드러나고 끊임없이 평가받는다. 다수의 이론가가 설명했듯이(예: Gilmore, 2002; Novick & Novick, 2004; Rothstein, 1998), 아동의 자기감은 학습에 있어서의 성공 및 실패와 점점 더 서로 얽히게 된다. 주로 1~2학년 때 나타나는 학습 지연은 아동의 숙달감 및 사회적 수용에 심각한 위협이 되며, 특히 잠재기 또래 집단이 개인의 기술 수준에 대해 높은 자각을 보일 때 더 그렇다. 성취에 있어서 사소한 지연도 아동의 경험에 깊은 영향을 줄 수 있다. 소리 내어 읽는 것이 느리거나 글씨 쓰기에 미숙한 아동은 매일 자신이 경험하는 장애물이 매우 공적으로 상기되는 것을 경험하며, 이는 아동으로 하여금 사회적 당혹감, 수행 불안, 학습에서 느끼는 즐거움의 감소 등에 취약하게 만든다. 읽기와 쓰기의 지연은 잠재기 아동에게 특히 고통스러운데, 이는 표준 교육과정이 읽기와 쓰기를 평가하고 학급의 학생들을 전형적으로 읽기와 쓰기 수준이 '높은' 아동과 '낮은' 아동으로 나누도록 매우 강조하기 때문이다. 학령기 아동들은 이러한 구분을 매우 예민하게 의식하는 경향이 있고 읽기능력이 강한 학생과 약한 학생이 누구인지 서로 잘 알고 있다. 보다 덜 명시적인 수준에서는 학교생활을 마친 지 오랜 시간이 지난 후에도 자기관

에 깊은 영향을 주는 개인의 결점에 대한 무의식적 공상은 아동이 자각한 한계와 장애들을 중심으로 통합된다(Coen, 1986).

비록 정의는 다양하지만 최근 들어 **학습장애**는 아동의 기초적인 학업기술 습득을 방해하는 특정한 신경학적 손상을 반영한다고 여겨진다. 최근 연구들(예: Tanaka et al., 2011)은 신경학적 결손을 보완하는 기능적 자기공명 영상을 사용한다. 듣기, 철자쓰기, 읽기, 작문, 산수 등의 다양한 범주의 장애들을 포함하는 이와 같은 장애들은, 비록 몇몇 연구에서는 훨씬 더 높은 비율을 제시하고 있지만 적어도 4~6%의 학령기 아동에게 영향을 미치는 것으로 나타났다(Chalfant, 1989; Kavale & Forness, 2000; Shaywitz et al., 1992). 우울, 주의력장애, 불안, 사회적 어려움, 신체적 호소 등의 동반질환 비율은 학습장애 인구 내에서 높게 나타난다(San Miguel et al., 1996; Sideridis et al., 2006; Willcutt & Pennington, 2000). 이어서 우리는 두 가지 흔한 장애 및 그 장애들이 잠재기 아동의 학습 경험, 사회-정서적 발달, 자아구조의 성숙에 있어서 지니는 광범위한 함의에 대해 살펴보고자 한다.

읽기 지연

난독증은 흔한 학습장애로 초등학교 아동의 5~10%(몇몇 연구에서는 훨씬 높은 비율을 제시하고 있다)에 영향을 주고 학습장애 인구의 대략 80%를 차지한다. 난독증의 주된 특징은 빈약한 음운과정이며 종종 아동의 읽기 유창성과 철자쓰기 기술 습득을 심각하게 방해한다(Gabrieli, 2009; Hudson et al., 2007; Lyon et al., 2003; Shaywitz, 1998). 난독증을 지닌 아동은 흔히 주의력 문제와 같은 동반 조건을 가지고 있으며, 이는 이러한 아동의 지적 · 심리적 발달을 더 복잡하게 만든다. 읽기 지연이 항상 난독증과 연관 있는 것은 아니다. 읽기 지연은 학교환경에서 특히 도전이 되며 다양한 과목에 영향을 준다. 난독증을 지닌 아동은 종종 언어 해독에 약하기 때문에 즉각적으로 어려움을 겪는 반면, '후기에 출현하는 읽기기술이 빈약한 학생들'은 처음에는 읽기에서 유능함을 보이지만 읽기 이해의 요구가 증가하는 고학년이 될수록 점차적으로 낙오한다(Catts et al., 2012). 이처럼 약간 나이가 많은 아동들은 자기-타인 간의 비교에 대해 더욱더 예민한 인식을 소유하고 있으며 개인적 상태 및 사회적 수용에 대한 우려가 커지는 또래 집단 경험에 대처해야만 한다.

학급 밖의 삶 역시 변화를 경험한다. 읽기와 쓰기로 인해 힘들어하고 읽기를 불안 및 좌절과 연관시키는 초기 혹은 후기 잠재기 아동은 승화 및 자기조절에 있어서 발달적으로 적합한 도구들에 쉽게 접근하지 못한다. 즐거운 읽기 및 목표 지향적인 연구, 소설이 불러일으키는 공상 등은 학령기 아동이 강렬한 감정과 욕구들을 분출하는 중요한 통로가 된다. 학교에서의 반항적인 행동 혹은 숙제 거부는 흔하게 나타나는 행동이다. 읽기 지연을 지닌 어떤 아동들은 자신의 어려움을 숨기려고 한다. 예를 들어, 낮은 읽기 수준으로 인해 심한 수치심을 느끼는 8세 남아는 학급의 개별 읽기 시간 동안 작정이라도 한 듯 이야기책을 들고 앉아서 선생님과 학급 친구들이 자기가 책의 내용을 이해하지 못한다는 것을 눈치채지 않기를 바랐다. 뿐만 아니라 언어에 있어서 근본적으로 약한 아동들은 의사소통과 정서적 자기조절 모두에서 언어적 자기표현을 사용하는 데 제한된 역량을 가지고 있다. 상징화하고 즉각적인 경험을 조절하는 언어 사용은 위기에 처하게 되며, 이는 아동으로 하여금 과자극에 취약하게 만든다(Arkowitz, 2000; Weinstein & Saul, 2005).

주의력 문제

주의력결핍 과잉행동장애(attention-deficit/hyperactivity disorder: ADHD)는 학령기 아동의 5~10%에서 나타나며 남아가 여아에 비해 네 배 더 많다(Biederman et al., 2002; Canters for Disease Control and Prevention, 2010). 주의력 및 행동의 빈약한 자기통제라는 주된 증상을 지닌 이 장애는 매우 다양한 형태로 표현된다. 주의력 결핍이 있는 아동들은 환경에 따라 현저하게 다르게 보인다. 뿐만 아니라 아동이 성숙해 감에 따라 징후도 다르게 나타난다. ADHD는 사회적 · 정서적 지연 및 입증된 학업 문제와 같은 다양한 범주의 기능적 손상과 상호 연관되어 있다(Barkley, 2006). 주의산만성과 충동성은 아동이 1학년 혹은 2학년이 되었을 때 종종 처음으로 보고된다. 몇몇 연구(예: Loe et al., 2008)에서는 행동적 징후가 유치원 시기 때부터 이미 분명하게 나타난다고 말하고 있다. 겉으로 드러나는 주의력 결핍의 조짐(초조함, 집중력 결여, 어려운 과제 완성의 실패) 외에도 주의력 문제의 존재는 지적이고 정서적인 정보를 통합하고 조직화하는 아동의 역량에 영향을 주며 잠재기 동안 초자아 역량 및 사회적 관계 발달에 심각한 방해가 될 수 있다(Gilmore, 2002).

주의산만성 및 충동성이 처음으로 보고되는 1~2학년에서부터 시작해서 아동은 점점 더 초점을 맞추고 유지하며, 주의를 산만하게 하는 요소들 및 과도한 정보

를 가려내고, 다양한 과제의 우선순위를 정해야 한다. 인내와 끈기, 계획, 내적 좌절의 관리 등은 전형적인 학급 목표의 성공적인 성취에 있어서 필수적이다. 잠재기 동안 엄청난 성숙이 이루어지는 복잡한 일련의 인지적 통제과정(**행정기능**)은 전형적으로 아동이 다양한 과제에 적응하고, 자기수행을 점검하며, 특정한 전략을 선택하고, 타인을 억제하는 능력을 안내한다. 주의력 통제가 약할 때 아동은 과제를 완전히 이해하기도 전에 충동적으로 반응할 수 있고, 관련이 없는 자극에 집중하거나 명백한 오류를 수정하는 데 실패한다. 부모와 교육자들은 종종 조직화의 어려움, 빈약한 시간 관리, 계획의 부재 등에 대해 이야기한다. 뿐만 아니라 해독에 있어서의 취약성은 주의력장애의 한 종류는 아니지만 주의가 산만해질 수 있는 아동은 종종 읽기 지연을 나타낸다. 이들은 마음속에 정보를 간직한 책을 다시 읽는 것과 같은 복잡한 과제들에서 어려움을 겪고 있으며 중요한 내용들을 흡수할 때 공백을 나타낸다.

학업적 환경의 안과 밖에서 나타나는 주의력 및 충동의 빈약한 통제는 미묘한 사회적 단서들을 식별하고, 대인관계에서의 실망감을 견디며, 복잡하고 빠르게 진행되는 또래 상황에 융통성 있게 적응하는 아동의 역량을 제한한다. 주의가 산만하고 충동적인 10세 남아는 반복적으로 자신을 거부한다고 생각하는 다른 아동들의 관심을 얻을 '전략'을 사용하는데, 여기에는 교실에서 다른 남자아이들을 따라다니고 다른 아이들이 화가 나서 자기를 (부정적으로) 알아줄 때까지 찌르고, 더 멀리까지 쫓아다니는 것을 포함한다. 아동은 스스로를 멈추고 자신의 행동이 가져오는 부정적인 결과를 인식하거나 다른 접근 방식을 취할 줄 모르는 것처럼 보인다. 이런 아동들은 미묘한 학업적 정보를 받아들이고, 수업 시간에 불쑥 대답을 하지 않고, 잡담이나 농담으로 또래의 주의를 산만하게 하지 않는 것을 어려워한다. 이들은 학급의 교사와 너무 친숙하며, 학업적 실패를 점점 더 많이 경험하게 됨에 따라 인정과 확인을 얻기 위해 부적응 행동을 함으로써 종종 교사와 또래 모두에게 강렬한 부정적인 반응을 불러일으킨다.

사회-정서 발달 및 자율성에서 학습 지연의 영향

언어, 지각 운동, 기억, 주의력 역량에 있어서의 도전은 아동의 성격, 관계의 질 및 내적 확신과 자신감에 불가피한 영향을 준다. 정규 학습이 시작되기 이전인 초기 아동기의 학습 지연은 아동을 위축되게 하고 분리, 자율성, 자기조절 경험에 영향을 끼치기 시작할 수 있다. 예를 들어, 의사소통이나 운동 협응력 결핍은 매우 어린 아동의 자기-타인 분화에 대한 자각 출현을 방해할 수 있다. 또한 기억이나 지각 처리에 있어서의 지연은 유아기 및 전학령기 아동이 자기 및 타인의 특질들이 안정적이고 영속적임을 점진적으로 깨닫는 데 방해가 될 수 있다(Rothstein, 1998).

학습에 있어서의 문제는 다양한 환경 속에서 드러난다. 아동의 사회적 고립 경향, 훨씬 어린 아동과 놀기를 선호하는 것, 새로운 학업 활동을 두려워하거나 피하는 것, (해당 연령에서 전형적으로 나타나는 것 이상의) 거짓말 및 속이기, 좌절을 잘 견디지 못하는 것 등은 언어체계 혹은 행정기능에 있어서의 취약성과 사회-정서적 상관관계에 있다(Rothstein et al., 1988). 뿐만 아니라 학업적 도전을 경험하는 아동들은 교육적 기대를 만족시키기 위해 추가적인 지원이 요구되기 때문에 종종 성인의 도움을 다시 받게 된다. 이렇게 연장된 의존성은 아동의 자율감 및 독립감을 방해하고 가족 너머의 세계로 자신감을 가지고 참여하는 데 방해가 된다. 저학년 때부터 이미 아동의 사회적 상태 및 또래 집단으로부터의 수용은 아동의 우수한 학교생활 수행과 긍정적인 연관성이 있다. 실제로 성공적인 학생들은 자신의 놀이 친구를 초등학교 시기 후반부에 찾기 시작한다(Veronneau et al., 2010).

다음의 사례는 정상 발달을 보이고 전반적인 지적 역량이 평균 혹은 그 이상의 수준인 8세 여아의 경도 수학 지연의 확장된 사회적 · 정서적 효과를 보여 주고 있다. 산수를 이해하는 데 있어 겪는 섀런의 어려움이 공식적인 학습장애로 분류되지 않았지만, '수학 보충반'에 배치되었다는 사실은 섀런에게 엄청난 결과를 가져왔다.

유치원에 다니는 동안 섀런은 초기 학습 준비기술 및 사회 적응에 성공적이었다. 하지만 1학년이 되면서 수학에 어려움을 보이기 시작했고, 2학년이 되면서부터는 교사가 섀런이 수학 보충학습이 필요하다고 했다. 그 결과, 섀런은 하루에 한 번씩 정규 학급 수업에서 나와 소그룹에 참여하게 되었다. 첫 한 달 동안 섀런은 학교에 가기 전에도 학교에 다녀와서도 매일 울면서 교실에서 혼자 나와 친구가 하나도 없는 소그룹에 가야 하고 그럴 때면 친구들이 자기에 대해서 수군거리는 것이 싫다고 항변했다. 섀런은 자기는 수학을 하는 데 아무 문제가 없다고 우겼고 선생님이 자기를 '수학 보충반'에 가게 한 것은 선생님이 자기에게 '못되게' 굴기 때문이라고 했다. 섀런의 부모는 섀런과 함께 침착하게 이야기를 해서 설득하려고 했지만 잘 되지 않았다. 선생님은 섀런이 학교

에 있는 동안 충분히 행복해 보인다고 안심시키려고 했지만 섀런이 아침마다 복통이나 두통을 호소하고 어떤 때는 너무 아파서 학교에 갈 수 없다고 했기 때문에 섀런의 부모는 염려가 됐다. 섀런의 주치의는 섀런의 정신신체증 증상이 증가하는 의학적인 이유를 찾을 수 없었다.

섀런은 산수에 있어서 가벼운 학습 문제를 가지고 있었을 뿐임에도 학교에 가는 것을 기피하기 시작했다. 섀런의 부모는 섀런의 두통과 복통으로 인해 진심으로 걱정이 되었고 특히 섀런이 항상 학교에 가는 것을 좋아하고 학급에서 하는 사회적 활동 및 학업적 활동에 참여하고 싶어 하는 아동이었기 때문에 더 염려가 되었다. 섀런은 수학에 있어서 추가적인 도움을 받는 것에 대해 자신이 불공평하게 벌을 받고 있다고 느꼈고 원래 자기가 속한 학급을 떠나 소그룹으로 갈 때 자신이 노출된다고 느껴져 당혹스러웠다. 결국 부모의 지지 및 수학 보충반 선생님과 담임 선생님으로부터 받은 위로와 피드백, 기타 영역에서의 학업 및 사회적 만족 등은 섀런으로 하여금 자신의 상황에 점차적으로 적응할 수 있게 했다. 1년 동안 수학 보충수업을 하고 집에서 추가로 과외를 하면서 섀런은 뒤처진 것을 따라잡을 수 있었고 3학년 때는 원래 학급으로 돌아갈 준비가 되어 있었다.

이와 반대로, 다음의 예는 보다 심각한 학습상의 도전을 경험하는 3학년 아동을 묘사하고 있다. 빈약한 주의력 역량으로 인해 에릭은 방대한 양의 정보를 흡수 및 일상적인 과제 수행에서 어려움을 겪고 있었을 뿐만 아니라 전반적인 행동, 사회, 및 정서 기능에도 문제가 있었다.

에릭의 부모는 항상 에릭이 활동적이고 말이 많으며 다소 달래기 어려운 아이라고 생각하고 있었다. 에릭은 운동을 매우 잘했지만 가끔씩 친구들과 너무 심하게 야단법석을 떨었고, 좌절했을 때 자주 '세상이 무너지는 것처럼' 굴곤 했다. 하지만 뛰어난 언어력, 신체적 민첩함, 전반적인 유머 감각 등은 유치원에서 지내는 동안 에릭의 자원이 되었다. 잘 진정하지 못한다거나 집단 활동을 잘 따르지 못한다는 말을 아주 가끔 들을 뿐이었다. 하지만 1~2학년 동안 에릭은 일상적인 학급 활동을 잘 따라가지 못하고, 손을 들지 않고 아무 때나 불쑥 질문한다는 이야기를 점점 더 자주 듣게 되었다. 그럼에도 불구하고 언어적 재능 덕분에 만족스러운 학업적 결과를 얻을 수 있었고, 에릭의 부모는 에릭의 과도한 흥분 상태가 '자라면서 사라질 것'이라고 생각했다.

3학년 초부터 선생님은 에릭이 심각하게 걱정된다고 했다. 에릭은 옆에 있는 아이들을 산만하게 하며 선생님이 수업을 진행하는 동안 자기도 함께 말을 하고 숙제는 대충 빨리 끝내 버렸다. 공책은 난장판이었고 숙제를 해 오지 않는 경우도 자주 있었다. 뿐만 아니라 학급 친구들을 방해하며 조용할 때 친구들의 주의를 끄는 것에서 즐거움과 만족을 느끼고 '학급의 광대' 역할을 자청하는 것처럼 보였다. 또래 친구들은 가끔씩 에릭이 재미있다고 느꼈지만 많은 아이가 에릭의 우스꽝스러운 행동이 짜증난다고 했다. 에릭은 친구들이 짜증을 내면 더 심하게 행동을 해서 선생님이 개입을 해야 할 때도 종종 있었다. 집에서 숙제를 하는 시간은 갈수록 불쾌하고 다툼이 많아지는 시간이 되었다. 에릭은 숙제를 다 마칠 수 있을 때까지 충분히 길게 집중할 수 없었고 숙제를 빨리 끝내 버렸다. 언어로 생각을 표현하고 대화하는 능력이 뛰어남에도 불구하고 에릭의 성적은 점점 더 떨어지기 시작했다.

에릭은 전형적인 3학년 수준의 과제를 꾸준히 하는 데 있어서 반드시 필요한 차분하고 중립적인 내적 상태를 유지할 수 없었다. 집중을 하지 못하며 자신이 늘 안절부절 못하고 학급 규칙을 따르지 못하는 것을 점점 더 자각하게 되면서 에릭은 부정적인 방법으로 만족감을 찾기 시작했다. 기민한 언어적 사고 및 반응을 사용해서 재치 있는 농담을 했고 가끔씩 학급 친구들이 자기 농담에 웃을 때면 에릭은 더 고도로 자극을 받고 우스꽝스러운 행동을 했다. 선생님에게 꾸중을 들을 때면 바로 마음속으로 수치스럽고 후회가 되었고 이러한 감정을 동반한 불쾌감으로 인해 더 방어적인 농담과 행동을 함으로써 스스로 자기통제가 빈약하다는 것을 인식하지 않으려 했다. 결국, 교사의 권유로 에릭의 부모는 전문가의 진단을 받았고 주의집중장애라는 진단과 함께 치료를 시작하게 되었다.

잠재기의 사회화 및 학습

- 또래관계, 지각된 사회적 지위, 학습 숙달 등은 모두 중기 아동기에서 큰 의미를 지닌다.
- 초등학교 시기 동안 또래의 수용은 청소년기 학업 및 사회적 적응과 상호 연관관계에 있다.
- 또래 집단과의 연결은 잠재기 아동의 부모-아동 친밀감 상실 및 이에 따른 외

로움의 감정을 보상해 준다.

• 행동에 있어서 자기통제 및 정서적 자기조절과 같은 잘 발달된 초자아 역량은 잠재기 친구관계를 위한 기초를 제공하고 자기 및 타인으로부터 긍정적 존중을 받는 데 기여한다.
• 젠더에 따라 분리된 집단 사회화는 정체감 및 소속감을 강화하도록 돕지만 전통적이고 배타적인 태도를 야기하기도 한다.
• 남자 아동 집단은 위계적인 조직화, 물리적 행동, 명백한 경쟁, 우월주의적 태도를 보이는 경향이 있다.
• 여자 아동 집단은 개인적 친밀함을 더 많이 보이는 경향이 있지만 관계적 공격성을 사용하기도 한다.

잠재기의 두뇌 성숙 및 신체발달

변화가 일어나는 잠재기의 정신적 발달은 눈에 띄는 전두엽의 급성장에 부합해서 일어나는데, 이러한 전두엽의 급성장은 5~8세 혹은 7~9세 사이에 발생한다고 알려져 있다(Anderson, 2002; Davies, 2010). 신경섬유의 수초형성(myelination) 증가, 정교화 및 전두엽 연결의 효율 증가는 아동기와 청소년기에 거쳐 지속적으로 진행되기는 하지만, 이처럼 두뇌 성숙이 뚜렷한 시기는 학령기 아동의 구체적 조작기 진입, 전례 없는 학습 가용성 및 현실 지향성의 증가 등과 긴밀하게 연결되어 있다. 기억체계, 인지적 통제, 지적 처리과정의 통합, 새로운 정보 및 기술의 흡수, 처리속도 등은 모두 현저하게 향상된다(Anderson, 2002; Eaton & Ritchot, 1995).

잠재기 아동의 신체적 성장은 유아기나 사춘기에 비해 덜 급격하게 나타나지만 신장이 꾸준하게 자라기 때문에 7~11세 사이에 신체 크기에 있어서 상당한 차이가 나타난다. 뿐만 아니라 중기 아동기의 성장 급등은 7세, 9세, 10세에 나타난다고 알려져 있으며 여아들에게서 초기 사춘기가 시작되기 시작하면 남아들은 뒤떨어지기 시작한다(Butler et al., 1990; Davies, 2010; Eaton & Ritchot, 1995). 이동기술(달리기, 줄넘기, 자전거 타기)은 소근육 및 시각운동 역량(예: 공 다루기, 글씨 쓰기)과 함께 엄청나게 향상된다. 미국 아동의 1/5에 해당한다고(Davies, 2010) 추정되는 소아 비만율의 증가에 대한 공중보건 관련 우려의 증가로 인해 몇몇 연구에서는 중기 아동기의 정적인 습관 대 활동적인 습관의 지속적인 영향을 추적하기 시작했다(예: Janz et al., 2005).

주요 개념

대개 6~10세 사이에 나타나는 아동의 잠재기로의 진입은 정신 조직화, 행동 및 관계에 있어서 중대한 전환점을 의미한다. 아동의 열정적인 갈망 및 노골적인 성적 관심이 지배적으로 나타나는 파란만장한 오이디푸스기와 대조적으로, 잠재기는 협응, 근면한 태도, 규칙 및 행동 기준에 대한 높은 관심 등의 특징이 있다. 아동은 일련의 눈부신 기술과 지식을 흡수하고 숙달하기 시작한다. 읽기와 쓰기 및 운동과 같은 무수히 많은 아동의 새로운 능력은 겉으로 드러나지 않는 감정 및 갈등에 있어서 다양한 **승화**를 제공한다. 또한 아동의 정서적 투자 및 자기존중감은 점점 더 학교, 사회적 활동, 또래 친구관계와 연결된다. 구체적 조작기의 인지적 발달 진전 및 이에 수반되는 두뇌 성숙, 성적 · 공격적 충동의 점진적 억압, 새로운 자기조절 역량, 아동 주변의 문화적 기대 등은 모두 잠재기의 출현을 야기한다.

정신역동이론에 따르면 잠재기는 두 가지 단계로 나눌 수 있다. 6~8세에 해당되는 초기 단계 동안 아동의 경험은 최근에 습득한 초자아 역량들의 지배를 받는다. 자기관리는 미비하고 연약하며 자주 허물어진다. 하지만 8~10세 사이에 아동의 **자아구조**, 대응 기제, 공상, 자기조절 기능 등은 보다 큰 안정성을 요구한다. 자기통제는 더 신뢰할 만하며 아동은 가족 너머의 세상에 더 잘 참여하게 된다. 아동은 잠재기를 거치는 동안 부모에 대해 더 큰 양가감정 및 축소된 이상화를 경험한다. **가족 로맨스**는 보편적인 잠재기 공상으로 아동은 보다 특별한 가족의 기원을 상상한다.

인지 및 자기통제의 성숙, 부모로부터의 독립성 증가, 타인의 관점에 대한 확장된 자각, 강렬한 숙달 욕구 등은 전례 없는 학습 가용성 및 집단 사회화를 양산한다. 동성 집단의 형성은 대개 엄격하게 정의된 변수에 근거하며 매우 가시적인 잠재기 사회화 경향을 보인다. 학교에서의 성공, 친구관계, 또래 집단 안에서의 위치 등은 중기 아동기 동안 자부심 및 긍정적 자존감의 주요한 자원이 되며 이후 학업 및 사회적 적응에도 영향을 준다. 학습에 있어서의 도전 혹은 학습장애는 근본적인 자아 역량, 또래 친구관계 및 학업 기술의 습득을 방해할 수 있다.

- 아동이 인지적으로 전조작기에 진입하면 행동 지향적 문제 해결보다 정신 지향적 문제 해결이 증가하는 특징을 보인다.
  - 자기통제에 있어서 무수한 인지적 발달 진전 및 향상은 아동으로 하여금 학급에서의 학습과 구조화된 집단 활동에 매우 순응적이도록 해 준다.
  - 하지만 잠재기 아동의 구체적이고 '이분법적인' 사고는 도덕성 및 젠더와 같은 복잡

한 개념에 대한 아동의 추론에 한계를 가져온다. 아동은 엄격한 규칙 및 범주화된 구분을 선호하는 경향이 있다.

- 잠재기 초기 단계(6~8세)는 아동이 최근 습득한 초자아 구조 및 오이디푸스기 욕구와 충동에 대한 연약하고 불완전한 숙달에 크게 영향을 받는다.
  - 아동은 퇴행적 소망의 위협에 강력하고 엄격한 방어로 대항하는데, 이로 인해 융통성이 결여된 규칙을 고집한다.
  - 초자아 태도의 외면화는 주된 방어다.
- 잠재기 후기 단계(8~10세)의 특징은 보다 향상된 내적 안정성 및 더욱 신뢰할 만한 내적 통제라고 할 수 있다.
  - 아동은 도덕성의 미묘한 측면들을 파악하기 시작하고 상호성을 이해하며 규칙에 관해 보다 유연한 입장을 수용한다.
  - 자율적인 기능 및 집단 사회화에 대한 몰입은 더 분명하게 나타난다.
- 또래 친구관계는 잠재기 동안 엄청난 중요성을 지니며 부모-아동 친밀성의 상실을 보상해 준다.
  - 친밀한 또래관계 형성에 실패한 학령기 아동은 잠재기 및 이후 시기에도 축소된 자존감 및 외로움에 취약하다.
  - 초등학교 시기에 경험하는 또래의 거부는 궁극적으로 학교 활동 참여의 감소와 상호 연관되어 있다.
  - 정서적 · 행동적 자기통제는 친구관계 및 또래의 수용을 위한 중요한 역량이다.
  - 매우 가시적으로 아동이 부여한 젠더 분리는 동성 집단 및 동성 친구관계로 이어진다.
- 아동의 자기감과 자아존중감은 유능감 및 학습환경에서의 성공과 점점 더 밀접하게 연결된다.
  - 학습 문제는 대개 학령기 초기 동안에 발견되며 아동의 학업, 사회, 자기조절 발달에 지대한 영향을 줄 수 있다.
  - 난독증은 흔하게 나타나는 언어기반 학습장애로 아동의 음운과정을 방해하고 읽기 지연을 야기한다. 또한 근본적인 언어적 지연은 자기조절 문제로 이어질 수 있다.
  - 주의력 결핍은 학습, 자기조절, 사회화를 방해한다.

7장

전청소년기

신체상의 도전,
변화하는 관계,
십 대로의 전환

전청소년기 입문

10세에서 12세 사이 잠재기가 끝나가고 청소년기가 어렴풋이 나타나는 순간, 아이들은 짧지만 격동적인 사춘기 전의 시기로 들어선다. 전청소년기는 아동 후기 동안 시작되며 사춘기에 일어나는 주요 사건으로, 수개월에 걸쳐 호르몬 수준이 증가하다가 성적 성숙의 첫 번째 징표와 함께 끝이 난다. 키와 몸무게의 빠른 증가, 2차 성징의 출현, 새로운 내적 압력과 같은 주관적 혹은 가시적인 신체적 변화 모두 혼란스럽고 통제할 수 없다는 느낌을 준다. 이런 격변은 조용하고 순응적이었던 잠재기 때의 태도를 휘젓는다. 유아적인 갈망과 오이디푸스기 및 전오이디푸스기의 두려움이 되살아나는 한편(Blos, 1958; Dahl, 1995), 아동은 전청소년기에 이르러 인지능력이 향상되고 자율성이 더 높아지며 중학교 문화로 이동하게 되어 복잡한 사회적 · 학업적 환경에 들어서게 된다. 나아가려는 힘과 퇴행하려는 힘에 뒤흔들리는 아동의 내적 균형 상태는 전복되며 '정상적인 위기'(Erikson, 1956)가 뒤따르는데, 대립적인 느낌, 표면화되는 초조함, 불안정한 기분이 두드러지는 경향이 있다.

전청소년기의 정신은 점차 복잡하고 추상적인 문제를 해결하고 자기성찰을 할 수 있는 능력이 커진다. 종종 **형식적 조작 사고**(Inhelder & Piaget, 1958)라고 불리는 이 시기에 인지적이고 사회적인 이해가 가능해지며 아동은 자신의 정신적 과정을 더 잘 통제할 수 있게 되고, 체계적이며 과학적인 추론을 적극적으로 할 준비를 갖추며, 무엇이 가능한지에 대한 인식이 높아진다(Kuhn, 2006; Westen, 1990). 자기와 타인에 대한 무형의 사회적 · 심리적 차원이 보다 구체적인 성질의 것들보다 더 중요한 것으로 간주된다(Auerbach & Blatt, 1996; Westen, 1990). 후기 아동이 함께 활동을 할 친구를 찾는 것과는 달리 전청소년기의 아이들은 상호적이며 타당화를 받을 수 있는 관계에서 자신을 드러내고 대화를 나누는 데 가치를 두기 시작한다. **정신화**(mentalization) 역량이 높아지면서, 자신과 타인의 정신 상태를 곰곰이 생각해 볼 수 있는 능력(Fonagy et al., 2002)은 성숙해진 아동의 상대적인 세계를 풍요롭게 하는 동시에 자기인식 및 자의식을 분명하게 하여, 다른 사람의 의견에 엄청난 관심을 갖게 만든다. 전청소년기의 아동은 가족과 공동체를 넘어선 세계에 대한 인식이 높아지고, 자신과 타인에 대해 보다 현실적인 판단을 하며, 행동의 결과를 이해하는 것에 적응해 간다.

전청소년기로의 진입은 아동이 가족과 또래 집단과 맺고 있던 관계에 근본적인 변화를 시사한다. 유년기에 맺었던 친밀한 관계에서 분리되어 부모-자녀의 유대를 재정립하는 것이 십 대에서의 주된 과제다. 앞서 언급한 바와 같이, Peter Blos(1967)는 이를 '2차 개별화 과정'이라고 불렀다. 잠재기 발달에서 자율성이 높아지고 부모에 대한 이상화가 줄어드는 과정이 점진적으로 일어나던 것과는 다르게 전청소년기 아이의 분리는 보다 급박하고도 극적이다. 대개 부모, 특히 어머니와의 갈등이 높아지는 것으로 알려져 있다(Blos, 1958; Palkoff & Brooks-Gunn, 1991). 아동은 부모와의 유대관계로 퇴행할 가능성이 있는 영향력으로부터 스스로 떨어져 나와 우정, 흥분, 소속감을 위해 또래 집단으로 강력하게 돌아선다.

정신적인 삶에서 신체의 중요성

사춘기의 알 수 없고, 억누를 수 없고, 실망스러울 수도 있는 결과에 대한 깊은 우려는 전청소년기 경험에서 가장 중요하다. 발육이 눈에 띄게 빠르거나 느리면 이에 대한 염려가 크게 나타난다. 고조된 자의식과 자기인식은 또래로부터 수용받고

싶다는 강렬한 열망과 어우러져, 자신의 특정 신체 특징을 모든 사람이 알아차릴까 봐 두려워하는 아이들에게 긴장 가득한 환경을 만들어 낸다. 실제로 전청소년 집단에 대한 연구에 따르면, 아동은 자기 자신과 또래가 사춘기 발달 선상에서 어느 정도 진행되어 왔는지 정확하게 짚어낼 준비가 되어 있다고 한다(Brooks-Gunn & Warren, 1988).

성적인 느낌의 전조와 함께 이런 변화들은 종종 아이들에게 내적인 불안감, 혼란, 과도한 자극을 안겨 준다. 유년기와 청소년기 사이에 갇힌, 이 발달 단계의 통렬함과 때때로 외로운 상태는 Carson McCuller의 『결혼식의 구성원(The Member of the Wedding)』이라는 소설 속 인물인 12세의 프랭키를 통해 감동적으로 묘사되었다. 신체 변화는 이 젊은 주인공으로 하여금 자신이 지역 행사에서 마주친 '괴물들'처럼 변할 것 같다고 느끼게 하고, 피할 수 없는 사춘기의 변화를 통과하기 두려워하도록 만든다. 급성장하는 가운데 프랭키는 자신의 최종적인 키를 계산하고는 결국 9피트(274.32cm)를 넘게 될 거라고 결론 내렸다(McCullers, 1946).

발달의 다음 단계에서는 초경이라는 '사건' 및 원치 않는 발기 반응에 대한 두려움이 훨씬 보편적이지만, 전청소년기에서도 고조된 성적 각성, 키와 몸무게의 명백한 변화, 새로운 냄새, 체모 등과 같은 여러 신체에 대한 걱정 및 잠재적인 굴욕감에 시달린다. 소녀의 경우, 초경은 발육이라는 일련의 아주 가시적인 사건에서 늦게 등장하므로, 사춘기 전에 완전하게 빠른 급성장, 체지방의 증가, 신체 윤곽의 분명한 변화에 적응해야 한다(Brooks-Gunn & Warren, 1988). 10세의 키가 큰 어떤 소녀는 학교에서 급우들과 함께 학교 간호사에게 키와 몸무게를 측정받았는데, 그녀의 치수가 하루 종일 소문의 주제가 되었고 급기야는 여자 동급생보다 상당히 작다는 사실에 충격받은 소년들이 이구동성으로 합창했다는 것을 알고는 모멸감을 느꼈다. 마찬가지로 11세의 소년은 농구를 한 후 체육관 탈의실에서 옷을 갈아입는 동안 아주 불쾌하고 낯선 냄새를 맡았는데, 경악스럽게도 그 냄새는 소년 자신의 몸에서 내뿜어지는 것이라는 게 서서히 분명해졌다. 그는 수학 수업 시간에 슬그머니 뒷자리로 옮기면서 다른 사람들이 그 불쾌한 냄새의 근원이 자신이란 걸 알아차릴까 봐 두려워했다.

전청소년기의 방어적인 경향 및 행동

신체를 통제할 수 없을 것 같은 두려움, 자위 충동에 대한 수치심, 신체가 변화하는 현실을 회피하고 싶은 욕망은 아동에게 여러 가지 정상적인 방어적 경향을 야기한다. 많은 아이가 **금욕주의**와 **주지화**의 징후를 드러내고, 이러한 두 가지 자아의 태도는 신체로부터 도망치고 성적인 느낌을 부인하고자 하는 시도를 반영한다(Sandler & Freud, 1984). 채식주의나 기타 형태의 제한적인 식이와 같은 금욕적인 행동은 본능적인 충동을 스스로 통제하고 지배할 수 있다는 느낌을 주나, 이는 아동이 불안해하는 초점을 성적인 것으로부터 구강적 집착으로 돌리게 하는 것이다. 한 12세 소녀와 그녀의 친한 친구는 침대에 대해 몰랐던 토착 문화에 대해 알게 된 후, 자던 침대를 버리고 침실 바닥에 매트를 깔고 자기를 고집했다. 이러한 극기는 특히 밤중에 자위 충동이 강해질 때, 이 소녀들에게 자부심 및 자기희생 정신을 공유한다는 느낌을 통해 깊은 만족감을 주었다. 마찬가지로 전청소년기 아이들은 종종 지적인 도피로써 개념화 능력을 끌어다 쓰기도 한다. 새로 파악하게 된 추상적인 아이디어와 철학을 통해 신체로부터 머리로 도망치는 것은 생물학적인 압력을 완화시킨다. 이런 경향을 정신병리로 해석하지 않는 것이 중요하다. 왜냐하면 유전적인 부하(loading), 신경발달적 장애, 유해한 환경적 사건들, 그 외 수많은 다른 요인으로 인해 이미 취약한 상태인 아이들은 파괴적이고 혼란스러운 변화를 해결하는 중이기 때문이다.

전청소년기 문화에는 신체적인 변화 및 압력을 감추거나 피하거나 지배하려는 시도를 대변하는 여러 규범적 스타일, 행동, 활동 등이 포함되어 있다. 배기 스타일 의상 혹은 중성적인 패션은 때때로 체중 증가를 가리거나 성별이 드러나는 신체 곡선을 인정하지 않기 위해 채택된다. 프로틴(proteen: 경제력을 가진 10대, professional teenager의 줄임말-역자 주)의 전형적인 테크놀로지, 특히 소셜 미디어에 대한 숭배는 '가상세계로의 철수'의 역할을 하는데(Lemma, 2010), 이것은 신체 감각 및 압력으로부터 거리를 두어 이를 완화시키기 때문이다. 종종 전청소년기 아이들은 구조화된 신체적 운동에 더 열심히 참여하려고 하는데, 소녀들이 좋아하는 것으로 알려진 말타기와 소년·소녀의 스포츠 참여는 신체적인 자극이 되는 발산 수단을 즐기는 동안 공격성을 승화시키고 강력한 충동을 지배하며 신체를 단련시켜야 하는 필요를 충족시킨다.

소년-소녀의 유사점과 차이점

신체적으로나 심리적으로나 소년들은 소녀들보다 1~2년 늦게 전청소년기에 들어선다(Knight, 2005; Paikoff & Brooks-Gunn, 1991). 양쪽 성 모두 이 발달 단계를 규정짓는 정서적 · 환경적 · 신체적 압력들을 공유하지만, 생물학적인 일정표에서의 차이는 여러 의미 있는 차이 중 하나일 뿐이다. 초조함, 자주 변덕스러움, 행동하고자하는 추동, 또래 집단에 의지함 등은 소년이나 소녀에게 비슷하게 나타나는 전형적인 특징이나, 구체적인 두려움과 환상, 행동 표현 양식, 관계에서의 질적인 특징은 차이가 있다.

나이 든 잠재기 아동이 성적 충동에 시달리기 시작할 때 여자아이든 남자아이든 발달의 이전 시기로 필연적인 퇴행을 겪는다. 상대적으로 평화로웠던 유년 중기에 억압되었던 구강기, 항문기, 오이디푸스기적 경향의 부활은 전청소년기를 규정짓는 측면이다(Blos, 1958, 1967). 이런 퇴행적인 힘에 맞서고자 하는 아동의 분투는 일부 성별에 따라 달라진다. 예를 들면, 소년들은 지저분하고 성적인 농담에 더 관심을 갖게 되고, 소녀들은 음식이나 다이어트에 점점 더 집착하는 것이 전형적인 표현 양식이다(Blos, 1958; Fischer, 1991). 소년은 더 강렬한 성적 충동의 압력을 받고 더 일찍 성적 환상에 몰두한다(Friedman & Downey, 2008).이런 요소들은 전청소년기 남성 집단을 특징짓는, 보다 명백히 퇴행적이고 행동 지향적인 습성에 영향을 끼친다(Blos, 1958). 이전에 깔끔하고 순응적이었던 아이들 다수가 여자아이, 남자아이 할 것 없이 목욕하는 걸 거부하기 시작하여 자녀의 위생 습관이 사라진 걸 안타까워하는 부모들과 마찰을 빚기도 한다.

전청소년기 아이들이 집단과 우정에 몰두할 때, 성차는 더욱 뚜렷해진다. 소년들은 대개 다수가 위계적으로 조직된, 같은 성의 '패거리'를 선호한다. 나이가 적든 많든 여성은 완전히 배제하는 것이 이 집단 및 그들 활동의 중심 교리다(Blos, 1958; Friedman & Downey, 2008; Sroufe et al., 1993). 프로틴 소녀들이 반대 성과 짧고 유사 성적인(pseudosexual) 관계를 추구하기도 하는 것과는 달리, 전청소년기 소년들은 여성에게 동조하는 일이 거의 없다. 이 시기 소년들의 고조된 성적 추동은 수동성과 굴복에 대한 두려움과 함께 신체적 손상에 대한 이전의 공포를 다시 불러일으킨다. 이는 특히 강한 여성 인물로 향하는데, 전청소년기 소년은 흔히 소녀들과 여자들이 못되고 소유욕이 강하며 심지어 위험하다고까지 이야기한다. 소년과 소녀의 신체적 차이에서 오는 현실, 예를 들면 전청소년 시기 동안 소녀들의 발육이 훨씬 빨라 소년들보다 키가 더 크곤 하는 경향은 소년의 위기감과 무력감을 강화할 뿐이어서 그들이 안전감을 느끼는 동성 집단으로 향하도록 강력하게 몰아 간다. 일단 동성, 동년배들에게 둘러싸이게 되면, 소년들은 대개 시끄럽고 난폭한 행동, 성적인 농담, 전체적으로 공격적인 언행을 일삼는다. 다소 오래되긴 하였으나 여전히 유효하고 아주 쉽게 알 수 있는, 프로틴 소년들의 이런 태도에 대해 Blos(1965)가 묘사한 내용은 다음과 같다. "제가 만약 당신이 장난치고, 그림 그리고, 군함이나 폭격기를 흉내내고, 공격하며 입으로 총소리를 내고, 이를 무한히 되풀이하는 소년과 수많은 치료 시간을 가져왔다는 걸 상기시킨다면, 아마 당신도 이 시기의 소년을 알아볼 수 있을 겁니다. 이 소년은 도구와 기계 장치를 아주 좋아하고, 활동적이어서 가만히 못 있고 안절부절못하며, 선생님이 자기를 죽이려 했다고 확신하면서 선생님의 부당함을 항의하는 데 열성적인 한편……"(p. 148) 모자관계 맥락에서도 소년의 여성에 대한 혐오가 종종 회피나 철수로 표현되곤 한다. 이전에는 참거나 혹은 심지어 원하기도 했던 신체적 접촉을 강력하게 피하는 것이다. 한 11세 소년의 엄마는 아들이 몇 년 동안이나 저녁 시간에 소파에 가까이 앉아 좋아하는 TV 프로그램을 보며 같이 즐거워하던 일을 갑자기 거부한다고 안타까워하며 이야기하기도 했다.

신체가 발육되어 갈 때 전청소년기 소녀는 그 시기 소년들과는 다른 방식으로 분투와 혼란을 경험하고 표현한다. 필연적으로 여성화되는 신체에 대한 저항적인 태도, 선머슴 같은 행동을 그만하라는 요구에 대한 분개, 사춘기적 변화에 따라 부과된 한계에 대한 반항 등이 공통적이다. 그러나 소년과 달리 소녀는 자신의 성을 탐색적이고 유연한 감각으로 피력하는 경향이 있다. 어떤 아동 임상가는 단정치 못한 선머슴과 육감적인 신인 배우를 번갈아 가며 드러내는 어린 소녀가 도착하길 기다리며 이렇게 썼다. "나는 오늘은 누가 상담실에 들어올지 결코 알 수 없었다."(Fischer, 1991, p. 462)

소년과 마찬가지로 전청소년기 소녀도 의존에 대한 두려움과 유아적 만족에 다시 빠져드는 것에 대한 공포 때문에, 모녀관계의 친밀감으로부터 급격히 돌아서서 동성의 또래를 찾는다. 소녀의 분투는 종종 명백한 싸움의 형태나 논쟁적인 태도를 띤다. 프로틴 소녀의 엄마들은 선의로, 무심결에 모성에서 나온 제안이나 이전의 가깝고 함께 즐거웠던 유대관계를 다시 만들려는 시도가 갈등과 격한 정서성을 유

발하곤 하는 상황에 아주 익숙하다. 엄마를 비판하고 거부하는 반응, 그리고 뒤따르는 외로움은 전청소년기 소녀가 또래와의 우정을 갈구하는 것과 밀접하게 관련된다. 소년과는 대조적으로, 소녀는 대개 소규모 동성 집단을 찾는다. 일반적으로 아주 밀접하고 순식간에 '단짝'이 되는 관계를 열렬히 추구한다. 이런 강렬한 여성 간의 유대는 오래 지속되기보다는 한시적이고 교체 가능한 경향이 있으나, 전청소년기 모녀관계의 친밀감 상실을 보상하는 데 도움이 된다(Fischer, 1991). 어떤 소녀들은 여성스러운 느낌을 확고히 하고, '선머슴' 같은 행동과 느낌을 거부하며, 또래 집단에서 지위를 확보하고, 엄마와의 친밀한 관계를 포기하기 위한 시도로 일찍 소년들과 유사 성적인 접촉을 찾기도 한다. 그러나 이런 관계의 원동력은 성적인 욕망이라기보다 친밀감 및 여성적 자질을 확인하고자 하는 욕구라고 할 수 있다(Blos, 1958).

전청소년기의 인지적·사회적 발달

인지발달에 관한 중요한 저작에서 Piaget, Inhelder와 Inhelder(1969)는 전청소년기에 대해 유년기의 종말을 알리며 현실과 미래 지향적인 청소년기로 이끄는 지적 성장의 특정 시기라고 정의한다. 최근 연구에서는 별개의, 연속적으로 펼쳐지는 인지 단계로 수정되긴 하였으나 다수의 정신역동 및 발달 저자들이 전청소년기의 정신적 업적을 묘사하기 위해 Piaget의 형식적 조작적 사고라는 개념을 차용하고 그 중에서도 다음과 같은 특징에 주목한다. 더욱 유연하고 추상적인 사고, 가설적 추론의 출현, 자기성찰 및 타인의 욕구와 관점에 대한 인식 증대, 미래의 가능성에 대한 지향, 사건에 잇따를 수 있는 다면적인 결과에 대한 이해 등이 그것이다(Barkai & Hauser, 2008; Granic et al., 2003; Spear, 2000; Westen, 1990). 게다가 나이가 들수록 아이들은 스스로의 지적 과정 및 반응에 대해 더 많은 통제력을 보인다(Kuhn, 2006).

이렇게 향상된 프로틴의 정신적 능력은 점점 더 복잡한 사회적 · 정서적 행동을 해석하고 성찰할 수 있는 능력을 촉진시킨다(Fonagy et al., 2002). 보다 어린 아동이 정서적 상태를 단순하게 이해하는 것과는 대조적으로, 전청소년기 아이는 갈등과 양가감정과 같은 개념을 이해한다. 예를 들면, 여름 여행을 앞두고 한 사람이 홍분과 불안을 동시에 느낄 수 있다는 것을 인정한다. 자신과 타인에 대해 이런 통찰을 할 수 있다는 사실이 전청소년기 아이의 일상에서 항상 눈에 띄는 것은 아니나 심리 상태에 대한 더 깊어진 인지적·정서적 이해는 궁극적으로 예상치 못한, 혹은 혼란스러운 사회적 상황에서도 더 사려 깊고 덜 행동 중심적인 반응을 가능하게 한다. 이 발달 단계에서는 부모와 자식 간에 거리가 있는 것이 특징이긴 하나 부모가 정서적으로 부담이 되는 사건에 대해 논의를 이끈다면, 이는 전청소년기 아이의 사회-정서적인 통찰력에 긍정적으로 연결된다(Marin et al., 2008).

아이가 타인의 관점에 대해 더 잘 인식하게 되고, 이를 자기개념에 포함시킬 수 있는 능력이 더 커질수록 보다 현실적이고 때로는 냉정한 자기평가를 할 수 있게 된다(Molloy et al., 2011). 선생님이나, 특히 또래 집단처럼 주요 타인으로부터 받는 평가에 대해 잠재기 때보다 더 예민하게 주의를 기울이고 느끼게 되면서, 객관적인 혹은 개인이 강조되는 자기측정—성적, 인기도, 운동 경기에서의 결과 등—은 더욱 큰 정서적 결과를 낳는다. 새로 알게 된 자신의 장단점에 대한 감각이 필연적으로 잇따르는 것이다. 프로틴이 사회적 타당화와 집단에서의 수용을 강력하게 원한다는 맥락에서, 자신의 한계와 타인의 의견에 대해 보다 잘 인식한다는 것은 상당한 집착과 타인과의 비교로 이어진다. 사소한 신체적 결점과 이것이 또래들에게 어떻게 인식될 것인지에 대한 걱정은 엄청나게 중요한 것이 된다. 마찬가지로, 가벼운 사회적인 사고 역시 아이들의 머릿속에서 다시 상영되고 집단 내에서 열성적으로 토론되고 무자비하게 분석된다. 이전 잠재기에서 당당하고 자신감 있던 아이라고 할지라도, 자의식과 자기회의가 급격히 증가되는 경험을 할 수 있다.

동시에 타인의 정신적 과정에 대한 주의가 높아지며 전청소년기 아이들의 공감, 사회적 양심, 더 성숙하고 상호적인 사회적 관계를 위한 수용력이 확장된다. 잠재기 때의 완고하고, 규칙에 얽매여 판단하고 행동하던 경향이 상당히 유연해지며, 개인주의적이고 전형적이지 않은 태도에 대해 더 잘 이해하게 된다. 나를 넘어선 세계를 인식하고 모르는 타인에 대한 관심이 증가하며, 이는 사회봉사와 사회적 대의에 대한 관심을 증폭시킨다. 가까운 또래관계에서 전청소년기 아이들은 우정의 추상적인 특성에 더 큰 관심을 보인다. 감정을 공유하고 서로 타당화하고 타당화받고자 하는 욕구가 중요한 것이다. 대화와 일치된 태도에 대한 프로틴의 관심은 친구가 놀이 상대라는 개념보다 우선한다(Buhrmester, 1990).

전청소년기 아이의 사고와 사회적 이해에서의 변화는 가족에게도 영향을 미치고

이전에는 잘 수용하던 규칙이나 부모-자녀 간의 위계 역시 완전히 바꿔 놓는다. 잠재기에는 열심히 따르던 기존 구조와 일과들에 이제는 저항하는 것이다. 규칙, 책임감, 부모의 권위에 대해서도 더 이상 맹목적으로 인정하지 않는다. 이 어린 청소년들은 의사결정에 더 참여하려 하고 권력에 대해서도 보다 평등한 균형을 추구한다.

전청소년기의 신체적 · 인지적 변화

- 2차 성징의 출현, 성적, 공격적 충동들의 전조, 신체 변화에 대한 주관적인 느낌은 잠재기의 평정한 태도를 뒤흔들고 오랫동안 억압했던 유아적 소망들을 되살아나게 한다.
- 신체적 변화는 전청소년기 아이들에게 초조함, 변덕스러움, 성장을 통제할 수 없는 것에 대한 두려움, 수치스럽게 노출되는 느낌 등에 취약해지도록 만든다.
- 아동들은 정상적인 방어 경향(금욕주의, 주지화) 혹은 테크놀로지에 열중함으로써 신체를 회피하거나 부인한다.
- 소년들은 여성에 대해 부정적인 시각을 드러내며 동성 집단과 어울리려 하고 성적 혹은 배설물에 관한 이야기를 즐긴다.
- 소녀들은 식이를 제한하는 데 열중하고 일찍 이성과의 연결을 추구하곤 한다.
- 전청소년기 아이들은 친밀한 부모-자녀 관계로 퇴행하고자 하는 힘에 대해 거리를 두고 싶어 한다.
- 향상된 정신적 능력은 공감능력을 높이는 반면 타인의 의견에 집착하게 만든다.

전청소년기의 사회 및 가족 생활

변화하는 가족관계

정신역동 저술가나 경험에 의거해 글을 쓰는 작가 모두 전청소년기를 독특한 도전이 있는, 취약해지기 쉬운 발달 시기로 묘사한다. 내적인 압력, 신체적 변화, 부모-자녀 간 친밀감의 필연적인 상실은 엄청나게 안절부절못하고 불안정한 느낌을 낳는다. 이러한 느낌들은 아이들을 친구와 외적인 출구로 향하도록 강력하게 몰아

간다(Barrett, 2008; Knight, 2005). 『결혼식의 구성원(The Member of the Wedding)』에서 12세의 프랭키는 '어디에도 속하지 않은 사람'이 되겠다고 선언하며 그녀의 오빠 및 약혼자와 삶을 나누는 환상으로 스스로를 위안한다. 그러나 이것이 실현되지 못하자 엄청난 충격을 받는다(Dalsimer, 1979; McCullers, 1946). 되살아나는 유년기적 욕구에 대한 두려움과 그에 수반되는 어른에 대한 수동적인 굴복에 대한 공포 때문에 아이가 주도하는 갈등이 빈번해진다(Dahl, 1993/1995). 게다가 부모가 느끼는 아이의 성숙해지는 몸과 성생활의 출현에 대한 거북함, 더욱 저항하고 덜 순응적인 태도에 대한 불편감 혹은 부모 자신이 청소년기에 해결하지 못한 이슈들은 부모-자녀 관계를 한층 더 어렵게 만든다.

자율성의 과정 및 잠재기에 점진적으로 시작된 부모에 대한 탈이상화는 아이가 전청소년기에 들어서면서 급격히 가속화된다. 강렬한 성적 충동은 오랜 시간 잠들어 있던 오이디푸스기의 느낌을 흔들어 깨운다. 아이는 근친상간적 · 적대적 · 의존적 소망으로부터 도망치고 싶다는 급박한 요구를 느끼는데, 이 모든 것은 유년기 중반 동안 억압되어 온 것이다(Blos, 1958/1962/1967). 이제 부모와의 신체적 친밀감은 뚜렷한 이유 없이 위협으로 다가온다. 게다가 전청소년기의 아이는 가족을 넘어선 세계에 대한 인식이 높아지고, 현실기반 학교환경에 몰입하며, 또래와의 관계가 강화되면서 이전에 부모에 대해 비현실적으로 갖고 있던 개념들에 도전하게 된다. Anna Freud(1949)는 현실의 부모가 고상하고, 훌륭하며, 아주 멋진 대상으로 대체되었던 잠재기의 보편적인 환상인 '가족 로맨스'는 그저 "보다 완벽하고, 보다 가차 없는, 부모에 대한 환멸감의 전조로서 전청소년기를 특징짓는다."(p. 102)라고 말했다(자세한 논의는 6장 참조).

따라서 프로틴은 변화된 부모-자녀 관계에 따라, 육체적인 변화와 신체에 대한 불안을 대개 홀로 견뎌 낸다. 더 어린 아동은 스트레스를 받는 상황에서 어른의 확신을 구하는 경향이 있으나, 전청소년기 아동이 어른들의 조언과 공감을 구할 때는 이들의 수치심에 대한 강한 취약성, 자율성에 대한 욕구, 의존성이 부활하는 데 대한 두려움 때문에 갈등이 시작되는 원천이 되곤 한다. 게다가 자위 충동 및 성적 흥분에 대한 깊은 수치심은 부모의 개입을 요청하는 것에 대해 저항감을 높인다. 실제로 엄마의 공감적인 반응과 반영(mirroring)은—이전에는 아이의 신체적 · 정서적 자기조절의 주된 원천이었던—성적인 느낌이 등장할 때에는 전혀 이용할 수 없는 것이 된다(Fonagy, 2008). 오히려 아동은 익숙한 모성적 자아의 지지가 없는 상황에

서 새로운 자극, 이에 동반되는 환상, 신체에 대한 염려 등을 감당해 내야 한다.

이 동일한 내적 압력들은 아동으로 하여금 부모와 갈등을 만들도록 하고, 더 나아가 엄마로부터 위안을 이끌어 낼 가능성을 줄여 버린다. 한 예로, 발달이 좀 늦은 11세 소녀는 여자 동급생으로부터 미성숙한 신체에 대해 놀림받고는 엄마에게 브래지어를 사러 가자고 하며, 이렇게 꼭 필요한 속옷이 없는 아이는 자기밖에 없다고 말했다. 상점에 머무는 동안 잠깐의 화해 분위기 속에서 소녀는 신체적 발달이 그냥 지나가 버린 게 아닌지 걱정된다고 털어놓았다. 타협점을 찾아 안심시켜 주고 싶었던 엄마는 자기도 발육이 좀 늦은 편이었는데 딸이 그걸 닮은 것일 수 있다고 말했다. 그러자 딸은 빈손으로 상점을 뛰쳐나갔고, 어리둥절해하며 뒤따라 나온 엄마에게 화를 내며, "그러니까 매일 체육 시간에 친구들이 브래지어를 자랑할 때 내가 당황스러울 수밖에 없던 이유가 바로 엄마였군요!"라고 쏘아붙였다.

프로틴과 그 부모의 관계에 대한 경험적 저술들은 이 시기에 긴장이 눈에 띄게 높아지고 가족구조가 재조직화된다고 밝히고 있다. 어떤 저자들은 부모-자녀 간 유대감의 진짜 균열이 보편적인 것은 아니며 다수가 친밀하고 긍정적인 관계를 유지한다고 역설하지만, 전청소년기 아이들이 더 큰 자율성과 자기개념을 성취하려고 애쓸 때 이전에 유지되어 오던 역할에 대한 재작업 및 재협상 과정은 필연적이라는 점에는 대부분 의견을 같이한다. 이전의 부모를 이상화하던 태도를 상실하고, 공경했던 부모의 권위에 대해 저항하며, 의사결정에서 더 많은 권력을 행사하고 싶어 하는 한편, 상호작용이 좀 더 부정적이고 자주 갈등하게 되는 특징 등이 이 나이 집단을 묘사한 글에서 자주 등장한다(Besser & Blatt, 2007; Paikoff & Brooks-Gunn, 1991). 특히, 엄마와 딸의 유대가 급격히 변하는데, 양쪽 모두 이전에 비해 관계가 악화됐다고 보고한다(Lausen et al., 2010). 그러나 안정적인 애착의 역사는 이 격변기에도 지속적으로 완충제 역할을 하여, 전청소년기의 혼란을 다소 약하게 만든다. 안정형 애착 유형의 아이는 외로움을 덜 느끼며, 갈등 상황에 덜 집착하고, 긍정적인 경험은 더 즐기며, 또래들과도 상호적인 관계를 맺는다고 한다(Kerns et al., 1996).

다음의 짧은 글은 친밀했던 엄마-딸의 관계에서 발생하는, 고통스러우나 일반적인 변화를 그리고 있다. 다소 불안해 보이는 11세 소녀는 다년간 엄마에게 의존하며 분리의 문제를 겪은 터라 특히 자율성에 대한 감각을 갖는 데 어려움이 있는 상태로, 눈에 띄는 강점 및 취약점을 갖고 전청소년기에 들어선다. 소녀의 잠재기에서의 역량은 아주 탄탄했으나—자기통제가 잘 되고, 여러 가지 학과 및 교외 활동에 능숙했으며 교우관계도 좋았으나—전청소년기의 신체적·사회적 스트레스가 엄마에게 기댈 수 없다고 느끼던 시기의 분리 불안을 되살아나게 했다.

5학년인 조는 약간 불안하긴 하지만 사교적이며 잘 적응하는 잠재기의 아동으로, 학업 성적이 좋고 교외 활동도 여러 가지를 즐겨 했다. 부모와의 관계는 친밀했으며 대체적으로 갈등이 없고 서로 만족스러웠다. 조는 취학 전에 간헐적으로 분리 불안을 겪곤 하여 엄마가 인내심 있게 달래야 했고 생일 파티에 참석하거나 유치원 소풍을 갈 때면 때때로 엄마가 같이 있어 줄 것을 요구했다. 엄마나 선생님이 포착하는 바로는, 조의 분리 불안은 학교에 들어가면서 크게 사라졌고 그녀는 사회적인 모임에도 열심히 참여했다.

4학년에서 5학년으로 올라가는 여름 동안, 조의 새 친구 두 명이 숙박형 캠프에 처음으로 참여했고 6학년이 되기 전 여름인 지금, 같이 가자고 조를 설득했다. 캠프가 다가오자 조는 여러 생각으로 괴로워했고, 동물이 잠자리로 쳐들어올 수도 있고, 못된 친구를 만날지도 모르며, 호수 한가운데 물은 깊을 텐데와 같은 걱정을 부모님께 털어놓았다. 조의 부모는 어린 시절의 불안과 거리낌이 다시 등장한 데에 놀랐으나, 캠프에 한 번 가서 보라고 격려했다. 그러자 놀랍게도 조는 안심시켜 주려는 부모의 말에 화를 터뜨리며 어떤 게 무서운지 자세히 생각해 보도록 하려는 시도에도 마찬가지로 불만스러운 듯했다. 양 부모 모두 언제든지 참여를 취소할 수 있다고 분명하게 이야기했지만, 조는 여기에 대해서도 짜증을 냈다. 사실 조는 캠프 기간에 있을 11세 생일에 대해 남몰래 걱정하고 있었다. 보건 시간에 초경에 대해 배웠고 친구들 중 한 둘은 벌써 생리를 시작했다는 걸 알고 있어, 캠프에 참여하는 동안 생리를 시작하게 될까 봐 무서웠던 것이다. 조는 보건 교사가 나눠 준 팸플릿을 반복해서 읽었는데, 거기에는 사춘기의 도착이 임박했음을 알리는 신체상의 변화에 대해 적혀 있었다. 그러나 슬프게도 조는 생리가 언제 시작할지를 정확하게 계산할 방법이 없다는 결론에 다다르게 됐다.

조의 엄마는 5학년 동안 조에게 일어난 여러 가지 변화를 주시하고 있었다. 조의 짜증스러워하는 반응이 점점 더 빈번하고도 강렬해지고 있었기 때문이다. 조는 항상 원하고 필요로 하던 엄마의 지지를 이제는 받아들이지 못하는 듯 보였다. 이전에는 여가 시간의 대부분을 거실에서 보내곤 했지만, 요즘은 방문을 굳게 닫고 들어가 뭘 하는지 알 수 없었다. 이전처럼 친밀하게 서로 대화를 나누며 즐겁게 같이 활동하는 대신, 엄마

가 방에 들어올 때면 들리도록 한숨을 쉬며 점점 더 엄마에 대한 불만을 피력했다. 또한 엄마의 말에서 그게 자기에게 하는 말이 아닐 때에도 꼬투리를 잡았고 엄마의 취향과 의견을 조롱했다. 엄마는 이전의 우애를 부활시키고 싶은 마음에서 주말에는 같이 시간을 보내자고 요구했다. 조는 이따금씩 마지못해 동의했으나 대부분 아주 못마땅해하는 바람에 엄마는 이게 얼마나 의미가 있는지 의문스러웠다.

동시에 조는 가까이서 따라 하고 싶은 스타일과 태도를 가진 친구들과 점점 더 많은 시간을 보냈다. 그들은 종종 소규모 집단으로 방과 후 소년들이 모여 공놀이를 하는 운동장을 지나 집 근처 거리를 배회하며 시간을 보냈다. 이런 유랑은 종종 조를 지나치게 각성시키고 초조하게 만들었으며, 그 후 집에 돌아올 때면 그녀의 태도는 특히 더 비협조적이었다. 엄마는 몹시 화가 나서 조의 새 친구들을 비난했고, 하교 후의 자유시간을 제한하겠다고 위협했다. 조는 처음에는 안도하다가 이내 곧 몹시 화가 나서 "엄마가 내 인생을 망치고 있어요!"라고 대꾸했다.

신체가 변하고 있다는 조짐 및 사회적 압력이 서서히 증가되는 것과 씨름 중인 이 11세 소녀는 안도감과 우애를 얻기 위해 엄마에게 전적으로 의지하던 것을 더 이상 하지 못하고 있다. 소녀는 인기 있는 숙박 캠프에 가거나 소년들과 연락하고 지내는 것 등 또래들의 압력을 받아들이며 또래 집단에 점점 더 끌리지만, 속으로는 이런 행동에 대해 불안하고 확신이 없었다. 상실감에 빠진 소녀의 엄마는 이전의 친밀하고 서로 만족스러웠던 유대관계를 회복함으로써 딸의 마음이 누그러지길 바랐다. 그러나 조는 의지하고픈 열망에 굴복할 수 없어 자율성을 지키기 위해 투쟁했다. 그녀의 불안 경향성과 자기조절을 위해 엄마의 존재에 의지해야 했던 역사는 특히 더 전청소년기의 투쟁을 가슴 아픈 것으로 만들었는데, 그녀가 엄마의 도움을 단념하고 단호하게 거절해야 했기 때문이다.

우정, 집단, 또래로부터 받는 수용의 역할

잠재기에 가속화되던 우정과 사회적 수용의 중요성은 전청소년 시기에 급격히 증가한다. 또래와의 유대관계는 아동이 부모-자녀 간 친밀감으로 퇴행하고자 하는 열망에 맞서 스스로를 지킬 수 있도록 돕는 동시에 친교에 대한 절실한 욕구를 충족시키는 것 등 다양한 목적으로 작용한다. 친구와 그들의 버릇 및 행동을 이상화하는 것은 이전에 숭배하던 부모상과 그들의 도덕적 · 행동적 지도에 대한 상실을 보상하는 데 도움이 된다(Dalsimer, 1979; Fischer, 1991). 당연하게도, 후기 아동기 동안 또래의 승인과 사회적 연결을 얻지 못하는 경우 이는 실증적으로 깊은 우울감 및 외로움으로 연결되고, 이후 발달 단계에서의 공격적이고 문제적인 행동에도 영향을 미친다(Bagwell et al., 2000). 전청소년기에는 타인의 의견에 대해 이해가 더 깊어지고 집단 내 위상에 대한 관심이 높아져서, 이 발달 시기 동안 놀림 받거나 거부당한 아동의 역경은 특히 고통스러운 것이 된다(Troop-Gordon & Ladd, 2005).

잠재기의 아동이 놀이와 게임을 위해 상대와 친구를 찾던 것과는 달리, 전청소년기에는 심리적 경험을 공유할 수 있는 친구에게 끌린다. 다른 또래 친구에 대한 토론을 포함하여 서로를 타당화하는 대화는 우정에서 보다 핵심적인 역할을 한다. 내적 과정 및 심리적인 특징에 대한 인식이 높아지면서 이 시기 아동들은 친구의 성격에서 덜 가시적인 차원에 더 많은 관심을 갖게 된다(Auerbach & Blatt, 1996). 게다가 전청소년기 아동은 자기를 개방하는 순간 섬세하고, 눈치가 빠르며 공감적인 행동을 할 수 있는 능력을 계발한다(Buhrmester, 1990; Westen, 1990). 개인적인 생각과 의견을 또래와 나누는 것은 더 이상 부모와 나누는 것이 편하지 않은 자신의 여러 측면을 드러내는 출구로 작용한다.

그러나 프로틴의 우정은 부모-자녀 애착의 깊고 지속적인 특성이나 더 성숙한 애정관계와는 현저하게 다른 특성을 갖는다. 일반적으로 전청소년기의 관계는 강렬하고 배타적인 경향이 있으나 순식간에 지나가며, 때로는 사실상 교체 가능한 것처럼 보인다(Sandler & Freud, 1984). 특히 소녀들은 단짝 친구를 열렬히 찾으나 빈번하게 바꾼다. 이 오래가지 못하는 관계 동안, 아이들은 서로의 의견을 구하고 행동을 모방하는 데 적극적인 노력을 기울인다. 또래 패거리는 흔한 현상이며, 전청소년기의 행동, 스타일, 태도에 깊은 영향을 주는 집단 사회화의 중요한 원천으로 작용한다. 이렇게 친구나 집단을 흉내내는 것은 취학 전 아동이 다양한 정체성과 역할을 시도해 보던 추억처럼 즐겁고 실험적인 기능을 갖는다.

소년과 소녀

사춘기에 이르는 시간 동안 아동은 반대 성에 대한 필수적인 정보를 얻는 동시에, 성 경계를 유지하기 위해 때로는 모순적인 과제들을 완수해야 한다. 잠재기 때

의 소년과 소녀에 대한 엄격한 구분이 전청소년기 동안에도 등장하지만, 이제는 다른 성에 대해 커진 관심을 표현한다. 집적거리고, 장난으로 갈등을 일으키며, 가볍게 공격적이기까지 한 소년-소녀의 행동들이 점점 커지는 흥분과 관심을 입증한다. 한 6학년 소녀는 다음과 같은 경험을 명백히 즐겁다는 듯 이야기했다. "쉬는 시간에 남자애들이 우리 가방을 들고 도망갔어요. 그래서 우리는 걔네 뒤를 쫓아가서 가방을 뺏었어요. 그랬더니 걔네들이 우리에게 욕을 하는 거예요. 그래서 우리도 걔네에게 소리를 질렀죠. 걔네들이 정말 싫어요." Sroufe 등(1993)에 따르면, "그렇게 높은 에너지의 접촉은 대개 간단하게, 때리고 도망치는 과제일 뿐만 아니라 관심을 노골적으로 부인하는 과정을 동반한다"(p. 457).

동시에 아동들의 집단은 '성 구분의 강화' 과정을 겪는데, 이는 청소년기 중반까지 지속된다(McHale et al., 2004). 6장에서 서술한 것처럼 '잠재기'의 동성 집단은 사회화, 소속감, '성에 대한 가치가 더해진 자존감'의 중요한 원천이다(Friedman & Downey, 2008). 잠재기 동안 소녀 집단은 '선머슴' 행동처럼 어느 정도 성적으로 모호하고 다양한 성적 자기표현을 용인하는 것처럼 보인다. 그러나 소년 집단에서는 남성적이지 않은 것으로 인식되는 성향들을 거부당해 고통받을 가능성이 더 크다(Friedman, 2001; Galatzer-Levy & Cohler, 2002). 그러나 사춘기에 다다르면서, 양쪽 성 모두 더욱 순응적이고 정형화된 성적 자기표현 쪽으로 자연히 끌리게 된다. 예를 들면, 소녀들은 남성적이라고 인식되는 스타일과 행동을 그만두게 된다(Fischer, 1991).

중학생으로의 전환

5학년 혹은 6학년을 지나며 전청소년기 아동들은 초등학교를 떠나 중학교에 들어가고 낯선 환경, 새로운 일과와 많은 청소년이 있는 상황에 빨리 적응해야하는 과제에 부딪히게 된다. 다양한 교사, 수적으로 많은 또래, 독립적으로 기능할 것에 대한 높은 기대에 갑작스럽게 둘러싸이는 것은, 아동이 자율성에 대해 강력한 열망과 능력이 있다 하더라도 압도적으로 느껴질 수 있다. 대부분의 아동은 요구되는 자기관리 수준을 받아들이지 못한다. 잠재기의 기량들—부지런한 태도, 좌절에 대한 인내, 견고한 조직화 및 계획 능력—을 공고히 하지 못한 아동은 특히 더 취약하다. 그 결과, 다수의 학생이 학습 동기, 몰입, 수행이 저조해져 학업적 · 사회적 능력에 대한 자기개념이 손상되는 고통을 겪는다. 이와 같은 상실이 특히 중대한 이유는 중학교에서의 성취가 고등학교와 그 이후 학업적 성공의 토대가 되기 때문이다(McGill et al., 2012; Molloy et al., 2011).

외적 · 심리적 조건들은 모두 중학교 환경에서의 도전에 영향을 미친다. 또래와 커리큘럼 선택지가 많아지는 것, 수업을 위해 교실을 바꾸는 것, 어른의 지도가 줄어드는 것 등은 전청소년기의 초조함 및 운동성이 최고조인 이때 자극이 큰 환경이 된다. 급격한 신체발달 및 청소년기 문화의 한가운데에서 나이가 더 많은 학생들과 접촉하면서 프로틴은 여러 가지 새롭고 위험 요소가 있는 행동들(약물, 성행위 등)에 노출된다. 패거리와 교우관계를 바꾸는 것에 대한 불안과 안전감의 피난처를 잃는 것에 대한 두려움은 아이들의 부담을 가중시킨다. 게다가 이전의 초등학교 교사와 맺었던 개인적인 유대관계도 개별적인 지지는 적어지고, 학습 평가가 가혹해지며, 수행에 좀 더 초점이 맞춰진 거리감 있는 교사-학생 관계로 변한다. 이때 전청소년기 아동은 다른 사람의 의견을 고려하고, 자기평가에 객관적인 기준을 사용하게 되며, 피드백을 자기개념에 통합하는 능력이 커지면서 학업적 평가가 갖는 의미가 강화된다. 부정적인 평가 혹은 건설적인 비판까지도 더 괴롭게 느끼게 되는 것이다.

전청소년기에는 사생활, 독립성, 부모로부터의 심리적 거리에 대한 요구가 늘어나면서 중학교에서의 학습적 · 사회적 · 정서적 시도들에 대해 대체로, 마찬가지로 혼란스러운 또래의 조언을 제외하고는 혼자서 감당하게 된다. 실제로 부모들은 그들 자녀로부터 신임을 얻지 못할 가능성이 크며, 일이나 행동상의 문제에 대해 기습적으로 폭로를 당하기도 한다. 종종 어른들은 반사적으로 자신의 권위를 다시 분명히 하거나 서둘러 또 다른 지도를 하려 하거나, 학습 지도와 같은 어른의 개입을 시도하는 것으로 반응한다. 이런 부모의 행동은 아이들에게 분노나 저항을 일으키는 경향이 있으나, 어떤 종류의 상호작용은 전청소년기 아동에게 아주 유익해 보인다. 학습 전략 및 복잡한 상황에 대한 아이의 생각을 들어보는 동시에, 부모의 기대에 대해 대화하는 것은 프로틴의 자율적인 의사결정 및 문제해결 능력을 위한 발판을 제공하는 것이다(Hill & Tyson, 2009).

다음의 사례는 본질적으로 기능이 좋은 한 6학년생이 어렵게 중학교 환경에 적응하는 내용을 담고 있다. 다른 부모와 마찬가지로 조엘의 부모 역시 뒤늦게 아들의 성적 하락을 알고는 깜짝 놀랐다.

조엘은 조직화 문제가 가볍게 있었지만, 똑똑하고 매력적이며 호의적인 초등학교 선생님으로부터 추가적인 도움을 항상 받아 왔다. 어른들의 노력이 조엘의 부족한 자기관리 능력을 보완해 줬던 것이다. 요구하지 않아도 어른들은 지시사항을 반복하고, 숙제를 정확하게 잘 적어 왔는지 다시 한 번 확인하며, 이따금씩 기억과 계획에서 발생하는 실수에 대해서도 대체적으로 너그러운 태도를 보였다. 그는 항상 학교를 안전하게 느꼈으며 자신과 친구들이 주체성을 향해 내딛는 작은 걸음들에 자부심을 느꼈다. 예를 들면, 5학년 초부터 매일 아침 어른의 동행 없이 자기들끼리만 함께 등교하는 일들 말이다. 조엘은 또래보다 작았지만 스포츠에 대한 열정과 좋은 천성으로 항상 친구가 많았고 동년배 소년들 사이에서 일정한 지위도 확보할 수 있었다. 그러나 조엘과 그 친구들이 중학교에 들어가자, 전국의 여러 초등학교에서 모인 6학년들과 어울리게 되면서 사회적 · 학업적 생활이 위축되었다.

조엘은 처음 시작부터 중학교에서 요구되는 내용에 압도감을 느꼈다. 인문학, 과학/수학 교사의 뚜렷이 다른 스타일과 기대에 맞추기 어려웠고 크고 낯선 건물들에서 수시로 길을 잃곤 했다. 교사들 중 아무도 그가 이전까지 받아 오던 수준의 개별적인 도움을 주지 않았다. 예를 들면, 누구도 지시사항을 반복해 주거나, 학생들이 밤에 해 올 숙제를 제대로 받아 적었는지 확인하지 않았다. 그 결과, 조엘은 여러 번 숙제의 기한을 놓치고 보다 포괄적인 시험에 대한 준비도 하지 못했다. 그는 그럴 때마다 매우 속상했지만, 이 빈번하나 사소해 보이는 사고의 중요성을 어떻게 판단해야 하는지 몰랐다. 조엘은 특히 하굣길에, 나이가 많고 몸집이 더 큰 소년들이 큰 소리를 내며 무더기로 건물 앞에 모여 있으면 겁을 먹었다. 여러 번, 이 위협적인 무리들은 조엘과 그 친구들을 거칠게 밀치곤 했다. 6학년들 사이에서 이 형들의 불량배스러운 비행 행동에 대한 소문이 맹렬하게 떠돌았다. 이 이야기들은 거의 대부분이 거짓이나, 자기보다 어린 소년들 마음속에서 어떤 위상을 누리고 싶은 십 대들은 계속 연료를 공급했다. 한편, 중학교의 농구팀은 조엘의 또 다른 걱정거리였다. 나이는 한두 살 많지만 키가 현저히 크고 훨씬 근육질이었던 소년들이 팀을 장악하고 있었다. 더 문제가 되는 것은 이제 더 이상 일상을 부모와 나누고 싶지 않기에 이 사회적 불안과 학업적 스트레스가 범벅이 된 상황을 조엘 혼자서 겪어야 한다는 것이다.

조엘의 부모는 준비 없이 교사의 첫 번째 평가를 듣게 됐는데, 아들의 학업 성과가 전례 없이 하락했다는 내용이었다. 게다가 선생님이 조언한 수학 과외라든가, 일과를 더 잘 챙겨 주라는 것을 시행하려고 하자, 조엘은 그다지 않게 저항했다. 다행스럽게도 과학/수학 교사가 젊고 섬세한 사람이라 조엘에게 필요한 도움을 줄 대상으로 떠올랐다. 그는 요령 있게 방과 후 소집단을 구성하여 추가적인 도움을 줬다. 6학년 중반쯤 되자 조엘의 학업 성적은 안정되었고, 좀 더 잘 조직화할 수 있는 전략을 배웠으며, 그와 친구들은 청소년 형들을 덜 위협적으로 느꼈다.

전청소년기의 가족, 사회 및 학습 환경

- 프로틴의 신체 변화와 자율성에 대한 급박한 요구가 부모-자녀 간 갈등을 현저하게 높이는 결과를 낳는다.
- 또래 집단을 향한 강력한 방향 전환은 엄마와의 유대관계 상실을 보상하는 데 도움을 준다.
- 타인의 감정에 대해 더 잘 인식하고 상호작용에 대한 열망과 능력이 증가하며, 친구의 심리적 특징에 대한 관심이 높아지면서 이들은 대화를 원하고 의견과 태도에 대해 서로 존중해 줄 것을 요구하는 쪽으로 점차 옮겨 간다.
- 전청소년기 교우관계 및 무리짓기의 특성은 대개 한시적이고 피상적이다. 짧고 강렬한 실험적 연결이 일반적이고 이때 아이들은 서로의 태도 및 스타일을 모방하나, 빠르게 다른 관계로 옮겨 간다.
- 초등학교에서 중학교로의 전환은 이전에 교사가 제공하던 구조와 도움을 더 이상 받을 수 없게 하고, 월등히 높은 자립성과 자기조직화 능력을 요구한다.
- 중학교에 적응하며, 많은 아이가 인식하고 있던 능력 및 자신감이 떨어지는 경험을 할 뿐만 아니라 실제적으로 학업에서의 성취가 떨어지기도 한다.

사춘기에 변하는 생리기능: 소년과 소녀

사춘기의 시작 시기

사춘기는 단일 사건이 아니며, 더 정확히 말하면 신경 내분비적, 심리사회적, 영

양학적, 환경적 그리고 수많은 다른 요소의 다중 시스템적 과정이다. 이 모든 시스템은 전청소년기의 변화와 사춘기의 전환을 가져오는 억수 같은 상호작용에 연루되는데, 각각이 자기만의 속도로 발달하고 진행되고 있는 동안에도 그러하다(Ellis et al., 2011; Navarro et al., 2007). 잘 알려진 신호적 사건인 초경과 몽정은 부신과 생식선의 두 호르몬 축이 지속적으로 발전하고 있다는 가시적인 표식이다. 전자는 후자를 위한 상태를 조성한다. 물론 또 다른 신경 기전이 실제 사춘기 시작의 원인처럼 보이긴 하지만 말이다. 부신의 '각성', **부신피질기능항진**(adrenarche)이 겨드랑이 털과 음모의 원인인데, 이는 훨씬 나중에 효과가 나타나 그 영향이 인생의 30년 정도 이어지긴 하나, 사실상 그 시작은 잠재기 초기다. 이 호르몬은 성기의 성숙을 관할하는 **생식선자극 호르몬**(gonadarche)이 시작되는 데 필수적인 전제 조건이다.

여기 결정적인 '뇌에서의 사건'(내분비계 사건과는 반대로)이 **키스펩틴**(kisspeptins)이라고 불리는 무리의 펩타이드에 의해 조절된다는 새로운 증거들이 있다. 이 키스펩틴은 다양한 내적·외적 요소(예: 사이즈, 체지방률, 알맞은 영양), 진화론적 관점에서 볼 때 재생산이 가능하다는 신호에 대한 반응으로 분비된다(Spear, 2000). '문지기(gatekeeper)'인 키스펩틴에 반응하여, 생식선 자극 호르몬-방출 호르몬을 분비시키는 뉴런이 활성화된다. 이는 차례로, 영아기에 이미 성 특징적이며, 2차 성징, 성적 행동, 더 나아가 신경 개조(remodeling)를 발현시키는 신경 회로에 영향을 준다(Sisk & Zehr, 2005). 출산 전후에 이미 남성 혹은 여성 특징적인 패턴으로 분화된 뇌는 여기까지 성 호르몬을 순환시키면서 개조되었고, 전반적인 크기(소년>소녀), 특정 부위의 크기(소년의 편도체>소녀의 편도체; 소녀의 해마>소년의 해마), 수용기 등에서 성별에 따라 이형태적이다.

신체적 변화

신체적이고 성적인 성숙을 완전히 달성하는 것은 신체와 정신이 변화하는 과정이다. 이는 전청소년기(대개 소녀는 10세 전후, 소년은 그보다 한두 해 이후)에서 시작되어 청소년 후기 혹은 가끔은 성인기가 등장할 때까지 이어진다. 출생할 때부터 성별에 따라 뇌발달의 형태가 다르고 잠재기 연령 아이들에게서도 지방과 근육의 분포가 성별에 따라 다른 양상(소녀의 체지방>소년의 체지방; 소년의 척추 옆 근육계>소녀의 척추 옆 근육계)을 보이기는 하나(Arfai et al., 2002), 초등학생 소년과 소녀는 상대적으로 잘

분별되지 않고 자신의 차이점을 강화시켜 줄 엄밀한 단일 성별(single-sex) 활동을 필요로 한다. 전청소년기가 되면서 가시적인 이형적 발달이 시작된다. 전청소년기는 2차 성징의 조짐(예: 거무스름한 체모, 가슴 몽우리, 음경과 고환의 크기가 커짐)과 소년과 소녀에게 다르게 영향을 미치는 육체적 성장과 함께 가변적으로 시작된다. 소녀들은 키와 체중이 증가하고 체지방이 분포되는 변화를 소년들보다 2년 정도까지 먼저 겪는다. 이런 사춘기적 변화가 시작 되고나면, 특히 소녀들에게서 신체에 대한 불만이 나타난다(Stice, 2003).

보다 발전된 전청소년기와 사춘기 아동의 정신은 신체적인 변화에 내적으로 집중하는 동시에 외부—또래, 인기 있는 문화, 패션 등—에도 관심을 쏟는다. 성격기능의 많은 면은 이 아이들이 현재 문화에 어떻게 '적응'하는가, 그들이 미적 기준(얼굴과 몸매), 인기도, 운동신경, 학업 성취를 얼마나 잘 충족하는지뿐만 아니라 가족의 가치관으로부터도 영향을 받는다. 발달의 모든 단계가 환경의 영향을 받는 것이긴 하나, 발달이 진행되면서 아이의 고유한 시야가 더 큰 세계를 아우르기 위해 확장되어 갈 때 문화의 영향은 부각된다. 사회가 청소년의 신체 경험에 미치는 다면적인 영향에 관한 예들은 아주 많지만, 아마도 사춘기 시기와 그 이후에 이어지는 2차 성적 발달 즈음에 가장 근본적인 영향을 준다. 사춘기와 초기 청소년기 동안 신체발달의 모든 측면에서 발생 순서는 상대적으로 일정하나, 그 시기와 결과는 변동의 폭이 크다. 언급한 바와 같이, 또래 집단과의 비동시성은 십 대의 자존감을 흔들고 그 영향은 놀라울 만큼 지속될 수 있는데, 특히 성적 발달의 명백한 지표가 조숙하거나 지연되는 경우에 더욱 그러하다. 오늘날 청소년들은 사춘기의 조기 발현이란 문제를 직면하고 있는데, 그들의 유년기는 그 부모에 비해 평균 2년 정도 '짧아졌다'(Mendle et al., 2010).

게다가 더 큰 문화적 맥락은 신체발달과 관련하여 가장 명백하게 영향을 미치는데, 청소년 문화는 스타일과 패션 변화의 원천이자 스펀지 같은 역할을 하기 때문이다. 예를 들어, 1960년대 사춘기 직전 아동과 젊은 청소년들은 미디어에 의해 '마른 이미지'의 폭격을 당했고(Likierman, 1997), 1970년대에는 이전에는 소외된 집단에서만 널리 퍼져 있던 타투와 보디 피어싱이 당대 10대 우상들의 주류 문화로 옮겨 왔다(Brown et al., 2000). 또래 집단과의 경쟁뿐만 아니라, 슈퍼 모델 혹은 전설적으로 '끝내주는' 연예인, 스포츠 영웅 등 거의 불가능한 신체적 이상형에 대한 모방은 신체 개조의 선호 유형을 결정한다(8장과 9장에서 더 논의된다). 그 시대의 문화

적 이상형의 범위 밖에 있거나 대중적인 유행을 거부하는 사람들은 고통스러운 자기회의와 사회적 결과에 시달리고 이는 이후에 수정되더라도 자기 이미지에 장기적으로 영향을 미칠 수 있다.

발달심리학: 불안과 우울 장애의 등장

사춘기 시작의 시기와 속도는 끊임없이 위험 요소로 언급된다. 예를 들면, 이른 초경은 우울증 발생의 증가에서 유방암 위험의 상승에 이르기까지, 성인기의 여러 문제적 결과와 관련이 있다(Ellis et al., 2011). 조기 성숙(동시대 또래 집단에 비해 상대적이라는 정의에 따른)은 청소년기 전반에 걸쳐 심리 작용에 영향을 미친다는 사실이 문헌에도 잘 나타나있다. 아주 이른 혹은 특이하게 빠른 발육은 전청소년기를 줄여 버린다. 잠재기의 자원 및 능력을 공고히 할 시간을 충분히 갖지 못한 채 성적인 느낌에 너무 빨리 노출되는 것은 이런 청소년들에게 자기조절에서의 취약성을 일으킨다. 게다가 또래 친구들과 조화되지 않는 것처럼 보이고 또 그렇게 느끼는 데에서 오는 괴로움과 부모와 조기에 정서적으로 분리된 데 대한 내적 압력은 고통스러운 고립감을 야기할 수 있다.

조숙한 사춘기와 사춘기의 빠른 속도는 우울한 기분, 사회적 불안, 행동상의 문제, 빈약한 교우관계 등에 위험 요소라는 관련 증거가 많다(Blumenthal et al., 2011; Mendle et al., 2010). 사춘기의 이 시기부터, 특정 형태의 장애 발생, 특히 내면화 증상들에서 의미 있는 성차가 나타나기 시작하는데, 이는 사춘기 소년보다 소녀에게서 발생하는 경우가 훨씬 더 많다. 성적 피해에 대한 취약성을 비롯한 많은 요소가 원인이 되는 것으로 알려져 있다(Hayward & Sanborn, 2002). 발달이 일찍 시작된 소녀와 소년 모두 변화의 순간 기분상의 즉각적인 동요를 보이는데, 그중 소녀들만 가라앉은 정서적 분위기, 불안, 임상적 우울, 부정적인 신체 이미지 등에 장기적인 취약성을 보인다(Buchanan et al., 1992; Ge et al., 2003; Petersen et al., 1994). 의심의 여지없이 보다 명백한 변화를 보이는 소녀들의 신체 특성과 이와 관련된 때이른 엄마-딸의 갈등 경향성이 차이를 늘릴 것이다. 늦된 소년들 역시 위기에 처하기는 하나, 여기서 비롯된 저조한 기분으로부터 "회복되는" 것으로 보인다(Ge et al., 2003, p. 438). 앞에서 언급한 바와 같이, 대개 여러 서구 문화에서 사춘기 변화의 절정은 학교–초등학교에서 중학교로–의 이동 시기와 일치하고, 이 연속적인 사건들은 적응과 관련된 문제를 더 심각하게 만들 수 있다(학교의 전환 직전 혹은 동시에 사춘기가 시작되는 것은 상대적으로 더 나쁜 결과를 가져온다; Simmons & Blyth, 1987). 일반적으로 학교를 전환할 때, 특히 고등학교로 갈 때 기분이 가라앉게 되는데, 이는 소녀들에게서 특히 더 일반적이다(Buchanan et al., 1992; Wichstrom, 1999).

주요 개념

10세에서 12세까지 걸쳐 있는 전청소년기는 잠재기에서 사춘기의 출현까지 잠깐이나 격변하는 전환기에 해당한다. 아이들은 호르몬 및 신체적 성숙뿐만 아니라 변화에 대한 주관적인 감각들에 시달리게 된다. 이런 압력하에, 이전 발달 단계에서의 충동과 소망이 되살아난다. 잠재기 때의 상대적으로 온순하며 순응적인 태도와는 달리, 십 대 초반 아이들은 운동 근육을 잠시도 가만히 두지 못하며 내적인 불편감을 느끼는 경향이 있다. 신체를 제어할 수 없다고 느끼는 것이다. 게다가 부모-자녀의 친밀감 맥락에서 성적이고 공격적인 느낌이 증가함에 따라 아이들은 다급하게 더 많은 자주권이 필요하다고 느낀다. 부모가 제공하던 보조적인 자아의 상실은 외롭고 혼란스럽다는 느낌을 준다. 자율성, 부모와의 친밀감에 대한 저항, 또래 집단으로 결단력 있게 돌아서기 등은 이 발달 시기의 특징이다.

전청소년기의 향상된 인지능력은 자신과 타인에 대한 더 깊은 이해로 이어진다. 보다 추상적이고 심리적인 특질을 더 중요한 것으로 여기게 된다. 소년들은 대규모 집단에서 자유와 우정을 찾으려하는 반면, 소녀들은 종종 짧지만 강렬한 단짝 친구관계에 빠지곤 한다. 초등학교의 구조 및 안전감으로부터 사회적 · 학업적 압력이 더 강한 중학교로 이동하는 것은 추가적인 불안을 만들어 낸다. 게다가 사춘기 변화의 시기와 속도는 여러 가지 심리적 장애의 위험이 높아지는 데 영향을 준다.

- 전청소년기 아이들은 신체가 변하기 시작한다는 주관적인 느낌을 감당해야 한다. 체중과 신장의 변화, 가슴과 고환의 발달, 성적, 공격적 느낌의 증가는 아이들의 자기감으로 통합되어야 한다.
  - 신체가 드러나고 이 변화가 통제 불능이라는 느낌에서 오는 두려움은 전청소년기 경험에서 가장 중요하다.
  - 성적 · 공격적 충동이 높아진 것에서 오는 압박감하에서, 전청소년기 아이들은 발달의 이전 시기로 퇴행한다. 오이디푸스기, 항문기, 구강기 성향이 소년과 소녀 모두의 행동과 집착에서 뚜렷이 나타난다.
- 전청소년기 아이는 형식적 · 조작적 사고의 시기로 들어서기 때문에, 추상적이고 성찰적인 인지능력이 확장된다.

- 자기관찰이 향상되고 자신과 타인의 심리적 특성에 대한 관심이 높아지며 잠재기 때의 구체적인 인지 및 행동 중심 경향을 대체한다.
- 전청소년기에서는 추상적인 가능성에 대한 감각이 더 좋아지고 결과에 대한 이해가 더 분명해진다.
- 게다가 이 시기 아동들은 타인의 의견과 평가에 더 주목하고 이를 보다 정확하게 인식하게 되는데, 이는 자신의 위상, 성취, 인기도에 대해 더 관심을 갖는 것으로 귀결된다.

• 신체의 현재 상황과 관련된 압박감을 피하려는 시도로, 특히 자아의 두 가지 태도가 등장할 수 있다. 그것은 아동이 생각의 형이상학적인 세계로 피난하는 **주지화**와 신체적인 욕구를 부인하는 자기부정의 **금욕주의**다. 뿐만 아니라 전청소년기 아동은 신체적 자기를 회피하려는 시도에서 행동이나 테크놀로지에 의지하기도 한다.

• 십 대 초반 아동은 **2차 개별화 시기**라고 불리는 전청소년기에 들어갈 태세를 갖추게 되며, 부모와의 관계에 변화가 생긴다.
- 의존성 혹은 수동성에 대한 두려움과 이전 애착관계에 다시 빠질 것 같은 공포는 부모로부터 멀어져 또래관계로 향하고자 하는 내적 욕구를 만든다. 그러면서 이전의 부모-자녀 유대감이 서서히 느슨해진다. 역할과 관계가 다시 조직되고 재협상된다.
- 내적인 혼란과 취약성이 높아진 시기에 부모가 자아 보조를 해 줄 수 없게 되면서 전청소년기 아동은 깊은 분리감 및 외로움을 느낀다.

• 아동은 부모와의 결속으로부터 분리되면서 또래 친구들에게로 힘차게 몸을 돌린다.
- 집단, 패거리, 교우관계는 우정, 자기타당화, 소속감의 중대한 원천이 된다.
- 사춘기가 가까워지면서 아이들은 성을 뚜렷하게 구별하려고 하지만, 다른 성에 대한 관심과 호기심은 높아진다.

• 중학교로의 전환은 그 사회적·학업적 도전이 높아지면서 발달의 취약한 이 시기에 추가적인 압력을 생성한다. 많은 아이가 학업 성취가 떨어지며 이전의 학업적인 자신감과 숙달감이 변하는 걸 느낀다.

• 조숙한 사춘기, 지연된 사춘기, 급격한 발달 속도는 다양한 기분 및 적응 장애에 위험요소인 것으로 알려져 있다.

8장

초기 및 중기 청소년기

신체,
섹슈얼리티,
개별화,
행동의 역할,
그 외 십 대의 특수한 문제

청소년기 입문

여기서는 청소년기를 초기(11~14세)와 중기(14~17세), 후기(17~21세, 다음 장에서 다룸)로 나누는데, 이 시기는 내적 · 외적인 면 모두에서 주목할 만한 변화가 있는 시기다. 몸이 사춘기라는 사건과 그 이후에 성적으로 성숙해지는 동안, 정신은 이 변화의 의미를 이해하려 노력하고 스스로 리모델링을 진행한다. 이때가 자아 성찰의 새로운 능력뿐만 아니라 강렬한 자의식이 생기고, 위험하고 충동적인 행동으로 이어지기도 하며, 새로운 경험에 대한 갑작스러운 관심이 생기는 한편, 가족, 또래, 친한 친구와의 관계를 주요하게 다시 정비하는 시기다. 안정되고 자기조절을 잘하는 후기 잠재기 아이의 관점에서 보면, 사춘기와 청소년기는 아직 인생에 대해 알지 못하고 상상할 수 없는 사람에게 필시 야생의 모험이 되는 시기로 보일 것이다. 이는 아주 기대되고 신나기도 하지만 동시에 무섭기도 한 삶의 시간이다.

청소년기는 20세기에 들어와서야 진정한 발달 단계로서 타당성을 얻게 되었고(Brooks, 2007; Dahl & Hariri, 2005; Shapiro, 2008), 여전히 20세기 중엽의 저자들로부터 '문화의 창조'라고 일컬어진다(Stone & Church, 1995). 오늘날 서구 문화에서 정신역동적 사상가들 및 일반적인 사회 여러 학문의 관찰자들 사이에서 '청소년기'라는 단어의 위상은 확고하다. 청소년은 미디어에 몰두하고, 아주 가시적인 정신장애를 겪으며, 엄청난 사망률과 질병률로 이어질 수 있는 위험한 행동에 가담하는 등(Steinberg, 2004), 부모님, 마케터, 음악가와 할리우드 프로듀서, 이론가들을 바쁘게 만드는 복잡한 발달 궤도를 갖고 있다. 사춘기는 줄곧 강렬한 발달적 순간으로 인식되어 왔다. 1905년 Sigmund Freud는 『성욕에 관한 세 편의 에세이(Three Essays on the Theory of Sexuality)』(Freud, 1905/1962)에서 리비도, 성적 환상, 대상 선택의 조직자로서 사춘기의 역할에 대해 상세하게 설명한다. 그러나 그 1년 전에 Stanley Hall의 획기적인 2권짜리 책 『청소년기 심리학, 생리학, 인류학, 사회학, 성, 범죄, 종교 및 교육과의 관계(Its Psychology and Its Relations to Physiology, Anthropology, Sociology, Sex, Crime, Religion, and Education)』(Hall, 1904)에서는 청소년기를 '폭풍과 스트레스'로 유명한, 발달적 변화가 있는 장기적인 시기로 개념화했다. "청소년기는 새로운 탄생이다. 더 고등의 보다 완전한 인간의 특질이 이제 새로 태어난 것이다. …… 몸과 영혼의 새로운 특징이 이제 출현한다. …… 오래된 정박장이 부서지고 더 높은 수준에 이르는 때에 어떤 아주 오래된 시기의 폭풍과 스트레스를 암시하며……."(Hall, 1904, Vol.1, p. xiii)

여기에서 청소년기는 피할 수 없는 대변동이란 관념이 주목받긴 했으나 이때는 아직 발달의 단계로서 칭송받거나 논란이 되지 못했다. 그러나 점차 '성난 호르몬'과 같은 유명한 개념들과 연계되기 시작하며(Cauffman, 2004; Dahl, 2004), Anna Freud(1958), Peter Blos(1968), Erik Erikson(1968)을 포함한 여러 정신역동 이론가로부터 각광받았고, 이 이론가들은 각자 이론적 개념화를 통해 청소년기의 복잡성을 그리는 데 기여했다.

그러나 청소년기에 대한 대중적 이미지와 정확하게 공명하는, '폭풍과 스트레스' 혹은 '청소년기의 혼란'이라는 개념은 이론가들과 임상가들로부터 동시에 이의 제기를 받았다. 그중 가장 주목받은 것은 Daniel Offer(Offer, 1965; Offer & Offer, 1968)로, 그는 청소년의 행동과 주관적인 경험을 심리검사와 일련의 인터뷰를 통해 조망했다. 청소년 초기부터 후기까지 상대적으로 잔잔하게 진행된다고 밝힌 그의 연구 결과는 다양한 관점의 후속 연구에서 되풀이되었다(Brooks-Gunn & Warren, 1989; Doctors, 2000; Flannery et al., 1994; Offer & Schonert-Reichl, 1992). 오늘날 연구자들 및 정신역동 임상가들은 청소년기가 발달상의 갈등, 위험한 행동과 기분의 변덕스

러움 등이 출현하는 취약한 시기이나, 정신병리에 대한 유전적 소인이 청소년의 호르몬적 사건에 의해 '촉발되는 것'이라는 증거 또한 있는 것으로 중간 지점을 받아들이는 경향이 있다(Walker et al., 2004). 그럼에도 불구하고 이런 취약성은 발달 추이에 미칠 영향을 조절하는 심리사회적 요소들을 강력하게 매개한다(Arnett, 1999; Rohner, 2000; Rutter, 2007). 청소년기의 전반적인 경험과 그것이 "평화로운 성장을 방해"하는 걸로 여겨지는 정도(A. Freud, 1958, p. 267)(청소년 자신들, 그들의 부모, 기타 관련된 어른들에게)는 개인, 문화, 성별, 가족, 그 외 영향들에 따라 다양하다. 따라서 현대 서술적 연구에서의 합의점은 이 폭풍과 스트레스가 항상 심각하거나 보편적인 것은 아니나, 정신적인 대변동이 청소년기에 나타날 가능성은 보다 높은 것 같다는 것이다(Arnett, 1999). 그렇지 않고서야 학령기 아동들과 비교해서 이 연령 집단이 "행동과 정서 조절의 어려움으로 인해" 병적인 상태와 사망률이 200%나 급증하는 것을 어떻게 설명할 수 있겠는가(Dahl, 2004, p. 3)?

정신역동적 관점은 청소년의 마음을 세심하게 조사하여, 이 단계에 수반되는 심리적 수준에서의 심오한 격변을 강조한다. 개인의 발달 추이가 외형적인 혼란을 포함하든 그렇지 않든 간에, 이는 필연적으로 가장 급격하고 부담이 큰 변형과정을 겪으면서 지나가게 된다(Jacobson, 1961). 성장 급등 준비기, 사춘기의 시작, 2차 성적 발달의 신비하고도 미지의 과정, 자기표상의 변화, 방어 기제의 재작업, 가족생활의 영역 변화, 세상에 영향을 미치는 것에 대한 관심 등이 압축된 시간대 내에 모두 등장하고 그 후 후기 청소년기를 거쳐 신생 성인기로 진화해 간다. 아무리 청소년기 아이의 품행이 침착하다 하더라도, 그 아동은 분출하는 욕구—성적 · 공격적 욕구 모두—를 다스리고 이를 다룰 만한 완전히 새로운 방어 기제들을 개발해야 한다. 잠재기 아이의 전형적인 법을 준수하는 (섹슈얼리티에 대해 억압적인 태도를 갖고 부모의 규칙과 가치관에 대해 순응하는) 태도는 성적인 육체, 성적, 공격적 충동, 부모로부터 자주독립을 쟁취하고자 하는 욕구 등의 새로운 현실에 적응해야 한다. 청소년들은 분출하는 욕구에 맞서 투쟁한 결과, 모든 신체적 욕구를 포기하거나[7장 '전청소년기'에서 서술했듯 금욕주의(ascerticism)로 방어], 이와는 정반대의 자세로 충동을 억제하는 모든 것에 저항하기도 한다('비협조적인' 청소년들; A. Freud, 1958). 부모에게 아이 같은 애착을 갖지 않으려는 방어는 철수, 분노, 어떤 청소년들에게는 반항, 또 다른 청소년들에게는 매달리기와 같은 미숙한 행동들로 나타날 수 있다. 청소년들은 안팎의 환경 때문에 권위를 가져오고, 부모에 대한 이상화된 이미지를 인간의 크기로 줄일 수밖에 없다. 부모들도 성생활이 있고 실수를 하며 자기가 설교한 대로 항상 살지는 않는다는 것 등이다. Anna Freud와 같은 사상가들에게 있어 어떤 종류의 정신 내적 투쟁은, 그것이 증상으로 드러나든 아니든 최적의 결과—즉 성 정체성, 도덕적 신념과 목적을 포함한 가치관과 정체성을 개별적으로 결정하는 자율적이고 생산적인 성인기의 출현—를 얻기 위해 청소년들에게 꼭 필요한 과정이다.

아마도 청소년기에 대한 가장 최근의 포괄적인 설명은 Dahl(2004)이 제공한 것일 것이다. "그것은 성적으로 성숙한 후 어른의 역할과 책임을 획득하기까지의 골치 아픈 시기다."(p. 9) 이런 정의는 다소 덜 구체적이긴 하나, 생물학적인 사건(사춘기)으로 시작되어 이전 발달과 이어지지 않으며, 사회적인 지위와 지속적인 정체성의 요소를 획득하는 것으로 종결된다는 중요한 사실을 강조하고 있다. 청소년기의 종결은 성인기 특징인 성격의 공고화를 나타내는 심리사회적으로 중요한 사건이다. 그러나 우리가 10장에서 논의하겠지만, '오디세이 시절'이라는 또 다른 발달 단계가 이 전환기 사이에 끼어드는데 이것이 바로 **신생 성인기**(emerging adulthood)이다.

단계

사춘기의 결정적인 순간들, 청소년기 과정 내에서 초기, 중기, 후기 단계의 표식은 불분명하고 문화적으로 규정된다. 이것들은 종종 중학교, 고등학교, 대학교 등의 학교환경과 연결된다. 1960년대에 신체 변화의 순서를 도입하여 오늘날까지 2차 성징의 발달을 기록하는 데 사용되는 **Tanner 단계**(Tanner, 1962; 〈표 8-1〉 참조)는 종종 실제 연령이나 특정 개인의 학교 상황과 맞지 않아 또래와 문화적 경향에 따른 기준에 맞게 성장하리라 예상하는 청소년들에게 긴장을 유발할 가능성이 있다. 연령과 Tanner 단계 사이의 이러한 불일치는 우리가 주장하듯 초기부터 중기 청소년들이 가장 집착하는 부분인 신체, 성적 욕망, 성별화된 발달에 또 다른 복잡성을 더한다.

청소년기 과정에 대한 현대의 접근은 뇌발달, 생물학적 성숙, 유전적 영향, 호르몬의 효과, 인지, 사회-정서 조절, 환경 등을 통합한다. 이러한 발달의 영향력은 상호작용하여, 능력이 발전하기 위한 "실행의 장"을 생성한다(Kupfer & Woodward, 2004, p. 321). 마찬가지로 청소년기에 관련된 취약성은 다양한 요소 간 상호작용

표 8-1 성적 성숙의 Tanner 단계

1단계	사춘 전기
2단계	가슴 봉우리가 생기고, 고환의 크기와 촉감이 변화하며, 음모가 드문드문 남
3단계	가슴 및 유륜이 발달하고, 음경의 길이와 넓이가 증가하며, 음모가 굵고 색깔이 진해지며 곱슬해짐
4단계	계속해서 가슴과 유륜이 발달하고, 음경과 고환의 색깔이 진해지고 더 커지며, 음모가 성인처럼 자라나나 허벅지 중간까지 퍼지지는 않음
5단계	양쪽 성 모두 가슴과 성기의 곡선이 성숙한 성인과 같아지며, 음모도 성인처럼 완전해짐

의 결과로 이해된다. 이러한 체계 경향은 각 영역 내에서 연구 결과의 고려사항을 알려 준다. 좋은 예로, 청소년기 동안 출현하는 정신장애 발생에서 성차가 있다는 사실을 생각해 볼 수 있다. 예를 들면, 우울의 유병률이 소년보다 소녀에게서 훨씬 높게 나타난다는 확고한 연구 결과는 다른 여러 변인과 관련 있는데, 이 변인들은 호르몬의 역할에서부터 미디어가 조장하는 신체적 불만에 이르기까지 다양하다(Wichstrom, 1999). 대부분의 청소년 전문가는 여기에 다양한 상호작용 및 병인적 요소가 있을 수 있다는 데 동의한다. 더불어 17세에 조현병의 발병률은 소녀보다 소년에게서 훨씬 높게 나타난다는 확고한 연구 결과도 있다. 여기에는 유전적인 부하 이외에도 많은 요소가 발병률의 차이에 기여하는데, 이민, 도시 환경, 민족성 등이 그 예다(Kirkbride et al., 2006).

다음 절에서는 살아 있는 생명체에게 있어 초기 및 중기 청소년기 심리적 과제들 사이의 뚜렷한 차이는 유동적이란 점을 경고하며, 이 시기들의 과제 특징에 대해 설명할 것이다. 이 단계들에서 많은 주제가 등장했다 사라지며, 그 진행 역시 불규칙하고 불균형적이다. 초기 및 중기 청소년기에 대한 다음의 개관에서, 우리는 신체적 변화와 중심 갈등, 그에 따른 이 두 단계에서의 취약성에 대해 심리적인 영향을 보다 심도 깊게 다룰 것이다. 후기 청소년기에 대해서는 9장에서 살펴보겠다.

초기 청소년기(11~14세)

상대적으로 정확한 사춘기 변화가 시작되면서, 초기 청소년기 아동의 의식은 중요한 변화와 신체적 자기 내의 불안정감에 지배당한다. 이런 변화는 아이들의 실제 신체발달이 점진적으로 진행되든 급격히 진행되든 성적으로 성숙한 몸을 만들어 간다. 급성장은 대개 사춘기의 신호적 사건보다 앞서며 3년 정도까지 지속되는데, 초기 청소년기에서 중기 청소년기까지는 신생아기의 급속한 성장에 필적할 만한 속도로, 그러나 이제는 스스로 인식할 수 있는 자의식 강한 십 대 초반에 일어나는 것이다. 개인차에도 불구하고 변화의 속도는 잠재기에 상대적으로 완만했던 신체적 성장과는 확연히 다르며 자기 신체에 대한 친숙함, 신뢰도, 주인의식을 필연적으로 뒤흔든다. 청소년들 각자 변화하는 신체, 그 변형률, 새로운 감각, 욕망, 사고와 감정—이 모든 것이 탈바꿈한 자기표상으로 통합되어야 한다—을 해결하려고 노력해야 한다. 그 후 가장 근본적 수준에서 청소년의 심리적 투쟁에는 완전히 새로운 몸과 자기감을 받아들이려고 애쓰는 것도 포함된다.

특정 집단 내 신체적 변화의 진행에서 개인차는 초기 청소년기의 다른 측면과 비례하여 그 중요성을 띠는데, 이는 잠재기 이후 가속화되어 온 것이다. 온 신경을 또래 집단에 기울이는 것 말이다.

어린 청소년은 여전히 부모에게 의지하긴 하나 사회적 환경에 대해 관심이 높아지고 그에 몰두하는데, 이것이 더 복잡한 문제들을 만든다. 중학생 시절은 종종 또래 사이의 빠른 위계질서 교체, 패거리 내의 역동과 배타적인 '무리들'을 특징으로 하는데, 이 주제들은 성년기를 다룬 책에서 추모되거나 좀 더 나이 든 청소년들이 후회스럽게 떠올리는 것들이다. 신체적 변화와 사회적 지위 사이의 관계는 어린 청소년들의 경험에서 안타깝게도 자명하며, 사춘기 변화의 시작에서 극단, 즉 '너무 이른' 혹은 '너무 늦은' 경우 모두 문화적 환경에 의지하는 사회적 적응에 심각한 도전이 될 수 있다는 연구 결과가 이를 입증한다. 11세 이전에 초경을 시작하는 것은 소녀들에게 우울과 약물 남용의 위험을 높이고, 지연된 초경은 우울한 기분과 관련된다(Stice et al., 2001). 어떤 연구들은 문화에 따라 발달이 빠른 소년에게서도 기분장애의 위험이 유사한 것으로 보고하고(예: 특히 노르웨이; Wichstrom, 1999 참조), 반면 또 다른 연구에서는 발달이 느린 경우 낮은 자존감과 약물 남용의 가능성이 높을 수 있음을 입증했다(Biro & Dorn, 2006). 그러므로 발달이 또래 집단과 동시에 일어나지 않는다는 것은 초기 청소년기 아동에게 자신감, 섹슈얼리티의 출현, 외로움 등에 있어 깊은 영향을 미친다.

또래 집단은 성의 이른 발달과 2차 성징의 구체적인 획득 지표를 제공하는 것 외에도 새로운 복잡성 때문에 어린 청소년들의 주의를 사로잡고, 강렬한 사회적 압력을 접하게 하는데, 이는 중기 청소년기까지 지속된다. 청소년들은 자주 중학교 시절이 사회적 경쟁, 배타적인 무리들, 괴롭히기, 배척 등에 있어 최악의 시간이라고 이야기한다. 특히 11~14세 사이의 발달 진행 속도는 너무 차이가 크기 때문에, 뒤처졌다거나 리그에서 벗어났다거나 이상점(outlier) 같다고 느끼는 것은 자기, 대부분 신체적 자기를 겨냥한 비판과 마찬가지다. 또래 집단에 대해 복잡하게 실제적인 검토를 하는 것은 자기중심성이 발달적으로 진화했기 때문이다. 형식적 조작기의 초기 단계에서, '사고에 대한 사고'를 할 수 있는 새로운 능력은 '인지적 결함'의 가능성을 빚어낸다(Rycek et al., 1998). 어린 청소년들은 다른 사람들도 자기가 스스로에 대해 생각하는 것만큼 많은 시간을 할애하여 자신들에 대해 생각할 거라고 가정한다. 이들의 자의식이 '상상의 청중' 역할을 하는 것이다(Elkind & Bowen, 1979).

이 연령 집단에서 위험한 행동이 출현하기 시작하는데, 아동이 부모의 규칙에 저항하고 자신의 두려움을 부정하기 위해 공포스러운 상황을 스스로 찾아 금지되었던 어른들의 행동에 착수하기 때문이다. 초기 청소년기 아동은 단독으로, 흡연, 재산과 사람에 대한 폭력적인 행동, 음주, 대마초, 소셜 미디어, 성적인 접촉에 접근할 수 있는 사회적 활동에 몰두한다(Rew et al., 2011). 퇴행적 · 수동적 소망에 대한 두려움이 공격성을(불가피하게 타인을 희생시키는 일 역시) 중학교 경험의 보편적인 측면으로 만든다. 연구에 따르면 중학생의 상당수가 기억에 남을 정도의 괴롭힘을 당했으며(75%) 아주 적은 수(소년은 15%, 소녀는 23%)만이 제시된 30일 기간 중 약자를 괴롭히는 어떤 행동에도 가담하지 않은 것으로 응답했다고 한다(Espelage et al., 2000). 대인관계에서 공격성의 발로는 성별에 따라 다른 형태를 취한다. 약자를 괴롭히는 것은 소년들 사이에서 더 지배적이다. 소녀들의 패턴은 일반적으로 '관계적 공격성'을 띠는데, 이는 "다른 아이의 우정이나 또래 집단에 대한 소속감을 손상시키려는 시도"를 통해 해를 끼치려는 의도로 정의된다(Crick & Grotpeter, 1995, p. 711). 이런 행동은 중학교에서 아주 만연하고, 신체적 매력뿐만 아니라 부모의 양육태도, 동네의 안전성과 같은 폭넓은 맥락적 요소와 상관관계가 있는 것으로 나타난다. 십 대 초반 아동들은 친구들, 먹잇감이 될 피해자, 포식자 등과 접촉할 수 있게 해 주는 인터넷 활동에 점점 더 열중하게 된다. 페이스북은 13세 사용자들에게 그 문을 활짝 열어 또래 집단을 의식하는 것의 전례 없는 수준을 소개했다. 사회적인 교류, 자랑하기, '스토킹하기'를 위한 거의 전 세계적인 장에서 비롯된 이런 흥분은 개인의 사생활을 대가로 한 것이다. 이러한 흥분은 적대적인 폭로와 모욕을 주기 위해 소셜 미디어를 사용한 결과 폭력이나 자살 사건이 발생할 때 비극으로 바뀐다.

또래 집단에서의 흥미진진한 사건은 점점 더 가족이라는 이전의 보호적 피신처로는 경감되지 않는다. 부모와의 관계는 어린 십 대들이 의존적인 유아적 감정에 빠지지 않으려는 노력 때문에 악화된다. 따라서 부모와의 '우애와 친밀감' 경험은 전반적으로 줄어든다(Collins & Laursen, 2006). 소년 혹은 소녀의 변화가 점점 성숙해질수록 신체적인 변화는 어색함으로 다가온다. 섹슈얼리티가 가정의 장을 침해할 때, 부모와 아동들 모두 각자 다른 기반에서 자리매김하기 위한 투쟁을 한다. 여기에는 대개 부모들이 감수해야 하는 위기가 과도하다는 신호를 놓치거나 그들의 개입에 균형을 잡으려는 노력이 불발로 끝나기도 하는 과도기적 적응 단계가 있다. 과도한 자극 혹은 위험한 상황으로 가까이 가는지를 주시하는 동시에 주체성을 촉진하는 것은 결코 쉬운 일이 아니다. 게다가 부모들은 십 대 아동에게 영향을 미치는 데 있어 가장 중요한 동반자를 잃었다. 아동의 초자아와 부모를 기쁘게 하고자 하는 일생의 욕망이 바로 그것이다. 부분적으로는 부모에 대한 이상화된 관점을 기반으로 했던, 잠재기 아동의 도덕률은 충동이 급증하고 친구에게 관심이 옮겨 가는 상황 안에서 동요된다. 이전에 '착하고' 열렬하게 십 대들의 비행에 반대하던 아이가 하룻밤 사이에 담배를 피우고 섹스나 약물에 대한 실험을 하는 다른 사람이 된 것처럼 느껴질 것이다. 이런 변화는 아주 갑작스러운 것이어서 부모들은 잘 인식하지 못한 채 지내게 되고, 때로는 십 대 자녀의 위험한 행동에 대해 필요한 것보다 더 오래 모르고 있기도 한다.

그럼에도 불구하고 부모와의 관계는 친구와의 관계와 반비례 관계에 있다는 관념(즉, 친구와의 관계가 중요해지며 부모와의 갈등이 커진다)이 널리 퍼져 있기는 하나, 여러 증거는 이 두 영역이 대개 유사성을 보이며 두 관계가 갈라지는 즈음에서 한 영역에서의 긍정적 관계는 다른 영역의 관계를 조절할 수 있다고 보여 준다(Rubin et al., 2004; Sentse & Laird, 2010). 양 부모와의 전반적으로 긍정적인 관계는 사회적 유능감을 향상시키는 경향이 있다. 흥미롭게도, 부모가 행동적인 통제(즉, 통금 시간과 근신)를 사용하는 것이 심리적인 통제(즉, 죄책감 혹은 불안 유발, 이름 부르기, 사랑의 철수)를 하는 경우보다 훨씬 나은 결과를 가져온다. 후자는 초기 청소년기에서 증상이 표면화될 가능성을 높인다(Rogers et al., 2003).

〈초기 청소년기의 소녀〉 동영상을 보자. 이 사춘기 소녀는 여전히 부모와 친밀하다. 그녀는 책임감이 높고 아직까지 청소년기의 위험한 행동에 사로잡히진 않았다. 그럼에도 불구하고 그녀는 '중학교의 드라마'에 매료되어 영향을 받고 있다. 그녀의 사례는 발달 진행과정에 개인차가 있을 뿐만 아니라 그 개인 안에서도 불균형적이라는 사실을 잘 보여 준다.

형제자매들은 종종 성숙해지는 십 대를 향해 강렬한 반응을 보인다. 그들은 발달적 순간을 예민하게 알아차리며 그 변화에 대해 경쟁심을 느끼거나, 주제넘게 참견하거나, 과도하게 흥분하는 걸로 반응한다. 초기 및 중기 청소년기 아이들은 손위 형제자매 때문에 불법 행위에 말려들기도 하는데 그들은, 특히 부모에게 반항적이거나 부모와 갈등관계에 있는 경우가 많다. 십 대 초기 아동은 자기보다 나이 어린 형제자매와 같이 노는 것에 대해 관심과 적극성을 모두 잃는 경향이 있는데, 특히 어린 형제자매가 십 대의 행동에 대해 내부 고발자 역할을 맡는 경우 더욱 그러하다. 그러나 형제자매와의 관계는, 특히 좋은 토대를 갖고 있었던 경우 후기 청소년기 즈음에 회복되곤 한다(McHale et al., 2006).

다음 사례에서 엘리의 부모는 그녀가 중학교 내내 '법을 준수하고' 순응적인 잠재기 연령의 아동이라는 자신감에 의지했다. 8학년 때 성적이 떨어지기 시작할 때까지 말이다. '불량 소년'에 대해 엘리가 보이는 관심은, 십 대 초반 아동, 특히 스스로 실험하기를 두려워하지 않는 아동들에게 무모한 듯 멋있는 아이가 매력적으로 어필되는 좋은 예다.

13세의 엘리는 여전히 팔다리가 가늘고 날씬한 소녀로, 사람들은 종종 그녀를 6학년이라고 착각한다. 그녀의 발달은 시작되었지만 단연코 조숙하다거나 섹시하다고 할 수는 없다. 엘리는 12세에 초경을 시작했다. 그녀의 학교는 다양한 인종이 모인 작은 단독 건물 학교로, 엘리는 엄격한 전통적인 가정에서 생활을 일일이 관찰당하고 파티에 참석하는 걸 절대 허락받지 못하는 친구들과 가까워졌다. 엘리의 전문직 부모는 친구들의 부모보다 허용적이고 자신들의 커리어에 더 골몰하고 있었다. 그렇더라도 이들은 엘리의 행동과 학업 성취에 대해 높은 기준을 갖고 있었다. 엘리는 항상 말을 잘 듣고 '비위를 잘 맞추며' 부모의 기대에 맞게 살려고 애썼다. 그러나 8학년이 되자, 학교에 대한 열정이 사그라든 듯 보였고 성적이 떨어지기 시작했다. 몇 년간 소년들로부터 관심을 받는 걸 즐기던 엘리는 이제 '빠른' 걸로 유명하고 잘생긴, 같은 반의 데미안이라는 남자아이로부터 구애를 받았다. '이제 모두 우리가 남자친구, 여자친구라고 생각하니, 우리에게 콘돔을 주면서 장난치기 시작하겠지? 소문이 퍼질 거야.' 엘리는 이런 상상을 하며 확실히 기뻐했다. 마침내 엘리와 데미안은 '진도를 나가기' 시작했다. 그녀의 학교 환경은 보편적인 다른 학교와 마찬가지여서, 이런 상태는 학교에서 많은 시간을 보내는 걸로 이루어졌다. 그럼에도 기회는 저절로 다가왔고, 엘리와 데미안은 데미안의 집이 비었을 때 첫 성관계를 무방비로 갖게 됐다. 엘리는 흥분으로 가득 차, 기껏해야 자기 좋을 때만 친구가 되어 주는 열한 살 위 언니에게 이 사실을 털어놓았고, 언니는 곧바로 부모에게 이 사실을 알렸다. 부모는 엘리가 위험을 기피하며 심지어 미성숙하다고 생각했기 때문에 이 사실이 느닷없었다. 그들은 자신들이 너무 순진했다고 자책했지만 또한 동시에 부모의 신뢰를 저버린 것으로 느껴지는 엘리에게 화가 났다. 엘리는 상당히 재빠르게 자신의 행동은 '친구들의 압력'에 휩쓸린 거라고 설명했다. 또한 자기가 잘 아는 설명도 덧붙였다. "안 돼라는 말을 할 수 없었어요." 엘리의 부모는 엄중 단속하겠다고 나서며, 엘리가 학교에서 보호를 받아야 한다고 주장했다. 그러면서 학교 당국에 감독자 없이는 데미안과 만나지 못하게 해 달라고 요구했다. 엘리는 순순히 이에 따랐지만 소문이 학교에 퍼지면서 점점 괴롭고 외로워졌다. 그녀는 장난 전화의 대상이 됐고 청소년을 대상으로 한 블로그에 그녀를 '걸레' '창녀'라고 부르는 포스팅이 이어졌다. 가족 모두는 엘리가 얼른 고등학교에 진학하여 중학교 친구들이 흩어지고 다른 아이들도 성적으로 왕성해질 날을 손꼽아 기다렸다. 아마도 그 이후가 되어야 그녀의 평판이 회복될 수 있을 것 같았기 때문이다.

이 사례는 여러 초기 청소년의 삶의 현실을 잘 보여 준다. 부모적 가치관에 대한 어린 십 대의 태도에서 비약적인 변화가 있고 십 대의 충동에 대해 부모들이 잘 모를 수 있다는 것이다. 이들은 좋은 판단을 할 만한 지적 능력이 있음에도 불구하고 의사결정 과정에서는 호기심, 흥분, 욕망이 우위를 점하게 된다. 자율성에 대한 소망과 위태로운 관계를 지니며 자주 부모의 개입을 요청한다. 공적인 장에서 벌어진 행동으로 인해 몇 년 동안 괴로워지는 결과가 생기기도 한다.

초기 청소년기의 도전과 변화(11~14세)

- 급격히 변하는 신체에 적응하고 성적인 신체를 자기표상에 통합한다.
- 관심이 부모로부터 점점 더 복잡한 형태의 또래 집단으로 이동하며, 이는 자기인식 및 자의식이 높아지는 것과 관련된다.
- 잠재기의 부모화된 초자아를 재외면화(reexternalization)하고 어떻게 행동할지를 판단할 때 또래 집단을 참조한다.
- 약물 사용, 성적인 실험, 타인에 대한 공격성, 특히 약자 괴롭히기와 같은 위험한 행동이 출현한다.

중기 청소년기(14~17세)

14세에서 17세 사이의 청소년은 미디어에 등장하는 대중적인 이미지의 고등학생인 십 대에 가장 가깝다. 이들은 가장 획기적인 사춘기의 신체 변화를 통과하면서 변하고 성별화되었으며, 성적 매력이 두드러진 신체의 현실을 붙들고 씨름 중이다. 더불어 행동 지향성이 두드러지며, 보호적이고 제한적인 부모의 감시 필터 없이 직접 세상을 경험하고 만나고 싶어 하는 절실한 욕망을 드러낸다.

부모와 개별화(다음 절 '2차 개별화 과정'에서 설명하겠다)하는 동시에 새롭고 보다 자율적인 관계를 형성해야 하는 이중과정은 부모와 십 대 사이의 권력 차이가 감소하는 한편 대개 분노를 동반하는 갈등이 확대되는 방향 모두로 진행된다(Collins & Laursen, 2006; de Goede et al., 2009). 부모들은 계속해서 어떻게 개입해야 할지 몰라 하는데, 이는 부모의 권위가 약해졌기 때문일 뿐만 아니라 그들이 주로 십 대가 열광하는 현대 테크놀로지, 음악, 신체 장식/훼손, 물질, 장소 등에 아주 무지하기 때문이다. 한 예로, 부모들은 일반적으로 자녀가 세상과 만나는 걸 기하급수적으로 확장시켜 주는 청소년 중심의 복잡한 인터넷 네트워크에서 길을 찾는 능력이 떨어진다. 십 대가 보다 요령을 부릴수록 부모들은 점점 더 당황하게 된다. 미국 대부분의 주에서, 15세가 되면 임시 운전면허증을 따서 혼자서 학교와 일터로 운전해서 갈 수 있는데, 이는 더욱더 부모의 감시에서 벗어나 자유를 누릴 수 있게 한다. 용돈, 신용카드 사용, 일자리 덕에 구매력이 상승하여, 십 대는 이전에 접근할 수 없었던 장소, 활동, 물질에 다가갈 수 있게 된다. 중기 청소년기 아동은 대개 부모에 대한 상실감 및 환멸감 등을 예민하게 알아차리는 동시에, 부모의 실수와 위선(혹은 J. D. Salinger의 『호밀밭의 파수꾼(The Catcher in the Rye)』에서 홀든 콜필드가 좋아하는 표현을 쓰자면 '엉터리')을 점점 더 분명하게 인식하게 되면서 이들 사이의 긴장이 더해진다. 통금 시간에서부터 정치에 이르기까지 모든 면에서의 세대 간 갈등이 이 시기에 정점을 찍는다.

다음의 사례가 보여 주듯 중기 청소년기 아동의 주체성이 더 커지는 변화는 부모의 지휘권을 피할 수 있게 된 자녀들에게 적응하려 애쓰는 부모에게 도전이 될 수 있다.

부모의 이야기에 따르면 16세 프랭키는 대체적으로 착한 아이지만, 파티나 학교 행사에 운전을 해서 가겠다는 문제로 자주 갈등을 빚었다. 그에게 차를 쓰게 하는 건 대체로 사용할 수 있는 차가 한 대 있어 재량껏 결정할 수 있었지만, 그의 부모는 친구 집에서 술을 얼마나 제공할지, 이제 막 운전하기 시작한 프랭키가 항상 운전을 염두에 두고 술을 자제하려고 할지가 걱정이었다. 프랭키가 제재에 대해 계속해서 분개하자 긴장이 고조되었고, 험악한 말다툼 끝에 프랭키는 어디에 간다거나 누굴 만날 거라는 말도 없이, 늘 되풀이하던 조심히 운전하겠다는 약속도 없이 허락받지 않은 채 차를 몰고 나가 버렸다. 양 부모 모두 속상하고도 불안해져 저녁 내내 그에게 전화하고 이메일을 쓰고 문자를 보냈다. 프랭키의 페이스북에서 어떤 단서를 찾을 수 있을까 알아보려고 그의 컴퓨터를 켰다가 비밀번호가 Frankie50에서 바뀐 걸 알고는 놀랐다. 그 비밀번호는 프랭키가 5학년 때 엄마가 설정해 준 것이었다. 이 더욱 복잡해진 상황은 프랭키가 부모에게 숨기고 싶은 생활이 있다는 사실에 대해 새롭고 일반적인 우려를 더했다. 그들은 걱정스러운 짐작을 가까스로 다스리며 프랭키의 친구들 집으로 전화를 걸기 시작했고, 마침내 프랭키가 부모가 잘 모르는 어떤 친구네 집 지하 방에서 신간 호러 영화를 보고 있다는 걸 알아냈다. 그 집으로 당장 찾아갈지, 프랭키를 꾸짖을지, 프랭키더러 얼른 집으로 오라고 할지, 화가 가라앉고 나서 이 문제를 얘기할 수 있게 기다릴지 결정을 내릴 수가 없어서 그들은 마침내 밖에 나가 앉았다. 11시쯤 됐을 무렵, 그들은 프랭키로부터 걱정 끼쳐 죄송하고 별일 없으니 1시까지 집에 돌아가겠다는 문자를 받았다. 이는 명확히 오래 지켜져 오던 12시 30분 통금 시간을 위반하는 것이라 이 문자를 받고 언짢았으나, 적어도 프랭키가 부모에게 이야기를 하고 있으며 그가 항상 착실했고 그들은 아침까지 이 문제를 정리할 수 있을 거라고 생각을 정리했다.

다음 날 아침 대화에서 프랭키는 협조적이었으나, 앞으로 항상 행방을 밝히고 컴퓨터를 열어 볼 수 있게 해 달라는 부모의 요구에는 선을 그었다. 뿐만 아니라 그는 부모가 자기를 프랭크라고 불러야 하고 12시 30분은 '터무니없는' 통금 시간이라 계속 이 시간을 강요한다면 좀 더 합리적인 부모를 둔 친구네서 자고 올 거라고 통보했다. 그러나 그는 대부분의 아이보다 더 책임감 있으니 자기를 '그냥 믿어 달라.'고 했다. 부모는 프랭크의 최후통첩인 듯한 내용을 어떻게 수용할지에 대해 이야기를 나눴고, 결국 그들이 프랭크를 믿지 못했고 의사소통을 계속 하는 쪽이 낫겠다는 걸 깨달았다. 그들은 프랭크에게 그가 수용하길 바라는 조건에 대해 이야기했다. 절대 술 마시고 운전하지 않기, 피임하지 않은 성관계를 갖지 않기, 허락 없이 그들의 집에서 파티를 열지 않기 등이 그것이었다. 또한 프랭크의 친구들 사이에서 대마초가 흔하다는 걸 알았지만, 프랭크에게는 어떤 불법적인 약물도 엄격하게 금지시켰다. 그들은 프랭크가 위반할 가능성이 있다 하더라도 엄한 규칙이 불법적인 행동을 용납하는 것보다 낫다고 생각했다.

이 사례에서 알 수 있듯이, 부모와 중기 청소년 사이의 서로 존중하는 관계는 성취하기 어려운 목표다. 특히, 부모가 특정 행동을 어떻게 해석해야 할지 확신할 수 없는 경우에 더욱 그러하다. 언제 엄하게 단속하고 언제 물러서서 십 대 자녀가 스스로 알아차리도록 할지는 이 전환기 동안 모든 굽이마다 거듭 새로워지는 곤경이다. 이 경우에 있어, 프랭크의 부모는 분명하게 설정한 한계 안에서 유연한 입장을 취했다. 프랭크는 약속을 잘 지켰고 계속해서 책임감 있게 행동했다. 결국 대마초를 피우긴 했지만, 아주 드물게 그랬고 친구들은 그가 그저 극도로 조심하는 거라고 생각했다.

중기 청소년기 동안 또래 집단은 그 중요성이 계속해서 커져, 그 영향력은 부모의 의견을 무색하게 만든다(Goodnight et al., 2006). 이때가 흔히 언급되는, 또래 집단의 압력이 강력한 영향력을 행사하는 시기다. 또래 집단은 이제 누구도 저지할 수 없는 영향력을 휘두르고, 제재가 지체되는 사이 약물 남용, 공격성, 폭식증, 위험한 성행위와 같은 부적응적이고 위험한 행동이 급증한다. 새로운 경험에 대한 추구, 성적, 공격적 충동에서 오는 압박감, 변하는 신체를 엄격하게 통제하게 만드는 불안, 수용과 감탄에 대한 허기 등이 이 시기 십 대에게 영향을 미치는 많은 요소중 일부다. 또래 집단은 또한 그 속에서 어떻게 '잘 어울리는지'가 극히 중요한 척도란 점에서 자존감에도 영향을 미친다. 이 시기는 학업 및 사회적 영역 모두에서 경쟁적 압박이 증가되므로, 사회적 혹은 학업적 영역에서 수월한 성취 경험이 없는 아이들에게 소외감은 모든 영역을 위협하고, 위험과 공격성 혹은 고립과 우울이 두드러지는 현상이 고조될 수 있다. 많은 중기 청소년이 또래 집단 속에 소속되어 좋든 싫든 자신이 드러내는 모습(예: 인기 있는 '퀸카', 따돌림 당하는 아이, 랩 가수, 운동을 많이 하는 아이, 괴짜, 약에 취한 아이, 야만인)을 확인하게 되면서, 갈등과 관련된 정체성이 그들의 내적 · 사회적 삶을 장악하기 시작한다.

자기인식 및 성적 환상과 행동이 드러나는 형태에 있어, 성차는 십 대의 정신에 크게 자리 잡는다. 성인의 관계 및 성별을 반영한 페르소나에 대한 이전의 가족생활과 유년기 정신적 표상이 남성 혹은 여성의 의미에 대해 고유의 무의식적 표상을 만들기는 하나, 미디어의 주 표적인 십 대는 남성성, 여성성, 섹슈얼리티에 대해 문화의 집중 공격을 당하고 그에 선별적으로 대처하게 된다. 미디어의 메시지는 보통 가족 내 성역할의 복잡성 및 미묘한 차이를 무시해 버릴 수 있을 정도의 성 고정관념을 접하게 한다. 소녀들도 수학을 잘하는 동시에 예쁘고 인기 있을 수 있을까? 소년들은 운동을 잘하면서 착한 남자일 수 있을까? 섹시하고 성적 매력이 있으려면 어떠한 몸을 가져야 할까? 고등학생의 끝없는 곤경에는 이와 같이 수많은 버전이 있다. 이 배후에 숨겨진 것은 성적인 발달에 대한 보다 근본적인 불안, 즉 섹스에 대한 두려움, 어른의 책임감에 대한 공포 같은 것일 수 있다.

섹슈얼리티에 대해, 중기 청소년기는 일반적으로 성적 성향 및 각성되는 성적 환상의 특이한 요소를 내적으로 명료화하는 시기다. '중심적인 자위 환상'(Laufer, 1976)에 대한 정신역동적 개념은, 그것이 자위행위에 동반되는 의식적인 환상이든 아니든 간에 청소년의 성적 선호의 원인이 되는 독특한 요소들 및 흥분과 오르가슴의 필요조건을 구성하는 것이 무엇인가를 의미한다. 이 고도로 개별화된, 대개 무의식적인 개인적 환상은 유년 시절, 특히 오이디푸스기의 경험, 트라우마, 가족 및 문화적 입력과 같은 다양한 영향력의 산물이다. 이런 영향력들은 '정상화'(Shapiro, 2008)될 수 있는 대인관계 맥락에 맞게 점차 조정되고 타인에게 맞춰 작용되게 된다.

〈중기 청소년기의 소년〉 동영상을 보자. 이 조심성 많은 소년의 주변 친구들은 위험한 행동에 심하게 몰입되어 있다. 이 소년의 여자친구와의 관계, 사랑과 섹스에 대한 태도, 소년의 어머니의 관리 중재 등은 드물게 성찰적인 중기 청소년의 좋은 예다.

십 대 아동은 고등학교에 진학하게 되면서 어른과 지도적인 관계를 맺는 것에 대해 다시 관심을 갖기 시작한다. 부모와의 관계에서 전형적으로 보였던 것처럼 유년기로의 퇴보에 위협을 느끼는 대신, 앞으로 잡아당겨 줄 수 있는 대안적인 어른의 역할 모델을 제시할 수 있는 코치, 선생님, 조언자, 트레이너와 같은 멘토가 아주 중요할 수 있다. 이 시기 십 대는 유능감이 부상하고 자기조절이 더 잘 되면서 의존성에 대한 위협감이 줄어들고, 자율적인 정체성에 대한 자신감이 공고해진다. 대학에 진학하며 집을 떠날 즈음의 십 대는 일반적으로 부모와 합리적인 관계를 회복시킬 수 있다. 비록 어느 정도의 '갈등적 독립'은 대학생활에 더 잘 적응하게 해 주긴 하지만 말이다(Lapsley & Edgerton, 2002). 더구나 가족관계는 대개 분리 후에 더 나아진다.

이런 발달에 기여하는 것은 또래 집단에 영향을 미치는, 점점 높아지는 청소년기의 식별력이다. 고등학교에서 패거리는 상급 학년이 되어 가면 점점 사라지고, 그 자리에 자기 자신으로서의 정체성을 가진 흥미로운 개인이 등장한다. 고등학교 고학년은 친구들에 대해 고정관념 없이 제대로 인식하기 시작하고 이전에 가졌던 자기인식에 대해서도 유머와 관용을 갖고 성찰할 수 있다. 한 졸업반 아이는 마지막 학기 윤리 시간의 필수 과제가 자기 학년의 패거리들과 권력의 변화도를 말하는 것이었다고 말한다. 놀랍게도, 전 학급생 각자가 구성한 내용을 발표하자 학급 전체가 폭소를 터뜨리고 유대감이 높아지는 걸 경험했다. 또래 집단에 대한 인식에서 이런 변화는 로맨틱한 사랑이 등장할 수 있는 여지와 부합된다. 친밀한 성적 관계는 중기부터 후기 청소년의 성숙을 더욱 촉진한다(뒤의 '성적인 신체가 갖는 중요성' 절 참조).

중기 청소년기(14~17세)

• 중기 청소년이 자율성을 경험하고 어른을 평가하며 능가할 수 있는 능력이 커

지면서 부모와의 갈등이 고조된다.

- 행동과 경험을 더 많이 접하게 되고 그에 대한 관심이 고조되며 위험한 행동이 늘어난다.
- 성역할 정체성, 핵심적인 자위 환상과 흥분을 위한 필요조건이 통합되고 점차 대인 간 성적 접촉을 허용하는 쪽으로 정상화된다.

2차 개별화 과정

Blos(1967)는 전체적인 청소년기에 걸쳐 이어지는 중요한 정신적 과정을 설명하기 위해 '청소년기의 2차 개별화 과정'의 패러다임을 개발했다. 이 용어는 도입 순간부터 수십 년 동안 관심과 비판을 동시에 받았지만(예: Ammaniti & Sergi, 2003; Doctors, 2000; Jacobs, 2007; Kroger, 2004), 여전히 청소년기, 특히 새로운 사고가 통합될 때의 경험을 이해하는 데 유용한 틀로 남아 있다. 이 패러다임은 과정을 내적인 것으로 인식한다는 점을 고려한다는 게 중요하다. 2차 개별화는 부모와의 실제적 분리 혹은 격렬한 갈등을 의미하는 것이 아니라, 청소년이 스스로를 새로운 사랑의 대상을 찾고 삶의 선택에 책임을 질 자유를 가진 자율적 주체로 경험하게 하는 심리적 구조의 재작업이라고 할 수 있다. 그리하여 이 과정은 9장 '후기 청소년기'에서 논의할 정체성 형성과정과 잘 맞물리게 된다.

어린 아동의 심리적 건강은 자아능력을 강화하기 위해 부모의 승인, 보호, 지지에 의존하며 미성숙한 영역, 자아의 취약성을 보완하기 때문에, 성인기로의 전환에서 핵심 단계인 청소년기에는 부모가 만든 발판을 적어도 부분적으로 포기해야만 한다. 잠재기 연령의 아동은 또래 집단과 외부 세계에 대해 관심이 있긴 하나, 주된 관심은 여전히 현실에서나 정신적 삶에서나 가족 안에 머무른다. 부모의 가치관, 부모의 사랑, 가족 내에서의 경쟁적 지위, 이상화된 이미지의 부모와 동일시는 모두 재작업되어야만 청소년기에 자신만의 이상, 목표, 기준을 발견하고 또래 사회에서 사랑과 궁극적인 성적 만족감을 찾는 데 자유로울 수 있게 된다. 성인의 섹슈얼리티와 재생산이 가능한 새로운 몸을 붙들고 막 씨름하기 시작한 초기 청소년에게는 부모에게 몰두하던 유년기에서 벗어나야 하는 압박감이 상당하다. 부모는 첫 번째 사랑의 대상이지만 신체적인 발달과 성적 욕망으로 인해 친밀한 신체적 관계가

갑자기 불편하게 느껴지며, 어린 청소년은 사적 영역을 구축하고 어느 정도의 거리를 만들려고 할 것이다. 이런 거리감은 급격하고, 순전히 내부적일 수도 있고 표면적일 수도 있는데, 십 대는 이를 심심찮게 상실로 경험한다. 왜냐하면 과거에 내면화된 부모와 실제 부모 모두 이들의 발전과정에서 정신적 구조를 지지했기 때문이다. 다음 사례는 부모에 대한 이런 내적 갈등과 고유의 발달 속도, 또래 집단이 제공하는 기회와 많은 다른 영향력들이 상호작용하며 이런 과정을 만들어 가는 모습을 보여 준다.

린제이는 줄곧 부모에게 무척 애착을 갖고, 특히 잘생기고 동안인 아버지와 돈독한 관계를 맺고 있다. 그녀는 승마를 아주 좋아하여 매주 토요일마다 이웃 마을 외양간에서 아버지가 감탄하며 지켜보는 가운데 승마를 완벽하게 해내기 위한 시간을 보내곤 했다. 그러다 빠른 발육을 보이던 린제이는 11세에 초경을 시작했고, 가슴이 급격히 커지고 또래들로부터 상당한 관심을 받게 되자 이를 불편해했다. 집에서는 아버지를 불편하게 느끼며 그의 지속적인 관심에 난처했다. 아버지는 계속해서 딸을 순진무구하고 천진난만하다고 생각했지만, 이제는 신기하게 거리감이 생기고 이전에 쉽게 주고받던 신체적인 접촉을 린제이가 내켜 하지 않는 걸 느꼈다. 13세인 7학년 때, 린제이는 그녀를 실제보다 성숙하다고 생각하는 소년들뿐만 아니라 아버지를 떠나 성적 흥분의 방향을 바꾸고 싶은 욕구 때문에 일찍 성 경험에 들어서게 됐다. 그녀는 자존감을 북돋고 애정 욕구와 성적인 긴장의 발산 수단으로서 파티에서의 '관계'에 의지했다. 린제이의 아이같지 않은 성숙함과 소년들과 관계를 가지려는 의향은 7학년과 8학년 동안 다른 소녀들로부터 고립되게 만들었다. 그녀는 외로웠고, 전청소년기부터 어머니와 다소 껄끄러웠던 관계에도 불구하고, 특히 잠자리에 들기 전 무언의 위안을 줄 사람을 찾기 시작했다. 고등학교 초반에, 그녀 학년의 여학생들이 성숙의 측면에서 그녀를 '따라잡았고', 린제이는 최근 인근으로 이사 온 다른 소녀와 친밀한 관계를 맺을 수 있게 됐다. 그들은 절친한 친구가 됐고 린제이의 엄마에 대한 의존과 무분별한 관계들이 줄어들었다. 두 소녀는 남자, 옷, 미래의 포부에 대해 서로 조언을 했고, 고등학교 생활 이후에 로맨틱한 관계를 갖게 될 때까지 계속 친구로 지냈다.

애착 이론가들은 Blos(1967)의 **청소년기의 2차 개별화 과정**이라는 용어에 반대한다. 왜냐하면 이 용어가 삶에서 더 먼저 일어나는 분리-개별화 과정에 대한 인상을 불러일으키고 부모-자녀 간 갈등의 존재를 강조하는 듯 보이기 때문이다. 이들은 이 과정을 **애착-개별화**(attachment-individuation)로 부르기를 원한다(Ammaniti & Sergi, 2003; Doctors, 2000). 이들은 안정 애착 아동의 경우, 개별화가 신체적 혹은 정서적 분리를 야기할 필요가 없다고 역설한다. 이 이론가들은 성공적인 청소년기 과정에는 실제 애착이 균열되거나 내면화된 부모의 존재를 축출하는 것이 불필요하다고 지적한다. 후자와 관련해서, 유년기 초기 애착에 대한 내적 작동 모델은 관계를 '재편성 및 재정의'하는 토대가 된다(Steinberg, 1990). 내적 부모의 존재는 쫓겨나는 것이 아니라 보다 순조롭게 통합되는 것일지도 모른다. 그러나 여러 정신역동 사상가는 청소년기 과정은 어린 아동이 부모의 사랑과 지도에 대한 의존으로부터 자기가 스스로 결정한 고유의 가치관 및 성숙한 사랑을 주고받을 수 있는 능력에 대한 의존으로 진화해 가는, 일련의 과도기적 상태에 대한 증거를 보인다고 말한다(Brandt, 1977). 청소년들이 부모의 세계관을 절대적으로 수용하고 내적으로나 외적으로나 부모의 지지를 필요로 하던 상태에서 스스로 결정하고 책임을 지는 방향으로 나아갈 때, 그 길에서 공허함 및 외로움을 느낀다는 신호들이 있다. 이 과정은 초자아의 통제가 다시 표면화될 때, 필연적으로 아주 구체적인 형태의 구조적인 발달적 퇴행을 수반한다. 예를 들어, 중기 청소년기, 대개 부모와의 관계에서 자녀가 가장 갈등을 일으키는 이 시기에 내면화된 부모의 규칙과 한계는 십 대가 제한적이라고 경험하는 다양한 권위적 대상들에게 투사된다. 이 권위들에 대한 저항은 적어도 부분적으로는 유년기의 속박에서 벗어나고자 하는 투쟁이다. 이 장의 여러 사례가 보여 주듯, 이런 투쟁은 대개 부모의 가치관에 대한 노골적인 위반을 포함한다. 부모의 신중한 반응이 결과에서 중요한 차이를 낳을 수 있다. 다음 사례에 등장하는 제임스는 반항적인 태도를 보이다가, 시기적절한 부모의 개입 덕에 부모의 세계관과 유사한 무언가로 돌아왔다.

제임스는 전통적인 가치관을 가진 개발도상국 이민자이며, 보수적인 전문직 부모 아래서 자라났다. 중학교 때까지 그는 부모가 현대 미국 사회와 '문화 충돌'을 겪는 것을 인내심 있게 다루면서 결코 대놓고 반항한 적 없는, 협조적이며 애교 있는 소년이라고 여겨졌다. 많은 면에서 그는 이상적인 융합으로, 아주 공손하고 종교 의식도 잘 따르는 동시에 그의 진보적 학교생활에도 잘 적응하곤 했다. 그러다 제임스가 8학년이 되었을 무렵, 부모는 아들의 행동에 대한 감시를 완화했다. 더 많은 자율성을 갖게 되자, 제

임스의 유연한 적응이 산산조각 나는 듯 보였고, 그는 점점 더 서구적 기준에서도 '제멋대로'인 듯한 아이들과 어울리더니 술, 대마초, 파티 등을 실험하기 시작했다. 다시 통제하려는 부모의 시도를 외형상으로 받아들였으나, 제임스는 더 많은 거짓말을 하고 몰래 하는 행동만 늘려 부모를 놀라게 했다. 그의 반항은 결코 노골적이지 않았으나, 그의 저항적인 행동은 점점 더 잘 감춰지지 않게 됐다. 좋았던 성적은 추락했고 마그넷 고등학교(인종이나 통학 구역에 관계없이 다닐 수 있는 뛰어난 설비와 교육과정을 갖춘 학교-역자 주)에 들어갈 기회를 날렸다. 그는 큰 공립 고등학교를 다니기 시작했고 거기서 '불량배'들과 어울리는 일이 급증했다. 그런 아들이 불만스럽기는 했지만, 부모의 놀람과 분노는 아들의 정신 상태에 대한 걱정으로 옮겨 가기 시작했다. 그들은 아들이 점점 더 행복하지 않다고 생각했지만 손을 뻗어 닿을 수 없을 것 같았다. 상황이 악화되자, 그들은 아들을 그들의 출신국에서 열리는 특별한 여름 캠프에 보내기로 했다. 카리스마가 있는 종교 지도자의 지도하에 문화적·종교적 가치관이 서서히 스며들기를 바라면서 말이다. 이 작전은 놀랄 만한 효과가 있었다. 제임스는 부모가 기대했던 것보다 훨씬 더 신실하고 보수적이 되었다. 그는 고등학교에서의 남은 학창 시절을 아주 전통적인 종교계 학교에서 보내기로 했고, 중학교 때와 고등학교 초기 때 친구들과 헤어지는 것에도 아무런 문제가 없어 보였다. 그는 여름 집단과 리더와 페이스북으로 긴밀하게 연락을 주고받았다. 그 후 몇 년에 걸쳐 그의 보수성은 유연해졌고 그의 시각도 상대적으로 현대적인 견해를 지닌 부모들과 더 맞춰졌으나, 그는 여전히 활발하게 종교 활동을 했으며 신앙심에 맞춰 공부를 더 할 계획도 세웠다.

개별화되는 과업은 청소년기 내내 성쇠를 되풀이하고 청소년기가 끝날 때까지 완성되지 않는다. 결국 청소년은 유년기로부터 얻은 가족의 문화나 부모의 경고에 의지하는 것도, 그것을 절대적으로 거부하는 것도 아닌, 자기 자신만의 원칙을 결정하는 것의 중요성을 깨닫는다. 이 과정을 수월하게 하기 위해 십 대들은 과거와 급진적으로 다르게 행동하거나, 부모의 이상으로부터 벗어나 부모가 제공하던 지침의 대체물로서 또래 집단을 찾는다. 그럼에도 불구하고 대개 원대한 장기적 목표에 관심이 없는 어린 청소년들은 당장 닥친 미래에 어떻게 행동해야 할지 파악하는 데 애를 먹는다. 이들은 부모의 암묵적 혹은 명시적 안내를 기반으로 한 여러 소중한 신념에 의문을 던지게 하는 청소년 문화와 맞닥뜨린다. 잠재기 때 편안하게 받아들였던 규칙도 더 이상 도움이 되지 않는다. 많은 초기 청소년이 중학교 기간에는 시험대에 오르지 않으나, 성행위, 약물과 알코올에 대한 실험, 그 외 다른 위험한 행동에 대한 고등학교 전설에 매료되면서 부모의 가치관에 대한 그들의 자신감이 흔들린다. 이 딜레마에는 많은 측면이 있으나, 2차 개별화 모형은 부모와의 정체성 의존을 느슨하게 함으로써 초자아를 재조직화하는 심리적 작업을 강조한다. 그 결과로 뒤따르는 퇴행적 상태와 행동은 행동화에 대한 편애와 오래된 갈등의 재활성화, 우상(부모에 대한 이전의 태도로부터 스스로를 구해 내기 위해 이용된 스타와 문화적 우상)에 대한 과대 이상화, 양가감정 경험의 증대를 동반한다(Blos, 1967). Blos의 표현에서 이런 종류의 퇴행은 정신팔려 있고, 뚱하며, 짜증나게 하고 무례한 십대에 대한 익숙한 그림을 만들어 내는데, 이는 앞으로 나아가기 위해 필수적이다. 이런 특징이 중기 청소년기 내내 지속될 수 있으나, 대학교에 입학할 무렵의 젊은 사람들은 대개 보다 단단히 자율적이고 스스로 결정을 내리는 데 보다 자신감이 있다. 그 결과, 부모와 다투거나 부모에게 반항할 필요가 줄어들고, 급진적인 이데올로기를 채택할 이유가 적어지며, 부모를 가짜 우상으로 대체하고자 하는 욕구도 덜해진다.

우리는 9장에서 정신과 문화를 연결하는 개념으로서의 정체성에 대해 간단히 소개하며, 사회 격변기에는 이전 세대와 평화롭게 화해하는 일이 희박해지거나 방해받을 수 있다는 점을 시사했다. 이런 상황에서 대학과 다른 청소년 환경은 미국의 1960년대와 1970년대처럼, 정치와 사회 변화의 선봉에 서게 된다. 새로운 질서를 향한 변화는 불공평과 불평등에 대해 만연한 사회적 불만에 근거한다. 미래의 전조로서 청소년들의 행동은 후기 청소년들을 보다 진지하게 만들고(Esman, 1990), 그들은 그들이 갖게 된 어른 특권 덕에 변화를 일으킬 권한을 갖게 된다.

그러나 중기 청소년기에는 일반적으로 논쟁하고 반항하는 위치에서부터 부모의 지도에 대해 퇴행적이고 무분별하게 의존하는 것을 환멸하는 위치에 이르기까지 여러 위치 사이에서 마음이 흔들린다. 여러 고등학생이 자신의 개별성을 공고히 하기 위해 대학 진학으로 부모와의 실질적이고 지리적 거리가 생기기를 기대한다. 다음 피터의 사례는 부모의 가치관을 고수하는 것의 사회적 비용과 어떤 아이들에게는 순조로운 개별화가 어렵다는 것을 보여 준다. 종종 이들이 심리적으로 분리될 수 있는 유일한 가능성은 지리적으로 분리되는 경우일 때가 많다.

피터는 비교적 부끄럼을 많이 타고 다소 분리 불안이 있는 초등학교 소년으로, 친구

네 집에서 자는 것은 꺼리나 어린 동생들을 세 번째 부모처럼 돌보기, 주말에는 가족들과 시간을 보내는 걸 좋아했다. 대부분의 중학생 시절 동안, 그는 파티나 동급생들끼리 하는 사회적 모임에 별로 관심이 없는 듯했다. 또한 그는 지적이고 조숙한 분위기로 친구들을 짜증나게 하는 최상의 학생이었다. 피터는 자수성가한 아버지를 숭배하다시피 했는데, 그의 아버지는 아이들이 '문제를 만들까 봐' 전전긍긍했다. 피터가 8학년 때 과학 동아리 친구들이 학교 댄스 모임에 같이 가자고 꼬드겼는데, 거기에 일종의 '즉석 만남'도 있고 심지어 대규모로 술을 마시기도 한다는 걸 알고는 충격받았다. 그리하여 그 이듬해까지 같은 반 친구가 하는 사교 모임에서도 점점 더 고립되자, 피터는 그동안의 억제를 뚫고 나와 파티에 참석하여 맥주와 대마초를 실험해 봤다. 그 후 몇 달 동안 그는 아주 열정적이고 적극적인 파티광이 됐고, 공부와는 담을 쌓아 가는 듯 보여 그의 부모를 크게 걱정하게 만들었다. 그러나 그는 고등학교에서의 생활을 곰곰이 생각해 보고는 파티를 즐기는 걸 포기하고 공부에 본격적으로 착수했다. 그는 적절한 타협점을 찾고 싶었지만, 동시에 부모를 실망시킬까 봐 두려웠고 '집에서 계속 사는 한' 부모의 지침을 따르는 게 좀 더 마음 편하다고 얘기했다. 대학에 가면 '그때는 완전히 다른 이야기'겠지만 말이다. 실제로 고등학교 3학년 때 1순위 대학에서 조기 입학 허가를 받고 나자, 그는 부모와 긴 협상의 과정을 거쳐 자신의 판단을 사용하고 스스로 감당하도록 자기를 믿어 달라고 설득했는데, 왜냐하면 곧 그렇게 해야 하기 때문이다. 그리고 그는 사교 활동을 시작하고, 술을 마시며 몇몇 소녀에게 접근하기 시작했다. 그의 부모는 초조해했으나 개입하진 않았다.

이는 개별화 과정 마지막에 가장 빈번한 것인데, 후기 청소년기에서 점진적인 변화는 독특한 개인적 양심, 목표, 포부의 출현 등을 계속해서 부모와 강한 애착, 더 많이 알아 가는 또래관계와 공존하도록 안정화시키는 것이라고 말할 수 있다. 그러면 초자아는 부모와의 연결로부터 해방되고, 또래 친구들과도 구분되며, 완전히 자율적이게 된다. 그럼에도 성인기까지 급진적으로 계속 발달하며 나중에 확립되는 정신구조인 초자아는 여전히 생애 전반의 외적 상황(예: 경제 상황 혹은 권력의 극단)에 쉽게 변질될 수 있다.

Blos(1968)는 개별화가 성인의 성격 구성 혹은 특징의 출현과 관련된, 청소년기의 네 가지 주요 과제 중 하나라고 생각했다. 나머지 세 가지는, ① 자아의 연속성 확립(즉, 자기일관성을 제공하는 개인적 서사), ② 유년기 외상의 통합, ③ 성 정체성 강화다. 이 요소들은 정체성을 구성하는 기본 단위들이며, 성격 형성을 위해 이들이 분해되는 것은 후기 청소년기의 사건으로 9장에서 논의할 것이다.

성적인 신체가 갖는 중요성

변화하는 신체에 대한 심리적 적응

정신적 삶에서 섹슈얼리티의 등장이 갖는 강력한 영향에 대해 다루기 전에, 우리는 변하는 신체 자체가 초기 및 중기 청소년들에게는 주요한 심리적 도전이 된다는 것을 강조하고 싶다. 전청소년기에 시작된 빠른 성장과 신체적 변화—여기에는 2차 성징의 출현; 생리, 여드름, 수염, 체취를 다루기 위해 필요한 위생이 새롭고 달라짐; 가슴의 발달, 가시적인 발기, 몽정의 관리 등이 포함됨—는 어린 십 대의 정신에 엄청난 심리적인 부담을 지운다. 신체적 외모는 이제 당황스러움, 자부심, 수치심, 걱정, 그 밖의 수많은 정서의 원천이 된다. 여기에 청소년들 스스로가 성기능과 재생산 능력을 갖추고 있다는 자각이 더해지며 압력이 가중된다(Laufer, 1968). 어린 청소년들은 또래 친구들과 비교하여 사춘기 변화의 시기 및 진행에 대해 걱정과 흥분으로 이를 기다리는 반면, 중기 청소년들은 당면한 사춘기 후 단계의 신체적 변화에 대한 충격에서 회복되어 "변화하는 신체의 현실에 순응해야 하는" 구체적인 발달 과제를 다루는 중이다(Lemma, 2010, p. 691). 신체적 발달은 결코 끝나지 않지만, 신체가 변화하는 속도는 중기 청소년기에 이르러 느려지고 평균적으로 15~17세의 신체는 특히 평균적인 소녀의 경우 안정화된다. 소년은 키와 힘에서 괄목할 만한 성장을 계속 보이나, 초기 청소년기의 성장 속도만큼은 아니다(Slap, 2008; Tanner, 1971). 십 대들 다수가 자신의 신체에 대해 즐거움—옷 입기, 꾸미기, 몸 만들기, 이 새로운 지위의 대상을 드러내 보이기, 경쟁, 욕망—을 느낌에도 불구하고, 상당수는 이런 도전을 힘들어한다. 어떤 십 대들은 신체적인 성숙을 두려움과 공포로 경험하며 절박하게 어린아이로 머무르고 싶어 하는 반면, 어떤 십 대들은 이 경험에 뛰어들어 성인의 활동을 조숙하게 받아들이기도 한다. 종종 환상에 가까운 가슴 크기, 키, 날씬함, 근육질, 몸무게, 아름다움 등의 기대에 미치지 못한 것에 깊이 실망하기도 한다. 초기에서 중기 청소년기의 갈등과 증상

성 장애의 다수는 이 새롭고, 아주 중요한 자신의 측면을 받아들이고 다루는 것에서 오는 어려움을 위주로 진행된다. 실제로 변화된 신체에 안주하여 이따금씩 자의식, 회의, "지금 내 몸이 내 생각만큼 흉물스러운 건가?"처럼 고통스러운 질문을 하지 않는 사람은 거의 없다(Redd, 2008, p. 17).

신체가 사춘기와 청소년기보다 더 생생하게 느껴지기란 어렵다. 물론 정신 자체도 생리적인 변형의 일부이며 청소년기 경험의 일부인 호르몬적 · 인지적 · 상대적인 변화에 똑같이 영향을 받는다. 그러나 초기부터 중기 청소년기 동안 신체는 자기와 타인 안의 무시무시한 충동과 욕망을 이끌어 내기도 하고, 좌절시키기도 하며 들뜨게도 하는 외계의 존재처럼 느껴질 수 있다. 정신과 신체 관계의 복잡성은 많은 장면에서 명백하다. 젠더와 섹슈얼리티에 대한 태도, 식이와 몸무게, 외모와 외모의 의도적인 변경, 온라인상의 사회화, 더 포괄적으로는 건강과 안녕감을 위태롭게 만들 수 있는 위험한 행동들, 변화무쌍한 신체상의 변화는 초기 및 중기 청소년들이 신체를 통제하는 것과 관련된 장애, 예를 들면 섭식장애, 자살 의도가 없는 자해(칼로 긋기), 약물 남용, 상대를 가리지 않는 성행위와 폭력 등에 취약해지도록 만든다.

그 밖의 다른 핵심 사안, 예를 들면 자율적인 정체성 및 2차 개별화를 확고히 하는 것 등은 근본적으로 변형된 신체적 자기를 이해하는 과정과 관련된다. 왜냐하면 정체성은 신체적 토대 및 그에 대해 개인적이고도 문화적으로 규정한 의미에 기초하기 때문이다(Harris, 2008). 신체는 정체성의 요소들을 만들어 내는데, 이는 물론 문화, 민족성, 가정, 또래와 같은 하위문화의 프리즘을 통해 걸러진 것들이다. 성숙해지는 신체는 또한 부모 및 친구와의 새롭고 보다 구분되는 관계를 향해 청소년들이 나아갈 수 있도록 한다.

성적인 특징이 반영된 신체 및 신체 이미지

정신에 직접적으로 미치는 영향에 관계없이, 사춘기 및 청소년기의 호르몬적 사건은 상대적으로 성적인 구분이 없던 전사춘기 아동으로부터 성적인 특징이 드러나고 재생산 능력이 있는 청소년으로 신체가 변화하는 결과를 낳는다. 변화하는 신체는 개인의 생물학적인 성, 젠더, 섹슈얼리티에 대한 자각을 높이며 정체성의 핵심 요소다. 새로운 신체는 젠더 특수적인 책임감을 동반하며, 강력한 욕구를 만들어 내고, 환경에 대한 반응을 유도하며, 이에 따라 자기의 표상을 바꾼다. 신체와 신체적 경험은 그 이전 어느 때보다 청소년기에 좀더 젠더와 밀접하게 관련될 수밖에 없는데, 이때 젠더는 가족 역동 및 환상(Harris, 2008)에 그 또래 집단에서 소비되는 고도로 성적인 특성을 반영한 환경적 영향의 홍수를 더해서 나오고, 아동의 마음속에서 발달과정 내내 진화해 온, 남성성과 여성성에 대해 개인이 고유하게 부여한 의미이다. 필연적으로 신체 이미지 또한 청소년들의 흔한 스트레스원이 되는 경우가 많다. 가족과의 갈등, 학교의 변화, 또래의 압력, 인기도, 놀리기, 미디어에서의 이미지(Hargreaves & Tiggemann, 2004; Murray et al., 2011; Slater & Tiggemann, 2011) 뿐만 아니라 이런 외적 요소들과 변증법적으로 작용하는 내적 갈등(Lemma, 2010)이 생겨난다.

정신분석 사상가들은 해부학적 성에 뿌리를 두고 있지만 심리와 문화에 의해 강력하게 구성된, 새로이 바뀐 정체성의 기초적 핵심을 이해하기 위해 어린 청소년의 마음속 분투에 관심을 기울인다. 그러나 복잡하고 개별적인 남성성과 여성성이란 개념과 성적 욕망이란 개념은 특정 청소년에게 있어 성적인 관심, 환상, 욕동의 강력한 충동과 씨름하는 동시에 2차 성징과 성숙한 성기 및 성기능을 자기 이미지로 통합해야하는 구체적 과제다(Laufer, 1968). 따라서 어린 청소년은 이렇게 변화된 신체가 자기에게 소속되도록 하고 변화된 신체와 함께 등장하는, 관련된 욕망과 '음탕한 환상'을 견디고 인정해야 하는 복잡한 정신적 과제를 해결하도록 노력해야 한다(Friedman, 1990). 정신과 자기감에 영향을 미치는 신체의 힘은 좋든 나쁘든 이 연령 집단에서 급격히 증가한다.

게다가 성적인 성숙은 어머니와 아버지가 각자의 남성성, 여성성, 섹슈얼리티, 도덕적 제약에 대한 복합적인 견해를 가진 채, 꽃피기 시작한 청소년에게 반응하며 자신들의 성적인 전성기가 쇠미해지고 있음을 직면하게 되면서 가족 내에 새로운 긴장을 가져온다. 부모는 한 젊은 남성 혹은 여성으로서 자녀의 매력에 대해 예민하게 알아차리는 데 허덕인다. 그들 자신의 간접적인 섹슈얼리티에 대한 흥분 혹은 금지된 섹슈얼리티에 대한 방어가 그들의 태도와 논의 속에서 은밀하게 혹은 노골적으로 표현될 수 있다. 아버지는 자신의 십 대 딸에게 관심 있는 모든 소년을 약탈자로 볼 수 있다. 어머니는 자기 딸과 딸의 성적 행위에 관한 모든 소문을 알려 달라고 요구할 수도 있다. 잘생긴 십 대 아들은 그를 기필코 능가하려는 아버지에게 강렬한 경쟁심을 불러일으키기도 한다. 어머니는 아들의 성적 행각을 탐탁치 않아

하나 속으로는 그것을 즐기기도 한다. 성적으로 성숙해진 딸이 몹시 불안해진 아버지는 스스로 거리를 둠으로써 딸로 하여금 자신이 성적으로 영향력이 크며 동시에 버려졌다는 느낌을 갖게 한다는 것은 자주 언급되는 결과다(Flaake, 2005).

자위행위, 섹스, 성적 성향

청소년의 성행위는 명백히 변화하는 신체와의 관계 범주에 속하지만, 최근 발달학적 문헌들은 여기에 상당히 구체적인 관심을 정당하게 쏟고 있다. 21세기의 첫 10년간의 경험적 연구 결과들을 검토해 보면, 청소년기의 섹슈얼리티에 대한 접근에서 태도의 '상전벽해'가 주목된다. 연구자들에게 청소년의 '섹슈얼리티 발달'은 더 이상 병원균과 함께 위험한 행동으로 불리지 않고, 그 자체의 진행과 심리적 반향을 지닌, '정상적인' 발달과정으로 널리 인식되고 있다(Tolman & McClelland, 2011). 흥미롭게도, 정치 집단들과 성에 대해 지나치게 관대한 최근 미디어의 모순되는 메시지에도 불구하고 이런 변화가 생겨나고 있다. 금욕에 대한 신념은 미디어가 전례 없이 성과 관련된 정보와 자극을 접할 수 있도록 하는 와중에서도 강력하게 고취되고 있다. 연구자들은 오늘날 청소년들이 성적 행동(금욕과 처녀성을 포함하여), 성적 개성을 스스로 더 잘 인식하는 것, 친구와 인터넷을 통한 성적 사회화와 관련하여 다양한 선택을 맞닥뜨리고 있다는 것 등을 알아내기까지 그들의 접근 방식을 지속적으로 넓혀 왔다. 많은 학자가 '금욕주의 하나만으로' 성교육에 접근하는 것은 윤리적, 과학적인 영역 모두에서 문제가 많다는 데 동의한다(Tolman & McClelland, 2011).

그러나 건강한 성인기 섹슈얼리티의 기초가 될 청소년의 성적 발달은 다중 시스템의 또 다른 복합물이다. 이 시스템에는 성 정체성 과정, 오이디푸스 컴플렉스의 타협 형성, 자기조절, 흥분과 욕망의 관리, 개별화 및 정체성 형성이라는 구체적인 청소년기의 과제 등이 포함된다. 청소년의 신체 변화는 신체 이미지와 신체 통제와 관련하여 도전을 제기하지만, 섹슈얼리티는 다른 중요한 영역, 즉 정체성, 성적 성향, 성적 환상, 낭만적인 갈망, 중요 타인과의 관계, 가족에서의 위치, 종교적 신념, 도덕성, 죄책감과 수치심, 책임감 그리고 기타 개인적인 것들과 조화하는 자기의 측면을 아우른다. 성숙한 성기능을 포함하는 섹슈얼리티는 사춘기 이후에 등장하는 형태로서, 정신적 삶에서 전례가 없었고 "동기부여가 되는 의미들의 그물"에 박혀 있는 강력하고 복잡한 자기경험이다(G. Klein: Person, 1999, p. 38 재인용).

이전 장에서 설명한 바와 같이, 성적인 느낌, 환상, 자위 그리고 심지어 성적인 접촉은 그 각각 유년기 형태가 존재한다. 사실 여러 연구에서 유년기의 자위행위와 다른 성적 흥분의 흔적들이 4세(Leung & Robson, 1993) 혹은 5세(Friedrich et al., 1998)에 최고조에 이르며 그 후 사춘기가 될 때까지 서서히 약해진다고 기록하고 있다. 사춘기 이후 이런 행동은 새로운 국면에 접어드는데, 왜냐하면 성이 어린 청소년들의 머릿속을 선점하며 새로운 책임과 중요성을 떠맡기 때문이다. 집착의 정도는 소년들에게서 더 뚜렷한데, 이들의 자연스러운 발기와 자위행위에 대한 충동은 종종 흥분뿐만 아니라 당황스러움의 원인이 되곤 한다. 자위행위에 대한 문화적 태도는 임상적 문헌들이 '정상적'이고 '건강한' 것이며 '거의 보편적'이라고 주장하는데도 대개 가혹할 정도로 비판적이다(Leung & Robson, 1993, p. 238).

이용할 수 있는 몇 안 되는 조사에서, 남자 청소년들은 여성들보다 훨씬 더 빈번하게 자위행위를 한다고 인정한다. 소년의 94%와 소녀의 60%가 적어도 한 번의 사건이 있었다고 보고했다(Leung & Robson, 1993). 자위행위는 일반적으로 청소년을 대상으로 한 설문 조사에서 성인들의 회고적 보고와 비교하여 적게 보고된다는 것(Halpern et al., 2000)을 감안하면, 이 수치는 더욱 인상적이다. 성별이 나뉘는 이유가 철두철미하게 연구된 적은 없으나, 정신분석 이론가들은 특유의 여성 성기에 대한 불안감(Olesker, 1998)과 초기 유년기에 생긴 신체적 수치심(Gilmore, 1998)이 손으로 만지며 신체를 탐색하는 걸 방해한다고 주장한다. '탐색적' 연구에서 설문 조사에 답한 소녀들의 반응은 열광적인 지지에서부터 수치심, 불편감, 역겨움까지 다양했다(Hogarth & Ingham, 2009).

정신역동 사상가들은 그 설문 조사에 동의하며, 자위행위가 성숙한 성기와 성기능을 자기 및 신체 이미지로 통합하기 위해 필수적인 활동이라고 생각한다. 자위행위는 청소년들에게 변화된 신체를 숙지시키고 절정의 기쁨을 경험할 수 있는 능력을 촉진한다. 이는 또한 흥분의 상태 및 필요조건을 학습하고('자위행위의 주요 환상'; Laufer, 1976) 이를 자기감으로 통합시키기 위한 아주 귀중한 장이가 된다. 청소년기 동안, 각 개인들의 독특한 "섹스의 무늬"가 드러난다(Person, 1999, p. 44). 즉, 흥분시키고 궁극적으로 절정에 이르게 하는 특유의 성적 자극 세트가 성기의 성숙과 관련하여 모습을 드러내는 것이다. 이 섹스 무늬는 비교적 안정적이나 성인기에 어느 정도의 유연성을 보인다. 이는 정체성으로 통합되어야 하며 궁극적으로는 흥분시

키는 이 요소들이 다른 사람과의 관계 안으로 이동하여 조절되어야 한다. 또한 유아기 이후 처음으로 만족감을 위해 다른 사람과 그의 신체가 필요하다는 것(Ritvo, 1971)은 친밀한 관계를 갖게 하는 데 큰 동기가 된다.

많은 십 대는 무엇이 자신을 흥분시키는지 알아내는 걸 무서워한다. 가장 명백한 예시는 동성애(homosexuality) 성향으로, 요즘에는 좀 더 널리 받아들여지는 추세이긴 하나 여전히 청소년들과 그의 부모에게는 처리할 도전이다. 비교적 건강한 동성애의 발달과정은 부모가 탐탁지 않아 할 것이다. 혹은 친구들에게 이 사실을 숨겨야 한다는 신념 때문에 위태로워진다. 게다가 동성애는 현재뿐만 아니라 예상되는 미래에 관해서 정체성의 엄청난 재작업을 요구한다. 이는 특히 동성애에 대해 잘 이해하지 못하고 쉽게 용인하지 않는 환경에서 성장해야 하는 십 대에게 더욱 그러하다. 다음 예처럼 말이다.

농촌에서 성장한 매트는 외향적이고 사교적이어서 초등학교, 중학교 내내 남녀 모두에게 인기 있었다. 그는 여러모로 재능이 많아 학교에서나 방과 후 활동에서 역량을 십분 발휘했다. 그는 탁월한 운동선수였고, 재능 있는 그래픽 아티스트였으며, 교회 청년부에서 리더이자, 타고난 배우였다. 그는 13세 때 사춘기를 겪으며 돌이켜 보니 자신이 '항상 그래 왔다'는 사실을 깨달았다. 그는 다른 소년들에게 매력을 느껴 왔던 것이다. 그의 부모는 비교적 진보적이고 '혁신적'이었지만, 매트는 그들을 실망시키게 될까 대단히 근심스러웠다. 그가 아주 중요하게 생각하는 교회 친구들에 대해서도 마찬가지로 걱정이 됐다. 또한 이 사실이 그의 미래에 어떤 의미가 될지를 두고도 고심했는데, 다른 동성애 성향의 남자나 동성애자들의 생활방식에 대해 아는 바가 없었으며 스스로 동성애에 혐오적이라고 생각되는 편견을 갖고 있었기 때문이다. 그의 생각에는 이런 태도가 친구들 사이에서나, 짐작컨대 교회 공동체 내에서도 일반적이며 만연한 것 같았다. 그는 게이 세계와 그것이 자기 미래에 미칠 영향에 대한 정보를 얻어 보려고 했으나, 부모님이 그의 인터넷 검색 기록을 주기적으로 체크하고 있으며 동네 서점을 운영하는 주인이 친구네 가족이란 사실이 걱정되어 시도하지 못했다. 그는 성행위 자체에 대해서도 매우 두려웠는데 아는 바가 거의 없고 많은 오해를 갖고 있었기 때문이다. 항상 행동이 단호한 소년이기에, 매트는 직접 알아보기 위한 최선의 방법은 대도시로 가는 거라고 결론 내려, 고등학교 마지막 1년을 앞둔 여름방학에 연기 훈련을 위해 뉴욕으로 왔다. 처음에는 기숙사 근처가 게이 커뮤니티의 전방이라 겁을 많이 먹었다. 그러나 마침내 매트는 연기 프로그램에서 경험이 없는 젊은 남자를 만났고 상호 지지적인 관계를 발전시켜 나가며 그 안에서 그들의 섹슈얼리티를 거리낌 없이 탐색할 수 있었다. 그럼에도 불구하고 매트는 대학 진학을 위해 떠날 때까지 집에는 자신이 동성애자라는 사실을 밝히지 않았다. 고등학교 마지막 해에는 조용하게 지내며 이전에 가깝게 지내던 친구들 무리로부터는 약간의 거리를 두었다. 그리고 이전에 연락처를 받아만 두었던, 예술적이고 독특한 몇몇의 친구와의 개인적인 관계를 추구했다. 매트는 오래된 친구들과 새 친구들 중 일부가 그의 성향을 직감으로 알고 그에 맞춰 주려 한다고 생각했지만, 그럼에도 불구하고 그의 확실한 정체성과 대학에서 남학생 사교 클럽의 일원이 됨으로써 미래의 생활방식을 공유하고 싶었던 소망이 깨어진 듯한 느낌이 들었다. 게다가 가장 가까운 친구에게 연애 감정이 든다는 걸 자각하고는 몹시 괴로워했다. 그는 도시로 대학을 가기로 했고, 거기서 자신의 새로운 정체성을 보다 편안하게 느낄 수 있기를 고대했다.

첫 번째 성경험의 평균 나이는 믿을 수 없는 수치로 악명 높긴 하나(Upchurch et al., 2002), 소녀의 경우 16~18세, 소년의 경우 17~19세 사이인 듯하며(Pederson et al., 2003; Upchurch et al., 2002), 이는 중기 청소년기 말 즈음이다. 이 사건의 시기는 민족과 국가의 사고방식, 고용과 사회적 지위에서 여성들의 동등함, 피임에 대한 접근, 술 혹은 다른 취할 것의 가용성 등의 아주 광범위한 문화적 요인과 보다 개인 특유의 경험 및 가까운 또래 집단과 가족의 영향 등에 따라 달라진다. 예를 들면, 한부모 자녀들과 부유하지 않은 가정의 자녀들은 성관계를 일찍 시작하는 경향이 있다(Pederson et al., 2003). 공공정책과 기금이 '금욕주의 중심'의 성교육을 향하고 있음에도 불구하고(Santelli et al., 2006), 성을 존중하는 교육이 실제로는 성관계를 지연시키고, 성적으로 전염되는 질병, 원치 않는 임신, 그 외 안전하지 않은 성행위를 막는 데 더 도움이 된다는 상당한 증거가 있다. 관심이 많은 요즘의 십 대들은 성행위를 곧 재생산 혹은 질병의 위험으로 연결시키는 것에서 아주 많이 벗어난 정보와 자료들을 갖고 있다(Brockman & Russell, 2005). 이는 십 대들이 강렬한 흥분의 순간에 그들이 알고있는 바를 적용하는 것, 더 심오한 수준에서는 성적인 신체를 정신적 삶으로 통합하고 그들의 성적인 환상을 다른 사람과 연결되고 상호적 즐거움을 경험하기에 충분할 만큼 '정상화하는 것'을 복잡한 과제로 만든다(Shapiro, 2008).

사랑하는 대상에게 충분한 관심을 쏟고 열정적인 성욕으로 의미 있는 사랑의 관

계를 이루는 것(Kerberg, 1974)은 후기 청소년기에 점점 더 지속 가능해지는데, 이에 대해서는 9장에서 더 논의할 것이다. 초기부터 중기 청소년에게 성적 발달과 성교를 제외한 성적 접촉은 과거에 형성되지 않았던, 유년기 발달에서 정말 눈에 띄지 않았던 자신의 면들을 이해하는 무대가 된다(Fonagy, 2008). 이전에도 자위행위와 성적 흥분의 어떤 형태가 존재하기는 하였으나, 일반적으로 후기 사춘기 전까지는 실제 다른 사람과의 관계에 속한 것이 아니다. 동성애와 관련하여 이 절의 앞부분에서 설명한 것처럼, 의식적이든 무의식적이든 성숙과 함께 명확하게 성욕을 자극하는 환상이 등장하게 되면, 타인과 만족스러운 행동에 몰입하기 위해서 참아내고 적절하게 조절하는 엄청난 심리적인 작업이 필요해진다. 이런 환상은 실행이 필요할 수도 있고 필요하지 않을 수도 있지만, 보통 가학-피학성적인 요소들을 포함함으로써 성적 즐거움에 대한 죄책감을 다루고 성적 충동과 공격성 충동의 융합을 표현한다. 낭만적 사랑을 위한 능력이 완전히 자라나기 전의 성적인 실험은 자기를 설명하고 자기확증과 즐거움을 위한 아주 소중한 경험을 얻을 기회에 이끌리는 것이다. 현대 청년 문화는 '즉석 만남', 즉 약속과 헌신 없이 짧은 성교 혹은 비성교적 성 접촉을 향하는 경향이 있다. 그러나 독일과 미국의 십 대에 대한 최근의 연구에서는 50% 가까이가 16세에 낭만적인 관계를 갖고 있었다고 응답했다(Seiffge-Krenke et al., 2010). 점점 더 많은 문헌이 낭만적 관계, 연애 경험, 성행위에 대한 청소년들의 접근이 애착 유형과 관련 있음을 시사한다. 회피형 사람들은 경험이 적고 뒤늦은 반면, 불안형 사람들은 종종 위험을 감수해야 하는 접촉을 더 많이 갖는다고 한다(Johnes & Furman, 2011; Reis & Buhl, 2008).

청소년기의 모든 성적 발달은 대개 질적으로 다른 종류의 프라이버시를 필요로 하고 적어도 일시적으로는 부모로부터 멀어질 수 있는, 사적인 경험의 새로운 장으로 여겨진다. 부모를 절친한 친구이자 길잡이로 의지하던 아이들에게 있어 이런 재편성으로 방향을 찾아가는 것은 상실로도 느껴질 수 있다. 전체 청소년기에 걸쳐 새롭고 보다 동등한 관계를 발전시켜 가는 과정은, 다른 관계를 구성하여 친밀감을 추구하고 스스로 결정을 내리는 성적인 존재로서 십 대가 자기를 경험하는 것에 있어서의 변화를 수반한다. 뿐만 아니라 부모도 '마찬가지로 사람이며' 부모가 서로와, 한부모인 경우에는 다른 파트너와 성행위를 한다는 충격적인 깨달음을 소화하는 일도 포함된다. 부모들은 흔히 자녀들에게도 그들 나름의 삶이 있다는 사실에 적응하고 그들이 성적인 경험에 도전하고 궁극적으로는 의미 있는 관계를 구축해

낼 수 있다고 믿기 위해 고군분투한다.

변하는 생리와 해부적인 변환: 새로운 능력, 집착 그리고 정신병리

뇌와 인지 발달

청소년의 뇌와 인지 구조에서의 변화는 두 번째 10년의 뇌 가소성에 대한 새로운 정보가 폭발적으로 늘어나면서(Fields, 2005; Hagmann et al., 2010; Rabinowicz et al., 2009) 신경과학자와 발달인지심리학자로부터 엄청난 관심을 끌어 왔다(Kuhn, 2006). 사춘기에 시작되어 이후 10년 동안 이어지는, 뇌가 급격하게 재형성되는 과정은 청소년의 행동을 생물학적으로 설명할 때 맹렬한 호르몬의 역할도 빛을 잃게 만들었다. 물론 연구자들은 이것이 분명 전부를 설명할 수는 없다고 빠르게 결론 내리긴 했지만 말이다. 청소년기의 뇌발달은 피질에서 시냅스의 연결이 50%까지 사라지는, **시냅스 가지치기**의 주목할 만한 과정을 수반한다(Spear, 2007). 그 후에 이어지는 회백질의 정점은 10세(소녀) 혹은 12세(소년)에 이르게 되고, 어린 청소년은 상당히 종합적인 뇌의 재형성 과정을 겪는다. 이는 특히 전두두정골 대뇌피질 영역에서 발생하며, 청소년기에 전두엽의 감각운동 영역에서 시작되어 두정골과 측두골을 포함하며 점차 부리 모양과 꼬리 모양으로 퍼져 가는 시냅스 가지치기의 파장이 원인인 것으로 추정된다. 이런 놀라운 결과의 함의는 전체가 이해되지는 않으나, 특히 잘린 시냅스들은 모두 이전 발달에서 기능이 있었던 것으로 보이므로 아마도 불필요했던 것 같지는 않다. 가지치기는 목표가 분명하고 구체적이며, 청소년의 뇌를 성인의 형태로 "조각하는" 과정인 듯하다(Spear, 2007, p. 13). 피질의 솎아내기는 전반적인 뇌의 에너지를 덜 활용하는 현상을 동반하게 되는데, 이는 공급되는 에너지가 좀 더 삭감되어 경제적으로 사용된다는 것을 의미한다. 대체로 청소년기 발달 동안의 지능과 피질의 가소성 사이에는 상관관계가 있다. 활발한 가지치기와 피질의 솎아내기를 동반한 피질 증가 단계가 가속화되고 오래 지속되는 것은 웩슬러 지능검사(Wechsler Intelligence Scales)로 측정한 더 높은 IQ와 연관되었다(Shaw et al., 2006).

회백질과는 대조적으로, 백질은 청소년기에서 성인기로 가는 내내 증가한다. 이

는 새로운 수초가 형성되고 정보 전달 속도에서 선별적인 증가가 있음을 시사한다. 청소년기 동안 가소성의 자원으로서 지속적인 수초 형성의 역할을 강조하는 연구자들은 사춘기부터 성인기까지 회백질의 부피가 점진적으로 감소하는 것은 사실상 전두두정의 피질 영역에서 **후기 수초 형성**의 부작용일 수 있다고 주장한다(Paus, 2005). 청소년기부터 성인기가 등장할 때까지 이어지는 소위 후기 수초 형성이라 불리는 이 현상은 여전히 조사가 활발히 진행 중인데, 적극적으로 예속적이며(즉, 환경적 요건의 맥락에서 발생한다; Field, 2005) 연결, 뉴런의 동기화, 통합을 최적화하는 역할을 한다(Hagmann et al., 2010).

그러나 과정에서 뇌의 급격한 재구성은 반드시 조직화되거나 동시 발생하지는 않는다. 초기 청소년의 뇌발달에서 "공백"과 "괴리"의 존재는 자주 애통해하는, 한편의 흥분 및 동기와 다른 한편의 조절능력의 등장 사이의 차이와 관련이 있다(Steinberg, 2005, p. 69). 뇌구조의 주목할 만한 변화는 특히 **실행기능**으로 묘사되는 대단히 중요한 능력과 연관된 부분 및 체계에 영향을 미친다. 이때의 실행기능이란 반응 억제, 위험과 보상의 측정, 정서 조절, 사회적 단서를 읽고 해석하기, 인지와 정서 관련 과정들의 통합 등이다(Blakemore, 2008; Paus, 2005; Steinberg, 2005). 고등학생들에게 전형적으로 환경이 요구하는 바는 이 정신적 능력의 발달에 달려 있는데, 왜냐하면 학생들은 동시에 여러 가지 일을 하고 미래를 계획하며 자신의 행동을 관찰하는 동시에 스스로를 조절하고 타인에게 공감하는 일 등을 해야 하기 때문이다.

대부분의 청소년은 초조함, 새로움이 급증하고 사춘기 때부터 시작된 자극 추구 경향을 경험하는데, 실행기능을 연습함으로써 얻어지는 자기조절 능력은 훨씬 나중에 이르기 전에는 충분히 성숙되지 않는다(Chambers & Potenza, 2003; Steinberg, 2004). 강렬한 충동은 종종 이제 막 생겨난 통제력을 무력화한다. "운전대 앞에 앉을 숙련된 운전자가 아직 없는 상태에서 엔진을 가동시키는 상황을 만드는 것"이다(Steinberg, 2005, p. 70; Dahl, 2001도 참조; Dahl & Hariri, 2005). 이런 의견들은 청소년들이 방어적으로 부모를 제거하는 것[정신역동 문헌(예: Abrams, 2003)에서 자주 '대상의 제거(object removal)'로 언급되는]은 그들이 이전에 부모가 수행하던 조절기능을 아직 맡을 수 없는 상태이므로 청소년의 정신 작용에 진공 상태를 야기한다는 정신역동적 가설에 그럴듯한 신경학적 원인을 시사한다.

12~15세 아이의 형식적 조작, 더 상위 수준의 추상적 사고, 가설 연역적 추론에

관해서 Piaget의 공헌(1958/1972/2008)은 실행능력과 밀접한 관련이 있으며 상징적 사고, 논리, 계획, 가설에 근거한 사고를 비롯한 이 수준의 인지는 모두 동시에 등장하는 것도, 완전히 통합되거나 보편적인 것도 아니며(Kuhn, 2006) 맥락에 구애받지 않는다(Anthony, 1982). Piaget가 주장하듯, 청소년기 동안 지적인 진보에 있어서 발달 속도는 균등하지 않고 개인 간 및 개인 내적 능력의 등장 모두에서 다양성이 드러난다. 십 대들은 학업적 및 과외 활동의 무대에서 최상의 형식적 조작적 사고를 구분한다. 실제로 청소년의 뇌에 미치는 특정 환경적 자극의 영향은 그 영향력이 생의 첫해에 필적할 만하나(Feinstein & Bynner, 2004), 이제 청소년들은 그 정보를 입력할지 스스로 결정할 수 있다. 청소년의 인지발달은 적성, 흥미, 기회와 "특정 문화에서 제공되는 '도구들'의 내면화" 사이의 독특한 상호작용의 맥락에서 이해될 수 있다(Anthony, 1982, p. 318). 형식적 조작은 환경적인 제공, 안내, 요구에 따라 진화한다. 어린 십 대가 시를 이해할 수 있도록 가르치는 것의 효과에 대한 최근 연구는 정상적인 발달을 보이는 십 대에게 단호한 환경이 일정 수준의 능력을 고취시킬 수 있음을 보여 준다. 고도로 상징적이고 특색 있는 시의 의미를 이해하는 능력조차 가르침을 통해 길러질 수 있다(Peskin & Wells-Jopling, 2012). 이러한 의견은 특정 영역에서 어떻게 사고해야 하는지에 대한 학습이 발달적으로 등장하는 데 교육이 핵심적인 역할을 담당한다는 사실을 뒷받침한다.

Piaget(1958)는 형식적 조작에서 특히 중요한 특징을 "사고 자체도 사유의 대상으로 취할 수 있는" 것이라고 주장했다(Kunk, 2006, p. 64). 청소년의 정신은 그 자체를 성찰할 수 있고, 그럼으로써 성인의 인지를 향한 큰 걸음을 떼어놓게 된다. 그러나 21세기의 청소년 사고에 대한 이해는 메타인지에 대한 이 새로운 능력이 다양하고 일관적이지 않다는 것이다. 성찰적인 인식의 개화는 놀랄 만큼 유연하지만, 이는 고도로 맥락적이며 의미 지향적이다(Kuhn, 2006). 자아중심성은 대학생 시절에 이르기까지 청소년의 능력을 계속해서 왜곡하고 조망 수용의 성숙은 20대까지 훨씬 확장된다(Elkind, 1996). 시와 관련하여 앞서 언급했듯이, 어른의 모델링과 지도로부터 청소년의 인지가 이득을 얻을 수 있는 영역은 많다. 점점 더 중요해지는 대인관계 영역은 다른 관점에 대한 감수성, 내면화한 정서적 반응(죄책감), 자기성찰적인 공감 등과 같은 새로운 혹은 정교해진 능력을 요구한다. 이런 정서와 인지는 오이디푸스기에 생겨나기는 하나 불규칙하게 발달하고, '쾌락주의적인 추론'이나 15~16세와 대학생 초기에 다시 일관적인 상승세를 보이는 익숙한 자아중심성에

가려질 수 있다(Rycek et al., 1998). 형식적 조작의 등장으로 인한 추상적 사고 수준의 비약은 청소년들이 인지 보조를 위해 부모를 부수적으로 사용하는 것을 더 이상 견뎌 낼 수 없는 순간, "대인 이해에 대한 압력"을 발생시킨다고 애착/정신화 이론가들은 주장한다(Fonagy et al., 2002, pp. 318-319). 이 단계에서 부모에 대한 의존이 필연적으로 감소하게 되면, 부모가 아직 충분치 않은 상징화의 발달을 고양시키기 위해 제공하던 발판이 사라지게 된다. 이 발판은 시의 예에서와 마찬가지로 관계를 위해 중요한 것이다. 따라서 이전 발달에서 문제가 있었던 십 대에게 아찔하게 새로운 사회생활의 복잡성을 받아들이면서 부모로부터 벗어나야 하는 이중 과제는 그것을 이해할 수단이 없기에 철수, 와해, 공격성에 대한 편애를 초래하는 "정신적 상태에 발달상의 과민성"을 야기할 수 있다(Fonagy et al., 2002, p. 319).

호르몬상의 변화와 성별

청소년의 정서와 행동의 결정 요인으로서 소위 격렬한 호르몬의 실체에 관한 연구 보고서는 그 관계가 결코 단순한 것이 아니며, 어른들에게서의 호르몬 영향과는 다르다고 결론 내린다(Buchanan et al., 1992; Walker et al., 2004). 어떤 연구자들은 청소년들에게 그 도전은 부신 호르몬과 성선 자극 호르몬이 전반적으로 증가함에 따라 안정적 주기의 패턴과 수준의 성인기 특징이 등장하기 전에 일반적으로 나타나는 호르몬의 오르내림 시기에 대한 **적응**(adaptation) 중 하나라고 주장한다. 이런 연구자들은 또한 사춘기의 시기, 가족관계, 이전의 성격과 같은 매개 요인의 중요성도 강조한다.

호르몬은 공격성, 충동성, 침울함, 성적 선호, 소년들에게서의 공격성, 소녀들에게서의 우울, 수면의 필요성 증가 등에 기인하는 청소년의 다양한 행동과 별 상관관계가 없다. 이 행동들은 심리사회적 요인에 아주 많은 영향을 받는다(Ramirez, 2003). 대개 현재의 자료들은 호르몬 수준과 완전히 진행된 정신병리 사이에 아주 복잡한 관계가 있음을 보여 주는데, 이렇게 복잡한 결과를 만들어 내는 것은 다른 많은 요인이 호르몬과 상호작용한 결과임을 시사한다. 호르몬의 변동과 누적된 효과는 청소년기 전반에 걸쳐 신체와 정신에 작용하며, 항상 유전적 성향(Walker et al., 2004) 및 환경적 요인(Susman, 1997)과 상호작용한 것이다. 보고되는 청소년기의 '스트레스 민감성'은 부신질기능항진(adrenarche)과 순환성 코르티솔 수준이 높은 것과 관련 있으나, 이는 아직 입증이 필요하다(Walker et al., 2004). 비록 주된 생물학적 요인으로서 격렬한 호르몬에 대한 과학적 관심은 상당한 수정을 거치고 있지만(Dahl & Hariri, 2005; Spear, 2010), 호르몬적 사건의 신체적 발현–2차 성징의 등장과 새로운 기능적 능력–은 어린 청소년의 정신에 여전히 그 영향력이 엄청나다. 그 변화들은 심리적인 기능의 여러 장, 즉 가족 및 친구와의 관계, 정체성, 정서, 내적 삶 등에 반향을 일으킨다. 호르몬의 변화가 어린 청소년의 정신 상태에 직접적으로 영향을 미치든 그렇지 않든 간에 그 청소년은 잇따르는 청소년기의 신체적인 사건과 변화들을 관찰하고 다양한 정서인 소외감, 경외감, 흥분과 당혹감으로 그에 반응한다(Brooks-Gunn & Warren, 1989; Brooks-Gunn et al., 1994).

신체의 중요성

- 청소년의 신체적 변화는 생리적인 발달의 모든 수준에서의 변화를 망라한다.
- 뇌는 백질의 증가와 함께 급격한 시냅스 가지치기를 겪으며, 보다 간결하고 전문화된 뇌가 되어 간다.
- 2차 성적 발달과 충동의 급증은 성적인 자기, 흥분의 조건, 성숙한 성기를 자기 표상으로 통합할 것을 요구한다.
- 생리적인 발달, 성숙해지는 몸과의 관계, 이를 소유하고 통제하고자 하는 바람은 초기 및 중기 청소년기의 여러 현상, 즉 다이어트, 격렬한 운동, 신체 장식, 이상적인 신체적 특징을 가진 척하기 위한 인터넷의 사용 등의 원인이다.

몸무게와 신체적 발달에 대한 집착

청소년기에 신체와의 관계는, 미덥지 않고 생경하게 느껴지는 대상을 통제하기 위해 일부는 주류 문화와, 또 일부는 그 청소년에게 고유한 문화와의 문화 특수적 접근 방식을 통해 형성된다. 키와, 특히 몸무게에서의 놀랄 만한 성장 속도는 사춘기 이후 고통과 신체적인 불만의 강력한 원천이다. 비록 진단 가능한 섭식장애들(거식증, 다식증, 폭식증)은 역사적으로 이원화된 발병, 청소년기 초입과 성인기 출현 즈음에 증가하는 것이 특징이었으나(Petersen et al., 1994), 역학적인 자료는 모든 종류의 섭식장애의 발병이 중기 청소년기에 몰려 있음을 시사한다(Coelho et al.,

2006). 몸무게와 음식에 대한 집착은 대부분의 중기 청소년에게 있어 정신과적인 병으로 간주되지 않을 뿐만 아니라 아주 흔한 관심사다. 이런 집착은 성숙해지는 신체를 수용하고 혹은 대중매체에서 조장하고 또래 집단에서 다양한 성공으로 모방하는 이상화된 이미지에 순응하기 위한 몸부림을 반영한다. 사실 섭식장애의 급속한 확산은 십 대의 직접적인 관심을 끄는 마름과 근육질 이미지에 대한 미디어의 홍수와 연결되어 있다. 이런 미디어의 맹습은 도달할 수 없는 이상형을 공표하고 이전 발달, 가족 역동, 현재 갈등에서 기인한 취약성을 악화시킨다(Hargreaves & Tiggemann, 2004).

몸무게에 대한 과도한 집착과 사이즈를 조절하려는 시도는 소녀들에게서 보다 흔하게 나타나지만 소년들에게서도 점점 더 눈에 띄기 시작했다. 통계적인 기술은 다양하나, 불만족의 표시는 만연하다. 예를 들면, 섭식장애를 위한 렌드퓨 센터 재단은 11~13세 소녀들 50%와 13세 소년과 소녀 80%가량이 몸무게를 줄이고자 한다고 주장한다(Renfrew, 2003). 임계값 아래 혹은 부분적인 섭식장애는 '정상적으로' 발달 중인 청소년들과 특히 관련 있는데, 놀라울 정도로 흔하다. 흥미롭게도, 이런 임계값 이하를 보여 주는 경우는 잠재적인 수준에서 완전히 진행된 섭식장애의 증상을 공유하고, 청소년의 질병임이 분명해 보인다. 비교적 포괄적인 기준, 간헐적인 폭식과 구토, 보통 수준의 제한적인 식이 등을 적용하면 임계값 이하의 장애는 십 대 소녀 사이에서 만연하지만 청소년기 이후에는 완화되는 것 같다. 10년 후 추적 조사에서, 실제 진단 기준에 근접한 경우를 제외하면 부분적인 장애의 대부분은 해소되었다(Chamay-Weber et al., 2005). 소년에 대한 통계는 몸무게에 대한 불만족의 발생 정도가 낮은 것으로 일관되나, 이는 단순히 소년의 의사들이 의혹을 갖는 지수가 더 낮기 때문에 진단되지 않을 뿐이라는 증거도 있다. 특히, 유년기에 비만이었던 소년들은 소녀들과 비슷하게 임계값 이하의 장애 발생 빈도를 보인다(Muise et al., 2003). 과체중이 아닌 소년들은 청소년기에 진입하면서 근육질에 대한 관심이 지배적이 되고 청소년기 전반에 걸쳐 점점 더 진전된다(Jones & Crawford, 2005). 따라서 섭식장애가 병적 징후이긴 하나, 이는 명확히 대부분의 청소년에게 특징적으로 나타나는 몸무게에 대한 집착의 정도 연속선 위의 다양한 지점인 것이다. 오늘날 대부분의 십 대는 이 시기를 섭식장애에 대한 자각을 갖고 횡단하며 실제 장애를 겪는 미성년자들을 선망과 측은함이 섞인 시선으로 바라본다.

다음 사례는 여자 청소년에게 있어 식이와 몸무게에 대한 집착의 전형적인 패턴을 그리고 있다. 몰리는 다른 십 대처럼 몸무게에 관심을 쏟는 소녀로, 초기 청소년기의 변화가 서서히 증가하기 시작하며 강해졌다 약해지는 과정을 계속 겪지만 결코 실제 장애로 넘어가지는 않는다.

13세 몰리는 고등학교에서 7학년을 마치며 자신감에 넘쳤다. 그녀는 받아들이기 꺼렸지만, 냉소적으로 인정하는 인기 있는 소녀들 사이에서 리더 역할을 하고 있었다. 그녀는 수업시간에도 꽤 잘했지만 머리가 좋았음에도 불구하고 남을 앞서는 데는 관심을 두지 않았다. 그녀는 학교에 새로 나타난 라파엘이라는 소년에게 마음이 사로잡혀 있었는데, 그는 많은 소녀에게 확실히 인기가 있었다. 라파엘에게 끌리는 다른 매력적인 소녀들에게 경쟁심을 느끼면서, 그녀는 수년간 어머니의 걱정거리였던 자신의 몸무게를 걱정하기 시작했다. 그녀는 섭식을 제한하여 그 학기 동안 15파운드(약 6.8kg)의 체중을 감량했다. 처음에 그녀의 새로운 식이 요법에 찬성했던 어머니는 점점 걱정하기 시작했으나 최근 보다 논쟁적이 된 몰리와의 관계 때문에 먹는 걸로 다투는 것이 두려웠다. 이 모녀는 항상 친밀했으나 지금 몰리는 기분 변화가 심하고 가족 일에 관심이 없어 보였다. 그녀의 어머니는 몰리를 섭식장애를 전공한 청소년과 의사에게 데려갔다. 이 지점에서 몰리는 깜짝 놀랐는데, 자신이 '문제 있는 아이'로 확인되는 걸 원치 않았기 때문이다. 그녀는 의사에게 협조했고 몸무게는 점차 안정되었다. 그러나 그녀는 라파엘과 파티에서 만나 시간을 보내기 시작할 때 이 사실을 어머니에게 털어놓지 않았고, 감시하는 어머니에게 만성적으로 화를 내며 '강압적'이라고 말했다.

기타 신체 변경: 타투와 피어싱

청소년으로 대상이 국한된 것이 아니기는 하나, 스스로 결정하여 타투나 피어싱을 하는 것—신체 변경, 장식 혹은 손상으로 일컬어지는—에 대한 대부분의 연구는 이런 행동의 현저한 다수가 십 대 시절에 기원하며, 피어싱이 타투에 선행하고 선호가 성별에 따라 다름(소녀는 피어싱을, 소년은 타투를 선호함)을 확인시켜 준다. 최근 소녀들의 타투에 대한 관심은 소년들과 같아졌거나 혹은 더 많아지고 있다(Fischer, 2002). 십 대가 전문적인 서비스를 이용할 수 있는 경우는 비용과 판매자의 규정 때문에 제한적이어서, 이들은 종종 직접 자기 몸을 장식하거나 친구 혹은 자격이 없는 '전문가'에게 시술을 받는다(Brown et al., 2000). 이런 행동은 사회적 경

향과 명확한 상관을 보인다. 이들이 점점 더 주류가 되어 갈수록, 위험을 감수하는 행동(Deschesnes et al., 2006)과 분노 및 공격성(Carroll & Anderson, 2002)과의 관계는 약해진다. 신체 변경은 여러 가지 의식적인 목적에서 이루어지는데, 성적 매력을 향상시키고, 사랑을 증명하며, 개성을 나타내는 것 등이 여기에 속한다(Antoszewski et al., 2010). 정신역동적 견지에서 십 대가 스스로 선택한 신체 변경은 적어도 부분적으로는, 그들이 통제할 수 없는 신체적 변화를 받아들이고자 노력하는 그 나이 특유의 고군분투다. 신체 변경은 사춘기 변화로 낯설어진 대상이 된 몸을 (되)찾고 싶은 열망이 동기가 된다. 이는 역설적이게도 개인의 사생활에 대한 공적인 확인이며 개인 고유성의 경계를 표시하는 역할을 한다. 타투와 피어싱 모두 최근까지 부모의 영역이었던 신체에 대해 소유권을 주장하는 행위로 이해될 수 있다. 따라서 사실상 피부는 내적인 갈등과 신체를 바꾸고 싶은 충동의 의미로부터 십 대 관심의 방향을 바꿔 주는, 통제권을 둘러싼 부모와의 전쟁터인 셈이다(Martin, 2000).

위험한 행동

충동적이고 위험한 행동, 즉 약물 남용, 대인 간 폭력, 자해, 도박, 흉기 소지, 난폭운전, 음주 운전, 안전하지 못한 성행위, 그 외 다양한 문화 특수적인 자극적이고 위험한 활동은 모두 충동조절장애로 분류될 수 있다. 이 행동들은 함께 무리를 이루고 성인기보다 청소년기 및 신생 성인기에 훨씬 더 만연하게 나타난다(Chambers & Potenza, 2003). 이런 결과는 신경생리학적으로 가속화된 감각 추구(자기조절 능력의 발달을 앞질러 버림)와 대개 이런 행동들을 불러오는 중독 물질(특히 숙취, 수면 방해, 음주로 인한 두통)의 부정적인 결과에 대해서 상대적으로 민감하지 않은 청소년의 뇌 등 여러 시스템의 복합적인 작용 때문이다(Chamber et al., 2003; Spear & Varlinskaya, 2005). 정신역동적 견지에서 보면, 청소년의 행동하려는 강한 욕구는 '그냥 하기' 위해서 신체적인 자기의 온전함과 안녕을 위태롭게 하려는 역설적인 의향을 반영한다. 행동에 대한 편애는 청소년의 내적 압력, 특히 자아의 자율성을 주장하고, 수동적이고 퇴행적인 열망, 세상에 참여함으로써 자신의 패기를 시험해 보고자 하는 지속적인 열망들의 융합으로부터 생겨난 것이다(Chused, 1990).

행동은 또한 청소년이 새롭게 변화된 신체에 대해 소유권을 주장하는 방식이기도 하다. 타투와 피어싱에서와 마찬가지로 공격적이거나 무모한 행동은 자기 스스로 선택할 수 있는 권리에 대한 강력한 주장인데, 특히 자율성을 확립하고 부모의 간섭에 대처하기 위해 노력 중인 청소년들에게 더욱 그러하다. 위험 행동은 "분리-개별화라는 발달적 도전에 대한 적응적이고 자기애적인 반응"이라고 묘사되는 것으로(Lapsley & Hill, 2010, p. 848), 청소년들이 앞으로 나아가기 위해서는 피할 수 없는 벅찬 과제들, 어른의 시각에선 덜 혹은 더 위험한 과제들과 씨름할 수 있게 해 준다. 청소년의 대담무쌍함은 부모의 도움 없이 잔혹한 세상에 맞서기 위해 만든, 신체적으로 상처를 입지 않고 온전함을 침범당하지 않을 거라는 상상에 의해 부채질 당한다(Seidel, 2006). 이때 어린 아동에게 전형적으로 나타나는 전능함과 안전에 대한 환상도 지속된다. 동시에 이들은 부모의 염려를 비웃으며 개별화되고(Altman, 2007) 신체를 무신경하게 다룸으로써 소유권을 주장한다. 위험을 감수하는 것은 또한 자기조절의 시도(Leather, 2009)로 이해되거나 혹은 역공포적인 기제와 예방책 회피가 우위를 점하는 부적응적인 대처 양식으로도 이해될 수 있다(Zwaluw et al., 2011). 일부 사상가는 이 행동들의 취약성 기저에 깔린 태도(즉, 위험에 대해 전능하고 천하무적인 듯한 태도)를 형식적 조작기로 향하는 발달적 단계 때문인 것으로 이해한다. 일시적이고 과도기적인 자아중심성은 십 대가 자신의 독특함과 불멸에 대해 과대평가하게 만들고 자신의 견해가 아닌 타인의 의견에 대해서는 인지하기 어렵게 만든다(Elkind, 1967). 결국 청소년의 추상적 사고능력은 죽음에 대한 성숙한 개념을 바로 가져오지 못하는데, 이는 그 자체로 "거의 이해할 수 없는 추상적 개념"이다(Noppe & Noppe, 2004, p. 153). 위험한 행동은 중기 청소년들의 전형성인, 죽음에 대해 점점 커지는 인식과 경험을 완전히 익히고자 하는 시도로 이해될 수 있다.

비록 위험 감수에서 청소년 특유의 인지가 중요한 부분일 수는 있으나, 중립적인 환경에서 중기 청소년이 특정 행동의 상대적인 위험과 이익에 대해 알고 있다는 것을 보여 주는 충분한 증거는 그들이 가상의 시나리오가 주어졌을 때 성인 수준의 대안이 되는 관점을 고려할 수 있고 생자필멸의 보편성을 이해한다는 사실을 입증한다. 중기 청소년들은 정신화(mentalization) 능력이 충분히 있으며, 이는 악의적인 파괴성 및 자해로부터 그들을 보호한다. 분명 이 능력에서의 결함은 일반적으로 이전의 외상적인 발달에 기인하며, 청소년기 문제 행동과 관련이 있다(Fonagy, 2004). 그러나 외상의 역사가 없는 정상 청소년들도 다른 사람의 정신적 삶에 대해 생각하고 선택의 결과를 고려하며 위험을 평가할 수 있는 능력이 특정 상황에서는 손상된

것처럼 행동하기도 한다. 이는 인지 이외의 문제, 흥분, 또래 압력, 기저의 발달적 긴장 등이 결정의 순간에 이처럼 높은 수준의 추론을 거의 불가능하게 만들기 때문이다(Steinberg, 2004).

유년기의 심리적인 장애 징후와 문제적인 행동, 특히 초기 청소년기에 나타나 정형화되고 지속되는 행동들 사이에는 강력한 상관관계가 존재한다. 학령전기 초반에 장애-기관 부적응, 충동성, 과잉행동 및 주의력 문제, 불안과 우울, 품행 문제-를 보이는 아이들은 보다 일찍 그리고 보다 자주 약물 남용, 성행위, 스릴 추구, 폭력적인 반사회적 행동에 빠져드는 경향이 있다(Fonagy, 2004). 이러한 개별적 성격 요인은 '문제행동이론'(Jessor, 1977/1991/2008; Schofield et al., 2008; Vazsonyi et al., 2008/2010)이라 불리는 광범위한 위험 행동 모형에 포함되었고, 이는 청소년의 발달에서 다양한 위험 및 보호 요인을 기술하기 위해 체계적 접근을 사용한다. 이 모형은 유익한 환경적 · 내적 · 가족적 요소들과 유해한 요소들 간의 경중을 판단하는 것으로 문화, 인종, 성별, 사회경제적 범주에 관계없이 일탈적인 행동을 안정적으로 예측한다. 청소년의 문제 행동에 대한 방대한 문헌들에서 여러 가지 매개 요인-성격장애(Leather, 2009; Schofield et al., 2008), 유전학 및 유전과 환경의 상호작용(Zwaluw et al., 2011), 인종, 성별, 가족(Fonagy, 2004; Roche et al., 2008), 사회적 맥락(Kilpatrick et al., 2000), 특정 세대의 시대 정신 등-이 언급되긴 하였으나 문제행동이론을 적용하였을 때의 강력한 비교 문화적 예측력은 그 어느 단일 요인이 아닌 해당 아이의 해당 사회적 맥락에서의 위험과 보호 요인 사이의 균형이 열쇠라는 것을 시사한다.

문제행동이론은 또한 자살 행동에도 적용된다(Phillips et al., 2002). 자살은 10~24세 사이의 인구에서 두 번째로 높은 사망 원인이며, 자살자의 최고치 연령은 반세기 전에 비해 더 어려졌다(Belfer, 2011). 청소년의 자살 사고와 행동은 정신 질환과 정적 상관이 있으나, 이런 사고와 행동은 또한 알려진 정신장애가 없는 집단에서도 나타나며, 충분하지 않은 자원, 가정폭력, 왕따, 원치 않은 임신, 정략결혼, 수치심, 굴욕감 등에 노출되는 것과 같은 개인적 · 사회적 요소와 관련이 있다(Belfer, 2011, p. 54). 런던에서 정신역동 임상가가 운영하는 자살 센터에서는, 청소년기 동안 자살 행동은 성적인 성숙을 달성하는 것과 직접 관련된 다양하고 구체적인 발달적 갈등인 성적인 신체를 거절하는 것(Laufer 1987), 흥분을 위한, 수치스럽게 느끼는 필요조건을 재통합하는 것(Laufer, 1995), 내재화한 부모가 전능성으로 변형되는 것에 대한 무력감을 수동-능동 방어하는 것(Friedman et al., 1972) 등을 반영하는 것으로 이해한다. 이 임상가들은 자살을 시도하는 청소년을 진단 하지 않고, 치료하지 않은 채 두는 집단적인 부인에 대해 강조한다. 대부분이 정상적인 발달로 돌아가기 위해서는 집중적인 심리치료적 개입을 필요로 한다(Laufer, 1995).

우리는 대부분의 십 대 위험 행동이 심각한 정신병리, 지속되어 온 부정적 행동, 심지어 이전에 언급한 것처럼 위험이라고 인식할 능력이 없는 것 등과 관련된 것이 아니라고 주장한다. 실제로 이런 실험이 완전히 이루어지지 않는 것이야말로 걱정스러운 일이다. 각각의 경우에서 약물을 몰입해서 '실험하는 아이'가 더 문제적이나, 일반적으로는 18세가 될 때까지 그 어떤 중독 물질도 시도해 본 적 없는 아이가 심리적으로는 부적응적이라고 할 수 있다(Wills et al., 1996). 이런 면에서, 연구자들은 경계를 넘어서고 새로움을 찾는 행동을 유발하는 또래 압력의 영향, 자기조절의 불균등한 발달, 지속적으로 미래를 지향하지 못하는 것, 부모 감독의 감소, 경제적 자원의 증가, 보상 강도가 줄어드는 사춘기의 시작과 같은 청소년 삶의 공통 특징을 강조하곤 한다(Steinberg, 2004).

그들의 역사와 행동의 극단적인 유형으로 두각을 나타내는, 문제 행동을 보이는 청소년들이 이상치라는 점을 인정한다 하더라도, 중기 청소년기 집단에 관한 통계는 걱정스러울 정도다. 이 연령 집단에서 질병률과 사망자 수의 급등은 아주 불안한 청소년에만 국한되지 않는다. 최근 연구에서 고등학생의 25%가 13세 전에 술을 마시는 것으로 보고됐다(Rew et al., 2011). 안타깝게도, 알코올은 다른 문제, 특히 음주 운전(혹은 술 취한 운전자의 차에 타는 것), 위험한 성행위, 기타 무모한 행동들을 야기한다. 10~19세 사이의 죽음 중 거의 절반이 사고로 인한 것이며, 이 사고의 70%가 자동차와 관련 있다(Sleet et al., 2010). 무면허 운전은 아주 만연하며(한 연구에서 미성년자의 1/5은 이미 자동차를 몰아본 적이 있었다; Bina et al., 2006) 그 밖의 안전하지 않은 운전 행위도 광범위했다. 그러나 마찬가지로 문제가 많은 운동 관련 사고가 심리적으로 건강한 십 대에게서도 발생하고 같은 사람에게서 반복되는 경우도 빈번하다(Marcelli et al., 2010).

중독

초기에서 중기 청소년기가 약물과 행동을 실험적으로 해 보는 시기라는 점과

같은 이유에서, 이 시기는 만성적인 중독의 시작이 최고조를 이룬다(Volkow & Li, 2005). 성인 흡연자의 80%가 18세 이전에 흡연을 시작하고 알코올 중독자의 40%는 15~ 19세 사이에, 80%는 30세 이전에 시작되며, 불법 약물을 사용하기 시작하는 연령의 중간값은 16세다(Chambers et al., 2003). 연구자들은 이른 청소년기에 대마초와 같은 물질에 지나치게 노출되는 것은 인지장애에 취약하게 만들고 이후 중독에 걸리기 쉽게 만드는, 연령 특유의 신경적응(neuroadaptations) 상태 때문에 장기적으로 해로운 영향을 받을 수 있다고 설득력 있게 주장한다(Volkow & Li, 2005).

신경발달의 비동시성, 충동성, 뒤떨어진 억제기능은 12세 즈음에 시작되는 청소년기에 약물적 · 비약물적 중독장애의 발생이 많아지는 현상의 숨겨진 메커니즘일 가능성이 있다. 청소년의 신경회로 체계가 보다 강렬하게 억제보다 충동을 조장한다는 점은 청소년의 뇌를 특히 새로움과 쾌락 추구에 민감하도록 만든다. 실제로 충동성은 중독장애의 핵심 특징이다. 어떤 연구자들은 실질적 의존성보다 이것이 더 근본적이라고 생각하며 DSM-5에서 중독의 진단을 확장시켜 도박 중독을 포함시키는 데 성공했다(Potenza, 2006). 다른 충동적인 행동들과 관련하여, 범주를 밝혀내기 위한 더 폭넓은 연구가 진행되고 있다(O'Brien, 개인적 교신).

예를 들어, 인터넷의 과도한 사용은 DSM-5에서 진정한 중독의 지위를 얻지 못했다(Griffiths, 2008). 현대 청소년에게 있어 인터넷 사용이 편재해 있고 정신병리에 대한 적절한 기준이 확립될 필요가 있음을 인식하며, **인터넷 중독**이라는 용어를 제안한 사람들은 다음을 입증하는 사람들에게만 이를 적용한다. 이는, ① **현저함**(즉, 문제가 되는 활동은 십 대의 하루에서 가장 중요한 활동으로 간주되며 사회적 행동을 희생하면서까지 간절히 원하고 몰입하는 것과 관련된다), ② **정서의 변경**(이 활동은 활기를 띠게 하거나 진정되게 하는 효과가 있다), ③ **내성** 현상, ④ **금단 증상**(예: 짜증스럽거나 기타 다른 불쾌한 상태), ⑥ 금욕 기간 후의 **재발**(Griffiths, 2008)이다. Young(1999)의 정의에 따르면, 제안된 인터넷 중독은 다음을 포함한다. ① 사이버 섹스 중독, ② 사이버 관계 중독, ③ 인터넷 강박증(즉, 온라인 도박, 쇼핑, 주식의 당일 매매), ④ 정보 중독(서핑과 검색), ⑤ 컴퓨터 혹은 비디오게임 중독이 그것이다. 이 장애들은 지난 10년간 어디서나 십 대들 사이에서 컴퓨터를 소유하고 인터넷에 접속하며 게임기를 갖고 게임을 하는 것이 빠르게 확산되면서 주목받기 시작했다(Rehbein et al., 2010).

청소년기의 위험한 행동

- 위험한 행동은 청소년기의 행동 지향성을 나타내는데, 이 청소년들은 경험 및 새로움을 추구하고 독립과 자율성을 위해 싸우며, 이 세상 속에서 자신을 규정짓고 싶어 한다.
- 문제행동이론에 따르면, 위험의 심각도는 유년기 장애 및 다른 유해한 요인과 지지적이며 도움이 되는 영향력 간의 상호작용으로 예측할 수 있다.
- 청소년기의 어떤 실험들은 대부분 필연적이며 아예 시도조차 하지 않는 것은 심각한 억제와 관련 있다.
- 흡연, 대마초, 음주와 같은 여러 중독은 18세가 되기 전에 시작된다.

주요 개념

11세에서 17세 사이의 시기는 생애 첫해에 비견될 정도로 신체, 두뇌, 정신의 변화가 발생하는 동안 인간 발달이 놀라울 만큼 왕성한 단계다. 신체는 이 연령 집단에서 흥분과 갈등의 지속적인 원천이며 흔히 부모로부터 자율성과 개별성을 찾기 위한 투쟁의 전장이 된다.

청소년기 단계들 사이를 구분하는 경계는 뚜렷하지 않지만, 나눠진 단계들은 발달상의 의제가 바뀌는 데 주목한 것이다. 초기 청소년기는 사춘기의 안내를 받아 시작되며, 이 기간에 정신적 작업의 다수는 발달 중인 신체와 그 결과에 적응하는 것이다. 어린 청소년들은 그들의 신체적 변화와 급증하는 성적인 것들에 사로잡힌다. 자위행위는 새롭게 완비된 신체에 대해 완전한 소유권을 행사하는 수단이며, 십 대가 자신만의 독특한 환상과 욕망을 발견하고 탐색할 수 있는 기회를 허락한다. 부모와의 관계는 또래 집단에 대한 선호에 따라 그 중요성이 지속적으로 감소하는데, 특히 또래관계의 드라마가 펼쳐지는 중학교 시절에 특히 더 그러하다.

중기 청소년기에 신체적 변화는 그 속도가 서서히 떨어지며 부모와의 관계가 변화하고 또래 집단이 우선시된다. 부모와의 갈등은 최고조에 이르고, 지도자 및 동반자로서 부모의 중요성은 줄어든다. 반면, 또래의 영향력은 급속히 커진다. 위험한 행동은 놀랄 만한 속도로 증가하며, 이를 통제할 능력보다 훨씬 앞서는 탓에 이 연령 집단의 질병률과 사망률이 급격하게 증가하는 결과를 낳는다. 섹슈얼리티는 정신을 체계화하는 데 중요한 역할을 맡는다. 중기 청소년들은 자신의 성적 성향, 선호하는 자위 환상, 성적 특징을 반영한 자기에 대한, 성적인 존재로서의 감각 등에 대해 더 분명히 알게 된다. 이 시기가 끝날 무렵이 되면, 섹슈얼리티에 대한 탐색은 점차 관계로 옮겨 간다.

- 초기 청소년기는 11세나 12세에서 14세 즈음, 초경이나 몽정이 시작되는 시기부터 시작된다.
  - 이 시기는 대략 중학교 시절과 일치한다.
  - 이때는 신체적 변화가 현저하고 상대적으로 급격한 시기다. 급성장은 사춘기의 표시보다 한 해 혹은 몇 년 앞서고, 중기 청소년기 내내 빠른 속도로 진행된다.
  - 사춘기적 변화의 개별적인 시각과 속도는 특히 또래 집단과 비교하여 자기를 경험하는 강력한 원천이다.
- 중기 청소년기는 14세에서 17세까지 이어진다.
  - 이 단계는 대략 고등학교 시절과 일치하며 십 대들이 자율적인 개인으로서 자신의 미래를 바라볼 즈음에 끝이 난다.
  - 신체적 변화의 속도는 느려지지만, 신체는 계속해서 십 대 중반의 정신적 삶에 중대한 도전을 제기한다.
- 변화하는 신체는 그 자체만으로도 초기 및 중기 청소년들에게 가장 심오한 도전이다.
  - 두뇌 및 호르몬의 변화는 정서의 색채와 영향, 새로움을 추구하는 것에 대한 관심, 판단, 충동, 욕망, 감정, 대인관계 기술 등에 전례 없는 변화를 가져온다.
  - 새롭게 완비된 성적인 신체와 자극적인 환상을 파악하는 것이 주된 과제다. 자위행위는 강렬한 성적 충동을 다루고 변화된 신체를 자기표상으로 통합하는 데 도움을 준다.
- 연애에 대한 관심은 청소년 초기부터 시작되고 이런 관계에 대한 관심은 소년이나 소녀나 마찬가지다. 고등학교 상위 학년 다수는 의미 있는 낭만적 연애에 들어섰다고 보고하고, 무려 84%가 낭만적 연애관계에서 첫 번째 성 경험이 있다고 보고한다(19세에 회고적으로 보고한 것임, Tsui & Nicoladis, 2004).
- 2차 개별화 과정은 초기 청소년기에 시작되어 초기 및 중기 청소년기의 주요 발달 과제가 된다.
  - 동경의 방향이 부모에서 또래로 바뀌는 것은 대상 제거라고 불러 왔다. 이는 상실감, 공허함, 부모와 점차 소원해지는 느낌 등을 불러일으킬 수 있다.
  - 결과적으로 부모는 종종 자녀가 성적인 존재로 변화하는 데 적응하기 위해 애쓰지만 육아를 어떻게 보정해야 할지 확신이 없다. 중기 청소년기까지 이런 상황은 부모와 아이 사이의 가시적인 갈등을 야기하기도 한다.
- 위험한 행동의 뚜렷한 상승세는 또래 집단에 몰두하는 것과 동반되고 두뇌, 성적인 흥분, 고조된 충동성 사이의 정상적인 불균등한 발달과 관련 있다.
  - 정신 질환은 신체와 관련되는데, 이를테면 섭식장애, 약물 사용 등은 이 시기와 관련된 성적인 성숙 혹은 정신적 대변동을 통제하려는 시도로 이해될 수 있다.
- 이 시기를 관통하는 인지적 발달은 형식적 조작기로의 이동으로 특징지어진다. 여기에는 추상적 · 논리적 사고, 조망 수용, 실행기능이라고 알려진 메타인지적 과정의 확장

등이 포함된다.
- 억제할 수 있는 능력은 새로움을 추구하고 행동하고자 하는 충동보다 뒤늦게 나타난다.
- 마음이론(신념, 의도, 바람, 이해 등과 같은 정신적 상태가 자신과 상대방의 행동에 영향을 미친다는 것을 이해하는 능력-역자 주)과 조망 수용이 증가하지만, 형식적 조작기의 출현은 자아중심성 및 자의식의 상승세를 동반한다. 이는 특히 어린 청소년들에게 더욱 그러하다.

9장

후기 청소년기

십 대 후반 및
이십 대 초반의 정체성,
섹슈얼리티,
자율성과 초자아의 형성

후기 청소년기 서론

청소년기 과정에 대한 시간 틀을 확장한 것은 Peter Blos와 Erik Erikson과 같은 정신역동 사상가들이 후기 청소년기의 주된 심리 내적 과제라고 생각했던 청소년기 해결(adolescent resolution)에 대한 개념에 영향을 주었다. **청소년기 해결**이란 청소년기의 여러 변화가 점진적으로 공고해짐을 함축하고 있으며, 이 과정은 20대 후반까지 이어진다. 17세에서 21세 혹은 22세 사이의 후기 청소년기 아이들은 성숙도에 있어서나 자신의 가치관 및 이상에 대한 확신에 있어서나 의미심장한 변화를 경험한다. 최적인 상황이라면, 후기 청소년기 아이들은 온전하게 새로운 신체 안에 살아가며, 기능상의 성적 및 재생산 능력에 대한 책임을 맡는다. 이와 더불어 사랑과 친밀함에 대한 관심이 깊어진다. 이들은 자신이 되고자 하는 사람에 대한 심적 표상을 갖고 미래를 고대하며 기다린다. 자신의 정체성(이 장 뒤에서 더 자세하게 논의할 복잡한 독립체로서의)이 안정적이라는 느낌이 적어도 특정 영역에서는 점점 커진다. 유년기의 자기를 통합하는 것도 이 과정의 일부분이다. 유년기를 새로운 관점에서 바라보게 되며 내가 누구인가에 대해 새롭게 등장한 느낌에 통합한다. 이 시기의 끝 무렵에 완전한 성인이 되는 것은 아니지만, 이때 아동들은 더 이상 십 대가 아니다. 이들의 관심은 대부분 성인기에 대한 개인적인 상상들에 쏠려 있다.

여러 현대 이론가와 연구자는 깊어진 애정관계, 초자아의 통합, 개별화의 심리내적인 성취와 성 정체성, 민족 정체성과 같은 다양한 정체성의 형성 등이 초기 청소년기부터 30대까지 이어진다고 주장한다. 그럼에도 불구하고 후기 청소년기는 여전히 그 자체의 도전과 기회뿐만 아니라 그 시기의 문제적 결과를 지닌 발달 단계로서 인식된다. 당대의 갓 고등학교를 졸업한 학생들은 대학 진학을 하든 취업을 하든 어른으로서 책무를 다하기까지 많은 시간이 남았다고 생각하는 경향이 있긴 하나, 후기 청소년들은 점점 더 성인세계로 진입하는 데 관심을 쏟는다. 2010년 미국 고등학교 전체 졸업생들 중 68.3%를 차지하는 대학생의 경우(U.S. Department of Labor, 2012), 대학 시절을 거치며 통과하게 되는 이 과정은 먼저 광범위한 관심사를 탐색한 후 졸업이 가까워질 즈음에 이를 좁혀 나가 위계적 순서들로 공식화된다. 이 과정은 청년들이 분명한 방향 감각을 갖고 대학문을 나서길 바라는 부모 및 전체적인 사회의 기대에 의해 강화된다.

정신역동적 관점에서 보면 후기 청소년기는 자아의 능력과 관심사의 안정화, 성적 취향의 통합, 궁극적으로 성인기 성격에 바탕이 될, 상대적으로 잘 기능하며 개개인에게 맞는 일련의 방어 및 승화의 수단을 확립하는 것으로 특징지어진다. "이 시기는 청소년이 성인 삶의 심리적이고 현실적인 과제들에 착수하면서 마지막으로 성격의 중대하며 자발적인 통합과 구조화가 일어나는 청소년기 말로 정의할 수 있다."(Ritvo, 1971, p. 242) 죄책감과 걱정의 적절한 경험, 의미 있는 관계를 유지할 수 있는 능력, 개인적 가치관의 진화는 후기 청소년기에 등장하는 친밀한 관계에 몰입하기 위한 중요한 전제 조건이다(Kernberg, 1974). 현대 사회에서는 이런 관계의 첫 번째가 대개 영원한 약속으로 이어지지는 않으나, 이 관계들은 점점 더 식견을 갖고 대상을 선택하기 위한 기틀을 마련한다. 인지적인 성숙과 대학 경험이 제공하는 새로운 시각을 지닌 후기 청소년은 자신의 삶의 행로에 대해 깊이 있게 생각하고 개인의 역사의식을 형성하며 삶의 계획을 심사숙고할 수 있다. 졸업이 다가오면 젊은이는 미래를 기대하고 삶을 상상해 볼 수도 있다. 미래 지향적인 사고에는 결혼과 진로와 같은 구체적인 성취에 대한 기대가 포함되는데, 이는 결국 심리 내적 변화를 반영한다. 보다 광범위하게, 각 개별적 젊은이들 내에서 어떤 삶(어떤 가치관과 성격 특성)을 살 것인가와 관련하여 생성된 이런 생각들은 노력할 가치가 있는 것

들이다(Esman, 1972; Ritvo, 1971; Seton, 1974). 졸업식은 후기 청소년기가 성인기로 들어서기 위한 디딤대로서 중요하다는 것에 대한 제도적인 인정이라고 할 수 있다. 그 이후의 탐색 기간이 이어지든 그렇지 않든 간에(10장 '오딧세이 시절' 참조), 잘 기능하는 후기 청소년은 과거의 '점들을 잇고'(Steve Jobs, 2005; 스탠퍼드 대학 졸업식 연설에서) 미래의 행로를 결정하는 주요 심리적 작업들을 완수한 것이다.

만일 발달의 과정이 불완전한 토대 위에 기초하고 있다면, 청소년기는 대개 그 손상된 바를 드러내게 된다. 신체적 변화, 성적 및 공격적 충동, 가족 및 또래 관계를 감당하는 것에 지장이 생기며 후기 청소년기의 통합이 불가능해진다. 후기 청소년기는 정신병과 성격장애를 포함한 심각한 정신장애가 모습을 드러내는 시기다(Ritvo, 1971; 뒤의 '성숙, 신체적, 정신적 건강' 절 참조). 대부분의 정신병리가 복합적인 병인(유전, 환경, 체질 등)을 지닌 과거의 부적응에 기인한 것이라고 역동적으로 이해되긴 하나, 현재의 환경적 침범, 구체적인 내적 한계(예: 손상되고 교정되지 못한 실행기능)가 후기 청소년기의 발달적 도전에 대한 병리적인 반응에 기여하게 된다(Blum, 1985). 후기 산업화된 서구 사회에서 후기 청소년기는 아마 20대까지 연장되어 신생 성인기와 뒤섞이게 될 수밖에 없을 것이다. 그럼에도 불구하고, 이 시기의 발달적 과제를 해결하는 데 실패한 청년은 성공의 표식인 내적 통합과 성격의 안정화를 이뤄 내지 못한다. 심리 내적으로 이 성취들은 갈등 없는 자아기능의 확장, 정체성과 주체성에 대한 주관적 경험의 통합으로부터 발생한다. 연속감 성격의 응집성, 심리적인 안정감이 시련과 예상치 못한 역경에 부딪히게 되더라도, 그것이 트라우마 수준을 넘어서지 않는 한 개인을 지속하고 지탱시켜 준다(Blum, 2010). 이전 단계에서 일관적이지 않고 예측할 수 없었던 반응들은 상대적으로 안정적이고 패턴화된 적응적 반응으로 바뀐다. 이상적으로 후기 청소년은 또한 심오한 수준의 자기성찰과 조망 수용이 가능하며, 이는 청소년들이 지속적으로 자전적인 서사를 만들어 내고 독특한 개인으로서의 감각을 갖게 하며, 선택과 사건의 의미를 구별하는 능력을 갖추도록 도와준다.

후기 청소년기의 과제(17~21세 혹은 22세)

- 정체성의 통합
- 초자아의 재작업

- 친밀한 관계에서 사랑과 섹스의 통합
- 성격, 방어, 승화의 수단, 자기감의 안정화
- 유년기 트라우마의 통합
- 자기연속성

대학에 진학할 것인가 말 것인가

대학생 나이의 청소년은 고등학교 시절의 모습과 판이하게 다르며, 대학 시기에 걸쳐 계속 발전해 간다는 데는 의문의 여지가 없다. 주관적 세계에서, 대학에 가기 위해 집을 떠나는 것으로 구체적으로 드러나는 유년기 삶과의 단절은 보통 해방감을 주는 동시에 방향 감각을 잃게 만든다. 부모와 자녀의 관계는 지도적인 역할이 점점 사라지며 양쪽 모두 관계의 새로운 토대를 향해 더듬더듬 나아가야 하는 패러다임으로 급격하게 변화한다. 이 전환의 성공적인 타결은 유년기의 애착 유형과 관련 있다. 흥미롭게도, 어느 정도의 '갈등적인 독립'(안정 및 배척 애착 유형에서 발견되는)이 '긍정적인 분리의 느낌'을 예측하는 것으로 나타났는데, 이 분리감은 대학에서의 적응과 또래관계에서 성공의 전조가 된다(Lapsley & Edgerton, 2002). 지나친 죄책감, 분노 혹은 불안이 없는 '긍정적인 분리'의 느낌은 뒤를 돌아보느라 방해받는 일 없이, 삶의 다음 단계로 나아갈 수 있는 자유를 제공하는 데 도움이 되는 듯하다. 이 결과에 대한 간접적인 증거는 지리적으로 더 먼 거리와 더 적은 접촉이 부모와 후기 청소년기 자녀 사이의 더 큰 상호성을 경험하게 하고, 이 시기 초반의 관계 향상과도 상관 있는 것으로 나타난다는 점이다(Lefkowitz, 2005).

대학은 모든 영역, 즉 성 정체성, 진로 방향, 정치적 성향, 종교의식, 민족성 등에서의 정체성을 탐색할 독특한 기회를 제공한다. 청소년은 이 무대를 스스로 선택하고 고심하여 고른 것으로 받아들일 수 있다. 정신역동 사상가 및 발달 연구자들에 따르면 정체성 탐색과정은 18~22세 정도의 대학교 시절의 틀 속에서 끊임없이 일어난다(Erikson, 1956; Meeus et al., 1999). 대학에 입학한 젊은이는 가능성-관심사, 포부, 공동체 생활, 남학생 사교 클럽, 여학생 클럽, 단체, 동호회, 섹슈얼리티, 멘토, 약물 사용, 책임감, 자기조절 등-으로 가득한 세상에서 어른의 지도 없이 스스로 방향을 잡고 나아가야 한다. 심각한 문제가 발생하지 않는 한, 젊은이가 대학 혹

은 일터에서 만나게 되는 어른은 적극적으로 도움을 청할 경우에만 부모와 비슷한 역할을 해 줄 것이다.

자신감과 목적의식을 갖고 고등학교를 졸업한 후기 청소년일지라도 대학이라는 새로운 세계에 처음 들어가는 것은 불안정해지는 도전이 될 수 있다. 물론 어떤 경우에는 기회가 부정적인 영향보다 훨씬 더 중요할 수 있다. 여러 후기 청소년은 고등학교 이력에 지장을 주던 약점에 대한 걱정에서 벗어나 자신의 학업 및 과외 활동에서의 강점에 집중할 수 있는 환경에서 잘 지내기도 한다. 그러나 어떤 학문 분야에 뜻을 두고 대학에 진학한 많은 사람은 대학 수준의 수업에 맞닥뜨렸을 때 예기치 못한 어려움 때문에 좌절하곤 한다. "나는 이런 사람이 될 거야."에 대한 긴 세월의 환상이 바스러지고, 그에 기대고 있던 학생들은 이제 무엇이 흥미를 끄는지, 어떤 토대가 미래를 대비할 수 있을지, 상대적으로 가이드 없는 탐색에 착수해야 한다. 분명한 관심사가 없는 아이들에게 있어 대학의 경험은 처음에는 아주 자유롭다가 전공을 선택해야 하는 순간 고통스러운 현실에 눈을 돌리게 되며, 심지어 그런 이후에도 인문학 전공은 항상 진로로 연결되는 것이 아니기에 '일단 당장만 해결했다.'는 느낌이 들 수도 있다. 전공 선택은 직업적 목표에 대한 결의를 드러내는 것일 수도 있으나, 대개 이는 그렇게 실용적인 목적을 표현하지 못한다. 2학년이 끝날 즈음 선택되는 전공은 오랜 기간 혹은 최근의 열정적인 관심을 반영하는 것일 수 있으나, 그 자체만으로는 대학 이후의 삶을 좌우하지 못한다. 실제로 부실한 교육적 지도는 향후 취업의 측면에서 보면 대학에서 보낸 유예 기간을 막다른 골목으로 바꿔 버린다(Cote, 2006).

〈후기 청소년기의 남자〉동영상을 보자. 이 청년은 고등학교를 졸업하기 전날 인터뷰를 하면서 고등학교에서의 경험과 대학을 준비하던 과정에 대해 회상한다. 그는 대학이 가져올 '새로운 시작'에 대한 정체성 딜레마가 생길 것 같아 걱정한다.

4년간의 대학생활은 개인의 발달적 측면에서 고유한 궤도를 갖고 있는데, 관심사와 능력의 지평을 확장한 후 정체성 형성에 핵심적인, 보다 집중적으로 헌신하도록 요구하는 것을 기반으로 한다. 대학은 대학생활을 어떻게 '해낼 것인가', 즉 사회적인 선택, 친밀한 관계, 학업에 대한 책임, 과외 활동의 기회가 급증한 가운데서 고교 시절에 확립해 둔 역할로부터 보장받는 혹은 제약받는 일 없이, 대개의 경우 생계를 꾸려 가는 것에 대한 걱정 없이 어떻게 방향을 찾아 나갈 것인가에 심취하는 것으로 시작된다. 후기 청소년의 인지에 관한 연구들에서는 초기 청소년기의 자아중심성이 새로운 환경적 맥락에 대한 반응으로 대학생활 초반에 다시 발생할 수 있다고 말한다. 자의식과 조망 수용의 상실은 대학생활에의 적응을 방해할 수 있다(Schwartz et al., 2008). 대학생활 전반에 걸쳐서는 급증했던 자아중심성이 차츰 줄어들고 후기 청소년들은 무엇이 관심을 사로잡는지, 어떤 사람이 마음에 드는지, 어디에 자신의 재능이 있는지를 알아 가며 자기발견과 자기정의 과정에 몰두하게 된다. 대학생이 더 몰두할 관심사와 안정적인 사회적 관계망에 안착하게 되면, 성격의 성숙은 점점 더 선명해진다. 상급생들은 이상적으로는 지적으로나 사회적으로나 대학생활에 깊이 참여하게 된다. 졸업이 다가오면, 이와 같은 진보는 '진짜 세상'에 적응해야만 한다. 더 큰 사회에서 이용할 수 있는 기회들은 풍부해 보여 이는 흥미진진한 일일 수도 있고 기가 죽는 일일 수도 있는데, 졸업과 '심리사회적 유예기간'(Erikson, 1968)의 종료는 대학에서 한 선택들의 결과와 그것이 삶의 방식에 미칠 영향을 강화시키기 때문이다.

분명 어떤 청소년은 강한 방향 감각과 잘 발달한 자율적인 정체성을 갖고 대학의 문을 나선다. 예를 들면, '고귀한 목표'의 현대적인 개념은 일반적으로 후기 청소년기에 공고해지며 대학생활의 여정 및 미래에 대한 예측을 조직화하는 발달상의 자산이다(Bronk, 2011). 이런 목표를 위한 토대 작업이 보통 유년기에 저장되어 있긴 하나, 일부 졸업생은 지속적으로 나아가게 지탱해 줄 목표의식을 발달시키기 위해 더 많은 탐색을 필요로 한다. 성인의 역할에 들어서기 위해 20~30세의 10년을 필요로 하는 이런 청년들에게도 대학 경험은 Erikson(1968)이 정체성의 촉진제라고 인식했던 심리사회적 유예 기간을 제공하는 것으로 그 역할을 하고 있다. 대학은 개별화 과정을 공고히 하고, 실험과 탐색을 통해 정체성에 대해 몰입하여 씨름하며, 친밀감을 위한 능력을 발달시키고, 심리적 현실을 온전히 이해하면서 생각하는 법을 배우며, 자기책임감으로 나아가기 위한 공간을 제공한다.

대통령이 주도하여 고등학교 상담교사들에게 위임된, 혁신적이고도 논란이 되고 있는 현대의 '모두를 위한 대학' 슬로건 덕에 대학에 진학하지 않는 고교 졸업생은 분명 소수다(Rosenbaum, 2011). 지역 대학의 무시험 전원 입학제에 따라 훨씬 커진 접근성에 더하여 상담적 접근이 비판을 많이 받던 '문지기' 역할에서 현

재의 촉진자적 자세로 전환되면서, 대학 입학을 앞둔 다수의 고교 졸업생의 수가 크게 늘고 있다. 대학을 다니겠다는 의사에 대한 상담을 받고 있다거나 혹은 받았다고 보고하는 고등학생 수도 껑충 뛰어올랐다[학생의 학년 및 보고에 따라 1982년 32%(Rosenbaum & Person, 2003)에서 2011년 85%(Domina et al., 2011)까지]. 그러나 이런 증가에도 불구하고, 고등학교 졸업 후 6년 내에 실제 대학 학위를 받는 고교 졸업생의 수는 인종과 성별에 따라 다르나 57%에서 40%까지 다양하다(National Center for Education Statistics, 2011). 대학 중퇴자들의 자신감은 또한 일반적으로 대안적인 직업 훈련이 부재하다는 사실 앞에서 약해진다. 게다가 여기서 일하다가 다른 서구 사회로 전환하기 위한 제도적 구조의 부재가 '세계화된 사회에서의 낙오자', 최하위 계층 청년을 양산하고 있다. 심지어 빠르게는 4학년 때 대학 진학 프로그램 혹은 취업 프로그램으로 학생들을 나누는 서구 국가에서조차 연수생 형태의 직업 준비 경로가 줄어들고 있다(Haase et al., 2008, pp. 671-672). 미국에서 '모두를 위한 대학'을 향한 행보는 고등학교에서 직업 훈련이 감소되는 현상을 동반했다. 이는 특히 취업이나 진학 또는 실업으로 이어지는 청년들의 궤도가 빠르게는 8학년 때의 직업적인 그리고 특히 학업적인 포부에 근거하여 예측 가능하다는 최근 연구 결과(Rojewski & Kim, 2003)를 고려해 볼 때 안타까운 일이다. 훈련 기회의 감소는 취업을 앞둔 청년들이 제도적인 지원을 받지 못하게 만드는 것이다.

고등학교에서 바로 직장으로 가는 다수의 중퇴자와 대부분의 후기 청소년은 대학에 진학하는 청년에 비해 낮은 직업 포부와 낮은 사회경제적 지위를 갖는다(Rojewski & Kim, 2003). 때때로 이들은 개인적 속성과 관심사에 부합하는 직업세계에 대해 '구체적인' 진로를 탐색하고 그것을 기반으로 하여 몰두하고픈 영역을 발견하는 행운을 누리기도 한다. 이는 개인의 적성에 상관없이 화려함과 명성을 기반으로 하여 진로에 대해 폭넓게 알아보는 '다각적' 진로 탐색과는 대조적인데, 어떤 연구자들은 이것이 적어도 대학 초반에는 대학에 진학한 청년들에게 보다 일반적이라고 생각한다(Porteli & Skorikov, 2010). 그러므로 미래 진로에 대한 구조화된 준비와 계획은 취업한 청년의 성공에 핵심적이며, 직장에서의 직무 근속성, 전반적인 만족, 대인관계적 갈등의 부재에도 마찬가지다. 알코올 소비가 많은 것은 취업한 삶과 대학에 진학한 삶 모두에서 불만족과 상관이 있었다(Aseltine & Gore, 2005).

정체성

정체성은 반세기 전부터 Erikson이 대중화한 복합적인 구성 개념이다(Erikson, 1950, 1956). Erikson의 독창적인 인간 발달과 발달적 위기에 대한 8단계의 후생적인 순서는 청소년기의 한가운데에 **정체성 대 정체성 혼미**를 두고 정체성의 탐색과 해결을 위해 제도적인 **심리사회적 유예 기간**(일반적으로 대학 경험의 형태로)의 중요성을 강조했다. Erikson의 아이디어는 오늘날까지 이어지는 **정체감 지위**에 대한 방대한 양의 심리사회적 연구들(Kroger, 2000; Marcia, 1966/1993)의 초점이 될 수 있게 조작되었다. 그러나 정체성이라는 개념은 자기와 사회의 경계면에 독특하게 자리 잡고 있기 때문에 정신역동적 사고로는 지속적으로 포함되지 않았다. 이러한 개념적 폭과 심리사회적 지향은 어떤 이들에게 직선적이고 획일적이다, 성차별적이다, 지나치게 문화 특수적이다(Strenger, 2003), 너무 모호하다(Kroger, 2004), 심리 내적으로 불충분하다(Kernberg, 1966)는 비판을 받아 왔다. 여러 정신역동 학파 사이에서 자기에 대한 관심이 증가함에 따라 정체성에 대한 일반적인 개념은 다소 시들해졌지만, 그럼에도 불구하고 성 정체성, 민족 정체성과 같은 일부 구성 요소 영역에 대한 관심은 계속되었다(Lachmann, 2004).

우리 시각에서 보면 정체성 개념은 청소년의 경험을 일반적인 현상으로써 그리고 그 다양한 영역들과 관련하여 이해하는 데 그 유용성이 여전히 대단하다. Erikson(1968)은 청소년기보다 발달상에서 사회적 맥락이 더 잘 들어맞는 단계는 없다고 주장하는데, 왜냐하면 이 시기가 환경과 역사적 시대에 지대한 영향을 받기 때문이다. 개인 정체성의 다양한 영역, 즉 성별, 인종, 민족성, 대상관계, 섹슈얼리티, 신념, 도덕, 포부 등에 미치는 효과에서 그 접점은 가장 명백해진다. 한 예로, 최근 25년에 걸친 섹슈얼리티와 성적 지향에 대한 사회적 태도의 변화는 10대 후반 청소년들 사이에서 모든 성적 종류의 정체성을 형성하는 데 현저한 영향을 미치고 있다. 반세기에 걸친 인종과 민족성에 대한 시각 변화 역시, 미국 내 여러 소수 집단의 자기정의에 대한 인식을 좋게든 나쁘게든 바꾸고 있다. 우리 관점에서 문화적으로 박혀 있는 이러한 정체성 측면들은 '이 세계에서 나는 누구인가?'라는 상대적으로 통합된 주관적인 경험에 기여하는데, 이 경험은 후기 청소년기 과정에 동반되는 정체성 몰두의 전형적 특징이다.

뿐만 아니라 정체성 개념은 지속적이고, 자기표상을 통합하는 대개 무의식적인 정신과정이며 연속체로서 사고하고 느끼는 주체로서의 주관적인 자기감각을 뜻한다. 심리 내적으로, 정체성의 형성은 결핍을 감당하고 좌절을 인내하기 위해 필수적인 방어를 형성함으로써 발달에 중요한 기능을 했던 유년기 정체성의 재작업을 포함한다(Jacobson, 1961). 부모와의 동일시는 아동의 취약한 자아를 강화하고 유년기 내내 초자아와 자아 이상을 조형한다. 청소년기에는 부모의 계속적인 존재가 역설적으로, 십 대로 하여금 '반항하고' 훈육 혹은 처벌을 도발하면서, 유사성을 일시적으로 부인할 수 있게 하고 초자아의 요소를 재투영할 수 있도록 해 준다. 청소년기 과정은 최적으로, 사건들을 통해 수정된 이런 요소들의 재통합과 자기성찰 및 자기결정에 대한 증진된 능력을 초래한다. 따라서 유년기의 동일시는 자율적인 개인으로서의 정체성 및 성숙한 자기표상으로 선택적으로 통합된다. 정체성은 "통합된 자기개념, 인생을 의미 있게 만드는 기준과 목표에의 투자, 자기의 다양한 측면에 있어 중요성의 가중치, 개인의 이상적인 자기표상을 실현하기 위한 의미 있는 노력, 세계관에 대한 헌신, '사람은 실제로 그가 스스로 어떤 사람이라고 생각하게 되는지에 달려 있다.'는 사회적 환경"을 포함한다(Westen, 1992, p. 11). 정의에 따르면, 정체성은 가족 안팎 모두의 환경과 성찰능력이 있는 정신 사이의 적극적인 접점, 자율성과 개별성을 향한 노력, 세상에서 자기 위치를 찾으려는 절박한 필요를 포함한다.

우리의 관점에서 Erikson의 정체성에 대한 개념은 종종 격자 무늬로 시각화되기는 하나, 깔끔하게 단계화되거나 직선적이지 않은 듯하다. 그는 분명히 정체성 형성이 생애주기 전체에 걸쳐 다시 찾고 재구성하며 신생아기에 시작된 자기의 여러 버전을 통합하는, 전생애에 걸친 과정이라고 강조했다(Lachmann, 2004). 생의 첫 몇 달간 양육자와의 관계에서 비롯된 자기감은 발달 전반에 걸쳐 누적된다. 청소년 시기는 이 과정에서 정상적인 **정체성 위기**가 발생하는 중요한 순간이다(Erikson, 1956; Kernberg, 1974). 청소년기는 유년기의 자기로부터 세상에 굳건하게 자리 잡은 독자 생존 가능한 어른의 정체성으로 전환되는 시기다. 정체성에 대한 탐색은 자기표상 요소들의 심리 내적인 통합과 **정체감 수행**(identity commitment)이 등장할 때까지 대학 경험처럼 사회가 제공하는 유예 기간의 거의 의식적인 탐색과 실험들을 통해 성취될 수 있다. 이런 역동적인 이해는 보다 복잡한 체계적 관점에 적합한데, Erkison은 이를 다음과 같이 구성했다.

> **정체성 형성**은 결국 동일시의 유용성이 끝나는 지점에서 시작된다. 이는 유년기 동일시의 선택적인 부인과 상호적인 동화로부터 발생하며, 새로운 구성으로의 통합은 결과적으로 **사회**(대개 소사회를 통해)가 **청년 개인을 식별**하는 과정에 의존하게 되는데, 이 과정이란 청년을 있는 그대로의 모습이 되어야 하는 누군가로 인식하며, 그가 있는 그대로 존재하는 것이 당연하게 여겨지는 것을 말한다(Erikson, 1956, p. 68).

Erikson의 개념은 Blos(1968)가 청소년기 과정에 '가까운' 성격 형성의 4요소에 대해 기술한 내용을 상기시킨다. 개별화의 확립, 자기정의 및 자기연속성, 성 정체성, 과거 트라우마의 통합이 그것이다. Erikson은 유년기의 동일시가 진짜 '정체성 형성'으로 변화되는 **맥락**의 중요성을 강조하며 청소년기에 자기와 사회 사이의 변증법적 방식에 관심을 집중하기는 하였으나, Blos가 언급한 심리 내적인 과정의 중요성에 대해서도 인식하고 있었다. 정체성이라는 개념은 성 정체성 및 다른 영역 특유의 자기표상들을 통합하며, 가치관 및 자기기준의 발달을 표시하고, 과거와의 연속성을 확고히 하는 동시에 미래를 내다보며, 독특한 개별화 과정을 그 특유의 문화적 환경 안으로 맥락화한다(Wilkinson-Ryan & Westen, 2000). 이는 과거를 회상하며 자기에게 중요한 주변 사람들을 떠올려 보면서 자신이 누구인지, 무엇을 원하는지, 지금 살고 있는 세상에서 어디로 가고 있는지에 대한 인식을 획득하는 것이다.

정체감 성취

- 정체감 성취는 관계 정체성 및 민족 정체성을 포함한 다양한 구성 요소가 있는 평생의 과정이다. 이는 후기 청소년기에 환경과 의미 있게 접점을 이룰 때 위기 상황에 이른다.
- 정체감 성취는 대학이 제공하는 심리사회적 유예 기간에 의해 촉진된다.
- 정체감 성취는 일관된 자기개념, 개인적 기준, 세계관에 대한 몰두와 환경적 인식의 획득을 필요로 한다.
- 이의 대체물인 **정체성 혼미**는 심각한 성격장애의 핵심 증상이다.

정체감 탐색은 본질적으로 파란만장한 것이 아니나, 그럼에도 일반적으로는 내적 투쟁 및 일시적으로 약해진 자아와 관련된다. 개별화 과정에서 부모와의 동일시에 대한 의존이 약해진 상황은 필연적으로 불안정성과 방향 상실을 야기한다. 게다가 현대의 탈근대화 사회는 정체감 승인을 위한 소정의 직선 경로가 없는 동시에 테크놀로지와 '변신'을 통한 자기 창조 및 재창조에 접근할 수 있어 정체감 탐색이 복잡해진 세상 속으로 청소년들을 밀어낸다. 현대 청년의 사회적 무대로서 인터넷의 지배가 점점 커지는 상황은 정체감을 조작할 수 있는 새로운 가능성을 만들어 내고 있으며, 그 영향력은 이제 막 검토되기 시작했다. 중기 및 후기 청소년기 동안 개인 여가 시간의 많은 부분이 가상세계에서 이루어지고 정체감을 스스로 창조할 수 있다는 것이 흔히 진입점이 되는데, 채팅방과 온라인 게임 사이트에서 특히 그러하다. 정체감의 실제가 인공적인 현실 대체 공간에서 정교하게 만들어질 수 있다. 예를 들면, 아바타를 통해 극히 이상적인 몸매를 가질 수도 있고, 자기에 관한 기본적 사실도 온라인에서의 의도적인 허위 진술로 바꿔 낼 수 있다. 페이스북과 같은 소셜 네트워크 사이트 또한 자기이미지에 대한 의식적이고 공공연한 조작을 가능하게 하고 관중 앞에서 연기하는 경험을 고조시킨다. 이는 보이지 않으나 모두 현실에서 빈번하게 일어나는 일이다. 게다가 현대의 신체 변화–엄격하게 관리되는 운동, 성형을 통한 변형, 타투나 피어싱과 같은 신체 장식 및 치장 등–에 대한 선호는 신체적인 자기창조를 격려한다. 21세기의 이러한 현실은 정체성의 대체물에 대한 실험과정을 구체화하고 더 나아가 취약한 청소년들의 중심을 분산시킨다.

대학에 발을 내디딘 후기 청소년들은 자기를 변화시키고 재창조하며 혹은 개발되지 않았던 측면을 발견할 독특한 기회를 제공받는다. 이는 고등학교에서 만들어진, 원치 않는 정체성을 던져 버리려고 고심하던 십 대에게 특히 반가운 일이다. 인문과학대학의 경험은 그 자체로 정체성 탐색의 놀이터가 된다. 이는 다양한 학문 영역을 시험해 볼 자유를 제공하고 남학생 사교 클럽 활동, 팀 활동, 연극, 신문 제작 등 과외 활동에서의 정체성 검토를 위한 무한한 선택권을 내놓는다. 대학에서의 삶이 최고 학년에 가까워지면 이러한 탐색은 새로운 중요성을 띤다. 졸업은 성인기로의 전환 및 '진짜 삶'으로의 진입을 나타내기 때문이다. 고등학교에서 확립되고 버려졌던 정체성들과 마찬가지로, 대학에서 형성된 정체성들 역시 이후 여러 해 동안 지속적인 자기발판으로 제공될 수도 있고 그렇지 않을 수도 있다. 심리적 안정성, 자질 그리고 보다 핵심적으로는 사회적 기회 모두가 대학교에서의 정체성이 끝까지 갈 수 있을지를 결정한다.

다음 사례는 고등학교 이후 자기방향을 바꾸어 인문과학대학을 다니며 길찾기 기회를 활용했던 청년에 대해 묘사하고 있다.

헨리는 고등학교 2학년 때 진지해지기 전까지는 스스로 광대였다고 묘사하며 자기가 보이는 드러내는 방식을 검토해 봤다. 정치인 부모 아래 세 아들 중 막내였던 그는 '어린아이' 역할에 익숙했는데, 이것이 가족 내에서의 지위를 지키고, 아주 패기 있고 경쟁적인 다섯 살 위 쌍둥이 형들과의 경쟁을 피하는 데 유용했기 때문이다. 헨리는 스스로 웃기고 소년 같으며 귀엽지만 '경쟁자는 아닌' 모습으로 비위를 맞췄다. 사실 그는 운동에 꽤 소질이 있었지만 팀 스포츠를 피했고 그저 그런 육상을 해 왔다. 그러다 고교 2학년 때 '광란의 대학 진학과정'에 휩쓸리게 되면서, 이게 '중요한 문제'라는 걸 깨달았다. 그는 고등학교 첫 2년 동안 아무것도 '관심을 갖지 않다가', 아이비리그처럼 우수한 대학에 가고 싶다는 걸 깨닫게 된 순간을 '전구가 켜진' 것으로 묘사했다. 그는 학업에 정진하기 시작했고 육상팀에 더 열심히 참여했다. 그는 체력을 증진시키는 데 많은 시간을 투자했으며, 3학년이 되었을 때 그의 변화된 외모는 스스로 감탄할 정도였다. 그는 젊은 **남자**로 보였다. 헨리는 학업과 운동에서 자신의 수행 수준에 만족했으며 실제 다소 지적인 영향력을 보일 정도였다. 육상으로 몇몇 좋은 소규모 인문과학대학에 합격하여, 헨리는 무엇이 관심을 끄는지 명확하지 않은 채로 가장 우선순위인 대학에 진학했다. 그는 즉시 자신이 팀에 필요하다고 생각하는 만큼 달리기에 전념하지 않았으며 그의 대학 스포츠 팀의 다소 폐쇄적이고 술을 진탕 마시는 '형재애'도 매력적이지 않다는 걸 깨달았다. 신입생 시절의 많은 자기탐구 끝에, 그는 즐거움을 위한 달리기는 계속하면서도 팀에서는 빠지기로 했다. 육상부를 떠난다는 것은 그의 식생활이나 사회적으로 어울리는 것과 같은 삶의 방식에 변화를 가져왔고, 2학년 초반에 그는 자기가 기숙사의 다른 용감무쌍한 2학년들과 수많은 신입생과도 잘 맞지 않는다고 느꼈다. 그는 의기소침해져서 그 학기를 고통스러울 정도로 외롭게 보냈다.

그러나 헨리는 그가 자랑스럽게 생각하는 외향적인 유년기의 성격을 발휘하여 스스로를 구할 수 있었다. 그는 사람들과 어울릴 수 있는 새로운 기회들을 찾았고 필수학점을 채우기 위한 어학 수업을 골라 듣던 중 러시안 학부를 우연히 발견했다. 러시아 및 우크라이나 혈통은 가치롭게 생각되는 가계 정체성이었고, 헨리는 돌이켜 생각해 보면 '그 진가를 알아보기에는 너무 어렸을 때' 키예브, 모스크바, 상트페테르부르크로의 여러 여행에 함께 한 적이 있다. 러시안 학부는 아주 따뜻하게 환영하는 태도를 보였고, 언어 실력을 향상시키기 위해 학생들끼리 어울리고 같이 먹고 공부하는 것을 격려했다. 헨리는 점점 더 그 지역의 정치에 대해 관심을 갖게 되었는데, 그 당시 정치 상황이 아주 역동적이었기 때문이다. 그는 다른 학생들과 친밀한 관계를 발전시켰으며 간부단의 일원이 되어 상트페테르부르크로의 학기 여행을 다녀왔다. 이 경험 동안 그는 활짝 피어났으며 그의 외향적인 성격은 큰 자산이 되었다. 그는 그 문화에 자연스럽게 빠져들었고 금방 언어 실력도 유창해졌는데, 그가 누구와도 이야기를 나누려고 했기 때문이다. 그는 각계각층의 사람들과 관계를 맺고 연락을 지속했다. 동시에 그는 다른 인문과학대학에서 온, 그와 비슷하게 러시안 문화에 홀딱 빠진 어떤 방문 학생과 진지한 관계를 발전시켜 나갔다. 부모님이 그를 방문했을 때, 그는 그들의 정치적 인맥을 활용하여 지역 정치인들과 만남을 갖고 소개되어 통역가로 일하게 되었다. 비록 언론계, 학계 혹은 정책 수립 중 무엇을 통해 이 분야로 접근할 것인지 확신이 서진 않았지만, 그는 러시아를 공부하고 이해하는 데 전념했다. 그는 자신의 지식과 확장된 네트워크를 갖고 무언가 중요하고 진지한 일을 할 수 있을 거라는 자신감이 있었다.

반대하는 자들이 있기는 하나, 정체감 및 정체감 혼미 혹은 혼란의 개념은 발달 분야와 정신역동이론에서 지속적으로 사용되는 구성 개념이다. 정체감 지위에 관한 연구는 주로 자기보고[예: Marcia의 자아정체감 지위 척도(Objective Measure of Ego Identity Status)]와 구조화된 면접을 사용하여 수행됐는데, 정체감 확립에 두 가지 큰 범주가 있다는 것을 확인했다. 그 범주는 관여(commitment)와 비관여(noncommitment)이고, 각각은 두 가지 양식을 포함하고 있다. 관여 집단 내의 **유실**(foreclosed)과 **확립**(achieved), 비관여 집단 내의 **유예**(moratorium)와 **혼미**(diffuse)가 그것이다. 이들 중 보통 과거 혹은 현재의 적극적인 탐색의 흔적을 보이는 확립과 유예 양식은 보다 성숙한 대상관계, 도덕적 추론, 자아발달과 상관이 있다(Kroger, 2000). 정체감 지위에 관한 연구에서 정체성 형성과정은 18~22세 사이, 즉 대학 시절에 가장 활발하다는 관찰 결과가 사실임이 입증됐다. 뿐만 아니라 비록 사람들이 성격 특성을 어느 정도 일관성 있게 유지하기는 하나, 청소년기가 진행될수록 **확립된 정체감**(최적의 정체감 형성을 나타내는)의 출현율은 증가한다(Kumru & Thompson, 2003). Marcia의 패러다임은 성격의 배열 형태가 후기 청소년기 과정에 걸쳐 아주 혼란스러운 쪽에서 아주 명확한 쪽으로 나아가지만, 그럼에도 불구하고 특정 개인

내 오래 지속되는 정체감 특징을 나타낸다는 것을 알기 쉽게 설명한 것이라 할 수 있다(Meeus et al., 1999).

이와 같은 연구 결과는 정체감 혼미, 성격장애에 대한 정신역동적 이론화의 초석인 개념을 살짝 다룬 것으로, 특히 Kernberg의 중요한 기여(Kernberg, 1966/2006)와 Westen의 경험적 연구(Westen, 2011)가 대표적이다. 정체감 혼미 혹은 정체감 혼란은 일반적으로 중기에서 후기 청소년기에 모습을 드러내는 심각한 성격장애의 핵심 장애로 간주된다(Chanen et al., 2004). 정체감 지위 연구 결과에서 제시한 바와 같이, 정체감 혼미는 이른 아동기부터 관찰 가능한 지속적인 성격 특질을 나타낸다. Kernberg는 정상적인 청소년 정체감 위기를 성공적으로 횡단하지 못하는 것은 기질적 성향(부정적 정서 및 충동성에 관한), 체계적이지 못한 애착의 역사 그리고 특히 아동기 트라우마 혹은 혼란스러운 가족환경과 같은 이전 발달장애에 의해 이미 결정되는 것이라고 생각한다. 특히, Kernberg의 생각은 청소년기의 핵심 과제가 아동기 트라우마를 이해하는 것이라고 한 Blos(1968)의 아이디어와 일치한다.

그러니까 많은 정신역동 사상가에게 있어 잘 통합되고 관여된 정체감, 즉 선택의 부재와 혹은 심리 내적 경직성으로 조기에 유실된 것도, 기질적 취약성, 불안정한 애착과 트라우마 덕에 혼미된 것도 아닌 정체감의 확립은 이전 발달이 적절했음을 반영하며, 이는 성인기로 성공적으로 진입하기 위해 본질적이다. 이러한 내용이 앞선 헨리의 사례와 다음 사례에 잘 담겨 있다.

수잔나는 부유한 교외에서 엔지니어인 아버지와 가정주부인 어머니, 두 여동생과 함께 성장했다. 그녀는 일찍부터 타고난 성악가로 인정받아 어머니가 항상 되고 싶었던 오페라 스타가 되기 위한 훈련을 받았다. 고등학교 시절, 그녀는 드라마 부분에 집중했다. 그녀의 연기는 가족, 학교 공동체와 고향 전역으로부터 칭찬을 받았다. 그녀는 자기 미래가 정해졌다고 느꼈고, 따라서 오페라와 뮤지컬 연극으로 명망 있는 음악학교에 지원하여 입학 허가를 받았다. 이런 성과는 지역 유명인사로서의 그녀의 정체성을 공고히 했다. 그녀의 어머니는 수잔나가 입학을 위한 지원 시 음악학교 안팎의 오디션을 받을 때 막후에서 역할을 했다. 그러는 가운데 수잔나는 같은 반 친구들이 새로 발견된 자유를 누리며 술, 가벼운 섹스, 연애관계에 접근하는 걸 지켜보면서 자신의 사회적 미성숙함을 아주 분명하게 느꼈다. 그러면서 하루에도 여러 차례 통화하는 걸 비롯하여 자신이 어머니에게 매여 있는 것이 부담스럽고 불필요하다고 느끼기 시작했는데, 특히 오디션에서 반복적으로 떨어지자 자기의 실망감뿐만 아니라 어머니의 실망까지 감당해야 한다고 느껴져서 더욱 그러했다. 어머니의 판단과 지도에 대한 확신이 줄어들며 어머니와의 연락도 차츰 뜸해졌다. 수잔나는 파티를 다니고 술을 마시기 시작했으며, 이는 차례로 충동적이고 후회스러운 성 경험으로 이어졌다.

특히 같은 학부 내에 아주 출세하고 오만한 연기자와 굴욕적인 성 경험을 갖게 된 후, 수잔나는 자신의 가치관 및 '신조'가 무너졌다고 생각하고는 불안해져서 음악학교가 자리한 큰 대학 내 상담실을 찾아갔다. 이는 아주 만족스러운 선택이라고 여겼는데, 부모의 경제적인 도움 없이도 10번의 할당된 회기를 잘 활용할 수 있었기 때문이다. 그녀는 자기 진로가 많은 부분, 어머니 자신의 진로에 대한 실망 때문에 결정된 것이고 지금 와서 보니 유년기의 재능도 음악학교의 동료들과 비교했을 때 그다지 대단한 게 아니었다고 생각되었다. 이런 새로운 시각을 갖고 그녀는 자기포부에 대한 혼란과 씨름했다. 곧이어 음악학교의 2학년 시절에 종합대학의 수업들을 맛보기로 수강하면서 자신이 의사가 되고 싶어 한다는 것을 '알게 됐다'. 따라서 그녀는 종합대학으로 옮겨 엄격한 의과대학 예과과정을 시작했다. 의과대학 예과과정의 동료 학생들은 아주 경쟁적이며 진지했다. 파티를 즐기는 것은 필연적으로 줄어들었다. 과학에서 우수한 성적을 받은 수잔나는 처음에는 '얼떨떨'했지만, 곧 리더의 역할을 맡아 스터디 그룹과 지역사회 서비스 활동을 조직했다.

역설적이게도, 의과대학 예과과정 학생들 사이의 경쟁이 심한데도 성악에 대한 경쟁적인 압력을 한시름 놓았다는 안도감은 컸다. 그녀는 술과 파티로 도망가고 싶은 욕구를 덜 느끼게 됐고, 자기 외모에 대한 걱정도 덜하게 됐으며 고향 사람들을 실망시킬까봐 걱정하는 일도 줄었다.

내과 의사인 형제를 둔 어머니는 수잔나가 변경한 진로를 받아들이고는 자신의 예술적인 갈망을 여동생 베스에게 옮겨 관심을 쏟았다. 그의 아버지는 이런 상황 변화에 기쁨을 감추지 못했다.

수잔나는 의과대학 예과과정 수업들을 아주 열정적으로 수학했으나, 동생이 예술가로서 성장하는 데 대한 부러움에 시달리며 낭패감을 느꼈다. 베스는 같은 음악학교에 진학했고 거기서 상당한 성공을 거두었다. 수잔나는 이에 경쟁심을 느끼고 심지어 베스를 향한 악감정까지 품게 되며, 이전에 자신이 승리했던 '형제간 경쟁'의 새 장으로서 상황을 인식했다. 그럼에도 불구하고 자신의 진로에 대한 확신은 변함없었다. 베스의 성공을 바라보는 그녀의 감정은 다음 두 가지 중요한 사건이 이어지며 완화되는 듯 보였다. ① 졸업반이 되었을 때 같은 예과과정 학생과 진지한 관계로 발전해 갔고, ② 우수한 의과대학에 합격했다. 이러한 국면 이후 그녀는 베스의 공연을 침착하게 관람하며 동생의 성취를 자랑스러워할 수 있게 되었다.

자전적 서사와 기억 말하기의 중요성에 대한 현대의 연구는 후기 청소년기 정체성 형성의 또 다른 측면을 강조하는데, 이는 다음 절 '친밀한 관계를 위한 능력'에서 논의될 친밀한 관계의 중요성이 증가하는 것과 연결 짓는다. 의미화와 조망 수용을 할 수 있는 후기 청소년의 인지적 능력은 정체감을 주관적으로 경험하는 데 있어 본질적이다. 부모(특히 '가족 역사가'인 어머니)가 개인적 서사를 지지적으로 경청해 준 경험은 정체감 발달과 그 이후 또래와 유사하게 생산적인 대화를 만들어 갈 수 있는 능력을 촉진한다(Fivush et al., 2011; Weeks & Pasupathi, 2011). 이런 능력은 후기 청소년기가 진행되고 인지가 성숙해짐에 따라 또래와 깊이 있는 관계를 만드는 데 작용한다. 다른 여러 정체성 과제에도 마찬가지지만, 또래관계는 자전적 서사를 통해 과거를 통합하기 위한 핵심 맥락으로서 부모와의 관계가 점차 빛을 잃도록 만든다. 부모가 알고 있는 정도가 필연적으로 더 크다 하더라도, 가족 내의 기억과 신화는 때때로 후기 청소년들의 자율적인 정체성 형성을 제한할 수 있다. 대학 혹은 직장의 새로운 동료관계 맥락에서 과거에 대해 이야기한다는 것은 자기에 대한 새로운 시각을 가능케 하고 자기표상의 복잡성을 풍요롭게 만든다(Weeks & Pasupathi, 2010). 특히 대학교 맥락은, 일반적으로 용인된 '대상 제거'(후기 청소년이 오랜 애정의 대상—즉, 가족 구성원—으로부터 분리되는 것)를 발생하게 하는데, 여기에서 역사적인 자기를 다시 생각해 봄으로써 정체감을 새로 다듬고 재구성할 기회를 갖게 된다. 자기통찰적이고 타인을 인식하는 인지 확장에 힘입어 일관된 서사가 구성되면서, 과거와 현재가 서로 얽혀 들어가며 공고한 정체감으로 진화하게 된다(McLean, 2005; McLean & Thorne, 2003).

〈후기 청소년기의 여자〉동영상을 보자. 이 어린 여성은 이제 막 대학 2학년을 마쳤는데, 개별화되기 위한 자신의 노력과 스스로의 정체성을 발전시켜 간 과정에 대해 호소력 있게 이야기한다. 부모, 특히 어머니와 친밀했던 관계는 덜 의존적이고 보다 성인다운 모습으로 변화하기 위해 힘든 과정을 겪었으나, 자기의 관심사를 발견하기 위한 더 큰 자유를 선물한 연애관계를 위해서도 필요한 조건이었다. 그녀는 고교 시절의 남자친구는 부모의 반대를 이끌어 내고자 마음먹고 한 선택이었다는 걸 후회 속에 깨달은 듯하다.

친밀한 관계를 위한 능력

낭만적인 환상과 갈망은 모든 연령에서 관찰 가능하나, 잠재기의 일반적인 성 분리 현상은 이성과 편안하게 접촉할 수 있는 기회를 줄인다. 관심에 대한 표현이 주로 괴롭히고 쫓아다니는 놀이처럼 '경계선 확인(borderwork)' 행동으로 나타난다. 그러다 사춘기와 함께 관심과 흥분이 점점 고조되며 보다 낭만적이고 성적으로 흥분되는 만남을 위한 장이 급증한다. 그러나 초기 청소년기에는 이것이 대개 환상이나, 학교 안팎에서 접촉은 거의 없는 소위 데이트 관계 영역으로 넘겨진다. 그러나 중기 청소년기에는 낭만적인 환상, 실제 연애관계, 성 경험이 보편화된다. 흥미롭게도, 21세기에 일반적인 실험적 hooking-up(연애관계 맥락 밖에서의 성 접촉-역자 주)을 바라보는 대중적 인식에 대한 연구는 그것이 예상만큼 만연하지는 않고, 익숙한 파트너와의 관계에서 벌어지는 경향이 있으며, 조사된 수의 1/3이 보다 지속적인 관계를 바라며 연결된 것임을 보여 줬다(Tolman & McClelland, 2011). 특정한 사람을 향한 낭만적인 갈망과 강렬한 사랑의 감정은 중기 청소년기에 분명히 드러날 수 있는데 때때로 그것이 파괴적인 집착으로 발전하기도 한다. 8장 '초기 및 중기 청소년기'에서 언급한 바와 같이, 최근의 조사에서는 16세의 무려 50%가 연애관계에 있다고 생각하는 걸로 나타났다(Seiffge-Krenke et al., 2010). 비록 이는 종종 십 대가 성숙해지면서 다시 생각해 봤을 때 바뀌기도 하지만 말이다. 중기 청소년의 사랑은 보통 열정과 이상화로 특징지어질 수 있지만, 드물게 장기적인 약속과 독립에 대한 생각을 포함하기도 한다(Beyers & Seiffge-Krenke, 2010).

후기 청소년기의 문턱에서 많은 십 대가 첫 번째 성 경험과 '첫사랑'이라고 마음 속에 의미 있게 간직될 첫 번째 진짜 연애를 경험한다. 이러한 고교 졸업반 학생들과 대학교 저학년 학생들은 여전히 정체감 및 초자아 성숙과 관련하여 상당한 심리 내적 작업을 하고 있을 수도 있으나, 첫 관계는 성적이고 따스한 감정을 통합하고 스스로를 원하는 성별의 특징을 갖춘 사람으로 경험하기 위해 필수적인 것이다. 비록 Erikson(1950)의 모형에서는 친밀감이 가능해지기 전에 정체감이 획득되어야 한다고 주장하나, 현대의 연구는 후기 청소년기 과제가 양방향으로 작용한다는 점을 지지하며, 이는 또한 그 뿌리들이 이전의 아동기에 있으며 그것이 성인기로 연장된 것임에 주목한다(Beyer & Seiffge-Krenke, 2010; Montgomery, 2005). 따라서 친밀한 관계가 어느 정도의 정체감 형성을 필요로는 하나, 정체감이 성숙한 형태에 다다르기 위해서는 다시 낭만적 대상을 포함한 주요 타인과의 관계를 필요로 한다(Beyer & Seiffge-Krenke, 2010).

의미 있는 연애관계를 발전시키는 능력은 아주 중요한 심리적 성취다. 흥미롭게도, 정신역동 사상가들은 청소년기의 이런 귀중한 사건이 성인기의 성격 형성에 아주 강력하게 영향을 미친다는 점을 인정한다. 첫사랑 경험은 강렬함의 기준 및 역동적인 관계의 형판을 만들게 되므로 이후 연애관계에 영향을 끼치게 된다. 물론 그다음 관계 경험이 첫 번째 열정의 영향력을 조정할 수는 있으나, 첫사랑 경험은 환상의 동원(Glick, 2008; Kulish, 1998), 사랑하는 대상을 이상화하는 강력한 방식(Kernberg, 1974), 특히 개인의 경험에서 성적인 열정과 의존적 갈망의 첫 번째 결합에 있어서 유일무이한 것으로 남는다. 이는 또한 수유를 통해 위안을 받고 생존하며 기쁨을 느꼈던 신생아기 이후에 사랑하는 사람의 몸을 통해 성적인 만족뿐만 아니라 자존감의 규정을 추구하는 첫 번째 경험이다(Ritvo, 1971).

사랑에 빠지는 경험은 "거의 보편적인 현상"으로(Yovell, 2008, p. 124), 뚜렷한 신경생물학적인 토대를 바탕으로 "극단적인 에너지, 과활동성, 불면, 충동성, 희열, 감정 기복"과 같은 상태 변화를 동반한다(Yovell, 2008, p. 126). 뿐만 아니라 이는 그 자체의 독특한 우선순위, 불안, 동기의 한 세트를 갖는다. 여기에는 애착, 섹슈얼리티, 대상 선택을 포함한 핵심적인 심리 내적 '체계들'의 혼합된 형태가 포함된다.

청소년기에 첫사랑을 경험하는 사람은 발달적 순간 때문에 두드러지는 두 가지 다른 요소를 느끼게 될 수 있는데, 이에 대해서는 청소년의 사랑에 대한 정신역동적 사고에 주요 공헌을 한 Otto Kernberg가 잘 설명하고 있다. 첫 번째는 '애도의

느낌'이다.

> 사랑에 수반되는 애도과정은 이제 성장하여 독립된 사람이 되어 다른 존재와 가장 친밀하고 충만한 사랑관계를 확립했던 아동기 시절의 실제 대상을 뒤로하고 떠나는 경험이다. 과거의 실제 대상으로부터 분리되는 이 과정에서, 사람은 사랑과 섹스 사이의 갈등이 있던 아동기와는 다르게 사랑과 성적인 희열을 동시에 주고받을 수 있는(그러면서 두 측면이 성장 촉진적으로 상호 강화받는) 자신의 능력에 자신감이 생겨나면서 과거의 내면화된 대상과의 좋은 관계 역시 재확인된다(Kernberg, 1974, pp. 748-749).

두 번째는 "초월감"으로 환경-주변 문화 및 무생물 세계 모두-과의 동질감이다(Kernberg, 1974, p. 755). 사랑에 빠지는 것은 물건, 장소와의 연결을 깊어지게 하고 이들을 대인관계에서의 의미와 감정의 망에 포함시켜 그 중요성을 증진시킨다. 이 개념은 사랑과 외부 세상이 안전하고 가치 있으며 더 낫다고 경험하는 것 사이의 긴밀한 연결을 강조한다. 사랑에 빠질 수 있는 상대적으로 건강한 청소년은 사랑 속에서 개별화 과정의 부산물인, 남아 있는 소외감 및 권태감에 대한 답을 찾는다. 대상과 사건은 후기 청소년이 미래와의 다리를 만들어 감에 따라 새롭게 의미를 부여받는다. "청소년이 미래를 맞이하러 나갈 때, 만나고 같이 공부하고 같이 일하며 사랑을 나누던 사람들은 인생의 친구, 전우, 종종 짝이 되어 언제까지나 잊혀지지 않는다. 이 모든 것은 아마도 한 사람의 삶에서 가장 깊은 강도와 감정으로 경험될 것이다."(Kullish, 1998, p. 541)

첫 번째 열정적인 연애에서의 초월감은 이상화, 결합, 커플의 지위를 승격시켜 결속감 및 특별함을 만들어 내는 사랑하는 대상과의 자기애적 동일시의 혼합물로 이해될 수 있다(Sklansky, 1977). 유일무이하고 비범한 특성을 지닌 사랑하는 사람의 재능은 동일시 및 상호작용을 통해 실제로 자존감을 증진하며, 이는 자기표상과 자기중심적인 감정도 고양한다. 이런 종류의 애정관계가 상호적이고 만족스럽다면 후기 청소년의 낙천성 및 자기 삶에 대한 투자를 회복시킬 수 있다. 한편, 성 경험은 성적인 자기를 공고히 하고 성적 흥분과 오르가슴을 자기표상으로 통합하는 데 필수적인 기능을 한다. 이는 또한 개인의 성역할 정체성 및 성적 성향을 보다 자명하게 만들 수 있다. 특히, 성적 성향에 대해 확신이 없고 불안해하는 십 대에게 첫사랑 상대의 성별은 반드시 결정적 증거일 필요가 없다. 그럼에도 불구하고 이성애적 · 동성애적 첫사랑 모두 첫 번째 의미 있는 관계의 과정과 결과로써 개인의 이후 방향에 영향을 미칠 수 있다. 일반적으로 첫사랑은 자존감을 크게 향상시키고 주관적으로 성숙해진다는 느낌을 갖게 한다.

다음 사례는 청소년기 사랑의 부적응적 · 적응적 경험 모두를 드러낸다. 리엄의 자존감은 양쪽 모두에 영향을 받았으나 두 번째 – 상호 만족스럽고 다정하며 완벽한 연애 사건 – 가 이 젊은 남자의 자기표상, 자기성찰 능력, 섹슈얼리티, 책임을 지려는 태도 및 예술가로서의 자기정체성을 공고히 하는 데 유의미한 기여를 했다.

리엄은 금융권에 종사하며 출장을 광범위하게 다니는, 아주 바쁜 부모 아래서 분리불안을 겪었던 아이였다. 그는 7학년이 될 때까지 부모가 고용한 상주 돌보미/가사 도우미와 친밀한 관계를 가졌다. 학교에서 그는 미술과 관련된 걸 제외하면 무관심한 학생이었다. 한 번도 인기 있는 무리에 속한 적이 없었고 같은 반 친구들에게 소외감을 느꼈다. 가장 친한 친구들은 가족끼리 친한 가정의 '아주 오랜 시간' 알고 지낸 이웃의 아이들이었다. 그는 고등학교에서 두 번의 연애 경험을 했다. 첫 번째는 학교에서 상당히 인기 있고 선망을 얻는 르네라는 소녀와의 경험인데, 그녀는 학교 근교 캠퍼스에서 시간을 보내길 거절하고 주말 약속을 종종 취소해 버리는 등 그를 '마음대로 조종'하려 했다. 성 접촉은 성기를 제외한 접촉으로 제한하여 리엄을 더욱 불만스럽게 만들었다. 두 번째 상대인 조안과의 관계는 졸업반 말 즈음에 시작되어 대학 첫해까지 이어졌다. 조안은 두 살 어린 갓 입학한 학생이었다. 그들은 미술에 대한 공통 관심사를 기반으로 우정을 시작했다. 그녀에 대해 말해 보라고 하자, 리엄은 "우리는 완전 똑같아요. 그러니까 어쨌든 우리는 아주 많은 게 비슷해요. 그녀는 학교의 다른 여자애들과 전혀 달라요. 그녀는 예술가이고 남을 모방하는 사람이 아니에요."라고 말했다. 그는 그녀가 기꺼이 성 경험을 가지려는 태도에 경이로워하며 감동했고 친밀감이 높아질수록 그녀에 대한 사랑이 깊어진다고 느꼈다. 그는 그녀의 가족이 혼전 경험에 대해 보수적이라는 점을 염려하여 임신을 예방하는 데 계속 적극적으로 나섰다. 그는 조안에게 정서적인 지지를 주는 데 자신이 있었다. 그는 그녀가 가족의 가치관에 반하는 것이 어떤 것인지를 잘 인지하였고 섬세함과 정중함으로 그녀를 기분 좋게 만들 수 있었다. 르네와의 이전 관계에서 그는 학교에서 산만하고 행복하지 않았으며, 자신이 하찮게 느껴져 여전히 부모에게 의지했다. 하지만 조안과의 관계는 그의 자신감을 북돋웠고 '자기 삶'에 투자하도록 했다. 또한 부모가 돌아오고 나가는 것에 대해 눈에 띄게 덜 동요하게 되었고 포부

의 측면에서 부모와 자기는 아주 다른 사람이라고 생각할 수 있었다. 그는 스스로를 예술가라고 여겼으며 인상적인 포트폴리오를 발전시키고 미술에 대한 방대한 지식을 축적하는 데 전념했다. 그는 계속 조안을 만날 수 있도록 집과 가까운 미술 관련 대학에 지원하기로 했다. 이 관계는 그가 대학교 1학년 여름 즈음에 끝이 났다. 부분적으로는 그가 조안에 대한 생각에 사로잡혀 대학에 온전히 몰입할 수 없다는 자각이 커졌기 때문이다. 그는 이 연애가 고교에서의 이력과 부모의 소재에 대해 불안해하며 집착하던 것을 재현하고 있다는 걸 알았다. 이 결별은 두 사람 모두에게 아주 고통스러웠지만 원한을 남기지는 않았다. 리엄의 예술가로서의 정체성은 대학 시절 내내 펼쳐졌으며 그는 명망 있는 예술대학 대학원에 진학했다.

청소년기를 통한 초자아의 진화

청소년기가 끝나갈수록 청년들은 자신의 선택, 행동, 책임에 대해 생각하는 방식에서 근본적인 내적 변화를 경험한다. 초기 단계에서의 격변은 안정화된다. 새로운 신체와 자율적 주체로서의 새로운 감각은 아마도 자기감에 통합되었을 것이다. 친구, 가족, 성적 대상과의 관계 질은 성숙해진다. 가족과 관련해서는 특히 후기 청소년이 대학 이후 집으로 돌아오는 경우 힘든 시기가 남아 있을 수 있으나, 권력의 차이, 행동에 대한 통제력, 적합한 가치관의 유지는 더 이상 부모에게 과도하게 편중되지 않는다. 후기 청소년의 정신적 조직화와 관련하여 이런 변화가 반영하는 바는 무엇인가?

초자아에 대한 개념은 후기 청소년기 과정 동안 상대적으로 안정적인 배열을 갖추게 된 성격 요소들에 주의를 집중시킨다. 이 요소들이 별개의 정신구조로 구성된 것인지 혹은 자아능력, 방어, 동일시, 이상화의 복잡한 결합물인지는 정신역동 사상가들 사이에서 상당히 논쟁적인 주제다. 우리는 정신구조라는 아이디어가 오이디푸스 단계부터 성인기에 이르기까지 성격발달을 가능케 하는 초자아의 조직화 기능을 강조하기 때문에 유용하다고 생각한다. 초자아 개념 안에는 도덕적 행동에 대한 기준, 자존감의 조절, 특히 이 도덕적 관심들에 관련될 때 구체적인 죄책감의 정서와 선량함의 감각, 가치관의 위계질서 등이 포함되어 있다. 구조라는 아이디어는 고정불변함을 의미하지는 않는다. 초자아는 악명 높게도 경찰관과 판사로서의 자기 역할에 있어 불성실하며 변덕스럽다(Arlow, 1982). 게다가 전생애에 걸쳐 발달한다는 점에서 초자아는 지속적으로 성숙하고 수정되며 변경되고 불이행하다가 회복되는 과정을 겪는다.

청소년기의 초기 단계 동안 청년은 잠재기의 유산과 씨름한다. 초자아는 적어도 초기에는 통합되지 않고 부모 및 다른 영향력 있는 어른들의 극히 작고 미묘한 목소리로 경험된다. 이상적으로는 후기 잠재기에 이르면 이 초자아는 자아 성숙의 자연스러운 과정에 따라 좀 더 조절되어 성격으로 균일하게 통합된다. 그럼에도 불구하고 급격히 변하는 사춘기 및 초기에서 중기 청소년기의 내적 풍경을 지닌 아동은, 충동성의 홍수뿐만 아니라 부모 영향력의 내부 전초 기지로부터 벗어나고자 하는 욕구에 이끌려 닻을 올리게 된다. 아무리 후기 잠재기의 초자아가 부드러워졌다고 하더라도, 이는 이제 새로운 감정, 환상, 욕망, 행동화 추동과의 갈등에 들어서게 된다. 부모가 이전에 비교적 간단하게 금지 규정을 내릴 수 있었던 것은 부모의 제한, 도덕적 고결성, 순수성에 대해 아동이 이상화된 관점을 갖고 있었기 때문인데, 새로운 성적 욕구와 그것을 만족시켜 달라고 주장하는 신체, 부모는 완벽하지도 성과 무관한 것도 아니라는 인식 등이 결합된 영향력 아래서 이런 관점은 바스러진다. 그러므로 성적 · 공격적 충동에서 오는 압력과 부모로부터 멀어지고 싶은 욕구는 부모와 전적으로 동일시하며 규칙과 규정에 순응해 오던 후기 잠재기의 초자아를 극심하게 몰아낸다.

청소년기 동안 초자아의 우여곡절은 초자아의 정상적인 변동이 극단적인 형태를 띠고 있음을 분명히 보여 준다. 중기 청소년은 처음에는 그 금지적인 기능을 부모와 다른 권위에 다시 투영하고 또래의 영향력과 '집단-사고'에 심취하게 된다. 그러다 점점 후기 청소년기에 가까워지면서, 수정하여 스스로 결정한 일련의 도덕적 기준과 가치관이 내면화된다. 발달에서 안정적인 정신구조로서 초자아가 다소 늦게 등장하는 것은 그것이 다른 자아기능과 비교하여 한층 더 붕괴와 오염에 취약하다는 것을 반영한다. 초자아는 일생 동안 집단의 영향력과 압력하에서 흔들릴 수 있다. 이는 과도한 권력, 명성, 부로 인해 깊이 변화할 수 있는 것이다.

진화하는 청소년의 인지능력은 필연적으로 어른들에 대해, 특히 아동이 이상화하던 어른의 이미지와 비교하여 이전보다 더 분명하고 양면적으로 보게 만든다. 부모에 대한 인식이 바뀌고 성적 충동이 청소년을 가족 밖으로 몰아갈 때, 청소년들은 상실감에 방황하며 고군분투하게 된다. 극단적인 경우 혹은 절망적인 시대에 부모

와 그들의 모든 세대는 금지와 부패의 자기모순적인 전형이 된다. 이는 1960년대와 1970년대의 '사회 기득권층'에 대한 청년들의 태도에서 잘 드러난다. 보다 병리적인 형태에서 이는 마치 엄격한 잠재기 초자아가 다시 표면화되는 것과 같고 동시에 청소년 자신의 사회 통념에 어긋나는 욕망과 행동은 부모와 다른 권위적 표상의 것으로 돌려진다. 십 대의 이런 형태의 저항은 독선주의 수단으로서 취약한 중기부터 후기 청소년을 북돋우며 어른의 도덕적 타락을 저항에 대한 정당화로 들먹인다.

그럼에도 불구하고 중기 청소년들은 신성한 금지령을 위반할 때 일련의 자기회의를 갖게 되고 종종 무의식적으로 발각과 처벌을 위한 계획을 마련한다. 뿐만 아니라 이런 고등학생들이 때때로 의지하는 대안적인 이상화 대상들—스포츠 스타, 음악가 모델, 광신적 종교 지도자, 우상화된 또래 등—은 대개 열등감과 수치심을 유발하고, 이는 죄책감과 혼동될 수 있다. 일반적인 예로, 아주 마른 요즘의 연예인을 우상화하는 10학년 학생은 너무 많이 먹을 때 '죄책감'을 느낀다. 자기애와 도덕주의가 섞이는 것이나 수치심과 죄책감이 혼합되는 것은 이 시기의 일부 강렬한 기분 상태의 원인이 된다(Jacobson, 1961).

가족의 가치관으로부터 선택적으로 자기의 특성을 형성하고, 자기애적 희열과는 구별되며, 보다 개성적이고, 모호함을 더 잘 견디며, 더 자율적인 경로를 지속할 수 있게 하는 것이 초자아를 다시 내면화하기 위한 후기 청소년기의 이후 과정이다. 이런 맥락에서 집으로부터 지리적으로 멀어지는 것이 도움이 되는데 이것이 청소년들에게는 부모와 그들의 가치관을 좌절시키기 위한 저항을 쉬운 선택지로 취할 수 없게 만들기 때문이다. 긍정적인 역할 모델을 반영하는 다른 존경스러운 어른과의 접촉은 후기 청소년들이 '멘토'를 가질 수 있게 한다는 데서 아주 귀중한 일이다. 코치, 대학교의 조언자, 직장 상사의 역할을 하는 이런 어른들은 심리적으로 대안적인 예를 제시하여 이를 부분적으로, 선택적으로 내면화할 수 있고, 그에 따라 부모-자녀 관계의 퇴행적 영향력에 대한 위협을 느끼지 않고도 발전 중인 초자아와 가치체계가 강화된다(Chused, 1982). 이렇게 멘토가 되는 인물은 "관심은 있지만 사심은 없는" 경우에 가장 도움이 된다(Chused, 1982, p. 843). 초자아를 성공적으로 개조하려면, 후기 청소년들은 어른의 조언을 압박이나 강요 없이 주어질 때만 취하며 스스로의 선택, 가치관, 도덕적 판단을 신뢰해야 한다.

이 장에서 개략적으로 설명한 발달상의 도전들은 모두 개인의 세계관 및 일련의 가치관을 발전시켜 가는 과정에 달려 있다. 정체성의 다면적인 강화와 친밀한 관계의 확립은 도덕성의 토대 및 사람들의 상호작용에 대한 개인 내적 신념의 성취, 세상에서 행동의 가치, 살고자 하는 삶의 종류에 따라오는 자기고양에 기초한다. 따라서 청소년기 과정은 초자아의 발달이라는 렌즈를 통해 바라볼 수 있는데, 왜냐하면 이것이 각 하위 단계의 갈등에서 주도적인 역할을 하기 때문이다. 이 과정은 다음 사례에서 잘 드러난다.

잰은 공손하고 예의 바른 소녀로, 종교 지도자이자 지역 활동가인 두 부모의 자랑이었다. 초등학교에서 그녀는 이상적으로, 대의명분과 도덕적 신념에 헌신하는 삶에 대한 생각으로 흥분되었다. 그녀는 모두로부터 많은 사랑을 받았고 공정한 팀원이었으며 책임감 있는 학생이자 교회 활동에는 열정적인 참여자였다. 그러나 중학교부터 고등학교 시절에 이르기까지 인기 많고 성적으로 조숙하며 위험한 행동을 잘하는 소녀 집단에 빠졌다. 가족의 종교 활동에 참여하는 것이나 우수한 학교 성적은 유지되었으나, 동시에 술을 마시고 급만남을 갖고 몰래 파티를 즐겼다. 그 당시 그녀는 부모님이 이런 행동들을 의식하지 못하는 것은 자신이 '착한' 소녀에서 '나쁜' 소녀 페르소나로 완벽하게 이동하는 능력 때문이라고 생각했다. 그녀는 자신의 '이중생활'에 별 고통을 받지 않았다. 그러나 고교 2학년 때 부모님이 별거하게 되었고, 특히 아버지의 외도를 알게 되자 크게 실망했다. 그녀는 더 이상 자신의 파티생활을 숨기려고 하지 않았고, 부모들이 너무 정신이 팔려 결혼생활 문제를 알아차리지 못한 거라고 생각했다. 1년 후 그들이 화해하게 되었을 때, 그녀는 부모의 권위에 저항했고 두 사람 모두를 냉소적으로 대하며 그들의 신앙심과 신념에 대해 격렬하게 환멸을 느꼈다. 그럼에도 불구하고 그녀는 학교 성적을 유지하며 대학 지원을 준비하기 위해 페이스북 게시물들을 삭제했다.

잰은 해외의 역사적으로 유명한 대학에 진학하며, 거기서 다시 시작할 수 있을 거라 기대했다. 고교 시절의 자신을 되돌아보며 그녀는 스스로를 어느 정도 혐오했다는 것과, 이제와 생각해 보니 내내 도덕적으로 해이했다는 게 감지되는 아버지와 무의식적으로 동일시해 왔다는 것을 깨닫게 되었다. 확실히 그녀는 즉각 자신의 대학 문화에 매혹되었는데, 그곳은 지적 · 사회적 의식의 공적이 가치롭게 평가되며 파티는 그녀가 미국 대학의 모습이라고 생각하는 것에 비해 수수했다. 처음에 그녀는 부모와 어느 정도의 정서적 거리를 유지했다. 잰은 억압적인 국가의 여성 권리 신장에 전념하며 여성들의 교육과 자기결정권을 지지하기 위한 프로그램에 활발하게 참여했다. 그녀는 그 분야의 여성 교수와 친밀한 관계를 발전시켜 가다 기쁘게도 그녀의 출간 예정인 책을 도

와달라는 부탁을 받았다. 전문 지식과 자기 분야에 대한 섬세한 이해가 확장되면서, 그녀는 점점 더 부모와의 시간을 견디고 심지어는 즐길 수 있을 것 같았다. 그러면서 그녀는 부모의 관심사가 자신과 많은 유사점을 갖고 있다는 걸 깨달으며 그들의 사회적 참여를 존경할 수 있었다. 잰은 아버지를 완전히 신뢰하지는 않았으나 그가 노력하고 있다고 느꼈다. '아버지를 그냥 다시 받아들인' 어머니에 대한 화도, 그들 관계의 깊이에 대해 인정하고 어머니가 아버지에게 의지하고 있다는 걸 인정하면서 점차 누그러졌다. 자신의 가치관과 관련해서는 고교 시절 나쁜 여자 페르소나가 가족에 대한 과잉반응이었다는 걸 이해하게 됐다. 자신의 새로운 여성성과 어느 정도 연결되었다고 느껴지던, 성적으로 다소 금욕적인 단계를 지난 후에 그녀는 데이트를 하기 시작했고 여러 번 짧게 동성애관계를 가졌다. 결국 대학 마지막 해 동안에는 구체적인 관심사를 공유하는 청년과 장기적인 관계를 발전시켜 나갔다.

잰의 점진적인 발전과정은 자신과 타인의 결점을 참아 내고 환경의 정상참작 가능성에 대해 숙고하며, 그럼에도 불구하고 낙관과 희망을 유지할 수 있는 후기 청소년의 능력을 잘 보여 준다. 이런 능력들은 이 연령 집단에게 적절한, 보다 유연하지만 안정적인 초자아에 대해 알려 준다. 비록 집단 압력의 지배, 과도하게 자기애적인 만족에 대한 유혹, 연예인에 대한 우상화 등에 결코 완전히 면역되진 않으나, 청년들은 생산적이며 성공하고자 하는 욕구에 따라 조성된 합리적인 신념체계에 더 잘 안착하는 듯하다. 이런 신념체계는 자신이 무슨 생각을 하고 무엇을 믿으며 어떤 것을 지켜내야 하는지 이해하도록 요구하는, 수많은 일상 사건과 옵션으로부터 선택을 할 때 도움이 되는 내적 지침을 제공한다. 최적의 환경에서 성숙한 초자아는 조용하게 가동되고 자아기능과 혼합된다. 이는 지속해서 좋은 행동을 인식하고 보상하며 후기 청소년기에 존재하는 삶의 선택들을 의미와 영예로 가득 채운다.

초자아의 발달

- 초자아는 청소년기 과정 전반에 걸쳐 뚜렷한 변화를 겪는다.
- 초자아는 초기부터 중기 청소년기에 표면화될 수 있으나, 청소년기가 해소되어 감에 따라 대개 멘토의 도움 및 개별화된 삶의 과정을 만들 기회들을 통해

재통합된다.

- 초자아의 발달은 자기가 선택한 자율적인, 그러나 반드시 부모의 기준과 다를 필요는 없는 가치관, 신념, 목표의 확립을 수반한다.

신체적·인지적 변화

후기 청소년기의 신체적 변화

비록 후기 청소년기 동안의 신체적인 변화는 사춘기의 이전 변화들에 비하면 미미한 것이나, 후기 청소년기의 신체적·정신적 변화는 주관적으로나 객관적으로나 십 대를 달라지게 할 수 있다. 성 성숙도 검사 5단계에 해당하는, 완전히 성숙된 성적인 신체는 일반적으로 18~22세 사이에 갖춰지며, 이는 성인의 키와 몸무게에 해당된다(Neinstein, 2002). 신체적 성장에서 이 마지막 단계는 후기 청소년들이 종종 고교 시절이 몇 년 지나서야 자신이 성인의 모습을 띠고 있음을 깨닫는다는 점에서 중요하다. 이들은 때때로 고교 시절의 자기에 대해 되돌아보며 당혹스러워하고 그 이후 발전을 드러내고 싶은 불타는 욕구를 갖곤 한다. 예를 들면, 고등학교를 졸업하며 자신이 어린애 같고 수염 없는 얼굴에 작고 연약했다고 느끼는 소년은 2학년 친구들 동창회에 더 키가 크고 근육질이며 완전히 수염이 난 남자로 변신하여 의기양양하게 참석한다. 사소한 변화가 있는 많은 일반적인 경우에서도 신체적으로 더 성숙해진 듯한 느낌과 외모는 대부분의 후기 청소년이 경험하는 바다. 완전한 성적 성숙이 상대적으로 사소한 변화들을 포함한다 하더라도, 성적인 삶과 낭만적인 사랑의 시작은 분명 신체적으로 변화했다는 느낌을 갖게 한다.

그러나 일부 사람은 신체적 변화의 측면에서 발달의 결과에 대해 가졌던 희망사항들이 불가피하게 성취되지 못하고, 성장 곡선이 완만해지면서 포기할 수밖에 없다. 예를 들면, 아주 아담한 어린 여성은 자신이 어린 시절에 육감적인 몸매를 갖고 싶어 하며 어머니의 작은 키와 '빈약한' 가슴을 업신여겼던 걸 떠올렸다. 그녀는 어머니를 넘어서지 못하자 몹시 실망했으며 자기가 사춘기 전의 아이에 머물러 있다고 생각했다. 마찬가지로 시간이 지나면서 점점 바래질, 사춘기 및 초기 청소년기의 멋없고 괴로워하던 측면들에 대한 바람은 단호하게 내동댕이쳐질 것이다. 예

를 들어, 극심한 여드름은 종종 청소년기 호르몬의 작용이 시작되기 때문인데(Tan et al., 2001), 이는 후기 청소년기 남성에게서 최고점을 찍는다(Goodman, 2006). 여드름이 자연스럽게 사라지길 기대하면서 이 시기 전에 치료 없이 내버려 두는 것은 드문 일이 아니다. 또한 대개 규칙적인 배란 월경 주기가 자리 잡은 후에 월경불순이 시작되기 때문에, 후기 청소년기에 보다 두드러지는 것으로 느껴질 수 있다(Coco, 1999).

두뇌 및 인지 발달

8장에서 설명한 두뇌의 구조적 발달은 10대 후반 및 20대 초반에 걸쳐 지속된다. 두뇌의 재구조화는 계속되는 백질의 수초 형성 및 뇌, 특히 전두엽과 두정엽의 가지치기를 수반한다(Choudhury et al., 2006). 그 결과로 증대된 연결성은 후기 청소년기에 자기 관심사를 전문화하고 전문 기술을 발달시키는 능력과 관계 있다는 가설이 제기되어 왔다. 게다가 전청소년기와 후기 청소년기 동안 '사회적인 인지 발달'—즉, 정신화할 수 있고 타인의 마음을 헤아리며 다른 시각을 취할 수 있는 능력—이 성숙해지는 데 직접적으로 관련 있는 뇌의 영역은 뇌의 전면에서 후면으로, 양쪽에서 한쪽, 좌하위 두정피질로 연령에 따라 일정하게 변화한다. 이런 변화는 조망 수용 과제를 처리하는 데 있어 효율성이 증대된 것과 관련된다(Dosch et al., 2010). 이와 같은 명백한 뇌의 변화는 환경, 대인관계, 정서체계가 나란히 발달해 가는 과정에서 신경계 성숙의 역할을 지적함으로써 청소년기 동안 사회 인지 발달의 복잡성을 강조한다(Choudhury et al., 2006).

8장에서 지적한 바와 같이, 초기 청소년기의 형식적 조작기와 실행기능의 도래는 인지에서의 아주 획기적인 사건을 나타내는데, 그렇더라도 이는 환경적 자극에 빠르게 반응하는 단계별 과정이며 개인 내, 개인 간 상대적인 가변성이 심하다. 마찬가지로, 친사회적 도덕 추론 역시 발전이 균일하지 않으며, 특히 타인을 도와주는 것에 대한 대가가 큰 맥락에서 평가할 때 취약하다. 소위 쾌락주의적 사고는 중기 청소년기부터 대학 초기까지 점점 늘어나는 듯 보이는데, 아마도 청년들이 우선적으로 '자기에 대한 책임성'에 집중하기 때문일 것이다(Eisenberg et al., 2012, p. 1194). 이는 부분적으로 미래가 성장 중인 십 대를 압도하면서 비현실적인 이상주의가 감소하고 개인적 성공에 대한 관심이 보다 시급해진 것으로 해석

될 수 있다.

계속되는 위험한 행동

신체적 건강을 위협하는 위험한 행동들은 자기조절이 향상된 것으로 추정됨에도 불구하고 부모의 감시에 따른 제한이 없는 후기 청소년기에 새로운 양상으로 나타난다. 대학에 다니는 십 대는 알코올 섭취에서 '대학 효과', 다시 말해 대학에 다니지 않는 같은 또래 청년의 정도를 훨씬 초과하는, 홍청망청 알코올을 즐기는 횟수가 유의미하게 증가하는 것에 영향을 받기 쉽다(Osberg et al., 2011). 다른 형태의 약물 남용은 동시대 경향에 따라 다르다. 21세기의 첫 10년 동안은 대마초 사용이 약간 증가하고, (처방받지 않은) 암페타민(각성제의 일종-역자 주) 사용이 눈에 띄게 늘며, 코카인 남용도 현저하게 늘어난 것으로 관찰됐다. 마찬가지로 원치 않는 성적인 접근, 폭행, 음주 운전, 자살, 안전하지 않은 섹스가 대학가에서 놀라울 정도로 만연하다(College Parents of America, 2012; Neinstein et al., 2009). 예를 들면, 적극적으로 성행위를 하는 학생 중 1/3만이 콘돔을 사용한다고 보고하고 있다(Scott-Sheldon et al., 2008). 또래 집단을 통해 직접적으로 혹은 간접적으로 경험되는 이런 행동들은 대학환경에 침투하여 전염병으로 확산될 가능성도 있다. '그리스식 삶(Greek life)'(즉, 남학생 사교 클럽과 여학생 사교 클럽)은 공동체 의식의 중요한 자원일 수 있으나 동시에 대마초나 알코올 사용, 취한 상태에서의 섹스, 다수의 파트너와의 섹스, 흡연 등 다수의 위험한 행동을 증가시키는 것으로 입증된다(Scott-Sheldon et al., 2008). 한 대학 2학년 학생이 후회하며 말하듯, "대학, 특히 여학생 사교클럽은 카운슬러들이 없는 여름 캠프 같다."라고 했다. 부모의 부재와 대부분의 대학이 부모 대신의 역할을 명시적으로 거부하는 것은 일부 후기 청소년들을 흥분의 기회와 잠재적으로 위험한 행동들의 아찔한 집합들로 꼼짝달싹 못하게 만드는 셈이다. 비록 고교 시절 이미 방탕한 생활을 해 본 후 발전된 자기의 의제를 갖고 대학에 도착하는 일부 후기 청소년들도 있기는 하나 다른 청소년들, 특히 부모와 사는 동안 상대적으로 기를 펴지 못했던 청소년들은 이런 허용적인 분위기에서 흐트러지기 시작할 수 있다. 이런 역동적 이슈들은 이 시기 동안의 보다 심각한 정신병리의 출현으로 확 늘어날 수 있는데 이에 대해서는 이후 절에서 논의하도록 하겠다. 많은 경우, 불길한 정신병리와 발달적인 적응은 구분하기 어렵다. 또

한 진단 가능한 약물 남용에 대해서도 마찬가지인데, 때때로 술과 다른 약물이 넘쳐나는 대학에서는 감춰져 있어 심각한 문제가 대학에서의 '일반적인' 행동으로 잘못 간주되기도 한다.

정신 질환의 발병

정신분열증, 정동 취약성, 약물 남용, 심각한 성격장애 등의 여러 정신 질환은 후기 청소년기에 분명해지거나 혹은 처음으로 진단을 받는다. 국립 정신 질환연구(Kessler et al., 2005)는 정신분열증 외 모든 정신 질환의 3/4이 24세 즈음에 시작됨을 보여 준다. 약물 남용 발병의 중간값 연령은 20세다. 이전의 보고서에서는 약물 남용이 주요 정신적 동반질환과 관련 있다는 점에 주목했다(Kessler et al., 1994). 정신분열증 발병의 중간값 연령은 치료를 찾는 시점은 더 나중이란 점에서 정확하게 판별하기 어렵긴 하나, 일반적으로 20대 초반의 후기 청소년기인 것으로 생각되고 있다(Kessler et al., 2007).

성격장애에 대한 DSM-5 기준은 증상이 대개 청소년기에 때때로 등장하여, '성인기 이전'에 발병하는 것으로 본다(American Psychiatric Association, 2013). 그러므로 아동기 및 18세 이전 청소년기의 성격장애 진단은 예외적인 경우를 제외하면 관례적이지 않다. 마찬가지로, 정신역동 사상가들은 역사적으로 성격장애의 안정성과 지속성에 대한 함축성 때문에 발달 초기에 진단하는 것을 거부해 왔다. 정의에 따르면, 성격장애는 발달적 변화에 영향을 받지 않는다. 게다가 후기 청소년기는 긍정적인 결과든 부정적인 결과든 성격의 재구조화 혹은 공고화가 활발한 단계로 간주된다. 대상과의 관계가 내적으로 느슨해지고, 방어체계를 재작업하며, 초자아를 개편하는 한편, 동일시가 해소되는 것과 같은 특징은 이 단계가 이전의 발달을 재구성할 기회를 제공하는 듯 보이게 한다(Jacobson, 1961). 실제로 이전 단계에서의 대변동이 줄어들면서, 일부 후기 청소년은 그들의 과거로부터 예측되는 것보다 더 높은 수준의 성격 조직화를 성취할 수 있다.

그럼에도 불구하고, 일부 정신역동 사상가들은 아동기 성격장애의 공식적인 분류를 강력히 촉구하고 있는데(Kernberg et al., 2000 참조), 이들은 문제가 주되게 인식에 관한 것이라고 주장한다. 성인 장애의 특징적으로 뚜렷한 패턴은 아동에게서도 공존이환이 있어 포착하기 어렵기 때문이다. 어떤 아동기 특징은 성격장애 A군(기괴한), B군(극적인/충동적인), C군(불안한)의 분명한 전조들이다(Paris, 2003; Weston & Riolo, 2007). 이런 성인의 군집과 유사한 특징들은 아동기에 식별 가능하고 이후 질환과 결정적으로 연결되어 왔다(Paris, 2003, 2004). 아동기에 드러나는 것과 관련하여 내재화되고 외현화된 차이는 후기 청소년기에 등장할 성격장애가 포함될 군집 역시 예측할 수 있다. 그러나 여러 영향력 있는 연구자들은 이런 초기의 행동들이 이후 장애가 발현될 것인지를 예측하지는 못한다고 지적하는데, 장애의 발현은 환경과 관련된 이슈들과 포착하기 힘든 회복탄력성 요소에 달려 있기 때문이다(Paris, 2003/2004; Rutter, 1987). 그러므로 비록 환경적인 스트레스원이 일반적으로 청소년기의 발병에 연루되기는 하나, 아동기의 변인들은 장애의 형태에 영향을 미치며, 심지어 만성적인 역경에 노출된 이들에게 주목할 만한 복원능력을 주기도 한다(Paris, 2003, p. 11).

성격장애 외에, 정신분열증 및 관련 장애들은 대부분 후기 청소년기에 발병한다. 이 장애들은 이전 아동기에 보일 수도 있으나 거의 진단되지는 않는다. 일생에 걸친 정신분열증은 남성에게서 약간 더 일반적이다. 이와 같은 우세는 17세쯤 나타난다(Kleinhaus et al., 2011). 남성들은 여성들보다 발병이 항상 일찍 나타나고 양성 증상(환각과 망상)이 단봉형으로 18~25세 사이에 최고조에 이른다. 반면, 여성들은 20~30세 사이 그리고 40세 이후에 발병이 최고조를 보이는 양봉형을 보인다(Buchanan & Carpenter, 2005). 심각한 장애의 조기 발현은 대개 불특정적이며 정동장애와 정신분열증이 쉽게 구분되지 않는다(Hodgman, 2006). 18세 이상의 집단에서 정신분열증의 조기 발병은 대마초의 사용, 공황장애, 친척의 정신병 시작 연령과 강력한 상관을 보인다(Hall et al., 2008; Hare et al., 2010). 주의력결핍 과잉행동장애, 분리불안장애, 외상후 스트레스 장애처럼 기타 흔한 아동기 장애들은 정신분열증과 관련된 장애들을 외현화하고 정서장애를 내현화하면서 정신증적 장애의 위험을 7배까지 상승시킨다(Rubin et al., 2009). 게다가 출산 전후의 합병증과 초기의 일탈적인 신경운동계 및 신경인지적 발달을 포함한 미묘한 발달적 이상은 정신병의 위험성이 높아지는 것과 상관이 있다(Isohanni et al., 2004). 연구자들은 일반적으로 신경생물학적 소인이 독특한 청소년기 스트레스의 영향 아래서 완전하게 표출되는 것이라는 점에 동의한다(Paris, 2004; Spear, 2010). 현대 정신역동이론들처럼 신경과학적 관점에서도 청소년기의 와해는 유전적 하중 그리고/혹은 매우 이른 시기의 역

경에 의해 준비되지만, 청소년기의 그 사건들이 심리 내적이든 환경적인 것이든 결과에 영향을 줄 수 있다고 본다.

후기 청소년기의 정신 질환

- 모든 정신 질환의 3/4는 24세가 되기 전에 진단된다.
- 심각한 약물 남용은 '정상적인' 위험한 행동과 혼동될 수 있다. 약물 남용이 발병하는 평균 연령은 20세다.
- 성격장애는 후기 청소년기에 보다 명백하고 보다 쉽게 진단된다.
- 정신분열증과 관련 정신 질환은 일반적으로 남성에게서는 18~25세 사이, 여성에게서는 20~30세 사이에 발현된다.

주요 개념

후기 청소년기를 17세에서 21세 혹은 22세 사이로 정의하는데, 이는 고등학교 말, 대학 혹은 초기 취업에서의 고등학교 이후 경험에 해당된다. Erikson(1968)이 서구 사회의 보편적인 대학 경험에 관해서 심리사회적 유예 기간이라고 부른 이 시기는 개별화를 진전시키고 부모-자녀 관계에서 권력 차이가 변화하는 맥락에서 정체성, 성격 특질, 초자아가 공고해지는 활발한 심리 내적인 단계로 구성된다.

대학생들에게 있어 이는 선입견의 부담을 지지 않고 상대적으로 보호받는 환경에서 정체성을 활발하게 탐색할 기회다. 대학의 교정은 미래에 대해 여러 선택 가능한 방향을 제공한다. 커리어, 성 정체성, 인종, 종교, 정치적 신념체계를 시도해 봤다가 폐기하는 것이 실질적인 손해를 거의 보지 않고도 가능하다. 정체성의 이런 구성 요소들은 공고화하는 내적 과정의 아주 뚜렷한 징후들이며 구체적인 문화(당면한 대학 문화와 더 큰 문화적 환경 모두) 속에 깊이 박혀 있다.

환경은 청소년들의 정체성 찾기에 대해 반응으로써 긍정하거나 거부한다. 이 과정에서 후기 청소년은 이전 청소년기 단계에서 필연적인 부분이었던 자기표상의 급격한 변화를 받아들이게 되고 성인기까지 가져갈 패턴의 안정적인 자아 조직과 방어들을 발달시킨다.

이 단계의 다른 핵심적 심리 내적 과제들은 친밀한 관계를 위한 능력과 스스로의 것이라고 생각되는 내적 가치관과 도덕적 체계를 확립하는 것이다. 이 과제들은 상호 촉진적인데, 친밀한 관계가 가치관 및 자기감 공고화를 고취하기 때문이다. 개인의 도덕적 신조는 의미 있는 삶을 추구하는 걸 안내한다. 잘 발달된 정체성은 다른 사람을 사랑하고 미래를 위해 스스로 몰두할 수 있는 능력을 지원한다.

후기 청소년기는 아직 신생 성인기(emerging adulthood)를 횡단하기 전이며, 현대 문화에서 이는 대개 22세쯤 '완전히 피어나는' 대학 시절에서도 대개 등장하지 않는다. 실제 대학에 다니는 대부분의 학생(18~29세 사이)은 스스로를 어른이라고 생각하지 않는다(Nelson et al., 2007). 대학에 진학하지 않은 후기 청소년들 중에서 잘 맞는 직업을 찾은 경우, 성장의 기회가 세계 속의 자기경험을 공고화해 주므로 커리어 혹은 직업정체성에 대한 질문이 보다 빠르게 해결될 수도 있다. 그러나 대학을 다니지 않는 후기 다수의 청소년들은 동시대의 갓 대학을 졸업한 청소년들(10장 '오디세이 시절'에서 논의함)에 비해 정체성 공고화의 내적 곤경이 가중되며 의미 있는 직업 경로를 찾는 것이 길고 복잡하다. 10장에서 논의하겠지만, 성인기와 관련된 구체적인 책임을 유예하곤 하는 경향은 발달의 새로운 단계(즉, 신생 성인기)에 영향을 미쳤다. 후기 청소년기의 핵심 발달적 성취는 모든 사람에게 있어 동일한 시기가 아니다. 어떤 이는 청소년기 초기에 시작하여 후기 청소년 시기에 결실을 맺는다. 분명 후기 청소년기 말까지는 획기적인 단계에 도달하게 된다.

- 후기 청소년기 발달은 보편적으로 심리사회적 유예 기간의 맥락에서 발생한다.
- 성격 특질, 방어 조직, 승화를 위한 경로(즉, 관심사와 지속적인 신념체계)의 공고화는 후기 청소년기 동안 발생한다.
- 정체감 위기는 정상적인 경험이다.
  - 이 위기는 결과적으로 개성 있는 개인으로서의 자기감을 낳는다.
  - 정체감 위기의 해소를 위해서는 환경으로부터의 긍정이 필요하다.
  - 개인 정체감의 다양한 영역에는 인종, 섹슈얼리티, 성, 정치적 · 종교적 소속 등이 포함된다.
- 완전히 성적인 관계와 첫 번째 친밀한 연애는 성적인 신체와 '성의 명확화(sex print)'를 정체감으로 통합하는 것과 관련된 진보에 영향을 미칠 뿐만 아니라 이를 필요로 한다.
- 자기감시, 자존감 조절, 가치체계, 개인적 이상의 저장소인 초자아 통합이 일어난다. 후기 청소년기의 이러한 초자아 재작업 과정은 부모로부터의 내적 자율성을 확립시킨다.

10장

오디세이 시절

성인기 경로에 선
신생 성인

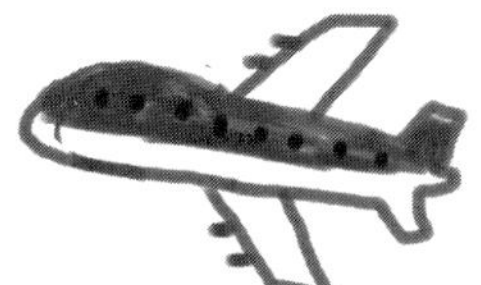

『뉴욕타임즈(Newyork Times)』에 기고된 '오디세이 시절(The Odyssey Years)'이라는 제목의 논평에서 David Brooks(2007)는 **신생 성인기**(emerging adulthood)라고도 불리는 이 세대적 현상에 대한 인식을 공개적으로 지지했다. 신생 성인기는 21세기의 새로운 발달 단계로서 제안된 것으로, 20세기에는 청소년기라고 불렸던 것이다. 이는 '방랑하는 10년'으로 '유동성'이 일관된 주제인데, 직업, 애정관계, 거주지, 장기적인 포부 등이 유동적인 시기다. 성인기, 전통적으로 구체적인 표지들–교육의 완료, 경제적인 독립, 집에서 나와 살기, 결혼, 부모 되기–의 성취를 통해 정의되던 이 시기는 30대까지 미뤄졌다. 20대는 불확실하고 이 모든 영역에서 탐색을 하는 시기가 되었다. 현대 서구 사회에서 20세에서 30세까지는 일반적으로 성인기 책무와는 거리가 먼 것으로 여겨진다. 이들은 걱정은 하지만 그럼에도 연장된 궤도와 이 모든 것이 어떻게 모습을 드러낼지에 대한 수수께끼에 상대적으로 편안해한다.

1. 역자 주: 경험으로 가득 찬 긴 여정.

신생 성인기의 소개

후기 청소년기 후에 오는 삶의 단계는(이 자체의 경계는 모호함) 서구 후기 산업화 문화에 특수적인 것이다. Blos(1962)의 선견지명 있는 '청소년 후기'에 대한 개념화에서 예보되었던 이 시기는 2000년 James Arnett이 '신생 성인기'로 공식 지명하였다(Arnett, 2000, 2007). 이 단계는 또한 '논쟁의 여지가 있는 성인기'(Horowitz & Bromnick, 2007), '청년기'(Cote, 2006) 등으로도 불리고 있다. 신생 성인기라는 용어와 그것의 이론적 정교화는 이 시기를 특징짓고자 한 절실한 필요에 답변하듯 빠르게 발달 연구 안으로 통합되었다. 이 연령 집단에 대해 점차 늘어나는 이론과 연구들을 자세히 살펴보면 그 경계가 불분명하다는 사실이 분명해진다. Arnett과 같은 어떤 연구자들은 이 범위를 18~24세라고 생각하는 반면, 다른 이들은 후기 청소년기가 늦게는 25세까지 이어져(Adtto, 1958), 신생 성인기가 30세까지라고 주장하거나(Cote, 2006), 초기 성인기(young adulthood)는 20세에서 40세 범위의 연령에서 가장 잘 포착된다고 생각한다(Colarusso, 1991). 우리가 직접 관찰한 내용을 바탕으로 생물학적인 지표가 부재하다는 점을 생각해 봤을 때, 21세에서 30세까지의 연령이 신생 성인기를 가장 잘 아우르는 것으로 생각된다. 이 범위는 그 시작으로 익숙한 사회적 표식을 사용한다. 대학의 마지막 한두 해, 십 대 삶의 종결, 법적 음주 가능 연령에의 도달 그리고 성인세계로의 진입이다. 30세를 종결이라 한 것은 이 이정표가 가까워짐에 따라 수많은 영역에 걸쳐 책임에 대한 압박이 흔하게 관찰된다는 점을 반영한 것이다. 신생 성인기를 20대에 확고하게 배치하면 후기 청소년기 갈등의 영향이 흐려지는 것을 최소화할 수 있고, 혹은 적어도 변별적 특징을 지닌 새로운 단계로 청소년기가 연장되었음을 식별할 수 있게 된다. 가장 중요한 것으로, 20대는 대개 '나에게 남은 생애'를 직면하여 뒤따르는 경험을 맥락화하는 가운데, 강력한 변화가 동반되기 때문이다.

여러 면에서, 신생 성인기는 후기 청소년기에서 설명한 것과 동일한 발달상의 도전들로 요약될 수 있다. 정체감의 공고화, 친밀한 관계에 대한 전념, 개인적인 목표와 가치관의 명료화다. 이런 과제들이 완수되지 못한다거나 재고려 대상이라는 것은 적어도 부분적으로는 대학 졸업생 혹은 갓 취업한 젊은이가 무엇이 '되려고' 하는지가 어느 정도로 명확해야 한다는 것에 대한 사회적 기대가 감소되었음을 나타

낸다. 자신의 20대에 대한 사람들의 주관적인 경험은 그들이 그다지 어른이 아니며 어른의 책임을 다할 준비가 별로 되어 있지 않다는 사실을 증명한다. 이 장에서 논의하겠지만, 신생 성인기는 우리 문화의 사회적이고 심리적인 여러 요소 간의 상호작용 산물이며 그 자체의 관심사와 갈등을 갖고 있다. 이것이 진정한 발달 단계인지 혹은 사회적 변화에서 오는 일시적인 부수 현상인지는 여전히 토론의 주제로 남겨져 있다.

세대 교체

학자와 연구자들이 적용하는 신생 성인기의 연령 범위에 불일치가 있다고 하더라도, 지난 세기 동안 '성인으로의 전환'에 대한 시간 프레임에 있어서는 뚜렷한 역학적인 변화가 있다. 8장 '초기 및 중기 청소년기'에서 언급한 것처럼, 청소년기는 G. Stanley Hall(1904)의 두 권짜리 책『청소년기: 심리학, 생리학, 인류학, 사회학, 성 범죄, 종교 및 교육과의 관계(Adolescence: Its Psychology and Its Relation to Physiology, Anthropology, Sociology, Sex, Crime, Religion and Education)』덕에 보편적인 과학적 인식 안으로 들어섰다. Hall의 개념화에 따르면, 청소년기는 14세에서 24세 사이의 10년간이다. 그의 시간 틀은 그가 분명하게 설명한 것은 아니나, 당시 초경을 시작하는 나이의 중간값인 15세 정도부터 결혼과 육아의 일반적인 나이까지의 시절을 포함시킨 것으로 보인다(Arnett, 2000). 사회과학 연구에서 현재 추세는 청소년기 단계를 인생의 두 번째 10년 혹은 10세, 11세에서 20세 혹은 21세까지에 배치한다. 시작이 더 빨라지는 쪽으로 변화한 것은 필시 서구 사회의 생물학적인 발달 속도에서의 중요한 변화, 현대 초경의 중간값 연령이 12.5세인 것을 반영하기 때문일 것이다. 그러나 현대의 종료 시점 배치에서의 중요한 차이는 타당화하기 쉽지 않다. 9장 '후기 청소년기'에서 우리는 이 시기를 대학 시기로 확고하게 정했는데, 대다수의 미국 젊은이들이 대학에 들어가고 따라서 성인기 직면을 지연시키는데 도움을 주는 심리사회적 유예 기간 경험을 갖기 때문이다. 우리의 임상적 경험과 후기 청소년기의 발달적 과제에 대한 이해의 관점에서 볼 때, 대학 연령 집단을 후기 청소년기에 할당하고 신생 성인기를 21~30세의 10년에 배치하는 것이 앞뒤가 맞는 듯 보인다.

실제로 지난 반세기는 다른 물결의 사회적 변화를 목도했고, 그 결과 20대의 발달 궤적은 급격히 바뀌었다. 한마디로 성인기의 전형적인 성취가 미뤄진 것이다. 1960년대에는 성인기의 모든 전통적인 지표(취업, 결혼, 육아, 경제적 독립)를 25세 즈음 남성의 44%, 여성의 68%가 달성했으나, 2000년에는 이 연령 남성의 13%, 여성의 25%만이 같은 지표들을 달성한 것으로 나타났다(Furstenberg, 2010). 좀 더 자세히 들여다보면, 1950년대에는 결혼의 중간값 연령이 여성의 경우 20세, 남성의 경우 23세였는데, 21세기에 들어서며 이는 각각 25세와 27세의 중간값 연령으로 바뀌었다(Arnett, 2005). 뿐만 아니라 Arnett(2000)은 이전에는 십 대이기 때문이라고 생각했던 경향들, 예를 들면 알코올 소비의 최고 수준과 보호되지 않은 섹스, 과속운전, 음주 운전을 비롯한 고위험 행동들이 20대에 나타난다고 기록한다. 비록 일부 이런 행동은 법적 음주 연령 및 대학 진학의 증가와 같은 다양한 사회적 변화 때문이라고 '설명'될 수 있으나, 이는 우리가 이전에 청소년의 심리적 표현이라고 생각했던 많은 행동이 20대까지 이어지거나 혹은 심지어 그때 최고조에 이르며, 이런 맥락에서 이 행동들이 이해되어야 한다는 것을 암시한다. 어떤 이론가들은 이런 변화가 발달은 획일적이지 않으며, 어떤 영역들은 성숙하는 반면 다른 영역들은 예상되는 변화 없이 성인기로 길게 이어지기도 하는 현실을 반영한 거라 생각한다. 비록 발달의 전 영역에서 불균등함이 보이기는 하나, 어디서도 성인기로 이행하는 시기보다 더 뚜렷하게 보이지는 않는다.

이것은 새로운 발달 단계인가

발달 단계로서 신생 성인기라는 개념은 앞선 연구 결과에서 파생되어 사회학자, 발달심리학자, 청소년 이론가 사이에서 널리 퍼지고 있으나, 여전히 논란이 많다. 지지자들은 이 단계가 성인기로의 경로에 따른 별개의 시기를 나타내며, 그 자체의 갈등과 도전으로 채워져 있다고 주장한다. 일찍이 1994년에 신생 성인기라는 아이디어에 참고문헌을 만든 Arnett(Arnett & Taber, 1994)은 이 단계의 기준을 다섯 가지로 제시한다. 정체감(역할) 탐색, 불안정성, 자기에게 주목함, 사이에 끼어 있는 듯한 느낌, 가능성의 확대가 그것이다(Arnett, 2004, p. 55). 그는 '신생 성인기의 심장부'로서 역할 탐색의 중요성을 강조했다(Arnett, 2000). 서구 사회에서 20대에 동반되는 인지적 · 정서적 · 행동적 변화는 이 자체를 별개의 발달 단계로 인정하기 위한 자격이 충분히 된다는 게 그의 견해다. 문화, 사회, 발달 간의 접점에서의 역동

은 그 어느 단계보다 신생 성인기에서 훨씬 더 중요하다. 이는 폭넓은 사회화의 영향과 관련된 문화 특수적인 현상이다. 광범위한 사회화는 인문학 교육이 이를 상징하는데, 경로를 규칙으로 설명하는 사회에서 발생하는 좁은 의미의 사회화와는 대조적으로, 성인기로 이행하기 위한 "독립, 개별화, 자기표현"을 필요로 한다(Arnett & Taber, 1994, p. 519).

신생 성인기의 단계를 발달적으로(사회적인 것과 대조적으로) 지정하는 것을 반대하는 주장도 여럿 있다. Arnett(2004)의 여러 기준은 청소년기에도 당연히 적용되는 것으로, 사춘기의 극적인 사건과 신체적 변화가 사그라진 훨씬 이후인 20대로 청소년기 과정을 단순하게 연장한 듯하다는 것이다. 어떤 발달적 정신역동 사상가들은 발달 단계가 "성숙과 관련해서 결정되어 있는 프로그램" 및 "새로움의 등장"에 의해 생의 다른 단계들로부터 구분된다고 주장한다(Abrams, 1990, p. 664). 신생 성인기는 이런 점에서 기준을 충족시키지 못하는데, 왜냐하면 이 시기는 주장컨대 신체적이거나 인지적으로 유의미한 변화와 관련이 없기 때문이다(뒤의 '신체적 · 인지적 발달' 절 참조). 사회학적인 관점에서 볼 때, 반대자들은 '성인기를 지연시키는' 역할을 한 사회적 변화를 지적한다. 이런 사상가들에게 있어 이 시기를 발달적으로 개념화하는 것은 서구 사회의 청년들에게 부과되는 구조적인 한계를 최소화하며 사실상 교육, 경제, 제도적 요인이 원인인, 산업화된 나라들에서 다양하게 나타나는 이 현상을 발달상의 문제로 오인하는 것이다(Bynner, 2005). 성인기가 정확하게 정의되어 사람들이 준비 후에 성인의 역할을 맡게 되는 제한적으로 사회화된 문화와 달리, 서구 사회는 더 이상 이렇게 명확한 이정표를 제시하지 않는다. 성인기의 공식적인 달성은 아주 '논쟁의 여지가 있다'(Horowitz & Bromnick, 2007). 즉, 성인기의 시작 표지는 "꼬집어 말할 수 없고, 점진적이며, 심리적인데다 개별적이고"(Arnett, 1997, p. 15), 그 달성은 자기경험으로나 세상의 시각에서나 변동적이다. 논쟁적이라는 표현은 전 성인(preadults, 즉 신생 성인)이 상당한 시간과 에너지를 '성인기로 가는 길이라 주장하는 데' 쏟는다는 관찰을 토대로 한 것인데(Horowitz & Bromnick, 2007), 성인이라는 주관적인 자기감은 아주 극적으로 변동하기 때문이다. 게다가 James Cote(2006)와 같은 일부 영향력 있는 사회학자들은 Arnett이 신생 성인기의 시간 틀로 고안한 때에 역할 탐색이 거의 이루어지지 않으며 공고한 정체감 형성을 위한 구조적 지원을 분열시키는 것은 이 연령 집단의 상당한 비율을 해결되지 않은 정체감 위기 안에 가두는 것이라고 주장한다.

Cote(2006)와 다른 학자들은 후기 근대에서의 성인기 지연은 서구 사회의 광범위한 변화의 결과라고 말한다. 경제적 기회의 변화, 현재 구직 시장에서 요구하는 교육의 필수조건, 강한 이데올로기적 신념의 부족, 피임에서의 진보 등은 결혼 압박의 지연, 성에 대한 태도, 높은 이혼율, 동거에 대한 사회적 용인 등에서의 변화, 기타 다른 당대의 사회적 현실들과 연결된다(Bynner, 2005). 이 이십몇 세는 자기 고유의 발달 단계에 있는 것이 아니라 그보다는 "나뉘어진 삶"−청년이면서 동시에 어른으로−을 살고 있을 뿐만 아니라 전환을 만들 수 있는 사회적인 조절에 의지할 수 없기 때문에 "어디에도 속하지 않는다."는 주장도 있다(Shulman et al., 2005, pp. 578-579). 오늘날 신생 성인은 자신의 정체감을 공고히 하기 위한 심리적인 준비가 덜 되었으며 실제적인 기회의 측면에서는 소외되어 있다. 상당수가 자연적인 발달적 진보를 보이지 않는 미해결의 상태에 빠져 있다(Cote, 2006; 뒤의 '연장된 청소년기?' 절 참조). 이런 현대의 위기를 '발달 단계'라고 부르는 것은 사회적인 변화가 더 진전되면 이런 단계는 사라질 수도 있는 현실을 모호하게 만들어 버린다. Arnett이 발달과 관련하여 고안한 것은 단순히 신생 성인기의 오늘날 버전으로, "구조적 요인, 개인의 주체성과 경험, 사회 제도와의 만남과 문화적 의무" 등 다양한 체제 간의 복합적이고 역동적인 상호작용인 것이다(Hendry & Kloep, 2007, p. 78).

앞서 언급한 바와 같이, 반론은 청소년기도 한때 새로운 발달적 현상이자 20세기 문화적 변화의 결과물이었다는 사실을 지적한다. 누군가는 오늘날 청소년기 동안의 내적 변화에서 명백해 보이는 것은 서구 문화가 제공하는 유예 기간을 통해 뚜렷해졌다고 주장할 수도 있다. 1950년대 청소년기에 대한 Erik Erikson의 공식화는 문화적인 제도와 근본적으로 정체감 형성에 핵심이 되는 인정을 제공하는 데에 지역사회의 역할이 중요하다는 것에 관심을 갖게 했는데, 이는 현대 사회에서 다른 단계가 끼어드는 것을 쉽게 수용한다.

> 사회는 개인이 필요로 할 때 제도화된 아동기와 성인기 사이에서 대략 인정받는 **심리사회적 유예 기간**이라고 불리는 중재 기간을 제공하는데, 이 시기에 '내적 정체감'의 지속적인 패턴이 비교적 완성될 예정이다(Erikson, 1956, p. 66).

이 책에서 설명하는 심리 내적인 발달적 진전에서 20대의 10년은 어떻게 중요한가? 이런 새로운 결과들은 20대의 내적 경험과 발달적 변화에 대해 무엇을 반영하

는가? 그 10년의 시작 혹은 끝에 그 어떤 분명한 생물학적 표지가 없다는 것은 수반되는 심리사회적 혹은 사회문화적 변화를 강조하게 한다(Cote, 2006; Staples & Smarr, 1991). 사춘기라는 획일적인 신체적 사건으로 시작하는 청소년기와 다르게, 신생 성인기는 신체적 · 정신적인 새로운 것으로부터 발생하는 새로운 발달적 자극이 없다. 그럼에도 불구하고 **신생 성인기**는 특히 지난 반세기의 문화적 변화에 적응해야 하는 복잡한 도전과 관련하여 심리적인 발달의 시기를 말한다. 비록 반대자들은 이 단계가 서구 사회 특유의 모습이라고 생각하지만, 사회적 변화가 행동과 나이 간 합의된 관련성에서의 변화에 영향을 미치고, 이는 함축적으로 내적 발달 속도에 동력을 공급한다고 주장한다(Neugarten et al., 1965). '나이에 적합한' 이정표에 대한 사회적 기대는 사회의 스케줄에 따라 성취해야 한다는 심리적인 압박을 생성한다.

앞서 '신생 성인기의 소개' 절에서 언급했듯, 이전에는 청소년기의 도전과 갈등이라고 여겨졌던 것들의 일부가 이 다음 단계에서 중요하게 등장하는 듯하다. 그러나 이런 도전과 갈등이 저마다의 20대에서 다르게 경험된다는 데는 거의 의심의 여지가 없다. 청소년기의 경계를 연장하는 대신, 신생 성인기 혹은 오디세이 시절로 개념화하는 것은 이런 갈등이 두 개의 단계를 갖는 차원이라는 걸 인정하는 것이다. 발달 단계로서 신생 성인기는 이전에 해방됐던 청소년이 집으로 돌아와 '특별한 누군가가 되려고' 애쓰는 현대 서구 사회의 한 순간을 조명한다. 이전에는 청소년기의 것이라고 여겨지던 과제들이 연장되고, 다시 들여다보며, 성인세계에 맞춰 크기가 조정되어야 한다. 다시 말해, 대학의 정체감 작업과 원가족에서의 자율성의 정도는 지리적으로 먼 거리와 대학 캠퍼스의 '독립된' 생활로부터 도움을 받던 것으로, 21세 혹은 22세에 집으로 돌아와 의미 있는 커리어와 개인적 책임을 향해 더듬거리며 나아가게 되면서 서서히 무너지게 된다. 이 과정들은 성인기에 핵심적인 책임을 다하게 되면서 점진적으로 마무리된다(Emde, 1985). 이에 더해 이 단계 동안 접하게 되는 발달적 도전에 대한 해결책은 그것이 적응적이든 그렇지 않든, 개인의 미래 적응에 심오한 영향을 미칠 수 있다. 예를 들어, 약물 사용은 20대 중반에 최고조를 이루고 만성적인 중독으로 굳어질 수 있다(Tucker et al., 2005).

신생 성인기의 기준

- 정체감/역할 탐색
- 불안정성
- 내부로 초점을 돌린다.
- 청소년도 성인도 아니라고 느낀다.
- 나이가 30에 가까워질수록 새로운 가능성, 그러나 점점 커지는 불안을 감지한다.

대학 졸업이 열쇠인가

현대에는 권한이 된 '모두를 위한 대학' 정책의 훈공에 관계없이, 이는 부지불식간에 실망한 20대, 30대 층을 양산하는 데 기여했다(Rosenbaum, 2011; Rosenbaum & Person, 2003). 최근 보고에서는 4년제 대학의 신입생 중 39%와 2년제 대학에 입학한 학생의 68%가 6년 후에도 학위를 갖지 못하는 것으로 나타났다(Attewell et al., 2011). 이 젊은 남성과 여성은 고소득의 제조업 일자리들이 줄어들고 취업을 위해 점점 더 상위 교육을 요구하는 경제에 학위도, 직업 훈련도 갖지 못한 채로 등장하여, 선택 경로에서 막다른 골목을 맞닥뜨린 것과 같은 상태다. Coupland(1991)의 책 『X 세대(Generation X)』에서 묘사하는 것처럼, 이 젊은이들은 대개가 결국 생계를 위해 열정이나 미래를 향한 포부를 갖지 못하고 그저 견뎌야 하는 '맥잡(McJob)'—소득은 적고, 위신이 낮으며, 특전 수당도 적은데다, 미래가 불투명한 서비스직(p. 5)—에 그치곤 한다. 이 사람들은 각자의 20대를 지나가며, 평생 이런 직업에서 헤어나지 못할 거라는 위협을 느끼고 불만감이 고조된다. 이와 같은 결과가 분명 구조적인 것이긴 하나, 이것이 사회적인 한계와 압력을 반영한다는 점에서 신생 성인들이 미래를 심사숙고할 때의 자신감에 깊이 영향을 미친다. 물론 이런 사람 중 일부는 직장에서 자리를 잡거나 자기만의 신규 사업을 시작하여 진정한 소명을 발견하고 자기 또래의 대학에 다니는 친구들보다 강한 직업적 정체감을 먼저 발전시키기도 한다.

대학을 졸업한 후기 청소년은 아마도 핵심적인 발달적 갈등을 해결할 기회를 가

졌을 것이다. 대학 경험은 Erikson(1956)의 주장처럼 유예 기간을 제공하는데, 그 안에서의 정체감을 향한 투쟁은 현저하게 어른으로부터 자유롭고 결과에 대해서도 상대적으로 자유로운 분위기 속에서 진행된다. 그러나 이렇게 제공받은 유예에도 불구하고 대학을 거쳐 가는 경로는 미래에 대해 그 자체에서 점진적으로 진행되는 일련의 사고방식을 따르고, 서서히 신생 성인기의 질문으로 졸업을 목전에 둔 학생들의 주의를 돌린다. 졸업이 다가오면서 예정된 궤도를 따라오던 학생들은 지금까지 잘해 왔다면 졸업을 하거나, 군대에 가거나 혹은 바로 직업으로 이어지거나 직업으로 전환하기 위한 교육을 좀 더 연장할 '다음 단계'로 나아간다. 그 밖의 학생들은 준비가 불충분하거나 개인적으로 미성숙하거나 정체감 탐색을 위한 기회를 낭비해 버렸다든가의 이유로 계획 없이 졸업을 맞게 된다(Erikson, 1956). 이런 학생 중 다수, 특히 여성들은 일터에서 몇 년을 보낸 후 더 나은 직업적 훈련을 받기 위해 구체적인 주제를 갖고 학교로 다시 돌아온다(Rampell, 2011). 이는 적어도 21세기의 첫 10년 동안의 여성들에게 있어 신생 성인기는 '학교로 돌아오기' 시대가 된 것으로 보인다.

〈25세 남자 청년〉 동영상을 보자. 대학에서 예술을 전공하기로 한 이 청년의 선택은 '무임승차'에 의해 결정된 것이어서, 거기까지 갈 수는 있었지만 진로 경로를 발전시키지는 못했다. 이때 어머니의 죽음은 주된 지지와 안내를 상실하는 것과 같았다. 그가 앞으로 나아가는 과정은 신생 성인이 미래의 목표를 설정하는 데 있어 짧고도 우연이긴 하였으나 멘토링의 중요성을 잘 보여 준다.

그러나 여러 증거는 일자리를 찾는 고등학교 졸업생이나 대학 졸업생들이나 동등한 정도로 '주위를 빙빙 돌며'(Tanner, 2006), 직업 탐색은 종종 전념해야 된다고 느껴질 수 있는 대학 혹은 대학원 교육의 제한이 없을 때 보다 철저하게 이루어진다고 주장한다. 그럼에도 불구하고 다음 사례가 보여 주듯이 대학교육을 완수했다는 중요한 사건에는 자존감이 부분적으로 관련되며, 특히 이것이 학생의 가족 배경을 넘어서는 일일 때 더욱 그러하다.

젠은 가족 내에서 처음 대학에 들어간 사람으로, 작은 고향 마을과 가족의 노동자 계

급에서 벗어날 수 있는 전문직을 찾고 싶었다. 그녀는 인기가 많았고 과외 활동에 적극적이었으며 고등학교 동안 성실한 학생으로, 훌륭한 주립대학의 교외 캠퍼스에 입학 허가를 받았다. 그곳에 가자, 그녀는 상대적으로 부족한 교양 때문에 뒤처지는 듯한 기분이 들면서, 지역 대학에 함께 진학한 고교 시절 친구들과 남자친구가 그리워졌다. 그들의 활동을 페이스북에서 지켜보며 자신은 지금의 학교에 어울리지 않는다고 생각했다. 1학년 겨울방학이 끝나고 슬퍼하며 학교로 돌아왔는데, 유방암 판정을 받은 어머니 때문에 즉각 집으로 소환되었다. 그녀는 아버지 사업을 돕고 어머니의 화학요법 치료에 동행하기 위해 한 학기 휴학을 했다. 이는 분명 자기가 할 거라고 생각해 본 적이 없는 일이었다. 유감스럽게도, 젠은 고등학교 친구들과도 새로운 대학 친구들과 함께 있을 때만큼이나 어색하고 불편하다는 걸 깨달았다. 남자친구와도 헤어졌다. 어머니는 험난하고 힘든 과정을 잘 이겨 냈다. 그 사이에 젠은 아버지 사업에 대한 책임을 점점 더 떠안게 됐고 대학으로 다시 돌아가지 않고 고향에 남는 것에 대해서도 생각하기 시작했다. 이즈음 고등학교 친구들은 지역 대학을 졸업했고 일부는 학사 학위를 위해 주립대학으로 갈 계획을 세웠다. 이들의 과정을 페이스북에서 지켜보며, 젠은 스스로 완전히 궤도에서 벗어났다고 느껴져 자기 삶이 실망스러웠다. 그녀는 '더 큰 것'을 향해 나아갈 예정이었고 자신이 아버지의 사업에서 일하리라고는 한 번도 상상해 본 적이 없었다. 저 멀리를 바라보던 시야가 무너졌다.

한편, 어머니의 치료 동안 의사들을 만나면서 의사들이 환자들의 고통에 항상 주의를 기울이는 건 아니라고 느꼈지만 의술에 대한 관심이 자극되었다. 학교로 돌아가 의학부 예과과정을 시작해야겠다는 생각은 고무적이면서도 동시에 벅차게 느껴졌지만, 예전의 자신감이 돌아왔고 그녀는 이를 진척시켰다. 그녀는 지역에서 학사 학위를 마치기 위한 필수과목과 함께 몇 가지 기초과학 과목을 맛보기로 수강했다. 그녀는 다시 아웃사이더가 되어 맞닥뜨리게 된 의예과 학생들 사이의 경쟁 수준에 충격을 받았다. 도전으로부터 '그저 도망가는 것'을 걱정하는 와중에도, 그녀는 22세는 처음부터 시작하기에 너무 나이가 많다고 결론 내렸다. 그녀는 자신이 성공할 거라고 생각되는 진로를 시작하고 싶어 안달이 났다. 그리하여 열심히 하면 자격증 시험을 치를 자격을 얻어 공인 간호사가 될 수 있는, 2년짜리 간호학교 프로그램을 알아보기 시작했다. 젠은 그것이 덜 중요한 직업에 안주하는 것이라 생각한다는 사실을 인정했다. 첫해는 동급생들과 수업 수준에 실망하면서 보냈다. 그러나 첫 번째 여름 인턴십 동안, 헌신적이고 인간적이며 폭넓은 지식으로 그녀에게 깊은 인상을 남긴 준간호사와 관계를 발전시켜 나

갔다. 그녀의 지도를 받아 젠은 점차 자신의 훈련과정에 몰입했고 관심 분야를 다듬어 가며 간호학이 흥미롭고 매력적이라고 생각하게 됐다. 간호학의 준학사 학위를 수료하는 시점에서 그녀는 간호학 대학원 과정에 지원하기로 결심했는데, 그녀의 멘토가 석사 학위가 있으면 이 분야에서 지위나 보수가 더 나을 것이라고 말했기 때문이다. 26세에 그녀는 공인된 프로그램에 입학했다. 그녀는 종양 전문 간호를 전공하기로 계획했다. 졸업 즈음, 그녀는 간호가 각고와 헌신을 통해 존경과 자부심을 가질 수 있는 훌륭한 직업이라고 생각하게 됐다.

연장된 청소년기?

앞에서 언급했듯이, 이전에는 청소년기 말미에 부여하였던 심리적 과제의 일부가 이제는 신생 성인기의 핵심적인 것으로 언급되고 있다. 그렇다면 정상적인 청소년기 이후 단계는 청소년기 과정이 연장된 것과 어떻게 구별될 수 있는가? '2차 개별화'란 개념을 발전시킨 청소년기 이론가 Peter Blos(1954/1979)는 청소년기의 위기가 악화되어 정신병리의 형태를 띠는 청년의 사례를 통해 구체적인 임상적 실제를 기술하였다. **연장된 청소년기**의 청소년은 어른의 세계에서 자신을 증명하라는 요구를 붙들고 씨름해야 할 때 애지중지해 주는 부모로부터 감탄받는 아이의 지위를 단념할 능력이 없는 것을 특징으로 한다. 이들은 자율성과 존중을 주장하기는 하나, 그 어떤 영역으로든 독립적으로 나아가는 여정을 조종할 능력 혹은 결심을 입증하지 못한다. 어른의 특권을 계속 주장하면서도 아동기에 받던 무조건적인 칭찬을 원하는 것이다. 적극적인 전환적 시기 대신, 청소년기는 20대까지 지속되는 정적인 상태가 되었다. 이 청년들은 자신의 마비 상태에 별 갈등을 느끼지 않는 듯 보이며 전통적으로 친구들이 자기를 떠나는 걸 목격하거나 부모의 지원이 마침내 철수되면 그때서야 치료를 구하곤 한다.

연장된 청소년기의 임상적 특징에 대한 Blos(1979)의 설명은 Erikson(1956)과 이후 Kernberg(2006)가 청소년기의 정체감 위기 해결에 실패하고 일반적으로 심각한 성격장애로 임상 현장에 나타나는 사람들을 식별하기 위해 사용한 단어 '정체감 혼미'와 유사하다(9장 참조). 이는 또한 Cote(2006)가 제안한 '청년기(youthhood)'와도 비슷한 특징을 갖는데, 이 시기는 정체감의 공고화 및 내적인 편애를 촉진하지 못하고 후기 근대의 "사회적 무질서"와 "파편화된 발달적 맥락"에 놓인, 현대 서구 사회의 경제환경에 기인하여 무기한으로 연장된 정체감 유예기로 정의된다(Cote, 2006, p. 91). 이 모든 것이 임상적 증후군이며 정상적인 단계로서 신생 성인기라고 불리는 세대적 현상과는 구별되어야 한다. 끊임없이 계속되는 청년기와 정체감 혼란으로 특징지어지는 성격장애를 동반한 연장된 청소년기는 신생 성인기의 문화와 섞일 수 있으나, 그 명백한 정신병리적 특성 때문에 정상적인 집단과는 차이가 있다. 적극적인 과정을 겪는 대신, 연장된 청소년기의 청소년들은 청소년기의 이슈를 해결하지 **않으려는** 의지를 보인다. 이들은 "자기가 정의하는 자기표상, 역할관계, 핵심 가치관"에 몰입하지 않고(Wilkinson-Ryan & Westen, 2000, p. 529), 선택을 위한 필수조건에 직면하지 않으며, 친밀한 관계와 의미 있는 일을 갖기 위한 진행과정에서 정체된 모습을 보인다. 다음 사례는 연장된 청소년기에서 일반적인, 궤도에서 멈춰 버린 한 청년의 모습을 보여 준다.

유진은 이제 24세로, 그의 어머니가 교사로 있는 작고 지지적인 분위기의 고등학교에서 높은 평가를 받던 연기자였다. 그는 모든 학교 프로덕션에서 스타였고, 학습장애와 주의력 문제가 있었지만 헌신적인 교사들의 도움으로 학업과정을 잘 거쳐 왔다. 그는 부분적으로는 캠퍼스에서 학업적 지원이 가능하다는 이유로 선택한, 중간 크기의 우수한 인문학대학에서 입학 허가를 받았다. 그러나 대학에 다니는 동안 3년이라는 시간에 걸쳐 학업 수행이 점진적으로 정지되는 두 번의 별개 사건이 있었다. 캠퍼스 내 및 지역의 연극 프로덕션에는 적극적으로 계속 참여하는 동안에도 말이다. 첫 번째 사건에서 그의 결석은 강제적인 병가로 이어졌으나, 두 번째는 퇴학을 초래했다. 이런 타격 이후에도 그는 계속해서 다른 학생들과 함께 캠퍼스 밖의 숙소에서 지내며 연극학과 교수들의 의식적 혹은 잘 모르는 공모 앞에서도 대학 연극에서 연기를 했다. 유진은 가족 외에는 그의 상태에 대해 아무에게도 이야기하지 않았다. 그는 수업을 듣고 있는 것처럼 '연기했고' 친구들이 졸업할 때 그들과 같이 졸업했지만 졸업식에는 가지 않은 척 했다. 이런 '환상'은 그의 일상의 핵심적인 특징이 되었다. 이 상황이 더 오래 지속될수록, 그는 자신의 거짓말이 탄로날까 봐 더 집착하게 됐다. 거짓말은 그의 연애생활과 취업에도 침투했고 모든 노력을 유예시키는 이유가 되었다. 가장 중요한 것은 '알려질까 봐' 두려워하느라 연극의 세계에 접속하기 위한 아무런 행동도 취하지 못했다. 오디션도 보지 않았고 연기 수업도 듣지 않았다. 생계를 책임지는 것이나 특히 연기자 진로와 관련

하여 그가 보이는 수동성에 대해 직면하게 될 때면 노골적으로 불쾌해하며 이렇게 말했다. "이건 제가 가장 중요한 문제입니다. 저를 이해 못하시는군요. 저는 연기자예요."

유진의 임상적 징후는 정상적인 신생 성인의 전형적인 궤적의 어떤 측면들과 비슷하다. 많은 학생이 낙오되거나 수년 혹은 10년에 걸쳐 학부교육을 완료하여, 그런 이유로 미국 내 대학 진학률이 증가했음에도 불구하고 25~29세 사람들의 1/3만이 대학 졸업장을 갖고 있다(Arnett, 2004, p. 125). 의미 있는 일을 추구하는 데 있어 방해가 되는 요인들은 경제적이며 사회적이고 심리 내적인 것인데, 왜냐하면 취업 경로가 과거에 비해 보다 우회적이며 다수의 신생 성인이 진로를 위한 직접적인 경로를 구축하는 데 자신의 고등학교 혹은 대학 경험을 활용하지 않기 때문이다. 그러나 삽화에서 시사하는 일종의 자기애적인 자격, 일관적이지 않은 자기표상, 원초적인 부인 등은 청년의 보편적인 모습은 아니다. 모든 신생 성인은 정체감과 거창한 이상을 포기하기 위한 필수조건 이슈를 붙들고 씨름한다. 그러나 진정성, 능력, 책임감 문제에 몰두하는 것은 핵심적인 심리적 이슈와 관련하여 해결되지 않은 갈등을 해소하고자 하는 진정한 투쟁을 반영하며, 이는 궁극적으로 이들의 통합을 사회로 포함시킨다.

〈26세 남자 청년〉 동영상을 보자. 이 젊은이는 고등학교를 거쳐 대학에 이르는 예정된 경로를 따랐으나 자신이 이런 형태의 교육에는 아무 관심이 없다는 걸 깨달았다. 집으로 돌아와 1~2년간 아무런 방향도 느끼지 못하다가 성장하고 싶고 우수해지고 싶다고 느껴지는 직업환경을 찾았다. 그에게 있어 관계 문제는 진로 정체감이 굳건하게 확립되기 전까지 두드러지지 않았다.

신생 성인의 주관적 경험

청소년기와 신생 성인기 간의 핵심적인 차이는 자기에 대한 내적 경험에서의 변화라고 보고된다. 후기 청소년이 눈앞에 놓인 미래를 명확하게 목도하고 심지어 두려워하는 반면, 대부분이 그와 관련한 자기 상태에 대해 확신을 느끼지 못한다. 이들은 더 이상 스스로를 아이라고 생각하지 않는다 하더라도 일반적으로 자기를 '청소년'이라고 칭한다. 이때 미래는 광활하고 끝이 없게 느껴진다. 그러나 21~30세에는 점차 스스로를 아이 혹은 소년과 소녀라고 생각하기에 너무 나이가 많다고 생각한다. 이런 용어를 사용하는 것이 적어도 때로는 어색해진다.

내적인 모순과 분열에 대한 감각은 여러 연구에서 기록되어 왔는데(Shulman et al., 2005), 중요한 선택을 해야 할 것 같은 다급한 느낌을 느끼는 동시에 정제된 어른의 역할에 자리 잡는 과정에서의 불균형을 반영한다. 이런 불균형은 자아 공고화가 20대 동안 일관성 없이 진행된다는 정신역동적 관찰과도 부합한다. 정신구조의 여러 측면이 다른 것들보다 뒤떨어지고(Escoll, 1987), 현대의 발달이론이 생각하듯 생애과정의 전환은 각각의 발달 속도를 지닌 다중 체계 간의 상호작용을 포함한다는 것이다(Henry & Kloep, 2007). 예를 들면, 학업적인 맥락에서 경쟁을 견디고 성공할 수 있는 능력의 성숙이, 직업적 목표에 대해 장기적으로 몰두하는 능력보다 먼저 일어나며, 충동 조절이나 알코올, 코카인 남용과 같은 위험한 행동을 조절할 수 있는 판단력은 직업을 찾기에 충분한 자아 능력 및 태도의 안정화보다 뒤처지기에, 직업과 관련된 태도가 무르익는 것을 위태롭게 할 수 있다. 이런 불균형에 대한 내적인 괴로움은 이 어린 성인이 30세에 가까워질수록 시간에 대한 체감이 가속화되기 때문에 더욱 고조될 수 있다(Colarusso, 1991).

오늘날 신생 성인은 불확실한 것이 정상이라는 세대적 현상이 확산되고 잘 알려져 있다는 것(적어도 서구 사회에서는)을 충분히 인지하더라도, 대개 미래에 대해 불안해하고 확신이 없다. 비록 어떤 조사는 24세에는 여전히 낙관주의가 지속적으로 지지를 받는다는 사실을 보여 주나(Arnett, 2004), 신생 성인의 정신 상태를 측정한 연구들에서는 그 결과가 분분하다. 어떤 연구는 20대 중반에 우울 증상, 부모와의 갈등, 증진된 자율성과 개인의 의사결정과 맞물린 전반적인 자신감에서 향상이 있었음을 나타내나(Arnett, 2004; Galambos et al., 2006), 다른 연구는 30세가 다가오면 "불안, 우울, 심지어 절망"의 수준이 증가한다고 주장한다(Bynner et al., 1997, p. 128). 임상적 경험은 30세라는 나이가 어떤 표지로 간주된다는 아이디어를 지지한다. 미래라고 생각하던 순간이 현재가 된 것이다. 그러나 신생 성인은 방어적으로 현실에 안주하기보다는 오히려 솔직하게 생산적인 성인기로 전환하기 위한 핵심 단계들을 어떻게 항해해야 할 것인지 관심을 기울인다. 안정적인 관계를 어떻게 찾으며 의미 있는 일을 어떤 식으로 구하고 자신의 주체성을 획득하기 위해 내적인

의사결정 및 내적인 가치관과 목표를 어떻게 신뢰할 것인지, 한마디로 온전한 삶을 위해 온전한 책임성을 어떻게 맡을지에 관한 것들이다.

청소년이 가정 밖으로 나와 세계 속으로 들어갈 때, 추상적 사고와 메타분석을 위한 인지능력이 발달하면서 종종 '암묵적 가족 이데올로기'에 환멸을 느끼기도 한다(Barnett, 1971, p. 113). 세계 질서, 옳고 그름에 대한 감각, 가치체계, 친밀한 관계의 조건 등은 무수한 방식으로 가족 구성원 사이에서 전달되고, 이 젊은이의 인지능력과 다른 것을 접하는 경험이 누적될 때 비로소 의식적으로 검토할 수 있게 된다. **재중심화**(recentering)는 의미 있고 가치 판단적인 신념 및 선택을 둘러싸고 신생 성인이 자기결정성을 적극적으로 떠안는 과정을 수반하는데, 이는 심지어 이 청년이 여전히 부모의 지원에 의지하고 있는 동안에도 부모와의 관계에서 질적으로 다른 차원의 갈등을 가져온다(Tanner, 2006). 궁극적으로 이 재중심화 과정은 부모의 영향력과 관련하여 확고한 경계를 수립하게 한다. 신생 성인의 안정화된 정체감 및 자기경험은 "부모의 지배로부터 독립, 자신의 목표와 선호에 대한 표현, 책임감의 인수"를 획득하면서 성인의 형태에 가까워진다(Cohen et al., 2003, p. 660). 다음 사례는 재중심화 과정을 잘 보여 준다.

마리는 중서부의 소도시에서 가족끼리 작은 서비스업을 운영하는 근면성실한 부모님의 셋째 아이로 자라났다. 아주 어린 나이부터 그녀는 훌륭한 음악가로서의 재능을 보였다. 부모님은 컨츄리 음악의 열혈 팬이었고, 여섯 살 위인 오빠는 키보드를 갖고 있었다. 그녀는 곡을 들으면 거의 즉시 건반으로 이를 재현할 수 있었다. 부모님은 클래식 음악에 대해 아는 바가 거의 없었지만, 마리의 학교 음악 선생님은 부모님에게 마리가 아주 재능이 있다고 확신에 차 이야기했다. 부모님은 직립형 피아노(업라이트 피아노)를 샀고 제한된 수입에서 파격적인 몫을 마리의 음악 훈련을 지원하는 데 쏟았다. 그들은 흥분 속에 콘서트에 가고 유명한 음반을 들으며 심각한 클래식 음악의 문화를 즉시 가족 활동 안으로 들여왔다. 고등학교에 진학하며 마리는 공연예술학교에 다니기 위해 매일 두 시간 거리를 통학했다. 그녀는 모든 가족 행사에서 연주를 했고 마침내 파티와 댄스를 위해 음악을 연주하는 작은 사업을 개발하게 됐다. 그녀는 가족과 고향의 자랑이었다. 고등학교 2학년 때, 마리는 지역 대학이 후원하는 피아노 페스티발에 나가 조기 입시 솔로 피아노 대회에서 입상하여 마스터클래스(전문가가 재능이 뛰어난 학생들을 가르치는 것-역자 주)에 참여하고, 대학 전체에 걸친 시상식에서 연주를 했다. 이렇게 성공했음에도 불구하고, 마리는 항상 연주에 대한 불안이 있었으며 무대 공포증에 대해 필요할 때마다 소아과 의사로부터 프로프라놀롤을 처방받았다. 그녀는 이를 당연한 것으로 받아들이며 토를 달지 않았다.

마리는 대서양 연안의 음악학교에 진학하기로 했다. 그러나 가족과 고향의 열정적인 분위기를 떠나오자, 그녀는 경쟁과 스승의 까다로운 기대에 기가 꺾이고 위축되었다. 이제 그녀는 교수진이나 동급생 앞에서 연주하는 것도 두려워졌으며 살아남기 위해서는 매일같이 프로프라놀롤이 필요해졌다. 그녀는 점차 불행해지고 산만해졌다. 부모님이 실망했음에도 그녀는 학년 중간에 인근 도시의 작은 인문예술학교로 전학을 신청하기로 결정했다. 그곳에 도착하여 그녀는 자신의 음악적 커리어를 분노와 환멸을 갖고 돌아보기 시작했다. 때때로 자신이 '연주하는 원숭이'로 취급을 받았다고 느껴졌다. 그녀는 부모에게 경제적인 지원을 요청하지 않고 수년간 소원하게 지냈다. '결코 다시는' 부모의 지배 아래로 들어가지 않겠다고 결심했다. 그녀는 동급생의 다세대 아파트의 아주 작은 공간(실제 옷장으로 이용되는)에서 지내며 유명한 커피숍에서 바리스타 일을 하면서 학창 시절 내내 독립생활을 꾸려 갔다. 그곳에서 법학과 학생인 제러드를 만났고 그녀 학교 졸업생들의 신생 회사인 온라인 이벤트 잡지사에 사무직 일자리를 얻었다. 부인할 수 없게 지루했지만, 이 직업은 실제 콘서트에 참석하여 리뷰를 할 수 있는 미래의 기회들을 보장했다. 그러나 1년이 지나고 2년째에 접어들자 마리는 불행해했고, 잦은 편두통과 손목터널증후군으로 신체적으로는 '만신창이'가 됐으며 일에서는 덫에 걸려 있다고 느꼈다. 생존을 위해서는 계속 일을 해야 했지만 커리어의 측면에서는 완전히 길을 잃은 것 같았으며 제러드가 자신의 전문 분야에서 전진하여 재판 연구원으로 일자리를 구하자 부럽기도 하고 자랑스럽기도 했다. 적어도 그녀 생각에는, 그녀는 점점 더 제러드에게 헌신하게 되는데, 그는 자기 꿈을 따라 성공하고 있었다. 제러드는 성공한 전문직 부모와 고성취자 형제가 있는 아주 다른 집안환경을 갖고 있었다. 마리는 제러드 가족이 지적인 관심사를 공유하는 것이 아주 인상적이었으며 점점 더 그들과 가까워졌다. 제러드의 아버지는 열렬한 아마추어 와인 전문가였고, 제러드와 관계를 발전시켜 가는 동안 마리는 그의 아버지가 와인과 포도 재배에 관해 독서하는 데 영감을 받았다. 그녀는 그를 따라 시음회들을 다니며 와인을 이해하고 그 복잡함의 진가를 알아보는 데 진짜 재능을 보였다. 제러드 아버지의 조언에 따라 그녀는 이 새로운 관심사를 부모님과 논의했고 그들은 미국 소믈리에 협회 자격증 과정과 시험의 비용을 지원하기로 합의했다. 비록 이것이 악명 높게 어려운 과정이었으나 그녀는 우수한 성적을 보였다. 공부하는 동안 그녀는 제러드의 아버지가 그녀에게 소개해 준 세계에서 관계들을 발전시켜 갔다. '친구들의 작은 도움'에 힘입어 그녀는 전도 유망한 레스토랑의 소믈리에로 취업했고, 수석 소믈리에 위치의 여성들로 구성된 작지만 커 가고 있는 집단에 합류했다. 그녀의 부모는 제러드와 그의 가족에게 아주 감동하고 감사했으며, 더 이상 피아노에 대해서는 이야기하지 않기로 약속했다. 그들은 동부를 방문해 달라는 초대를 받아 제러드의 가족과 만났으며 마리가 일하고 있는 레스토랑에서 아주 근사한 저녁을 먹었다. 마리는 29세에 비로소 자기가 사랑하는 일을 찾았으며 제러드와의 결혼을 축복해 주는 부모와도 화해했다.

정체감

9장에서 설명한 바와 같이, 정체감이라는 개념은 사회와의 상호작용을 수반하는 주관적인 경험의 측면이다. 청소년의 정체감 위기는 심리적인 것으로 이해될 수 있고, 환경으로부터의 인정과 확인을 필요로 한다. 비록 정체감 형성은 후기 청소년기의 과제로 지명되었으나, Blos(1962)는 그가 '후청소년기(post-adolescence)'라고 부르는 시기가 성인 정체감이 공고해지는 때라고 주장한다. 탐색의 시기 후에 정체감은 안정화된 사랑과 일과 관련한 마지막 선택으로서 '조화'를 이뤄 낸다(p. 149). 성인의 서사적 자기감은 생애주기적 관점에서 이런 아이디어를 뒷받침하며 장기적인 영향을 미칠 선택들을 끊임없이 해야 하는 20세에서 29세 사이 시기의 '기준이 되는 기억들'에 주로 초점을 맞춘다(Elinick et al., 1999).

그러나 신생 성인기의 초창기 몇 년 동안은 새로운 종류의 환멸이 조짐을 드러낸다. 아주 최근에 형성된 정체감에 대한 환멸이다. 앞의 마리의 사례에서 정체감은 고등학교 시절 구축되고 강화됐으며 대학교에 가서 자세히 점검되고 나서도 반드시 성인의 역할로 변환되는 것은 아니었다. 운이 좋은 아주 소수를 제외하곤, 스타 축구선수, 연기자, 예술가, 음악가, 대학의 지식인들도 지금 성인의 세계에 맞게 자신을 바꾸기 위해 벅찬 과제를 처리하고 있을 것이다. 이는 청년의 궤도에서 연속성과 비연속성의 가능성에 대해 설명하는 연구들에 잘 기록되어 있는데, 어떤 사람들은 전환을 잘 활용하여 스스로를 재창조할 수 있고 또 어떤 사람들은 심리적 혹은 환경적인 이유로 새로운 기회들을 활용할 수 없거나 차단한다(Schulenberg et al.,

2004). 물론 세상에는 놀라운 재능, 관계, 체계적인 진로나 운을 장대 높이 뛰기하여 직업으로 연결한 운 좋은 사람들도 있다. 이들의 어떤 궤도들은 아주 만족스럽고 타고난 능력 및 포부와 '잘 맞는다'고 느껴진다. 그러나 이전의 청소년기의 성공이 곧바로 성인기 성공으로 이어지지 않은 청년들에게 좌절감 및 상실감은 거의 끊임없이 동반된다. 장학금을 받으며 대학에서 농구 스타로 활약했으나 프로 리그로 선발되기에는 재능이 충분치 않았던 학생은 보통 스스로뿐만 아니라 가족과 지역 공동체를 실망시켰다는 느낌에 사로잡힌다. 대학 연기 학부에서는 스타였으나 한 번도 배우 경력에서 성공적으로 불타올랐던 적이 없는 청년은 이후 진로 선택에서도 실패감에 시달리기 쉽다. 이와 같이 정체감 위기가 이전 단계에서는 더 작은 공동체 내에서 성공적으로 해소되었을지라도 더 넓은 성인의 세계로 이동하게 되면 다시 찾아오게 된다.

안타깝게도, 현대 사회구조는 50년 전에 비해 덜 지지적이고 참고할 게 많지 않으며, 나이 많은 세대는 테크놀로지, 소셜 네트워킹, 현대 사회에서 진로의 변화 등에 익숙하지 않아 특이하게도 오늘날 젊은이들에게 조언을 하기에 제대로 준비되어 있지 않다(Beyer & Seiffge-Krenke, 2010; Konstam, 2007). 게다가 신생 성인들이 20대를 통과할 때의 주관적 경험은 한꺼번에 독립하는 게 아닌 경우, 부모의 지배나 다른 제도적 멘토로부터 점진적으로 자유로워진다. 비록 이것은 일반적으로 부모와의 향상된 관계를 위해 요긴한 것이긴 하나(Galambos et al., 2006), 그 결과로 이후의 지도를 상실하게 된다.

부모와의 동일시는 신생 성인기에 보다 강렬해지는데, 어린 성인이 아주 어렸을 때 기억하는 부모의 나이와 가까워지고 있기 때문이다. 기억, 현재 경험, 부모와의 동일시에 대한 투쟁의 역사, 이 모든 것의 융합은 달라지겠다는 결심과 강한 동일시적 유대를 동시에 고조시킨다. 결혼과 육아에서의 평균 연령이 문화적으로 변했기 때문에 대부분의 신생 성인은 그들이 태어나던 즈음의 부모와 비슷한 나이가 된다. 이는 신생 성인이 당시 부모가, 특히 육아와 관련하여 중요한 결정을 내리기에 얼마나 준비가 되어 있지 않았을까를 깨달으면서, 부모의 결정과 행동에 대한 케케묵은 실망을 더 유감스럽게 인식할 수 있다. 최적의 상황에서 이런 깨달음은 긴장을 감소시키고 부모에 대한 내적 표상을 수정하여 관계 및 직업 결정에 대해 더 깊은 자기성찰로 이어진다.

어린 청년의 정신 상태를 측정한 조사들은 이런 상황이 불안정한 혹은 심지어 불행한 상태에 영향을 미치는 정도를 두고 의견이 분분하다. 의견 차이의 일부는 아마도 집단을 규정하는 방식에 기인한 것일 수 있다. 앞에서 제시한 것처럼('신생 성인의 주관적 경험' 참조), 미래에 대해 걱정하는 수준은 실제 20대 후반에 최고조를 이루므로, 이는 분명히 Arnett의 절단점인 24세 이후가 된다. 어린 청년의 향상된 정신 상태에 깊은 인상을 받은 Arnett과 다른 사상가들은 20대를 거치며 일어나는 내적인 성숙은 자신감과 기분을 진작시킨다고 강조한다. 더 커진 자율성은 부정적인 가족사와 동일시의 지속적으로 해로운 영향력으로부터 신생 성인을 자유로워지게 한다. 향상된 자기조절력과 세련된 목표는 낙관주의를 북돋우며 궁극적인 성공을 기약한다(Arnett, 2004/2007). 그러나 신생 성인을 대상으로 그들이 작성한 **'인생 첫 사분기 위기**(Quarter Life Crisis)'와 같은 성명서는 다수가 정체감을 성취하기 위한 투쟁이 길어지는 데 갇혀 있고 "무력하고 도통 모르겠는 압도적인 느낌"으로 고통받고 있다고 주장한다(Robbins & Wilner, 2001, p. 4). 이 목격자에게는 좌절감 혹은 환멸감이 신생 성인의 경험에서 뚜렷하게 드러나는 특징이다. 환경은 정체감을 위한 핵심적인 발판을 제공하기 때문에, 개인의 주변 환경 및 더 큰 사회의 특성은 정신적 삶의 발전과 중요하게 관련된다. 통용되는 사회적 지지는 자존감을 유지하는 데 중요한 역할을 한다(Galambos et al., 2006). 그러나 성공적인 정체감 해결에 영향을 미치는 어떤 것들은 이상적으로 유지되어 왔고 이 시기 내내 유지가 되는데, 왜냐하면 이것들이 내적 · 심리적 토대를 기반으로 하고 있기 때문이다. 유능감, 개인의 이상과 목표의 통합, 미래에 무언가—아마도 이는 아동기의 꿈 중 하나는 아니겠으나 그럼에도 불구하고 가치 있는 어떤 것—를 이룰 수 있을 거라는 자신감이 여기에 속한다.

'2차 개별화'와의 재회

8장에서 논의한 것처럼, 2차 개별화의 개념은 수정을 거쳐 청소년기 과정을 논할 때 여전히 유용한 것으로 남아 있다. 주관적인 자기감에서의 변화는 신생 성인기의 아주 고통스러운 측면일 수 있으나, 부모와의 성숙한 화해를 통해 균형을 이룬다. 가족과의 관계는 또래 문화에 흡수되고, 스스로 선택한 가치관을 발전시키기 위해 자기만의 내적 '이데올로기'를 확립하려는 청소년의 욕구에 영향을 받긴 하나, 신생 성인기는 부모와의 관계를 다시 돌아보고 성인으로서 다시 관계를 맺을 수 있는 새로운 기회를 제시한다. 자율성을 향해 나아가는 청소년의 움직임이 애착의 큰 단절 없이 진행된 가정에서는 부모가 여전히 지도의 핵심적인 자원으로 남아 있으며 그들의 결혼관계는 모델로 작동할 수 있다(Bell et al., 1996).

개별화 과정의 개별적인 발전은 교육적인 성취, 직업적인 명예, 친밀한 관계 등을 포함한, 신생 성인기의 다면적인 발달체계를 위한 배경으로서 중요한 역할을 한다(Tanner, 2006). 이때 적절한 거리와 친밀감 사이의 균형은 대단히 중요한 원칙인 듯하다. 이는 안정 애착이 성공적인 개별화 과정을 위한 토대라는 주장을 강화한다. 개별화에는 부모의 촉진과 청소년의 자아 성숙이 모두 필요하다. 부모의 측면에서는 갈등과 부정적인 태도를 참아 내고, 지속적으로 상담과 조언을 구할 수 있도록 하며, 동시에 자율성을 격려하는 것(특히 아버지에 의해; Scharf & Mayseless, 2008)이 개별화와 자존감을 고취하는 요소가 된다(Allen et al., 1994). 부모의 제한적인 상호작용(예: 지배적이고, 철회하며, 너무 응석을 받아 주는 것 등)은 자녀가 성숙을 향해 자아를 발달시키지 못하게 한다(Stierlin, 1974). 실제로 자아발달과 관련하여, 성숙의 증거는 일반적으로 자급자족을 위한 분투를 동반하는데, 이는 다시 대학 이후의 적응과 성취를 촉진한다(Tanner, 2006, p. 29). 인생 계획 혹은 세계관(Jacobson, 1961; Tanner, 2006)을 정립하는 것은 개별화 과정의 핵심 요소로 간주되어 왔으며 이는 다시 정체감의 조화를 지탱한다. 이 아이디어는 청소년기에 성취되는, 추상성 및 상징적 사고를 위한 인지능력에 대한 Piaget(1972)의 초기 설명 중 일부다. 인생 계획은 원가족의 가치관을 거부하지 않고도 이와는 아주 다를 수 있다. 오늘날 신생 성인들에게 있어, 테크놀로지에 의해 변형된 세계에서의 미래는 대개 부모의 모형을 더 이상 쓸모없게 만든다.

후기 청소년이 대안적으로 이상화된 어른을 찾는 것(Chused, 1987)과 신생 성인이 현실적으로 자신의 부모를 평가할(만약 가능하다면 존경까지) 준비가 된 것 사이의 중요한 차이는 자율성과 분화를 향한 과정이 내적으로 얼마나 진행되었는지에 달려 있다. 이런 맥락에서 혈연관계가 아닌 멘토는 후기 청소년이 자기 스스로의 주체성을 찾고 스스로 선택을 하기 위한 투쟁을 아주 크게 촉진할 수 있다. 어떤 진로는 펼쳐지는 과정에서 스스로 모습을 드러내어 부모의 조언에 의지하지 않아도 적절하게 절충이 될 수 있다. 그러나 의학, 법 분야처럼 고도로 구조화된 진로를 선택하지 않은 어린 성인들에게는 미래를 좌우하며 정체감의 주관적 경험을 바꿀 수 있는 중대한 결정이 남아 있는 셈이다. 이런 선택을 위해 신생 성인은 주로 부모로부터 정서적인 지지를 구한다. 비록 더 나이 든 세대가 현대 문화의 현실에 대해 잘 모른다는 것을 인정하더라도, 직업세계에서 다양한 종류의 경험이 있는 맞벌이 부모 밑에서 자라난 신생 성인들은 지지를 얻을 공산이 훨씬 더 크다. 접촉, 격려, 공명판의 제공은 부모에게 적합한 영역이다. 신생 성인기의 적절한 양육을 다룬 어떤 연구에서는 '양육의 분류'를 다음과 같이 나눈다. 개입하지 않음(통제도 적고 반응성도 적음-역자 주), 통제적이나 제멋대로 내버려 둠(통제가 높고 반응성은 낮음-역자 주), 권위 있음(통제가 낮고 반응성은 높음-역자 주), 비일관성이다. 신생 성인기에서의 결과는 통제적이나 제멋대로 내버려 두는 부모에게서 가장 적은 도움을 받으며, 권위 있는 부모(즉, 분명한 입장을 제시하나 좌지우지하지는 않는 부모)로부터 가장 많은 도움을 받는 것으로 나타났다(Nelson et al., 2011). 게다가 심지어 이혼한 상황에서도 부모가 협력적인 관계 혹은 '양육 동맹'을 유지하는 경우에는 그들의 상호 존중하는 대화와 균형이 직업 선택과 배우자 선택에 있어 부모의 피드백을 내면화할 때에 영감과 자신감의 원천이 된다.

개별화와 집으로의 귀향

개별화는 신생 성인기의 미묘한 차이를, 특히 9장에서 설명한 것처럼 애착 유형과 관련하여 이해하는 경우 여전히 유용한 개념적 표현이다. 실제로 이 두 차원은 갈등적이라기보다 깊이 뒤얽혀 있으며 특히 어린 성인 '아이'가 자율적이고 독립적인 정체감을 확립하고자 애쓸 때 그 역할을 하는 것으로 이해된다. 이 과정은 어린 성인 아이가 20대 초반에도 집에 머물거나 적어도 일시적으로 대학 이후 혹은 경제적으로 어려운 시기에 부모의 집으로 돌아와야만 하는 경우 아주 복잡해진다. 집으로 돌아오는 것은 부모에게나 아이에게나 퇴행하는 경험이 될 수 있는데, 부모-자녀 관계에서 성인-성인 관계로의 전환은 대개 험난하기 때문이다. 신생 성인과 동성 부모, 이성 부모와의 관계 혹은 커플로서 부모들과의 구체적인 관계 모습은 이 단계의 여러 갈등에 영향을 준다. 동일시를 어떻게 다룰지, 사랑하는 관계의 표상으로서 커플인 부모의 이미지를 어떻게 통합할지, 부모에게 여전히 의존하고 있을 때라도 부모-자녀 관계를 어떻게 성인의 관계로 전환할 것인지 등이다.

성인 자녀가 있는 결혼한 커플의 운명도 분명 이 전체적인 상황의 일부인데, 왜냐하면 18세에 집을 떠난 신생 성인은 집으로 돌아왔을 때 새로운 환경에 맞닥뜨릴 것이기 때문이다. 부모의 이혼, 재혼, 가족이 살던 집의 구조 변경 등이 성인 자녀를 의외로 불안하게 만들 수 있다. '안전기지'라는 개념은 특히 자녀가 자율성을 향해 나아갈 때 발판이 되어 줄 수 있는 부모의 안정성에 신생 성인이 의지할 수 있는가와 관련 있는 것 같다. 자기 방이 손님방, 창고 혹은 운동을 위한 방으로 바뀌었기 때문에 대학 졸업 후 서둘러 자율성과 독립성을 성취해야 하는 상황이라면 그 자녀는 집으로 돌아오려는 의도가 없었을지라도 분개할 수 있다. 혹은 미망인이 된 아버지가 재혼하여 자기가 쓰던 방을 의붓형제자매가 사용해야 하는 젊은 여성은 독립적인 삶에 대한 시도를 추방처럼 경험할 수도 있다. 이 신생 성인들이 돌아갈 익숙한 장소를 갖고 있다는 것은 이들이 의존적인 상태로 돌아가겠다는 의식적 욕망이 없는 경우에도 위안이 된다.

부모와 신생 성인 자녀 사이의 관계가 현재 성숙하더라도, 부모와 애착장애가 있었던 발달적 역사 혹은 삶의 이전 시기에 형성된 부정적 내적 작동 모델의 나쁜 영향이 반드시 교정되는 것은 아니다. 여러 증거는 신생 성인의 핵심 취약성들–"낮은 자존감, 삶의 목표가 없음, 삶에 대한 만족이 낮음, 연애관계에서의 문제, 심리적인 고통"–은 한쪽 혹은 양쪽 부모로부터 받은 유년기의 거절감 때문에 "괴로워하며 부모에 대해 반추"하는 것과 상관이 있다고 주장한다(Schwartz & Finley, 2010, p. 88). 심지어 긍정적인 동일시, 안정 애착, 부모에 대한 이상화의 토대가 있을 때조차도 청소년기를 통과하는 동안 일반적으로 양가감정이 커지며 결점이 적은, 감탄과 열망의 대상을 대안으로 추구하는 성향이 고조된다. 청소년이 신생 성인기의 전환기로 이동해 감에 따라, 이들은 부모를 성인으로서 더 잘 이해할 수 있게 되며 특히 부모가 비슷한 정도로 인식을 발전시켜 온 경우에 더욱 그러하다. 이때 부모는 취약성과 특이한 점뿐만 아니라 강점과 지혜를 가진 인격체로서 관찰된다. 이는 보다 진정한, 상호적인 수용을 촉진하고 이상적으로는 현실적인 동시에 서로 감탄하는 부모-자녀 관계를 시작할 수 있게 한다. 형제자매 관계에서도 유사한 변화가 일어날 수 있다. 신생 성인은 어린 시절의 경쟁 잔여물, 부모에의 의존 그리고/혹은 어쩔 수 없는 거리감에서 자유로워지는 순간 형제자매에 대해 보다 미묘하고 객관적인 평가를 할 수 있게 된다. 오랜 투쟁의 요소들은 물론 인생 전반에 걸쳐 지속되긴 하나, 형제자매간의 경쟁도 유사하게 상호 인정과 존중으로 발전해 갈 수 있다.

신생 성인기의 과제

- 정체감을 마무리한다.
- 친밀한 관계에 몰두한다.
- 자기만의 목표와 가치관을 명료화한다.
- 진로를 구축한다.
- 평등하고 상호 존중적으로 부모 및 원가족과의 관계를 재조정한다.

어머니와 아버지, 친구와 연인, 남성과 여성

애착의 큰 균열 없이 청소년이 자율성을 향해 나아가는 가족에서 부모는 지침을 줄 수 있는 필수적인 자원으로 남아 있으며, 서로에 대한 관계의 질은 모델로서 도움을 줄 수 있다(Bell et al., 1996). 부모와의 안정 애착은 신생 성인기에 친밀한 관계를 발전시킬 수 있는 능력과 사소하지만 확실하게 연결되어 있다. 그럼에도 불구하고 청소년기 동안 친밀감이 감소되는 것은 충분한 개별화와 친밀한 또래관계를 형성시킬 능력을 위한 전제 조건인 듯하다(Seiffge-Krenke et al., 2010).

젊은 남성과 여성은 자신들의 복잡한 발달적 역사, 유년기 동안 부모가 수행한 역할, 성과 성별에 대한 고정관념이 가정과 주변 문화에서 다뤄지던 방식을 토대로 각자 부모와의 구체적인 관계를 해결하고자 노력한다. 현대의 역동적 사고는 남성과 여성, 어머니와 아버지, 아들과 딸 등 이원적인 범주에 대해 여러 중요한 문제를 제기해 왔고, 발달과정에서 성의 '유동성'과 독특한 의미를 분명히 밝혀 왔다(Harris, 2008). 아이는 성인 남성과 여성이 되어 가면서 자신의 고유한 성별 표상과 성역할에 대해 다양하게 규정된 개념을 다시 해결하도록 강요받는다. 이런 장에서 문화적 관습과 변형은 강력한 영향력을 행사한다. 대중적으로 이용할 수 있고 효과적인 피임은 여성이 선호하는 성의 역할을 이행할 수 있는 기회에 일대 변혁을 가져왔고 서구 사회에서 출생률 감소를 낳았다. 유사하게 사회 정책에서의 변화(조세 및 복지 정책이 가정주부에게 영향을 미치는 방식처럼)는 남성과 여성이 스스로 선택한 성인으로서의 성별에 대해 기대하는 방식에 영향을 미쳤다(Hakim, 2011). 이런 문화적 경향은 다시 세대 간의 긴장을 초래했다. 현대 이 단계 동안의 성인 발달은 부모가 어린 성인기였을 때에 비해 부모 세대와의 불협화음이 덜 두드러지는 것 같다. 예를 들면, 어머니와 아버지가 부양자 및 보육자 역할을 분담하는 맞벌이 가정은 현재 산업 국가에서의 20대와 상당히 공통적인 유년기 패러다임을 갖는다. 이 모형은 일과 가정에 대해 남성과 여성이 예상하는 갈등에 영향을 미친다. 그 결과로 남성과 여성은 역사상 그 어느 때보다 오늘날 신생 성인들 사이에서 서로 합동된다. 이전 세대에서 직장을 가진 여성들은 자기 어머니의 궤도로부터 이탈하여(Cinamon, 2006) 종종 부모로부터 반감을 사기도 했다. 오늘날 세대 간 갈등은 육아에 대한 욕망과 시기, 새로운 모습을 보이는 페미니즘(Kramer, 2011 참조), 동성애, 결혼의 의미 등으로 합쳐지는 듯하다. 이 주제는 젊은이가 인생의 파트너와 직업을 고려할 때 두드러지는, 세대 간의 의견이 상당히 충돌하는 무대들이다.

젊은 여성들에게 어머니와의 관계는 필연적으로 각 발달 단계에서 재작업된다. 어린 성인기 동안, 한편에서의 애착 및 의존과 다른 한편에서의 자율성 및 고유한 개인으로 구별되려는 끝없는 노력 사이의 균형은 그 여성이 자기 미래 여정을 고민하면서 새로운 단계에 들어서게 한다. 이 젊은 여성의 삶에서 현재 사건은 이 단계 동안 모녀관계의 특성에 엄청난 영향을 미친다(Notman, 2006). 그녀의 독특한 오디세이는 역사적으로나 가까운 과거에서나 어머니 삶과의 유사성 혹은 차이가 분명해짐에 따라, 경쟁하거나, 안내를 받거나 혹은 소원해지는 무대가 된다. 예를 들어, 30대 이후로 출산을 연기하려는 신생 성인은 어머니의 소망과 선례로부터 일종의 압력을 받을 수 있다(Gordon et al., 2005). 마찬가지로, 어머니의 페미니스트 원칙을 피하여 '가족 중심'의 삶을 구축하려는 젊은 여성은 어머니의 선택이 반동적이었다고 생각하는 것일 수 있다(Hakim, 2011). 성인기 초기에 부모가 이혼한 젊은 여성은 장기적인 관계를 약속하는 것이 싱글이 된 외로운 어머니에게 추가적인 타격을 입히는 것이라고 느낄 수 있다. 실제로, 딸이 성숙한 여성, 적극적인 성생활, 연애에서의 성공 등에 대한 그 시대 형태의 성취를 이뤄 가는 걸 인식하는 것은 어머니 자신의 심리적이고도 개인적인 역사에 따라 어머니 편에서의 부러움, 대리만족 또는 반감 등의 반응이 고조될 수 있다. 성생활은 어떤 의미에서 어머니-딸의 관계 역사 내내 엄청난 '차별화 요소'다. 어머니의 성적 파트너는 신생아기의 배타적인 어머니-딸 유대관계에서 그녀를 끌어내고, 그 이후 딸은 자기만의 성적 환상, 자위, 궁극적으로는 성행위와 친밀감의 사생활을 갖기 위해 그들의 친밀한 연결로부터 떨어져 나온다. 그럼에도 불구하고 가장 초기의 어머니-딸의 '연애'는 남성에게서나

여성에게서나 마찬가지로 근본적인 여성성과의 동일시 및 미래의 모든 소중하고 애정 어린 관계들을 위한 토대를 형성한다(Klockars & Sirola, 2001).

게다가 딸이 20대에 의미 있는 연애관계를 찾아가는 과정은 보다 중대한 의도를 가지며 어머니의 선택을 더 잘 이해하는 결과를 낳을 수 있다. 지속적인 결혼생활을 구축하는 데 있어 가장 마지막의 성공 혹은 실패와 부모에게서 관찰된 파트너십 및 우정의 유형은 관계의 복잡성에 대해 더 잘 이해하며 심사숙고할 수 있게 한다. 어머니의 여정은 격려가 될 수도 있고 불안의 원천이 될 수도 있다. 어머니가 여러 번의 결혼생활을 했던 젊은 여성은 지속적이고도 사랑하는 관계의 가능성에 대해 비뚤어진 시각을 품을 수 있으나, 종종 어머니의 실패랑 연관 짓는 특질을 적극적으로 부정하고 다른 결과를 희망하게 된다. 어머니와 딸의 관계가 '우정'으로 전환되게 되면, 이는 놀랍게도 딸에게 있어 불편한 것으로 드러나는데, 일반적으로 '여자친구'가 될 자신감 때문에 불안해지는 것이다. 딸이 충분히 성숙했을지라도, 부모-자녀의 경계를 유지해야 할 필요를 여전히 경험하며 어머니의 갈등과 불행에 대한 책임을 모면하고픈 소망이 있다.

신생 성인기 여성과 그녀 아버지와의 관계도 마찬가지로 아동기와 성인기 사이에서 미묘하게 균형을 잡고 있다. 비록 청소년기 소녀와 아버지 사이의 어색함이 약해지긴 하였으나, 여전히 확고한 경계에 대한 기대가 남아 있다. 아버지-딸 관계에 상당한 개인차가 있고 딸의 궁극적인 성적 지향이 다양할 수 있음에도 불구하고, 아버지가 그녀를 성숙한 여성으로 인정하는 것은 그녀가 스스로를 멋지고 성적 매력이 있다고 느끼는 것과 "성적인 흥분"을 견디는 능력 모두에 있어 중요한 영향을 미친다(Tessman, 1982, p. 224). 오늘날 신생 성인이 일반적으로 맞벌이 부모의 자녀라는 사실은 "노력 흥분"—즉, 바깥세상에서 존재하는 것, 경쟁하는 것, 성취하는 것에 대한 흥분—에 아버지가 배타적으로 기여하는 정도를 감소시켜 왔으나(Tessman, 1982, p. 225), 아버지는 젊은 여성이 생산적인 사람으로서 자신의 중요성과 관련하여 내면화하는 가치관에 분명 핵심적인 역할을 한다. 20대 동안 성인의 결정을 향해 더듬거리며 나아가고 있을 때의 아버지에 대한 경험은 더 편안해진 따뜻함과 상호 존중적인 대화를 향해 진화할 가능성이 있는데, 특히 아버지가 덜 권위적인 자세로 변하는 경우에 더욱 그러하다.

아버지-딸의 아동기 역사는 그녀가 친밀한 관계에서 파트너로 발전해 가는 내내 반향을 일으킬 수 있다. 아버지에 대한 거리는 양가감정, 적어도 부분적으로는 사랑하는 관계의 불안한 요소들이 원인인 듯하고 극단적인 정서와 강렬한 몰입, 질투를 특징으로 하는 단기적인 관계와 상관이 있다(Seiffge-Krenke et al., 2010).

젊은 남성도 부모와의 관계에서 유사한 방식으로 변화를 겪는다. 그들의 동일시 역사와 일과 사랑에 대한 태도는 성인의 책임을 향해 명확한 걸음을 내딛으라는 압력 아래서 하나로 합쳐진다. 물론 이 단계에 이르기까지의 각 관계 궤도는 남성성과 성인 남자를 정의하는 현대 문화의 변화에 따라 강력하게 모양을 갖추는 데 영향을 미쳤다. 이제 아버지에 대해 현실적으로 평가할 능력이 더 있을 거라고 추정되는 젊은 남성은 그럼에도 오래된 이상뿐만 아니라 실망과 분노를 품는다. 최적의 상황에서 이는 아들의 개별화를 촉진하고 자존감을 지지하는 보다 균형 있는 표상을 만들어 내기 위해 재처리된다. 성인의 관계에 대한 준비가 갖춰졌음에도, 어머니-딸 관계와 유사하게 젊은 성인 남성은 여전히 아버지가 동등한 지위의 '친구'가 아닌 아버지로 남아 있어 주길 바라는 심리적 욕구를 갖는다. 게다가 성인기에 대한 낙관주의를 보전하는 데 있어 아버지의 역할은 여전히 중요하다. 젊은 남성이 삶의 선택에 포위당해 자신이 기대에 필적할 수 있을지 가늠해 볼 때, 성인기 때의 고통에도 불구하고 자기 아들과 사회에 문화적 가치의 중요성과 자신감을 전달할 수 있는 아버지의 영향력은 과소평가될 수 없다. 아버지가 부재한 비율이 높은 하위 문화에서 젊은 남성의 삶이 받는 타격은 놀랄 만큼 크다(Banks & Oliviera, 2011). 비록 단순한 상관관계가 아니라 구체적인 심리적 후유증을 발견할 수는 없지만, 아버지의 존재 혹은 부재는 후기 청소년들과 젊은 성인의 운명에 한 요소가 된다. 심리 내적 혹은 사회적인 경우 모두 부재에 대한 최적의 해결책은 우리가 신생 성인기를 통과하는 청소년기에 대한 논의 내내 언급한 바와 같이 멘토와 같은 아버지의 대리인을 제공하는 것이다. 9장에서 설명한 것처럼, 중기부터 후기 청소년뿐만 아니라 어린 성인은 대개 부모와는 구별되는 목표와 이상을 다시 공들여 만드는 걸 지지해줄 대안적인 역할 모델을 스스로 고른다. 보다 특권이 있는 분야에서 이는 대개 사회구조의 일부로 제공된다(예: 대학 지도교수와 코치 등). 이런 긍정적인 역할 모델을 구할 수 없을 때, 젊은 남성은 스포츠 스타처럼 멀리 있는 영웅 혹은 가까운 쪽으로는 사회경제적 요소에 따라 카리스마 있는 이웃 범죄자에서 존경받는 지역 활동가가 된 사람부터 지역 전쟁 영웅에 이르기까지 자기만의 영웅을 이상화함으로써 역할 모델을 찾을 수도 있다. 그러나 아버지 삶의 온전함(그의 도덕성, 직업 윤리, 성의 역사)은 아들의 내적인 자아 이상의 발달적 토대를 형성하고(Milrod, 1990), 이는

그 아들이 적극적으로 반항하거나 완전히 다른 접근을 취할 때조차도 그러하다. 어린 성인기에 청소년의 갈등이 약화되고 보다 성숙한 평가가 가능해지면, 과거 이상화와 관련하여 자기성찰을 할 가능성이 훨씬 커지고 이는 동일시를 수정하는 데 영향을 미친다. 이런 점에서 우리는 초자와와 자아 이상의 토대가 아동기에 형성된다 하더라도 경험과 성숙의 지속적인 영향에서 면제되지는 않는다고 생각한다.

신생 성인기의 어머니-아들 관계 역시 중요한 역할을 한다. 싱글맘 아래서 성장한 소년-흑인 가정의 50%에 해당되는 구성-에게 있어 어머니-아들 관계는 가치관 및 남성성에 대한 긍정적인 이미지 발달에 있어 핵심적이다(Lawson Bush, 2004). 정신적인 삶에서 의식적으로든 무의식적으로든 부재한 부모가 표현된다고 하더라도, 이 표상은 내적인 환상에 더해 존재하는 부모 및 다른 친척들이 부재한 부모에게 전달한 정보 조각들과 태도의 혼합물인 것이다. 이 표상은 동일시와 정신적 발달의 근간이 되는데, 특히 자기감 및 초자아의 진화와 관련하여 더욱 그러하다. 게다가 어머니-아들 관계는 신생 성인 남성의 양육에 대한 기대에 직접적으로 관련된다. 남성의 자녀에 대한 소망은 양 부모와의 현재 관계로부터 영향을 받지만, 어머니와의 애착 역사에 훨씬 큰 영향을 받는다. '육아의 싹'과 부모로서의 미래 자신감은 어머니와의 안전감 및 친밀감의 역사와 관련되어 있다. 실제 이 책에서 자주 인용되는 Sroufe와 동료들의 종단 연구(2005)는 모든 친밀한 관계에서 초기 애착의 반향을 강조한다. 개인적으로 만족스럽게 노력하고 싶은 분야와 연결될 수 있을 만큼 충분한 재정적 여유가 없었던 청년에게는 20대가 의미 없는 일을 하다 파산할까 봐 불안이 커지고 잘못된 판단이 보다 분명해지는 시간이다. 갈수록 더 시급하게 '알아내야 하는' 필요성은 안타깝게도 실용적인 지도라고 할 만한 것이 거의 없는 상태에 맞닥뜨리게 된다. 사회적이고 세대적인 요소를 제외하고도, 보다 파편화되고 혼란스러운 진로 가능성과 관련하여 발달하게 되는 심리 내적인 결정 요소가 대개 핵심적인 문제다. 다음 사례는 이런 주제를 잘 드러내고 있다.

맬의 아동기 경험은 3세 때 부모의 관계가 끝난 이후 삶에서 아버지의 역할이 최소화된 데 깊은 영향을 받았다. 그의 아버지인 패트릭은 지역 스포츠 영웅으로, 아주 대중적이고 좋은 직장(운동선수로서가 아닌)을 제안받아 다른 도시로 이사 갔다. 맬과 그의 어머니와 긴밀한 관계를 유지하려던 패트릭의 노력은 1년 정도 후 다른 여성과 관계를 갖게 되며 끝이 났다. 맬은 도시환경에서 어머니인 비벌리와 외조부모에 의해 키워졌다. 이들은 '그럭저럭' 생계를 꾸려 갔지만 한 번도 완전하게 경제적으로 안정된 적이 없었고, 자존심 때문에 마지못해 맬의 아버지에게 정기적인 도움을 청했다. 그러나 패트릭의 경제적 지원은 임의적이며 예측할 수 없어 의지할 수 있는 무언가가 아니었다. 맬은 아버지의 고소득 직업과 명성에 대해 쓰라리게 의식하게 되었다. 그는 분노했고 어머니에게 방어적이었으며 패트릭의 관심을 더 받고 싶어 하는 자기소망에 좌절했는데, 왜냐하면 그는 아버지를 가족을 버린, '전형적인 낙제생 아버지'라고 냉소적으로 생각했기 때문이다. 맬은 '그가 없이도 지낼 수' 있기를 바랐다. 아버지를 방문하는 것은 여름 동안 1~2주 정도에 그쳤는데, 맬은 대부분 기분이 상했고 아버지 수행단 때문에 주변부로 밀려난 듯 느껴졌다. 수년에 걸쳐 일련의 관심 가는 여성이 나타났음에도 불구하고, 패트릭은 다시 결혼하지 않았고 배다른 형제자매도 생기지 않았다. 맬은 자신이 간헐적으로 다른 아이의 가능성에 집착하고 있는 걸 발견하고는 고통스러워했다. 아버지가 그를 맡고 싶지 않아했던 것 때문에, 그가 강탈자를 두려워하고 있다는 걸 인정하기가 괴로웠다. 그는 또한 그의 아버지가 잘 알려진 자신의 성을 맬에게 사용하라고 하지 않았던 게 신경 쓰였다. 신랄한 무시로 느껴졌기 때문이다. 맬의 이름은 어머니의 것이었다. 그들의 관계는 맬의 표현에 따르면 피상적이고 '의미 없는' 것이었다.

맬이 성장해 가면서 다른 스포츠에서 점점 두드러지는 운동선수로서의 재능이 패트릭의 관심을 샀다. 맬이 디비전 1 대학에 선발되었을 때, 아버지는 연락하기 시작했고 학교에 정기적으로 모습을 드러냈다. 맬은 짜증나고 당황스러웠지만 동시에 교정에서 자기의 주가가 올라가는 걸 느꼈다. 그는 어깨를 으쓱하는 걸로 위선적인 느낌을 다뤘고 아주 가끔씩만 어머니와 조부모에게 패트릭이 방문한다는 이야기를 했다.

맬의 스포츠 진로는 고무적으로 시작되었으나 2학년이 되자 가파르게 곤두박질쳤다. 그는 학교에서 운동선수로서 누리는 특권과 특전에 사로잡혔는데, 여기는 쉬운 섹스와 다량의 음주가 포함되었다. 그의 코치인 페리가 보기에 맬은 스포츠에서 성공하기 위해 어떤 노력이 필요한지 모르는 것 같았다. 페리는 패트릭이 교정에 나타났을 때 이런 이야기를 했고, 이 사실은 맬이 운동선수가 되기 위한 투자를 하는 데 부정적인 영향을 미쳤다. 비벌리와 그녀의 가족은 점점 더 맬의 성격이 나빠지고 오만해지는 데 대해 정이 떨어졌다. 그가 패트릭을 떠올리게 했기 때문이다.

상황이 몹시 나빠지자, 졸업 학년이 시작될 즈음 페리는 맬과 함께 앉아 그가 팀에 기여하여 프로 리그로 선발될 수 있는 기회는 그의 태도 변화에 달려 있다고 말했다. 그는 스포츠에 진지하게 관심을 기울일 필요가 있었다. 페리는 맬에게, 패트릭이 기량을 유

지하면서 현재 스포츠 역할에서 열심히 노력하는 전문가라는 점만 빼고 아버지와 같은 삶을 살려는 것 같다고 지적했다. 페리의 '엄한 사랑'은 효과가 있었다. 맬은 스스로에게 넌더리가 나 요란한 행동들을 줄여 가기 시작했다. 그러나 그는 운동 분야에서 힘을 합쳐 조직적으로 움직이는 데 마음이 없는 것 같았다. 그는 프로의 가능성을 접고 중간 단계의 선수로서 졸업을 했다.

맬은 그 이듬해 어머니의 집에서 거의 아무것도 하지 않고, 이따금씩 스스로가 싫다고 느끼면서, '아무것도 안 하는' 고등학교 친구들과 어울려 지내며 아버지와의 연락을 피했다. 비벌리는 마침내 화가 나서 가계에 보탬이 되는 일을 시작하지 않는다면 그를 내쫓겠다고 협박했다. 맬은 아버지에게 가 그와 함께 지내며 아버지의 스포츠 관련 활동과 연결된 직업을 찾을 수 있을지 물어봤다. 이는 급속도로 그 관계에 위기를 불러왔고 맬은 자기가 '특별한 걸 아무것도' 줄 수 없자, 아버지가 도움을 주는 데 인색해지며 진정한 관심이 없다고 생각하여 깊이 실망했다. 어머니에게 다시 집으로 돌아가도 되는지 물어보는 것은 구차했지만 어머니는 맬의 아버지에 대한 새로운 수준의 환멸을 감지하여 이를 '다시 들먹이지' 않았다. 이런 실패 직후, 맬은 그의 오랜 코치 페리에게 연락하여 지도를 청했다. 페리는 그의 아버지와는 달리 몇 시간 동안 그와 스포츠, 아버지, 그의 미래 등에 대해 이야기를 나눴다. 페리는 패트릭 같은 '대단히 성공적이며 대단히 실망스러운' 아버지가 있는 것의 문제를 잘 이해했고, 맬에게 한 학기 정도 학교에서 보조 코치를 해 보는 게 어떻겠냐고 제안했다. 급여는 적었지만 페리가가족들과 함께 지낼 수 있어 생활비가 적게 들었다. 맬이 어린 선수에게 코치와 멘토로서의 자기 역할을 점점 더 소중하게 생각하면서 한 학기는 두 학기로 늘어났다. 비록 여성과의 관계는 20대 동안 발달되지 않은 채 남아 있었지만, 마침내 자기 관심사를 이해해 주는 누군가를 만나자 그의 책임감과 자기결정성은 크게 자라났다. 그는 결국 모교에 정규직으로 채용됐고 자신의 멘토링 기술을 대단히 즐기게 됐다.

맬의 이야기가 시사하듯, 신생 성인이 "제대로 된 자기 삶을 살고자 하는" 욕구는 종종 인생의 파트너를 찾는 일보다 우선한다(Arnett, 2004, p. 101). 현대 20대는 자기가 누구인지를 알아내는 동안 결혼을 연기한다. 이들이 적절한 파트너를 찾는 일은 보통 유사성과 공통된 관심사를 기반으로 한다. 성별에 따라 여가 활동이 나뉘는 경우는 점점 더 줄어들고, 커플들은 이전보다 더 많은 시간을 직장 밖에서 함께 보내는 경향이 있다. 현대의 연구는 친밀한 관계가 책임을 지는 관계로 발전해 갈 때 우정은 다소 그 중요성이 감소한다는 익숙한 통념을 뒷받침한다(Barry et al., 2009). 우정에 필요한 개인의 능력, 특히 타인을 의미 있게 필요로 하는 능력(**상호의존**이라 불리는 성인기와 관련된 능력)이 낭만적 관계에서 필요로 하는 것과 유사하다는 점을 생각해 봤을 때, 우정은 낭만적인 관계 준비를 도와준 후에는 잇따르는 성인기 과제와 점점 관련이 적어지는 듯하다. 분명 우정은 연애 파트너의 선호, 결혼과 출산이 일치하지 않는 친구들의 '인생에서의 시기'에 대한 염려에 맞춰 수정을 거치게 된다. 그러나 30대가 어렴풋이 등장하게 되면, 남성이나 여성이나 마찬가지로 신생 성인은 결혼에 대해 조급한 마음이 들어 책임 있는 관계로 단호히 움직이려고 한다. 34세가 되면 10명 중 7명은 "백년가약을 맺는다"(Settersten & Ray, 2010, p. 31).

맬이 고군분투한 과정이 보여 주듯, 가족 및 부모 개개인과의 현재 관계 표상을 재작업하는 것은 정체감뿐만 아니라 의미 있는 장기적인 관계로 들어가는 것에 대한 신생 성인의 자신감에 강력한 영향을 미친다. 현대 문화는 동거와 같은 중간 단계를 용인하고, 이는 책임 있는 약속을 하기 전 신생 성인들이 이 중요한 장에서 필요로 하는 역할을 탐색하도록 도와줄 수 있을 것이다. 오늘날 동거는 전형적인 결혼 전 단계다. 신생 성인의 무려 2/3가 결혼 전에 연애 상대와 동거를 하고 있다(Arnett, 2004). 결혼 전의 이러한 단계가 평가 기간으로서 유용하게 역할을 하는 듯하지만, 결혼 전 동거가 양질의 결혼생활과 상관이 없으며 혼전에 아이가 태어나는 경우 결혼생활의 질은 분명하게 나빠진다는 증거들이 있다(Tach & Halpern-Meekin, 2009). 결혼 약속은 구체적인 역할에 적응하기 위한 조건들을 내놓게 되는데, 이는 성인관계의 의미, 결혼식, 필연적으로 오이디푸스적 갈등과 관련하여 유년기에 기인한 환상들이 울려 퍼지게 된다. 실제로 결혼식은 부모와 관련하여 새로운 역할을 맡게 되면서 관계가 달라지고(어떤 커플은 불안해짐) 타인과 접합되는 것으로 경험될 수 있다. 물론 육아는 그 자체로 불가피하게 이전의 우정과 관계가 달라지게 한다.

형제자매 관계

형제자매 관계는 발달과정 내내 변동을 겪는데, 아마도 신생 성인기 동안은 그

변동이 가장 심오할 것이다(Conger & Little, 2010; Scharf et al., 2005).

신체적·인지적 발달

마침내 우리는 다시, 엄격하게 근본적으로 생물학적인 추진력을 가진 프로그램, 관찰 가능한 신체적인 변화, 인지적 변화, 새로운 능력의 출현이라는 의미에서 신생 성인기를 '발달적'이라고 할 수 있을지에 대한 질문으로 돌아왔다. 어떤 이는 분명 정신구조가 청소년기 말에 온전히 확립되며 그 이후 어떤 눈에 띄는 생물학적인 변화도 일어나지 않는다고 주장한다. 그러나 많은 사람에게 있어 일반적으로 사춘기 발달 및 성인 형태로의 진화에서 정점으로 경험되는, 미묘하지만 주목할 만한 신체 변화를 겪는 시기는 오직 20대뿐이다. 특히 '대기만성형'에게 있어, 심지어 평균 발달 속도를 지닌 사람들 중에서도 사춘기 변화가 공고해져 온전하게 표현되는 시점은 20대 초반이다. 가슴의 털, 빼곡히 들어선 수염, 근육의 발달, 체력, 인내, 가슴의 발달, 지방의 분포와 같은 2차 성징이 성숙한 성인의 형태를 띤다(McAnarney et al., 1992; Neinstein et al., 2000). 신생 성인은 '물이 오르고' 후기 청소년의 앳된 모습은 사라지게 된다(Colarusso, 1991).

성장 속도, 사춘기적 변화, 노화의 초기 징후(예: 흰머리, 탈모, 체중 증가)에는 폭넓은 개인차가 있기 때문에 20대의 신체발달은 그 범위가 눈에 띄지 않는 정도에서부터 변신까지에 이른다. 그러나 20대가 끝나가면서 대부분의 사람은 신체적인 자기를 경험하고, 이전에 가차 없이 앞으로 밀어붙이던 이 힘에 의해 점차 성인의 체형과 기능이 안정화된다. 이런 변화는 대개 신체적 측면에서 부모에 대한 충격적인 인식과도 관련 있는데, 이는 기쁘게 반길 수도 있고 충격받아 실망스러울 수도 있으나 대부분 최종적으로는 전조로 인식하게 된다. "이것이 내가 갖게 될 신체의 모습이고, 나의 부모는 신체가 노화되는 방식을 보여 주고 있다." 동일시를 둘러싼 신생 성인의 갈등 역사는 신체적인 변화와 환경의 반응에 따라 고조될 수 있다.

인지적으로는 Piaget가 형식적 조작기로의 발달은 청소년기에 완성되는 것이라고 했는데, 잇따른 인지적 성장, 특히 어린 성인이 자신의 관심사에 집중하기 시작할 때의 성장을 과소평가했다는 평을 받고 있다. "개인의 적성은 나이가 들어 감에 따라 점차적으로 두드러진다."(Piaget, 1972/2008, p. 44) 형식적 조작기의 완성과 정교화는 점점 더 환경적인 자양분에 달려 있는데, 이는 신생 성인이 자신의 진가를 인지적으로 발휘하기 위해서는 자신의 특별한 관심 영역에 몰두해야 한다는 것을 시사한다. 다시 말하지만, 8장에서 설명한 후기 수초 형성과정을 통한 활동 의존적인 연결들을 지속적으로 정교화하는 데 환경이 중요한 역할을 맡는다.

여러 학자는 이 모든 변화가 성인기의 다면적인 성취에서 편차를 가지며, 개인 간 및 개인 내, 각 영역들에 걸쳐 불균형적으로 성취된다고 주장한다. 이들은 전생에 걸쳐 성인 형태의 정교화와 공고화가 지속되며 이 시대를 구분 짓기 위해 새로운 발달 단계를 고안할 필요는 없다고 주장한다.

주요 개념

21세기에 새로운 발달 단계로서 일컬어지면서 신생 성인기는 사회학자, 청소년 이론가, 사회 평론가의 관심사가 되었다. 그럼에도 불구하고 이 사상가들 사이에서는 18~24세 혹은 21~30세로 다양하게 자리 잡은 이 시기가 정당하게 발달적으로 구분되는 시대인가를 둘러싸고 눈에 띄는 의견 차이가 있다. 다른 시각에서는 후기 산업 서구 문화가 소위 성인기의 표지—독립적인 생활, 결혼, 진로의 영속성, 자녀의 출산과 양육—를 미루고 과거에는 가능했던 이 표지들의 성취 경로를 사라지게 하는 상황을 초래했다고 주장한다. 뿐만 아니라 어떤 발달학자와 사회학자들은 신생 성인이라는 단어가 특정 순간의 서구 후기 산업화 사회의 작은 영역을 대표하는 사람들—말하자면, 자식이 성인기의 탐색을 할 수 있도록 기꺼이 지원하는 풍족한 부모의 자녀들—을 칭하는 것이라 주장하며, 다음 세대인 오늘날 신생 성인은 자신의 어린 성인 자녀를 충족시켜 줄 만한 자원이 없기 때문에 이런 세대적 현상이 다시 발생하지는 않을 거라고 생각한다. 더 나아가 이런 비평가들은 신생 성인기라는 개념은 문화, 가정, 경제, 개인 심리, 성장과 발달 간의 복잡한 상호작용에 대한 인식이 거의 없이, 개인 내 영역 안에서도 엄청난 편차가 있다는 것에 대한 이해도 거의 없이, 발달을 일련의 연대기적 단계로 바라보는 구시대적 개념화에 근거하는 거라고 주장한다(Hendry & Kloep, 2007).

신생 성인기라는 단어의 창안자이자 중요한 이론가인 Arnett에 따르면, 이 단계에는 다섯 가지 기준이 있다. ① 정체감 혹은 역할 탐색, ② 불안정성, ③ 자기초점화, ④ 가능성들의 확장이 그것이다(Arnett, 2004, p. 55). 그의 입장은 신생 성인기를 18~24세로 설정하는 것 때문에 복잡해졌는데, 여러 학자는 이 시기를 전통적인 시간 틀에서 정체감 및 역할 탐색을 위한 단계, 후기 청소년기라고 보는 것이 보다 정확하다고 주장한다. 그러나 오늘날 20대 다수가 진로 선택, 성적 지향, 정치적·종교적 신념, 자녀를 갖는 것에 대한 감정과 태도, 파트너에 대한 책임과 약속, 그 외 다른 많은 측면에서 성인의 삶에 대해 여전히 탐색 중이라는 점에 대해서는 의심의 여지가 없다. 이들은 그럼에도 불구하고

동시에 한 발은 여전히 청소년기에 있다는 듯 위험한 행동을 벌인다. 이 젊은이들이 자율적으로 결정한 삶의 선택에 대해 심사숙고하며 자기가 선택한 파트너와의 관계에서 자리를 잡기 시작하면, 책임감 있는 자기조절에 대한 태도가 성숙해 가고 부모와의 관계도 결정적으로 평등한 쪽으로 변화한다.

- 21~30세 사이의 주관적인 경험은 여러 측면에서 성인이 되기 위한 투쟁의 가장 민감한 척도다. 이들은 성인이 될 준비가 완전히 되지는 않았지만, 동시에 더 이상 '아이'도 아니라고 느낀다. 신생 성인은 일반적으로 미래에 대한 어느 정도의 불확실성과 그 미래가 벌써 도착한 것 같은 불안한 인식 둘 다에 대해 이야기한다.
- 신생 성인기의 핵심 과제라고 묘사되는 역할 탐색(Arnett, 2000)은 중요한 결정을 내려야 한다는 급박함 때문에 비교될 만한 청소년기의 경험과는 다르다.
- 위험한 행동, 특히 과도한 알코올 섭취는 실제 이 시기에 최고조를 이루고 30세가 가까워짐에 따라 줄어든다.
- 부모와의 선택적인 동일시와 자신의 개성이 담긴 세계관은 신생 성인기 과정 전반에 걸쳐 발전하는데, 이는 점차 관심사, 전문성, 개인의 철학, 지속적인 책임에 대해 관심을 기울이며 이들을 정교화하는 결과를 낳는다.
- 신생 성인기에는 급격한 신체적 · 신경적 · 심리적 혹은 인지적 변화는 일어나지 않지만, 이 시기는 대개 이 모든 영역의 완전한 성숙을 달성하고 정신능력에서 전문성을 증가시키는 과정을 아우른다. 그러나 성숙이 반드시 순조롭게 진행되는 것은 아니다. 20대 내내 불균형적인 신체 및 자아 발달은 성인기의 이정표를 성취하는 데에도 불균형을 야기한다.

11장

정신역동적 심리치료에서 발달적 사고의 역할

이 장에서 우리는 발달에 대한 박식한 이해는 정신역동 작업의 기본이라는 핵심 논지를 간략히 다시 논의할 것이다. 사실, 우리는 발달에 관한 지식은 모든 상호작용에서 임상가에게 도움이 된다고 생각한다. 정신건강 전문가에게 상담을 받는 환자들은 무수한 주제와 장애를 갖고 있다. 여기에는 분명 "의미, 무의식적인 생각, 숨은 동기"에 대한 정신역동적 탐색을 추구하지 않고 또 그게 도움이 되지도 않는 진단 집단이 있다(Wolff, 1996, p. 369). 그러나 순수하게 행동적인 개입을 요구하고 그로부터 가장 크게 도움을 받는 환자와 작업할 때조차도, 발달에 대해 충분히 이해하고 있는 치료자는 자신의 전문성을 증진시키고 거의 모든 종류의 치료에서 등장하는 필연적인 전이/역전이 역동과 변화에 대한 저항에서도 방향을 잘 찾아 나갈 수 있다. 이전 역사의 영향, 과거의 관계를 반복하고 재창조하려는 보편적인 경향, 유년기 정신 작용을 기반으로 한 순진무구한 인식의 존재, 과거의 트라우마에 대처하기 위한 구체적 방어 기제들의 역할 등에 대한 이해는 어떤 치료적 방식이 적절하다고 여기든 간에 상담실에서 한 사람에 대한 깊은 이해를 위해서는 모두 필수적이다.

과거, 현재 그리고 발달적인 관심

정신역동적 치료에서 치료자의 발달이론, 단계와 관련된 정신 조직화에 대한 정통함, 핵심 발달 주제에 대한 민감도는 환자에 대한 포괄적인 그림을 그리기 위한 조직적 배경이 된다. 정신역동 임상가가 환자의 상담실 안팎에서의 경험에 관심을 갖게 되면, 발달적 사건과 현재 나타나는 징후들을 치료적 관계에서 펼쳐지는 상황에 통합하는 작업을 하게 된다. 과거 및 현재의 환경과 경험, 무의식적 환상, 애착 안정성의 지속적인 영향, 신체적 속성, 발달이 출현하는 속도, 그 외 많은 요소가 환자의 자기표상 및 전반적인 정신적 삶에서뿐만 아니라 환자-치료자의 상호작용에서도 짜임을 만들며 펼쳐진다. 이런 관점에서 **현재는 과거를 예견할 수 있다** (Hartmann & Kris, 1945; Tuch, 1999). 환자가 제시하는 일련의 기대와 관계를 맺는 방식은 치료자와의 관계에서 가장 잘 드러나고, 이는 경험을 통해 걸러지면서 과거의 중요한 요소들을 분명하게 만든다. 그러나 정신역동적 치료의 목표를 달성하기 위해 지금-여기와 환자의 과거 사이를 연결하는 것이 필요할까? 그리고 그걸 위해 발달에 대해 어느 것이든 아는 게 필요할까?

검토해 본 결과, 이 두 관련 질문은 실제로 복잡한 것이다. 서로 다른 학파의 치료자들은 치료의 목표 및 발달적 지식의 관련성 모두에 대해서 의견이 다를 뿐만 아니라 환자들 또한 각자가 선호하는 고통 경감의 형태와 자기 역사에 대한 관심에 있어 서로 다르다. 뿐만 아니라 특정 치료에서 만난 환자와 치료자는 무엇이 도움이 되고 현재 문제가 어떻게 과거에 기초하는지 중요하지만 공식화되지 않은 방식에 대해 서로 의견이 다를 수 있다. 환자는 고통이 경감되기를 바라지만, 일반적으로 무의식적인 이 과정이 어떻게 달성될 것인가에 대한 견해는 치료자와 반드시 같을 수는 없다. 자신의 과거와 관련해서 스스로를 이해하고 싶어 하는 환자는 종종 치료자로부터 유년기의 박탈을 보상받거나 충족되지 못한 유년기의 욕구를 만족시키고 싶어 한다. 이들은 자신의 역사에 대한 스스로의 버전에 과도하게 집착하며 과거의 경험과 그것이 그들을 어떻게 만들었는지에 대해 간직해 온 생각들을 재고하길 꺼릴 수 있다. 이렇게 고정된 이야기는 보통 그들의 현재 적응에 중요하고도 지속적인 요소이며 치료에 대한 저항의 원인이 된다. 예를 들어, 부모에서부터 현재 배우자에 이르기까지 믿을 수 없는 타인들 때문에 외로운 홀로서기의 대하소설

로 자기 삶을 묘사하는 환자는 스스로 자기실망에 기여하는 바가 있으며 치료를 포함하여 도움을 얻기 위한 기회를 활용하길 거부한다는 점을 잘 인정하려 하지 않을 수 있다. 다음 사례에서 묘사되는 남성처럼, 대부분의 환자는 어떻게 현재의 그들과 같은 사람이 되었는가에 대해 확고부동한 사고방식을 갖고 우리를 찾아온다. 심리치료의 중요한 과제 중 하나는 그 버전에 대해 의문을 제기하고 그것을 다시 살펴보게 하며, 보다 성찰적이고 심리적인 이해가 잘 녹아 있는 자기 이야기를 촉진하는 것이다.

28세의 남성인 로스는 연애관계에서 반복되는 어려움 때문에 치료를 찾았다. 그의 설명에 따르면 그는 현재 아주 매력적이고, 지적으로는 열등하다고 느껴져 그를 당황스럽게 하는 여자친구가 있다. 그는 이것이 어떤 식으로든 그와 관련 있는 것일까 궁금해했는데, 마지못해 그것은 그의 성인기 삶에서의 패턴이었기 때문이라고 인정했다. 아니나 다를까 이내 곧 그의 여자친구들은 교양, 교육 수준, 문화적으로 부족했다는 걸 발견했다. 첫 회기에서 이 젊은 남성은 자발적으로 이런 도입으로 자기 역사를 소개했다. "제 부모는 제가 세 살 때 이혼했어요. 그게 당시에선 최선이었어요. 그 사건은 제게 자급자족해야 한다고 가르쳐 주고 어머니와의 관계를 아주 가깝게 만들었어요." 그는 이어서 아버지와 함께 보내는 시간은 항상 아주 즐거웠다고 말했다. 그의 아버지는 부유하고 유명한 지식인으로 환상적인 휴가를 보낼 수 있게 해 줬는데, 거기서 그는 스키와 스쿠버다이빙 등을 배우고 '중요한 사람들'과 어떻게 어울리는지를 배웠다. 반면, 그와 그의 어머니는 다소 가난하게 살았다. 그의 어머니는 가게 점원으로 일했고, 그는 방과 후와 주말에 일을 해서 미미한 수입을 보충해야만 했다. 그의 아버지는 아주 교양 있는 사교계 명사와 재혼한 후, 전부인에 대해 전문성에 한계가 있고 궁핍했다며 노골적으로 무시하는 태도를 보였다. 환자는 청소년기에 집 근처 야구장의 핫도그 좌판에서 일했던 게 만족스러웠다고 이야기했다. 그는 자주 같은 반 친구에게 핫도그를 만들어 주고, 때때로 아버지와 그의 새로운 가족에게 판매를 하기도 했다. 고등학생이었을 때 그가 학업적으로 상당히 유망해지자 아버지는 더 많은 관심을 기울이며 대학 등록금을 대 주겠다고 약속했다.

그의 양육에 있어 아버지의 마지못한 참여, 어머니에 대한 우월감 그리고 그 연장선에서 아들에 대한 무시(그가 기개를 '드러내기' 전까지)에 대한 이야기가 중립적으로 제시됐다. 환자는 이를 결단력 있는 자급자족의 이야기로서 빈정대는 투 없이 이야기했다. 이 경험은 그에게 많은 것을 가르쳐 줬고, 그의 주장대로라면 그는 "다른 방식으로는 배울 수 없었을 것이다." 사실상 그는 이 이야기를 자세히 살펴보고 싶은 여자 치료자의 바람을 무시하고 있었다. 그녀는 '빈곤한 상태가 갖는 이점들'을 이해하지 못하는 것뿐이었다. 그럼에도 불구하고 그녀가 여러 차례 과거가 현재 적응에 미치는 영향을 보여 주자, 그는 점차 이 유년기 경험이 고통스럽고 수치스러우며 그의 삶 내내 반향을 일으켰다는 사실을 깨닫기 시작했다. 더 나아가 전이에 대한 탐색은 그가 치료자를 무시하고 있다는 사실을 드러냈으며 이는 지금-여기에서 어린 시절의 대처 전략과 그에 따르는 성격의 변형을 성찰할 기회를 제공했다. 마침내 그는 자신이 아버지와 동일시하고 있으며(**공격자와의 동일시** 형태로) 그 결과 대부분 무의식적으로 어머니를 비하하고 있다는 사실—이전에는 억눌러오다 여자친구 그리고 지금은 치료자 쪽으로 방향을 돌린 태도—을 인정할 수 있게 됐다. 그는 또한 역사적으로 한없이 낙천적인 시각을 왜 필요로 했는지 이해하기 시작했으며, 아버지의 오만함과 무관심뿐만 아니라 이혼과정에서 지독히 불공평한 조건을 수용한 어머니의 복종심 둘 다에 대한 분노를 자각하기 시작했다.

이 젊은 남성은 자기 삶의 이야기에서 밝은 모습을 잃어버린 걸 후회했지만, 3년에 걸친 치료과정에서 그런 태도의 방어적인 목적에 대해 이해했다. 그의 새로운 이야기는 치료 중에 점진적으로 등장했는데, 비록 덜 낙천적이긴 하나 훨씬 더 일관되었다. 자기를 버린 아버지에 대한 동일시 뒤에 숨은 유년기의 절망적인 불안을 이해하고 나니, 그는 오늘날 여성에 대해 지닌 적대감을 면밀히 살펴보는 걸 견딜 수 있었고, 의식적으로도 그의 철학적 · 정치적 · 도덕적 신념이 형편없고 상충된다는 사실을 발견했다. 어린 소년이었던 자신뿐만 아니라 그가 압도시켰던 어머니에 대해서도 점점 더 연민을 느낄 수 있게 되자, 점점 더 의식되는 뿌리 깊은 적대감은 보다 더 자아 이질적이 되었다. 이 문제를 갖고 치료자와 한참을 작업한 후, 그는 점차 자기 여자친구에 대해 사랑을 느끼고 책임을 다하고 싶다는 소망을 인식하게 되었다.

분명 어떤 환자는 자기 역사에 대해 깊이 생각하지 않고 상기시키지 않는 한 과거의 경험을 거의 참조하지 않을 것이다. 비록 **어린 시절의 경험이 성격 형성에 영향을 미친다**는 개념이 문화적 통념이라고 하더라도, 자신의 부적응적인 패턴에 관심을 보이는 환자 중 다수가 유용한 과거의 자료를 제공하지 않고 아동기의 영향과 관련하여 추측이나 가설을 활용하지 않는다. 이는 특히 아주 어린 환자들과 아주 나이

많은 환자들에게 있어 더욱 그러하다. 어린 아이들은 (짧지만) 더 이전 삶의 기억들을 선뜻 자진해서 말하지 않고, 나이 든 여러 어른은 자신이 어린 시절로부터 아주 멀리 떨어져 있다고 느낀다. 더욱이 일부 현대 사상가는 과거 경험을 설명하는 것이 불필요하다고 생각하는데, 왜냐하면 지금-여기가 자기탐색 및 심리치료적 변화를 위해 풍부한 자료를 제공하기 때문이다. 그러나 우리는 **치료자**가 발달적 사고에 철두철미하게 토대를 두는 것은 어떤 환자의 이야기를 듣기 위해서든 핵심적이라고 주장한다. 이는 전개되는 관계, 환자의 선택과 세상을 경험하는 방식, 지속적인 부적응의 측면, 치료 안팎에서 반복되는 역동 등에 대한 이해를 깊게 하는 데 영향을 미치기 때문이다.

우리는 또한 대부분의 성인이 나이에 관계없이 일관적인 자기 삶의 이야기에 관심이 있다고 생각한다. 과거에 대한 서사는 정체감을 형성하는 블록을 쌓는 일이며, 오늘날 경험과 미래에 대한 신념에 독특한 거푸집을 빌려 주는 것이다. 환자들은 대개 자신을 더 잘 이해하고, 자기패배적 혹은 타인에게 고통을 주는 행동을 이해하고 싶다고 분명히 이야기한다. 당황스러운 현재의 패턴을 과거의 맥락에서 살펴봄으로써 의미와 일관성을 부여하는 것은 다양한 이유에서 성공적인 치료의 핵심이라고 할 수 있다. 이 과정은 더 많은 연민으로, 덜 방어적인 태도로 자기성찰을 할 수 있게 촉진하며, 자기감 및 정체감의 통합을 조장하는 한편, 자존감을 지키고 위협을 피하기 위해 발달된 반사적인 파괴적 행위들을 줄이고, 효과적인 치료의 이정표라고 할 수 있는 자기인식을 크게 향상시킨다. 실제로 유년기의 자신과 중요한 애정 대상에 대해 보다 정신화한(mentalize) 그림을 갖고자 하는 목표 외에, 자신이 과거와 현재의 본질적인 원인 제공자란 사실을 환자가 인식하는 것은 심리치료적 성공의 결정적인 부분이다. 자신의 자질, 자기조절, 인지적 측면, 경험, 자기애적 균형을 보호하고자 하는 방어적인 욕구 모두가 발달 기간 내내 환경과 상호작용하며, 과거의 표상 및 현재 모습 모두를 만들어 낸다.

다음 사례는 자기 삶의 모든 환경에서 어울리지 않는 듯한 위화감을 만성적으로 느끼던 환자가 그게 어떻게 발달하게 됐고 어떻게 가학적인 즐거움을 제공했으며 어떤 식으로 과거와 현재의 선택에 얽혀 왔는지를 이해했을 때 끈질기게 반복되던 자기 경험에 대해 새로운 시각을 갖기 시작하는 것을 보여 준다.

기혼의 전문직 여성인 그레첸은 끊임없이 어색하고 스스로가 여자답지 않다고 느껴

왔다. 자기에 대해 '키가 크고 매력적인, 아이비리그 졸업생'이라고 묘사하는데도 그녀는 여성으로서의 자기 능력과 힘에 대해 걱정했다. 이는 결국 성공했음에도 불구하고 불임 때문에 장기간 발버둥쳤던 사실 때문에 더 악화됐다. 지금 쌍둥이의 어머니가 된 그녀는 자신의 결혼생활과 사모주식 투자회사의 중견 경영진인 직업이 불만족스러웠다. 그녀의 결혼생활 자체는 '나쁘지 않았지만', 엄청나게 성공했고 카리스마가 있으나 바람둥이라고 잘 알려진 기혼 상사에게 자신이 강하게 끌리고 있다는 걸 발견했다.

초기 기억에서 그녀는 아름다운 남아메리카인인 어머니의 자기몰두와 자기만족 때문에 좌절했다. 그녀는 저녁 식사와 댄스 파티를 공들여 준비하느라 몰두해 있는 어머니를 향해 소리를 지르며 반복적으로 짜증을 부렸던 걸 기억해 냈다. 환자의 아버지는 아주 성공한 은행원으로서 간헐적인 자기패배적 행동 때문에 힘들게 얻은 지위와 명성을 상당한 대가로 지불한 역사를 갖고 있었다. 그 여파는 종종 공개적으로 가족에게 수치심을 안겨 줬다. 유명한 금융 기관의 아주 저명한 경영진이었던 아버지는 환자가 6세였을 때 적절하지 않은 사회적 행동으로 인정사정없이 해고당했고, 그녀가 17세였을 때는 공개적인 바람을 폈다. 이런 사건들에도 불구하고 그는 계속 부활했다. 그는 아주 비판적이며 자기 자식에 대한 요구가 많은 사람이었으나, 그녀가 발달과정의 다양한 단계를 잘해 내자 그는 점점 더 관심을 보였고 심지어 딸의 성취와 늦게 피어난 미모에 감탄하기까지 했다.

항상 또래들보다 '1피트(약 30cm)씩 크고' '키다리처럼 말랐던' 그녀는 17세에 초경을 할 때까지 2차 성징의 아무런 신호도 보이지 않았다. 그녀가 11세였을 때, 가족들은 부유하고 귀족적인 동네로 알려진 인근 소도시로 이사를 갔다. 새로운 중학교에 입학했을 때 그녀는 얼빠져 있고 운동신경은 있으나 소수민족 출신의 소녀로 보였고, 배타적이고 대단히 조숙한 동급생들과는 전혀 조화롭지 않았다. 이런 환경에서도 점차 오래가는 친구들을 사귀었다는 사실에도 불구하고, 그녀는 항상 자신이 친구들보다 한 발짝 뒤처졌다고 느꼈다. 그녀는 데이트를 하는 무리들로부터 완전히 배제되었고 대학교 2학년이 될 때까지 처녀로 남아 있었다.

그녀가 치료를 받으러 온 것은 상사와의 외도가 막 시작되었을 시점이었다. 그녀는 급속도로 상사에 대해 엄청나게 양가적인 애착을 발달시켰는데, 그의 아내 및 다른 애인들(대부분 그녀가 직업관계상 마주치는 사람들)에 대한 질투와 거짓말쟁이이자 바람둥이인 그에 대한 경멸, 그러나 동시에 지금껏 한 번도 경험해 보지 못한 성적인 열정이 그 특징이었다. 그의 직업적인 행동은 믿음직했지만 변덕스럽고 반복적으로 실망스러

웠으며, 그들 관계에 좌절을 안겨 줬다. 그녀는 세련되고 매력이 넘치는 그의 아내에게 정신이 팔려 있었는데, 그녀가 보기에 그의 아내는 자신보다 훨씬 더 여성스러웠다. 그녀는 분 단위로 변하는 그의 어조나 배려가 새로운 애인의 등장이나 아내에 대한 헌신을 재개하는 신호인지 알아내려고 했다. 자신의 결혼생활은 점점 더 지루해지고 남편은 유치하게 느껴졌다. 그녀는 이 외도로 가정과 직업 둘 다 위태로워지고 있다는 걸 걱정스럽게 느끼고 있었으나 상사에 대한 집착은 더 강렬해질 뿐이었다.

환자들은 현재에서 유년기의 경험 및 중요한 대상과의 동일시를 다시 만들고 반복한다. 현재는 과거의 사건과, 가장 중요하게는 정신적 삶과 이어지는 삶에서 그 사건들에 대한 끊임없는 재작업을 명확히 보여 준다. 앞 여성의 사례에서 그녀는 사춘기가 늦어졌고 신체적 특징은 성적 매력이 있는 여성으로서의 자기표상에 지장을 줬다. 합리적으로는 실제 꽤 매력적이라고 이해하면서도 말이다. 아버지의 외도는 어머니를 격하시키는 것과 같았고(초기 기억에서의 인식에 따르면) 그녀 역시 어느 정도 경멸을 갖게 되었다. 그러나 아버지가 많은 외도 중에 자신에게 감탄하며 관심을 갖는다는 사실을 인식하게 되면서, 그의 외도는 또한 스스로에 대한 승리감과 절망감의 한 부분이 되었다. 그녀의 결혼생활은 성별을 바꾸어 부모의 모습을 되풀이하는 것이었으며(그녀는 남편을 폄하하고 속였다), 동시에 상사와의 외도는 오이디푸스의 승리와 패배가 하나로 합쳐진 것에 해당됐다. 특히, 아버지에 대한 두 개의 표상은 분리되어 남편은 '패자'로, 상사는 종잡을 수 없고 카리스마 있지만 가질 수 없는 남자로 만들었다. 가정 및 직장에서의 벼랑끝 전술은 아버지의 자기파괴적인 특성과 죄의식을 느끼는 동일시였다. 당연히 이 외도는 남자 치료자의 중요성을 '전문적인' 태도로 깎아내리는 역할도 했다. 그녀에게 전이를 의식하게 만드는 것은 어려웠지만, 이 '중립적인' 자세에 대한 점검은 전이에서도 동일하게 나타난 과민성과 흥분의 가면을 벗겨냈다. 점차 그녀는 인터넷에서 치료자의 아내를 '스토킹'하는 패턴을 드러낸 것이다. 이 부분에 대한 작업은 그녀의 유년 시절 가족에서의 삼각관계와 연결되는 깊은 이해를 촉진시켰고 작업이 가능한 치료적 관계로 균형을 변화시켰다.

Sroufe(2005)의 종단 연구는 초기 아동기에 관찰되는 애착의 범주는 발달과정 내내 이어지는 관계에서 쉽게 식별된다는 점을 강조한다. 그러나 애착 패턴은 생애과정에 걸쳐 섹슈얼리티, 죄책감, 처벌 욕구, 경쟁 등 한마디로 모든 미묘한 감정이

스며들어 그 복잡성이 누적된다. 일대일의 치료는 이 연결을 훨씬 더 정교하고 구체적인 방식으로 분석하며, 환자의 역사적 관계가 현재 관계를 맺는 방식, 성적 흥분의 조건, 친구와 연인에 대한 태도, 대상을 선택하는 반복적인 패턴, 치료적 관계의 전개에 일으키는 파문을 밝혀낸다.

발달적 개념의 현대적 타당성

1장 '정신역동 발달 입문'에서 언급했듯이, 정신역동 연구들에는 발달적 개념을 필요로 하는 혹은 발달적인 변화에 대한 일종의 약칭을 반영하는 몇 가지 견해가 있다. 그중 일부는 초기 표현으로부터 많이 진척되어 검토 결과 시대착오적이며 구식이 되어버린 듯하다. 나머지는 여전히 유용하지만 현대의 용어로 재개념화할 필요가 있다. 여기에는 다음 항목들이 포함된다.

① **발달이 갈등과 불균형을 초래하며 증상을 만들 수 있다는 생각:** 예를 들면, 아동의 떼쓰기와 청소년의 위험한 행동은 어느 한도 내에서는 예상될 수 있고 저절로 고쳐진다. 이런 결과가 발생하지 않는 경우(즉, 발달적 혼란이 다시 균형을 잡지 못하는 경우) 정신병리가 뒤따르는 것이다. 점진적인 변화를 계속 유지하지 못하는 이유로는 자질(문제의 역치와 생리적 혹은 경험적 원인들 때문에 '새로운 능력'이 지연되거나 부재한 것 등을 포함하여), 환경적인 요구, 트라우마의 영향과 같은 이 책에서 소개한 모든 원인이 포함된다.

② **오이디푸스(높은 수준) 대 전오이디푸스(원시적) 정신병리, 성격장애 혹은 자아기능 수준의 범주:** 역사적으로 이 용어는 경계선 혹은 정신증적 장애로부터 신경증 환자를 구별하기 위해 사용되어 왔다. 명백하게, 정신병리의 연속선이 발달의 연속선과 부합한다는 구시대적인 발상(Westen, 1990)에 기인한 이 용어는 성인 정신병리에 대한 발달적 원인을 선형적으로 개념화하도록 조장한다. 현대적 사고는 이런 시각을 뒷받침하지 않지만 이 용어는 여전히 만연하여, 원초적인지(아동기가 아닌 정신병리의 종류와 관련해서), 아니면 잘 조절되고 보다 순조롭게 통합된 능력 혹은 상태인지를 지목하기 위해서는 섬세한 이해가 필요하다. 예를 들어, '일차 과정 사고'—즉, 논리적이지 않고, 그림이 포함되었으며 내적

으로 모순적인, 꿈에서 나타나는 정신 작용 양식−는 신생아, 유아 혹은 오이디푸스 연령의 아이의 사고와는 동일하지 않다. 이는 선점하고 연합적이기 때문에 인간의 성숙과 비례하는 평범한 합리성을 거부하기 때문에 '원초적'이다.

③ **'퇴행' 이라는 용어의 사용**: 분명 아이는 스트레스를 받으면 발달의 중요한 단계를 (일시적으로) 포기하는 형태로 '퇴행'할 수 있다. 예를 들면, 네 살짜리 아동의 배변 훈련이 동생이 태어난 스트레스하에서 풀어진다거나 청소년이 모든 규제의 원인을 권위적인 부모에게 돌리고 스스로 만든 도덕적 곤경을 망각할 때 일어나는 것이다. 그러나 이런 행동은 단순히 이전의 기능 수준으로 돌아가는 것이 아닌데, 왜냐하면 그것이 지금 갈등의 증상적 표현이며 더 성숙한 수준이 가능한 사람이 예전의 행동을 현재 위기 상황에서 느끼는 감정을 표현하기 위해 사용하면서 발생한 것이기 때문이다. **퇴행**이라는 단어는 종종 이전 심리성적 단계에의 **고착**이라는, 마찬가지의 구시대적인 개념과 함께 사용된다. 퇴행과 고착은 함께, 한때 존재했던 과거를 재창조하기 위해 타임머신의 다이얼을 돌리는 것처럼 이전 아동기의 박탈 혹은 과자극의 순간으로 직선상에서 뒤로 미끄러지는 듯한 인상을 준다. 우리 관점에서 정신적 삶은 "복잡하고 대부분 무의식적인 '수평적' 현재"로 이해되어야 하는데(Dowling, 2004, p. 192), 이때 이전의 대처 양식은 발달과정과 현재 순간에서 필연적으로 변형되었음에도 불구하고 존재하나 휴면 상태다. 현재의 정신은 지금 목적에 도움이 된다면 과거에 사용했던 이 양식들의 남은 부분을 불러일으킬 수 있지만 이는 현재 정신적 삶에 의해 재해석되는 것뿐이다. '퇴행'은 결코 과거의 사고나 감정을 정확하게 복제하는 것이 아니다(Inderbitzen & Levy, 2000).

④ **환자-치료자 관계를 위한 어머니-신생아 패러다임의 이론화**: 애착 연구자, 신생아 관찰자, 일부 관계주의자와 간주관론자(intersubjectivists) 사이에서 현대의 이론화는 어머니-신생아 사이의 상호작용 관찰에 대체로 의지한다. 이들 사상가 중 일부는 환자-치료자 상호작용을 어머니-신생아 쌍에서 관찰된 패러다임의 재창조물로 이해하는 경향이 있다. 만약 우리가 온전하게 파묻혀 있다가 다시 호출해 낼 수 있는 '과거의 관계'란 없는 게 맞다고 한다면, 모든 유사성은 오늘날의 경험을 해결하려는 목적을 위해 특정 비언어적 행동 양식(다양한 발달적 지점에서 또한 재작업되고 재통합되어 온)에 오늘날의 접근을 나타내는 것으로 이해되어야 한다.

트라우마와 회복탄력성: 성인 환자의 유년기 경험을 이해하기

1장에서 주장했듯, 각기 다른 단계들에서 지배적인 발달적 진전과 순차적인 정신의 조직화를 이해하는 것은 현재를 들여다볼 수 있는 매우 유용한 렌즈를 제공하는 것이다. 정말로 현재는 과거의 영향과 의미를 분명히 하기 때문이다. 중요한 것은 초기 경험이 본질적이긴 하나, 우리는 그것이 전부는 아니라고 생각한다는 것이다. 발달은 일탈과 수정을 위한 다양한 기회를 품고 있다. 이는 좋은 시작이 무척 건전하긴 하지만, 유일한 결정적 요인은 아님을 의미한다. 분명 트라우마의 경험은 아주 주의 깊게 보살핌을 받는 상황에서조차도 놀랄 정도로 흔한 아동기의 특질인데, 평생 동안 영향을 미치고 발달의 진행을 기형으로 만들 수 있다.

이런 점에서 특정 아이들에게 역경과 트라우마를 극복하고 상대적으로 긍정적인 심리적 적응을 이뤄 낼 수 있게 한 요소들을 분명히 밝혀보기 위해 인간의 회복탄력성에 대한 연구가 증가하는 추세에 있다(Masten & Narayan, 2012; Masten & Obradovic, 2006; Rutter, 2006). 발달은 다양한 요소의 상호적인 과정이라는 우리의 견해와 일치되게, 회복탄력성은 개인 내 단독으로 존재하는 특성이 아니라 오히려 복합적으로 인간, 환경, 현재 환경적 스트레스 간 상호작용적 본성을 반영하는 것이다. 게다가 이런 상호작용적 체계는 정적인 독립체가 아니다. 우리가 이 책에서 보여 주려고 했듯이, 아주 어린 아이조차도 모든 이전 단계의 산물이며, 여기에는 그 사람을 이후 트라우마에 "마음을 단단히 먹게" 하거나 "민감하게 만들" 수 있는 애착의 역사뿐만 아니라 이전 스트레스에 대한 노출 등이 포함된다(Rutter, 2006, p. 2). 게다가 회복탄력성은 역경의 순간에 항상 분명한 게 아닌데, 이후 경험의 결과로 인해 보호가 발생할 수 있기 때문이다. 보호 자체는 다양한 자원으로부터 파생되는데, 여기에는 "지지적이고 효과적인 양육(가급적이면 아동의 삶에서 애착이 형성된 대상으로부터), 문제해결 체계, 자기조절과 사회적 조절체계, 자기효능감 기저의 동기/보상 체계, 의미감을 전달하는 희망과 신념 체계" 등이 포함된다(Masten & Narayan, 2012, p. 249). 이들은 모두 복합적이며 발달과정에서 여러 번 반복되며 진화하는 체계다. 아동기의 어조와 트라우마에서부터 일상적인 것에 이르기까지 성인의 성격에 영향을 주는 아동기 사건의 파문을 인식할 수 있도록 훈련받은 귀는

상담실에 온 환자에게 보다 잘 조율될 수 있다. 이는 성인 환자가 치료자와 어머니-아기 간의 상호작용을 다시 만든다는 의미도, 전이에서 드러나는 것처럼 환자의 내적 삶에서 선형적인 퇴행이 일어난다는 개념을 지지하는 것도 아니다. 드물게 예외는 있으나, 정신적 삶에서 수정을 거치지 않는 것은 없다. 만약 그것이 단지 기억되거나 현재에서 재창조된 것이라면 말이다. 현재는 몇 초 후든 수년 후든, 실제 발생으로부터 떨어진 것이다. 이런 공명은 인식이 되는 경우, 이후 성격발달에 강력하게 영향을 미친 과거가 현재 순간에서 갖는 중요성을 강조함으로써 치료자에게 새로운 통찰력을 가져다준다. 이렇게 축적된 연관성들은 환자의 정신에 대해 좀 더 깊은 이해를 공유하게 하여 환자가 이해받고 도움 받는 경험에 기여한다.

참고문헌

서문

Chodorow N: Reflections of the authority of the past in psychoanalytic theorizing. Psychoanal Q 66:32–51, 1996

Demos V: The dynamics of development, in Self-Organizing Complexity in Psychological Systems. Edited by Piers C, Muller JP, Brent J. New York, Jason Aronson, 2007, pp 135–164

Dowling S: A reconsideration of the concept of regression. Psychoanal Study Child 59:192–210, 2004

Galatzer-Levy RM: Chaotic possibilities: toward a new model of development. Int J Psychoanal 85:419–441, 2004

Gemelli R: Normal Child and Adolescent Development. Washington, DC: American Psychiatric Publishing, 1996

Hendry LB, Kloep M: Conceptualizing emerging adulthood: inspecting the emperor's new clothes? Child Dev Perspect 1:74–79, 2007

Loewald H: Oedipus complex and development of self. Psychoanal Q 54:435–443, 1985

Schafer R: The relevance of "here and now" transference interpretation to the reconstruction of early development. Int J Psychoanal 63:77–82, 1982

Tyson P, Tyson R: Psychoanalytic Theories of Development: An Integration. New Haven, CT, Yale University Press, 1990

1장

Abrams S: The genetic point of view: historical antecedents and developmental transformations. J Am Psychoanal Assoc 25:417-426, 1977

Abrams S: The teaching and learning of psychoanalytic developmental psychology. J Am Psychoanal Assoc 26:387-406, 1978

Abrams S: Development. Psychoanal Study Child 36:113-139, 1983

Abrams S: The psychoanalytic process: the developmental and the integrative. Psychoanal Q 59:650-677, 1990

Abrams S, Neubauer PB, Solnit AJ: Coordinating the developmental and psychoanalytic processes: three case reports—introduction. Psychoanal Study Child 54:19-24, 1999

Arnett JJ: Emerging Adulthood. New York, Oxford University Press, 2004

Auchincloss EL, Vaughan SC: Psychoanalysis and homosexuality: do we need a new theory? J Am Psychoanal Assoc 49:1157-1186, 2001

Beebe B, Lachmann FM: Co-constructing inner and relational processes: self and mutual regulation in infant research and adult treatment. Psychoanal Psychol 15:480-516, 1998

Beebe B, Sorter D, Rustin J, et al: A comparison of Meltzoff, Trevarthen, and Stern. Psychoanal Dialogues 13:777-804, 2003.

Blatt S, Luyten P: A structural-developmental psychodynamic approach to psychopathology: two polarities of experience across the lifespan. Dev Psychopathol 21:793-814, 2009

Bollas C: The transformational object. Int J Psychoanal 60:97-107, 1979

Chused JF: Idealization of the analyst by the young adult. J Am Psychoanal Assoc 35:839-859, 1987

Coates S: Is it time to jettison the concept of developmental lines? Gender and Psychoanalysis 2:35-53, 1997

Colarusso CA: Traversing young adulthood: the male journey from 20 to 40. Psychoanalytic Inquiry 15:75-91, 1995

Colarusso CA, Nemiroff RA: Some observations and hypotheses about the psychoanalytic theory of adult development. Int J Psychoanal 60:59-71, 1979

Corbett K: More life: centrality and marginality in human development. Psychoanal Dialogues 11:313-335, 2001

Damasio A: The Feeling of What Happens. New York, Harcourt Brace, 1999

Dowling S: A reconsideration of the concept of regression. Psychoanal Study Child

58:191-210, 2004

Emde RN: From adolescence to midlife: remodeling the structure of adult development. J Am Psychoanal Assoc 33(suppl):59-112, 1985

Erikson EH: Growth and crises of the healthy personality (1951), in Identity and the Life Cycle, Psychological Issues Monograph 1. Edited by Erikson E. New York, International Universities Press, 1959, pp 50-100

Fonagy P: Memory and therapeutic action. Int J Psychoanal 80:215-223, 1999

Fonagy P: A genuinely developmental theory of sexual enjoyment and its implications for psychoanalytic technique. J Am Psychoanal Assoc 56:11-36, 2008

Fonagy P, Target M: The rooting of the mind in the body: new links between attachment theory and psychoanalytic thought. J Am Psychoanal Assoc 55:411-456, 2007

Fonagy P, Target M, Gergely G, et al: The developmental roots of borderline personality disorder in early attachment relationships: a theory and some evidence. Psychoanalytic Inquiry 23:412-459, 2003

Freud A: The concept of developmental lines: their diagnostic significance. Psychoanal Study Child 18:245-265, 1963

Freud S: Screen memories (1899), in The Standard Edition of the Complete Psychological Works of Sigmund Freud, Vol 3, Translated and edited by Strachey J. London, Hogarth Press, 1962, pp 299-322

Freud S: The claims of psychoanalysis to scientific interest (1913), in The Standard Edition of the Complete Psychological Works of Sigmund Freud, Vol 13. Translated and edited by Strachey J. London, Hogarth Press, 1962, pp 163-190

Freud S: The ego and the id (1923), in The Standard Edition of the Complete Psychological Works of Sigmund Freud, Vol 19, Translated and edited by Strachey J. London, Hogarth Press, 1962, pp 1-59

Freud S: An outline of psychoanalysis (1940), in The Standard Edition of the Complete Psychological Works of Sigmund Freud, Vol 23. Translated and edited by Strachey J. London, Hogarth Press, 1962, pp 144-208

Galatzer-Levy RM: Psychoanalysis and dynamical systems theory: prediction and self-similarity. J Am Psychoanal Assoc 43:1085-1113, 1995

Galatzer-Levy RM: Chaotic possibilities. Int J Psychoanal 85:419-441, 2004

Gallese V: Mirror neurons, embodied simulations, and the neural basis of social identification. Psychoanal Dialogues 19:519-536, 2009

Gallese V, Sinigaglia C: The bodily self as power for action. Neuropsychologia 28:746-755, 2010

Gilmore K: Psychoanalytic developmental theory; a contemporary reconsideration. J Am

Psychoanal Assoc 56:885-907, 2008

Govrin A: The dilemma of contemporary psychoanalysis: toward a "knowing" post-postmodernism. J Am Psychoanal Assoc 54:507-535, 2006

Grossman W, Kaplan D: Three commentaries on gender in Freud's thought: prologue to the psychoanalytic theory of sexuality, in Fantasy, Myth, and Reality: Essays in Honor of Jacob A. Arlow. Edited by Blum H, Kramer Y, Richards AK, et al. New York, International Universities Press, 1988, pp 339-370

Hartmann H, Kris E: The genetic approach in psychoanalysis. Psychoanal Study Child 1:11-30, 1945

Hobson P: The Cradle of Thought: Explorations of the Origins of Thinking. Oxford, UK, Macmillan, 2002

Inderbitzen LB, Levy ST: Regression and psychoanalytic technique: the concretization of a concept. Psychoanal Q 69:195-223, 2000

Lachmann FM, Beebe BA: Three principles of salience in the organization of the patient-analyst interaction. Psychoanal Psychol 13:1-22, 1996

Lemma A: An order of pure decision: growing up in a virtual world and the adolescent's experience of being-in-a-body. J Am Psychoanal Assoc 68:691-714, 2010

Mayes L: Clocks, engines, and quarks—love, dreams, and genes: what makes development happen? Psychoanal Study Child 64:169-192, 1999

Mayes L, Spence D: Understanding therapeutic action in the analytic situation: a second look at the developmental metaphor. J Am Psychoanal Assoc 42:789-817, 1994

Meltzoff AN: "Like me": a foundation for social cognition. Dev Sci 10:126-134, 2007

Michels R: Psychoanalysts' theories, in Psychoanalysis on the Move: The Work of Joseph Sandler. New Library of Psychoanalysis, Vol 35. Edited by Fonagy P, Cooper A, Wallerstein R. London, Hogarth Press, 1999, pp 187-200

Michels R: Unpublished discussion of psychoanalytic developmental theory by Karen Gilmore, MD. Association for Psychoanalytic Medicine Scientific Meeting, New York, NY, June 6, 2006

Neubauer P: First day. Bull Anna Freud Centre 13:79-122, 1990

Neubauer PB: Current issues in psychoanalytic child development. Psychoanal Study Child 51:35-45, 1996

Neubauer PB: Some notes on the role of development in psychoanalytic assistance, differentiation, and regression. Psychoanal Study Child 58:165-171, 2003

Novick KK, Novick J: Postoedipal transformations: latency, adolescence, and pathogenesis. J Am Psychoanal Assoc 42:143-169, 1994

Rangell L: The psychoanalytic theory of change. Int J Psychoanal 73:415-428, 1992

Rapaport D, Gill MM: The points of view and assumptions of metapsychology. Int J Psychoanal 40:153-162, 1959

Reisner S: Freud and developmental theory: a 21st-century look at the origin myth of psychoanalysis. Studies in Gender and Sexuality 2:97-128, 2001

Sandler AM: The psychoanalytic legacy of Anna Freud. Psychoanal Study Child 51:270-284, 1996

Settlage CF: Transcending old age: creativity, development and psychoanalysis. Int J Psychoanal 77:549-564, 1996

Sroufe A, Egeland B, Carlson E, et al: The Development of the Person: The Minnesota Study of Risk and Adaptation From Birth to Adulthood. New York, Guilford, 2005

Stern D: The Motherhood Constellation: A Unified View of Parent-Infant Psychiatry. New York, Basic Books, 1995

Tamnes CK, Ostby Y, Fjell A, et al: Brain maturation in adolescence and young adulthood: regional age-related changes in cortical thickness and white matter volume and microstructure. Cereb Cortex 20:534-548, 2010

Tuch RH: The construction, reconstruction, and deconstruction of memory in the light of social cognition. J Am Psychoanal Assoc 47:153-186, 1999

Tyson P, Tyson R: Psychoanalytic Theories of Development: An Integration. New Haven, CT, Yale University Press, 1990

Winnicott DW: The Maturational Processes and the Facilitating Environment: Studies in the Theory of Emotional Development. London, Hogarth Press and Institute of Psycho-Analysis, 1965

2장

Ainsworth MDS, Blehar MC, Waters E, et al: Patterns of Attachment: A Psychological Study of the Strange Situation. Hillsdale, NJ, Erlbaum, 1978

Bakermans-Kranenburg MJ, van IJzendoorn MH: The first 10,000 Adult Attachment Interviews: distributions of adult attachment representations in clinical and non-clinical groups. Attach Hum Dev 11:223-263, 2009

Beebe B: Co-constructing mother-infant distress: the microsynchrony of maternal impingement and infant avoidance in the face-to-face encounter. Psychoanalytic Inquiry 20:421-440, 2000

Benedek T: Parenthood as a developmental phase. J Am Psychoanal Assoc 7:389-417, 1959

Bick E: The experience of skin in early object relations. Int J Psychoanal 49:484-486,

1968

Bion WR: The psychoanalytic study of thinking. Int J Psychoanal 43:306–310, 1962

Blum HP: Separation–individuation theory and attachment theory. J Am Psychoanal Assoc 52:535–553, 2004

Blum LD: Psychodynamics of post–partum depression. Psychoanal Psychol 24:45–62, 2007

Bowlby J: Pathological mourning and childhood mourning. J Am Psychoanal Assoc 11:500–541, 1963

Bowlby J: Attachment and Loss: Volume 1. New York, Basic Books, 1969

Bowlby J: Attachment and Loss: Volume 2. New York, Basic Books, 1973

Bowlby J: Attachment and Loss: Volume 3. London, Hogarth Press, 1980

Emde RN: The pre–representational self and its affective core. Psychoanal Study Child 38:165–192, 1983

Fairbairn W: An Object Relations Theory of the Personality. New York, Basic Books, 1954

Fonagy P: Attachment Theory and Psychoanalysis. New York, Other Press, 2001

Fonagy P, Steele M, Moran G, et al: Measuring the ghost in the nursery: an empirical study of the relation between parents' mental representations of childhood experience and their infants' security of attachment. J Am Psychoanal Assoc 41:957–989, 1993

Fraiberg S, Adelson E, Shapiro V: Ghosts in the nursery: a psychoanalytic approach to the problem of impaired infant–mother relationships. J Am Acad Child Psychiatry 14:387–421, 1975

George C, Kaplan N, Main M: Adult Attachment Interview. Berkeley, Department of Psychology, University of California, Berkeley, 1985

Gergely G: Reapproaching Mahler: New perspectives on normal autism, symbiosis, splitting and libidinal object constancy from cognitive developmental theory. J Am Psychoanal Assoc 48:1197–1228, 2000

Gergely G, Watson JS: The social biofeedback theory of parental affect mirroring. Int J Psychoanal 77:1181–1212, 1996

Greenacre P: The childhood of the artist: libidinal phase development and giftedness. Psychoanal Study Child 12:47–72, 1957

Grosse G, Behne T, Carpenter M, et al: Infants communicate in order to be understood. Dev Psychol 46:1710–1722, 2010

Hempel MS: Neurological development during toddling age in normal children and children at risk of developmental disorder. Early Hum Dev 34:47–57, 1993

Hesse E, Main M: Disorganized infant, child and adult attachment: collapse in behavioral and attentional strategies. J Am Psychoanal Assoc 48:1097–1127, 2000

Kagan J: In the beginning: the contribution of temperament to personality development. Modern Psychoanalyst 22:145–155, 1997

Klein M: The Oedipus complex in the light of early anxieties. Int J Psychoanal 26:11–33, 1945

Klein M: Notes on some schizoid mechanisms. Int J Psychoanal 27:99–110, 1946

Mahler MS: On childhood psychosis and schizophrenia—autistic and symbiotic infants. Psychoanal Study Child 7:286–305, 1952

Mahler MS: On the first 3 subphases of the separation-individuation process. Int J Psychoanal 53:333–338, 1972

Mahler MS: Symbiosis and individuation: the psychological birth of the human infant. Psychoanal Study Child 29:89–106, 1974

Main M: The original category of infant, child and adult attachment: flexible versus inflexible attention under attachment-related stress. J Am Psychoanal Assoc 48:1055–1095, 2000

Main M, Hesse E: Parents' unresolved traumatic experiences are related to infant disorganized attachment status: is frightened and/or frightening behavior the linking mechanism? in Attachment in the Preschool Years. Edited by Greenberg MT, Cicchetti D, Cummings EM. Chicago, IL, University of Chicago Press, 1990, pp 161–182

Main M, Kaplan N, Cassidy J: Security in infancy, childhood and adulthood: a move to the level of representation. Monographs of the Society Research Child Development 50:66–106, 1985

Murray L, Cooper PJ: Postpartum Depression and Child Development. New York, Guilford, 1997

Olesker W: Sex differences during the early separation-individuation process: implications for gender identity formation. J Am Psychoanal Assoc 38:325–346, 1990

Pine F: Mahler's concept of symbiosis and separation-individuation: revisited, reevaluated, refined. J Am Psychoanal Assoc 52:511–533, 2004

Rustin M: Encountering primitive anxieties, in Closely Observed Infants. Edited by Miller L, Rustin ME, Rustin MJ, et al. London, Duckworth, 1989, pp 7–22

Shah PE, Fonagy P, Strathearn L: Is attachment transmitted across generations? The plot thickens. Clin Child Psychol Psychiatry 15:329–345, 2010

Shuttleworth J: Psychoanalytic theory and infant development, in Closely Observed Infants. Edited by Miller L, Ruskin ME, Ruskin MJ, et al. London, Duckworth, 1989, pp 22-51

Slade A: The development and organization of attachment: implications for psychoanalysis. J Am Psychoanal Assoc 48:1147-1174, 2000

Slade A, Cohen L: Parenting and the remembrance of things past. Infant Ment Health J 17:217-239, 1996

Sorce J, Emde R: Mothers' presence is not enough: effect of emotional availability on infant exploration. Dev Psychol 17:737-745, 1981

Spitz RA: Hospitalism—an inquiry into the genesis of psychiatric conditions in early childhood. Psychoanal Study Child 1:53-74, 1945

Spitz RA: Hospitalism—a follow-up report on an investigation described in Volume I. Psychoanal Study Child 2:113-117, 1946

Spitz RA: The First Year of Life. New York, International Universities Press, 1965

Sroufe LA, Egeland B, Carlson EA, et al: The Development of the Person: The Minnesota Study of Risk and Adaptation From Birth to Adulthood. New York, Guilford, 2005

Stern DN: The Interpersonal World of the Infant: A View From Psychoanalysis and Developmental Psychology. New York, Basic Books, 1985

Stern DN: The Motherhood Constellation: A Unified View of Parent-Infant Psychotherapy. New York, Basic Books, 1995

Thelen E, Fisher DM, Ridley-Johnson R: The relationship between physical growth and a newborn reflex. Infant Behav Dev 7:479-493, 1984

Tronick EZ: Emotions and emotional communication in infants. Am Psychol 44:112-119, 1989

Tronick EZ, Als H, Adamson L, et al: The infant's response to entrapment between contradictory messages in face-to-face interaction. J Am Acad Child Psychiatry 17:1-13, 1978

Van IJzendoorn MH: Adult attachment representations, parental responsiveness and infant attachment: a meta-analysis on the predictive validity of the AAI. Psychol Bull 117:387-403, 1995

Van IJzendoorn MH, Bakermans-Kranenburg MJ: Attachment representations in mothers, fathers, adolescents, and clinical groups: a meta-analytic search for normative data. J Consult Clin Psychol 64:8-21, 1996

Van IJzendoorn MH, Schuengel MH, Bakermans-Kranenburg MJ: Disorganized attachment in early childhood: meta-analysis of precursors, concomitants, and sequelae. Dev Psychopathol 11:225-249, 1999

Weil A: The basic core. Psychoanal Study Child 25:442-460, 1970

Winnicott DW: Transitional objects and transitional phenomena: a study of the first not-

me possession. Int J Psychoanal 34:89–97, 1953
Winnicott DW: Primary maternal preoccupation (1956), in Collected Papers: Through Paediatrics to Psychoanalysis. New York, Basic Books, 1958, pp 300–305
Winnicott DW: The theory of the parent-infant relationship. Int J Psychoanal 41:585–595, 1960

3장

Beebe B, Rustin J, Sorter D, et al: Symposium on intersubjectivity in infant research and its implications for adult treatment, III: an expanded view of forms of intersubjectivity in infancy and its application for psychoanalysis. Psychoanal Dialogues 14:1–51, 2003
Bergman A, Harpaz-Rotem I: Revisiting rapprochement in the light of contemporary developmental theories. J Am Psychoanal Assoc 52:555–570, 2004
Bloom L: The Transition From Infancy to Language: Acquiring the Power of Expression. New York, Cambridge University Press, 1993
Blum EJ, Blum HP: The development of autonomy and superego precursors. Int J Psychoanal 71:585–595, 1990
Blum HP: Separation-individuation theory and attachment theory. J Am Psychoanal Assoc 52:535–553, 2004
Bruschweiler-Stern N, Lyons-Ruth K, Morgan AC, et al: The foundational level of psychodynamic meaning: implicit process in relation to conflict, defense and the dynamic unconscious. Int J Psychoanal 88:843–860, 2007
Cicchetti D, Beeghley M: Symbolic development in maltreated youngsters: an organizational perspective, in Symbolic Development in Atypical Children. Edited by Cicchetti D, Beeghley M. San Francisco, Jossey-Bass, 1997, pp 47–68
Coates SW: Is it time to jettison the concept of developmental lines? Comment on de Marneffe's paper "Bodies and words." Gender and Psychoanalysis 2:35–53, 1997
Damasio AR: Looking for Spinoza: Joy, Sorrow and the Feeling Brain. New York, Harvest Books, 2003
de Marneffe D: Bodies and words: a study of young children's genital and gender knowledge. Gender and Psychoanalysis 2:3–33, 1997
Dunn J: Moral development in early childhood and social interaction in the family, in Handbook of Moral Development. Edited by Killen M, Smetana J. Mahwah, NJ, Erlbaum, 2006, pp 329–350
Emde RN: The prerepresentational self and its affective core. Psychoanal Study Child

38:165-192, 1983

Emde RN, Biringen Z, Clyman RB, et al: The moral self of infancy: affective core and procedural knowledge. Dev Rev 11:251-270, 1991

Emde R, Kubicek L, Oppenheim D: Imaginative reality observed during early language. Int J Psychoanal 78:115-133, 1997

Erikson EH: Identity, Youth and Crisis. London, Faber &Faber, 1968

Fonagy P: Playing with reality: the development of psychic reality and its malfunction in borderline personalities. Int J Psychoanal 76:39-44, 1995

Fonagy P, Target M: The rooting of the mind in the body. J Am Psychoanal Assoc 55:411-456, 2007

Fonagy P, Gergely G, Jurist E, et al: Affect Regulation and Mentalization: Developmental, Clinical and Theoretical Perspectives. New York, Other Press, 2002

Forman DR, Aksan N, Kochanska G: Toddlers' responsive imitation predicts preschool-age conscience. Psychol Sci 15:699-704, 2004

Freud A: The concept of developmental lines. Psychoanal Study Child 18:245-265, 1963

Freud S: The ego and the id (1923), in The Standard Edition of the Complete Psychological Works of Sigmund Freud, Vol 19. Translated and edited by Strachey J. London, Hogarth Press, 1962, pp 1-66

Furman E: Toddlers and Their Mothers: A Study in Early Personality Development. Madison, CT, International Universities Press, 1992

Furman E: On motherhood. J Am Psychoanal Assoc 44(suppl):429-447, 1996

Gilmore K: Cloacal anxiety in female development. J Am Psychoanal Assoc 46:443-470, 1998

Hempel MS: Neurological development during toddling age in normal children and children at risk of developmental disorders. Early Hum Dev 34:47-57, 1993

Jacobson E: The Self and the Object World. New York, International Universities Press, 1964

Kochanska G: Toward a synthesis of parental socialization and child temperament in early development of conscience. Child Dev 64:325-342, 1993

Kochanska G, Aksan N, Knaack A, et al: Maternal parenting and children's conscience: early security as moderator. Child Dev 75:1229-1242, 2004

Kochanska G, Koenig JL, Barry RA, et al: Children's conscience during toddler and preschool years, moral self, and a competent, adaptive developmental trajectory. Dev Psychol 46:1320-1332, 2010

Kulish N: Clinical implications of contemporary gender theory. J Am Psychoanal Assoc 58:231-258, 2010

Laible D, Panfile T, Makariev D: The quality and frequency of mother-toddler conflict: links with attachment and temperament. Child Dev 79:426-443, 2008

Lewis M, Brooks-Gunn J: Theory of social cognition: the development of the self. New Dir Child Dev 4:1-20, 1979

Lewis M, Ramsay D: Development of self-recognition, personal pronoun use and pretend play during the second year. Child Dev 75:1821-1831, 2004

Lyons-Ruth K: Rapprochement or approchement: Mahler's theory reconsidered from the vantage point of recent research on attachment relationships. Psychoanal Psychol 8:1-23, 1991

Mahler MS: Rapprochement subphase of the separation-individuation process. Psychoanal Q 41:487-506, 1972

Mahler MS: On the first three subphases of the separation-individuation process. Psychoanalysis and Contemporary Science 3:295-306, 1974

Mahler MS, Pine F, Bergman A: The Psychological Birth of the Human Infant. New York, Basic Books, 1975

McCune L: A normative study of representational play at the transition to language. Dev Psychol 31:198-206, 1995

McDevitt JB: The emergence of hostile aggression and its defensive and adaptive modifications during the separation-individuation process. J Am Psychoanal Assoc 31:273-300, 1983

Meissner WW: The role of language in the development of the self, I: Language acquisition. Psychoanal Psychol 25:26-46, 2008

Milrod D: The wished-for self image. Psychoanal Study Child 37:95-120, 1982

Nelson K: Narratives From the Crib. Cambridge, MA, Harvard University Press, 1989

Nelson K: Language in Cognitive Development: The Emergence of the Mediated Mind. New York, Cambridge University Press, 1996

Olesker W: Sex differences during the early separation-individuation process. J Am Psychoanal Assoc 38:325-346, 1990

Olesker W: Female genital anxieties: views from the nursery and the couch. Psychoanal Q 61:331-351, 1998

Piaget J: The Language and Thought of the Child. New York, Harcourt Brace, 1926

Piaget J: Play, Dreams and Imitation in Childhood. New York, Norton, 1962

Schneider-Rosen K, Cicchetti D: The relationship between affect and cognition in maltreated infants: quality of attachment and the development of self-recognition. Child Dev 55:648-658, 1984

Smetana JG, Jambon M, Conry-Murray C, et al: Reciprocal associations between young children's developing moral judgments and theory of mind. Dev Psychol 48:1144-1155, 2012

Spitz RA: No and Yes: On the Genesis of Human Communication. New York, International Universities Press, 1957

Stern DN: The Interpersonal World of the Infant: A View From Psychoanalysis and Developmental Psychology. New York, Basic Books, 1985

Sugarman A: Dimensions of the child analyst's role as a developmental object: affect regulation and limit setting. Psychoanal Study Child 58:189-218, 2003

Target M, Fonagy P: Playing with reality, II: the development of psychic reality from a theoretical perspective. Int J Psychoanal 77:459-479, 1996

Tyson P, Tyson R: Psychoanalytic Theories of Development: An Integration. New Haven, CT, Yale University Press, 1990

Vaish A, Missana M, Tomasello M: Three-year-old children intervene in third-party moral transgressions. Br J Dev Psychol 29:124-130, 2011

Winnicott DW: The capacity to be alone. Int J Psychoanal 39:411-420, 1958

Winnicott DW: The Maturational Process and the Facilitating Environment: Studies in the Theory of Emotional Development. The International Psychoanalytic Library 64:1-276. London, Hogarth Press, 1965

Yanof JA: Barbie and the tree of life: the multiple functions of gender in development. J Am Psychoanal Assoc 48:1439-1465, 2000

Yorke C: The development and functioning of the sense of shame. Psychoanal Study Child 45:377-409, 1990

4장

Abrams S: How child and adult analysis inform and misinform one another. Annual of Psychoanalysis 26:3-22, 1999

Alessandri SM: Play and social behavior in maltreated preschoolers. Dev Psychopathol 3:191-206, 1991

Auerbach JS, Blatt SJ: Self-representation in severe psychopathology: the role of reflexive self-awareness. Psychoanal Psychol 13:297-341, 1996

Bettelheim B: Oedipal conflicts and resolutions: the knight in shining armor and the damsel in distress, in The Uses of Enchantment: The Meaning and Importance of Fairy Tales. New York, Random House, 1975, pp 111-116

Birch M: In the land of counterpane: travels in the realm of play. Psychoanal Study Child 52:57-75, 1997

Blum HP: On the concept and consequence of the primal scene. Psychoanal Q 48:27-47, 1979

Bornstein MH, Haynes OM, O'Reilly AW, et al: Solitary and collaborative pretense play in early childhood: sources of individual variation in the development of representational competence. Child Dev 67:2910-2929, 1996

Cole PM, Tanz PZ, Hall SE, et al: Developmental changes in anger expression and attentional focus: learning to wait. Dev Psychol 47:1078-1089, 2011

Denham S, Blair K, De Mulder E, et al: Preschoolers' emotional competence: pathway to social competence? Child Dev 74:238-256, 2003

Donate-Bartfield E, Passman R: Relations between children's attachments to their mothers and to security blankets. J Fam Psychol 18:453-458, 2004

Fein GG: Pretend play in childhood: an integrated review. Child Dev 52:1095-1118, 1981

Fisher-Kern M, Buchheim A, Horz S, et al: The relationship between personal organization, reflective functioning and psychiatric classification in borderline personality disorder. Psychoanal Psychol 27:395-409, 2010

Fonagy P, Target M: Playing with reality, I: theory of mind and the normal development of psychic reality. Int J Psychoanal 77:217-233, 1996

Fonagy P, Target M: Attachment and reflective functioning: their role in self-organization. Dev Psychopathol 9:679-700, 1997

Fonagy P, Target M: Playing with reality, III: the persistence of dual psychic reality in borderline patients. Int J Psychoanal 81:853-874, 2000

Fraiberg SH: The Magic Years. New York, Fireside, 1996

Freud A: The concept of developmental lines. Psychoanal Study Child 18:245-265, 1963

Freud S: Three essays on the theory of sexuality (1905), in The Standard Edition of the Complete Psychological Works of Sigmund Freud, Vol 7. Translated and edited by Strachey J. London, Hogarth Press, 1962, pp 123-246

Freud S: Beyond the pleasure principle (1920), in The Standard Edition of the Complete Psychological Works of Sigmund Freud, Vol 18. Translated and edited by Strachey J. London, Hogarth Press, 1962, pp 1-64

Gergely G: Reapproaching Mahler: new perspectives on normal autism, symbiosis, splitting and libidinal object constancy from cognitive developmental theory. J Am Psychoanal Assoc 48:1197-1228, 2000

Gilmore K: Play in the psychoanalytic setting: ego capacity, ego state and vehicle for intersubjective exchange. Psychoanal Study Child 60:213-238, 2005

Gilmore K: Pretend play and development in early childhood (with implications for the oedipal phase). J Am Psychoanal Assoc 59:1157-1181, 2011

Ginot E: Self-narratives and dysregulated affective states: the neuropsychological links between self-narratives, attachment, affect and cognition. Psychoanal Psychol 29:59-80, 2012

Harris P, de Rosnay M, Pons F: Language and children's understanding of mental states. Curr Dir Psychol Sci 14:69-73, 2005

Hesse E, Main M: Disorganized infant, child and adult attachment: collapse of attentional system. J Am Psychoanal Assoc 48:1097-1127, 2000

Howe N, Petrakos H, Rinaldi C, et al: "This is a bad dog, you know...": constructing shared meanings during sibling pretend play. Child Dev 76:783-794, 2005

Knight R: Margo and me, II: the role of narrative building in child analytic technique. Psychoanal Study Child 58:133-164, 2003

Kochanska G: Beyond cognition: expanding the search for the early roots of internalization and conscience. Dev Psychol 30:20-22, 1994

Kochanska G, Murray KT, Harlan ET: Effortful control in early childhood: continuity and change, antecedents and implications for social development. Dev Psychol 36:220-232, 2000

Kochanska G, Coy K, Murray KT: The development of self-regulation in the first four years of life. Child Dev 72:1091-1111, 2001

Kochanska G, Koenig JL, Barry RA, et al: Children's conscience during toddler and preschool years, moral self, and a competent, adaptive developmental trajectory. Dev Psychol 46:1320-1332, 2010

Koenig A, Cicchetti D, Rogosch FA: Child compliance/non-compliance and maternal contributions to internalization in maltreated and non-maltreated dyads. Child Dev 71:1018-1032, 2000

Loewald HW: On the therapeutic action of psychoanalysis. Int J Psychoanal 41:16-33, 1960

Loewald HW: The waning of the oedipal complex. J Am Psychoanal Assoc 27:751-775, 1979

Loewald HW: Oedipal complex and development of self. Psychoanal Q 54:435-443, 1985

Lohmann H, Tomasello M: The role of language in the development of false belief understanding: a training study. Child Dev 74:1130-1144, 2003

Lyons-Ruth K: Play, precariousness and the negotiation of shared meaning: a developmental research perspective on child psychotherapy. J Infant Child Adolesc Psychother 5:142-149, 2006

Mahler M, Pine F, Bergman A: The Psychological Birth of the Human Infant: Symbiosis and Individuation. New York, Basic Books, 1975

Mahon E: The "dissolution" of the Oedipus complex: a neglected cognitive factor. Psychoanal Q 60:628-634, 1991

Marans S, Mayes L, Cicchetti D, et al: The child-psychoanalytic play interview: a technique for studying thematic content. J Am Psychoanal Assoc 39:1015-1036, 1991

Mayes LC, Cohen DJ: The development of a capacity for imagination in early childhood. Psychoanal Study Child 47:23-47, 1992

Mayes LC, Cohen DJ: Children's development of theory of mind. J Am Psychoanal Assoc 44:117-142, 1996

McCune LA: A normative study of representational play at the transition to language. Dev Psychol 31:198-206, 1995

Migden S: Dyslexia and self-control: an ego psychoanalytic perspective. Psychoanal Study Child 53:282-299, 1998

Nelson K: Emergence of the historical self, in Language in Cognitive Development: The Emergence of the Mediated Mind. New York, Cambridge University Press, 1996, pp 152-182

Passman RH: Attachment to inanimate objects: are children who have security blankets insecure? J Consulting Clin Psychol 55:825-830, 1987

Piaget J: The Language and Thought of the Child. New York, Harcourt Press, 1926

Piaget J: Play, Dreams and Imitation in Childhood. New York, Norton, 1962

Piaget J, Inhelder B: The Psychology of the Child. New York, Basic Books, 1969

Roby AC, Kidd E: The referential communication skills of children with imaginary companions. Dev Sci 11:531-540, 2008

Ruffman T, Slade L, Crowe E: The relationship between children's and mother's mental state language and theory of mind understanding. Child Dev 73:734-751, 2002

Senet NV: A study of preschool children's linking of genitals and gender. Psychoanal Q 73:291-334, 2004

Shatz M, Gelman R: The development of communication skills: modifications in the speech of young children as a function of the listener. Monogr Soc Res Child Dev 38:1-37, 1973

Slade A: A longitudinal study of maternal involvement and symbolic play during the toddler period. Child Dev 58:367-375, 1987

Solnit A: A psychoanalytic view of play. Psychoanal Study Child 42:205-219, 1987

Target M, Fonagy P: Playing with reality, II: the development of psychic reality from a theoretical perspective. Int J Psychoanal 77:459-479, 1996

Taylor M, Carlson SM, Maring BL, et al: The characteristics and correlates of fantasy in school-aged children: imaginary companions, impersonation and social understanding. Dev Psychol 40:1173-1187, 2004

Taylor M, Hulette AC, Dishion TJ: Longitudinal outcomes of young high-risk adolescents with imaginary companions. Dev Psychol 46:1632-1636, 2010

Trionfi G, Reese G: A good story: children with imaginary companions create richer narratives. Child Dev 80:1301-1313, 2009

Tyson P, Tyson RL: Narcissism and superego development. J Am Psychoanal Assoc 32:75-98, 1984

Vaish A, Carpenter M, Tomasello M: Young children's responses to guilt displays. Dev Psychol 47:1248-1262, 2011

Vygotsky LS: Thought and Language. Cambridge, MA, MIT Press, 1962

Vygotsky LS: Mind in Society: The Development of Higher Psychological Processes. Cambridge, MA, Harvard University Press, 1978

Wellman H, Cross D, Watson J: Meta-analysis of theory of mind development: the truth about false belief. Child Dev 72:655-684, 2001

Winnicott DW: Transitional objects and transitional phenomena: study of the first not-me possession. Int J Psychoanal 34:89-97, 1953

Winnicott DW: The capacity to be alone. Int J Psychoanal 39:411-420, 1958

Winsler A, De Leon JR, Wallace BA, et al: Private speech in preschool children: developmental stability and change, across-task consistency, and relations with classroom behavior. J Child Lang 30:583-608, 2003

Woolley J, Wellman H: Origin and truth: young children's understanding of imaginative mental representations. Child Dev 64:1-17, 1993

Yanof JA: Barbie and the tree of life: the multiple functions of gender in development. J Am Psychoanal Assoc 48:1439-1465, 2000

5장

Ahrons C: Family ties after divorce: long-term implications for children. Fam Process 46:53-65, 2007

Aksan N, Kochanska G: Conscience in childhood: old questions, new answers. Dev Psychol 41:506-516, 2005

Alink LRA, Mesman J, Van Zeiji J, et al: The early childhood aggression curve: development of physical aggression in 10 to 50monthold children. Child Dev 77:954-966, 2006

Altman N: The case of Ronald: oedipal issues in the treatment of a seven-year-old boy.

Psychoanal Dialogues 7:725-739, 1997

American Psychiatric Association: Diagnostic and Statistical Manual of Mental Disorders, 5th Edition. Washington, DC, American Psychiatric Association, 2013

Arlow JA: The revenge motive in the primal scene. J Am Psychoanal Assoc 28:519-541, 1980

Auchincloss E, Samberg E: Psychoanalytic Terms and Concepts. New Haven, CT, Yale University Press, 2012

Auchincloss E, Vaughan S: Psychoanalysis and homosexuality: do we need a new theory? J Am Psychoanal Assoc 49:1157-1186, 2001

Bank SP, Kahn MD: The Sibling Bond. New York, Basic Books, 2003

Bell A: Some observations on the role of the scrotal sac and testicles. J Am Psychoanal Assoc 9:262-286, 1961

Bernstein D: Female genital anxieties and typical mastery modes. Int J Psychoanal 71:151-165, 1990

Blos P: On the genealogy of the ego ideal. Psychoanal Study Child 29:43-88, 1974

Blum EJ, Blum HP: The development of autonomy and superego precursors. Int J Psychoanal 71:585-595, 1990

Brinich PM: Psychoanalytic perspectives on adoption and ambivalence. Psychoanal Psychol 12:181-199, 1995

Brodzinsky D, Smith DW, Brodzinsky A: Children's Adjustment to Adoption: Development and Clinical Issues. Thousand Oaks, CA, Sage, 1998

CBS Statistics Netherlands CBS: Six out of ten divorces involve children. Available at: http://www.cbs.nl/en-GB/menu/themas/bevolking/publicaties/artikelen/archief/2006/2006-1976-wm.htm. Accessed April 22, 2013.

Chodorow N: Femininities, Masculinities, Sexualities: Freud and Beyond. Lexington, University Press of Kentucky, 1994

Chodorow N: The American independent tradition: Loewald, Erikson, and the (possible) rise of intersubjective ego psychology. Psychoanal Dialogues 14:207-232, 2004

Cook JL, Geran L, Rotermann M: Multiple births associated with assisted human reproduction in Canada. J Obstet Gynaecol Can 33:609-616, 2011

Corbett K: Nontraditional family romance. Psychoanal Q 70:599-624, 2001

Crick N, Ostrov JM, Burr JE, et al: A longitudinal study of relational and physical aggression in preschool. J Appl Dev Psychol 27:254-268, 2006

de Marneffe D: Bodies and words: a study of young children's genital and gender knowledge. Gender and Psychoanalysis 2:3-33, 1997

De-Souza D, Radell J: Superheroes: an opportunity for prosocial play. Young Child

66:26-32, 2011

Dowd M: Oedipus Rex complex. New York Times, January 3, 2012, p A23

Dunn J, Creps C, Brown J: Children's family relationships between two and five: developmental changes and individual differences. Social Dev 5:230-250, 1996

Egan SK, Perry DG: Gender identity: a multidimensional analysis with implications for psychosocial adjustment. Dev Psychol 37:451-463, 2001

Elise D: Primary femininity, bisexuality, and the female ego idea: a re-examination of female developmental theory. Psychoanal Q 66:489-517, 1997

Elise D: The absence of the paternal penis. J Am Psychoanal Assoc 46:413-442, 1998

Emde RN, Biringen Z, Clyman RB, et al: The moral self of infancy: affective core and procedural knowledge. Dev Rev 11:251-270, 1991

Erreich A: A modest proposal: (re)defining unconscious fantasy. Psychoanal Q 72:541-574, 2003

Erreich A: More than enough guilt to go around: oedipal guilt, survival guilt, separation guilt. J Am Psychoanal Assoc 59:131-150, 2011

Fagan AA, Najman JM: Association between early childhood aggression and internalizing behavior for sibling pairs. J Am Acad Child Adolesc Psychiatry 42:1093-1200, 2003

Fraiberg SH: The Magic Years. New York, Fireside, 1996

Fonagy P: A genuinely developmental theory of sexual enjoyment and its implications for psychoanalytic technique. J Am Psychoanal Assoc 56:11-36, 2008

Freud A: Comments on aggression. Int J Psychoanal 53:163-171, 1972

Freud S: Three essays on the theory of sexuality (1905), in The Standard Edition of the Complete Psychological Works of Sigmund Freud, Vol 7. Translated and edited by Strachey J. London, Hogarth Press, 1962, pp 123-246

Freud S: On narcissism: an introduction (1914), in The Standard Edition of the Complete Psychological Works of Sigmund Freud, Vol 14. Translated and edited by Strachey J. London, Hogarth Press, 1962, pp 67-102

Freud S: Instincts and their vicissitudes (1915), in The Standard Edition of the Complete Psychological Works of Sigmund Freud, Vol 14. Translated by Strachey J. London, Hogarth Press, 1962, pp 110-140

Freud S: The ego and the id (1923), in The Standard Edition of the Complete Psychological Works of Sigmund Freud, Vol 19. Translated and edited by Strachey J. London, Hogarth Press, 1962, pp 1-66

Freud S: Some psychical consequences of the anatomical distinction between the sexes (1925), in The Standard Edition of the Complete Psychological Works of Sigmund Freud, Vol 19. Translated and edited by Strachey J. London, Hogarth Press 1962, pp 241-258

Friedrich WN, Fisher J, Broughton D, et al: Normative sexual behavior in children: a contemporary sample. Pediatrics 101:e9-e18, 1998

Gediman HK: Premodern, modern, and postmodern perspectives of sex and gender mixes. J Am Psychoanal Assoc 53:1059-1078, 2005

Gilmore K: Psychoanalytic developmental theory: a contemporary reconsideration. J Am Psychoanal Assoc 56:885-907, 2008

Gilmore K: Pretend play and development in early childhood (with implications for the oedipal phase). J Am Psychoanal Assoc 59:1157-1182, 2011

Graham I: The sibling object and its transferences: alternative organizer of the middle field. Psychoanal Inq 8:88-107, 1988

Greenberg J, Mitchell S: Object Relations in Psychoanalytic Theory. Cambridge, MA, Harvard University Press, 1983

Gu MD: The filial piety complex: variations of the Oedipus theme in Chinese literature and culture. Psychoanal Q 75:163-195, 2006

Hardy M: Physical aggression and sexual behavior among siblings: a retrospective study. J Fam Violence 16:255-268, 2001

Harris A: Gender as Soft Assembly. London, Routledge Press, 2008

Heenen-Wolff S: Infantile sexuality and the "complete oedipal complex": Freudian views on heterosexuality and homosexuality. Int J Psychoanal 92:1209-1220, 2011

Horney K: The denial of the vagina—a contribution to the problem of genital anxieties. Int J Psychoanal 14:57-70, 1933

Jalongo MR, Dragich D: Brothers and sisters: the influence of sibling relationships on young children's development, in Enduring Bonds. Edited by Jalongo MR. New York, Springer, 2008, pp 35-96

Kellogg ND: Sexual behaviors in children: evaluation and management. Am Fam Physician 82:1233-1238, 2010

Kleinsorge C, Covitz LM: Impact of divorce on children: developmental considerations. Pediatr Rev 33:147-155, 2012

Kluger J: The Sibling Effect: What Brothers and Sisters Reveal About Us. New York, Riverhead Books, 2011

Kolak AM, Volling BL: Sibling jealousy in early childhood: longitudinal links to sibling relationship quality. Infant Child Dev 20:213-226, 2011

Krieder R: Adopted children and step-children: census 2000 special reports. Available at: http://www.census.gov/prod/2003pubs/censr-6rv.pdf. Accessed April 22, 2013.

Kumar M: Recasting the primal scene of seduction: envisioning a potential encounter with otherness in Laplanche and Sudhir Kakar. Psychoanal Rev 96:485-513, 2009

Laufer M: The nature of adolescent pathology and the psychoanalytic process. Psychoanal Study Child 33:307-322, 1978

Leichtman M: The influence of an older sibling on the separation-individuation process. Psychoanal Study Child 40:111-161, 1985

Leon K: Risk and protective factors in young children's adjustment to parental divorce: a review of the research. Fam Relat 52:258-270, 2003

Lerner HD: Parental mislabeling of female genitals as a determinant of penis envy and learning inhibitions in women. J Am Psychoanal Assoc 24(suppl):269-283, 1976

Leung AK, Robson WL: Childhood masturbation. Clin Pediatr (Phila) 32:238-241, 1993

Lewes K: Psychoanalysis and Male Homosexuality: Twentieth Anniversary Edition. New York, Jason Aronson, 2009

Litowitz BE: The origins of ethics: deontic modality. International Journal of Applied Psychoanalytic Studies 2:249-259, 2005

Loewald HW: Instinct theory, object relations, and psychic-structure formation. J Am Psychoanal Assoc 26:493-506, 1978

Loewald HW: Oedipal complex and development of self. Psychoanal Q 54:435-443, 1985

Makari G: Revolution in Mind: The Creation of Psychoanalysis. New York, Harper-Collins, 2008

Mayer EL: The phallic castration complex and primary femininity: paired developmental lines toward female gender identity. J Am Psychoanal Assoc 43:17-38, 1995

Mayes LC, Cohen DJ: The social matrix of aggression—enactments of loving and hating in the first years of life. Psychoanal Study Child 48:145-169, 1993

Michels R: Psychoanalysts' theories, in Psychoanalysis on the Move: The Work of Joseph Sandler (New Library of Psychoanalysis, Vol 35). Edited by Fonagy P, Cooper A, Wallerstein R. London, Hogarth Press, 1999, pp 187-200

Milrod D: The wished-for self image. Psychoanal Study Child 37:95-120, 1982

Milrod D: The superego: its formation, structure, and functioning. Psychoanal Study Child 57:131-148, 2002

Mitchell J: Siblings: Sex and Violence. Cambridge, UK, Polity Press, 2003

Mitchell J: Unpublished discussion for the Sibling Symposium, presented at the Western New England Psychoanalytic Institute and Society, March 2011

Murray-Close D, Ostrov JM: A longitudinal study of forms and functions of aggressive behavior in early childhood. Child Dev 80:828-842, 2009

Novick KK: Childbearing and child rearing. Psychoanalytic Inquiry 8:252-260, 1988

Ostrov JM, Crick NR, Stauffacher K: Relational aggression in sibling and peer relationships during early childhood. J Appl Dev Psychol 27:241–253, 2006

Phillips S: Homosexuality: coming out of the confusion. Int J Psychoanal 84:1431–1450, 2003

Pike A, Coldwell J, Dunn JF: Sibling relationships in early/middle childhood: links with individual adjustment. J Fam Psychol 19:523–532, 2005

Ross J: Oedipus revisited: Laius and the "Laius complex." Psychoanal Study Child 37:169–200, 1982

Sandler J: On the concept of the super–ego. Psychoanal Study Child 15:128–162, 1960

Schafer R: The loving and beloved superego in Freud's structural theory. Psychoanal Study Child 15:163–188, 1960

Scharff DE: Fairbairn and the self as an organized system: chaos theory as a new paradigm. Canadian Journal Psychoanalysis 8:181–195, 2000

Seligman S: The developmental perspective in relational psychoanalysis. Contemp Psychoanal 39:477–508, 2003

Seligman S: Social psychoanalytic research and the twenty–first century family: comment on Wallerstein and Lewis. Psychoanal Psychol 24:459–463, 2007

Senet NV: A study of preschool children's linking of genitals and gender. Psychoanal Q 73:291–334, 2004

Shapiro T: Oedipal distortions in severe character pathologies: developmental and theoretical considerations. Psychoanal Q 46:559–579, 1977

Sharpe SS, Rosenblatt AD: Oedipal sibling triangles. J Am Psychoanal Assoc 42:491–523, 1994

Sheikh S, Janoff–Bulman R: Tracing the self–regulatory bases of moral emotions. Emot Rev 2:386–396, 2010

Stoller R: Primary femininity. J Am Psychoanal Assoc 24S:59–78, 1976

Tolpin M: The infantile neurosis: a metapsychological concept and a paradigmatic case history. Psychoanal Study Child 25:273–305, 1970

Tucker S: Current views of the oedipal complex. J Am Psychoanal Assoc 56:263–271, 2008

Turner BS: The Cambridge Dictionary of Sociology. Cambridge, UK, Cambridge University Press, 2006

Vivona J: Sibling differentiation, identity development, and the lateral dimension of psychic life. J Am Psychoanal Assoc 55:1191–1225, 2007

Wallerstein J, Kelly J: Surviving the Break–Up. New York, Basic Books, 1980

Wallerstein J, Resnikoff D: Parental divorce and developmental progression: an inquiry into their relationship. Int J Psychoanal 78:135–154, 1997

Werner NE, Senich S, Przepyszny KA: Mothers' responses to preschoolers' relational and physical aggression. J Applied Dev Psychol 27:193-208, 2006

Westen D: The superego: a revised developmental model. J Am Acad Psychoanal Dyn Psychiatry 14:181-202, 1986

Wieder H: On being told of adoption. Psychoanal Q 46:1-21, 1977

6장

Anderson P: Assessment and development of executive function (EF) during childhood. Child Neuropsychol 8:71-82, 2002

Arkowitz SW: The overstimulated state of dyslexia: perception, knowledge, and learning. J Am Psychoanal Assoc 48:1491-1520, 2000

Barkley RA: Attention-Deficit/Hyperactivity Disorder: A Handbook for Diagnosis and Treatment, 3rd Edition. New York, Guilford, 2006

Bemporad JR: From attachment to affiliation. Am J Psychoanal 44:79-97, 1984

Biederman J, Mick E, Faraone SV, et al: Influence of gender on attention deficit hyperactivity disorder in children referred to a psychiatric clinic. Am J Psychiatry 159:36-42, 2002

Bonovitz C: Unconscious communication and the transition of loss. J Infant Child Adolesc Psychother 3:1-27, 2004

Bornstein B: On latency. Psychoanal Study Child 6:279-285, 1951

Brinich PM: Psychoanalytic perspectives on adoption and ambivalence. Psychoanal Psychol 12:181-199, 1995

Buhs ES, Ladd GW, Herald SL: Peer exclusion and victimization: processes that mediate the relation between peer group rejection and children's classroom engagement and achievement? J Educ Psychol 98:1-13, 2006

Bussey K: Children's categorization and evaluation of different types of lies and truths. Child Dev 70:1338-1347, 1999

Butler GE, McKie M, Ratcliffe SG: The cyclical nature of prepubescent growth. Ann Hum Biol 17:177-198, 1990

Catts HW, Compton D, Tomblin JB, et al: Prevention and nature of late-emerging poor readers. J Educ Psychol 104:166-181, 2012

Centers for Disease Control and Prevention: Increasing prevalence of parent-reported attention-deficit/hyperactivity disorder among children—United States, 2003 and 2007. MMWR Morb Mortal Wkly Rep 59:1439-1443, 2010

Chalfant JC: Learning disabilities: policy issues and promising approaches. Am Psychol

44:392-398, 1989

Chused JF: Obsessional manifestations in childhood. Psychoanal Study Child 54:219-232, 1999

Clowes EK: Oedipal themes in latency analysis of the "farmer's daughter" joke. Psychoanal Study Child 51:436-454, 1996

Coen SJ: The sense of defect. J Am Psychoanal Assoc 34:47-67, 1986

Cohn DA: Child-mother attachment of six-year-olds and social competence at school. Child Dev 61:152-162, 1990

Colarusso C: The development of time sense: from object constancy to adolescence. J Am Psychoanal Assoc 35:119-144, 1987

Contreras JM, Kerns KA, Weimer BL, et al: Emotion regulation as a mediator of association between mother-child attachment and peer relations in middle childhood. J Fam Psychol 14:111-124, 2000

Crick NR, Grotpeter JK: Relational aggression, gender, and social-psychological adjustment. Child Dev 66:710-722, 1995

Davies D: Child Development: A Practitioner's Guide. New York, Guilford, 2010

Diamond M: Fathers with sons: psychoanalytic perspectives on "good enough" fathering throughout the life cycle. Gender and Psychoanalysis 3:243-299, 1998

Eaton WO, Ritchot KF: Physical maturation and information-processing speed in middle childhood. Dev Psychol 31:967-972, 1995

Egan SK, Perry DG: Gender identification: a multidimensional analysis with implications for psychosocial adjustment. Dev Psychol 37:451-463, 2001

Eisenberg N, Shell R, Pasternack J, et al: Prosocial development in middle childhood: a longitudinal study. Dev Psychol 23:712-718, 1987

Eisenberg N, Fabes RA, Guthrie IK, et al: The relations of regulation and emotionality to problem behavior in elementary school children. Dev Psychopathol 8:141-162, 1996

Eisenberg N, Fabes RA, Shepard SA, et al: Contemporaneous and longitudinal prediction of children's social functioning from regulation and emotionality. Child Dev 68:642-664, 1997

Erikson EH: Childhood and Society. New York, Norton, 1950

Freedman S: Role of selfobject experiences in affective development during latency. Psychoanal Psychol 13:101-127, 1996

Freud A: The concept of developmental lines. Psychoanal Study Child 18:245-265, 1963

Freud S: Three essays on the theory of sexuality (1905), in The Standard Edition of the Complete Psychological Works of Sigmund Freud, Vol 7. Edited by Strachey J.

London, Hogarth Press, 1962, pp 123-246

Friedman RC, Downey JI: The psychobiology of late childhood: significance for psychoanalytic developmental theory and clinical practice. J Am Acad Psychoanal 28:431-448, 2000

Friedman RC, Downey JI: Sexual differentiation of behavior. J Am Psychoanal Assoc 56:147-175, 2008

Furman E: Transference and externalization in latency. Psychoanal Study Child 35:267-284, 1980

Gabrieli JDE: Dyslexia: a new synergy between education and cognitive neuroscience. Science 325:280-283, 2009

Giles JW, Heyman GD: Young children's beliefs about the relationship between gender and aggressive behavior. Child Dev 76:107-121, 2005

Gilligan C: In a different voice: women's conceptions of self and of morality. Harv Educ Rev 47:481-517, 1977

Gilmore K: Diagnosis, dynamics, and development: considerations in the psychoanalytic assessment of children with AD/HD. Psychoanalytic Inquiry 22:372-390, 2002

Goldings HJ: Jump-rope rhymes and the rhythm of latency development in girls. Psychoanal Study Child 29:431-450, 1974

Hudson RF, High L, Otaiba SA, et al: Dyslexia and the brain: what does current research tell us? Read Teach 60:506-515, 2007

Jaffee S, Hyde JS: Gender differences in moral orientation: a meta-analysis. Psychol Bull 126:703-726, 2000

Janz KF, Burns TL, Levy ST: Tracking of activity and sedentary behaviors in childhood: the Iowa bone development study. Am J Prev Med 29:171-178, 2005

Jemerin JM: Latency and the capacity to reflect on mental states. Psychoanal Study Child 59:211-239, 2004

Kavale KA, Forness SR: What definitions of learning disabilities say and don't say: a critical analysis. J Learn Disabil 33:239-256, 2000

Kennedy H: The role of insight in child analysis: a developmental viewpoint. J Am Psychoanal Assoc 27(suppl):9-28, 1979

Knight R: The process of attachment and autonomy in latency: a longitudinal study of ten children. Psychoanal Study Child 60:178-210, 2005

Kohlberg L: Essays on Moral Development, Vol 2: The Psychology of Moral Development. San Francisco, Harper &Row, 1984

Kulish N: Female sexuality: the pleasure of secrets and the secret of pleasure. Psychoanal Study Child 57:151-176, 2002

Loe IM, Balestrino MD, Phelps RA, et al: Early history of school-aged children with attention-deficit/hyperactivity disorder. Child Dev 79:1853-1868, 2008

Loewald HW: The waning of the oedipal complex. J Am Psychoanal Assoc 27:751-775, 1979

Loke IC, Heyman GP, Forgie J, et al: Children's moral evaluations of reporting the transgressions of peers: age differences in evaluation of tattling. Dev Psychol 47:1757-1762, 2011

Lyon GR, Shaywitz SE, Shaywitz BA: A definition of dyslexia. Ann Dyslexia 53:1-14, 2003

Maccoby E: Gender and group process: a developmental perspective. Curr Dir Psychol Sci 11:54-58, 2002

Mahon E: The dissolution of the Oedipus: a neglected cognitive factor. Psychoanal Q 60:628-634, 1991

Main M, Cassidy J: Categories of response to reunion with the parent at age 6: predictable from infant attachment classifications and stable over a 1-month period. Dev Psychol 24:415-426, 1988

Main M, Kaplan N, Cassidy J: Security in infancy, childhood and adulthood: a move to the level of representation. Monogr Soc Res Child Dev 50:66-104, 1985

National Institute of Child Health and Human Development: Early Child Care Research Network: Mothers' and fathers' support for child autonomy and early school achievement. Dev Psychol 44:895-907, 2008

Novick J, Novick KK: A developmental perspective on omnipotence. J Clin Psychoanal 5:129-173, 1996

Novick J, Novick KK: The superego and the 2-system model. Psychoanalytic Inquiry 24:232-256, 2004

Novick KK, Novick J: Postoedipal transformations: latency, adolescence, and pathogenesis. J Am Psychoanal Assoc 42:143-169, 1994

Pedersen FV, Barber ED, Borge AIH: The timing of middle childhood peer rejection and friendship: linking early behavior to early adolescent adjustment. Child Dev 78:1037-1051, 2007

Piaget J: The Moral Development of the Child. New York, Harcourt, 1932

Piaget J: Play, Dreams and Imitation in Childhood. New York, Norton, 1962

Piaget J, Inhelder B: The Psychology of the Child. New York, Basic Books, 1969

Rothstein A: Neuropsychological dysfunction and psychological conflict. Psychoanal Q 67:218-239, 1998

Rothstein A, Benjamin L, Crosby M, et al: Learning Disorders: An Integration of Neuropsychological and Psychoanalytic Considerations. Madison, CT, International

Universities Press, 1988

San Miguel SK, Forness SR, Kavale KA: Social skills deficits and learning disabilities: the psychiatric comorbidity hypothesis. Learn Disabil Q 19:252-261, 1996

Sarnoff C: The ego structure of latency. Psychoanal Q 40:387-414, 1971

Schmukler A: Use of insight in child analysis. Psychoanal Study Child 54:339-355, 1999

Shapiro T: Latency revisited: the age 7 plus or minus 1. Psychoanal Study Child 31:79-105, 1976

Shaywitz BA, Fletcher JM, Holahan JM, et al: Discrepancy compared to low achievement definitions of reading disabilities. J Learn Disabil 25:639-648, 1992

Shaywitz S: Current concepts: dyslexia. N Engl J Med 338:307-312, 1998

Sideridis GD, Mouzaki A, Simos P, et al: Classification of students with reading comprehension difficulties: the roles of motivation, affect, and psychopathology. Learn Disabil Q 29:159-180, 2006

Sroufe AL, Bennett C, Englund M, et al: The significance of gender boundaries in preadolescence: contemporary correlates and antecedents of boundary violation and maintenance. Child Dev 64:455-466, 1993

Tanaka H, Black JM, Hulme C, et al: The brain basis of the phonological deficit in dyslexia is independent of IQ. Psychol Sci 22:1442-1451, 2011

Theimer CE, Killen M, Stangor C: Young children's evaluations of exclusion in gender stereotypic peer contexts. Dev Psychol 37:18-27, 2001

Tyson P: A developmental line of gender identification, gender role and choice of love object. J Am Psychoanal Assoc 30:61-86, 1982

Tyson P, Tyson RL: Psychoanalytic Theories of Development: An Integration. New Haven, CT, Yale University Press, 1990

Veronneau MH, Vitaro F, Brendgen M, et al: Transactional analysis of the reciprocal links between peer experiences and academic achievement from middle childhood to early adolescence. Dev Psychol 46:773-790, 2010

Weinstein L, Saul L: Psychoanalysis as cognitive remediation: dynamic and Vygotskian perspectives in the analysis of an early adolescent dyslexic. Psychoanal Study Child 60:239-262, 2005

Westen D: The superego: a revisited developmental model. J Am Acad Psychoanal 14:181-202, 1986

Westen D: The relations among narcissism, egocentricity, self-concept and self-esteem: experimental, clinical and theoretical considerations. Psychoanalysis and Contemporary Thought 13:183-239, 1990

Willcutt EG, Pennington BF: Psychiatric comorbidity in child and adolescent reading

disabilities. J Child Psychol Psychiatry 41:1039-1048, 2000

7장

Arfai K, Pitukcheewanont PD, Goran MI, et al: Bone, muscle, fat: sex-related differences in prepubertal children. Radiology 224:338-344, 2002

Auerbach JS, Blatt SJ: Self-representation in severe psychopathology: the role of reflexive self-awareness. Psychoanal Psychol 13:297-341, 1996

Bagwell CL, Coie JD, Terry RA, et al: Peer cliques and social status in preadolescence. Merrill Palmer Q 46:280-305, 2000

Barkai AR, Hauser ST: Psychoanalytic and developmental perspectives on narratives of self-reflection in resilient adolescents: explorations and new contributions. Annual of Psychoanalysis 36:115-129, 2008

Barrett TF: Manic defenses against loneliness in adolescence. Psychoanal Study Child 63:111-136, 2008

Besser A, Blatt SJ: Identity consolidation and internalizing and externalizing problems in early adolescence. Psychoanal Psychol 24:126-149, 2007

Blos P: Preadolescent drive organization. J Am Psychoanal Assoc 6:47-56, 1958

Blos P: On Adolescence. New York, Free Press, 1962

Blos P: The initial stage of male adolescence. Psychoanal Study Child 20:145-164, 1965

Blos P: The second individuation process of adolescence. Psychoanal Study Child 22:162-186, 1967

Blumenthal H, Peen-Feldner EW, Babson KA, et al: Elevated social anxiety among early maturing girls. Dev Psychol 47:1133-1140, 2011

Brooks-Gunn J, Warren MP: The psychological significance of secondary sexual characteristics in nine- to eleven-year-old girls. Child Dev 59:1061-1069, 1988

Brown KM, Perlmutter P, McDermott RJ: Youth and tattoos: what school health personnel should know. J Sch Health 70:355-360, 2000

Buchanan CM, Eccles JS, Becker JB: Are adolescents the victims of raging hormones? Evidence for the activational effects of hormones on moods and behavior at adolescence. Psychol Bull 111:62-107, 1992

Buhrmester D: Intimacy of friendship, interpersonal competence, and adjustment during preadolescence and adolescence. Child Dev 61:1101-1111, 1990

Dahl EK: The impact of divorce on a preadolescent girl. Psychoanal Study Child 48:193-207, 1993

Dahl EK: Daughters and mothers: aspects of the representational world during adolescence. Psychoanal Study Child 50:187-204, 1995

Dalsimer K: From preadolescent tomboy to adolescent girl. Psychoanal Study Child 34:445-461, 1979

Ellis BJ, Shirtcliff EA, Boyce WT, et al: Quality of early family relationships and the timing and tempo of puberty: effects on biological sensitivity to context. Dev Psychopathol 23:85-89, 2011

Erikson EH: The concept of ego identity. J Am Psychoanal Assoc 4:56-121, 1956

Fischer RMS: Pubescence: a psychoanalytic study of one girl's experience of puberty. Psychoanalytic Inquiry 11:457-479, 1991

Fonagy P: A genuinely developmental theory of sexual enjoyment and its implications for psychoanalytic technique. J Am Psychoanal Assoc 56:11-36, 2008

Fonagy P, Gergely G, Jurist EL, et al: Affect Regulation, Mentalization, and the Development of the Self. New York, Other Press, 2002

Freud A: On certain difficulties in the preadolescent's relation to his parents, in The Writings of Anna Freud, Vol 4. New York, International Universities Press, 1949, pp 95-106

Friedman RC: Psychoanalysis and human sexuality. J Am Psychoanal Assoc 49:1115-1132, 2001

Friedman RC, Downey JI: Sexual differentiation of behavior: the foundation of a developmental model of psychosexuality. J Am Psychoanal Assoc 56:147-175, 2008

Galatzer-Levy R, Cohler BJ: Making a gay identity: coming out, social context and psychodynamics. Annual of Psychoanalysis 30:255-286, 2002

Ge X, Kim IJ, Conger RD, et al: It's about timing and change: pubertal transition effects on symptoms of major depression among African American youths. Dev Psychol 39:430-439, 2003

Granic I, Hollenstein T, Dishion TJ, et al: Longitudinal analysis of flexibility and reorganization in early adolescence: a dynamic systems study of family interactions. Dev Psychol 39:606-617, 2003

Hayward C, Sanborn K: Puberty and the emergence of gender differences in psychopathology. J Adolesc Health 30(suppl):49-58, 2002

Hill NE, Tyson DF: Parental involvement in middle school: a meta-analytic assessment of the strategies that promote achievement. Dev Psychol 45:740-763, 2009

Inhelder B, Piaget J: The Growth of Logical Thinking From Childhood to Adolescence: An Essay on the Construction of Formal Operational Structures. New York, Basic Books, 1958

Kerns KA, Klepac L, Cole A: Peer relationships and preadolescents' perceptions of security in the child-mother relationship. Dev Psychol 32:457-466, 1996

Knight R: The process of attachment and autonomy in latency. Psychoanal Study Child 60:178-210, 2005

Kuhn D: Do cognitive changes accompany developments in the adolescent brain? Perspect Psychol Sci 1:59-67, 2006

Laursen B, Delay D, Adams RE: Trajectories of perceived support in mother-adolescent relationships: the poor (quality) get poorer. Dev Psychol 46:1792-1798, 2010

Lemma A: An order of pure decision: growing up in a virtual world. J Am Psychoanal Assoc 58:691-714, 2010

Likierman M: On rejections: adolescent girls and anorexia. J Child Psychother 23:61-80, 1997

Marin KA, Bohanek JG, Fivush R: Positive effects of talking about the negative: family narratives of negative experience and preadolescents' perceived competence. J Res Adolesc 18:573-598, 2008

McCullers C: The Member of the Wedding. Boston, MA, Houghton Mifflin, 1946

McGill RK, Hughes D, Alicea S, et al: Academic adjustment across middle school: the role of public regard and parenting. Dev Psychol 48:1003-1018, 2012

McHale SM, Shanahan L, Updegraff KA, et al: Developmental and individual differences in girls' sex-typed activities in middle childhood and adolescence. Child Dev 75:157-193, 2004

Mendle J, Harden KP, Brooks-Gunn J, et al: Development's tortoise and hare: pubertal timing, pubertal tempo, and depressive symptoms in boys and girls. Dev Psychol 46:1341-1353, 2010

Molloy L, Ram N, Gest SD: The storm and stress (or calm) of early adolescent self-concepts: within- and between-subjects variability. Dev Psychol 47:1589-1607, 2011

Navarro VM, Castellano JM, Garcia-Galiano D, et al: Neuroendocrine factors in the initiation of puberty: the emergent role of kisspeptin. Rev Endocr Metab Disord 8:11-20, 2007

Paikoff RL, Brooks-Gunn J: Do parent-child relationships change during puberty? Psychol Bull 110:47-66, 1991

Petersen AC, Leffert N, Graham B, et al: Depression and body image disorders in adolescence. Womens Health Issues 4:98-108, 1994

Piaget J, Inhelder B: The Psychology of the Child. New York, Basic Books, 1969

Sandler J, Freud A: Discussions in the Hampstead Index on "The ego and the mechanisms of defense," XIII: instinctual anxiety during puberty. Bulletin of the Anna Freud Centre 7:79-104, 1984

Simmons RG, Blyth DA: Moving Into Adolescence: The Impact of Pubertal Change and the School Context. Hawthorne, NY, Aldine, 1987

Sisk CL, Zehr JL: Pubertal hormones organize the adolescent brain and behavior. Front Neuroendocrinol 26:163-174, 2005

Spear LP: The adolescent brain and age-related behavioral manifestations. Neurosci Biobehav Rev 24:417-463, 2000

Sroufe LA, Bennett C, Englund M, et al: The significance of gender boundaries in preadolescence: contemporary correlates and antecedents of boundary violations and maintenance. Child Dev 64:455-466, 1993

Stice EW: Puberty and body image, in Gender Differences at Puberty. Edited by Hayward C. Cambridge, UK, Cambridge University Press, 2003, pp 61-76

Troop-Gordon W, Ladd GW: Trajectories of peer victimization and perceptions of the self and schoolmates: precursors to internalizing and externalizing problems. Child Dev 76:1072-1091, 2005

Westen D: The relationship among narcissism, egocentricity, self-concept and self-esteem: experimental, clinical and theoretical considerations. Psychoanalysis and Contemporary Thought 13:183-239, 1990

Wichstrom L: The emergence of gender difference in depressed mood during adolescence: the role of intensified gender socialization. Dev Psychol 35:232-245, 1999

8장

Abrams S: Looking forwards and backwards. Psychoanal Study Child 58:172-186, 2003

Altman N: The children of the children of the sixties. J Infant Child Adolesc Psychother 6:5-23, 2007

Ammaniti M, Sergi G: Clinical dynamics during adolescence: psychoanalytic and attachment perspectives. Psychoanalytic Inquiry 23:54-80, 2003

Anthony J: Normal adolescent development from a cognitive viewpoint. J Am Acad Child Adolesc Psychiatry 21:318-327, 1982

Antoszewski B, Sitek A, Fijalkowska M, et al: Tattooing and body piercing—what motivates you to do it? Int J Soc Psychiatry 56:471-479, 2010

Arnett JJ: Adolescent storm and stress, reconsidered. Am Psychol 54:317-326, 1999

Belfer M: Suicide behavior in adolescence. Int J Soc Psychiatry 57:40-56, 2011

Bina M, Graziano F, Bonino S: Risky driving and lifestyles in adolescence. Accid Anal Prev 38:472-481, 2006

Biro FM, Dorn LD: Puberty and adolescent sexuality. Psychiatr Ann 36:685-690, 2006

Blakemore SJ: The social brain in adolescence. Nat Rev Neurosci 9:267-277, 2008

Blos P: The second individuation process in adolescence. Psychoanal Study Child 22:162-186, 1967

Blos P: Character formation in adolescence. Psychoanal Study Child 23:245-263, 1968

Brandt DE: Separation and identity in adolescence: Erikson and Mahler—some similarities. Contemp Psychoanal 13:507-518, 1977

Brockman MS, Russell ST: Abstinence in adolescence, in Encyclopedia of Applied Developmental Science, Vol 1. Edited by Fisher CB, Lerner RM. Thousand Oaks, CA, Sage, 2005, pp 1-4

Brooks D: The odyssey years. New York Times Opinion, October 9, 2007

Brooks-Gunn J, Warren MP: Biological and social contributions to negative affect in young adolescent girls. Child Dev 60:40-55, 1989

Brooks-Gunn J, Newman DL, Holderness C, et al: The experience of breast development and girls' stories about the purchase of a bra. J Youth Adolesc 23:539-565, 1994

Brown KM, Perlmutter P, McDermott RJ: Youth and tattoos: what school health personnel should know. School Health 70:355-360, 2000

Buchanan CM, Eccles JS, Becker JB: Are adolescents the victims of raging hormones: evidence for the activational effects of hormones on moods and behavior at adolescence. Psychol Bull 111:62-107, 1992

Carroll L, Anderson R: Body piercing, tattooing, self-esteem, and body investment in adolescent girls. Adolescence 37:627-637, 2002

Cauffman E: The adolescent brain: excuse versus explanation: comments on Part IV. Ann NY Acad Sci 1021:160-161, 2004

Chamay-Weber C, Narring F, Michaud PA: Partial eating disorders among adolescents: a review. J Adolesc Health 37:416-426, 2005

Chambers RA, Potenza MN: Neurodevelopment, impulsivity, and adolescent gambling. J Gambl Stud 19:53-84, 2003

Chambers RA, Taylor JR, Toensa MN: Developmental neurocircuitry of motivation in adolescence: a critical period of addiction vulnerability. Am J Psychiatry 160:1041-1052, 2003

Chused J: Neutrality in the analysis of action-prone adolescents. J Am Psychoanal Assoc 38:670-704, 1990

Coelho JS, Polivy J, Trottier K: Anorexia nervosa, in Encyclopedia of Human

Development, Vol 1. Edited by Salkind NJ, Margolis L. Thousand Oaks, CA, Sage, 2006, pp 98-101

Collins WA, Laursen B: Parent-adolescent relationships, in Close Relationships: Functions, Forms, and Processes. Edited by Noller P, Feeney JA. New York, Psychology Press, 2006, pp 111-126

Crick NR, Grotpeter JK: Relational aggression, gender, and social-psychological adjustment. Child Dev 66:710-722, 1995

Dahl RE: Affect regulation, brain development, and behavioral-emotional health in adolescence. CNS Spectr 6:1-12, 2001

Dahl RE: Adolescent brain development: a period of vulnerabilities and opportunities. Keynote Address. Ann NY Acad Sci 1012:1-22, 2004

Dahl R, Hariri AR: Lessons from G. Stanley Hall: connecting new research in biological sciences to the study of adolescent development. J Res Adolesc 15:367-382, 2005

de Goede IH, Branje SJT, Meeus WHJ: Developmental changes in adolescents' perceptions of relationships with their parents. J Youth Adolesc 38:75-88, 2009

Deschesnes M, Fines P, Demers S, et al: Are tattooing and body piercing indicators of risk-taking behaviors in high school students? J Adolesc 29:379-393, 2006

Doctors SR: Attachment-individuation, I: clinical notes toward a reconsideration of "adolescent turmoil". Adolesc Psychiatry 25:3-17, 2000

Eisenberg N, Carlo G, Murphy B, et al: Prosocial development in late adolescence: a longitudinal study. Child Dev 66:1179-1197, 2012

Elkind D: Egocentrism in adolescence. Child Dev 38:1025-1034, 1967

Elkind D: Inhelder and Piaget on adolescence and adulthood: a post-modern appraisal. Psychol Sci 7:216-220, 1996

Elkind D, Bowen R: Imaginary audience behavior in children and adolescents. Dev Psychol 15:38-44, 1979

Erikson E: Identity: Youth and Crisis. New York, WW Norton, 1968

Esman A: Adolescence and Culture. New York, Columbia University Press, 1990

Espelage DL, Bosworth K, Simon TR: Examining the social context of bullying behaviors in early adolescence. Journal of Counseling and Development 78:326-333, 2000

Feinstein L, Bynner J: The importance of cognitive development in middle childhood for adulthood socioeconomic status, mental health, and problem behavior. Child Dev 75:1329-1339, 2004

Fields RD: Myelination: an overlooked mechanism of synaptic plasticity. Neuroscientist 11:528-531, 2005

Fischer J: Tattooing the body, marking culture. Body and Society 8:91-107, 2002

Flaake K: Girls, adolescence and the impact of bodily changes: family dynamics and social definitions of the female body. European Journal of Women's Studies 12:201-212, 2005

Flannery DJ, Torquati JC, Lindemeier L: The method and meaning of emotional expression and experience during adolescence. J Adolesc Res 9:8-27, 1994

Fonagy P: Early life trauma and the psychogenesis and prevention of violence. Ann NY Acad Sci 1036:181-200, 2004

Fonagy P: A genuinely developmental theory of sexual enjoyment and its implications for psychoanalytic technique. J Am Psychoanal Assoc 56:11-36, 2008

Fonagy P, Gergely G, Jurist E, et al: Affect regulation, mentalization, and the development of the self. New York, Other Press, 2002

Freud A: Adolescence. Psychoanal Study Child 12:255-278, 1958

Freud S: Three essays on the theory of sexuality (1905), in The Standard Edition of the Complete Psychological Works of Sigmund Freud, Vol 7. Edited by Strachey J. London, Hogarth Press, 1962, pp 123-246

Friedman M, Glasser M, Laufer E, et al: Attempted suicide in adolescence: some observations from a psychoanalytic research project. Int J Psychoanal 53:179-183, 1972

Friedman R: Homosexuality: A Contemporary Psychoanalytic Perspective. New Haven, CT, Yale University Press, 1990

Friedrich WN, Fisher J, Broughton D, et al: Normative sexual behavior in children: a contemporary sample. Pediatrics 101:e9, 1998

Gilmore K: Cloacal anxiety in female development. J Am Psychoanal Assoc 46:443-470, 1998

Goodnight JA, Bates JE, Newman JP, et al: The interactive influences of friend deviance and reward dominance on the development of externalizing behavior during middle adolescence. J Abnorm Child Psychol 34:573-583, 2006

Griffiths M: Internet and video-game addiction, in Adolescent Addiction: Epidemiology, Assessment and Treatment. San Diego, CA, Elsevier, 2008, pp 231-267

Hagmann P, Sporns O, Madan N, et al: White matter maturation reshapes structural connectivity in the late developing human brain. Proc Natl Acad Sci USA 107:19067-19072, 2010

Hall GS: Adolescence: Its Psychology and Its Relations to Physiology, Anthropology, Sociology, Sex, Crime, Religion, and Education. New York, D Appleton, 1904

Halpern CJT, Udry JR, Suchindran C, et al: Adolescent males' willingness to report masturbation. J Sex Res 37:327-332, 2000

Hargreaves DA, Tiggemann M: Idealized media images and adolescent body image: "comparing" boys and girls. Body Image 1:351-361, 2004

Harris A: Gender as Soft Assembly. London, Routledge, 2008

Hogarth H, Ingham R: Masturbation among young women and associations with sexual health: an exploratory study. J Sex Res 46:558-567, 2009

Jacobs T: On the adolescent neurosis. Psychoanal Q 76:487-513, 2007

Jacobson E: Adolescent moods and the remodeling of psychic structures in adolescence. Psychoanal Study Child 16:164-183, 1961

Jessor R: Problem Behavior and Psychosocial Development: A Longitudinal Study of Youth. New York, Academic Press, 1977

Jessor R: Risk behavior in adolescence: a psychosocial framework for understanding and action. J Adolesc Health 12:597-605, 1991

Jessor R: Description versus explanation in cross-national research on adolescence (editorial). J Adolesc Health 43:527-528, 2008

Jones DC, Crawford JK: Adolescent boys and body image: weight and muscularity concerns as dual pathways to body dissatisfaction. J Youth Adolesc 34:629-636, 2005

Jones MC, Furman W: Representations of romantic relationships, romantic experiences, and sexual behavioral in adolescence. Pers Relatsh 18:144-164, 2011

Kernberg O: Mature love: prerequisites and characteristics. Int J Psychoanal 92:1501-1515, 1974

Kilpatrick DG, Acierno R, Saunders B, et al: Risk factors for adolescence substance abuse and dependence: data from a national sample. J Consult Clin Psychol 68:19-30, 2000

Kirkbride JB, Fearon P, Morgan C, et al: Heterogeneity in incidence rates of schizophrenia and other psychotic syndromes. Arch Gen Psychiatry 63:250-258, 2006

Kroger J: Identity in Adolescence: The Balance Between Self and Other, 3rd Edition. Hove, UK, Routledge, 2004

Kuhn D: Do cognitive changes accompany developments in the adolescent brain? Perspect Psychol Sci 1:59-67, 2006

Kupfer DJ, Woodward HR: Adolescent development and the regulation of behavior and emotion: comments on part VIII. Ann NY Acad Sci 1021:320-322, 2004

Lapsley DK, Edgerton J: Separation-individuation, adult attachment style and college adjustment. Journal of Counseling and Development 80:484-493, 2002

Lapsley DK, Hill PL: Subjective invulnerability, optimism bias and adjustment in emerging adulthood. J Youth Adolesc 39:847-857, 2010

Laufer E: Suicide in adolescence. Psychoanal Psychother 2:1-10, 1987

Laufer M: The body image, the function of masturbation, and adolescence: problems of the ownership of the sexual body. Psychoanal Study Child 23:114-137, 1968

Laufer M: The central masturbation fantasy, the final sexual organization, and adolescence. Psychoanal Study Child 31:297-316, 1976

Laufer M (ed) and The Brent Adolescent Centre for Research Into Adolescent Breakdown: The Suicidal Adolescent. London, Karnac Books, 1995

Leather NC: Risk taking behavior in adolescence: a literature review. J Child Health Care 13:295-304, 2009

Lemma A: An order of pure decision: growing up in a virtual world and the adolescent's experience of being-in-a-body. J Am Psychoanal Assoc 58:691-714, 2010

Leung AK, Robson WL: Childhood masturbation. Clin Pediatr 32:238-241, 1993

Marcelli D, Ingrand P, Delamour M, et al: Accidents in a population of 350 adolescents and young adults: circumstances, risk factors, and prediction of recurrence. Bull Acad Natl Med 194:953-964, 2010

Martin A: On teenagers and tattoos. Reclaiming Children and Youth 9:143-145, 2000

McHale SM, Kim JY, Whiteman SD: Sibling relationships in childhood and adolescence, in Close Relationships: Functions, Forms, and Processes. Edited by Noller P, Feeney JA. New York, Psychology Press, 2006, pp 127-150

Muise AE, Stein DG, Arbess G: Eating disorders in adolescent boys: a review of the adolescent and young adult literature. J Adolesc Health 33:427-435, 2003

Murray KM, Byrme DG, Rieger E: Investigating adolescent stress and body image. J Adolesc 34:269-278, 2011

Neinstein LS: Adolescent Health Care: A Practical Guide, 4th Edition. Philadelphia, PA, Lippincott Williams & Wilkins, 2002

Noppe IC, Noppe LD: Adolescent experiences with death: letting go of immortality. Journal of Mental Health Counseling 26:146-167, 2004

Offer D: Normal adolescents: interview strategy and selected results. Arch Gen Psychiatry 17:285-289, 1965

Offer D, Offer JL: Profiles of normal adolescent girls. Arch Gen Psychiatry 19:513-522, 1968

Offer D, Schonert-Reichl KA: Debunking the myths of adolescence: findings from recent research. J Am Acad Child Adolesc Psychiatry 31:1003-1014, 1992

Olesker W: Female genital anxieties: views from the nursery and the couch. Psychoanal Q 67:276-294, 1998

Paus T: Mapping brain maturation and cognitive development during adolescence.

Trends Cogn Sci 9:60-68, 2005

Pederson W, Samuelson SO, Wichstrom L: Intercourse debut age: poor resources, problem behavior, or romantic appeal? A population-based longitudinal study. J Sex Res 40:333-345, 2003

Person E: The Sexual Century. New Haven, CT, Yale University Press, 1999

Peskin J, Wells-Jopling R: Fostering symbolic interpretation during adolescence. J Appl Dev Psychol 33:13-23, 2012

Petersen AC, Leffert N, Graham B, et al: Depression and body image disorders in adolescence. Womens Health Issues 4:98-108, 1994

Phillips MR, Yang G, Zhang Y, et al: Risk factors for suicide in China: a national case-control psychological autopsy study. Lancet 360:1728-1736, 2002

Piaget J: Intellectual evolution from adolescence to adulthood (reprint of Human Development 15:1-12, 1972). Human Development 51:40-47, 2008

Piaget J, Inhelder B: The Growth of Logical Thinking From Childhood to Adolescence. Translated by Milgram S. London, Routledge & Kegan Paul, 1958

Potenza MN: Should addictive disorders include non-substance-related conditions? Addiction 101 (suppl 1):142-151, 2006

Rabinowicz T, Petetot JM, Khoury JC, et al: Neocortical maturation during adolescence: change in neuronal soma dimensions. Brain Cogn 69:328-336, 2009

Ramirez JM: Hormones and aggression in childhood and adolescence. Aggress Violent Behav 8:621-644, 2003

Redd NA: Body drama. New York, Gotham Books, 2008

Rehbein F, Kleimann M, Mossie T: Prevalence and risk factors of video game dependency in adolescence: results of a German nationwide survey. Cyberpsychol Behav Soc Netw 13:269-277, 2010

Reis O, Buhl HM: Individuation in adolescence and emerging adulthood. Int J Behav Dev 32:369-371, 2008

Renfrew Center Foundation for Eating Disorders: Eating Disorders 101 Guide: A Summary of Issues, Statistics and Resources. September 2002, revised October 2003.

Rew L, Horner S, Brown A: Health-risk behaviors in early adolescence. Issues Compr Pediatr Nurs 34:79-96, 2011

Ritvo S: Late adolescence: developmental and clinical considerations. Psychoanal Study Child 26:241-263, 1971

Roche KM, Ahmed S, Blum RW: Enduring consequences of parenting for risk behaviors from adolescence into early adulthood. Soc Sci Med 66:2023-2034, 2008

Rogers KN, Buchanan CM, Winchell ME: Psychological control during adolescence: links to adjustment in differing parent/adolescent dyads. J Early Adolesc 23:349-383, 2003

Rohner RP: Enculturative continuity and adolescent stress. Am Psychol 54:278, 2000

Rubin KH, Dwyer KM, Booth-LaForce C, et al: Attachment, friendship and psychosocial functioning in early adolescence. J Early Adolesc 24:326-356, 2004

Rutter M: Psychopathological development across adolescence. J Youth Adolesc 36:101-110, 2007

Rycek RF, Stuhr SL, McDermott J, et al: Adolescent egocentrism and cognitive functioning during late adolescence. Adolescence 33:745-749, 1998

Santelli J, Ott MA, Lyon M, et al: Abstinence and abstinence-only education: a review of U.S. policies and programs. J Adolesc Health 38:72-81, 2006

Schneider M: Puberty as a highly vulnerable developmental period for the consequences of cannabis exposure. Addict Biol 13:253-263, 2008

Schofield JL, Bierman KL, Heinrichs B, et al: Predicting early sexual activity with behavior problems exhibited at school entry and in early adolescence. J Abnorm Child Psychol 36:1175-1186, 2008

Seidel RG: Anna, leaving home—an adolescent girl's journey. Psychoanal Study Child 61:101-120, 2006

Seiffge-Krenke I, Overbeek G, Vermulst A: Parent-child relationship trajectories during adolescence: longitudinal associations with romantic outcomes in emerging adulthood. J Adolesc 33:159-171, 2010

Sentse M, Laird RD: Parent-child relationships and dyadic friendship experiences as predictors of behavior problems in early adolescence. J Clin Child Adolesc Psychol 39:873-884, 2010

Shapiro T: Masturbation, sexuality, and adaptation: normalization in adolescence. J Am Psychoanal Assoc 56:123-146, 2008

Shaw P, Greenstein D, Lerch J, et al: Intellectual ability and cortical development in children and adolescents. Nature 440:676-679, 2006

Slap GB: Adolescent Medicine: The Requisites in Pediatrics. Philadelphia, PA, Mosby Elsevier, 2008

Slater A, Tiggemann M: Gender differences in adolescent sport participation, teasing, self-objectification, and body image concerns. J Adolesc 34:455-463, 2011

Sleet DA, Ballesteros MF, Borse NN: A review of unintentional injuries in adolescents. Annu Rev Public Health 31:195-212, 2010

Spear LP: The developing brain and adolescent-typical behavior patterns: an evolutionary approach, in Adolescent Psychopathology and the Developing Brain.

Edited by Romer D, Walker EF. New York, Oxford, 2007, pp 9–30

Spear LP: The Behavioral Neuroscience of Adolescence. New York, WW Norton, 2010

Spear LP, Varlinskaya EI: Adolescence: alcohol sensitivity, tolerance, and intake. Recent Dev Alcohol 17:143–159, 2005

Stang J, Story M: Adolescent growth and development, in Guidelines for Adolescent Nutrition Services. Edited by Stang J, Story M. Minneapolis, Center for Leadership, Education and Training in Maternal and Child Nutrition, Division of Epidemiology and Community Health, School of Public Health, University of Minnesota, 2005, pp 1–8

Steinberg L: Autonomy, conflict, and harmony in the family relationship, in At the Threshold: The Developing Adolescent. Edited by Feldman SS, Elliot GR. Cambridge, MA, Harvard University Press, 1990, pp 255–276

Steinberg L: Risk taking in adolescence: what changes, and why? Ann NY Acad Sci 1021:51–58, 2004

Steinberg L: Cognitive and affective development in adolescence. Trends Cogn Sci 9:69–74, 2005

Stice E, Prenell K, Bearna SK: Relation of early menarche to depression, eating disorders, substance abuse and co-morbid psychopathology among adolescent girls. Dev Psychol 17:608–619, 2001

Stone LJ, Church J: Childhood and Adolescence. New York, Random House, 1955

Susman EJ: Modeling developmental complexity in adolescence: hormones and behavior in context. J Res Adolesc 7:283–306, 1997

Tanner JM: Growth in Adolescence. Springfield IL, CC Thomas, 1962

Tanner JM: Sequence, tempo, and individual variation in the growth and development of boys and girls aged twelve to sixteen. Daedalus 100:907–930, 1971

Tolman D, McClelland SI: Normative sexuality development in adolescence: a decade in review, 2000–2009. J Res Adolesc 21:242–255, 2011

Tsui L, Nicoladis E: Losing it: similarities and differences in first intercourse experiences of men and women. Can J Hum Sex 13:95–106, 2004

Upchurch DM, Lillard LA, Anesthenal CS, et al: Inconsistencies in reporting the occurrence and timing of first intercourse among adolescents. J Sex Res 39:197–206, 2002

Vazsonyi AT, Chen P, Young M, et al: A test of Jessor's problem behavior theory in a Eurasian and western European developmental context. J Adolesc Health 43:555–564, 2008

Vazsonyi AT, Chen P, Jenkins DD, et al: Jessor's problem behavior theory: cross-national evidence from Hungary, the Netherlands, Slovenia, Spain, Switzerland, Taiwan, Turkey, and the United States. Dev Psychol 46:1779-1791, 2010

Volkow N, Li TK: The neuroscience of addiction. Nat Neurosci 8:1429-1430, 2005

Walker EF, Sabuwalla Z, Huor E: Neuromaturation, stress sensitivity, and psychopathology. Dev Psychopathol 16:807-824, 2004

Wichstrom L: The emergence of gender difference in depressed mood during adolescence: the role of intensified gender socialization. Dev Psychol 35:232-245, 1999

Wills TA, McNamara G, Vaccaro D, et al: Escalated substance use: a longitudinal grouping analysis from early to middle adolescence. J Abnorm Psychol 105:166-180, 1996

Young K: Internet addiction: evaluation and treatment. Student British Medical Journal 7:351-352, 1999

Zwaluw CS, Kuntsche E, Engels RC: Alcohol use in adolescence: the role of genetics (DRD2, SLC6A4) and coping motives. Alcohol Clin Exp Res 35:756-764, 2011

9장

American Psychiatric Association: Diagnostic and Statistical Manual of Mental Disorders, 5th Edition. Arlington, VA, American Psychiatric Association, 2013

Arlow A: Problems of the superego concept. Psychoanal Study Child 37:229-244, 1982

Aseltine RH, Gore S: Work, postsecondary education and psychosocial functioning following the transition from high school. J Adolesc Res 20:615-639, 2005

Beyers W, Seiffge-Krenke I: Does identity precede intimacy? Testing Erikson's theory on romantic development in emerging adults of the 21st century. J Adolesc Res 25:387-416, 2010

Blos P: Character formation in adolescence. Psychoanal Study Child 23:245-263, 1968

Blum H: Superego formation, adolescent transformation, and the adult neurosis. J Am Psychoanal Assoc 33:887-909, 1985

Blum H: Adolescent trauma and the Oedipus complex. Psychoanalytic Inquiry 30:548-556, 2010

Bronk KC: The role of purpose in life in healthy identity formation: a grounded model. New Dir Youth Dev 2011:31-44, 2011

Buchanan RW, Carpenter WT Jr: Schizophrenia and other psychotic disorders: concept of schizophrenia, in Kaplan and Sadock's Comprehensive Textbook of Psychiatry, 8th Edition. New York, Lippincott Williams & Wilkins, 2005

Chanen AW, Jackson HJ, McGorry PD, et al: Two-year stability of personality disorder in older adolescent outpatients. J Pers Disord 18:526-541, 2004

Choudhury S, Blakemore SJ, Charman T: Social cognitive development during adolescence. Soc Cogn Affect Neurosci 1:165-174, 2006

Chused J: The idealization of the analyst by the young adult. J Am Psychoanal Assoc 35:839-859, 1982

Coco AS: Primary dysmenorrhea. Am Fam Physician 60:489-496, 1999

College Parents of America: Student statistics on alcohol consumption and abuse. Available at: http://www.collegeparents.org/members/resources/articles/student-statistics-alcohol-consumption-and-abuse. Accessed June 2012.

Cote JE: Emerging adulthood as an institutionalized moratorium: risks and benefits to identity formation, in Emerging Adults in America: Coming of Age in the 21st Century. Edited by Arnett JJ, Tanner L. Washington, DC, American Psychological Association, 2006, pp 85-116

Domina T, Conley AM, Farkas G: The link between educational expectations and effort in the college-for-all era. Sociology of Education 84:93-112, 2011

Dosch M, Loenneker T, Bucher K, et al: Learning to appreciate others: neural development of cognitive perspective taking. Neuroimage 50:837-846, 2010

Eisenberg N, Carlo G, Murphy B, et al: Prosocial development in late adolescence: a longitudinal study. Child Dev 66:1179-1197, 2012

Erikson E: Identity and the Life Cycle. New York, International Universities Press, 1950

Erikson E: The problem of ego identity. J Am Psychoanal Assoc 4:56-121, 1956

Erikson E: Identity: Youth and Crisis. New York, WW Norton, 1968

Esman AH: Adolescence and the consolidation of values, in Moral Values and the Superego Concept in Psychoanalysis. Edited by Post SC. New York, International Universities Press, 1972, pp 87-100

Fivush R, Bohanek JG, Zaman W: Personal and intergenerational narratives in relation to adolescents' well-being (Special Issue: The Development of Autobiographical Reasoning in Adolescence and Beyond. Edited by Habermas T.) New Dir Child Adolesc Dev 131:45-57, 2011

Glick R: Commentary: is there a drive to love? Neuropsychoanalysis 10:145-148, 2008

Goodman G: Acne: natural history, facts and myths. Aust Fam Physician 35:613-615, 2006

Haase CM, Heckhausen J, Koller O: Goal engagement during the school-work transition: beneficial for all, particularly for girls. J Res Adolesc 18:671-698, 2008

Hall W, Degenhardt L, Patton G: Cannabis abuse and dependence, in Adolescent

Addiction: Epidemiology, Assessment and Treatment. Edited by Essau CA. Oxford, UK, Elsevier, 2008, pp 117-148

Hare E, Glahn DC, Dassori A, et al.: Heritability of age of onset of psychosis in schizophrenia. Am J Med Genet B Neuropsychiatr Genet 153B:298-302, 2010

Hodgman CH: Psychosis in adolescence. Adolesc Med Clin 17:131-146, 2006

Isohanni M, Isohanni I, Koponen H, et al: Developmental precursors of psychosis. Curr Psychiatry Rep 6:168-175, 2004

Jacobson E: Adolescent moods and the remodeling of psychic structure in adolescence. Psychoanal Study Child 16:164-183, 1961

Jobs S: Commencement address, Stanford University. June 14, 2005. Available at: http://news.stanford.edu/news/2005/june15/jobs-061505.html. Accessed October 13, 2012.

Kernberg O: Structural derivatives of object relationships. Int J Psychoanal 47:236-252, 1966

Kernberg O: Mature love: prerequisites and characteristics. J Am Psychoanal Assoc 22:743-768, 1974

Kernberg O: Identity: recent findings and clinical implications. Psychoanal Q 75:969-1003, 2006

Kernberg PF, Weiner AS, Bardenstein KK: Personality Disorders in Children and Adolescents. New York, Basic Books, 2000

Kessler RC, McGonagle KA, Zhao S, et al: Lifetime and 12-month prevalence of DSM-III-R psychiatric disorders in the United States: results from the National Cormorbidity Survey. Arch Gen Psychiatry 51:8-19, 1994

Kessler RC, Berglund P, Demler O, et al: Lifetime prevalence of age-of-onset distributions of DSM-IV disorders in the National Comorbidity Survey Replication. Arch Gen Psychiatry 62:593-602, 2005

Kessler RC, Amminger GP, Aguilar-Gaxiola S, et al: Age of onset of mental disorders: a review of recent literature. Curr Opin Psychiatry 20:359-364, 2007

Kleinhaus K, Harlap S, Perrin M, et al: Age, sex and first treatment of schizophrenia in a population cohort. J Psychiatr Res 45:136-141, 2011

Kroger J: Ego identity status research in the new millennium. Int J Behav Dev 24:145-148, 2000

Kroger J: Identity in Adolescence: The Balance Between Self and Other, 3rd Edition (Adolescence and Society Series). East Sussex, UK, Routledge, Taylor &Francis, 2004

Kulish N: First loves and prime adventures: adolescent expressions in adult analyses.

Psychoanal Q 67:539-565, 1998

Kumru A, Thompson RA: Ego identity status and self-monitoring behavior in adolescents. J Adolesc Res 18:481-495, 2003

Lachmann FM: Identity and self: historical antecedents and developmental precursors. International Forum on Psychoanalysis 13:246-253, 2004

Lapsley DK, Edgerton J: Separation-individuation, adult attachment style and college adjustment. J Couns Dev 80:484-493, 2002

Lefkowitz ES: "Things have gotten better": developmental changes among emerging adults after the transition to university. J Adolesc Res 20:40-63, 2005

Marcia JE: Development and validation of ego-identity status. J Pers Soc Psychol 3:551-558, 1966

Marcia JE: The ego identity status approach to ego identity, in Ego Identity: A Handbook for Psychosocial Research. Edited by JE Marcia, AS Waterman, DR Matteson, et al. New York, Springer-Verlag, 1993, pp 3-21

McLean K: Late adolescent identity development: narrative meaning making and memory telling. Dev Psychol 42:685-691, 2005

McLean K, Thorne A: Late adolescents' self-defining memories about relationships. Dev Psychol 39:635-645, 2003

Meeus W, Iedema J, Helsen M, et al: Patterns of adolescent identity development: review of the literature and longitudinal analysis. Dev Rev 19:419-461, 1999

Montgomery MJ: Psychosocial intimacy and identity: from early adolescence to emerging adulthood. J Adolesc Res 20:346-374, 2005

National Center for Education Statistics: Fast facts: enrollment. 2011. Available at: http://nces.ed.gov/fastfacts/display.asp?id=98. Accessed June 2012.

Neinstein L: Adolescent Health Care: A Practical Guide, 4th Edition. Baltimore, MD, Lippincott Williams & Wilkins, 2002

Neinstein LS, Gordon CM, Katzman DK, et al: Handbook of Adolescent Health Care. Philadelphia, PA, Lippincott Williams & Wilkins, 2009

Nelson LJ, Padilla-Walker LM, Carroll JS, et al: "If you want me to treat you like an adult, start acting like one!" Comparing the criteria that emerging adults and their parents have for adulthood. J Fam Psychol 21:665-674, 2007

Osberg TM, Insana M, Eggert M, et al: Incremental validity of college alcohol beliefs in the prediction of freshman drinking and its consequences: a prospective study. Addict Behav 36:333-340, 2011

Paris J: Personality Disorders Over Time: Precursors, Course, and Outcome. Washington, DC, American Psychiatric Publishing, 2003

Paris J: Personality disorders over time: implications for psychotherapy. Am J Psychother 58:420-430, 2004

Porteli EJ, Skorikov VB: Specific and diversive career exploration during late adolescence. Journal of Career Assessment 18:46-58, 2010

Ritvo S: Late adolescence: developmental and clinical considerations. Psychoanal Study Child 26:241-263, 1971

Rojewski JW, Kim H: Career choice patterns and behavior of work-bound youth during early adolescence. J Career Dev 30:89-108, 2003

Rosenbaum J: The complexities of college for all: beyond the fairy-tale dreams. Sociol Educ 84:113-117, 2011

Rosenbaum JE, Person AE: Beyond college for all: policies and practices to improve transitions into college and jobs. Professional School Counseling 6:252-260, 2003

Rubin KH, Coplan RJ, Bowker J: Social withdrawal in childhood. Annu Rev Psychol 60:141-171, 2009

Rutter M: Psychosocial resilience and protective mechanisms. Am J Orthopsychiatry 57:316-331, 1987

Schwartz P, Maynard AM, Uzelac SM: Adolescent egocentrism: a contemporary view. Adolescence 43:441-448, 2008

Scott-Sheldon LA, Carey KB, Carey MP: Health behavior and college students: does Greek affiliation matter? J Behav Med 31:61-70, 2008

Seiffge-Krenke I, Overbeek G, Vermulst A: Parent-child relationship trajectories during adolescence: longitudinal associations with romantic outcomes in emerging adulthood. J Adolesc 33:159-171, 2010

Seton P: The psychotemporal adaptation of the late adolescent. J Am Psychoanal Assoc 22:795-819, 1974

Sklansky MA: The alchemy of love: transmutation of the elements in adolescents and young adults. Annu Psychoanal 5:76-103, 1977

Spear L: The Behavioral Neuroscience of Adolescence. New York, WW Norton, 2010

Strenger C: The self as perpetual experiment: psychodynamic comments on some aspects of contemporary urban culture. Psychoanal Psychol 20:435-440, 2003

Tan JKL, Vasey K, Fung KY: Beliefs and perceptions of patients with acne. J Am Acad Dermatol 44:439-445, 2001

Tolman DL, McClelland SL: Normative sexuality development in adolescence: a decade in review, 2000-2009. J Res Adolesc 21:242-255, 2011

U.S. Department of Labor, Bureau of Labor Statistics: Economic news release: college enrollment and work activity of 2011 high school graduates. April 29, 2012.

Available at: http://www.bls.gov/news.release/hsgec.nr0.htm. Accessed June 2012.

Weeks TL, Pasupathi M: Autonomy, identity, and narrative construction with parents and friends, in Narrative Development in Adolescence: Creating the Storied Self. Edited by McLean KC, Pasupathi M. New York, Springer, 2011, pp 65-92

Westen D: The cognitive self and the psychoanalytic self: can we put our selves together? Psychol Inq 3:1-13, 1992

Westen D: Identity disturbance in adolescence: associations with borderline personality disorder. Dev Psychopathol 23:305-313, 2011

Weston CG, Riolo SA: Childhood and adolescent precursors to adult personality disorders. Psychiatr Ann 37:114-121, 2007

Wilkinson-Ryan T, Westen D: Identity disturbance in borderline personality disorder: an empirical investigation. Am J Psychiatry 157:528-541, 2000

Yovell Y: Is there a drive to love? Neuropsychoanalysis 10:117-144, 2008

10장

Abrams S: The psychoanalytic process: the developmental and the integrative. Psychoanal Q 59:650-677, 1990

Adatto CP: Ego reintegration observed in analysis of late adolescents. Int J Psychoanal 39:172-177, 1958

Allen JP, Hauser ST, Eickholt C, et al: Autonomy and relatedness in family interactions as predictors of expressions of negative adolescent affect. J Res Adolesc 4:535-552, 1994

Arnett JJ: Young people's conceptions of the transition to adulthood. Youth Soc 29:3-23, 1997

Arnett JJ: Emerging adulthood: a theory of development from the late teens through the twenties. Am Psychol 55:469-480, 2000

Arnett JJ: Emerging Adulthood: The Winding Road From the Late Teens Through the Twenties. Oxford, UK, Oxford University Press, 2004

Arnett JJ: The developmental context of substance use in emerging adulthood. J Drug Issues 35:235-253, 2005

Arnett JJ: Suffering, selfish, slackers? Myths and reality about emerging adults. J Youth Adolesc 36:23-29, 2007

Arnett J, Taber S: Adolescence terminable and interminable: when does adolescence end? J Youth Adolesc 23:517-537, 1994

Attewell P, Heil S, Reisel L: Competing explanations of undergraduate noncompletion. Am Educ Res J 48:536-559, 2011

Banks D, Oliviera A: Young men's initiative: report to the mayor from the chairs. August 2011. Available at: http://www.nyc.gov/html/om/pdf/2011/young_mens_initiative_report.pdf. Accessed October 15, 2012.

Barnett J: Dependency conflicts in the young adult. Psychoanal Rev 58:111-125, 1971

Barry CM, Madsen SD, Nelson LJ, et al.: Friendship and romantic relationship qualities in emerging adulthood: differential associations with identity development and achieved adulthood. J Adult Dev 16:209-222, 2009

Bell KL, Allen JP, Hauser ST, et al: Family factors and young adult transitions: educational attainment and occupational prestige, in Transitions Through Adolescence: Interpersonal Domains and Context. Edited by Graber JA, Brooks-Gunn P, Brooks AC. Mahwah, NJ, Erlbaum, 1996, pp 345-366

Beyers W, Seiffge-Krenke I: Does identity precede intimacy? Testing Erikson's theory on romantic development in emerging adults of the 21st century. J Adolesc Res 25:287-415, 2010

Blos P: Prolonged adolescence: the formulation of a syndrome and its therapeutic implications. Am J Orthopsychiatry 24:733-742, 1954

Blos P: On Adolescence: A Psychoanalytic Interpretation. Glencoe, IL, Free Press of Glencoe, 1962

Blos P: Prolonged male adolescence, in The Adolescent Passage: Developmental Issues. New York, International Universities Press, 1979, pp 37-53

Brooks D: The odyssey years. New York Times, October 9, 2007. Available at: www.nytimes.com/2007/10/09/opinion/09brooks.html?_r=0. Accessed October 15, 2012.

Bynner J: Rethinking the youth phase of the life-course: the case for emerging adulthood? J Youth Stud 8:367-384, 2005

Bynner J, Ferri E, Shepherd P: Twenty-Something in the 1990s: Getting On, Getting By, Getting Nowhere. Aldershot, UK, Ashgate, 1997

Chused JF: Idealization of the analyst by the young adult. J Am Psychoanal Assoc 35:839-859, 1987

Cinamon RG: Anticipated work-family conflict: effects of gender, self-efficacy, and family background. Career Dev Q 54:202-215, 2006

Cohen P, Kasen S, Chen H, et al: Variations in patterns of developmental transitions in the emerging adulthood period. Dev Psychol 39:657-669, 2003

Cohen RS, Weissman SH: The parenting alliance, in Parenthood. Edited by Cohen RS,

Cohler BJ, Weissman SH. New York, Guilford, 1984

Colarusso CA: The development of time sense in young adulthood. Psychoanal Study Child 45:124-144, 1991

Conger KJ, Little WM: Sibling relationships during the transition to adulthood. Child Dev Perspect 4:87-94, 2010

Cote JE: Emerging adulthood as an institutionalized moratorium: risks and benefits to identity formation, in Emerging Adults in America: Coming of Age in the 21st Century. Edited by Arnett JJ, Tanner JL. Washington DC, American Psychological Association, 2006, pp 85-116

Coupland D: Generation X: Tales for an Accelerated Culture. New York, St. Martin's Press, 1991

Elnick AB, Margrett JA, Fitzgerald JM, et al: Benchmark memories in adulthood: central domains and predictors of their frequency. J Adult Dev 6:45-59, 1999

Emde RN: From adolescence to midlife: remodeling the structure of adult development. J Am Psychoanal Assoc 33(suppl):59-112, 1985

Erikson EH: The problem of ego identity. J Am Psychoanal Assoc 4:56-121, 1956

Escoll PJ: Psychoanalysis of young adults: an overview. Psychoanalytic Inquiry 7:5-30, 1987

Furstenberg FF: On a new schedule: transitions to adulthood and family change. Future Child 20:67-87, 2010

Galambos NL, Barker ET, Krahn HJ: Depression, self-esteem, and anger in emerging adulthood: seven-year trajectories. Dev Psychol 42:350-365, 2006

Gordon T, Holland J, Lahelma E, et al: Imagining gendered adulthood: anxiety, ambivalence, avoidance and anticipation. European Journal of Women's Studies 12:83-103, 2005

Hakim C: Women's lifestyle preferences in the 21st century: implications for family policy, in The Future of Motherhood in Western Societies: Late Fertility and Its Consequences. Edited by Beets G, Schippers J, teVelde ER. The Hague, The Netherlands, Springer, 2011, pp 177-195

Hall GS: Adolescence: Its Psychology and Its Relations to Physiology, Anthropology, Sociology, Sex, Crime, Religion and Education. New York, D Appleton, 1904

Harris A: Gender as Soft Assembly. London, Routledge, 2008

Hendry LB, Kloep M: Conceptualizing emerging adulthood: inspecting the emperor's new clothes? Child Dev Perspect 1:74-79, 2007

Horowitz A, Bromnick R: "Contestable adulthood": variability and disparity in markers for negotiating the transition to adulthood. Youth Soc 39:209-231, 2007

Jacobson E: Adolescent moods and the remodeling of psychic structure in adolescence. Psychoanal Study Child 16:164–183, 1961

Kernberg OF: Identity: recent findings and clinical implications. Psychoanal Q 75:969–1003, 2006

Klockars L, Sirola R: The mother–daughter love affair across the generations. Psychoanal Study Child 56:219–237, 2001

Konstam V: Emerging and Young Adulthood: Multiple Perspectives, Diverse Narratives. New York, Springer–Verlag, 2007

Kramer J: Against nature: profiles. New Yorker, July 25, 2011, p 44

Lawson Bush V: How black mothers participate in the development of manhood and masculinity: what do we know about black mothers and their sons? J Negro Educ 74:381–391, 2004

McAnarney ER, Kreipe RE, Orr DP, et al: Textbook of Adolescent Medicine. Philadelphia, PA, WB Saunders, 1992

Milrod D: The ego ideal. Psychoanal Study Child 45:43–60, 1990

Neinstein L, Gordon CM, Katzman DK, et al: Handbook of Adolescent Health Care. Philadelphia, PA, Lippincott Williams & Wilkins, 2000

Nelson LJ, Padilla–Walker LM, Christensen KJ, et al: Parenting in emerging adulthood: an examination of parenting clusters and correlates. J Youth Adolesc 40:730–743, 2011

Neugarten BL, Moore JW, Lowe JC: Age norms, age constraints, and adult socialization. Am J Sociol 70:710–717, 1965

Notman MT: Mothers and daughters as adults. Psychoanalytic Inquiry 26:137–153, 2006

Piaget J: Intellectual evolution of adolescence to adulthood (reprint of Hum Dev 15:1–12, 1972). Hum Dev 51:40–47, 2008

Rampell C: Instead of work, younger women head to school. New York Times, December 28, 2011, p A1

Robbins A, Wilner A: Quarterlife Crisis: The Unique Challenges of Life in Your Twenties. New York, Tarcher/Putnam, 2001

Rosenbaum J: The complexities of college for all: beyond the fairy–tale dreams. Sociol Educ 84:113–117, 2011

Rosenbaum JE, Person AE: Beyond college for all: policies and practices to improve transitions into college and jobs. Professional School Counseling 6:352–260, 2003

Scharf M, Mayseless O: Late adolescent girls' relationships with parents and romantic partner: the distinct role of mothers and fathers. J Adolesc 31:837–855, 2008

Scharf M, Shulman S, Avigad–Spitz L: Sibling relationships in emerging adulthood and in adolescence. J Adolesc Res 20:64-90, 2005

Schulenberg JE, Bryant AL, O'Malley PM: Taking hold of some kind of life: how developmental tasks relate to trajectories of well-being during the transition to adulthood. Dev Psychopathol 16:1119-1140, 2004

Schwartz SJ, Finley GE: Troubled ruminations about parents: conceptualizations and validation with emerging adults. J Couns Dev 88:80-91, 2010

Seiffge-Krenke I, Overbeek G, Vermulst A: Parent-child relationship trajectories during adolescence: longitudinal associations with romantic outcomes in emerging adulthood. J Adolesc 33:159-171, 2010

Settersten RA Jr, Ray B: What's going on with young people today? The long and twisting path to adulthood. Future Child 20:19-41, 2010

Shulman S, Feldman B, Blatt S, et al: Emerging adulthood: age-related tasks and underlying self processes. J Adolesc Res 20:577-603, 2005

Sroufe LA, Egeland B, Carlson E, et al: The Development of the Person: The Minnesota Study of Risk and Adaptation From Birth to Adulthood. New York, Guilford, 2005

Staples HD, Smarr ER: Bridge to adulthood: the years from eighteen to twenty-three, in The Course of Life, Vol 4: Adolescence. Edited by Greenspan S, Pollack G. Madison, CT, International Universities Press, 1991

Stierlin H: Psychoanalytic approaches to schizophrenia in the light of a family model. Int Rev Psychoanal 1:169-178, 1974

Tach L, Halpern-Meekin S: How does premarital cohabitation affect trajectories of marital quality? J Marriage Fam 71:298-317, 2009

Tanner JL: Recentering during emerging adulthood: a critical turning point in life span human development, in Emerging Adults in America: Coming of Age in the 21st Century. Edited by Arnett JJ, Tanner L. Washington, DC, American Psychological Association, 2006, pp 85-116

Tessman LH: A note on the father's contribution to the daughter's ways of loving and working, in Father and Child: Developmental and Clinical Perspectives. Edited by Cath S, Gurwitt A, Ross JM. Boston, MA, Little, Brown, 1982, pp 219-240

Tucker JS, Ellickson PL, Orlando M, et al: Substance use trajectories from early adolescence to emerging adulthood: a comparison of smoking, binge drinking, and marijuana use. J Drug Issues 35:302-332, 2005

Wilkinson-Ryan T, Westen D: Identity disturbance in borderline personality disorder: an empirical investigation. Am J Psychiatry 157:528-541, 2000

11장

Dowling S: A reconsideration of the concept of regression. Psychoanal Study Child 59:191–210, 2004

Hartmann H, Kris E: The genetic approach in psychoanalysis. Psychoanal Study Child 1:11–30, 1945

Inderbitzen LB, Levy ST: Regression and psychoanalytic technique: the concretization of a concept. Psychoanal Q 69:195–223, 2000

Masten AS, Narayan AJ: Child development in the context of disaster, war, and terrorism: pathways of risk and resilience. Annu Rev Psychol 63:227–257, 2012

Masten AS, Obradovic J: Competence and resilience in development. Ann NY Acad Sci 1094:13–27, 2006

Rutter M: Implications of resilience concepts for scientific understanding. Ann NY Acad Sci 1094:1–12, 2006

Sroufe LA, Egeland B, Carlson E, et al: The Development of the Person: The Minnesota Study of Risk and Adaptation From Birth to Adulthood. New York, Guilford, 2005

Tuch RH: The construction, reconstruction, and deconstructions of memory in the light of social cognition. J Am Psychoanal Assoc 47:153–186, 1999

Westen D: Toward a revised theory of borderline object relations: contributions of empirical research. Int J Psychoanal 71:661–693, 1990

Wolff P: The irrelevance of infant observations for psychoanalysis. J Am Psychoanal Assoc 44:369–392, 1996

찾아보기

인명

내용

저자 소개

Karen J. Gilmore, M.D.
컬럼비아 대학교 의과대학 정신의학(정신과) 교수로서 컬럼비아 대학교 정신분석 교육 및 연구 기관의 선임 자문위원을 역임하고 있으며 맨해튼에서 개인 상담소를 운영하고 있다.

Pamela Meersand, Ph.D.
컬럼비아 대학교 의과대학 정신분석학과 심리학 조교수로서 컬럼비아 대학교 교육 및 연구 기관에서 아동발달 분야의 의장을 역임하고 있으며 맨해튼에서 개인 상담소를 운영하고 있다.

역자 소개

이지연(Lee, Jeeyon)

이화여자대학교 상담심리 박사

상담심리사 1급

청소년상담사 1급

전 서강대학교 상담교수

　이화여자대학교 전임강사

현 인천대학교 창의인재개발학과 교수, 상담심리 전공주임교수

　상담심리학회 인천대 분회장

이지현(Lee, JiHyeon)

이화여자대학교 특수교육/심리학 학사

이화여자대학교 상담심리 석사학 수료

Calvin Theological Seminary MTS

Calvin Theological Seminary ThM

김아름(Kim, AhReum)

서강대학교 국어국문학과 학사

이화여자대학교 상담심리학과 석사

이화여자대학교 학생상담센터 인턴 수료

한국상담심리학회 상담심리사 2급

전 싱가포르 Agape Language School 한국어 강사

아동 · 청소년 정신발달

Normal Child and Adolescent Development:
A Psychodynamic Primer

2018년 1월 15일 1판 1쇄 발행
2022년 4월 20일 1판 2쇄 발행

지은이 • Karen J. Gilmore · Pamela Meersand
옮긴이 • 이지연 · 이지현 · 김아름
펴낸이 • 김진환
펴낸곳 • (주) 학지사
04031 서울특별시 마포구 양화로 15길 20 마인드월드빌딩
대표전화 • 02)330-5114 팩스 • 02)324-2345
등록번호 • 제313-2006-000265호

홈페이지 • http://www.hakjisa.co.kr
페이스북 • https://www.facebook.com/hakjisabook

ISBN 978-89-997-1408-5 93180

정가 20,000원

역자와의 협약으로 인지는 생략합니다.
파본은 구입처에서 교환해 드립니다.

이 도서의 국립중앙도서관 출판시도서목록(CIP)은 서지정보유통지원시스템 홈페이지(http://seoji.nl.go.kr)와 국가자료공동목록시스템(http://www.nl.go.kr/kolisnet)에서 이용하실 수 있습니다.
(CIP 제어번호: CIP2017026919)